KB267060

21세기 세계화 시대·지식정보화 시대의

인간관계론 탐구:

이론과 실제

인간관계론 탐구:
이론과 실제

박은종 지음

KSI 한국학술정보㈜

세계화·지식정보화 시대 인간관계와 삶의 바람직한 좌표

일반적으로 인간과 인간이 상호작용을 하며 모여 사는 공간이 곧 사회이다. 자고로 만물의 영장인 인간은 혼자서는 살 수 없고 다른 사람과 더불어 어울려서 살아간다. 곧 인간은 사회생활을 하면서 삶을 영위해 간다. 인간을 '사회적 동물'이라고 부르는 이유도 여기에 있다.

인간의 삶은 곧 다른 사람들과의 오랜 상호작용이다. 가정생활, 직장 생활, 사회생활, 공공 생활 등 사회적 생활이 모두 타인과의 상호작용·교호작용에 바탕을 두고 영위되는 것이다. 인간과 인간이 서로에게 도움을 주고 배려하며, 대화와 설득을 통해 타협하는 일련의 과정이 곧 인간관계이다. 이렇듯이 인간관계란 일면 쉽고도 가벼운 일처럼 생각되기도 하지만, 사실은 인간의 삶에서 가장 중요하고도 어려운 과제인 것이다. 이 인간관계를 학문적·이론적으로 탐구하는 학문이 곧 인간관계론이다.

세계화·정보화 시대인 현대 사회를 흔히 '군중 속의 고독의 시대', '인간 상실의 시대'라고 일컫는다. 현재 우리가 사는 지구 상에는 약 65억여 명의 인구가 함께 어울려서 생활하고 있다. 그럼에도 불구하고 소외, 우울증, 자살 등이 큰 사회적 문제로 대두되고 있다. 세상의 인구 증가 속에 사람 수는 엄청 많은데, 진정으로 자기와 마음을 열고 대화를 할 사람들은 많지 않다는 반증이다. 이는 나아가 정과 사랑과 믿음으로 연계된 우리의 전통적 인간관계의 정서가 물질적 면과 타산적인 면에 매몰되어 점점 삭막해져 가고 있는 것이 오늘날 사회의 자화상이라는 것이다. 진정 우리 모두는 군중 속의 고독한 존재, 인간 상실의 시대의 소외인으로서 외롭게 살아가고 있는 것이다.

세계화·정보화 시대인 현대 사회에서의 인간관계는 관심과 배려, 공감과 소통이 핵심이다. 아울러, 인간관계론은 이론과 실제가 통합되어야 한다. 즉 인간의 사회적·심리적 이론과 함께 실제 사회생활의 실천적 측면이 함께 조망되어야 하는 것이다. 현대의 인간관계론이 단선적인 면보다는 통합적·복합적 특성을 규명하고 이를 해결하는 면에 초점을 맞추어야 하는 이유이기도 하다.

저자가 대학교에서 교양 교과목인 '인간관계론'을 강의한 지도 어느덧 10여 년이 되었다. 강산이 변할 만큼 오랫동안 인간관계론을 탐구해 온 것이다. 그동안 여러 도서와 논문에서 핵심 주제를 잡아 재구성하여 사회생활, 직장 생활에 초점을 맞추어 가르쳐 왔다. 그러다가 이를 종합하여 저서로 묶어 내기로 하고 시작하여 본서를 집필하게 되었다. 따라서 본서는 여러 학자들의 의견을 종합하고 거기에 필자의 이론과 실제를 가감한 것이다.

본서는 총 5부로 구성되어 있다. 그리고 각 부는 각 5장씩으로 조직되어 있다. 제1부 인간관계론 서설에서는 인간관계론의 이론적 배경과 학문적 기저를 탐구하였다. 제2부 인간관계와 사회생활에서는 인간의 성격과 행동에 관한 이론과 실제를 바탕으로, 개인이 모여서 이루어진 사회생활을 하면서 겪게 되는 다양한 활동을 다루었다. 제3부 소통(疏通)과 공감(共感)의 이해에서는 인간이 사회의 구성원으로서 타인과 소통·교류하는 다양한 방법과 바람직한 태도 등에 대해서 탐구하였다. 제4부 윤리(倫理)와 공공 생활에서는 세계화 시대 글로벌(Global) 시민으로서 가정, 직장, 사회 등에서 준수해야 할 공공 윤리, 도덕, 법 등을 탐구하였다. 끝으로 제5부 세계화·정보화 시대와 인간관계에서는 세계화·정보화 시대를 맞이하여 글로벌(Global) 세계 시민, 민주 시민으로서의 자질과 태도를 비롯하여, 다문화 교육과 환경 녹색 성장, 영재 교육 등에 대해서 깊이 있게 접근하였다. 종합적으로 본서는 세계화·정보화 시대의 바람직한 사회 구성원으로서 지키고 준수하여야 할 소중한 가치와 인간관계론에 대한 이론과 실제를 두루 섭렵하였다.

아무쪼록 본서가 교육자, 대학생, 사회인을 비롯한 모든 독자들에게 미래의 삶과 사회생활을 밝혀 주는 바람직한 등대 구실을 하기를 기대한다. 21세기 세계화·정보화 시대의 지성인들에게 바람직한 삶의 좌표로서의 역할을 하기를 소망한다. 그러면서 독자들이 21세기 세계화 시대에 필요한 덕목을 이해하고 인간다운 인간, 사람다운 사람으로서의 민주 시민으로 거듭나는 데 일조하기를 기대한다.

늘 저서와 논문을 낼 때마다 고마운 분들을 떠올리게 된다. 본서를 출판하여 세상에 내놓으면서 도움을 주신 많은 분들에게 심심한 감사의 말씀을 드린다. 저자를 학자의 길로 안내해 주시고 학문에 눈을 뜨게 해주신 조용진 전 학장님(진주교육대학교), 이종문 교수님(전 진주교육대학교), 강상철 교수님(전 충남대학교), 권오정 교수님(일본 류오코우대학교)께 고마운 말씀을 드린다. 아울러 항상 학문적·인격적으로 지도·편달을 해주시는 공주대학교 사범대학 일반사회교육과의 김병무 전 학장님, 정종호 교수님, 김덕수 교수님, 임경수 교수님, 현승숙 조교님께 거듭 감사를 드리는 바이다. 또 늘 관심을 갖고 지켜봐 주시며 지도를 해주시는 서재천 교수님·황우영 조교님(공주교육대학교), 권낙원 교수님(한국교원대학교), 김정겸 교수님(충남대학교) 등에게도 고마운 말씀을 드린다.

한편, 저자와 함께 교육과 학문의 동반자로 동고동락(同苦同樂)하는 전승환 교감 선생님(서울 서서울생활과학고), 박명배 선생님(서울 자양초), 신현영 선생님(경기 포천초), 오정학 선생님(충남 천안 병천고), 명재덕 선생님(대전 동대전고), 신현복 선생님(충남 당진정보고), 차성우 선생님(충남 당진 합덕제철고), 김명순·김완선 선생님(충남 아산 금곡초), 신재한 선생님(대구 대구교대부설초), 김동호 선생님(충남 홍성 용봉초) 등에게도 심심한 사의를 표하는 바이다. 교육과 학문의 친절한 동반자이자 건설적 비판자인 그들과의 동행은 저자에게 옷깃을 여미고 더욱 노력하게 하는 '행복 마중물' 같은 원동력이기에 그저 행복하기만 하다. 아울러, 항상 든든한 후원자로 저자의 울타리와 버팀목이 되어 주시는 가족들에게도 감사드린다. 행여 모진 고난과 역경이 오더라도 극복할 수 있는 용기와 의욕이 샘솟게 하는 소중한 분들이다. 솔직히 가장으로서는 빵점짜리이지만 우직스럽게 교육과 학문에 천착(穿鑿)하는 저자를 자랑스럽게 바라보며 말없이 박수를 보내주시는 그 정성과 배려에 고개가 숙여지고, 또 그저 한없이 눈물겹고 송구스럽다.

끝으로 최근의 불황으로 인한 출판 시장의 여러 가지 어려움에도 불구하고 항상 학문적 성취를 성원해 주시고, 본서를 출판하여 세상에 빛을 보게 해주신 한국학술정보(주)의 채종준 사장님과 좋은 책으로 편집·디자인을 해주신 출판사업부 도서기획팀의 권성용·김소영·이종현 님께도 감사의 말씀을 드린다.

모든 분들의 격려와 성원에 보답하기 위해서 앞으로 더욱 교육과 학문 탐구에 정진하려고 다짐한다. 교육과 학문의 길이 멀고도 험하지만, 굴하지 않고 늘 기쁜 마음, 행복한 마음으로 뚜벅뚜벅 걸어가고자 한다. 항상 옆에서 성원해 주시는 고마운 분들의 기대에 부응하기 위해 가일층 분발한 노력을 하고자 다짐하는 바이다. 오늘도 '작은 것이 아름답다'라는 말을 되새기고 있다. 세상의 모든 분들이 고맙고, 온 누리의 모든 것들이 새삼 사랑스럽다.

2011년 삼복더위에
천 년 역사가 말없이 흐르는 비단 가람의
아름다운 공주보(公州洑)가 바라보이는
웅진골 연구실에서
박 은 종

머리말 · 5

제1부 ❙ 인간관계론 서설(序說) · 15

제1장 인간관계론의 기초/ 17
제1절 인간관계의 의미/ 17
제2절 인간관계론의 개념/ 18
제3절 인간관계론의 특징/ 19
제4절 인간관계론의 형성 과정/ 20
제5절 인간관계론과 자아의 관계/ 28

제2장 인간관계론의 개관/ 30
제1절 인간과 인간관계/ 30
제2절 인간관계의 기저(基底)/ 30
제3절 인간관계의 유형/ 31
제4절 인간관계의 기본 원리(원칙)/ 37

제3장 인간관계의 유형/ 42
제1절 인간관계의 유형(모형)/ 42
제2절 인간관계 유형(모형)의 특징/ 42
제3절 인간관계의 욕구 차이/ 44

제4장 인간관계와 자아(自我) 탐구/ 46
제1절 자아정체성(自我正體性)/ 46
제2절 자아 분석/ 49
제3절 자아개념의 특성과 자아실현/ 54
제4절 자아 존중감(自我尊重感)/ 58

제5장 타인의 이해와 인간관계/ 69
제1절 타인에 대한 이해/ 69

　　　　제2절 인간관계의 형성/ 69

　　　　제3절 바람직한 인간관계/ 76

　탐구 문제/ 80

제2부 ┃ 인간관계와 사회생활 • 81

　제1장 인간의 성격과 발달/ 83

　　　　제1절 인간의 성격/ 83

　　　　제2절 인간의 발달/ 88

　　　　제3절 인간 발달 단계와 생애 발달/ 103

　　　　제4절 인간 발달과 환경/ 104

　제2장 인간행동과 사회환경/ 108

　　　　제1절 인간의 행동/ 108

　　　　제2절 인간의 발달/ 109

　　　　제3절 사회환경의 탐구/ 112

　　　　제4절 인간행동과 사회환경의 관계/ 114

　　　　제5절 사회복지와 인구 고령화/ 115

　제3장 집단(集團)과 조직생활/ 121

　　　　제1절 집단(集團)에 대한 이해/ 121

　　　　제2절 조직(組織)과 인간관계의 의의/ 126

　　　　제3절 조직의 원리/ 134

　　　　제4절 조직구조와 인간관계/ 137

　제4장 리더십(Leadership) 탐구/ 144

　　　　제1절 리더십(Leadership)의 개념과 의의/ 144

　　　　제2절 리더십의 과제/ 145

　　　　제3절 리더의 자질/ 148

　　　　제4절 리더십의 유형/ 150

　　　　제5절 리더십의 배양/ 151

　제5장 우정(友情)과 사랑의 이해/ 156

　　　　제1절 우정(友情)의 이해와 탐구/ 156

　　　　제2절 사랑의 이해와 탐구/ 167

　탐구 문제/ 183

제3부 ┃ 소통(疏通)과 공감의 이해 • 185

　제1장 대화(對話)와 설득(說得)/ 187
　　제1절 대화(對話)의 이해/ 187
　　제2절 대화의 기술/ 199
　　제3절 설득(說得)의 이해/ 200
　　제4절 설득의 방법/ 206

　제2장 의사결정(意思決定)의 이해/ 207
　　제1절 의사결정(意思決定)의 개념과 유형/ 207
　　제2절 의사결정의 과정/ 209
　　제3절 의사결정의 모형/ 213
　　제4절 의사결정에의 참여/ 215
　　제5절 의사결정의 제약 요소/ 223
　　제6절 의사결정의 유용성/ 225

　제3장 의사소통(意思疏通)의 이해/ 227
　　제1절 인간행동과 의사소통(意思疏通)/ 227
　　제2절 의사소통의 방법/ 230
　　제3절 의사소통의 유형/ 230
　　제4절 의사소통의 원칙과 네트워크(Network)/ 232
　　제5절 의사소통의 장애요인과 효과/ 234
　　제6절 의사소통의 전달자/ 238
　　제7절 의사소통 전략/ 244
　　제8절 의사소통의 실제/ 247

　제4장 갈등(葛藤)과 해결 방안/ 248
　　제1절 갈등(葛藤)의 개념과 의의/ 248
　　제2절 갈등의 기능/ 251
　　제3절 갈등의 해소 전략/ 262
　　제4절 갈등의 관리 방안/ 266

　제5장 인간존중과 행복/ 270
　　제1절 인간과 행복/ 270
　　제2절 인간존중과 행복/ 270
　　제3절 인간관계와 행복한 삶/ 273

　탐구 문제/ 274

제4부 ㅣ 윤리와 공공 생활 • 275

제1장 가족(家族) 및 부자간의 인간관계/ 277
제1절 가족(家族)에 대한 이해/ 277
제2절 부모와 자식 간의 인간관계/ 283
제3절 부모와 자녀 관계의 갈등/ 289
제4절 부모와 자녀 간의 갈등 해소 방안/ 290
제5절 미래의 부모와 자녀 관계 준비/ 293

제2장 직장생활과 인간관계/ 296
제1절 바람직한 직장생활/ 296
제2절 직장(직업) 선택의 기준/ 301
제3절 직장생활의 적응/ 303
제4절 보람 있는 직장생활/ 306
제5절 직장에서의 상·하·동료 간 화목(和睦)/ 309
제6절 직장 부적응 문제(사례)/ 311

제3장 사회생활과 법(法)/ 313
제1절 기초적인 법의 이해/ 313
제2절 법적 개념(法的 槪念)/ 318
제3절 법 관련 기관/ 320
제4절 법과 생활 관련 사례/ 323
제5절 법의 기본 원리와 가치/ 327

제4장 공공 덕목으로서의 법교육/ 340
제1절 법교육의 기저/ 340
제2절 법교육의 개념과 목표/ 343
제3절 법교육의 실내와 제제/ 350
제4절 법교육의 내용 일반/ 352
제5절 세계화 시대의 법의식 확립/ 357

제5장 정보통신윤리 교육/ 359
제1절 정보통신기술의 이해/ 359
제2절 정보통신윤리의 중요성/ 364
제3절 미래 정보통신윤리 교육의 방향/ 368
제4절 가상교육의 형태/ 383

탐구 문제/ 391

제5부 ┃ 세계화 · 정보화 시대와 인간관계 • 393

제1장 세계화와 세계시민사회/ 395
제1절 세계화의 메커니즘/ 395
제2절 세계화의 개념/ 397
제3절 세계화와 지구촌의 미래/ 402
제4절 세계화의 차원/ 406
제5절 세계화의 명제/ 407
제6절 세계화와 민주화/ 409
제7절 세계화와 지구촌의 과제/ 411
제8절 세계화와 교육의 관계/ 414
제9절 세계화와 21세기 키워드(Key word)/ 418

제2장 세계화 · 정보화 시대의 민주 시민 교육의 방향/ 420
제1절 민주 시민 교육의 중요성/ 420
제2절 민주 시민 교육의 목표/ 421
제3절 민주 시민의 개념과 기능/ 422
제4절 한국의 민주 시민 교육 현실과 발전/ 424
제5절 민주 시민 교육의 교육과정과 접근법/ 427
제6절 민주 시민 교육의 종합적 고찰과 분석/ 433
제7절 세계화 · 정보화 시대의 민주 시민 교육의 방향/ 435
제8절 민주 시민 교육의 새로운 패러다임(Paradigm) 지향/ 440

제3장 다문화 교육의 이해와 방향/ 443
제1절 한국 사회와 다문화 교육/ 443
제2절 한국의 다문화 사회 동향(Trend)/ 444
제3절 다문화 교육의 목표와 내용/ 449
제4절 외국의 다문화 교육 동향 탐색/ 455
제5절 한국 다문화 교육의 실제/ 458
제6절 세계화 시대 한국 다문화 교육의 방향 탐색/ 462
제7절 다문화의 이해와 다문화 교육의 미래 지향점/ 466

제4장 세계화 시대의 환경과 녹색성장/ 468
제1절 녹색성장(Green growth) 등장 배경/ 468
제2절 녹색성장의 개념: 녹색성장의 시대/ 468
제3절 신재생에너지/ 471
제4절 글로벌(Global) 시대의 환경 문제/ 472

제5장 세계화 시대의 영재 및 영재교육/ 475

　제1절 영재교육의 개관/ 475

　제2절 영재교육의 이해/ 475

　제3절 영재교육의 실제/ 479

　제4절 영재교육의 방법: 교원·학부모 입장/ 483

　제5절 미래 영재교육의 방향/ 493

탐구 문제/ 494

참고문헌　•　495

찾아보기　•　503

제 **1** 부

인간관계론 서설(序說)

제1장 인간관계론의 기초
제2장 인간관계론의 개관
제3장 인간관계의 유형
제4장 인간관계와 자아(自我) 탐구
제5장 타인의 이해와 인간관계

[제1부 학습과 탐구의 개관]
　제1부에서는 사회적 동물인 인간의 사회생활과 상호작용의 기저인 인간관계와 인간관계론의 기초에 대해서 학습하고 탐구한다. 즉 인간관계론의 이론적 입문이다. 따라서 제1부에서는 인간관계론의 기초, 인간관계론의 개관, 인간관계의 유형, 인간관계와 자아(自我) 탐구, 타인의 이해와 인간관계 등을 중심으로 인간관계론의 이론적 접근과 인간관계의 실제적 탐구를 학습한다. 이를 바탕으로 세계화 시대의 사회구성원, 글로벌(Global) 시민으로서의 올바른 인간관계의 이론과 실제를 파악하고 연구한다.

제1부: 인간관계론 서설(序說)

☺ **학습 목표**
1. 인간관계와 인간관계론의 기초와 개념 등에 대해서 이해한다.
2. 인간관계론의 개관과 인간관계의 기본 원리를 이해한다.
3. 인간관계의 유형과 인간관계 유형의 특징을 이해한다.
4. 인간관계와 자아에 관해서 탐구하고 자아정체성을 이해한다.
5. 타인과의 인간관계를 이해하고 바람직한 인간관계에 대해서 탐구한다.

➡ **주요 개념**
1. 인간관계, 인간관계론, 인간관계론의 개념, 전통적 인간관계론, 현대적 인간관계론
2. 인간관계의 기저, 인간관계의 유형, 발달 단계, 인간관계의 기본 원리
3. 인간관계 유형(모형)의 특징, 인간관계의 욕구, 교제욕구, 지배욕구, 애정욕구
4. 자아탐구, 자아정체성, 자아분석, 자아존중감, 자아실현자
5. 인간관계의 형성, 인간관계의 진행단계, 인간관계의 소원화단계, 인간관계의 지침

※ 원형의 탁자에는 상석(上席)이 따로 없다. 모든 자리가 상석이다. (독일 속담)

제1장 인간관계론의 기초

제1절 인간관계의 의미

자고로 인간은 만물의 영장이다. 그리고 인간은 사회적 동물이다. 사회는 두 명 이상의 사람으로 이루어진다. 따라서 사회적 동물인 인간은 홀로 생활할 수 없다. 혼자 살 수 없는 존재이다. 또 만약 사회적 동물인 '인간이 무인도에서 혼자서 생활한다'면 생명은 유지될 수 있을지언정 그 삶은 전혀 바람직하지 않은 의미 없는 생활이 될 수밖에 없는 것이다. 인간관계론은 인간의 바람직한 삶에 대한 탐구이다.

모름지기 인간은 모든 전 생애 기간을 타인과의 관계 속에서 생을 영위한다. 인간은 출생과 더불어 죽을 때까지 타인과의 관계 속에서 생활한다. '요람(搖籃)에서 무덤까지'의 인생 전 과정이 곧 인간관계이며 인간관계론의 범위인 것이다.

일반적으로 인간관계란 타인과의 상호작용을 통해서 이루어지는 사회화 과정으로서, 효과적인 인간관계는 그 관계에 참여하는 개인들에게 매우 중요한 역할을 한다. 바람직한 사회구성원인 한 인간으로 생존하기 위하여, 정체감을 확립하기 위하여, 그리고 건강한 성격 발달을 위하여 우리는 타인들과 상호작용하는 관계가 필요하다. 인간과 인간 사이의 원만한 화합을 통해 상호 간에 더욱 좋은 상태를 유지하기 위한 모든 내용을 인간관계라고 할 수 있다.

모름지기 세계화·정보화 시대인 현대 사회는 다원화 사회이다. 다원화된 사회에서 현대인들은 바쁘게 살아간다. 이러한 현대인들이 공통적으로 겪는 마음의 병으로 '군중(群衆) 속의 고독(孤獨)'이라는 것이 있다. 세계의 인구는 급속하게 증가하여 65억 명이나 되고 주변에 사람들은 많은데 정말로 흉금(胸襟)을 털어놓고 진정한 대화를 나눌 사람이 별로 없는 것이다. 각자의 마음속에 가지고 있는 '외롭다', '혼자이다', '의지할 곳이 없다', '믿을 사람이 없다', '나를 알아주는 사람이 없다', '쓸쓸하다' 등의 감정은 고독을 불러일으키고 나아가 일부에서는 우울증과 자살로까지 이어지는 병리적인 현상을 보이고 있다. 경제적으로 여유가 있으며, 전자통신기술의 발달로 사람들 간의 접촉 빈도가 증가하고 짧은 시간에 많은 사람들을 만날 수 있게 되었다. 그러나 이러한 만남의 질은 피상적인 수준에 머무는 것이어서 인간관계에서의 고립을 초래하게 된다. 근대화 이후 우리나라는 많은 역사적·경제적 변화를 겪어오면서 삶의 가치를 성공에 두며, 성공을 위한 중요한 요인으로 능력을 꼽는 경향이 있다. 능력의 핵심적 요소 중 하나는 지능이다. 높은 지능은 높은 학력과 관련되고, 학력이 사회에서의 성공을 보장받을 수 있다는 인식이 성공을 위해 모든 것을 감수하게 만들었다. 이러한 관점의 성공 지향적인 사회 문화는 인간관계의 단절을 가져오는 하나의 원인으로 작용한다.

일반적으로 사람들은 인성보다는 지식을 중시하는 전통적 경향이 있다. 사람들은 어려운 수학문제를 풀거나, 유창한 외국어 실력을 지니고 있을 때 우월감을 느낀다. 그에 비하여 타인을 배려하고 이해하고 자신의 감정을 알고 통제하는 능력에 대해 우월감을 느끼는 사람이 거의 없다. 부모들 역시 남의 아이가 유창하게 외국어로 말하는 것을 보고 부러워하지만 어른들에게 인사를 잘하는 아이를 보고는 별 감정을 느끼지 못한다. 영어를 잘하는 아이나 인사를 잘하는 아이 모두 나름대로 어떤 능력을 갖고 있음에도 불구하고 이러한 능력에 대한 가중치를 다르게 둔다는 데 문제가 있다. 그러나 최근에는 인간이 가진 능력을 대표할 수 있는 요인으로서의 지능이 기존의 학업지능(지능지수, 전통적인 IQ) 외에 대인관계지능, 실제적 지능, 정서 지능 등 현대적 의미에서 지능에 대한 개념이 새롭게 정립되고 있다. 인간관계능력은 학문적 성취와 대등한 관계에서 우리의 건강한 삶을 위해 반드시 획득되어야 할 하나의 능력요인이다. 인간이 아무리 사회적 존재라 하더라도 인간관계는 사회조직 속에서 자연히 이루어지는 것은 아니다. 이 능력은 타고날 수도 있지만 키워질 수 있는 변화 가능한 능력이다. 우리가 수학문제의 유형을 많이 알고 연습하면 잘할 수 있듯이 인간관계의 원리와 기술을 배우고 익히는 것이 중요하다. 최근 한국 교육에서 창의·인성교육이 특히 강조되는 것은 바람직한 일이다.

인간관계는 삶의 중요한 영역이다. 더구나 요즘처럼 핵가족 내에서 생활하며 일찍 사회화 과정을 거치는 현대인에게는 실생활에서 부딪히게 되는 여러 문제들에 대처하는 경험과 학습이 필요하다. 그러나 인간관계에 대해 구체적으로 가르쳐주는 곳은 많지 않다.

각자 일상생활 속에서 체험을 통하여 터득해야 하는 것이 우리의 현실이다. 결혼이나 직장생활에서 겪게 되는 인간관계 문제들에 대해서 미리 배우고 준비하는 각별한 노력을 기울이지도 않는다. 설사 적절한 기술을 배웠더라도 현실생활에서의 인간관계는 너무나 복잡하고 미묘하여 체계적으로 이해하고 그것을 효율적으로 실행하기가 어려운 것도 사실이다.

최근 심리학 분야에서는 인간과 인간관계를 이해하기 위한 많은 지식과 인간관계를 향상시키기 위한 많은 경험이 축적되어 있다. 학교나 훈련 집단, 기업체, 행정조직 등에 있어서의 인사관리, 노무관리, 집단 심리치료 등에서 주로 인간관계의 문제를 다루고 있다. 또한 인간관계에 대한 연구는 정신의학, 사회학, 심리학, 문화인류학, 경영학, 경제학, 리더십론 등 다양한 학문 간의 협력에 의해 보다 더 발전되어 나아갈 수 있을 것이다.

제2절 인간관계론의 개념

인간의 특성을 규정하는 말이 많지만, 자고로 인간은 만물의 영장이라는 말이 그 특성을 종합하는 말이다. 인간이야말로 이 세상에서 가장 고귀하고 존엄한 존재이다. 동서고금을 막론하고 유구한 역사와 전통, 그리고 문화 등을 인간이 중심이 되어 발전시켜 왔다.

인간이란 사회적 동물이다. 즉 인간은 인간과 인간의 관계인 사회적 관계를 바탕으로 삶을 영위한다. 인간(人間)이란 한자(漢字)의 어의(語義)에서도 '인간(人間)이란 두 사람의 상호 관계'임을 의미하고 있다. 사람과 사람, 인간과 인간의 사이에서 서로 영향을 주고받는 관계 유지와 영위가 인간관계론의 본질인 것이다.

오랜 인류의 역사를 되돌아보면, 과거와 현재를 막론하고 개인 생활이든 조직생활이든 '만남'과 '소통'의 상호작용(interaction)을 통해서 사회생활을 영위한다. 인간의 모습과 심리, 생활 양태(樣態)는 천차만별이다. 인간관계 역시 이와 같이 각양각색으로 다양하고 복잡하다. 그리고 그 소통과 상호작용의 방향이 단선적, 직선적, 일방적인 것이 아니라 입체적, 역동적, 쌍방적, 다방향적이다. 특히 세계화·지식 정보화 시대인 21세기의 인간관계와 인간관계론은 전통 사회의 그것에 비해서 훨씬 더 복잡다단하고 역동적이라고 할 수 있다.

인관관계론은 인간관계를 연구하는 학문적 접근이다. 인간관계는 인간을 연구하는 학문이 다양한 것과 같이 여러 가지 측면에서 고찰할 수 있다. 인간 간의 상호 관계가 복잡다단한 현대 사회는 조직 사회이기 때문에 조직에서의 성공적인 인간관계 영위가 인생의 중요한 요소이자 덕목이 된다. 조직 사회에서의 인간은 조직 속의 일원으로 생활한다. 현대 사회에서 혼자 사는 사람은 없다. 모든 사람들이 누군가와의 밀접한 관계를 유지하면서 생활한다. 만약 외부와의 접촉이 없이 홀로 사는 사람은 조직에서 일탈된 사람이다. 물론 특별한 직업을 가진 관계로 어쩔 수 없이 홀로 사는 사람을 제외하고는 조직을 떠나 사는 사람은 현대 사회에서는 국외자인 것이다. 기본적으로 인간은 다른 사람, 조직 및 집단과의 상호작용 속에서 인생을 영위하는 것이다.

제3절 인간관계론의 특징

인간관계론의 전개 과정에는 각 시대별로 인간을 바라보는 시각, 특정한 인간관이 반영되어 있다. 과학적 관리론에서 인간자원 관리론에 이르기까지 현대적 인간관계론은 인간을 '경제인', '사회인', '자아실현인' 등의 관점에서 보았다. 이러한 인간관에 대한 시각 차이는 특정 시대의 정신을 반영하며, 그 사회, 그 시대 사람들이 지향하는 것이었다고 할 수 있다.

인간관계는 생산적이고 만족감을 느끼는 집단 노력에 의하여 이루어지기 때문에 사람들이 경제적, 심리적, 사회적 만족을 가지고 함께 생산적으로 일할 수 있도록 동기를 부여하는 것이 중요하다. 따라서 인간관계의 목표는 사람들을 생산적이 되도록 하고, 서로의 관심을 통해 협력하며, 그들의 관계를 통해 만족감을 얻게 하는 것이다. 따라서 인간관계론은 사람과 사람 간의 복잡한 관계 속에서 일어나는 문제에 대한 해결책을 찾을 수 있는 방법을 모색하는 실천학문이라 할 수 있다.

일반적으로 기본적인 관점에서의 종합적인 인간관계론의 특징은 다음과 같다.

첫째, 사람에 대한 관심을 다룬다. 인간관계는 인간의 사회성에 바탕을 두고 있다. 인간이 자기만을 생각하는 이기적인 삶을 산다면 우리의 삶은 동물의 본능적 삶과 차이가 없을 것이다. 이는 한 개인이 살아 있다는 것을 느끼는 데 타인과의 관계를 무시할 수 없다는 의미이다. 더불어 사는 존재로서의 인간은 일방적으로 보살핌을 받거나 주기만 하지는 않는다. 인간관계의 문제는 상호관계를 통하여 더불어 살아가는 과정에서 발생하고 해결되는 것이지 분리나 차별의 관계가 아니다. 그러므로 인간관계는 다른 사람에 대해 관심을 두는 것으로부터 시작된다. 인간이 상대방에 대해 어떤 관심을 보이느냐에 따라 그것이 사랑으로, 우정으로, 신뢰에 바탕을 둔 인간관계로, 건전한 사회로 발전될 수 있다.

둘째, 인격과 인격의 관계는 형식적 관계를 배제한다. 한 개인이 다른 개인과 관계를 맺는 것은 그 자체가 목적이 되어야 하며, 다른 목적을 위한 과정으로서의 수단이나 형식적인 관계가 되어서는 안 된다. 사람에 대한 관심을 가지고 서로 간에 수평적인 관계를 유지하고 상호 존중하여야 한다.

셋째, 조직의 생산적 관계를 지향한다. 인간관계가 좋은 조직이 그렇지 못한 조직보다 더 효율적이며 생산성이 높다. 따라서 경영자는 조직 내 구성원들의 작업환경, 특히 조직 내 긍정적인 인간관계의 형성에 민감하게 반응할 필요가 있다.

조직 내 인간관계의 일차적인 목적은 인간관계를 통하여 조직의 목표와 개인의 목표를 조화롭게 통합하려는 데 있다. 과거에는 생산성 증가라는 조직의 목적 달성이 우선이고 종업원의 생각, 느낌, 만족, 사기, 복지는 차선의 문제로 인식되었다. 산업사회 초기에는 조직의 목표에서 개인이 고려의 대상이 되지 않아도 기업 운영이나 생산에 별 문제를 일으키지 않았지만 현대는 조직의 균형적인 발전을 위해서 조직원들이 기여하는 노력과 기업이 제공하는 여러 가지 유인책들인 임금, 각종 복지 혜택, 종업원에 대한 능력의 인정, 자기계발의 기회 등이 서로 조화와 균형을 이루어야 한다.

최근 현대사회에서 인간관계의 중요성은 그 어느 때보다 강조되고 있다. 인간관계에 대한 이해가 깊어지고 인간관계의 개선을 위한 실천적 노력이 이루어질 때 우리의 인간관계는 바람직한 방향으로 변화할 것이다. 나와 너, 그리고 우리 사이의 관계에 대한 친밀하고 깊이 있는 관심과 더불어 실제적인 노력, 그리고 훈련을 통해서 이루어지는 소중한 열매라고 할 수 있다. 좋은 인간관계를 맺을 수 있도록 노력하고 그러므로써 좋은 결과를 가져올 수 있도록 해야 할 것이다.

제4절 인간관계론의 형성 과정

인간관계는 인간 사이의 관계 형성과 유지이다. 인간관계는 사람과 사람 간의 상호작용이다. "어떻게 타인과의 상호작용을 잘할 수 있는가?" 나도 좋고 너도 좋은 상태를 유지하기 위한 기법을 중심에 두고 실생활에서의 문제들을 다루는 것이 바로 인간관계이며, 이러한 사실이나 현상을 분석, 해석하여 바람직한 인간관계를 연구하려는 학문적 영역이 인간관계론이다. 결국 인간관계론은 인간행동에 관한 학문으로서 인간을 주체로 한 인간의 상호작용을 연구하는 실천적 학문이라 할 수 있다. 인간관계론이 이론보다 실제 및 실천에 중점을 두어야 하는 이유도 여기에 있다.

인간관계에 대한 연구의 필요성은 경영적 측면에서 먼저 요구되었다. 산업혁명 이후 종업원의 생산성이나 능률 향상의 극대화를 위하여 인력관리를 어떻게 해야 하는가에 대한 관심에서부터 인간관계론이 태동하게 된 것이다. 이론적인 측면에서의 인간관계론은 호손실험을 통해서 전개되었지만, 산업혁명 이래 진행되어온 일련의 능률 향상이란 역사적 조류를 통해서 설명될 필요가 있다. 산업혁명 이후에 능률 향상을 위하여 기업에서 행해진 여러 제도들은 종업원을 조직이라는 커다란 기계 속의 작은 조립품으로 여기는 태도를 바꿀 것을 요구하였다. 또한 종업원에 대한 인격적 대우와 심리적 안정이 임금 인상이나 다른 물리적 조건의 변화보다 더욱 효율적이란 사실을 알게 됨으로써 기업과 노동자가 인간 대 인간으로 대면할 것을 제시하는 계기가 되었다. 심리학에서의 인간관계론과 경영학에서의 인간관계론은 그 학문적 목적에서 차이가 있다. 경영학에서는 기업의 생산력을 증진시키기 위한 효율적 방법으로서의 인간관계론에 목적을 둔 반면, 심리학에서는 바람직한 인간관계의 형성 그 자체가 목적이라고 할 수 있다. 인간관계론의 이해를 위해서는 인간관계 연구의 발전 과정에 대한 기본 지식을 갖는 것이 중요하다.

인간관계론의 발전 과정은 전통적 인간관계론, 1920~1930년대에 걸쳐 진행된 전통적인 호손실험을 근거로 성립된 초기의 인간관계론, 1950년대 이후 인간행동을 강조한 현대적 인간관계론 등으로 구분하여 그 발전 과정을 고찰할 수 있다.

1. 전통적 인간관계론: 과학적 관리론의 토대

산업혁명 이래 기계화의 가속화와 촉진 현상은 노동집약적인 수공업 형태의 노동으로부터 자본집약적인 생산력의 증가를 가능하게 하였다. 기계화된 공장조직은 생산력의 증진을 촉진시켰고, 이를 중심으로 한 생산조직체의 출현은 숙련, 복잡 노동을 단순화시켰다. 즉, 기계를 통한 대량생산 이전에는 기술자의 숙련도가 제품생산의 중요한 요인이었으나 기계화로 인해 노동자의 숙련도보다는 자동, 반복적인 작업을 빨리 할 수 있는 능력이 필요하게 되었다. 따라서 기계 중심의 생산조직 체계는 모든 노동을 균등화, 평균화시켰다.

공장제조업의 초기에는 생산의 근본적인 변화를 받아들이고 적응하는 시기였으므로 인간 요소의 관리에 관심을 두지 않았다. 기계를 중심으로 하는 생산조직에서 노동자들은 마치 기계의 부속품과 같은 지위로 전락하였으며, 저임금과 장시간 노동에 의한 노동력의 혹사가 이루어졌다. 그리하여 노동자의 조직적 항쟁이 전개되었고, 다른 한편으로는 경영의 기술적 기초가 상대적으로 안정되어 규칙적, 지속적으로 작업이 이루어지지만 가혹한 노동력의 강화는 오히려 비능률적임을 깨닫게 되었다.

과학적 관리론은 19세기 말 이후 주로 미국에서 발전된 산업경영 및 관리의 합리화와 능률화를 위한 지식과 기술적인 방법을 활용한 관리를 의미한다. 생산성 증가에 관심 있는 경영자들은 산업환경의 변화를 고려하지 않고 단지 능률을 향상시켜서 기업의 이익을 최대화하는 것이 목적이었다.

이에 따라 노동자들의 '조직적인 태업'이 발생하게 되었고, 과학적 관리론자인 테일러(Taylor)는 조직적 태업이 '주먹구구식 관리'에 의한 노동의 비합리적 운용에 기인한다고 보고 여러 측면에서 과학적이고 합리적인 방법이 도입되어야 한다고 주장하였다. 즉 작업자를 과학적인 방법으로 선발, 훈련하여 개인의 능력을 발전시켜 주어야 한다는 것이다. 또한 과학적 방법을 통하여 작업의 기본 요소 발견과 수행방법에 대한 '시간연구'와 '동작연구'를 실시하였다. 그 결과 작업방식의 과학화, 임금형태의 합리화 그리고 작업환경의 개선 및 정비, 작업자의 신체적 조건에 대한 철저한 분석 등이 적용되어야 한다고 주장하는 등 과학적 관리론의 기초를 확립하는 데 크게 기여하였다. 이에 테일러(Taylor)를 '과학적 관리론의 아버지'라고 부르거나 과학적 관리론을 '테일러시스템'이라고 칭하기도 한다. 그는 과학적 관리의 핵심은 관리에 대한 새로운 태도를 갖는 것이 중요하다는 점을 강조하였는데, 과학적 관리를 위한 기본 원리는 다음과 같다

첫째, 모든 작업자에게 명확하게 설정된 충분한 과업을 주어야 한다.

둘째, 작업자가 과업을 확실히 수행할 수 있도록 표준화된 조건을 부여하여야 한다.

셋째, 작업자가 과업을 완수한 경우, 성공에 대한 높은 임금을 지불하여야 한다.

넷째, 작업자가 과업을 완수하지 못하고 실패한 경우, 손실을 부담시켜야 한다.

다섯째, 과업은 초일류의 노동자만이 달성할 수 있게 충분한 것이어야 한다.

과학적 관리론은 노동자를 최선의 방법으로 생산과정에 활용하기 위한 기술과 지식을 체계화하는 기초를 확립하였다는 데에 그 의의가 있다. 인간의 생산활동을 시간연구와 동작연구를 통해서 정확하게 분석, 측정할 수 있으며, 이를 통하여 과학적 관리가 가능하다는 것이다. 실제로 과학적 관리법은 미국의 산업경영에 널리 보급되어 생산 능률을 향상 시켰다.

테일러(Taylor)의 이론은 인간관계의 측면에서는 많은 비판을 받고 있으나 지나친 능률 위주의 관리방법은 역설적으로 새로운 방향의 인간관계 연구를 위한 계기를 마련해 주었다고 할 수 있다. 즉 테일러(Taylor)의 이론은 인간 기계론적이라는 비판을 받는데, 조직에 있어서 인간적인 요인을 과소평가하여 인간을 마치 기계처럼 인식하고 있고, 인간의 개성이나 잠재력은 거의 고려하지 않고 단지 인간의 적응 능력을 합리적인 경제인관에 입각하여 생산적, 합리적인 측면에서 평가하고 있기 때문이다. 이것은 노동자의 개성이나 사회관계가 생산과정에서 중요한 영향을 미친다는 것을 무시한 결과이다. 이에 따라 인간의 심리적 측면을 무시한 과학적 관리 방법은 비판받기 시작했으며, 인간의 기능적 측면보다는 심리적이고 사회적인 측면을 강조하는 이론이 대두하기 시작하였다.

2. 초기의 인간관계론: 호손실험의 시사(示唆)

1930년대에서 1960년대 사이에 출현한 초기 인간관계론의 형성에 중요한 역할을 담당한 사람은 영국의 사회이론가이며 산업개혁가인 오웬(Owen)이다. 인간적 경영가인 그는 공장노동자의 자녀들을 위한 교육과 모든 공장노동자에게 주택, 음식, 의복 등을 제공함으로써 공장노동자들의 직무 상황과 작업환경을 향상시키는 데 관심을 가졌다. 작업환경의 개선, 최소작업연령의 제한, 종업원 복리후생 등의 개선은 노동자가 기업의 부품이 아니라 하나의 인격체임을 인식하게 하였다, 노동자를 생산의 주체로 인정하는 오웬(Owen)의 경영론은 메이요(Mayo)를 중심으로 한 호손실험을 통해 인간관계론의 이론을 정립할 수 있게 하였다. 즉 요웬의 경영론은 인간관계론의 토대가 되었다.

1) 경영의 인간화: 사회인(社會人)

학문으로서의 인간관계론 창시자로 불리는 메이요(Mayo)는 경영의 인간화로서 생산성을 향상시키고자 하였다. 인간관계 이론은 1924년과 1931년 사이에 미국 전신전화회사의 하나인 서부전기회사의 호손공장을 중심으로 메이요(Mayo)에 의해 수행된 작업의 능률성과 인간관계를 연구한 호손실험의 결과를 바탕으로 형성되었다.

메이요(Mayo)는 인간을 '사회인'으로 보고 인간에 대한 적절한 사회심리적 동기부여에 대한 연구를 시도했다. 그는 '노동관계'의 문제를 해결하는 데 있어서 노동관계를 직접 다루지 않고 '인간행위와 인간관계에 관한 조사 연구'라는 근본적인 문제로부터 출발했다. 메이요(Mayo)는 인간사회는 흩어져 있는 개인의 군집이 아니라 스스로 성립된 조직이 존재하며, 현실의 인간은 경제적 논리로만 행동하는 것이 아니라 감정의 논리에 의해서도 행동한다는 인간관을 지니고 있었다. 그는 사회를 흩어져 있는 개인 집합체가 아니고 협력적 체제라고 보았으며, 인간의 자별적 협력을 확보하는 것을 산업조직이 당면한 과제라고 보았다. 산업조직을 기술적 조직과 인간조직으로 구분하여 특히 후자에 주목함으로써 산업조직의 합리적 관리를 도모하려 한 것이다.

2) 메이요(Mayo)의 호손실험: 심리적(心理的) 기제

(1) 조명실험

메이요(Mayo)의 호손실험은 미국의 벨식 전화기 제조회사인 서부전기회사의 호손공장에서 호손공장의 종업원을 대상으로 수행된 일련의 인간관계에 관한 조사연구이다.

조명실험은 서부전기회사와 국립학술조사의회의 공동연구로 공장 내의 조명도와 종업원의 생산능률 간의 상관관계를 연구하고자 한 것이었다. 작업 여건이 인간의 생산성에 미치는 영향을 연구하기 위해 다른 작업조건은 일정하게 해놓고 조명도에만 변화를 가하는 경우 생산고가 어떻게 변화하는지를 알아보았다. 실험의 내용은 같은 수준의 생산능률을 올리고 있는 종업원들을 실험집단과 통제집단으로 구분하여 비교하는 것이었다. 실험집단에는 조명도를 자주 변화시켰고, 통제집단은 조명도를 일정한 표준 상태로 통제, 유지시킴으로써 조명도가 작업능률에 어떤 형향을 미치는지 관찰하였다. 이 실험은 조명도가 밝아지면 밝아질수록 생산률이 증가할 것이라는 가설을 확인하려는 것이 목적이었다. 호손실험의 결과들은 종래의 전통적인 산업심리학이 신봉하여 오던 물리적 작업환경 조건과 종업원의 생산능력 사이에 직접적 함수관계가 있다는 노동의 기계적 견해를 완전히 뒤집어 놓았다. 조명도, 작업장의 온도, 작업시간 등은 생산성에 영향을 미치는 절대적인 요건이 아니었다. 이런 사실을 경험적으로 확인한 연구자들은 메이요(Mayo)의 지도하에 본격적인 호손실험에 착수하였다.

(2) 계전기 작업 실험

호손공장에서 전화기 부품 계전기 작업에 종사하는 6명의 여공(女工)을 하나의 소집단으로 구성하고, 이를 대상으로 하여 일련의 실험을 실시하였다. 실험대상의 선정은 2명의 여공을 먼저 뽑고, 그 2명의 여공에게 같이 일하고 싶은 4명의 여공들을 뽑아오게 해서 모두 6명이 실험에 참가하였다. 이 실험은 조건 변경과 능률의 관계를 규명하기 위하여 작업조건을 여러 가지로 변화시키고, 이에 따르는 생산성의 차이를 측정할 수 있도록 하였다. 작업기간(실험기간) 중 휴식시간의 제공과 간식공급, 작업시간과 일수의 단축 등 여러 가지 작업조건의 변화 요인을 도입하여 어떤 시간이 노동자의 피로, 권태감을 가장 적게 하고, 생산능률을 최대로 올릴 수 있는가를 발견하기 위하여 2년에 걸쳐 실험이 진행되었다. 실험내용 및 결과에 대한 기록을 놓고 볼 때, 실험 전 과정을 통하여 어떠한 실험적 변화를 막론하고 생산고가 상승하는 경향이 있었다. 즉, 실험기간 중의 생산고는 처치변인의 내용과 관계없이 계속적으로 생산량의 증가 추세를 나타낸 것이다. 이러한 실험결과는 생산성이 급여

방식, 휴식시간, 작업 일수, 간식 공급 등이 조건에 영향을 받지 않음을 나타내었다. 이들 요인 중 어느 것도 생산고의 계속적인 상승 현상을 충분히 설명하지 못한다는 것을 발견한 것이다.

메이요(Mayo)는 이러한 실험결과에 대한 평가에서 여공 집단의 심리적 태도의 변화를 지적하였다. 자신들이 실험대상이 되었다는 사실에 자부심을 갖고 열심히 일해야겠다는 각오를 가졌으며, 실험상의 조건이 변화되기 전에 회사 측이 여공들과 미리 상의하고 그들의 의견을 청취하고 존중하였다. 그러므로 실험에 참가한 여공들은 작업조건의 결정에 있어서 참여의식을 갖게 됨과 동시에 자기네끼리 하나의 사회단위를 이루고 있다는 정서적으로 결속된 사회적 의식을 갖게 되었다. 이런 심리적 만족감이 직장에서 작업 성적을 비약적인 효과보다는 심리적인 만족과 같은 부수적인 효과를 중시하였다.

이와 같은 계전기 조립실에서 이루어진 일련의 실험결과를 통해서 연구자들은 조직 또는 집단 내에서 물리적 작업조건보다도 안정감, 책임감, 만족감 등의 감정적, 심리적 요인이 더욱 중요하다는 사실을 깨닫게 되었다.

(3) 면접 프로그램

실험과정에서 인간의 감정적, 심리적인 요인이 중요하다는 것을 알게 됨에 따라 종업원의 인간적인 측면을 임상적으로 파악하는 구체적인 방법으로서 면접 프로그램을 병행하게 되었다. 면접의 내용과 목적은 공장 내에서의 지도, 감독 및 관리방식을 개선하기 위하여 종업원들의 불만을 조사하고, 공장의 물리적 환경과 안전위생, 종업원 관계의 개선을 도모하기 위한 것이다. 아울러 소작업 집단을 대상으로 한 실험에서 나타난 결론들을 보완, 검증하고자 하였다. 따라서 화제는 주로 종업원 각자의 직무, 작업환경 또는 분위기와 감독자들에 대한 좋은 점과 나쁜 점 등이었다. 면접을 통해서 얻어진 방대한 조사 자료의 결과에 의하면, 생산능률의 저하는 물리적 작업조건이나 피로에만 기인하는 것이 아니라 주위의 인간적, 사회적 환경에 대한 개인의 균형이 잘 유지되지 못할 경우에도 발생할 수 있다는 것이다. 이와 같은 면접 과정은 면접 그 자체가 종업원들의 의견이나 감정을 털어놓을 수 있는 기회를 마련해 주게 되므로 이를 통하여 그들의 태도나 기분을 전환시키는 효과를 나타냈다.

이 면접 프로그램을 통해 발견된 또 하나의 사실은 종업원들의 감정에 대한 이해였다. 즉, 종업원에게는 두 종류의 감정이 혼합되어 형성되어 있었는데, 하나는 개인적 경력으로부터 유래되는 개인적, 심리적인 것이며, 다른 하나는 그들의 일상적 상호관계로부터 맺어진 특정한 사회집단의 한 성원으로서 가지고 있는 공통적인 집단의 감정이다. 따라서 종업원의 태도나 감정은 그의 개인적 경력과 직장의 정황에 비추어 볼 때 비로소 이해될 수 있는 것이다. 그러므로 인간 행동은 환경의 변화에 대한 반응으로서 직선적으로 행해지는 것이 아니라 감정과 태도가 개입하게 된다. 면접 프로그램 결과, 태도나 감정은 종업원 개인의 과거의 사회적 학습이나 개인적 경력에 의하여 형성된 가치관, 원망, 기대와 직장에서의 동료나 상사와의 사회적 접촉을 통하여 얻게 되는 만족감에 의하여 형성된다는 것이 밝혀졌다.

(4) 호손실험의 결론

호손실험을 통하여 밝혀진 사실은 인간의 생산성이 작업 시간, 작업방법, 임금, 작업장의 환경 등 작업의 물리적 환경들에 의해 영향을 받기보다는 인간의 내적, 심리적 요인에 의해 결정된다는 것이다. 돈보다는 마음, 심리 상태 안정이 더 중요하다는 점이 밝혀진 것이다.

첫째, 생산능률은 종업원의 태도 또는 감정에 크게 의존한다. 작업 성적(성과)은 작업의 물리적 환경조건, 작업시간, 임금 등과 같은 경제적, 생리적, 물리적, 작업조건보다도 종업원이 자기의 직무, 동료, 상사 또는 사회 전체 등에 대하여 갖는 태도나 감정에 의해서 크게 좌우된다. 다시 말해서 작업에 영향을 끼치는 종업원들의 근무의욕은 종업원들의 참여의식과 각자가 하나의 작은 사회단위의 구성원이며, 그 내부에서 가치 있는 업무를 수행하고 있다는 자신들의 존재 가치와 사회적 의식 등의 사회 심리적 태도와 같은 감정의 논리에 크게 의존하고 있다는 것이다. 이는 경영자가 최상의 작업조건을 마련해 주고 최선의 작업방법을 가르쳐 준다고 해도 일을 어느 정도로 열심히 할 것인가 하는 것은 종업원의 마음에 의해 결정됨을 알 수 있다. 결국 생산에 있어서 인적 요인의 중요성을 인식하게 되었다.

둘째, 종업원의 태도나 감정은 그가 속한 집단 내의 인간관계와 밀접한 관계가 있다. 어느 정도 열심히 일을 할 것인가 하는 마음의 결정은 주위 사람들과의 관계에서 형향을 받으며 종업원은 경제 논리로만 행동하는 이성적 동물이 아니고 감정적 동물이기도 하며, 이러한 감정은 근로 의욕에 중요한 역할을 한다. 이것을 계기로 종업원의 태도, 감정에 관한 탐구의 방향은 개인적 감정의 상황으로부터 사회적 상황에 대한 분석으로 향하게 된다. 개인적인 감정은 그의 성장이나 사회 경험을 통해 형성된 것이고, 사회적인 감정은 개인이 속한 집단의 공통적인 감정을 의미한다.

셋째, 공식적 조직 내에는 자생적 조직(비공식적 조직)이 있고 그것을 만들어낸 규범에 의해 인간의 행동이 통제된다. 종업원은 조직에서 기술적 과정에 의해 상호관계를 맺고 있는 것뿐만 아니라 이와 동시에 집단구성원 간의 상호작용에 의한 인간적 결합이 있다는 것을 발견하였다. 이러한 자생조직은 그들 특유의 집단 감정을 가지고 있으므로 경영자나 능률 전문가들이 비용의 논리나 능률의 논리만을 생각하여 합리화 방안을 일방적으로 추진한다면 반발을 유발한다는 것이다.

호손실험은 인간관계 연구에서 사회심리적 요인의 중요성을 촉진시켰으며, 리더십이나 소집단 행동에 관한 문제들에 대한 연구가 계속되어 1950년대에 본격적으로 발달한 현대적 인간관계론의 기초 역할을 하였다.

3) 초기 인간관계론에 대한 비판

호손실험의 연구결과가 발표되면서 미국의 산업계 및 학계에서 인간을 심리적, 사회적인 욕구를 가진 전인격적인 존재로서 파악할 필요가 있다는 의식이 확산되었다. 호손실험은 조직 내부의 의사소통이나 균형유지 문제를 중시하는 새로운 인사 기능의 필요성을 시사(示唆)하였으나 초기의 고전적 인간관계론은 다음과 같은 비판을 받고 있다.

첫째, 경영자는 항상 논리적으로 행동한다는 전제하에 연구를 실시하였기 때문에 친경영자적인 편견을 가지고 있다.

둘째, 조직 내의 사회집단에 한정되어 사회 전체와의 관련성을 경시하고 있다. 산업사회의 존립은 지역사회 및 사회 변동과 관련 있는 것임에도 불구하고 메이요(Mayo) 등의 실험은 산업사회의 중대한 변화를 간과하고 있다.

또한 공장 내 비공식 집단의 자발적인 협력 태도를 전통적 기준에 의해 지배되는 원시사회의 조화와 동일시하고 있는데, 이는 질적으로 달라진 근대 산업사회의 특성을 제대로 반영하지 못하는 회고주의적 성격을 가지고 있다.

셋째, 노사의 측면에서 보는 인간관계를 대면적 관계의 입장에서만 취급하여 전체 사회적 수준에서의 제도적인 노사관계, 즉 노동조합의 관계를 경시하고 있다.

넷째, 조직의 공식적 측면을 경시하였다. 비공식 집단에 지나치게 역점을 두어 연구하였기 때문에 조직의 공식적인 측면을 경시하고 있다.

다섯째, 인간의 일에 대한 동기와 관련하여 직무를 중심으로 한 인간행동의 동기가 아닌 전적으로 인간과 인간과의 관계 및 비공식 집단을 중심으로 하고 있다.

이와 같은 호손실험의 결론에 대한 여러 가지 비판에도 불구하고 호손실험을 계기로 집단의 사회이론을 구명하려는 연구가 활발해졌다. 즉, 사회적 집단의 연구에 초점을 두고 사람 대 사람이라고 할 수 있는 인간관계에 임상적 방법과 계량적 측정기법을 적용한 모레노(Moreno)의 사회성(社會性) 측정, 인간의 내적 과정 제반 요인에 대한 전체적인 역동체제를 분석한 레빈(Levin)의 집단역할, 조직 내 강력한 자생적 집단이나 소집단이 집단 구성원의 행동을 규제한다는 호멘스(Homans)의 소집단에 대한 연구는 생산성 향상을 중심으로 하는 기술적인 조직의 목표와 함께 인간성의 회복, 경영에 대한 주체적 참가, 일을 통한 개성 발휘의 기회 증대 등 종업원의 욕구도 동시에 충족시키는 양자 간의 조화를 강조하게 되었다.

3. 현대적 인간관계론: 인간자원 관리의 초점

1) 행동과학과 인간관계

행동과학의 목적은 인간행동에 관하여 객관적인 방법으로 자료를 수집하고 경험적 증거에 따라 일반적 법칙을 확립하며 그 법칙을 통해서 인간행동을 과학적으로 설명하고 예측하는 것이다. 따라서 행동과학은 조직의 공식적 측면과 비공식적 측면을 다 같이 포함하여 조직 전체를 인간의 조직활동이나 집단과정으로 보고 그것을 객관적으로 측정하고 연구한다. 여기에서 인간은 사회의 일원으로 수용되고, 그 속에서 지위를 확보하고 능력이 인정되기를 바라는 욕구를 가지고 있으며, 동시에 각자가 지닌 능력을 현실에서 활용하고 개발할 수 있는 기회를 원하고, 가치 있는 목표를 달성함으로써 느낄 수 있는 만족감을 요구하고 있다.

행동과학에 대한 연구는 인간관계 중심의 행동과학과 의사결정 중심의 행동과학의 두 방향에서 발전되고 있다. 전자는 주로 동기의 문제를 다루며, 후자에서는 조직의 의사결정과정을 해석하고 설명한다. 즉 조직 내 인간행동에서 중요한 것은 비공식적인 인간관계가 아니고, 공식적인 목표 달성을 위한 의사결정이라는 것이다. 인간관계 중심의 행동과학에서는 경제적 인간관을 중시했던 과학적 관리론이나 사회적 인간관을 강조했던 초기의 인간관계론과는 달리 자립적 인간관을 중시한다.

심리학에서는 개인행동에 초점을 맞추어 순수한 인간의 심리과정을 이해하려고 노력하며, 조직행태론에서는 사회환경이 복잡해지고 조직화되면서 인간행동이 조직체와 연결되어 어떤 현상이 일어나며 개별적인 행동보다는 조직 안에서 또는 조직 전체로서 어떤 행동양식을 보이는가에 관심을 자고 연구한다. 사실 인간관계를 정립하기 위한 노력에 있어서 자기통제나 자아실현의 욕구를 충족시켜 줄 수 있는 보다 합목적적이고 역동적인 접근이 필요하며, 행동과학은 이러한 요청에 부응한 동기 이론을 제시하였다고 볼 수 있다. 행동과학은 인간관계에서 일어나는 현상을 분석하고 이해하며 궁극적으로 어떻게 해야 가장 바람직할 것인가에 대한 처방에 이르기까지 다방면에서 인간관계 이론을 발전시킬 수 있는 기틀을 마련해 주었다고 할 수 있다.

2) 인간자원관리론: 인간 존중과 자아실현인 추구

행동과학적 접근을 대표하는 것은 인간자원관리론이다. 모든 인간은 귀속과 존경에 대한 공통 욕구를 갖고 있으며, 대다수의 사람들은 가치 있는 목적을 수행하는 일에 효율적으로 그리고 창의적으로 공헌하기를 기대한다. 대다수의 노동자들은 현재 그들의 작업이 요구하는 정도 이상의 능동성, 책임성, 창의성을 발휘할 수 있는 능력이 있는데, 이러한 능력이 미개발의 자원으로 남아 낭비되고 있다는 것이다. 따라서 관리자는 자신의 부하들이 조직의 목적을 달성하는 데 모든 재능을 바칠 수 있는 환경을 조성하여 이들의 창조적 자원을 개발하도록 해야 한다는 것이다. 또한 부하들이 일상적인 의사결정뿐만 아니라 중요한 사항에도 참여할 수 있도록 허용하고 장려해야 한다고 보았다.

일반적으로 인간자원관리론에 공통적으로 적용되는 일련의 가정들은 다음과 같다.

첫째, 조직 효과를 최대화하기 위하여 인간의 성장과 동기를 높이는 풍토를 지지하는 내부 구조를 참조할 필요가 있다. 조직 내 인간자원의 잠재적 능력과 창의성을 인식하는 관리자는 조직의 모든 수준에서 참여를 증가시킬 것이다. 또한 조직 내의 인간의 지식, 경험, 창의성을 가능한 한 충분히 활용하여 더 나은 의사결정을 얻으려는 목표를 강조하고 있다. 이러한 전폭적이고 건설적인 참여는 높은 수준의 신뢰와 충분한 의사소통(커뮤니케이션)과 갈등의 생산적 관리를 촉진하는 개방적 조직풍토에서 정착될 수 있다.

둘째, 불확실하고 급변하는 상황에서 적응적인 문제 해결적 조직은 권한과 위계 관료적 구조를 강조하지 않는다. 건강한 조직은 위계적 지위보다 전문성에 더 많은 비중을 두는 유연한 조직을 강조한다.

셋째, 고립, 냉담, 빈약한 작업성과는 직무 자체에서 얻는 만족, 예컨대 성취감, 작업의 본질적 가치 등과 더욱 밀접히 관련되어 있다. 조직(집단)의 구성원인 인간은 자기가 하고 싶은 일을 마음 놓고 수행할 때, 더욱 보람과 만족을 느낄 수 있다. 이런 가운데 자아실현인이 구현되는 것이다.

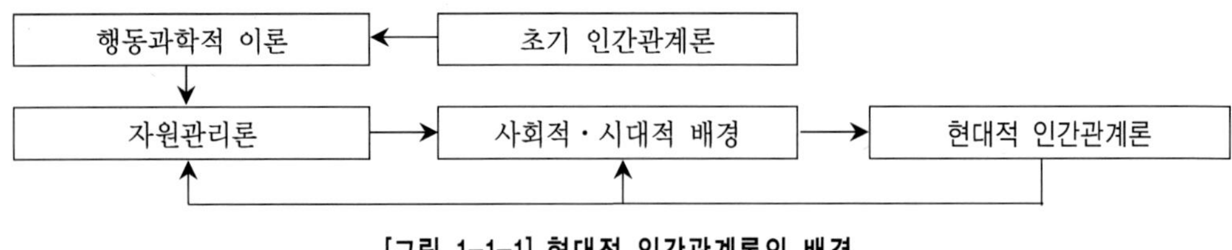

[그림 1-1-1] 현대적 인간관계론의 배경

제5절 인간관계론과 자아의 관계

자아개념이란 자기 자신에 대한 신념체계로서 개인의 행동을 이해하는 데 중요한 구인의 하나라고 할 수 있다. 이에 대한 관심은 인간의 본질을 규명하고자 하는 탐구와 더불어 시작되었다. 이와 같은 자아개념은 계속적으로 변화하고, 자신의 생활에서 중요 타인의 영향을 받으며, 계속 강화되는 경향이 있으며, 종종 자신의 외적인 측면으로까지 확대되는 특성을 지니고 있다.

또한 인간관계의 본질이라고 할 수 있는 자아개념은 경험을 여과하고, 자기충족적 예언을 하며, 주변의 정보를 해석하는 기능을 담당한다. 특히 자신과 타인에 대한 상호 간의 수용은 건전한 인간관계를 형성하는 토대를 마련한다. 주변의 의미 있는 타인과의 관계 속에서 개인의 자아개념은 자기 부정 대(對: VS) 타인 긍정, 자기 부정 대 타인 부정, 자기 긍정 대 타인 부정, 그리고 자기 긍정 대 타인 긍정 등과 같이 네 가지의 생활 자세로 분류되어진다.

사실, 자아개념이 어떻게 구성되어 있는가? 하는 문제에 대해 학자에 따라 견해를 달리하고 있다. 로저스(Rogers)는 자아개념의 구성요인으로서 자신의 성격이나 능력에 대한 지각, 다른 사람이나 환경과 관련을 맺고 있는 자신에 대한 지각, 경험이나 어떤 대상물과 관련지어 생각한 가치의 유형, 그리고 긍정적 또는 부정적 성격을 띠고 있는 것으로 지각된 목표나 이상 등을 지적하고 있다.

일반적으로 자아 개념의 구성요인은 지각 내용에 따라 분류하기도 하고. 그 하위 차원에 따라 일반성을 띠는 자아 개념과 구체성을 띠는 특정한 자아개념으로도 나타낸다.

자아 개념의 내적 구조의 견해 중 첫째는 일반 자아개념에 이론적 근거를 두고 있다. 이는 자아개념에서의 개인차는 일반 자아개념의 차이에 있다고 보고, 자아개념의 구조는 일반 자아개념이라는 주장이다. 이 이론은 샤벨슨(Shavelson) 등이 대표적 학자인데, 이 이론의 특징을 요약하면 다음과 같다.

첫째, 자아개념은 조직적, 다면적, 위계적 특성을 지니고 있다고 본다. 제1차원이 일반적 자아개념이고, 제2차원에는 학문적 자아개념과 비학문적 자아개념이 있으며, 이에 관련된 하위 차원에 사회적 자아개념, 정의적 자아개념, 신체적 자아개념 등이 있다. 이러한 하위 영역들은 특정한 상황에서의 행동평가에 의해 형성된다고 한다. 그리고 위계 서열상 위로 올라갈수록 자아개념은 안정적인 반면에 밑으로 내려갈수록 불안정하고 쉽게 변한다고 했다.

둘째, 자아개념을 일련의 세분화되어진 특수 구인들의 총합으로 보는 입장으로, 이는 스페아맨(Spearman)이 인간의 정신기능을 독립적인 기능을 갖는 구인들의 집합으로 보는 것과 그 모형 구조에서 비슷하다.

  셋째, 다원 특성, 다원 방법의 분석 연구들에서 볼 수 있는 접근으로, 여러 개의 특성을 달리하는 다양한 도구를 사용하며, 자아개념의 하위 요인들 사이의 관계를 통하여 자아개념의 고차원적인 일반 요인과 저차원적인 다면성을 갖는 위계적인 모형으로 그 구인의 타당성을 제의·규명하려는 시도를 했다.

제1절 인간과 인간관계

일반적으로 인간은 사회적 동물이다. 따라서 사람은 혼자서는 살 수 없다. 설령 혼자서 사는 사람이 있다고 해도 그런 삶은 별로 가치와 의미를 부여할 수 없는 것이다. 인간의 삶은 다른 사람과의 상호 작용과 영향을 주고받는 어우러져 사는 삶이 가치 있고 보람찬 것이다. 인간은 태어나면서부터 끊임없는 관계 속에서 살아간다. 인간은 사회적 존재, 관계의 동물인 것이다. 태어나서 죽을 때까지 수많은 관계를 경험하게 된다. 기쁨과 분노, 즐거움과 슬픔, 행복과 불행, 즉 인간사(人間事)의 중요한 문제들은 대부분 인간관계에서 비롯된다. 인간의 희로애락인 인생사 모두가 인간관계인 것이다.

사람과 사람이 관계를 맺는다는 것이 무엇인지, 어떻게 관계를 맺어야 하는지, 그리고 그 관계의 의미는 무엇인가? 현대 사회에서의 '군중(群衆) 속의 고독(孤獨)'처럼 고독한 인간의 모습이 그늘진 자화상이다. 진정한 인간의 삶은 상호관계로 묶여지는 매듭이요, 거미줄이요, 그물망이다. 이 인간관계만이 이 시대 중요한 문제인 것이다.

현대 사회의 인간관계는 인간의 삶과 생활의 근본적이면서도 전반적인 패러다임과 결부되어 있는 중요한 문제인 것이다.

제2절 인간관계의 기저(基底)

인간관계는 다른 사람과 상호작용하는 과정이다. 이러한 인간관계를 잘 맺고 있는 사람은 대부분 자기 자신의 가치를 먼저 깨달은 사람이라 할 수 있다. 자신의 참다운 모습을 깨우치는 데 있어 그 근원을 아는 것은 중요한 일이다. 자신의 현재 인간관계의 뿌리를 찾아서 떠나보는 것도 의미 있는 일이다.

많은 심리학자들은 인간이 자라면서(성장·성숙) 대인관계의 영향을 가장 크게 미치는 요인으로 초기 애착의 중요성을 논하고 있다.

톰슨(Thompson)은 영아기에 형성된 애착은 이후 사회성 발달에 지대한 영향을 미친다고 하였다. 실제로 현재 인간관계에 있어서 겪을 수 있는 어려움의 원인은 초기 애착형성 단계로 되돌아가 생각 볼 수 있다. 에릭슨(Erikson)은 영아기의 주된 발달 과업으로 영아가 세상을 신뢰하는 것에 대해 강조하였으며, 어머니(주 양육자)의 관여가 신뢰의 초점이 된다. 이 시기에 아기를 돌보아 주는 사람(주로 어머니)이 영아의 신체적·심리적 욕구를 잘 충족시켜 주면 아기는 신뢰감을 형성하게 되지만 만약 욕구가 제대로 충족되지 못하면 아기는 불신감을 갖게 된다. 인간이면 누구나 자신의 기본적인 욕구가 일관적으로 충족되는 예측 가능하고 안전한 세계에서 살기를 바란다.

때로는 불신도 필요하기 때문이다. 지나친 신뢰는 아동을 너무 순진하고 어수룩하게 만든다. 따라서 건강한 자아발달과 성장을 위해서는 불신감도 경험해야 한다. 건강한 발달을 위해 중요한 것은 신뢰와 불신 사이의 적당한 비율인데, 물론 불신감보다는 신뢰감이 더 큰 비중을 차지해야 한다.

실제로 애착형성(愛着形成)에서 중요한 것은 '누구'와 '어느 정도' 애착이 형성되었냐가 아니라 '어떻게' 애착이 형성되었냐 하는 것이다. 아인스워스(Ainsworth)는 영아와 어머니와의 관계에서 실제 아인스워스 실험을 통해 네 가지 애착유형을 찾아내어 이것이 성장 후 대인관계에 어떠한 영향을 미치는지 논한 바 있다.

첫째, 어머니와의 관계에서 친밀감을 추구하지 않는 '회피애착'인 경우, 대인관계가 소원하고 정서적 유대가 약하며 관계의 능동적인 주체가 되지 못한다.

둘째, '저항애착'은 어머니와의 관계에서 접촉은 시도하지만 분노를 보이거나 소리를 지르는 등 양면성을 나타낸다. 이 유형은 성장 후 대인관계에서도 양면적인 태도를 지니며, 관계가 불안정하다.

셋째, 어머니와 분리될 때 심한 분리불안을 보이거나 전혀 관심이 없는 태도를 보이는 '혼란애착'은 성장 후 대인관계에서 회피와 저항의 두 유형이 혼재된 특성을 지닌다. 마지막으로 가장 바람직한 애착유형인 '안정애착'은 성장 후 대인관계에서도 상호신뢰를 바탕으로 한 안정된 관계를 형성한다. 일반적으로 안정된 애착관계는 성장 후 주변세계에 대한 신뢰감으로 확대되고, 타인과 건설적인 관계를 맺을 수 있는 기반이 된다.

사실 인간의 신뢰감은 다른 사람에 대한 믿음과 자신에 대한 믿음을 동시에 포함한다. 어머니와 신뢰로운 관계를 맺는 과정에서 타인은 물론 자신에 대한 신뢰와 가치를 경험하는 인간이라고 받아들이는 것이며, 행복하고 의미 있는 인간관계를 이루는 데 있어서 필수 요소이다.

제3절 인간관계의 유형

1. 해리스(Harris)의 인간관계 유형

해리스(Harris)는 인간관계에서 관찰되는 네 가지 유형을 제시하였다. 인간은 성장하면서 자신과 타인에 대해 갖는 태도가 달라진다. 과거에 받았던 위로의 양과 종류에 따라 인간관계 유형이 결정된다. 즉, 자신과 타인에 대한 긍정적, 부정적 태도의 조합에 의해 네 가지 인간관계 유형으로 나누어진다. 네 가지 인간관계 유형은 [그림 1-2-1]과 같다.

이 해리스의 인간관계 유형은 의사소통의 관계를 규정하는 조해리의 창(Johari's Window)과 일맥상통하는 것으로서 창(窓)과 자아(自我)의 열림과 닫힘을 기준으로 인간관계를 네 유형으로 구분하고 있다.

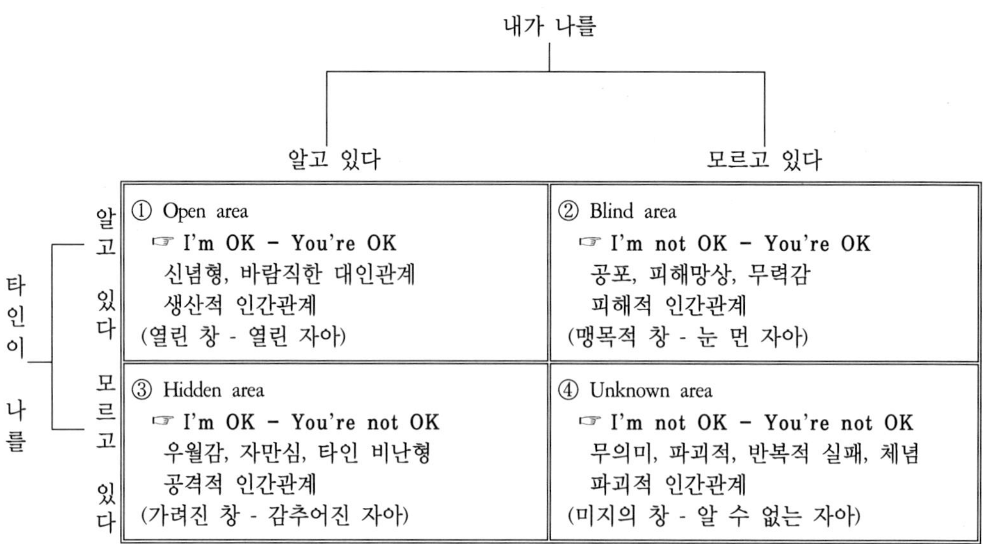

[그림 1-2-1] 해리스의 인간관계 유형

2. 영역별 특성

1) Open area(열린 창 - 열린 자아): 생산적 인간관계(자기 긍정 대 타인 긍정의 태도)

자신에 대하여 자신도 알고 타인에게도 알려진 부분. 이러한 상태는 타인에 대하여 개방적이고, 타인과 조화를 이루기 쉽기 때문에 갈등의 소지가 적다.

이러한 사람은 대인관계 형성에 있어서 진정한 관계를 맺는 데 시간을 투자하며, 문제를 건설적으로 해결할 능력이 있다. 뿐만 아니라 건강하고 행복한 방식으로 삶을 이끌어 나갈 수 있다. 즉, 긍정적이고 만족스러운 삶의 주체가 될 수 있는 가능성을 지니고 있다고 볼 수 있다.

2) Blind area(맹목적 창 - 눈 먼 자아): 피해적 인간관계(자기 부정-타인 긍정의 태도)

자신은 모르고 있으나 타인에게는 알려진 영역이다. 이 영역이 크면 자신이 기여할 수 있는 잠재 능력을 인지하지 못하거나 반대로 성과를 저해할 자신의 특성에 대하여 모르기 때문에 대인 관계의 효과성이 제약을 받을 수 있다.

삶의 초기 동안, 충분한 사랑을 받지 못했거나 벌을 많이 받았던 사람이 갖는 태도이다. 이 유형은 자신을 사랑받을 가치가 없는 존재로 여기며, 남과 함께 있기를 두려워한다. 또한 늘 타인들이 자신보다 더 낮다고 느낀다. 기본적으로 우울감, 사기저하, 소외감, 자기비하감을 경험하며 타인과 떨어져서 지내는 사람들이 대부분이다.

3) Hidden area(가려진 창 - 감추어진 자아): 공격적 인간관계(자기 긍정 대 타인 부정의 태도)

타인은 모르고 자신만 알고 있는 영역이다. 이런 경우, 자신의 숨겨진 부분이 다른 사람에게 노출될 때 다른 사람들의 반응에 상처를 입을까 두려워하여 감정을 숨기게 된다.

이 유형은 어린 시절 부모로부터 잔인하게 학대받은 경험이 있을 때 생겨난다. 따라서 타인을 부정적으로 대하게 된다. 또한 자기 실수를 남에게 전가하거나 희생당했다고 생각한다. 비행청소년, 범죄자들이 일반적인 특성으로 우월감, 자만심 속에서 살아간다. 이런 사람은 다른 사람과 거리를 두고 있으며, 다른 사람을 심하게 불신하고 경계하고 다른 사람과의 관계를 끊는 방향으로 나아간다. 자신에게 무슨 일이 일어날 때 객관적으로 되기 어려우므로 항상 남의 잘못, 남의 탓으로 돌린다.

4) Unknown area(미지의 창 - 알 수 없는 자아): 파괴적 인간관계(자기 부정 대 타인 부정의 태도)

자신도 모르고 타인도 모르는 영역이다. 이와 같은 상태에서는 상호 간의 전반적인 관계에서 오해가 발생할 소지가 증가하는 등 대인 관계의 질과 잠재력에 대한 영향이 감소된다.

부모가 냉담하여 애정적인 관계를 갖지 못하고 방임을 경험한 채 성장한다면 자신과 타인에 대한 의미를 발견하지 못한다. 이런 위치에 있는 사람은 체념하는 태도를 갖게 된다. 보통 일상생활에서는 별로 기분 좋은 게 없다고 느끼고 위축되어 있다.

또한 어떤 것에도 의미를 부여하지 못하고 시간만 보내게 된다. 삶의 의미상실, 정신 분열증 그리고 자살 및 타살, 즉 파괴충동을 느낀다.

3. 발달 단계에 따른 인간관계 유형

1) 유아기의 인간관계

인간은 가족관계 속에서 태어나게 된다. 즉, 출생과 더불어 가족구성원이 되는 것이다. 부모와 자식 간의 관계를 맺으면서 부모 자녀관계를 형성하게 되는 것이다. 아기와 부모와의 초기의 성공적인 상호작용은 앞으로의 인간관계에 커다란 영향을 미친다. 이러한 아기와 부모와의 상호작용은 애착의 형성을 통해 설명될 수 있다. 부모로부터 어떠한 양육태도를 가지고 보살핌을 받았는지는 아동의 성장과정에 지대한 영향력을 지닌다. 즉, 부모와의 성공적인 애착형성은 신뢰로운 인간관계를 맺는 데 기초가 된다. 또한 아기는 다른 자녀들과 형제 자매 관계도 형성하게 된다. 자녀의 수가 몇 명인가와 출생순위도 성격형성에 영향을 준다. 부모가 대등한 관계에서 자녀를 양육하지 못 할 경우 어떤 자녀는 타인과는 관계에 손상을 경험을 할 수 있다.

유아기에 이르게 되면 인간관계는 가족에서 이웃, 또래, 보육기관 등으로 점차 확대가 된다. 유아들은 또래들에게 관심을 가지기 시작하며 초기 친구관계를 형성하게 된다. 유아들은 또래들과 놀이를 통해 관계를 형성하고 사회성을 발달시키게 된다. 유아기 아동들은 매우 활동적이어서 또래나 성인과의 관계도 스스로 형성할 수 있게 된다.

2) 아동기·학동기(學童期)의 인간관계

아동기·학동기에 접어들면 또래와의 관계는 유아기의 또래관계와는 양적, 질적으로 다른 많은
변화를 가져오게 된다. 정서와 언어, 인지능력의 발달은 관계형성을 하는 데 영향을 미치는 주요한
요인으로 작용한다. 또래 집단을 형성하게 되고 주로 동성친구들로 구성된다. 또한 아이들의 주된
장이 가정에서 학교로 이동하게 됨에 따라 학교생활에서 교사의 역할은 매우 그 의미가 크다. 다음
의 'Miss A'사례는 학동기 초기에 맺는 교사와의 관계가 아동의 발달에 지대한 영향을 미친다는 것
을 보여 주고 있다.

[참고 자료] : Miss A 사례

　　1940년 남미의 남동부 쪽에 있는 한 도시, 그곳 빈민지역에 초등학교가 하나 있었다. 주위에 공장들이
가득 찼고 고물장수들이 거리를 메우고 있었으며, 세탁소며, 자동차 수리상점들로 시끌벅적하였다. 학교운
동장은 아스팔트밖에 눈에 보이지 않았고, 건물의 창문은 모두 철창이 달려 있었다. 이 학교의 학생은 500
여 명이었으나, 출석을 하는 아동은 보통 400명 정도였다. 이들 중 중·고등학교로 진학하여 졸업하는 경
우는 극히 적은 숫자였으며, 그나마 대학에 들어가는 사람은 거의 드물었다. 아동들은 대부분 싸움을 일삼
고, 문제를 일으켰다. 그때마다 학교에서는 가죽끈으로 이들을 때렸는데 아동들이 너무나도 거칠어서 그
외에는 다른 방법을 찾을 수가 없다고 판단되었기 때문이다. 아마도 1년에 평균 500건 이상의 체벌이 가해
졌을 것이다.

　　1950년대 초에 이 학교 졸업생이 교사가 되어 모교에 부임하였다. 그의 이름은 아이질 페더슨이었다. 페
더슨은 학교에 있으면서, 그와 같은 시절에 학교에 다녔던 동문들을 찾아 인터뷰를 하고 이 결과를 하버드
교육학회지에 보고하였다.
　　그 후 페더슨은 이 학교 졸업생이 상급학교로 졸업하는 비율이 왜 저조한가를 연구하였다. 그러나 곧
그는 그 이유를 알게 되었으므로 이 연구를 중단하였다. 그 이유는 페더슨이 'Miss A'라고 부르는 1학년 선
생님이 학생들에게 미친 영향을 발견하였기 때문이었다.
　　Miss A의 학급 아동들은 다른 학급의 아동들보다 더 높은 학업성적을 올렸다. 맨 처음에 사람들은 Miss
A가 점수를 후하게 준다고 생각하였다. 그러나 이들은 2학년이 되었을 때, 각 학급에서 학업 면에서 두각
을 나타내는 아동들은 1학년 때 Miss A가 담임이었던 아동들이었다.
　　이러한 차이는 졸업을 할 때까지 지속되었으며, 학년이 오를수록 그 차이는 더욱 벌어졌다. 2학년의 경
우, 다른 선생님이 담임이었던 아동들은 약 24%만이 우수한 평가를 받았는데 Miss A에게 1학년을 보낸 아
동들은 64% 이상이 매우 우수하다는 평가를 받은 것이다.
　　25년이 지난 후 페더슨은 그의 동료들에게 Miss A의 반에 있었던 아동들에 대해 연구하기를 제안하였
다. 1학년 때 Miss A의 반이었던 아동들을 추적한 결과 이들은 성인이 되었을 때에도 사회 경제적인 지위
면에서 다른 졸업생들보다 훨씬 더 나은 위치에 있다는 것이 발견되었다. 페더슨과 동료들은 이제 서른 살
이 넘은 이 학교 졸업생들에게 그들의 25년 전의 1학년 담임교사에 대해 말해달라고 요청하였더니, 대부분
이 선생님의 이름을 기억하지 못하거나, 나쁜 기억을 가지고 있었으나, Miss A의 반이었던 사람들은 선생
님의 이름을 기억하지 못하는 경우가 단 한 명도 없었으며, 대부분 긍정적으로 회상하였다.
　　그들은 Miss A는 친절하고 다정한 사람이었으며, 학생들의 외모와 능력이나 배경에 상관없이 성심으로
가르쳐서 글자를 깨우치지 못한 아동이 한 명도 없었고, 근심이 있는 아동들에게 방과 후에 상담을 해주었
으며, 가난한 아동에겐 도시락을 나누어 주고, 학생들을 신뢰했으며, 애정으로 통제했다고 회상하였다. 실
제로 Miss A는 늘 학급 아동들의 능력과 성품을 믿었다.
　　그녀는 학생들이 잘하기를 기대하고, 또한 그러한 능력이 아동 자신에게 있음을 아동들에게 강조하였다.
그녀는 이들에게 자아 존중감을 높여 주고, 성취동기를 북돋우어 주는 것을 잊지 않았으며, 좋은 점을 늘
칭찬하였다. 결과적으로 Miss A의 아동들은 그녀가 원하는 대로 되었다.

페더슨은 그의 보고서에서 이렇게 진술하였다. "만약 아동들이 호기심과 관심으로 학교생활을 시작하는 1학년 때에 이들을 믿고 성취동기를 북돋우어 주는 담임교사를 만난다면, 이들이 긍정적인 자아개념을 발달시키고, 학교생활을 성공적으로 수행할 확률은 훨씬 높아질 것이다."

페더슨은 그의 연구보고에서 Miss A가 자기 자신이라고 결코 말하지 않았으나 Miss A는 바로 페더슨 그 자신이었다. 페더슨이 자신의 도움이었다는 것을 발견하였을 때 그는 이미 병이 악화되어 죽음을 피할 수 없는 지경에 이르렀다. 그 많은 제자들에게 삶의 풍요를 안겨다 준 페더슨, 그러나 그 자신은 그렇게 행복하게 삶을 살지 못한 것이다. 그는 병약하고 가난했으며, 사회적으로도 성공하지 못했다. 불행히도 페더슨은 그가 학교를 입학한 1학년 때 Miss A를 만나지 못하고 Miss B를 만났던 것이다.

출처-김광웅 · 방은령(1992). 아동발달. 서울: 형설출판사.

3) 청년기의 인간관계

청년기가 되면 부모와 갖는 관계는 아동기 때 가졌던 부모와의 관계와는 다르다. 많은 청년들은 부모로부터 독립하고 싶어 하는 동시에 여전히 부모와 애착관계를 유지하기를 원한다. 가족이 청년에게 줄 수 있는 위대한 선물 두 가지는 뿌리와 날개라는 말이 있다. 여기서 뿌리는 가족과 청년과의 가까운 유대관계를 의미한다. 누군가로부터 사랑받는다는 느낌은 청년들에게 매우 중요하다. 날개는 독립을 의미한다. 부모로부터 독립에 대한 욕구는 청년기에 급격히 증가한다.

청년기에 친구란 어느 시기보다 그 의미가 크다. 친구관계는 한층 성숙해지고 활발해진다. 가족보다 친구의 영향력이 증대되며 부모로부터 자율과 독립을 얻기 위한 후원의 장이 된다. 많은 시간을 같이 보내고, 급격한 신체와 심리 변화를 경험하게 되는 데 있어서도 비슷한 변화를 겪고 있는 친구들에게 위안을 찾게 된다. 이와 같은 새로운 욕구와 복잡한 감정, 갈등과 자아정체감을 획득하는 데 따른 자아에 관한 개인적인 경험들을 털어놓고, 공유할 수 있는 친구를 필사적으로 원하게 된다.

청년기의 인간관계에서 다른 시기보다 큰 변화는 동성친구와의 우정에서 이성친구에 대한 친밀감과 애정을 발전시켜나가는 것이다. 청년은 이성교제를 통해 정상적인 인격형성을 도모할 수 있고, 성인남녀의 역할을 배움으로써 사회적 기술과 예의를 배운다. 이성과의 관계를 통해 타인에 대해 깊게 관여하고 이해하게 되고, 사랑의 본능을 충족시키며, 결혼의 배우자를 구하는 진밀감을 이룩한다. 에릭슨(Erikson)에 의하면 성인기에는 친밀감이 필요하며 이를 원한다고 하였다. 친밀한 관계는 상호 신뢰와 애정을 바탕으로 해서 '우리'라는 상호의존성을 발달시킨다. 따라서 청년기에 사랑하는 사람과 생을 함께하기로 약속함으로써 친밀한 관계를 이루는 과업을 형성한다고 하였다. 또한 이 시기에는 결혼을 통해 독립된 가정에서 남편-아내의 부부관계를 형성하고 자녀가 태어나면 부모의 위치에서의 새로운 부모-자녀관계를 경험하게 된다.

청년기는 '질풍노도의 시기'인 청소년기의 후기로 이성친구에 관한 관심과 접촉이 증가하고 자신의 장래 인생과 삶에 대하여 성찰과 숙고를 거듭하는 단계이다. 아울러 결혼을 통하여 독립적 가정을 이루고, 책임감이 가중되는 시기이기도 하다.

4) 장년기(중년기)의 인간관계

부모가 장년기(중년기)가 되면 자녀들은 청년기에 접어든다. 자녀가 청년기가 되면 부모와의 갈등은 불가피해진다. 중년세대는 십 대 자녀의 부모로서 부모 역할뿐만 아니라 노부모를 부양하는 자녀 역할도 해야 하므로 동시에 이중역할을 수행해야 되는 무거운 책임을 지니게 된다. 또한 자녀들이 독립해서 떠나고 부부만 남게 된다. 이를 '빈둥지 증후군(Empty nest syndrome)'이라고 한다. 자신의 삶을 오로지 자녀만을 위해 헌신해 온 전업주부인 경우, 부모로서 심한 심리적 상실감을 경험하는 것이다. 인생에 대한 허탈감과 공허함을 온몸으로 실감하는 시기이다.

청년기의 부모와의 관계는 결혼으로 인한 새로운 가족형성에 따라 자신과 남편의 원가족과 적응하는 과정에서 얼마나 조화로운 관계를 맺는가가 중요한 관건이 된다. 하지만 중년기에 있어서 부모와 관계는 부모가 노화나 질병 등으로 어려움을 경험하고 경제적으로 심리적으로 의존적인 시기이므로 부양자의 역할이 강조된 관계를 맺게 된다. 이러한 노부모 봉양은 노부모와의 관계가 증진되고, 노부모로부터 육아나 가사의 도움을 받거나 노화에 대한 지식을 습득하면서 인간적으로 성숙하게 된다고 하였다. 뿐만 아니라 자신의 자녀에게도 부모와의 관계를 보여줄 수 있는 좋은 모델이 될 수 있다.

장년기(중년기)는 또한 사회 경제적 능력이 최고의 수준에 오르는 절정기이다. 직장 내에서 진급을 통해 지위가 서서히 높아지게 됨에 따라 직장에서 권한이 확대되고 상급자의 위치에 서게 된다. 이 시기에는 부하직원을 지휘하고 통솔하는 상급자로서 리더십을 발휘해야 하는 새로운 인간관계를 경험하게 된다.

5) 노년기의 인간관계

노년기는 신체적, 심리적, 사회적으로 위축되는 시기이다. 은퇴로 인해 생활반경과 인간관계의 폭이 축소되고 자녀들도 이미 독립해 떠나간다. 따라서 노년기의 부부관계는 가족관계에서 가장 중요한 의미를 지닌다고 할 수 있다. 부부가 함께하는 시간도 많아지고 서로 의존성도 증대된다. 경제적으로나 심리적으로 자녀들에게 의존하는 관계를 형성하기도 한다. 또한 손자녀가 출생함으로써 조부모의 지위와 역할을 경험하게 된다. 조부모는 지혜, 사랑, 관용의 원천으로 손자녀를 대하며, 그 역할을 통해 자신의 존재 가치를 확인하고 상실감을 극복할 수 있다. 그러나 손자녀와 관계에 있어 양육방법에 대해 자녀와 갈등을 경험하기도 하고 원하지 않는 손자녀 양육을 담당하기도 한다. 덴햄과 스미스(Denham & Smith)는 조부모와 손자녀 관계에서 부모는 중요한 요인이 된다고 하였다. 즉 부모가 조부모와 친밀한 관계를 유지하면 자연히 손자녀도 조부모와 친밀한 관계를 갖게 된다.

노년기는 인간관계의 해체기라고 할 수 있다. 노년기에는 형제 자매 등 친척과 친구들도 세상을 떠나고, 그동안 가장 친밀한 관계를 가졌던 배우자와도 사별을 경험을 하게 된다. 또한 스스로도 인생의 피할 수 없는 종말로 죽음을 받아들이게 됨으로써 세상과 영원한 이별을 하게 된다.

그러나, 글로벌 지구촌 시대를 맞아 세계적으로 초고령화 사회로 접어들고 있다. 따라서 과거보다 평균 수명이 크게 증가한 노년기에 인생의 새로운 삶 영위와 보람 있는 노후 생활이 더욱 중요하게 되었다.

제4절 인간관계의 기본 원리(원칙)

1. 배려: 내가 먼저 손을 내밀어라, 자신이 먼저 다가가라

일반적으로 대부분의 사람들은 먼저 다가가기보다 상대방이 다가오기를 기다린다. 한국 사람들은 더욱 그러하다. 만약 친구를 사귀고 싶다면 먼저 손을 내밀고 악수를 청하라. 용기 있는 자만이 미인을 얻고 먼저 다가서는 자만이 훌륭한 친구를 얻는다. 인간관계에서는 손해 보는 것이 궁극적으로 큰 이익이 되는 것이다.

2. 호인: 호감(好感)을 가져라, 모든 사람을 좋아하라

사람들은 대개 자기를 좋아하는 사람을 좋아한다. 그리고 자기에게 관심을 보이는 사람에게 관심을 가진다. 호감과 관심을 받고 싶다면 먼저 상대방에게 호감과 관심을 가져라.

3. 소통과 교호: 소통(疏通)하라, 쌍방향 의사소통을 하라

인간관계는 커뮤니케이션 관계이며 커뮤니케이션은 통하는 것이다. 대화 중에 말, 생각, 감정이 진심으로 통해야 서로 통하는 사이가 된다. 공감하라! 상대방의 말을 집중하여 경청하고 상대방을 수용, 인정, 지지하라.

4. 덕담: 따뜻한 말을 하라, 따뜻한 가슴을 가져라

상대방에게 힘과 용기를 주는 말을 하라. 상대방에게 기쁨과 즐거움을 주는 말을 하라. 사랑과 애정이 담긴 말로 상대방의 마음을 따뜻하게 히리. 항상 힘담이 아닌 덕담을 하여야 한다.

5. 관용: 상대방에게 상처를 주지 마라, '설화(舌禍)'를 조심하라

상대방을 비판, 비난하지 마라. 상대방에게 책임과 잘못을 전가하지 마라. 상대방의 감정과 자존심에 상처를 주지 마라. 특히 말 상처는 상대방에게 큰 아픔을 주고 인간관계를 해치는 단초가 되기 쉽기 때문에 항상 조심하여야 한다. 늘 타인에게 관용을 베풀고 묵묵히 최선을 다하여야 한다.

6. 진솔: 속을 보여줘라, 늘 진실하고 진솔하라

우리 속담에 '열 길 물속은 알아도 한 길 사람 속은 모른다'고 했다. 모르면 이해할 수 없고 이해

할 수 없으면 친해지지 않는다. 솔직하게 자신의 생각과 감정을 표현하고, 있는 그대로의 속을 보여
줘라. 때로는 비밀도 공유하라.

7. 미소: 자신이 많이 웃고 상대방을 많이 웃겨라, 맑고 밝은 마음으로 웃어라

사람들은 잘 웃는 사람을 좋아한다. 사람들은 잘 웃기는 사람을 좋아한다. 사람들은 밝고 유쾌한
사람을 좋아하니 자주 웃고, 자주 웃겨라. 웃음은 만복의 근원이다.

8. 관대와 엄격: 상대방을 배려(配慮)하고 챙겨줘라, 타인에게 관대하고 자신에게 엄격하라

상대방의 일을 내일처럼 생각하라. 상대방의 애경사를 내 애경사처럼 생각하라. 상대방에게 필요
한 일, 도움이 되는 일을 미리미리 잘 챙겨줘라. 칭찬은 고래도 춤추게 한다는 말처럼 모든 이에게
자부심과 의욕, 그리고 감사함을 일깨워 준다.

9. 인내: 참고(忍耐) 이해하고 용서하라, 늘 인내와 관용하여라

인간관계에서 가장 중요한 것은 참는 것이다. 인간관계에서 가장 중요한 것은 참고 이해하는 것
이다. 인간관계에서 가장 중요한 것은 참고 이해하고 용서하는 것이다.

10. 시혜와 겸허: 먼저 등 돌리지 마라, 늘 손해 보고 겸손하라

쉽게 친해지지 않는다고 먼저 등 돌리지 마라. 별 볼 일 없다고 먼저 등 돌리지 마라. 섭섭하다고
먼저 등 돌리지 마라. 한번 맺은 인연을 소중히 하고 절대로 먼저 등 돌리지 마라. 항상 겸허한 자
세로 타인들에게 베풀어라.

[참고 자료: 도서 읽을 거리]

1. 〈어린 왕자〉 생텍쥐페리 지음

비행사인 나는 사막에 불시착한 후, 이상한 소년을 만나 양(羊)을 그려 달라는 부탁을 받는다. 그
소년은 애인인 장미꽃을 자기가 사는 별에 남겼고 여행길에 오른 왕자로서 몇몇 별을 순례한 후에
지구에 온 것이다. 외로운 왕자에게 한 마리의 여우가 나타나서, 본질적인 것은 눈에 보이지 않는다
는 것, 또한 다른 존재를 길들여 좋은 관계를 맺어 두는 일이 중요하다는 것을 가르친다.

➕ 탐구활동 자료

1. 다음의 글을 읽고 아래의 물음에 대해 생각해 보자.

> 우리는 다른 사람들을 필요로 한다. 우리는 사랑할 사람이 필요하고 다른 사람으로부터 사랑받는 것을 필요로 한다. 그러한 관계가 없다면 의심할 여지 없이, 우리는 혼자 남겨진 어린애처럼 성장을 멈추고 발달이 정지되고, 나중에는 정신이상이 되거나 심지어는 죽을 수도 있을 것이다.
>
> - Leo Buscaglia-

a. 일상생활 속에서 당신은 사랑하는 사람이 있습니까?

b. 일상생활 속에서 당신은 사랑받고 있는 사람이 있습니까?

c. 일상생활 속에서 당신은 타인을 사랑하고, 사랑받기를 원하고 있습니까?

2. 자가 진단

1) 나는 얼마나 고독한가?

다음은 여러분이 요즘 자신의 대인관계에 대해서 어떻게 느끼고 있는지를 알아보기 위한 질문들입니다. 문항을 하나씩 잘 읽은 다음, 자신이 얼마나 자주 그와 같이 느끼는지를 아래와 같이 적절한 번호의 해당란에 ○표 하십시오.

문 항	거의 그렇지 않다(0)	가끔 그렇다 (1)	종종 그렇다 (2)	자주 그렇다 (3)
1. 나에게는 친한 친구가 없다고 느껴진다.				
2. 다른 사람을 믿는 것이 두렵다.				
3. 나에게는 이성 친구가 없다고 느껴진다.				
4. 내 고민을 이야기하면 가까운 사람들이 부담스럽게 생각한다.				
5. 나는 다른 사람에게 필요(중요)하지 않은 사람이라고 느낀다.				
6. 나는 누구와도 개인적인 생각을 나누기 어렵다고 느낀다.				
7. 나는 다른 사람들로부터 이해받지 못하고 있다고 느낀다.				
8. 나는 다른 사람에게 다가가는 것이 편안하지 않다.				
9. 나는 외로움을 느낀다.				
10. 나는 어떤 친목 집단이나 조직에도 소속감을 느낄 수 없다.				
11. 나는 오늘 다른 사람과 교류를 가졌다는 느낌이 들지 않는다.				
12. 나는 다른 사람에게 할 말이 별로 없다고 느낀다.				
13. 나는 다른 사람과 함께 있으면 평소의 내 모습과 달라지는 것 같다.				
14. 나는 다른 사람 앞에서 당황할까 봐 두려워한다.				
15. 나는 재미있는 사람이 아니라고 생각한다.				

✎ 채점 및 해석

　1번부터 15번 문항까지의 점수를 모두 합하여 총점을 구한다. 총점의 점수대에 따라서 다음과 같은 해석이 가능하다.

0~10점인 경우: 고독감을 거의 느끼지 않는 것 같다.
11~20점인 경우: 보통 사람들이 느끼는 평균적인 수준의 고독감을 느끼고 있다.
21~28점인 경우: 보통 사람들보다 높은 수준의 고독감을 느끼고 있다.
29점 이상인 경우: 상당히 심한 고독감을 느끼고 있다.

2) 인간관계의 달인 지수

문 항	전혀 그렇지 않다(1)	그렇지 않은 편이다(2)	그저 그렇다 (1)	그런 편이다 (2)	매우 그렇다 (3)
1. 남의 흉내를 잘 내지 못한다(R).					
2. 느낌이나 생각, 내가 믿는 것을 행동으로 그대로 나타낸다(R).					
3. 연회나 모임에서 남이 좋아할 것 같은 것들을 말하지도 않고 행동하지도 않는다(R).					
4. 확신을 가진 것밖에 주장하지 못한다(R).					
5. 그다지 자세히 모르는 화제에 대해서도 즉석에서 말할 수 있다(R).					
6. 자신에 대한 인상을 심어주려고 혹은 남을 즐겁게 해주려고 연기(演技)를 할 때가 있다(R).					
7. 어떻게 행동해야 할지 모를 때 남이 하는 행동을 보고 힌트를 얻는다(R).					
8. 나는 아마 좋은 연기자가 될 수 있을 것이다(R).					
9. 영화나 책, 음악 관련 자료를 고를 때 친구의 조언은 거의 필요로 하지 않는다(R).					
10. 실제 이상으로 감동한 것처럼 행동할 때가 있다(R).					
11. 희극을 볼 때 혼자일 때보다 여럿일 때 더 많이 웃는다(R).					
12. 그룹 안에서 주목의 대상이 된 적이 거의 없다(R).					
13. 상황이나 상대가 달라지면 나 자신도 다르게 행동할 때가 종종 있다(R).					
14. 남이 자신에 대해 호감을 느끼게 하는 것을 특별히 잘하는 편은 아니다(R).					
15. 사실은 즐겁지 않더라도 즐거운 척 행동한 때가 가끔 있다(R).					
16. 나는 언제나 보이는 대로의 인간은 아니다.					

17. 남을 기쁘게 하거나 남의 마음에 들게 하려고 자신의 의견이나 행동을 바꾸지는 않는다(R).					
18. 나를 엔터테이너라고 생각한 적이 있다.					
19. 사이좋게 지내거나 호감을 얻으려고 남이 나에게 바라는 것들을 하는 편이다.					
20. 지금까지 제스처 게임이나 즉흥적인 게임을 제대로 해본 적이 있다(R).					

채점 및 해석

각 항목마다 점수를 합산한다. 단, (R)표시가 되어 있는 항목은 역 채점을 한다. 평균은 78점대가 일반적으로 그보다 높으면 인간관계에서 문제가 없다고 보아도 좋다. 95점 이상의 경우에는 인간관계로 고민하지 않을 것이며, 특히 107점 이상부터는 인간관계의 달인이라고 불러도 손색이 없다. 반면 65점 이하의 경우에는 자기 자신과 주위를 다시 한 번 둘러볼 기회를 가지는 것이 좋을 것이다.

제1절 인간관계의 유형(모형)

일반적으로 사람들은 인간관계를 통해서만 만족될 수 있는 기본적인 욕구들이 있으며 그 욕구들의 방향성과 원인에 따라 다양한 인간관계의 유형이 나타나는 것이다. 이는 슐츠(Schultz)의 FIRO(Fundamental Interpersonal Relations Orientation) 모형에서 일목요연하게 정의된다. FIRO(Fundamental Interpersonal Relations Orientation) 모형에서는 인간관계의 유형을 인간관계의 방향성과 원인 차원에 의해 분류하고 있는데, 각 단위들은 인간관계에 대해 사람들이 보이는 일반적인 경향을 나타낸다. 그리고 이 FIRO(Fundamental Interpersonal Relations Orientation) 모형 내지 유형은 교제욕구, 지배욕구, 애정욕구 등으로 나타난다. 이를 도표화하면 <표 1-3-1>과 같다.

〈표 1-3-1〉 슐츠의 FIRO 모형에 따른 인간관계의 경향

구분	교제욕구	지배욕구	애정욕구
능동적 측면 (나→타인)	나는 다른 사람들과 어울리고 교류하는 것을 원한다.	나는 다른 사람들의 행동이나 생각을 나의 뜻대로 변화시키기를 원한다.	나는 다른 사람들과 깊은 감정을 나누기를 원한다.
수동적 측면 (타인→나)	나는 다른 사람들이 나와 어울려주고 교류해 주기를 원한다.	나는 다른 사람들이 나의 행동이나 생각을 결정해 주기를 원한다.	나는 다른 사람들이 나와 깊은 감정을 나누어주기를 원한다.

제2절 인간관계 유형(모형)의 특징

1. 교제욕구

교제욕구가 아주 낮은 사람들은 타인과의 인간관계를 회피하므로 동문회·동아리 모임 등과 같은 사회생활을 하려고 하지 않으며 다른 사람들을 초대하려고 하지도 않는다. 반대로 교제욕구가 지나치게 강력한 사람은 혼자 있는 경우가 드물어 모든 모임에 빠짐없이 참여하는 경우가 많으며, 심한 경우에는 항상 누군가와 함께 있어야 한다는 강박 관념에 시달리는 경우가 있다.

그러나 교제욕구가 정상적이라면 다른 사람들과 같이 있든지, 혼자 있든지 상관없이 늘 편안한 마음으로 자기가 원한다면 사회활동에 적극적으로 참여하지만, 반대로 원하지 않는 사회활동은 쉽게

거부한다. 이러한 차이는 자신에 대해서 얼마나 긍정적인 자아상을 가졌는가에 달려 있다. 만일 자신에 대해서 부정적인 자아상을 갖고 있다면 "나서서 망신을 당하느니, 차라리 조용히 있는 것이 좋아!"라고 생각하거나 "난 사람들에게 인정받는 사람이 되고 싶어!"라고 생각하여 지나치게 강하거나 낮은 교제욕구를 갖게 된다. 그에 비해서 정상적인 교제욕구를 가진 사람들은 스스로에 대해 자신감이 있으며 타인에 의해 자신의 가치를 인정받고자 노력한다.

2. 지배욕구

지배(control)욕구가 낮은 포기주의자는 어떻게든 책임을 회피하려고 하며 자신의 책임을 대신해 줄 수 있는 사람들과 가까이 하려고 한다. 그에 비해서 지배욕구가 높은 독재자는 항상 남의 지배를 원하기 때문에 스포츠나 정치 혹은 사업 등에서 남들 위에 군림하면서 자신의 욕구를 적절히 직접적·간접적으로 표현한다.

그러나 정상적인 지배욕구를 가진 민주적인 사람들은 지배적인 역할을 맡거나 종속적인 역할을 담당하거나 간에 늘 편안하게 그 역할들을 수행한다. 즉, 자기가 처한 상황에서 지배력을 요구하거나 필요하다고 생각될 경우에만 지배력을 행사한다. 어떻게 보면 사람들이 자신의 책임을 지나치게 회피하거나 남들을 지배하려고 노력하는 것은 자신의 무력감을 감추려는 열등감의 반응이라고 할 수도 있다. 사실 자신감이 강하고 능력이 있는 사람이라면 어떤 경우에도 지나치게 타인들을 지배하거나 그들에게 의존하지 않는다는 점에 유의할 필요가 있다.

3. 애정욕구

애정(affection)욕구가 낮은 사람들은 타인과의 인간관계를 가능한 한 피하려고 하며 다른 사람과 교제를 하더라도 항상 거리감을 두고 사귀기 때문에 특별히 친밀한 사람이 별로 없기 마련이다. 그에 비하여 애정욕구가 높은 사람은 그냥 알고 지내는 것에 만족하지 못하며 아주 친밀한 관계를 유지하려고 한다. 상대방과의 관계가 원만한 경우에는 다양하고 친절하게 대하지만, 상대방에게 집착하기 쉬워서 상대방이 다른 사람들과 친밀한 관계를 유지하는 것을 보면 심한 질투심을 느끼게 된다.

그러나 정상적인 애정욕구를 가진 사람들은 대부분의 사람들에게 친밀감과 편안함을 주는 사람으로 자기가 어떤 사람들에게는 사랑을 받지만, 어떤 사람들에게는 사랑을 받지 못하리라는 것을 알고 있다. 지나치게 낮거나 높은 애정욕구를 갖는 이유는 자신이 남들에게 사랑을 받을 자격이 없다고 느끼기 때문이며 자신을 사랑받을 자격이 있는 사람이라고 생각한다면 애정을 주고받는 데 그다지 연연하지는 않는다.

다만, 인간관계의 유형(모형) 연구에서 유임할 점은 교제욕구, 지배욕구, 애정욕구 등의 유형(모형)이 단선적으로 어떤 사람에게만 독립적으로 존재하는 것이 아니라는 점이다. 인간은 매우 복합적 존재이기 때문에 이들 유형이 통합적으로 나타나는 것이다.

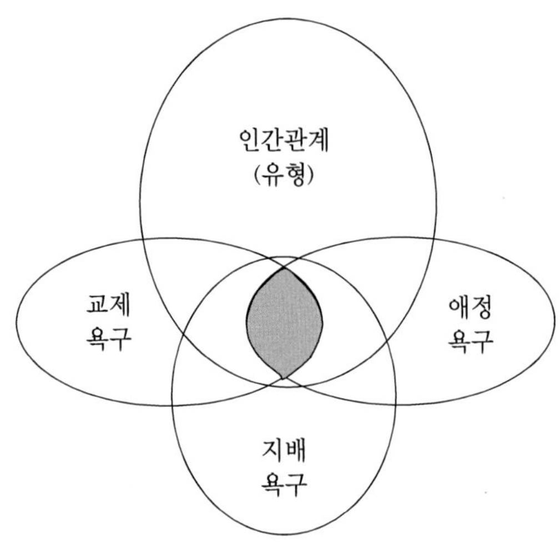

[그림 1-3-1] 인간관계의 유형과 욕구 관계

제3절 인간관계의 욕구 차이

일반적으로 FIRO(Fundamental Interpersonal Relations Orientation) 모형에서 볼 수 있듯이 사회생활에서 사람들이 경험하는 인간관계는 몇 가지 유형(모형)으로 구분될 수 있지만, 인간관계를 통해서 만족시키고자 하는 욕구들이 다양한 만큼 어떤 경우에는 욕구들이 갈등을 일으키기도 한다. 즉, 영화와 드라마 등에서 볼 수 있듯이 사랑을 위해서 목숨까지도 버리는 사람도 있지만, 집안에서 반대한다는 이유로 사랑을 포기하는 사람들도 찾아볼 수 있다. 이렇게 같은 애정욕구라고 할지라도 그 강도에서 서로 다를 수 있고 교제욕구나 지배욕구와 상충되면 애정욕구를 포기하는 경우가 생길 수도 있다.

사람마다 인간관계는 차이를 보이게 된다. 그 이유를 고찰해 볼 필요가 있다. 그 한 가지 이유는 선천적인 기질에서 찾을 수 있다. 발달심리학 연구에서도 찾아볼 수 있듯이 감정 표현의 안정성과 속도는 아기 때부터 차이를 보이며 이러한 아기의 기질 차이는 엄마와의 정서적 유대 관계뿐 아니라 아기의 사회성 발달에도 영향을 미친다. 그러나 이러한 선천적인 기질뿐만 아니라, 어린 시절의 경험도 사회성에 영향을 미치게 된다.

아인스워스(Ainsworth)에 따르면, 어머니에게 매달리거나 젖을 달라고 우는 아기의 애착 행동에 대해서 어머니가 일관성 있게 수용적인 태도를 보이면 아이는 세상에 대한 신뢰감에 기초한 안정된 애착(stable attachment)을 형성하게 된다. 이러한 안정된 애착에 근거하여 아이는 자발적이고 독립적으로 세상을 탐색하게 될 뿐만 아니라, 타인과 안정되고 친밀한 인간관계를 형성하게 된다. 아이의 애착행동에 대해서 어머니가 수용적 행동과 거부적 행동을 일관성 없이 나타내면 아이는 불안하고 양가적인 애착(anxious or ambivalent attachment)을 형성하게 된다. 이렇게 어머니에 대한 신뢰감을 갖지 못하게 되면 아이는 어머니의 사랑을 잃지 않기 위해 매달리는 행동을 하거나 반대로 과격한 행동을 보이기도 한다. 이러한 행동은 성인이 되어도 계속되어 타인의 인정과 사랑에 지나치게 예민하게 반응하는 불안정한 인간관계를 맺게 된다.

한편, 아이의 애착행동에 대해서 어머니가 지속적인 거부 반응을 보일 때에는 회피적 애착(avoidant attachment)을 보이게 된다. 이 경우 아이는 어머니에게 매달리는 행동을 포기하고 혼자 놀이를 하면서 시간을 보내며 자기만의 세계에 빠져들게 된다. 그렇게 되면 성장한 후에 타인과의 인간관계에 관심을 보이지 않고 혼자 할 수 있는 일을 즐기고 거기에서 만족을 얻으려고 한다. 이렇게 성인기의 인간관계 유형에는 어릴 때 어떤 경험을 하였는가가 중요하고도 큰 영향을 미치게 된다.

제1절 자아정체성(自我正體性)

1. 자아 인식

인간은 사회 구성원으로서 살아가는 동안 많은 사람들과 만난다. 한낱 스쳐 지나가는 만남이 있는 반면에 친화적인 믿음으로 지속적으로 만나게 되는 사람들도 많다. 현대인들은 과거 어느 때보다도 만남의 양(量)에 있어서는 압도적으로 많은 사람들과 만난다. 순간에 수많은 사람에게 문자메시지와 영상을 보낼 수 있는 시대에 '만남'과 '나'에 대한 내용과 고민은 100년 전과 비교될 수 없다.

'나는 누구인가?'에 대한 고민은 인간의 역사 이래로 지속적으로 제기되어 온 질문이지만 오늘 이 시대에 더욱 절실한 외침으로 여겨진다. 할아버지, 할머니가 살았던 삶과 그들의 부모의 삶, 그리고 그들의 자녀의 삶이 별반 다르지 않았던 시대에 가졌던 고민에 비해 순간적이고 가벼운 만남의 풍요 속에서, 하루하루 넘쳐나는 지식의 홍수 속에서, 그리고 소위 다가치사회의 변화무쌍한 현실 속에서, '나는 누구인가?'에 대한 답을 구하기란 쉽지 않다.

인간관계는 자신에 대한 이해로부터 시작된다. 나 자신에 대한 지각, 내가 바라보는 나의 모습은 자신이 되고자 바라는 모습과 외면하고 싶은 자신의 어두운 모습을 모두 포함되고 있다. 때때로 인간관계에서는 걸림돌이 되는 상당한 측면은 싫어하는 자기의 또 다른 모습을 발견할 때이다. 반면에 우리는 자신이 되고자하는 모습을 갖춘 다른 사람들을 만날 때 호감을 느끼게 된다.

일반적으로 '자아'는 서구 심리학의 중심으로 자아개념이 개인의 경험과 인지, 정성, 동기, 행동 등의 기능에 영향을 미치기 때문에 중요하게 다루어져왔다. 자아의 올바른 인식과 탐구야말로 인간관계론의 첫걸음이다.

1) 프로이트의 자아(ego)

자아에 대한 탐색은 여러 학자에 의해 광범위하게 언급되어져 왔으나 프로이트에 있어서 자아(ego)는 성격을 구성하는 초자아(superego)와 원초아(id)와 더불어 세 가지 요소 중 하나이다. 원초아가 출생 시에 이미 존재하는 무의식적인 공격적이고 동물적이며 조직되지 않은 자기애적 원동체라면, 초자아(superego)는 윤리적, 도덕적, 이상적인 체계로 사회의 규범에 알맞게 행동하여 갈등과 처벌을 피할 수 있도록 가장 마지막에 발달되는 체계이다. '자아(自我)'는 원초아의 욕구와 초자아의 거절사이에서 현실에 맞도록 조정하여 개체를 적절히 유지시키는 기능을 한다. 프로이트는 자아가 원초아에서 파생되어 생후 6~8개월부터 발생하기 시작하여 2~3세에 형성된다고 보았다.

프로이트는 초자아를 두 개의 하위체계, 즉 양심(conscience)과 자아이상(ege ideal)으로 나누었다. 양심은 자신의 행동에 대한 비판적 평가나 도덕적 억압, 죄의식 등이 포함되며 자아이상은 목표나 포부와 관련되며 자존감과 긍지를 갖게 한다. 양심과 자아 이상은 모두 부모의 양육방식과 관련되며 부모의 야단이나 처벌 또는 부모의 칭찬에 의해 만들어진다.

2) 융의 자아(self: 自我)

프로이트의 자아개념은 이후 많은 심리학자들에 의해 수정 보완되며 확장된 개념으로 논의된다. 융은 프로이트의 자아(ego)보다는 폭넓은 개념으로 자아(self)를 보았다.

즉, 자아는 인간의 영혼(Human Psyche)의 중심이며 무의식 영역 안에 존재하기 때문에 자아(ego)가 내가 의식하는 혹은 내가 알고 있는 나를 말한다면, 또 다른 자아(self)는 나도 잘 모르는 나 자신의 본성이기 때문에 의식적으로 탐색할 때 그 모습이 발견된다고 하였다.

자아(ego)는 의식되는 감정, 생각, 기억, 지각 등의 정신세계 모두를 가리키며 의식 여부를 결정하는 것은 부분적으로 심적 기능에 의해 좌우된다고 보았다. 그러므로 융은 사람들이 세계와 관계를 맺는 방식, 즉 자아의 태도는 두 가지가 있다고 가정하였다. 내향적인 경우에는 개인의 관심이 내적인 자신에게 향해 있으며, 외향적인 경우에는 관심이 외부세계로 향해 있다고 생각하였다. 내향적인 사람은 수줍어하고 사려 깊고 조심성이 많은 반면 외향적인 사람은 사교적이고 활동적이며 모험을 좋아한다고 생각하였다.

융은 자아의 기능으로 합리적 기능과 비합리적 기능을 들었다. 사고와 감정은 합리적 기능으로 사고는 분석적이고 객관적이고 정의와 공정성의 원리에 관심을 기울이고, 과거 → 현재 → 미래 사이의 관계를 중시한다. 반면에 감정은 상대적인 가치와 문제의 장점 등을 고려하여 자기 자신이나 타인의 가치를 더 중히 여기기 때문에 어떤 문제에 있어서도 기술적인 측면보다는 인간적인 측면을 중시하고, 친화와 온정과 조화를 바라며, 과거의 가치를 중시한다.

감각과 직관을 비합리적 기능이라 부른 이유는 이 두 기능이 어떤 합리적인 방향에 얽매이지 않고 자유로이 작용하기 때문이다. 감각이란 우리의 감각을 통해 관찰하는 것으로 구체적으로 존재하는 것을 인식함으로써 이루어진다. 감각은 현재 일어나는 일만 깨닫는 것이기 때문에, 감각적 인식을 선호하는 사람은 직접적인 경험에 초점을 맞춘다. 그러므로 구체적이고 실제적이며, 관찰능력이 뛰어나고 상세한 것까지 기억을 잘한다. 이에 비해 직관이란 통찰을 통해 가능성, 의미, 관계를 인식하는 것을 말한다. 융은 직관을 무의식에 의해 나타나는 인식으로 특징짓고 있다. 직관은 관련이 없어 보이는 일들을 갑작스럽게 인식하는 패턴, 즉 육감이나 예감 또는 창의적인 발견과 같이 돌발적으로 의식에 떠오르기도 한다.

자아(self)는 의식과 무의식을 포함한 전체 정신의 중심이며 모든 성격의 요소들 간에 통일, 조화, 전체성을 찾도록 해주는 것이다. 융의 무의식은 프로이트에서 나아가 억압되거나 망각된 개인적 무의식과 함께 집단 무의식의 중요성에 대해 언급하였다. 집단 무의식은 인류 이전을 포함한 과거의 모든 기억의 흔적으로 자아가 이와 같은 무의식을 무시하면 여러 종류의 왜곡을 일으켜서 합리적 과정을 무너뜨릴 수 있다고 보았다. 그러나 시기적으로 통합된 상태의 발달은 시간이 걸리므로, 자기의 원형은 중년까지 충분히 성취되지 않는다고 하였으며, 자기 원형이 실현될 때, 의식과 무의식 간에 균형이 생긴다고 하였다.

2. 기타 자아에 대한 논의: 미드 이론, 쿨리 이론, 제임스 이론 등

사람들은 자신을 다른 사람과 구별하여 인식하는 특별한 사고와 신념이 있다. '나'와 '너'의 비슷한 점도 있지만 살아가는 동안 다른 사람과 구별되는 '나'에 대한 경험이 쌓여가며 자아개념을 형성한다. 자아란 생각하고 느끼는 나에 대한 나 자신의 관점이나 느낌을 말하며 자아개념은 이와 같이 내가 나 자신에 대해 갖는 지각들의 총체라 할 수 있다.

우리는 사실 자신이 얼마나 유능한지, 비호감형인지, 매력적인지 객관적으로 측정하는 것이 불가능하다. 그러므로 다른 사람들과의 관계에서 어떤 입장이나 태도를 갖는지로 판단한다. 즉, 인간관계와 관련된 자아개념은 '나는 다른 사람들이 싫어하는 사람이다', '나는 친구가 많다', '나는 중요한 역할을 하는 사람이다' 등을 말한다.

이와 같이 자아개념은 사회적 상호작용을 통해 의미 있는 타자(significant others)와의 상호작용의 결과로 얻는다. 그러므로 사회화는 자아개념에서 매우 중요한 부분이다. 사회적 자아는 일상생활에서 수행하는 사회적 역할과 관계와 밀접하게 관련된다. 역할(Role)이란 사회적으로 기대되는 행동 유형으로 대체로 어떤 지위에 있는 사람에게 사회 구성원으로부터 공통적으로 기대되는 행동을 말한다. 주로 상대와의 관계에서 수행하는 기능과 관련되는 개념으로 교사로서, 부모로서, 혹은 학생으로서의 역할을 들 수 있다. 부모 등 중요한 타인이 보내는 메시지는 이러한 자아개념의 형성에 큰 영향을 준다. 또한 남과의 비교에서 상대적 위치를 파악하는 사회적 비교가 자기 인식과 함께 중요한 영향을 미치게 된다.

그러므로 미드(Mead)는 자아가 다른 사람의 관계 속에서만 의미가 있다고 주장하였으며, 쿨리(Cooley) 역시 '영상자아'의 개념을 통해 자아개념이 사회적으로 구성됨을 강조하고 있다. 영상자아란 사회적 거울에 의해 반영된 이미지로, 다른 사람이 자신을 어떻게 바라보는가에 따라 자아개념이 발달하는 것을 말한다. 즉, 자신이 어떤 사람인지는 인간관계를 맺고 있는 타인의 눈을 통하여 타인이 자신에게 반응하는 방식을 보고 들으면서 지각하게 된다는 것이다. 그러므로 낙인이론에서 말하는 것처럼 "문제아"라고 규정하고 비난하는 과정은 실제로 자신을 그렇게 인식하게 하며 문제아의 역할을 수행할 가능성을 높게 만든다.

스트랭(Strang)은 자아개념을 전체적, 일시적, 사회적, 이상적인 네 가지의 자아개념으로 분류하였다. 전체적 자아개념이란 자신의 능력, 신분, 역할 등을 전반으로 인식하는 자아개념이며, 일시적 자아개념은 순간적인 기분에 따라 영향을 받는 것을 말한다. 사회적 자아개념은 다른 사람이 자신을 어떻게 보느냐에 따라 자신을 평가하는 것을 말하며, 이상적 자아개념은 자신이 그렇게 되었으면 하고 바라는 것을 말한다.

또한 윌리엄 제임스(William James)는 자아(self)를 '인간이 자신의 것이라고 할 수 있는 모든 것'으로 정의하고 있다. 즉, 여기에서의 자아는 동료들로부터의 인정과 같은 사회적 자아, 자신의 정신적 능력이나 성향 등 내적 혹은 주관적 존재로 인식하는 정신적 자아뿐 아니라 자신의 몸을 포함한 가족, 집 소유물과 같은 물질적 자아가 모두 포함된다. 물질적 자아는 자신을 가시적으로 표출시키는 다이어트 열풍 등 외모, 아파트 평수, 자동차, 휴대폰 등의 사회문화와 밀접한 관계가 있다.

자아의식이 형성되는 과정
① 내가 남들에게 어떻게 보이는가에 대한 나의 상상
② 보이는 나의 모습에 대하여 남들이 부여하는 평가에 대한 나의 상상
③ 그 평가에 대한 나 자신의 느낌

제2절 자아 분석

1. 교류분석과 자아의 구조적 분석

교류 분석이란 에릭 번(Eric Berne)에 의해 창안된 개인의 성장과 변화를 설명하는 이론이다. 개인은 심리적으로 세 가지 자아 상태(P, A, C)에서 행동하고 교류하며 균형 잡힌 자아 상태를 통하여 건전한 타인과의 관계를 유지하며, 관계를 통하여 성장하고 변화한다.

교류분석의 기본철학은 인간에 대한 긍정성에 있다. 즉, 인간은 본래 착한 성질을 갖고 있기 때문에 자라나는 과정에서 형성된 부정성(각본)을 극복(재결단)할 수 있고, 본래성을 회복하여 성장할 수 있다고 본다. 교류분석에서는 또한 사고, 감정, 행동의세 차원의 조화로운 통합을 중요하게 다루며, 어떻게 사고하는 가에 따라 감정과 행동이 변화될 수 있다고 본다. 교류분석은 자기 성격의 이해, 타인 성격의 이해를 통해 자기와 자신의 관계를 깊이 이해하고 이에 의해 인간의 긍정적인(Okness) 변화를 도모한다.

교류분석이론에서 가장 기초가 되는 이론은 자아 상태의 구조적 분석이다. 자아 상태(Ego-State)는 인간의 행동에 영향을 주는 경험들이 기억으로 저장된 상태를 말한다.

자아에는 세 가지 상태인 부모(P), 어른(A), 어린이(C)자아로 이루어져 있으며 하나의 자아 상태로 에너지가 집중할 때, 그때의 자아 상태의 태도와 행동, 감정 반응이 나타나게 된다. 즉, 자애로운 어머니나 엄한 아버지와 같은 부모자아(P), 객관적이고 합리적인 어른자아(A), 천진난만하거나 순종적인 어린이자아(C)의 세 부분의 자아 상태가 통합되어 있다고 보는 것이다.

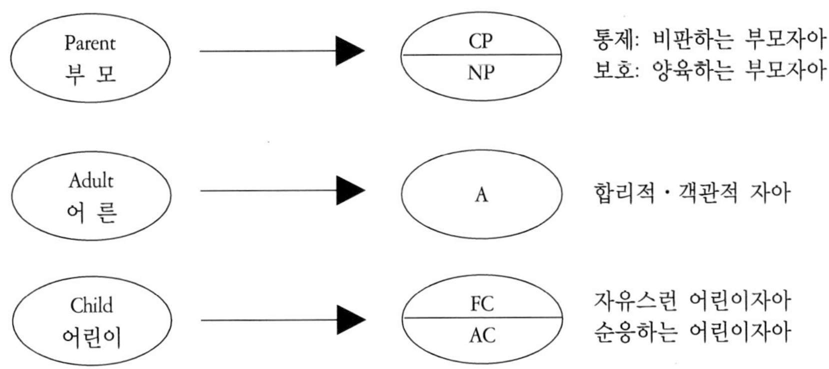

[그림 1-4-1] 세 가지 자아 상태의 영향

부모자아는 기능상 양육적 부모자아(NP)와 비판적 부모자아(CP)의 두 가지로 나뉜다. 부모의 명령이나 요구대로 살아가며 부모의 행동, 사고, 감정을 반복할 때 CP자아 상태에 있는 것이며, 부모의 자애롭고 포용하는 양육적 행동, 사고, 감정을 반복할 때 NP자아 상태에 있다고 한다. 어린이자아도 훈련받지 않은 그대로의 자유로운 어린이자아(FC)와 성인에 의해 훈련을 받고 영향 받은 적응적 어린이자아(AC)로 구분된다. FC는 어른이 되어서도 자유분방한 어린이처럼 솔직하게 자신을 표현하는 것이며, AC는 자신의 사고나 감정보다는 타인의 요구에 맞추어 반응하는 것을 말한다. 어른자아는 어린 아이가 자기 자신의 자각과 독자적 사고가 가능해짐에 따라 자신이 혼자서 어떤 일을 해낼 수 있다는 능력감을 갖게 되면서 서서히 형성되기 시작한다. 상황에 따라 내면에 있는 세 가지 자아 형태는 적절하게 조정되나 때로는 어느 한 자아 상태에 고착되기도 한다.

이와 같은 교류분석의 자아 상태분석을 위해 미국의 심리학자 듀세이는 에고그램(Ego-gram)테스트를 개발하였다. 이를 통해 어느 정도 자신과 타인의 자아 상태를 파악 해 볼 수 있으며 인간관계 형성에 유용하게 활용할 수 있다.

〈표 1-4-1〉 EGO gram 점검표(예)

에고 그램은 자아 상태를 분석하는 도구로 "어떻게 되고 싶다"가 아니고 평상시에 얼마나 그런 편인지 자신의 성향 정도에 따라 5, 4, 3, 2, 1점으로 표시하고 합산하여 측정한다. 다음은 에고 그램 문항의 일부이다.					
1. 남에 대해 융통성이 있는 편이다.					
2. 불만이 있더라도 참는 편이다.					
3. "해야 한다. 하지 않으면 안 된다"는 말을 자주 쓴다.					
4. 자기감정을 억누르는 편이다.					
5. 원하는 것을 손에 넣지 못하면 못 배기는 편이다.					
6. 여러 가지 책을 많이 읽는 편이다.					
7. "야, 멋있다. 와!" 등과 같은 감탄사를 자주 쓴다.					
8. "좋다. 나쁘다" 등을 분명하게 말한다.					
9. 앞으로의 일을 냉정하게 생각하고 행동한다.					
10. 상대방의 말에 귀를 기울여 공감하는 편이다.					
합계					
	CP	NP	A	FC	AC

자아 상태에는 양면성이 있어서 항시 부정적인 측면과 긍정적인 측면을 동시에 갖고 있다. 어떠한 형에도 더 나은 형이란 없다. 가장 이상적인 상태는 세 가지 자아 상태가 적절한 인간관계의 상황에서 적절하게 표출되는 통합적인 모습이라 할 수 있다. 그러나 일부 자아기능이 주도적인 경우 인간관계에서 어려움을 갖게 된다. 각각의 부모자아, 어른자아, 어린이자아의 기능이 주도적인 경우의 특징을 살펴보면 다음과 같다.

1) P-주도형: 성실성

부모자아가 강한 'P-주도형'의 특징은 성실성에 있다. 전통과 도덕을 중시하며 강한 책임감을 가진 반면에 다소 융통성이 부족하거나 감정표현이 부족한 측면도 있다.

부모자아 중에서도 CP가 높은 경우 부정적인 측면은 타인에 대한 엄격하고 비판적인 태도를 볼 수 있으며, 권위적이고 독선적인 경우도 있다. 이에 비해 긍정적으로는 규범적 태도와 높은 신념을 볼 수 있다.

NP가 높은 경우 타인에 대한 보호와 지지, 아래 사람을 포용하며 이해심이 많은 것이 긍정적이나 과보호와 지나친 간섭, 맹목적인 애정이나 잔소리 등으로 인간관계에 부정적일 수 있다.

2) A-주도형: 현실성

현실적 자아가 높은 'A-주도형'의 경우 분석적인 성향이 강하고 현실 감각이 높은 것이 특징이다. 긍정적인 측면으로는 부모자아와 어린이자아를 조정하고 통제하는 능력이 뛰어나고 합리적이고 객관적인 점이다. 그러나 때로 인간미가 부족하고 차갑게 느껴지기도 한다. 인간관계에서 냉정하고 계산적이라는 평가를 받기도 한다.

3) C-주도형: 창의성

어린이자아가 높은 'C-주도형'은 창의성이 뛰어나고 유아적 욕구가 큰 것이 특징이다. 때로 문제처리가 미숙하여 사회적응에 곤란을 겪기도 한다.

어린이자아 중에서도 FC가 높은 경우 애정표현이 풍부하고 유머 감각을 지녀 밝고 유쾌함으로 인간관계 형성에 긍정적인 측면이 있다. 그러나 부정적으로는 충동적이고 자유방종이거나 오히려 반항적이고 공격적일 수 있다. AC가 높은 경우는 겸손하고 적응적이며 감정 통제를 잘하나 부정적으로는 폐쇄적이거나 의존적이고 우유부단, 과민성을 보이기도 한다.

이상과 같은 자아 상태의 구조분석은 자신과 타인의 사고와 행동방식을 이해하고 인간관계를 증진시키는 데 활용할 수 있다. 스스로 자아 상태 중 높은 부분을 낮추려는 노력보다는 낮은 기능을 높이는 것이 좀 더 바람직하다.

즉, CP가 낮은 경우 약속을 지키고 책임감을 갖고 공사를 명확히 구분하여 옳고 그름을 명확히 하여 자신에게 엄격하게 하는 것이 도움이 된다. NP가 낮은 경우에는 상대방을 칭찬하고 격려하며 용기를 주고 상냥하게 대하며 스킨십을 자주 사용하고 관대해지고자 노력하는 것이 좋다. A가 낮은 경우 시간관리와 냉정하고 객관적인 자세를 갖추고자 하여야 한다. FC가 낮은 경우에는 마음의 여유와 예술, 낙관적인 사고가 도움이 되며, 마지막으로 AC가 낮은 경우에는 좀 더 타인에게 주의를 기울이고 타인에 대한 배려가 요구된다.

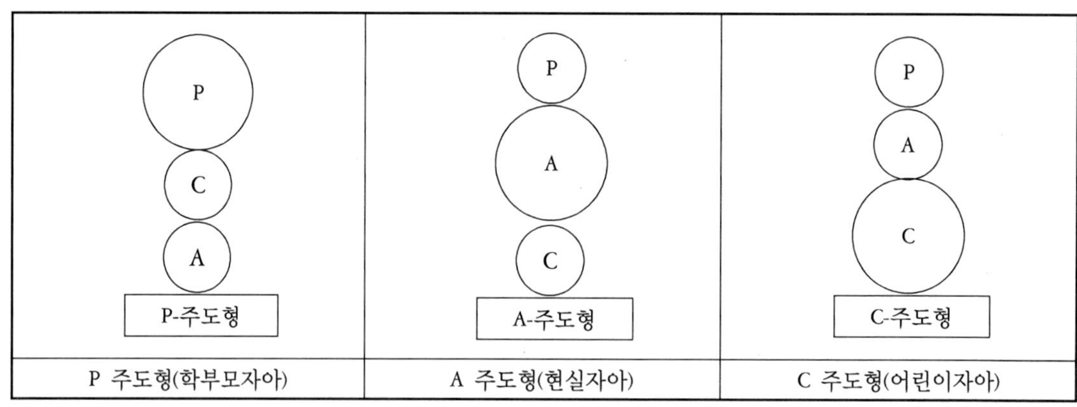

[그림 1-4-2] 자아의 주동형별 모형

2. 생활자세

교류분석의 또 다른 이론적 토대는 인생태도에 대한 것이다. 즉, 어떤 사람이 자기 자신과 타인에 대해서 느끼고 결론을 내리는가의 심리적 생활 자세와 관련된다. 생활 자세는 자신과 긍정적(OK) 혹은 부정적(NOT-OK)인 느낌과 결론에 의해 네 가지로 구분할 수 있다.

생활 자세는 인생 초기에 양육방식에 크게 영향을 받는다. 출생 후 절대적인 성인의 양육과 보호에 의존해야 하는 영유아는 민감하고 세심하게 보호되었는가 혹은 무관심한 방임으로 또는 엄격함으로 적절히 보호받지 못하였는가에 따라 기본적인 인생태도를 습득하게 된다. 즉, "나는 소중하다"고 지각된 경험은 자기 긍정적(I'm OK)인 생활 자세를 갖게 되지만, "나는 살아 있을 가치가 없다"고 지각된 경험들은 자기 부정적(I'm NOT OK)인 생활 자세를 갖게 된다. 마찬가지로 타인에 대해서도 "사람들은 나를 도울 수 있을 것이다" 혹은 "사람이란 믿을 수 없는 존재다" 등의 타인 긍정(You're OK) 혹은 타인 부정(You're NOT OK)의 생활 자세를 갖게 된다. 이러한 생활 자세를 점검하기 위해 개발된 것으로 OK-gram이 있다.

네 가지 심리적 생활자세의 첫 번째는 자기 긍정-타인 긍정의 생활 자세이다. 가장 정신적으로 건강한 자세이며 인간관계에 있어서도 가장 원만하고 이상적인 모습이다. 이러한 생활 자세는 인생에 대해서도 살만한 가치가 있다고 느끼며 개방적이고 신뢰감이 형성되어 있어서 작은 실수나 불행을 인생의 도약을 위한 발판으로 삼는다. 이에 비해 자기 긍정-타인 부정의 생활 자세는 자신이 희생되고 있다고 여기며 불행의 원인을 타인에게 돌림으로써 원활한 인간관계를 이루는 데 어려움을 겪는다. 세 번째 자기 부정-타인 긍정의 경우는 무력감을 느끼는 사람들의 생활 자세이며 심리적 우울과 좌절 등의 위험을 갖고 있다. 마지막의 자기 부정-타인 부정은 가장 절망적이고 파괴적이며 삶의 흥미를 잃고 우울과 자살을 야기할 수 있는 자세로 정상적인 인간관계를 기대하기 어렵다.

OK gram은 인간의 생활 자세를 점검하기 위해 개발된 프로그램으로 총 12개 항목으로 구성되어 있으며 각 문항은 긍정적인 면과 부정적인 면으로 구분된다.

〈표 1-4-2〉 OK gram 점검표(예)

오케이 그램은 생활 자세를 점검하기 위해 개발된 것 긍정적인 면, 부정적인 면으로 구분된다.				
1. 나는 나 자신을 좋아한다.				
2. 나의 탄생은 그다지 환영받지 못했다고 생각한다.				
3. 나는 나 자신이 한 언행에 대해서 곧잘 후회한다.				
4. 나는 다른 사람의 장점보다 단점을 지적하는 편이다.				
5. 나는 기본적으로 다른 사람을 신뢰한다.				
6. 다른 사람들 앞에서 이야기할 때, 그다지 불안하거나 긴장되지 않고 자연스럽게 말한다.				
7. 싫어하는 사람일지라도 함께 일을 잘해낼 수 있다.				
8. 동료가 실패를 하더라도 언제까지나 책망하지 않고 격려한다.				
9. 나 자신을 그다지 존경할 수가 없다.				
10. 동료들에 비해서 나는 타인에 대해서 엄격한 편이다.				
11. 나는 그다지 다른 사람을 칭찬하지 않는 편이다.				
12. 나는 대개 다른 사람이 하는 만큼은 할 수 있다.				
합계	U-	U+	I+	I-

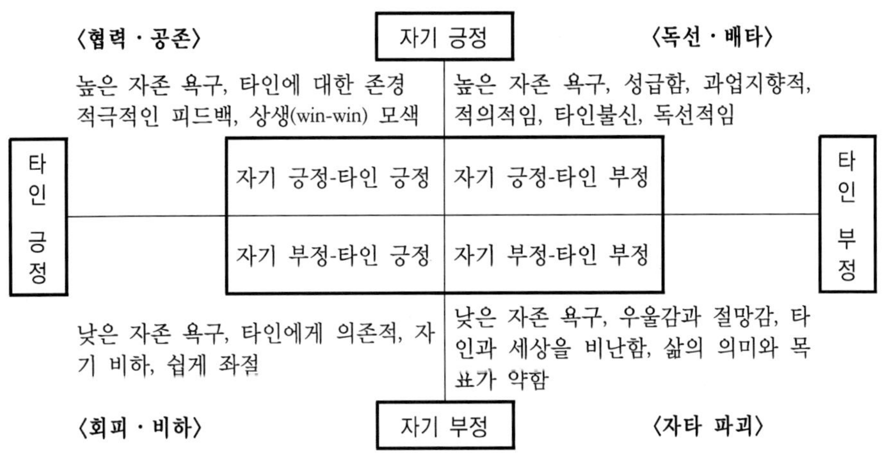

[그림 1-4-3] 네 가지 심리적 생활 자세

이상적인 부모 밑에서 최선의 양육과 보호를 받으며 자타 긍정의 바람직한 인생 태도를 갖출 수 있는 사람은 과연 우리 중의 몇 %일까? 어느 부모나 자식에 대한 애정은 있으나, 때로는 궁핍하여 생계에 치중했거나 혹은 어떻게 해야 하는지 기술이 부족했거나, 어떤 경우에는 질병, 사별 등의 이유로 영유아의 초기에 적절한 양육과 보호가 이루어지지 못하였을 수 있다. 스스로의 자아 상태를 이해하고 자신의 에너지를 과거의 경험(10%)보다는 지금-여기에 집중적으로 투입(65%)하여 미래를 설계(25%)하는 데 활용하는 것이 OK의 삶을 영위하는 데 도움이 될 것이다.

제3절 자아개념의 특성과 자아실현

자아개념에는 내가 나 자신을 보는 자아로서의 자아상(self image)뿐 아니라 이상적 자아와 사회적 자아가 포함된다. 이상적 자아란 내가 바라고 되고 싶어 하는 모습으로의 자아를 말하며, 사회적 자아란 다른 사람이 나를 어떻게 바라볼 것이라고 추측하는 자아를 말한다. 자아개념은 자기 스스로를 이해하는 신념이 태도이며, 또한 자신을 타인에게 보여주는 객관적인 실체라 할 수 있다.

자아개념은 자신에 대한 긍정적 혹은 부정적 사고가 전반적인 생활태도와 인간관계 형성에 직접적으로 영향을 미치기 때문에 중요하다. 즉, 자신을 긍정적으로 보는 사람은 대인관계에서 적극적이고 당당한 모습을 보이는 반면에, 부정적인 사람은 소극적이고 위축된 대인 관계를 보여준다. 자아개념은 또한 자신의 행위와 반응에 영향을 미칠 뿐 아니라 다른 사람들 또는 현실과 어떻게 상호작용할 것인가를 결정하는 데 영향을 미친다. 문지기의 역할을 하는 자아개념은 들어오는 정보를 걸러서 기존의 자아개념과 합치하는 것만 통과시키기 때문이다.

이를 좀 더 세부적으로 자아개념의 핵심적 특성인 자아일관성과 자아존중감, 자아 정체성에 대해 살펴보고 마지막으로 로저스, 융, 매슬로우의 자아실현자의 특징을 알아보면 다음과 같다.

1. 자아일관성(self-consistency)

자아일관성이란 일관적이고 지속적인 자아개념의 유지를 말한다. 로저스는 자아개념이 현재의 자신에 대한 존재 인식과 자신이 할 수 있는 것에 대한 인식을 포함한다고 보았다. 자신에 대한 타인의 반응을 지각하면서 일관성 있는 자아상을 형성하게 된다. 즉, 실존하는 자신과 바람직한 자신의 통합된 자아상을 발달시키게 된다. 그러므로 자아개념에는 자신의 현재 모습뿐 아니라 이상적으로 되고 싶은 모습, 즉 이상적 자아까지 포함하며 서서히 지속적으로 형성된다.

그러나 이와 같은 자아일관성으로 인해 자아개념이 왜곡되는 경우가 있다. 자신에 대한 긍정적 혹은 부정적 개념이 이후의 사회 경험에서 선택적인 지각(Selective Perception)을 하게 되는 것이다. 이와 같은 지각의 여과장치는 개인의 경험과 타인과의 상호작용을 여과하며, 기대효과를 가져온다. 자성예언과 피그말리온 효과(Pygmalion effect)는 이와 같은 자아개념의 선택적 여과와 기대효과를 잘 보여준다. 피그말리온 효과란 그리스신화에서 피그말리온이 아름다운 여인을 조각한 후 이 조각상을 사랑하자 그 사랑에 감동한 아프로디테가 조각상을 사람으로 만들어준 것에서 유래하며, 기대에 부응하려는 노력으로 결과가 좋아지는 현상을 말한다. 교사가 관심을 보여주고 인정해주며 학생이 그 기대에 부응하려 노력하고 실제로 성적이 향상되는 현상이나 혹은 비행 청소년이 부모나 주위의 기대에 부응하려고 회복되는 현상 등 다양한 측면에서 볼 수 있다.

긍정적 자아개념이 형성되어 있는 경우 매사에 자신감이 있으며 다른 사람의 반응에 연연하지 않고 자유롭게 자신을 표현할 수 있다. 그러므로 긍정적인 자아개념을 가진 사람은 자아일관성을 통해 다소 부정적인 실패의 경험을 한다고 하더라도 이에 대해 쉽게 자아개념이 손상되지 않으며 오히려 이를 기회로 새로운 경험의 축적을 통해 자아가 강화될 수 있도록 한다. 반면에 부정적 자아개념이 있는 경우 자신이 없고 불안하며, 직무수행에 있어서 자기 능력을 발휘하지 못한다. 이와 같은 부정적인 자아개념을 가진 경우 실제보다 과장되게 실패 경험을 받아들이고 타인의 반응에 민감하게 대처하기 때문에 원만한 인간관계 형성에 걸림돌이 되게 된다.

선택적 지각의 예
"정말 유능하군요…. 참 일을 잘 했습니다."
① 자아: '(나는 유능하다) 성공적으로 해냈구나. 참 잘 됐다.'
② 부정적 자아: '(나는 무능하다) 그냥 형식적인 인사일 뿐이야.'

"이번 평가에서 우리 기관(학교)이 외부 지원 연계 기관이 많았고, 네트워크가 잘 구축되어 있다고 평가되었습니다. 다만, 홍보면에서 다각적인 방법을 활용하는 것이 검토할 필요가 있다고 지적되었습니다."
① 긍정적 자아: '우리 기관(학교)이 연계면에서 우수했구나. 내가 담당한 홍보를 다음에는 지역 언론과 미디어를 활용해서 좀 더 다각적으로 연계하면 앞으로 최우수도 기대할 수 있겠다. 평가가 무사히 끝나서 참 다행이다."
② 부정적 자아: '역시 내가 담당한 홍보 때문에 기관(학교) 평가 결과가 낮게 나왔군. 나 때문에 우리 기관(학교)이 피해를 입게 된 거야. 나는 왜 이렇게 무능해서 다른 사람들에게 피해를 줄까?'

피그말리온 효과는 스스로에게도 해당된다. 자성예언은 스스로에게 하는 예언으로 '난 항상 안돼', '할 수 있어' 등의 무언의 자기암시를 말한다. 긍정적 자성예언은 긍정적 자아개념을 형성하고 인간관계를 더 풍부하고 원활하게 맺는 데 도움이 된다.

자성예언의 예
① 나는 멋있고 좋은 사람이다.
② 나는 어디에서나 필요한 사람이다.
③ 나는 나 자신을 잘 다스릴 수 있다.
④ 나는 뭐든지 할 수 있다.
⑤ 나는 무엇이든지 끝까지 열심히 한다.

2. 자아존중감(self-esteem)

자아존중감이란 자신을 가치 있는 존재로 판단하는 긍정적인 수용감을 말한다. 즉, 자신이 얼마나 중요한 사람이며, 어떤 능력을 갖고 있고, 어느 정도의 성공을 이룰 수 있는지 등 자신에 대한 주관적인 판단을 말한다. 자아개념 형성단계에서 최종적으로 형성되는 자기인식이며, 자신의 존재에 대한 긍정적 또는 부정적 견해이다. 물론 자아존중감은 자기 자신을 소중히 여기는 데서 출발한다.
매슬로우(Maslow)에 의하면 모든 인간은 자아존중감에 관한 욕구가 있다. 이 욕구를 충족시킨 사람은 자신감이 있고 자신을 가치 있고 유용한 사람이라고 생각한다. 자아존중감은 중요하게 여겨지는 다른 사람과의 상호작용에서 반복적으로 경험하는 성공이나 실패를 통해 형성된다. 또한 그러한 상호작용에서 자신에 대한 다른 사람들의 반응이나 태도, 자기 평가 등에 의해 형성된다.

자신에 대한 긍정적인 사고와 신념은 연령과 상관없이 삶의 전반에 걸쳐 중요하다. 이에 따라 환경을 받아들이고 반응하는 태도가 달라지며 일상생활의 즐거움, 삶의 확인, 타인과의 긍정적인 관계 형성에 영향을 미치기 때문이다. 자아존중감이 높은 사람들은 자신뿐 아니라 타인에 대한 수용감이 높고 만족스러운 인간관계를 형성하며 삶을 즐긴다. 또한 비난이나 실패에 따른 좌절을 쉽게 극복할 수 있으며 높은 성취도를 보인다.

반면에 자아존중감이 낮은 사람들은 자신과 타인에 대한 수용이 낮으며 열등감과 실패에 따른 좌절뿐 아니라 성공했다 하더라도 이에 대한 평가를 스스로 낮추며 불안과 불행감, 신경증 등의 고통을 받을 경향이 높다. 낮은 자아존중감으로 미숙한 대인관계는 타인에 의해 크게 좌우되며 소극적이고 수동적이며 의존적인 태도로 쉽게 상처받고 쉽게 좌절하는 반면에 타인에 대한 수용도가 낮아 사람들로부터 거부당하는 경우가 많게 된다.

3. 자아정체성(identity)

자아정체성은 일반적으로 자신에 관해서 통합된 관념을 가지고 있느냐에 대한 개념이다. 자아정체성이 형성되었다는 것은 자기의 성격, 취향, 가치관, 능력, 관심, 인간관, 세계관, 미래관 등에 대해 비교적 명료한 이해를 하고 있으며, 그런 이해가 지속성과 통합성을 가지고 있는 상태를 말한다. 이것은 개인의 이상과 행동 및 사회적 역할을 통합하는 자아의 기능에 의해서 이루어진 결과이다.

올포트에 의하면 자아의식은 출생 후 3세경까지는 자기감각, 자기 동일시 감각 그리고 자존심 등의 양상으로 나타나며, 4~6세에는 자기중심적 자아의식과 자아상이 발달하고, 6~13세경까지는 지적 생활의 발달과 더불어 자아개념이 새롭게 확장되다가 청년기에 이르러 정체성을 가진다고 하였다. 에릭슨(Erikson)도 태어나서부터 노년기에 이르기까지 여덟 단계 중 청년기인 5단계가 자아정체성 형성의 중요한 시기로 언급하고 있다. 이 시기에 정서적 안정과 좋은 성역할의 모델이 있으면 자신에 대한 통찰과 자아정체감을 갖게 된다고 보았다.

자아정체성은 친밀한 인간관계를 발달시키는 데 영향을 미친다. 자아정체성이 확립된 경우 자신의 삶의 목표를 설정하고 자신에게 적절한 직업선택과 성역할, 가치관이 확립되어 있으며 애정과 인간관계에 있어서도 자신감을 갖게 된다.

4. 자아실현자의 특징

자아개념은 다양한 영역에서 다양한 관점으로 해석될 수 있는 개념으로 개인이 어떻게 자신을 지각하는지와 타인이 어떻게 자신을 바라본다고 생각하는지의 양자에 따라 이루어진다.

현상학적 이론에서는 개인 자신이 세계를 경험하는 방식을 강조한다. 즉, 개인이 어떻게 자신과 세계를 지각하고 해석하는가가 중요하며 이에 따라 행동이 다르게 나타난다고 본다. 로저스는 개인이 어떻게 지각하고 어떤 의미를 부여하느냐에 따라 사적이고 주관적인 경험의 세계인 개인의 현상학적 장(phenomenal field)이 달라진다고 보았다. 인간의 행동은 현상학적 장 안에서 자신의 욕구를 만족시키기 위한 노력이며 자아는 이러한 조직화되고 일관성 있는 현상학적 장의 변화에 따라 새롭게 형성 또는 재형성된다고 보았다.

로저스에게 무조건적이고 긍정적인 수용을 통해 자기에 대한 수용적 관점을 형성하는 것이 가장 중요한 일이다. 로저스는 자아 개념은 현재 자신의 모습에 대한 인식, 즉 현실자아(real self)와 앞으로 자신이 어떤 존재가 되어야 하며, 어떤 존재가 되기를 원하고 있는지에 대한 인식, 즉 이상적 자아(ideal self)로 구성되어 있다고 본다. 무조건적이고 긍정적인 수용의 경험은 실제 자아와 이상적 자아의 격차를 줄이며 모든 인간이 가진 성장지향적인 동기가 활성화된다고 보았다.

로저스의 자아실현자의 특성
① 현실에 대해 정확하게 그리고 완전하게 지각한다.
② 자신과 타인들 그리고 사물 일반에 대해서 있는 그대로 수용한다.
③ 자발적이고 솔직하게 꾸밈이 없고 자연스럽다.
④ 자기 밖의 문제들에 대해서 집중하는 경향이 있다.
⑤ 혼자 떨어져서 명상의 생활을 가지려 한다.
⑥ 자율성을 좋아하기 때문에 물리적·사회적 환경에 구애되지 않는다.
⑦ 신선한 안목과 감상을 가지고 삶의 가치와 의미를 찾는다.
⑧ 신비의 체험, 절정의 경험을 한다.
⑨ 모든 사람들과의 일치감과 연대감을 가진다.
⑩ 깊은 유대 관계를 갖는 소수의 사람들을 갖고 있으며, 자기 자신을 사랑한다.
⑪ 민주적 이상들을 중요시하는 인격 구조를 갖고 있다.
⑫ 수단과 목적, 선과 악을 구별하며 다분히 윤리적이다.
⑬ 독창적이며 창의적이다.
⑭ 적개심이 없는 철학적인 유머 감각을 갖고 있다.
⑮ 문화에 동화되지 않으며, 사회의 유혹에 쉽게 넘어가지 않는다.

그러므로 인간의 가장 기본적인 동기인 자기실현욕구를 통해 모든 인간의 삶의 의미를 찾고 주관적인 자유를 실천해감으로써 점진적으로 완성되어간다고 보았다. 적응적인 사람은 자신과 체험 간의 불일지를 최소화하면서 자신의 경험을 있는 그대로 받아들일 수 있는 능력을 지닌 사람이라고 보았다. 또한 이러한 사람은 타인의 가치로부터 진정으로 자유로울 수 있는 사람이라고 하였다.

있는 그대로의 자신을 받아들이는 자기 수용(self-acceptance)은 때로는 선뜻 동의하기 어려운 고통스러운 과정일 수 있다. 융은 자아를 수용하는 것은 완전한 신의 모습이 아니라 하나의 나약한 인간임을 수용하는 것이라고 보고 이를 인간화(individuation: 개인화)라 하였으며 자신의 현실 속에서 자아의 뜻을 실현하는 것을 자아실현(self-realization)이라고 하였다.

이와 같은 과정은 선불교 수행에서 참된 자기를 찾아가는 십우도(심우도)에서도 볼 수 있다. 십우도(심우도)란 자기 수행의 과정을 소를 찾는(심) 열 단계(십)의 과정으로 설명하는 것으로 여기에서의 소는 인간은 진정한 본성, 즉 본래적인 자기 혹은 불성을 뜻한다.

자아실현은 인본주의 심리학에서 중요한 개념이며, 매슬로우의 동기 및 성격발달 이론에서 핵심을 형성하고 있다. 매슬로우에 있어서 자기 실현화된 삶은 인간 성격 발달의 궁극적인 성취인 것이다. 매슬로우는 자아실현을 자신의 재주, 능력, 가능성 등을 최대한으로 개발하는 것이라고 설명하고 있다.

자아실현을 하는 사람들은 특별한 사람들이 아니라 보통 사람으로서 자신의 삶을 분명하게 보고, 희망, 두려움, 방어기제 등으로 자신들이 관찰한 세상을 왜곡하지 않고 덜 감정적이며 좀 더 이성적인 사람을 칭한다. 이들은 또한 자신보다 더 큰 것에 삶의 목표를 가지고 있으며 자신이 선택한 과제를 잘 수행한다. 이들의 특징은 발랄하고, 순발력이 있고, 용기를 가지고 있으며 자신의 일을 열심히 하는 사람이라고 설명한다.

자아의식 높이기: 자신의 참 모습 인식
① 자신의 감정, 태도에 대하여 민감하게 주의를 기울인다.
② 다른 사람의 말에 귀를 기울인다.
③ 스스로에 대한 정보를 적극적으로 수집한다.
④ 자신을 다른 관점에서 바라본다.
⑤ 자아 공개를 증가해 간다.
⑥ 비판을 겸허하게 받아들인다.

자신과의 바른 자세 정립: 자신의 존중감
① 나는 나 자신에 대하여 편안하게 느끼는가?
② 다른 사람들은 나에 대하여 편안하게 느끼는가?
③ 나는 대체로 다른 사람들과 원만하게 인간관계를 유지하는가?
④ 어떤 점이 마음에 드는가? 혹은 어떤 점이 마음에 들지 않는가?
⑤ 마음에 들지 않는 부분을 개선하기 위하여 어떤 노력을 하고 있는가?

제4절 자아 존중감(自我尊重感)

1. 자기 존중감의 의미

현대사회는 무한경쟁시대에 접어들어 끊임없이 남과 비교되고 판단 받으며 살아왔다. 그리하여 본래의 고요하고 평안한 마음이 상실된 채 크건 작건 간에 열등의식과 손상된 자존감으로 고통 받는 경우가 허다하다. 살기 좋은 세상이 되려면 기쁨이 넘치고 모든 사람들을 수용하는 사회가 될 때일 것이다. 개개인의 인간이 존엄성과 자기 긍정의 감정을 체험할 때에 비로소 이룩된다고 본다.

자기 존중감은 정신건강의 핵심이다. 왜냐하면 자기 존중감은 자기 가치를 가늠해 주는 기분 좋은 감정이기에 자기 존중감이 없는 삶은 고통에 처하기 때문이다.

인간이 동물과 구별되는 주요인 중의 하나가 바로 '자각'이다. 자각에 의하여 우리는 자아정체감을 형성하고 그것에 가치를 부여한다. 다시 말하면, 인간은 자신이 누구인지를 정의하고 그러한 자아

정체감을 좋아하거나 싫어하는가에 대한 판단을 내릴 수 있는 능력을 가지고 있다. 자기 존중감의 문제는 이처럼 자신에 대한 가치판단에 대한 개인의 수용능력과 관련되어 있다.

만약에 자신이 자신의 어떤 일면을 싫어하고 거부하게 되면, 자신의 마음은 손상받기 쉽고 삶은 활력을 읽게 된다. 자신 자신에 대해 스스로 비판하거나 거부하는 것에 커다란 고통을 준다.

자기 부정은 결과적으로 공부나 직장의 일에 도전하려는 마음, 사람을 만나는 것, 취업을 위해 면접하는 것, 어떤 일에 몰두하려는 마음을 사라지게 한다. 또한 다른 사람들에게 개방적이고, 성적 관심으로 표현하고, 관심의 대상이 되고, 도움을 요청하고, 문제를 해결하는 능력을 스스로 제한하는 결과를 초래한다. 또한 우리는 스스로를 자책하며 사람들이 자기를 거부할까봐 여러 가지 방어기제들을 이용하기도 한다. 예컨대, 화를 내거나 일에 몰두한다. 또는 허풍을 떨거나 변명을 늘어놓는다. 때로는 알코올이나 약물을 탐닉하는 것도 여기에 해당된다.

자기 존중감은 어떻게 해서 얻어지는가? 많은 연구자들은 무엇이 자기 존중감을 가져오게 하고, 어떤 사람이 자존감을 가장 많이 가지고 있는가 등을 탐색해 왔다. 어린 아이들의 경우에는 생후 3~4년 동안의 부모의 양육방식이 아이의 자기 존중감의 형성을 결정한다는 것이 분명하게 밝혀졌다.

자기 존중감을 형성하는 데에 무엇이 원인이며, 무엇이 결과인가? 학문적인 성공으로 인해서 자기 존중감이 생기는가? 아니면 자기 존중감이 있기 때문에 학문적인 성공을 가져오는가? 높은 사회적 지위가 높은 자기 존중감을 형성하는가, 아니면 높은 자기 존중감이 높은 사회적 지위를 얻을 수 있도록 돕는가?

이러한 것들은 마치 닭이 먼저냐 달걀이 먼저냐와 같은 논쟁과 같다. 자기 존중감이 삶의 환경에 영향을 주는 것인가, 아니면 삶의 환경이 자기 존중감의 형성에 영향을 주는 것인가? 과연 어떤 것이 우선일까? 이 문제는 우리가 자기 존중감을 성공적으로 기르는 데에 중요하다.

우리의 유일한 희망은 자기 존중감이 환경을 결정짓는다고 보는 데 있다. 이것은 다시 말해서, 우리의 자기 존중감을 증진시킨다면, 우리의 환경 또는 개선될 것이라는 것을 의미한다.

자기 존중감과 당시의 환경은 간접적으로만 관계가 있다. 우리가 주어진 자신의 여건을 어떻게 생각하느냐가 자기 존중감을 형성하는 데 어느 정도 영향을 준다.

자신이 삶을 해석하는 방식을 변화시켜 당신의 자기 존중감을 향상시킬 수 있는 인지적·행동적 다양한 기법을 분석해 보는 것도 의미 있는 일이다.

2. 정확한 자기 평가

낮은 자기 존중감을 지닌 사람은 자기 자신을 제대로 보지 못한다. 마치 일그러진 거울로 자신을 비춰 보듯이 그들이 자신을 바라보는 상(像)은 자신의 단점을 극대화하고 장점을 극소화한 것이다. 그와 같이 왜곡된 상은 주변의 다른 사람보다 자신을 한 단계 낮추게 되므로 자신에 대해 무능감을 느끼게 한다. 다른 사람은 정확히 보면서 자신의 상은 제대로 보지 못하게 한다. 이와 같은 방식으로 자신과 다른 사람들을 비교하기 때문에, 왜곡된 상(像)은 자신을 끔찍한 결점 투성이로 여기게 된다.

자신의 자기 존중감을 증진시키기 위해서 자신은 그러한 낡고 오래된 상을 완전히 버려 버리고 자신만이 지닌 장점과 단점을 정확하게 인식하는 법을 배워야 한다.

3. 인지적 왜곡(歪曲)의 문제

우리는 어떤 일이 일어났을 때 그것을 객관적으로 보기보다는 자기 나름대로 해석하는 경향이 있다. 이처럼 객관적 사실과 거리가 멀게 주관적으로 그릇된 해석을 하는 것을 인지적 왜곡이라고 한다. 인지적 왜곡(認知的 歪曲)은 우리 내부의 비난의 소리가 자신의 자기 존중감을 파괴시키는 데에 사용되는 도구이며 무기이다. 비합리적인 신념이 그런 고질적인 비평가의 '사상'이라고 한다면, 인지적 왜곡은 비평가의 '방법론(methodology)'이라고 말할 수 있다. 테러리스트가 무기로 총과 폭탄을 사용하는 것과 마찬가지로 다수의 내부의 비평가는 이처럼 그릇된 판단 내지 왜곡을 사용한다.

인지적 왜곡이란 현실을 항상 비현실적인 방법으로 해석하게 하는 나쁜 습관이다. 사실 인지적 왜곡은 사고의 문제이다. 다시 말하면, 그릇된 판단을 우리의 비현실적인 신념에 깊게 뿌리 박혀 있을지는 모르나, 그것 자체가 신념은 아니다. 그러므로 인지적인 왜곡은 그릇된 사고의 습관이다. 왜곡된 사고는 우리가 현실을 인식하는 방식과 밀접하게 관련되어 있기 때문에, 진단하기 어려울 뿐 아니라 다루기도 어렵다.

왜곡된 사고양식은 여러 가지 방식으로 자신을 현실과 단절시킨다. 그릇된 해석을 하는 습관은 상당히 단정적으로 판단하는 성격을 띤다. 즉, 왜곡은 자신이 어떤 사건이나 사람을 객관적으로 평가해 보지도 않은 채 그 사건이나 사람에 대해 무조건 단정적인 이름을 붙이곤 한다. 또한 왜곡은 부정확하다. 왜곡은 특정 환경과 성격을 고려하지 않고서 항상 전반적인 선에서 처리한다. 왜곡은 세상을 편협한 시각으로 보게 하여 문제의 한 면말을 보게 한다. 왜곡은 우리가 이성(理性)보다는 감정에 따르게 만든다.

4. 연민(compassion)

자기 존중감은 본질적으로 자신에 대한 연민에서 나온다. 자신에 대해 연민을 느낄 때, 자신은 자신을 이해하고 수용할 수 있다. 설령 자신이 실수를 한다고 해도, 당신이 연민을 느끼고 있으면 자신을 용서할 수 있다. 온정을 지니고 있을 때, 자신은 자신에게 합리적인 기대를 하며, 성취 가능한 목표를 설정한다. 자신은 기본적으로 자신이 괜찮은 사람이라고 생각한다.

1) 연민의 개념

인간이 연민(憐愍 · 憐憫)의 태도를 가지고 있으면 다른 사람들에 대해 친정하고 동정적이고 협조적으로 될 수 있다.

온정과 자비가 자기 존중감과 관련이 있으면서 동시에 다음과 같이 훨씬 많은 뜻을 시사한다.

첫째, 연민은 불변의 성격 특성이 아니라는 점이다. 연민은 실제로 자신이 획득하고 증진시킬 수 있는 기술이다.

둘째, 연민은 자신이 다른 사람에게만 느낄 수 있는 것이 아니다. 연민은 자기 자신에게도 친절하고, 인정 있고, 협조적이도록 활력을 불어넣어 주는 것이다. 연민을 표현하는 기술에는 이해하기, 수용하기, 용서하기 등의 태도가 있다.

(1) 이해(理解)의 태도

이해의 태도는 자신이 자기 자신이나 타인과 온정적인 관계로 향하기 위한 첫 번째 단계이다. 자신이 자신뿐 아니라 사랑하는 이의 중요한 점을 이해하는 것은 자신의 감정과 태도를 완전히 변화시킬 수 있다.

(2) 수용(受容)의 태도

수용하는 태도는 연민의 방법 중에서 가장 중요한 부분일 것이다. 수용은 모든 가치판단을 보류한 채(시인도 부정도 아닌), 그 사건을 있는 그대로 받아들이는 것이다.

(3) 용서(容恕)의 태도

용서는 이해와 수용으로부터 나온다. 용서한다는 것은 승인을 의미하지는 않는다. 용서는 과거를 떨쳐버리고, 현재의 자아 존중감을 확고히 하고, 보다 나은 미래를 바라보게 하는 것을 의미한다.

2) 가치관의 문제

연민과 온정의 기술을 배우는 것은 자신이 자기 존중감을 향상시키도록 도와준다. 그러나 사람이 낮은 자기 존중감 때문에 고통 받는다면, 이러한 연민과 온정의 감정을 익히기는 어렵다. 때때로 자기 자신이 소중하지 않고, 모든 사람이 무가치한 것으로 보일 수도 있을 것이다. 사람을 가치 있게 만드는 것은 무엇인가? 자신은 어디에서 가치의 증거를 찾는가? 그 기준은 무엇인가?

높은 자기 존중감을 갖고자 한다면, 자신은 먼저 인간의 가치에 대한 개념을 이해해야만 한다.

3) 자신의 가치 확인

태어날 때부터 모든 사람은 인간의 존엄성과 가치를 가지고 있고 다른 사람과 절대적으로 동등하다. 자신의 삶에 어떤 일이 벌어지건 자신이 무슨 일을 하건 간에 자신의 인간적인 가치는 소멸되기도, 증가되지도 않는다. 다른 사람보다 더 많은 가치 혹은 더 적은 가치를 가진 사람은 아무도 없다.

이와 같은 두 가지 입장은 상반된 듯하지만, 사실은 일맥 상응하기도 하다. 이들은 자신이 다른 사람과 자신을 비교하지 않으면서 자유롭게 살도록 도와준다. 그리고 자기 자신이 자신의 가치감을 느끼도록 해준다.

자신은 기본적인 욕구(음식, 정서적 지지, 휴식 등)를 충족시키기 위하여 주어진 여건에서 최선을 다한다. 그러나 자신이 이러한 욕구를 충족시키기 위한 전략은 자신의 지식수준, 자신의 정서 상태, 다른 사람의 지지정도, 건강, 기쁨과 고통에 대한 자신의 민감성 등으로 제한을 받는다. 당신은 생존하기 위하여 전략을 기울이지만 자신의 지적, 신체적 능력에 한계가 있다는 것을 지각한다.

자신은 욕구를 충족시키고자 노력하는 과정에서 수시로 고통과 끊임없이 싸워야 한다. 자신은 계획하고 도전해야 한다. 자신이 자신의 욕구와의 싸움에 전념한다면, 자신의 진정한 가치에는 서광이 비추기 시작할 것이다. 자신이 신체적·정신적으로 어떻게 보이는가는 문제가 되지 않는다. 중요한 것은 노력이다. 자신의 가치도 노력에서 나오는 것이다.

자신은 좋은 직업을 가지고 살아가면서 실수도 반복할 것이다. 직업에 따르는 실수와 고통은 자신을 가르친다. 삶의 모든 순간이 불가피한 투쟁의 연속이기 때문에 자신은 실수하며 살아가지만 자신을 수용할 수 있다.

우리가 항상 최선책을 알 수는 없다. 때로는 최선의 방법을 알고 있다고 하더라도 거기에 필요한 자원이 없을 수도 있다. 그러므로 자신의 가치감은 여기에서 다시 태어나야 한다. 그리고 자신은 수많은 어려움에 부딪친다 하더라도 계속 살아야 한다.

4) 타인에 대한 연민

자신은 자신을 이해하고 수용하고 용서하기보다는 다른 사람을 이해하고 수용하고 용서하는 것이 더 쉽다고 느낄 것이다. 혹은 자신이 자신에 대해서는 연민을 느끼더라도 다른 사람의 실패에는 가혹할 수도 있다. 자신에게는 인색하고 다른 사람에 대해서는 너그럽게 대하는 이러한 불균형을 자신의 자기 존중감을 더 깎아내린다.

다른 사람에 대해 온정적으로 느끼는 것은 궁극적으로 자신이 자신에 대한 온정 베풀기를 쉽게 해준다. 다시 말하면, "네 이웃을 네 몸과 같이 사랑하라"와 같은 황금률이 적용되는 것이다. 다른 사람의 결점을 이해하고 수용하고 용서하는 것을 배운 후에는, 자신의 결점이 그렇게 많아 보이진 않을 것이다. 타인에게 늘 험담을 삼가고 덕담으로 배려하는 것이 아름다운 것이다.

(1) 배려적 공감

공감은 다른 사람의 사고와 감정을 분명하게 이해하는 것이다. 공감은 상대방의 말을 주의 깊게 듣고 자신의 가치판단을 일단 보류하면서, 다른 사람의 견해, 느낌, 동기 및 상황을 이해하기 위해 당신의 상상력을 동원하는 것을 포함한다. 공감의 훈련을 통해 얻어진 통찰은 이해하고, 수용하고, 용서하는 연민의 과정으로 자연스럽게 유도한다.

공감은 동정이나 지지, 승인과는 다른 개념이다. 진정한 공감은 분노를 완전히 누그러뜨린다. 분노는 자신의 사고에 의하여 유발되는 것이지 다른 사람의 행동에 의한 것이 아니라는 것을 명심하여야 한다. 자신이 다른 사람의 사고와 행동을 이해하고자 하면, 지레짐작하거나 자책하는 습관은 사라진다. 자신은 다른 사람의 행동을 판단하기 이전에 그 사람의 사고체계의 논리를 보게 된다. 자신은 그 사람의 행동과 논리에 동의하지 않아도 이해할 수는 있다. 자신은 진정한 악(惡, real evil)이 매우 드물다는 것을 알게 되며, 대다수의 사람들은 주어진 순간에 최상책이라고 여겨지는 행동을 함으로써 고통을 피하고 행복과 기쁨을 추구하는 것을 보게 된다. 자신은 이러한 사실을 자유롭게 수용하고 용서하게 된다.

(2) 적극적 경청(傾聽)

친구가 말할 때에 자신이 해야 할 일은 주의 깊게 듣고, 자신이 이해하지 못한 부분에 대해서 질문하는 것이다. 친구에게 사실을 좀 더 분명하게 말해 달라고 다음과 같이 요청하라. "이것이 왜 너에게 중요하지?", "이것에 대해서 너는 어떻게 느꼈지?", "그것에서 배운 것은 무엇이었지?"

때때로 친구가 말한 것은 다음과 같이 바꾸어 말하라. "그것을 다른 말로 하면 …이지?", "잠깐만, 네가 말한 것은…." 이와 같이 바꾸어 말하기(paraphrasing)의 기법은 중요한 공감기술이다. 바꾸어 말하기는 자신의 그릇된 해석을 없애주고 친구가 말한 의미를 정확히 이해하도록 해준다. 그리고 친구는 자신이 제대로 듣고 있는 데에 만족을 느끼고 잘못 말한 것을 수정해 주는 기회를 가진다. 그들이 당신에게 무엇을 말하든 간에 그것을 명료화하기 위해 물어보라. 자신의 생각만으로 내용을 가지고 논쟁하고 비약하지 마라. 자신이 비판하려는 순각을 주목하고 행동을 멈춰라. 당신이 그 이야기를 꼭 좋아할 필요가 없다는 것을 기억하라. 자신은 단지 있는 그대로 이해하려고만 하라. 특히 자신은 그 이야기 내용을 자신의 처지에서 비교하여 보려고 하지 말아야 한다.

자신이 잘 알지 못하는 사람에게 바꾸어 말하는 것은 더욱 중요하다. 그것은 자신에게 생소한 이야기도 기억하게 해주고, 화자에게 자신의 관심을 확인시켜주고, 그가 말한 것을 객관화시켜서 이해하도록 도와준다. 화자가 보다 분명하고 정확하게 말하게 되면 자신의 이해는 더 깊어지고 서로의 대화는 보다 친밀하게 이루어질 것이다.

5) 과거사에 대한 연민

먼저 자신이 계속해서 자책하고 있는 과거의 어떤 한 사건을 선정하라. 이제 편안한 자세를 취하라. 눈을 감고 심호흡을 해라. 당신의 몸에 긴장된 부분이 있는가를 느끼라. 자, 이제는 그 사건이 일어났던 과거의 시간 속으로 가 보자. 그 일로 인해서 후회하고 있는 지금의 자신 모습을 보라. 당신이 어떤 옷을 입었고, 어떤 상황이었는지를 보고, 주변에 있었던 사람을 보라. 대화한 내용을 들어보라. 과거의 사건에서 자신이 느꼈던 것(정서적인 것이든지, 신체적인 것이든지)에 주목해 보라.

그 사건이 한참 진행되고 있을 때의 자신의 주장을 계속 고수하면서 자신에게 다음과 같이 질문해 본다.

(1) 나는 어떤 욕구를 충족하려고 했는가?

이것에 대해 생각하라. 자신은 안정감을 누리고 싶었는가? 답변하기에 충분한 시간을 가져라. 이제 물어보라.

(2) 그때 나는 무엇을 생각했는가?

그 상황에서 자신의 신념은 무엇이었는가? 자신은 그 일을 어떻게 해석했는가? 자신이 가정했던 것은 무엇인가? 답을 재촉하지 마라. 자, 물어보라.

(3) 어떤 고통이 당신에게 영향을 주었는가?

시간을 갖고 그 사건에 대한 자신의 감정을 정리하라. 자신이 이러한 질문에 몇 가지로 답을 하고, 자신에게 영향을 주었던 욕구, 생각, 느낌을 안다면, 이것은 자신이 그 순간의 자신을 수용하고 용서할 수 있는 것이다. 사건 한가운데 있는 자신의 모습에 집중하고, 예전의 자신을 향해 이렇게 말하라.

나는 이 일이 일어나지 않기를 바랐지만 나는 내 욕구를 충족하고자 했다.
나는 이 일에 대해 비난이나 그릇된 감정 없이 나 자신을 받아들인다.
나는 살아남기 위해 노력했던 그 순간을 수용한다.

이와 같은 진술을 진심으로 받아들이려고 하라. 그 기분에 완전히 젖도록 하라. 이제는 과거에서 벗어날 수 있는 시간이다. 자신에게 말하라.

나는 이 실수에 대해서 빚을 진 것은 아니다.
그것은 끝난 일이야, 나는 나 자신을 용서할 수 있다.

자신을 위해 이러한 연습을 완전히 끝마친다면 자신은 과거의 다른 많은 일에도 이와 같은 원리를 적용할 수 있다. 자신이 이 기법을 계속 활용할 때 연민의 반응은 더욱 자연스럽게 이루어질 것이다. 그리고 자기를 용서하기도 더 쉬워질 것이다. 자신은 과거에 대한 고통스러운 후회에 사로잡히지 않을 것이다.

5. 요구(要求)와 욕구(欲求)

1) 정당한 욕구

(1) 신체적 욕구

인간은 태어난 순간부터 숨을 쉬기 위한 깨끗한 공기가 필요하다. 자신은 깨끗한 물과 영양가 있는 음식 없이는 오래 살지 못한다. 그 밖에도 거주할 안식처와 몸을 가릴 옷에 대한 욕구가 있다. 또한 충분한 휴식을 취하고 규칙적으로 잠을 자고 싶은 욕구가 있다. 또한 적당히 운동하고 싶은 욕구가 있으며, 마지막으로 자신은 살아가는 데 필요한 적정 수준의 안전과 안정도 원한다.

(2) 정서적 욕구

겉으로 명확하게 나타나지는 않지만 그러나 우리에게 필수적인 것은 정서적 욕구이다. 즉, 사랑하고 사랑받고 싶은 욕구, 친구를 갖고 싶은 욕구, 존경받고 싶은 욕구, 다른 사람을 존경하고 싶은 욕구가 그것이다. 자신은 다른 사람들의 공감과 온정을 원하고 다른 사람에 대한 동정과 공감을 나타내고 싶은 욕구를 갖고 있다. 또한 자신은 잘할 때 인정받고 칭찬받고 축하받고 싶어 하고, 잘하지 못할 때는 용서받고 이해하기를 원한다.

(3) 지적인 욕구

우리는 해결해야 할 문제에 대한 도전과 정보자료를 원한다. 주변사람과 그에게서 일어난 사건을 이해하고 싶은 선천적인 욕구를 갖고 있다. 또한 시간을 즐겁게 보낼 수 있는 오락도 원하며, 어떤 일을 성취하고 싶은 욕구를 갖고 있다. 또한 발전하고 변화하고 싶은 욕구를 갖고 있다. 자신의 생각을 솔직하게 표현할 수 있는 자유를 원하고, 다른 사람으로부터 신뢰롭고 지속적인 반응을 얻기를 원한다.

(4) 사회적 욕구

우리에게는 다른 사람과 상호작용을 원하면서, 때로는 다른 사람과의 접촉 없이 혼자 있고 싶은 욕구도 있다. 인간은 사회 속에서 바람직하게 행동하고, 다른 사람에게 긍정적인 영향을 줄 수 있는 역할을 하기를 원한다. 우리는 어떤 집단에 속하고 싶어 하면서도, 또한 자신만의 선택을 누릴 수 있는 자율성을 원한다. 정신적, 도덕적, 윤리적 욕구, 인간은 삶의 의미를 추구하고자 하는 욕구를 가진다. 우리는 우주가 어떤 것인지, 인간은 왜 그 안에 사는지를 알고 싶어 한다. 그리고 가치 있는 방식으로 살기 원한다. 우리는 신과 인간의 사랑, 기타 다른 높은 가치를 믿으려 하며 자신의 행동 기준에 근거해서 살고자 한다.

2) 욕구 대(對) 바람(희망)

욕구(needs)와 바람(wants)의 차이는 바로 정도(degree)의 차이에 있다. 스펙트럼의 한 끝에는 생사에 관련된 물과 음식물과 같은 기본적 욕구가 있고, 만약 이러한 욕구가 충족되지 않으면 말 그대로 죽게 된다. 스펙트럼의 다른 한 끝에는 사소한 기분과 관련된 바람이 있다. 이러한 것은 자신의 안락에 기여하는 사치스런 항목일 뿐이지, 생존에 필수적인 항목은 아니다. 식후에 과일과 이이스크림을 몹시 먹고 싶어 하지만, 그것을 먹지 못했다고 해서 죽는 것은 아니다.

스펙트럼의 가운데 지점은 욕구와 바람 간의 경계선이다. 그곳은 작은 자기 존중감을 지닌 사람들이 애로를 겪는 중간 영역이다. 만약 자신이 낮은 자기 존중감을 가졌다면, 생존의 욕구를 추구하는 것에도 힘들어한다. 그러나 자신의 욕구와 바람이 다른 사람의 그것과 갈등상황에 놓인다면, 자신은 자신의 욕구를 전혀 중요하지 않는 것으로 여긴다. 그리하여 자신의 중요한 욕구를 간과하고 그것을 단순한 바람 정도로 간주한다. 그것은 다른 사람을 위해 자신의 안락을 희생하고 금욕적이려고 한다. 실제로 자신은 부지 중에 낮은 자기 존중감의 순교자가 된다. 자신은 다른 사람에게 피해를 줄까봐 두려운 나머지 자신의 중요한 정서적, 사회적, 지적, 정신적 욕구를 포기하려고 한다.

3) 자신의 바람(희망) 표현

자신이 원하는 것을 요구하려면 자기 주장을 피력하는 것이 가장 중요한 기술이 된다. 자신이 요구하는 것을 어렵게 느낀다면, 떠오르는 것을 즉흥적으로 말하기보다는 자신의 요청을 미리 준비하는 것이 현명하다. 주장적인 요청을 준비하는 것은 먼저 그 사실을 받아들인 다음에, 그 사실을 자신의 바람에 맞게 분명하고 세련된 말로 진술하는 것이다.

이와 같은 내용을 다음 란에 기록해 본다.

나의 바람(희망)
- 내가 원하는 것: ___________________________________
  당신이 그 사람에게 원하는 바를 적어라, "존중해 달라"거나 "정직하라"와 같은 추상적인 단어는 배제하라 흥미나 태도의 변화를 요구하지 말고 대신에 정확한 행동적 언어로 구체화시켜라: "나는 죠(Joe)가 우리의 결혼식을 계속 늦추는 진짜 이유를 말해 주길 원해."
- 언제: ___________________________________
  원하는 것을 얻는 최종 기간이나, 누군가가 무엇을 해 주기를 원하는 정확한 시간이나 발생 빈도를 나타내라. 예컨대, 남편이 매주 집안 청소를 도와주기를 바란다면, "매주 토요일 아침식사 직후"와 같이 구체적으로 기술하라.
- 어디서: ___________________________________
  당신이 원하는 장소를 기록하라. 만약 당신이 집에 있을 때 혼자 있기를 원한다면, 혼자 있고 싶은 특별한 장소를 구체적으로 기술하라.
- 관련된 사람: ___________________________________
  당신이 요청하는 일과 관련된 사람이 있다면 구체적으로 기술하라. 예컨대, 만약 남편이 친척들 앞에서 당신에게 무안을 주지 않기를 원한다면, 당신은 관련된 친척의 이름을 낱낱이 기록하라.

이러한 개관은 자신이 원하는 행동, 시간, 장소, 상황에 대해서 정확하게 구체화하도록 고안된 것이다. 이처럼 미리 명료화하면 자신의 요청은 매우 구체적인 것이 될 수 있다. 매우 구체적인 자신의 요구는 논쟁을 일으킬 소지가 적어져서 쉽게 타협이 이루어진다.

4) 전 메시지(whole message)

자신이 원하는 것을 단지 요청하는 것만으로는 충분하지 않을 때가 많다. 요청하게 된 배경을 더 자세히 설명해 주어서 자신의 관점을 알릴 필요가 있다. 그렇게 되면 그 상황이나 문제가 정서적으로 어떤 영향을 주며 어떤 감정을 느끼고 있는지를 그들에게 이해시키는 데에 도움을 줄 수 있다. 자신이 그 상황을 어떻게 받아들이는가에 대한 생각과 느낌을 피력하면서 원하는 바를 진술할 때에 이것을 "전 메시지"라고 한다.

어떤 상황에 대한 경험과 감정을 이야기하지 않으면, 사람들은 자신을 위해서 어떤 것을 해야 한다는 부담감을 느낄 뿐, 당신의 마음을 잘 이해하지 못한다. 그들은 자신에게 화를 내거나 다투고 싶을 것이다. 특히 친밀한 관계에서 자신이 원하는 것을 상대방에게 자세하게 알리는 것은 매우 중요하다.

(1) 당신의 생각

자신의 생각을 피력하여 어떤 상황에 대한 인식과 이해를 나타내 주는 것이 좋다. 어떤 경험에 대한 자신의 생각을 설명하여야 한다. 다음은 랜디가 요청하게 된 배경에 어떤 생각이 깔려 있는가를 보여준다.

랜디의 생각: 네 농담을 들으면 내가 항상 어리석은 모습으로 보여. 그리고 네가 나를 그런 어리석은 사람으로 생각하는 것으로 보이거든.

(2) 당신의 느낌

어떤 상황에서 당신의 느낌을 피력하면 사람들은 거기에 공감할 수 있다. 느낌을 표현하는 데에는 '나-전달법(I-message)'의 형식을 취하는 것이 좋다. '나-전달법'은 자신의 감정에 대해서 자신이 책임진다는 뜻이다.

나는 상처받은 느낌이야.
나는 약간 화났어.
나는 소외감을 느꼈어.
나는 슬펐어.
나는 실망했어.
나는 신경질이 났어.

이것은 '너-전달법(You-message)'과는 대조되는 것이다. '너-전달법'은 당신의 감정에 대한 책임을 모두 상대방에게 떠넘기고, 비난하고, 경멸하는 메시지이다.
'너-전달법'은 상대방에게 방어적이고 적개심을 갖게 하기 쉬운 반면에, '나-전달법'은 상대방과 덜 부딪치면서 자신의 관심사로 유도하기 쉽다는 점을 주목하라.
형에 대한 랜디의 느낌은 다음과 같은 형태를 취했다.
"나는 아버지 앞에서 당황스러웠고 조금 화났어."

(3) 하나로 묶기

전 메시지는 매우 강력한 힘을 갖고 있다. 이제는 전 메시지를 사용하여 당신의 문제에 대한 주장적인 요청을 일반화 시킬 때이다. 그 형태는 매우 간단하다.

나는 …라고 생각한다.(나의 이해, 인식, 해석으로)
나는 …하며 느낀다.('나-전달법' 만으로
나는 …을 원한다.(당신 요청의 개요에 맞춰서)

5) 요청하기를 사용할 때의 준수사항

요청은 가능한 한 분명하고, 직접적이고, 무비판적인 형태로 될 때까지 연습하여야 한다. 그런 후에 시도해 보라. 다음은 요청하기를 사용할 때 준수해야 할 사항이다.

① 가능하면 상대방과 대화하기에 편리한 시간과 장소를 택하라.

② 큰 저항을 피하기 위해 사소한 요청으로 나눠서 하라.

③ 요청은 간단히 하라. 즉, 상대방이 이해하고 기억할 수 있는 한두 가지의 구체적인 행동을 요청하라.

④ 다른 사람을 비난하거나 공격하지 말라. 당신의 생각과 느낌을 표현하는 '나-전달법'을 사용하라. 사실에 중점을 둔 객관적인 태도를 유지하라. 목소리도 부드럽게 하라.

⑤ 구체적으로 하라. 원하는 시간과 사람을 정확히 제시하라. 애매모호하게 하지 말라. 여러 가지 조건을 요구하지 말라. 당신이 원하는 것은 태도의 변화가 아니며 행동적인 변화라고 표현하라.

⑥ 주장적이고 자기 존중감을 높일 수 있는 신체언어를 사용하라. 즉, 시선을 부드럽게 접촉하고, 앉거나 설 때는 반듯하게 하고, 팔다리를 꼬지 말고, 정돈된 자세를 시종일관 유지하라. 불만스럽거나 변명적인 어투가 아닌, 분명하고 확실한 어조로 말하라.

⑦ 때로는 자신이 원하는 것을 말함으로써 얻을 수 있는 긍정적인 결과를 자신에게 말해보는 것이 도움이 될 수 있다. 또한 자신이 원하는 바를 부인함으로써 생기는 부정적인 결과도 자신에게 말해 보라. 꿀이 있어야 나비가 날아오듯이, 종합적인 결과를 상기하는 것이 더 효과적이다.

제5장 타인의 이해와 인간관계

제1절 타인에 대한 이해

사회적 동물인 인간이 타인의 감정과 행동 등을 이해한다는 것은 매우 난해한 일이다. 사실 텔레비전이나 컴퓨터처럼 어떤 물건의 성능이나 품질 등을 알려면 품질보증서, 사용설명서 등을 잘 읽어 보면 되지만, 사람들은 천차만별이어서 생각과 행동이 서로 다르기 때문에 쉽게 파악할 수 없다.

가령, 똑같은 상황에서도 배가 고픈 사람에게는 먹을거리가 눈에 더 잘 띄지만, 배부른 사람에게는 눈에 잘 띄지 않는다. 또한 사물은 누가 보더라도 비슷하게 보이지만, 사람은 다른 사람을 판단할 때 자신의 태도나 성격에 의존하므로 다양한 결과가 나온다. 즉 성실성을 중요하게 생각하는 사람은 상대방이 자유분방한 사람인 경우에는 그렇게 좋게 평가하지 않을 것이다. 이렇게 타인을 정확하게 평가하는 것은 쉽지 않은 일이지만, 타인을 이해하는 것은 우리 생활에서 필요한 일이다. 우선, 우리가 세상을 살다보면 다양한 부류의 사람들과 접촉하게 되고 그들이 어떤 유형의 사람들인지 정확하게 판단하는 것이 필요한 경우가 많다. 또한 가까운 가족이나 친구 사이에서도 그들의 행동이나 감정이 무엇에 기인하는지 정확하게 파악하여야 서로 오해를 하지 않고 원만한 인간관계를 유지할 수 있다.

결국, 사회생활에서 인간관계의 시발점은 자신에 대한 올바른 이해와 함께 타인에 대한 타인에 대한 냉철한 판단과 올바른 이해 및 인식이라는 점을 유념하여야 할 것이다.

제2절 인간관계의 형성

1. 남과 더불어 사는 나

인간은 자의든 타의든 생의 모든 단계에서 타인과 더불어 관계를 맺으면서 산다. 이는 인간은 타인을 필요로 하기 때문이다. 사랑하기 위해서 필요하고 사랑받기 위해서 필요로 한다. 인간관계는 타인과의 상호작용의 과정이다. 이는 자신과 타인에 대하여 더 많은 것을 알고 상호 간의 수용과 성장을 촉진함으로써 발전된다. 긍정적인 인간관계의 기술은 인간으로 하여금 이들이 생산적으로 협동하고 효과적으로 배울 수 있는 분위기에서 타인과 의사소통을 하도록 돕는다.

인간관계 연구에서 자신의 자아에 대하여 더 많은 관심과 이해를 갖는 것은 타인과 더 좋은 관계를 맺는 데 있어 가장 먼저 필요한 것이다. 실질적으로 긍정적인 자기존재와 타인과의 상호작용 모두를 강조하는 상호의존성은 건전하고 자신감에 넘치는 긍정적인 자아개념으로부터 출발한다. 이러한 상호의존성은 긍정적인 인간관계 개발에 있어서 중요한 요소이다. 또 인간은 타인을 필요로 하고 타인과의 관계를 필요로 한다. 타인과 관련해서 자기 자신의 존재를 확인하고자 하는 것은 인간관계를 이해하는 데 있어 첫 단계이다. 인간관계에 있어서 만남은 한 사람의 생애에 커다란 영향을 주는 것이다.

돌이켜보면 과거 기성세대들의 대학시절은 이상과 현실과의 괴리 속에서 엄청난 혼란과 방황을 거듭하면서 진리라는 손에 잡히지 않는 그 무엇을 찾기 위해 항상 지쳐 있었던 힘든 시기였다. 감사해야 할 그 무엇도 발견하지 못했고, 자신을 받아들이지 못하는 부조화 속에서 열등감으로 늘 시달리던 시기였다. 세상에 대한 저항과 분노 속에서 나는 감사할 줄 모르는, 단 한 번도 감사하지 않았던 삭막한 사람이 되어가고 있었다.

"그러던 중 어느 대학생이 아주 우연한 기회에 시각장애자 복지회관에서 운영하는 음향도서실의 자원봉사자로 일주일에 몇 시간을 봉사하게 되었고(솔직한 의미에서 봉사라기보다는 뭔가 하고 있다는 자만심을 충족시키기 위한 여가활용 정도) 그것은 그에게 신선한 충격과 함께 새로운 시각으로 세상을 보도록 촉구하는 계기가 되었음은 부인할 수 없었다.

시각장애인들과의 만남…. 식당에서 만난 A는 참으로 많은 것을 생각하게 하는 사람이었다. 영혼의 미소가 배어있는 듯한 늘 환한 얼굴, 단순함 그리고 그의 언어 속에 자주 등장하는 감사라는 단어는 나를 몹시도 혼란스럽게 하고 있었다. 어떻게 저런 처지에서 감사하다는 표현을 할 수 있을까? 나보다 나아보이는 것이 한 가지도 없는 듯해 보이는 그는 내가 보지 못하는 특별한 보석을 소유하고 있음이 틀림없었다. 그는 뭔가 보고 있었고 나는 보지 못하는 장님임을 느낄 수밖에 없었다. 참으로 나는 많은 장애를 지니고 있는 보잘 것 없는 인간임을 인정해야 했다.

그때부터 그는 감사하지 못하는 이유들을 바라보게 되었고 감사할 것들을 찾기 시작하였다. 그것은 있는 그대로의 나를 받아들이는 작업이었고 나 자신과 화해하는 어렵지만 정말 보람 있는 일이었다고 생각된다. 우연인지는 모르지만 시각장애인들의 주보성녀인 오틸리아 성녀를 수호성인으로 모시는 나로서는 시각장애인들과의 만남이 하나님의 계획 안에서 이루어진 일이라고 믿고 있다.

어쨌든 맹인들을 통하여 그는 작은 일에 감사하는 법을 배웠고 그와 만났던 모든 이들이 진정한 스승이었다는 생각을 하고 있다. 누가 보든 안 보든 자신의 존재에 감사하며 기쁘게 살아가는 그들의 모습은 참으로 감동적이었고 그것은 오늘의 그를 이 시대 훌륭한 구성원으로서 이끌어가는 활력소가 되고 있다."

2. 인간관계의 진행단계

1) 시작(접촉)단계

일단 사람과 사람이 만나서 인간관계를 맺어나갈 때는 어떤 과정을 거치게 되는가 하는 마음을 먹는 것으로부터 시작된다. 어떤 사람이 일단 상대방을 관찰한 다음 그에게 접근할 것인가를 생각해 보고 최종적인 결정을 내린다면 이미 첫 단계는 시작된 것이다. 이 단계에서는 상황과 매력의 두 가지 요소가 작용한다.

우선 상황에 따라 접근하기가 쉬울 수도 있고 어려울 수도 있다. 다음은 매력의 요소인데 어떻게든 우리가 상대방에게 매력을 느낄 때 관계가 가능한 것이다. 결국 우리는 매력을 느끼는 사람에게 적절한 상황에서 접근하여 말을 걸게 되는데 이때 그와 계속 가까이할 수 있을지를 탐색하게 된다. 처음에 관계가 시작될 때 다음과 같은 세 가지 중의 한 가지로 관계를 설정하게 된다.

첫째, 더 이상 관계를 하지 않겠다는 것이다. 어떤 이유에서든 더 이상의 관계를 하지 않는 것이 좋겠다든가, 또는 할 수 없다고 판단될 때 관계를 더 이상 하지 않기로 결정하게 되는 것이다.

둘째, 피상적인 수준에서의 관계를 생각하는 것이다. 즉 피상적인 수준에서가 아닌 더 깊은 수준에서 대화와 더 깊은 사적인 관계의 필요성과 가치가 인정될 때 상대방과의 관계를 발전시킬 결심을 하게 된다.

2) 실험단계

일단 관계가 시작되면 실험단계(experimenting)로 들어가게 되는데, 실험단계는 잘 모르는 상대방의 특성에 대해서 발견하려고 노력하는 단계이다. 이 단계의 초점은 타인과의 관계의 가능성을 계속 알아보는 데 있다. 이 단계에서는 정보수집과 관계촉진이라는 두 가지 과제를 수행해야 한다. 즉 정보수집을 통해 관계촉진이 이루어진다고 볼 수 있는데, 예를 들어 "당신의 고향은 어디입니까, 저는 어디인데요…"라는 식의 대화를 통해 서로의 신상에 관한 기초적 정보를 교환함과 동시에 이를 통해서 관계를 촉진해 나가는 것이다. 정보수집에서 수집되는 정보에는 크게 문화적 정보(cultural information), 사회적 정보(sociological information), 심리적 정보(psychological information) 등이 있다.

사람들은 친밀한 관계를 수립하기 위해서 이 실험단계에서 많은 시간을 보내게 된다. 그것은 보다 큰 여유를 추구하기 위한 노력이며, 긴장된 수준의 대화 시에 발생하는 불편한 동요 혹은 불안을 회피하기 위한 노력이다. 이 실험단계를 통해서 서로의 공통점을 찾고, 공통점을 계속 발견함으로써 관계의 진전이 이루어지는 것이다.

이 단계에서의 상호관계는 대체적으로 즐겁고 편안하며, 명백히 비판하지 않으며, 변덕스럽다. 또한 몰입은 제한적이라는 특징이 있다. 그리고 대부분의 인간의 관계는 이 단계에서 벗어나기 힘들다.

3) 심화단계

심화단계(intensifying)는 단순히 '아는 관계'수준에서 '친한 수준'으로 넘어가는 단계이다. 적극적인 참여와 관계 진전의 자각이 이 단계의 전형이다. 서로가 마음과 시간을 투자하여 관계를 발전시킴에 따라 친밀성과 신뢰수준을 증가하여 두 사람 간의 관계는 심화된다. 개인적 개방도 증대되어 자신의 결점, 두려움, 실패, 좌절, 편견과 같은 은밀한 비밀들도 쉽게 털어놓게 된다.

이 단계에서는 서로를 부르는 호칭도 친밀해지고 말을 편하게 하게 되고, '우리'라는 표현을 일반적으로 사용하게 된다. 또 자기들끼리 통하는 농담, 은어와 같은 개인적 상징이 개발된다. 둘이 같이 보내는 시간도 증가하게 되고 함께 나누는 것들이 증대된다. 즉 누적되고 공유된 가정, 기대, 관심, 지식, 상호작용, 경험의 축적물 위에 성립된 일종의 언어적 지름길이 생기게 되는 것이다.

뿐만 아니라 몰입에 있어서 보다 직접적 표현을 사용하게 된다. 점진적으로 어느 한 쪽이 조정자의 역할을 하게 되기도 한다. 비언어적 메시지 전달에 있어서의 정교화가 또한 증대된다. 긴 대화 대신에 동작 하나로 해결되기도 한다. 태도(입장)의 일치가 보이기 시작하고, 심지어 복장도 비슷해지기도 한다. 소유와 개인적 공간이 모호해지기도 한다. 관계가 심화될수록 각각의 사람은 상대방의 성격에 친화하는 동시에 자신의 독특성을 드러내게 된다. 요컨대 상호 간의 관계가 심화될수록 각각의 개인은 자신의 개성을 드러내게 되고, 동시에 상대방의 개성과 자신의 개성을 융합시키게 된다.

4) 통합단계

통합단계(integrating)는 심리적으로 하나가 되는 단계이다. 즉 관계가 더욱 심화되고 더 많은 것을 공유하게 됨에 따라 두 사람의 개성은 혼합되고 두 사람 간의 차이는 최소화된다. 이 단계에서는 특히 신뢰와 자기노출이 더욱 심화됨으로써 서로의 관계가 최고조로 깊어질 수 있다.

통합의 언어적 또는 비언어적 표현은 다음과 같은 다양한 형태로 나타난다.

첫째, 타인들과 구분되는 둘만의 태도, 의견, 관심, 취향 등이 활발히 생성된다.

둘째, 그들이 소속된 사회적 집단이 합체되고 타인들이 두 사람을 동일체로 간주하기 시작한다.

셋째, 친밀함의 '전리품'(trophies)이 교환됨으로써 각자는 상대방의 사진, 핀, 반지 같은 것을 착용하게 된다.

넷째, 버릇, 의상, 언어적 형태에 있어서의 유사점이 둘의 동일성을 강조하게 된다.

다섯째, 다양한 육체 일부의 실제적이고 신체적 침투(penetration)가 동일성을 타인이 인지하는 데 기여하게 한다.

여섯째, 종종 '우리 노래', 공동은행계좌, 공동저작과 같은 공동의 소유물을 의도적으로 만든다.

일곱째, 감정이입의 과정이 최고점에 올라 행동의 설명과 예측이 보다 용이해진다.

여덟째, 신체리듬과 일상사가 고도의 일치성에 도달한다.

아홉째, 이따금 제3자나 대상의 사랑이 관계를 공고히 하는 데 도움을 준다.

주의할 것은 통합이 완전한 하나 됨 혹은 개성의 상실을 의미하는 것은 아니라는 점이다. 얼마간의 자신의 독특성, 개성의 유지는 매우 중요하며, 가능하다. 그러므로 우리는 통합단계에서 자신의 다양한 측면을 심화하고 최소화한다는 것을 발견할 수 있다. 결론적으로 타인과 통합단계로 도달했다는 것은 그들이 또 다른 개인이 된다는 것에 동의한 것이라고 볼 수 있다.

5) 결합단계

결합단계(bonding)는 일종의 공식화된 계약단계이다. 인간관계에서 여러 가지 과정과 단계를 거치고 그동안의 결론이 만족스러웠다면 이제 관계를 '공식화'하고 '계약'하여 공고히 할 필요가 생기는 것이다. 따라서 이성 간의 관계에서는 애인관계, 약혼, 결혼과 같은 단계를 밟게 된다. 일반적인 인간관계에서는 굳이 '공식화'의 절차를 거치지 않고도 어떠한 모양으로든 관계를 '형식화'하는 절차를 밟게 된다. 그럼으로써 서로의 관계유지와 발전을 위해 기여하게 된다. 그리고 이 결합을 통해 서로에 대한 무한한 기여와 헌신이 요구되며 관계에 대한 새로운 규정 및 새로운 행동규율이 정해지기도 한다.

결론적으로 결합단계는 관계에 대한 사회적이고 제도적인 지지를 얻는 방법이다. 이는 두 사람이 법률, 정책, 선례에 의지할 수 있게 해 준다. 결합은 또한 구체적 규칙과 규제를 통하여 관계에 대한 지침을 제공해 준다. 그리고 이 결합단계는 관계의 본질을 좋게 혹은 나쁘게 변화시키는 데 있어서의 중요한 강력한 특징을 갖고 있기 때문에 그 중요성이 더욱 크다고 볼 수 있다.

일반적인 관계형성의 과정과 대표적 대화유형을 표로 요약하면 <표 1-5-1>과 같다.

〈표 1-5-1〉 관계형성단계의 모형(진행단계) Ⅰ

과정	단계	대표적 대화유형
관계형성	시작단계	"안녕하세요, 어떻게 지내십니까?" "안녕하세요, 잘 지내고 있습니다."
	실험단계	"스키타기를 즐기시는군요. 저도 무척 좋아합니다." "그래요? 반갑네요. 주로 어디로 타러 가십니까?"
	심화단계	"당신을 사랑합니다." "저도 당신을 사랑해요."
	통합단계	"당신 생각이 머리에서 떠나질 않아요." "저도요. 우리는 항상 하나인 것 같은 기분이에요."
	결합단계	"항상 당신과 함께 있고 싶군요." "그럼 우리 결혼할까요."

3. 소원화(疏遠化)과정

인간관계에서 모든 관계는 항상 이런 식으로 발전하는 것은 아니다. "올라가는 길과 내려가는 길은 같다"라는 철학자 헤라클리투스(Heraclitus)의 말처럼 경우에 따라서는 관계가 정리되는 단계를 거치게 된다. 이 과정은 대체적으로 차이감지, 겉돌기, 침체, 회피, 이별 등의 다섯 단계를 거치게 된다.

1) 차이감지단계

차이감지단계(differentiating)는 헤어짐의 첫 단계이다. 본래 개인 간의 차이점은 관계발전의 어떠한 단계와도 관련 있는 것이긴 하지만, 이 단계에서는 특히 그 차이에만 초점을 두고 관심을 가지는 단계이다.

이 단계에서는 많은 시간과 정력을 서로 얼마나 다른가를 이야기하고 생각하는 데 보내게 된다. 이제 '우리'라는 개념보다는 '나'라는 개념이 앞서게 되며 공동의 소유물들도 감소하게 된다. 의사소통은 일반적으로 공통점과 상호대화의 양의 감소로 특징지을 수 있다. 이러한 차이는 태도, 관심사,

구체적 행동과도 관련되며, 이 단계에서 각 개인들은 이러한 차이를 본질적 혹은 핵심적 가치와 강력한 관련이 있는 것으로 간주한다. 이러한 차이감지가 결합단계 다음에 오게 되었을 때는 보통 관계가 충분히 심화되고 폭넓게 형성되기 전에 결합단계에 이르게 되었기 때문이다.

일반적인 차이감지단계에서의 가시적 의사소통 유형은 반드시 그런 것은 아니지만 다툼이나 갈등이다. 종종 갈등은 관계를 손상하게 하는 상대방의 행동에 대한 개인의 관용의 문제이다.

2) 겉돌기단계

겉돌기단계(circumscribing)는 대화가 단절되기 시작하고 피상적으로 진행되는 단계이다. 이러한 대화의 유형은 다른 단계에서도 나타날 수 있지만, 이 단계에서는 특히 정보교환이 양적, 질적으로 감소한다는 점이 특징이다. 대화에 있어서의 기본적 행태는 조심스러운 통제와 안전영역에서 대화를 한정한다는 점이다. 이러한 대화의 제한 또는 관계의 다양한 측면에 영향을 주게 된다.

겉돌기단계가 관계를 특징짓게 되면 이는 또 공적, 사회적 생활에 영향을 주게 된다. 종종 함께 속해 있는 사회적 모임도 겉돌게 되고, 혼자될 것처럼 보이는 것을 피하기 위해 제3자가 있을 때만 관계가 원만한 것처럼 보이게 행동한다.

3) 침체단계

침체단계(stagnating)는 행동이 없어지거나 소극적이 되는 단계를 의미한다. 구두로 의사소통을 하는 대신, 피상적인 대화를 하게 되고 상대방이 어떻게 반응할지 알고 있기 때문에 더 이상 어떤 것에 대한 대화는 불필요하다고 생각하는 일이 빈번하게 된다. 이 단계에서는 많은 영역들이 닫히게 되고, 보다 효과적으로 의사소통을 하려는 노력도 멈추게 된다.

비언어적 의사소통을 통해서 불유쾌한 감정 상태를 전달하기도 하고, 의사소통은 점차로 형식화되고, 어려워지고, 완고해지고, 분명치 않아지고, 어색해지고, 협소해진다.

이러한 침체단계는 이성 간의 관계뿐만 아니라 부모와 자녀 간에도 나타날 수 있고, 이혼 전, 구애기간에도 나타날 수 있다. 이 기간 중에는 "내가 이렇게 말하면 그 사람은 이렇게 대답하겠지, 그러면 나는 또 이렇게 대꾸할 거야…" 같은 식의 '상상된 상호작용'(imagined interaction) 또는 "내가 할께", "당신은 그거 못해", "당신도 항상 그런 식이잖아" 식으로 전개되는 실제적 대화에 빠질 수 있다.

그들은 현재의 고통보다 관계의 정리로부터 오는 고통이 더 클 것이라고 생각하기 때문에 이별에 이르는 것을 피하려고 하며, 종종 관계를 다시 회복시킬 수 있기를 희망한다. 어떤 사람들은 이 단계에서 많은 시간을 보내게 되는데 상대방을 괴롭히는 데 대한 일종의 심술궂은 즐거움을 느끼게 되기 때문이다.

4) 회피단계

회피단계(avoiding)는 시작단계의 정반대 현상이라고 보면 된다. 이 단계에서는 의사소통이 서로 대면적이거나 직접 이루어지지 않게끔 특별하게 고안된다. 즉 "더 이상 당신을 보기 싫다", "더 이상 관계를 유지하는 데 관심이 없다", "당신과는 더 이상 의사소통을 하기 싫다"라는 생각이 표면화되어 나타나는 단계인 것이다. 이런 의미에서 회피단계는 헤어짐의 보다 강력한 징후를 보여 주고 확고하게 하는 단계라고 할 수 있다.

의사소통에 있어서는 적대감이나 불친절한 의미를 함축한 내용이 주가 된다. "더 이상 연락하지 말았으면 좋겠어, 다시는 당신을 보고 싶지 않아"식의 노골적 회피를 나타내기도 하고, "너무 바빠서 만나기가 참 힘들군. 이번 금요일은 친구 집들이에 가봐야 하고… 주말엔 친척결혼식 때문에 어렵겠고… 월요일? 월요일은 야근해야 해. 화요일? 글쎄… 화요일은 다음 날 영어 테스트가 있어서 공부를 좀 해야 하는데…"식의 계속적 회피가 이루어지기도 한다.

5) 이별단계

사람들의 관계는 만나자마자 종료되기도 하고 혹은 20여 년간의 만남 후에도 종료될 수 있다. 이별단계(terminating)는 두 사람 간의 사회적 혹은 기타 다양한 차이가 점차 증대되면서 발생되는 최종 결과라고 할 수 있다.

이별단계에서의 대화의 특성은 거리감(distance)과 분열(disassociation)이라고 할 수 있다. 거리감은 두 사람 간의 의사소통에 있어서 심리적, 물리적 장애물을 구축하는 것을 의미한다. 분열은 그들의 개별적 인생에서 상대방의 존재를 더 이상 필요로 하지 않으며 각자의 관심사나 서로의 차이를 강조하는 메시지에서 발견된다. 의사소통은 양극화되어 침체단계에서 나타난 바와 같이 형식화되고, 완고해지고, 모호해지고, 어색해지고, 협소해진 의사소통이 보다 강화된다.

이러한 이별단계는 서로 나누는 관계의 내용으로 감지할 수 있다. 즉 짧은 대화(summary statement), 이별의 시작 또는 만남의 감소를 나타내는 행동, 장래의 관계에 대한 메시지의 교환 등을 통해 이별의 전조를 볼 수 있다. 짧은 내화는 절박한 관계종료의 이유를 알 수 있게 해 주고, 만남의 감소는 현재 일어나고 있는 현상을 명확히 해 주고, 미래는 헤어진 후의 어색한 상호작용을 회피하게 해 준다. 이러한 이별단계는 간혹 시간이 많이 소요되기도 하는데 어느 한 편이 헤어짐을 원치 않거나 최종적 헤어짐을 망설일 때 종종 발생된다.

이상과 같이 설명한 관계정리의 과정과 대표적 대화유형을 표로 요약하면 <표1-5-2>와 같다.

이상에서 살펴본 바와 같이 관계를 형성하는 단계에서 얼마든지 다음과 같은 일들이 발생하게 되는 것이다.

첫째, 각 단계의 이동(movement)은 일반적으로 체계적이고 연속적이다. 즉 관계형성 혹은 관계정리는 계속적으로 이동되고 유동적이다.

둘째, 이동은 앞으로 전개되기도 한다. 관계형성단계뿐만 아니라 관계정리에도 마찬가지로 적용된다.

과정	단계	대표적 대화유형
관계정리	차이감지단계	"나는 이런 대규모 모임은 질색이야." "가끔씩 당신을 이해 못하겠어요. 이것도 우리의 차이점 중 하나군요."
	겉돌기단계	"출장은 어땠어요?" "저녁밥은 도대체 언제 줄 거야?"
	침체단계	"도대체 무슨 소릴 하는 거야?" "당신이 그런 소릴 할 줄 알았어요."
	회피단계	"요즘 바빠서 당분간 만나기 힘들 거야, 내 시간나면 전화하지." "전화해도 혹시 못 받을지 모르니 이해해 줘요"
	이별단계	"아무래도 우리 헤어지는 게 좋겠어. 서로 미련 갖지 말자…." "누가 미련 가진다고 그래요? 걱정 말아요."

셋째, 이동은 퇴화되기도 한다. 예컨대 통합단계에 도달했다고 해서 반드시 결합단계로 올라갈 수 있는 것이 아니며 그 이전단계로 후퇴되기도 한다.

넷째, 이동은 단계 내에서도 발생한다. 즉 각 단계도 각각 정도의 차이를 가진 것이다.

다섯째, 이동은 새로운 국면으로 향하게 된다. 즉 어떤 특정한 단계에서 정체되는 것이 아니라 앞으로 전개되거나 후퇴하게 되는 것이 일반적이다.

제3절 바람직한 인간관계

1. 인간에 대한 이해

인간관계는 기본적으로 나 자신과 타인 간의 상호작용으로 이해될 수 있다. 인간관계를 잘 유지하기 위해서는 우선 자신을 타인에게 적절하게 표현할 수 있고 타인의 애정과 신뢰를 있는 그대로 받아들일 수 있는 건강한 심리 상태가 요구된다. 만일 타인의 시선이나 비난에 지나치게 민감하게 반응하거나 자신의 욕구나 생각에만 집착한다면 원만한 인간관계는 불가능할 것이다. 또한 인간관계는 서로의 성장을 진정으로 돕는 관계이므로 서로의 생각이나 성격 및 가치관의 차이를 인정하고 공감적으로 이해할 수 있어야 한다. 그래야 인간관계에서 발생할 수 있는 갈등을 서로의 느낌이나 의견을 상대방에게 분명하고 솔직하게 표현하고 상대방의 행동과 그가 처한 상황을 객관적으로 이해할 수 있게 된다. 이러한 인간관계의 특징을 고려할 때 다음 세 구성요소가 의사소통에서 중요한 역할을 할 것으로 사료된다.

1) 자신의 이해

자기가 자신과 타인에 대한 경험을 어떻게 해석하는지에 대해 정확하게 알게 되면 자기를 쉽게 통제할 수 있고, 다른 사람에 대해 쉽게 공감할 수 있다. 자신이 스스로를 지각한 것이 타인이 자신을 지각한 것과 차이가 없는 것이 가장 이상적이지만 대부분의 경우에는 자신의 욕구에 비추어 타인의 평가를 받아들이기 때문에 자신에 대한 분명한 정보를 얻기 어려울 경우가 많다. 그렇기 때문에 스스로 자신을 객관적으로 파악하기 위한 노력을 기울일 필요가 있으며 그렇게 함으로써 자신의 능력과 특성을 분명하게 이해하고 수용하여 타인과의 조화로운 인간관계가 가능하게 된다.

2) 상대방(타인)의 이해

사람은 물건과는 달리 나름대로 욕구와 의도, 동기를 가진 존재이므로 다른 사람을 정확히 이해하기는 매우 어렵다. 더구나 다른 사람을 알고 싶어 하는 나 자신도 나름대로의 선입관을 가지고 있기 때문에 다른 사람을 객관적으로 이해한다는 것은 더 어렵게 된다. 그러나 다른 사람이 어떻게 느끼고 있는지 이해하고 공감할 수만 있다면 상대방은 자신을 이해한다고 여기게 되어 우리를 보다 더 신뢰하게 될 것이다.

3) 효과적인 의사 전달

자신의 생각이나 감정을 언어를 통해 정확하게 전달하는 것은 대인관계에서 가장 중요한 기본적인 문제이다. 사람은 저마다 서로 다른 가치관을 가지고 있으며 의사소통의 방식도 서로 다르기 때문에 자신의 생각이나 감정을 효과적으로 전달하여 이해시키는 것은 그렇게 쉬운 일이 아니다. 게다가 생각이나 감정의 전달은 언어적 수단으로만 이루어지는 것이 아니라 표정이나 억양, 몸짓 등의 비언어적 수단을 통해서도 동시에 이루어진다. 따라서 자신의 생각이나 감정을 어떻게 하면 효과적으로 전달할 수 있는지에 대해 배움으로써 서로를 이해하고 의견의 차이를 줄여나갈 수 있다.

2. 인간관계의 지침

1) 만남의 참 의미

인생에서 만일 자신이 정말 마음에 드는 이성을 만났다면 어떻게 할 것인가. 용기를 내서 "시간 있으시면 커피나 한 잔 할까요?"라고 말하는 것이 좋을까? 아니면 상대방이 관심을 갖지 않더라도 자주 만나는 것이 좋을까? 만남의 시작단계에서 중요한 현상이 노출효과(exposure effect)이다. 사람은 자주 보거나 이야기를 듣는 것만으로도 상대에 대한 호감이 증가한다고 한다. 예를 들어, 칵테일파티에서 마주친 횟수가 증가할수록 그 사람에 대한 호감도 같이 증가함을 발견할 수 있다. 심지어 쥐도 모차르트 음악을 계속 틀어주면 모차르트 음악을 좋아하는 경향을 보인다고 한다.

많은 부부들이 서로 가까운 거리에서 살던 사람이었다는 사실을 보더라도 가까이 살다보면 자주 만나게 되고 그만큼 서로 긍정적인 인상을 받게 된다는 것을 알 수 있다. 그러나 한 가지 조심할 것은 일단 부정적인 인상이 형성되면 자주 볼수록 더 싫어진다는 것이다. 이렇게 본다면 공연히 지나친 행동을 해서 나쁜 인상을 남기는 것보다는 마음에 드는 이성이 자신을 기억하도록 주변에서 맴도는 것도 좋은 방법이라고 할 수 있다.

2) 아름다운 만남의 경험

예전에 우리 부모님들은 어떻게 데이트를 하셨을까? 그 당시에는 결혼도 사적인 문제가 아니라 공적인 문제였기 때문에 "살다 보니 정들었다"라는 표현이 더 적절했을 것이다. 그러나 요즘에는 데이트를 하면서 상대방의 성격이나 사고방식을 하나씩 알아가게 되는데 그렇다면 데이트를 어떻게 해야 사랑이 더욱 강렬해질까? 이러한 의문에 대해 샤흐터(Schachter)라는 심리학자는 좋은 대답을 해준다. 우선 상대방이 흥분되고 깜짝 놀라게 되는 경험을 하도록 유도하라는 것이다. 그렇다고 갑자기 키스를 하라는 것이 아니라 무서운 영화를 같이 보거나 시간적으로 긴박감을 유발하는 게임을 하거나 청룡열차를 같이 타거나 호흡이 가빠질 수 있는 운동을 같이 하라는 것이다. 이러한 경험이 왜 사랑의 감정을 증가시킬까? 그것은 인간이 항상 자기 몸 안이나 밖에서 일어나는 변화의 원인을 모르면 답답해 하는 존재이기 때문이다. 가령 무서운 영화를 보게 되면 심장이 두근거리고 혈압이 증가하는데 처음에는 영화를 보았기 때문에 그렇다고 생각하지만(생리적 변화는 생각보다 오래가기 때문에) 나중에는 상대방 때문이라고 생각하게 된다는 것이다. 이렇게 본다면 어두운 커피숍이나 상대방 손이나 잡으려고 애쓰기보다 밝은 곳으로 가서 땀을 흘리며 운동을 같이 하거나 신나게 게임을 하는 편이 사랑을 강렬하게 하는 데 더 도움이 된다.

3. 만남과 공간

사람과 사람의 접촉은 공간을 통해 이루어진다. 공간은 사람들 사이에 존재하는 단순한 물리적 거리만을 의미하지 않으며 사람과 사람 사이의 정서적 친밀도에 영향을 미치기도 하고 그것에 의해 영향을 받기도 한다.

1) 위치

대화를 할 때 사람들은 카페나 사무실의 탁자에 앉게 되는데 탁자의 어느 위치에 앉게 되느냐에 따라서 대화가 촉진될 수도 있고 대화가 감소될 수도 있다. 일반적으로 탁자의 모서리에 대각선 방향으로 앉을 경우에 가장 대화가 빈번하게 일어나게 되는 데 비해 마주 앉게 될 경우에는 대화의 빈도가 약간 감소하게 된다. 대화의 측면에서 가장 좋지 않은 위치는 옆에 앉게 되는 경우인데, 이런 경우에는 대화가 원활하게 이루어지기 어렵기 때문에 쉽게 중단된다.

2) 크기

  우리는 은행이나 교회의 넓은 공간에 들어서면 무엇인가 모를 위압감이나 권위 같은 것을 느끼는
데 비해 아기자기한 장난감이 많이 놓인 작은 방에 들어서면 포근하고 편안한 느낌을 받게 된다. 그
렇다면 공간의 크기도 인간관계에 어떤 영향을 미치는 것이 아닐까? 이러한 의문과 관련하여 프리
드먼(Freedman)은 서로 다른 크기의 방에서 여성들이나 남성들 혹은 여성들과 남성들이 모두 포함된
배심원들에게 방화범의 유죄 여부를 판단하도록 하였다. 이때 여성 배심원들은 작은 방에서, 남성
배심원들은 큰 방에서 더 관대한 결정을 내리는 경향이 있었다. 즉, 공간의 크기가 여성과 남성의
정서적 반응에 영향을 미친다고 볼 수 있다.

3) 거리

  우리는 특별히 친하게 지내는 친구들과는 서로 바짝 붙어 이야기하는 데 비해 그렇게 친하지 않
은 사람하고는 어느 정도 거리를 두고 이야기를 하는 경향을 보인다. 이러한 현상을 볼 때 대화를
하는 두 사람 사이의 거리는 두 사람과의 정서적 친밀성과 밀접한 연관이 있을 것이라고 예상할 수
있다.

  홀(Hall)은 개인 공간(personal space)이라는 개념을 제안하였는데 개인공간이란 대화나 상거래와 같
은 사회적 관계를 맺을 때 두 사람 간의 정서적 친밀도를 반영하는 공간적 거리를 의미한다. 개인공
간에는 두 사람 간의 정서적 친밀도에 따라 공공적 공간(3m 이상), 사회적 공간(1.5~3m), 개인적 공
간(50cm~1.5m), 친밀한 공간(50cm 이내) 등으로 구분될 수 있다.

탐구 문제

1. 사회적 동물인 인간이 타인과 상호작용을 하면서 만남과 소통을 중시해야 하는 이유를 설명해 보시오.

2. 만물의 영장인 인간이 사회생활을 영위하면서 인간관계가 아주 중요한 이유에 대해서 논하시오.

3. 인간관계론의 시대적 배경과 발달 과정에 대해서 간단히 논해 보시오.

4. 초기 인간관계론과 현대 인간관계론의 공통점과 차이점에 대해서 논하시오.

5. 일반적으로 학문적 관점에서의 인간관계론의 특징을 열거하고 간단히 설명해 보시오.

6. 해리스(Harris)의 인간관계 유형을 열거하고 간단히 설명하시오.

7. 발달 단계별 인간관계의 유형에 대해서 간단히 설명하시오.

8. 인간관계의 기본 원리(원칙)에 대해서 현대적 인간관계의 관점에서 논하시오.

9. 일반적인 인간관계의 유형을 열거하고 간단히 설명해 보시오.

10. 자아일관성과 자아존중감에 대해서 각각 간단히 설명하시오.

제 **2** 부

인간관계와 사회생활

제1장 인간의 성격과 발달
제2장 인간행동과 사회환경
제3장 집단(集團)과 조직생활
제4장 리더십(Leadership) 탐구
제5장 우정(友情)과 사랑의 이해

[제2부 학습과 탐구의 개관]

　제2부에서는 사회의 구성원인 사람들이 사회생활을 영위하는 데 이해하고 있어야 할 인간의 본질과 함께 조직 및 집단 구성원으로서의 역할과 기능 등을 중점적으로 이해한다. 이를 위하여 인간의 성격과 발달, 인간행동과 사회환경, 집단과 조직생활, 리더십(Leadership) 탐구, 우정(友情)과 사랑의 이해 등에 대해서 탐구한다. 이를 바탕으로 하여 건전한 사회 구성원으로서의 인간의 성격과 발달에 대한 이해와 함께 다양한 인간의 사회생활 자세와 태도 등에 대해서도 심층적으로 접근한다. 특히 인간관계의 상호작용과 교호활동 그리고 의사소통에 중점을 두고 탐구한다.

제2부: 인간관계와 사회생활

☺ **학습 목표**
1. 인간의 성격과 인간의 발달에 관해서 이해한다.
2. 인간의 행동과 사회환경에 대해서 이해한다.
3. 집단과 조직 생활에 대해서 이해하고, 집단의 종류에 관해서 탐구한다.
4. 리더십(Leadership)의 개념과 이론 및 중요성 등에 관해서 이해한다.
5. 우정(友情)과 사랑의 기초 이론과 실제를 구체적으로 이해한다.

▶ **주요 개념**
1. 인간의 성격, 인간의 발달, 성격이론, MBTI, 유전론, 환경론, 발달의 단계
2. 인간의 행동, 사회환경, 사회복지, 인구고령화
3. 집단과 조직, 제1차 집단과 제2차 집단, 치료집단과 과업집단, 조직의 원리
4. 리더, 리더십(Leadership), 동기 부여, 리더의 자질, 리더십 유형, 리더십 컬러
5. 우정과 사랑, 친구, 연인, 친구의 기능, 친구 관계의 유형, 사랑의 유형

※ 본인이 위대해지고자 하면, 먼저 자기 자신을 이겨내고 겸손해야 한다. (Truman: 전 미국대통령)

제1장 인간의 성격과 발달

제1절 인간의 성격

1. 인간의 성격 이해

인간이 인생을 살면서 자신과 타인에 대해 자세히 알고 싶어 하는 것은 극히 자연스러운 일이다. 우리는 자신이 어떤 사람이고, 어떻게 해서 이렇게 되었으며, 남들과 공통되는 것은 무엇이고, 자신에게만 독특한 것은 무엇인지 알고자 한다. 이와 같이 인간을 이해하는 데 필수적인 요소가 성격이다. 특히, 심리학자들이 성격을 연구하는 목적은 크게 다음 네 가지로 나눌 수 있다.

첫째, 심리학자들은 일반 사람들과 마찬가지로 행동을 결정하는 요소로서 성격을 인간의 성격을 탐구한다. 사람의 행동은 사회적 상황, 생리적 상태, 경험, 교육정도, 부모의 영향, 성격 등과 같은 다양한 요소에 의해서 결정된다. 그러나 그 중에서도 행동을 결정하는 내적으로 안정된 요소가 바로 성격이다. 성격을 알면 그 사람의 행동 경향성과 사회적응 가능성을 예측할 수 있기 때문에 성격은 일반 사람뿐만 아니라 심리학자, 사회복지를 공부하는 사람들에게도 주된 관심거리다.

둘째, 성격은 정신복지 차원에서 연구된다. 성격은 한 인간의 삶의 방식을 결정하는 중요한 요소다. 대개 사람은 정신적으로 건강하고 사회적으로 바람직한 성격을 가지고 살아간다. 그러나 어떤 사람들은 어린 시절을 심리적 외상(trauma)이나 콤플렉스로 인해 정신적으로 건강하지 못하고 사회생활에 제대로 적응하지도 못한다. 이러한 사람에게 자신의 성격을 정확히 파악할 수 있는 기회를 제공하고 바람직한 성격을 형성하도록 도와줌으로써, 사회에 적응하여 더 나은 삶을 영위할 수 있도록 하기 위해 성격을 연구한다.

셋째, 성격은 정신세계를 구성하는, 즉 한 인간을 구성하는 중요한 요소이다. 일반적으로 사람들은 신체적 외양이나 신체 구조만으로 결정되는 것이 아니다. 인간에게는 비록 눈으로 볼 수노 만실 수도 없지만 정신세계가 존재한다. 이러한 정신세계에서 성격이 정신의 다른 요소들과 밀접히 관련될 뿐만 아니라 인간의 사회적 행동과도 밀접히 관련된다. 그렇기 때문에 인간을 이해하고자 하는 심리학 또는 사회복지학에서 성격은 빼놓을 수 없는 중요한 연구 대상이다.

넷째, 성격은 건강한 삶과 밀접하게 관련 있다. 심리적 건강을 비롯한 신체의 건강은 주로 생물학적으로 결정된다고 믿기 쉬우나, 모든 병은 마음에서 비롯된다는 말이 있듯이 건강은 심리적 요인과 밀접하게 관련되어 있다. 심리적 요인 중에서도 성격은 특히 중요한데, 성격이 건강과 관련 있다는 연구가 최근 들어 실증적으로 보고되고 있다. 가령 특정한 유형의 성격을 가지고 있는 사람들은 심장마비가 일어날 확률이 높고, 암에 잘 걸리며, 알코올이나 약물남용 가능성이 많다는 연구들은 성격과 건강이 관련되어 있다는 단적인 증거들이다.

그러면 성격은 어떻게 정의할 수 있는가? 성격에 대한 정의는 어떤 면에 초점을 맞추느냐에 따라 다르기 때문에 한마디로 정의하기는 어렵지만 다음과 같은 특성을 기본적으로 고려한다.

1) 성격의 정의와 특성

성격 연구자들이 성격을 정의하는 데 공통적으로 강조하는 특성은 다음과 같이 종합하여 요약할 수 있다.

첫째는 행동의 독특성이다. 성격은 한 개인이 다른 사람과 구별되는 점을 일컫는 말이다. 만약 어떤 상황에서 모든 사람이 동일하게 행동한다면, 우리는 그러한 외형적 행동을 성격에 기초해 나타나는 행동이라고 생각하지 않으며, 또 그러한 행동을 기초로 타인의 성격을 추론하지 않는다.

둘째는 안정성과 일관성이다. 성격은 시간과 공간의 변화에 따라 매 순간 바뀌는 것이 아닌, 어느 정도 안정적으로 일관되게 나타나는 것이어야 한다. 평소 조용하던 친구가 어느 날 술을 먹고 길을 가다가 지나가는 행인과 사소한 시비로 싸움을 하게 되었다고 가정해 보자. 우리는 이러한 단편적인 사건만을 가지고 친구가 공격적인 성향을 가졌다고는 말하지 않는다. 그의 공격적 행동이 성격에 의해 유발되었다고 생각하기보다는 상황적인 요인에 의해 발생하였다고 생각한다.

이처럼 성격은 시간과 공간의 변화에도 어느 정도 안정적이고 일관되게 나타나야 하는 특성이 있으므로 우리가 타인의 성격을 파악하려면 그만큼 일정시간이 요구된다. 그러나 성격이 안정성과 일관성이 있어야 한다는 말의 의미는 결코 성격이 변하지 않는다는 뜻이 아니다. 우리는 의식적으로 때로는 무의식적으로 성격의 변화를 시도하기도 한다. 이러한 변화가 쉽게 이루어지지는 않지만 한 번 변화된 성격은 일정 기간 안정적으로 또 일관되게 우리의 행동에 영향을 미치게 된다.

결론적으로, '성격이란 개인이 환경에 따라 반응하는 특징적인 양식으로서 타인과 구별되게 하는, 독특하고 일관성이 있으며 안정적인 사고, 감정 및 행동방식의 총체'라고 정의할 수 있다.

2) 성격의 결정

성격의 구성 요소가 다양한 것처럼 성격을 결정하는 요소도 다양하다. 사람이 유전과 환경에 의해 결정되는 것처럼 성격도 이와 비슷한 방식으로 결정된다. 사람을 구성하는 요소는 기본적으로 심리적 요소와 신체적 요소로 나눌 수 있다. 심리적 요소는 'mind', 신체적 요소는 'body'를 말한다. 사람은 둘 중 어느 하나만으로 이루어지지 않는다. 그러므로 데카르트(Descartes)는 mind와 body의 상호작용론을 주장하였고, 이 관점은 지금까지도 이어져 내려오고 있다. 그러나 사람을 구성하는 심리적·신체적 요소 외에도 심리학에서는 사람을 사람답게 만드는 기본 요소로 사회적 요소를 더 고려하고 있다.

$$\text{사람} = f(M \times B \times S) \quad (f\text{는 함수, } M\text{은 mind, B는 body, S는 society})$$

[그림 2-1-1] 사람을 사람답게 만드는 요소와 결정방식

사람들은 선천적으로 심리적 요소(mind)와 신체적 요소(body)를 가지고 태어나고 후천적으로 그 것들을 형성해 나가지만, 이는 어디까지나 사회라는 테두리 내에서 이루어지는 것이다. 사회심리학자인 레빈(Lewin)은 이러한 사회를 커다란 자기장에 비유하며 생활공간이라고 하였는데, 사람들은 바로 이러한 생활공간 내에서 서로 영향을 주고받으며 살아가는 것이다.

성격도 사람이 결정되는 방식과 유사하다. 성격은 선천적으로 어느 정도 결정되지만 최종적으로 어떤 성격을 갖느냐 하는 것은 사회라는 테두리 내에서 어떤 환경을 경험하느냐에 달려 있다. 선천적 요소란 주로 생물학적인 요인을 말한다. 유전, 부모 체형과 같은 요소들로 특성과 기질 같은 내적 요소가 관련된다. 이에 비해 후천적 요소란 다양한 사회문화적 영향, 가정환경, 부모의 성격, 교육 등과 같은 환경적 요인을 말한다. 후천적 요소에는 앞서 사람을 사람답게 만드는 데 필요한 요소인 사회적 요소도 포함된다. 이는 성격을 결정하는 데 선천적 요소도 중요하지만 후천적 요소도 중요하다는 사실을 보여준다. 심리학은 선천적 요소의 범위 안에서 후천적 환경 요소로 인한 성격의 변화 가능성을 강조하고 있다.

$$\text{성격} = f\,(M \times H \times E)\ (f \text{는 함수}, M \text{은 mind}, H \text{는 유전}, E \text{는 환경})$$

[그림 2-1-2] 사람의 성격을 결정하는 요소와 결정방식

2. 성격이론

성격이론(personality theory)은 개인이 보이는 행동방식의 차이를 묘사·설명하려는 체계적인 시도로서 크게 두 종류로 나눌 수 있다. 그 중 하나는 성격을 단편적인 상태로 이해하려는 연구이다. 이러한 연구는 성격이 어떻게 형성되고 발달하는가보다는 현재 어떤 종류의 성격 유형이 있는지에 더 많은 관심을 보인다. 대표적인 이론으로는 특성이론(character theory)이 있고, 이는 다시 유형론과 특질론으로 나뉜다.

또 하나는 성격이 어떻게 형성되고 어떻게 발달하며, 이것이 생활하는 데 어떤 기능을 하는지 이해하고자 하는 과정이론이다. 과정이론에는 무의식과 어린 시절의 경험을 강조하는 정신분석, 개인과 환경의 상호작용을 강조하는 행동주의적 관심의 이론, 개인의 주관적 경험과 자기실현을 강조하는 인본주의 이론 등이 있다.

일반적으로 성격이론은 유형론과 특질론으로 구분하고, 유형론은 다시 체액론과 체격론을 구분한다. 체액론이 대표적인 학자는 히포크라테스이고, 체격론의 대표적인 학자로는 크레취미, 셀튼 등을 들 수 있다. 특질론의 대표적인 학자에는 올포트, 커텔, 아이젱크 등이 있다.

과정이론은 정신 분석론과 행동주의론, 인본주의론 등으로 구분되고, 정신분석론은 다시 정신분석, 신정신분석으로 구분되고, 행동주의론은 조건형성 이론, 사회학습 이론 등으로 구분된다. 아울러 인본주의론은 현상학적 이론과 연계된다. 정신분석의 대표적인 학자는 프로이트, 신정신분석의 대표적인 학자는 융과 아들러, 조건형성 이론의 대표적인 학자는 손다이크, 스키너 등이 있다. 사회학습 이론은 헐, 현상학적 이론은 로저스, 매슬로우 등이 대표적인 학자이다.

〈표 2-1-1〉 성격 이론의 구분

성격 이론	특성 이론	유형론	체액론	히포크라테스
			체격론	크레취미, 셀튼
		특질론	(특질론)	올포트, 커텔, 아이젱크
	과정 이론	정신 분석론	정신 분석	프로이트
			신정신분석	융, 아들러
		행동주의론	조건형성 이론	손다이크, 스키너
			사회학습 이론	헐
		인본주의론	현상학적 이론	로저스, 매슬로우

3. MBTI(Myers-Briggs type Indicator): 성격 유형 검사

이사벨 마이어스(Isabel Myers)는 본격적으로 칼 융의 유형론을 연구하여 1960년대 이른바 MBTI를 완성하였다. 융은 JP(판단, 지각)의 중요성에 대하여 함축적으로 파악하였다. JP(Judging, Perception)는 외부 세계에 대해서 채택하는 생활양식이나 이 외부 세계에 대응하는 방법을 의미한다. 즉 외부 세계에 대해서 주로 판단(사고, 감정)하는 태도를 취하느냐 지각하는 태도(감각, 직관)를 취하느냐하는 것이다.

1) 판단(Judging)

판단 태도(사고, 감정)를 가진 사람은 삶을 규제하고 통제하기 위하여 계획되고 질서 있는 생활을 하는 경향이 있다. 판단 기능을 사용할 경우에는 과감하게 의사결정을 하며, 빨리 결론에 이르고 과업을 박력 있게 추진한다. 판단 기능을 선호하는 사람은 구조화하고 조직화하기를 선호하고 일을 해결하기를 좋아한다.

2) 지각(Perception)

외부 세계를 접할 때에 지각 과정(감각, 직관)을 선호하는 사람은 신속성 있고 즉흥적으로 살기를 좋아한다. 이 지각을 사용할 때에는 정보를 수집하면서도 계속 대안에 대하여 마음의 문을 열어 놓고 있다. 이 지각을 선호하는 사람은 삶을 통제하기보다는 이해하려고 노력한다.

일반적으로 MBTI는 심리유형론을 바탕으로 마이어스(Isabel Myers)와 보리그스(K.C. Briggs)가 제작한 성격유형 선호 지표로서 타인의 성격 역동을 이해하는 데 유용한 도구이다. 특히 선천적인 심리 경향을 알아보는 검사로써 정신과 질환이 없는 사람들의 성격 측정에 두루 활용되고 있다.

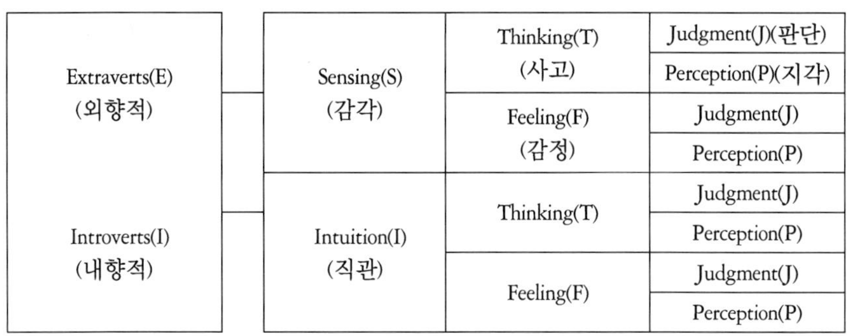

[그림 2-1-3] MBTI 성격 유형도

MBTI는 다음과 같은 가정 속에 유형을 공식화하고 있다.

① 각 유형에는 한 가지 기능이 우세한 주요 기능이 있다.

② 각자는 자신의 주요 기능을 선호하는 태도(내향, 외향)와 함께 사용한다.

③ 주요 기능에 대하여 보조 기능이 있어서 균형을 이루도록 한다.

④ 각 보조 기능은 외향성과 내향성 간에 균형을 이루도록 한다.

⑤ 각 보조 기능은 상대 기능은 지각과 판단에 균형을 맞춘다.

⑥ 주요 기능의 상대 기능은 최저로 개발되거나 열등 기능이 된다.

⑦ 보조 기능의 상대 기능은 3차 기능이 된다.

⑧ 이상과 같은 가정으로 16개 유형의 주요 기능, 보조 기능, 3차 기능, 열등 기능을 사용하여 식별한다.

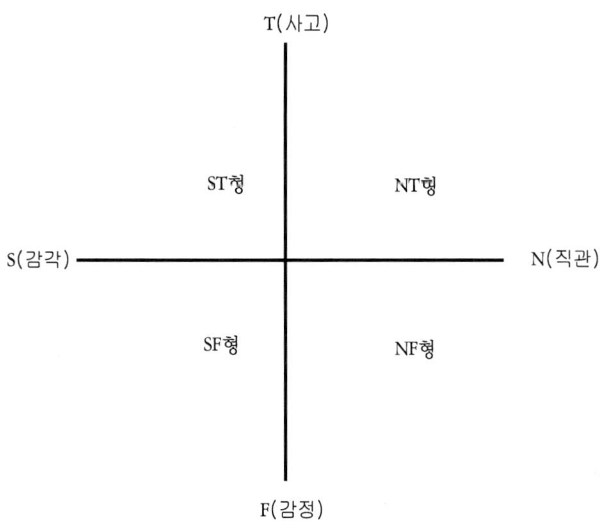

[그림 2-1-4] MBTI의 기본 성격 유형(4가지)

〈표 2-1-2〉 MBTI 성격 유형 측정 설문지

**다음. 각 문항의 (a,b) 가운데 당신의 선호와 부정의 정도에 따라 답안지에 점수를 기입하여 주십시오. 점수를 기입할 때, 가장 선호하면 5점, 가장 부정하면 0점을 기입하여야 합니다. 만약 문항 1번의 a, b를 비교하여 1a가 2점이면 1b는 3점을 또는 1a가 0점이면 1b는 5점을 기입하여야만 합니다.

1a. 나는 상상적이고 직관적이라고 불리기를 선호한다.
1b. 나는 실제적이고 신중하다고 불리기를 선호한다.
2a. 나는 조직 속에서 사람에 관해 결정을 할 때, 이용 가능한 자료와 상황에 대한 체계적인 분석을 기초로 하여 결정내리기를 선호한다.
2b. 나는 조직 속에서 사람에 관해 결정을 할 때, 동정과 감정 그리고 사람들의 욕구와 가치의 이해를 기초로 하여 결정내리기를 선호한다.
3a. 나는 임무를 수행할 때 효과적이라고 믿는 방법의 사용을 선호한다.
3b. 나는 임무를 수행할 때 기존의 방법과는 다른 새로운 방법을 생각해내기를 선호한다.
4a. 나는 비감정적인 논리와 신중한 분석을 기초로 하여 결론을 내리기를 선호한다.
4b. 나는 상황과 사람에 관해 내가 느끼고 믿는 것을 기초로 하여 결론을 내리기를 선호한다.
5a. 나는 가능성에 대하여 생각하기를 선호한다.
5b. 나는 사실적인 것들을 다루기를 선호한다.
6a. 나는 사고적인 사람으로 생각되기를 선호한다.
6b. 나는 정감적인 사람으로 생각되기를 선호한다.
7a. 나는 추상적이고 이론적인 것을 선호한다.
7b. 나는 구체적이고 실제적인 것을 선호한다.
8a. 나는 타인이 그들의 감정들을 만끽하는 것을 돕기를 선호한다.
8b. 나는 타인이 논리적인 결정을 하도록 돕기를 선호한다.

9a. 나는 가능한 한 전체적인 관점을 선호한다.
9b. 나는 이용할 수 있는 실제적이고 상세한 내용을 선호한다.
10a. 나는 결정을 하기 위하여 상식과 신념을 사용하기를 선호한다.
10b. 나는 결정을 하기 위하여 자료와 분석 그리고 이성을 사용하기를 선호한다.
11a. 나는 관념들을 선호한다.
11b. 나는 사실들을 선호한다.
12a. 나는 신념들을 선호한다.
12b. 나는 증명할 수 있는 결론들을 선호한다.
13a. 나는 정확하면서도 상세하게 기술되어 있는 계획들을 수행하기를 선호한다.
13b. 나는 계획들을 수행하는 것보다 계획들을 기획하기를 선호한다.
14a. 나는 논리적인 사람을 선호한다.
14b. 나는 정감적인 사람을 선호한다.
15a. 나는 존재하지 않는 것을 상상하기를 선호한다.
15b. 나는 실질적인 사항들을 검증하기를 선호한다.
16a. 나는 감상적인 상황들과 토론 그리고 영화 구경을 선호한다.
16b. 나는 상황을 분석하는 나의 능력을 사용하기를 선호한다.

답안지

직관(N)	감각(S)	사고(T)	감정(F)
문항	문항	문항	문항
1a _____	1b _____	2a _____	2b _____
3a _____	3b _____	4a _____	4b _____
5a _____	5b _____	6a _____	6b _____
7a _____	7b _____	8a _____	8b _____
9a _____	9b _____	10a _____	10b _____
11a _____	11b _____	12a _____	12b _____
13a _____	13b _____	14a _____	14b _____
15a _____	15b _____	16a _____	16b _____
합계 _____	합계 _____	합계 _____	합계 _____

제2절 인간의 발달

1. 발달의 정의와 특성

인간 발달의 연구자들이 발달을 정의하는 데 공통적으로 강조하는 것은 지속성과 변화이다. 인간

발달은 개체에 있어서 모든 변화의 연속적인 과정을 뜻한다. 즉, 발달이란 개체가 각각 선천적인 요인인 유전과 후천적인 요인인 환경의 작용에 의하여 변화되면서 점차 개성을 뚜렷이 나타내게 되는 것이다. 코프카(Koffka)는 유기체와 그 기관이 양에 있어서 증대하고, 구조에 있어서 정밀화하며, 기능에 있어서 유능화하는 것을 발달이라고 정의하였다. 발달이란 변화를 뜻하며, 그 변화가 발생하는 방향과는 관계가 없으나 일반적으로 변화가 어떤 바람직한 목표를 향하여 생기는 경우에 발달이라고 하고 그 반대방향의 변화를 쇠퇴 또는 퇴화라고 한다. 그러나 넓은 의미의 발달은 유기체가 생활하는 동안에 일어나는 모든 변화로 신체적인 구조의 변화든, 기능의 변화든, 심리적인 변화든 모두 발달이라고 할 수 있다. 그런데 유기체의 이런 변화는 개체가 그를 둘러싸고 있는 환경에 보다 잘 적응하여 갈 때에 일어난다고 볼 수 있으므로 발달이란 개체가 생활하는 데 있어서 환경에 적응하여 가는 과정이라고 할 수 있다. 따라서 발달은 성장과 성숙 그리고 학습과 관련되어 있다.

성장(growth)이란 신체적인 면의 신장이나 체중이 증가하는 양적인 변화로서 외적인 자극이 없이도 자연히 일어나는 비교적 환경의 영향을 적게 받는 변화를 말한다. 그러나 발달은 양적으로만 커지는 것이 아니라 구조나 기능이 세분화되는 것이다. 양적 증대의 변화와 질적 변화는 함께 이루어져 발달이란 전체적인 변화로 발전해 간다.

성숙(maturation)은 단지 신체적·생리적인 특성에만 따르는 것이 아니고 이것을 배경으로 하여 가능하게 되는 변화를 의미한다. 성장은 연령에 따라 나타나는 신체적인 변화를 말하고, 성숙은 주로 유전적으로 결정되고 발달과정에 있어서 특수한 경험이나 훈련에 의해서 좌우되는 일이 적다. 예컨대 신체가 성장해서 생리적으로 성생활이 가능하게 되면 성적으로 성숙했다고 하고, 친구를 사귀고 자기가 할 일을 하게 되면 사회적으로 성숙했다고 하게 된다.

학습(learning)은 발달과정에 있어서 성장이나 성숙과 구별된다. 어린이가 동일한 환경에서 계속적으로 생활할 때 그가 나타내고 있는 행동은 그 이전의 경험에서 변화한 것이다. 이와 같이 모든 심신 분야에서 생기는 기능의 변화가 영속적일 때 그 변화의 과정을 학습이라고 한다. 일상생활의 행동, 언어, 사고, 기능 등은 선천적인 개인차가 있으나 생활조건에 의하여 변화를 가져온다. 이러한 학습은 특수한 경험과 같은 외부적 자극에 의하여 이루어지는 후천적인 변화의 과정을 말한다. 그러나 학습이 후천적인 요인에 의해서 규정되는 발달이라고 하지만 학습할 수 있는 발달적인 소지가 있어야만 된다. 게젤(Gesell)에 의한 46주 된 쌍생아의 계단 오르기 실험에서와 같이 계단 오르기 훈련은 계단을 오를 수 있는 어느 정도의 성숙이 필요하다는 것이다. 따라서 연습은 일정한 성숙 단계에서 행해져야 그 효과가 나타나는 것이다. 너무 어린 나이부터 훈련이나 연습을 시키면 학습은 성립되지 않고, 성립했다 하더라도 비능률적으로 과다한 훈련기간의 소요만을 초래한다. 학습은 기본적으로 성장 내지 성숙의 단계를 염두에 둔 준비성(readiness)에 대한 고려가 이루어져야 한다.

그러나 발달 과정에는 특정의 경험이 개체의 발달에 결정적인 영향을 미치는 시기가 있다. 결정적인 시기(critical period)란 해야 할 필요한 경험을 이 시기에 하지 못하면 그 영향이 성인이 될 때까지 지속적으로 미치는 것이다. 이 시기에 배우지 못하면 영원히 배우지 못하여 이후에 수정 보완하기가 어렵다. 어렸을 때의 영양결핍은 그 후에 아무리 보충을 하여도 충실하지 못하여 정서적으로 생후 1년간 혹은 2년간 어머니의 사랑을 받지 못한 어린이는 그 후에 사랑을 주어도 받아들일 줄 모르고 남을 사랑할 줄도 모른다. 로렌츠(Lorenz)의 거위실험, 헤스(Hess)의 오리 새끼 실험, 할로우

(Harlow)의 원숭이 실험에서 그 시기에 적절한 자극을 주지 않으면 그로 인한 손상은 매우 크며 이것은 지적·정서적·사회적 발달에 영향을 미친다는 것을 알 수 있다. 블룸(Bloom)은 초기 환경의 결손은 8~17세 때의 그것보다 심각하다고 보았으며, 출생에서 6세까지 지력의 2/3가 발달한다고 주장하였다. 도이치(Deutsch)는 초기 경험은 어린이의 지각학습에 영향을 미친다고 하였으며, 헌트(Hunt)는 초기의 자극박탈이 동작발달을 방해한다고 하였다. 헤브(Hebb)는 6세까지 결손된 환경에서 자란 어린이의 지적 결함은 결코 메울 수 없다고 하였으며, 크레치(Krech)는 초기 경험의 종류에 따라 뇌 속의 구조적 변화가 다르게 나타난다고 주장하였다.

2. 발달의 유전과 환경

1) 유전론

유전론은 개체의 성장발달이 유전적 소질에 의해서 지배되며 환경의 힘으로는 변경시킬 수 없다고 보는 입장이다. 소질이란 개체의 신체적 기능 내지 정신적 기능의 잠재적 능력을 말한다. 유전에 의해서 결정지어지는 신체의 강약, 지능의 유열, 정서, 의지의 강약 등은 환경에 의해서 변화시킬 수 없거나 극히 미약한 효과만 있을 수 있다. 멘델(Mendel)에 의하면 생물의 특질은 생식세포에 있는 유전형질 또는 유전자에 의하여 선천적으로 결정지어지는 것이며 후천적 영향으로 유전형질을 변화시킬 수 없다고 보았다. 갈톤(Galton)은 가계를 조사하여 정신능력이 유전된다는 것을 입증하였다. 즉, 150명의 피험자를 대상으로 그들의 신체적 특징, 소질, 성직 등을 가족조사를 통하여 연구하였다. 그 결과 당대가 지닌 유전형질의 총량 중에서 한 세대씩 내려갈 때마다 1.2정도씩 감소되며, 계속하여 1/4→1/8→1/16→···등으로 줄어든다. 그러므로 부모가 가진 유전형질 중 절반은 그 친자에게 물려주게 된다. 덕데일(Dugdale)은 막스 주크(Max Juke)라는 부랑자 자손 7대에 540명을 조사한 결과, 20여 명이 자기능력으로 생활할 수 있었고 나머지는 열등 인물이었음을 밝혀냈다.

쌍생아 연구는 많은 행동에서 유전의 증거를 제시한다. 일란성 쌍생아(identical twins)는 하나의 수정란으로부터 발달하므로 유전적 구성이 동일하다. 일란성 쌍생아 중 하나가 정신분열증 환자이면 약 50%의 경우 다른 쌍생아도 정신분열증이 된다고 한다. 일란성 쌍생아 간에 유사성이 더 많다는 사실은 정신분열증에 있어서 유전이 중요한 작용을 한다는 것을 암시하여 준다.

젠센(Jensen)은 지능이 유전되는 증거를 제시하고 지능지수(IQ)의 변량 중 최소한 80% 정도는 유전으로 설명할 수 있다고 하였다. 미국의 흑인들은 IQ검사에서 백인보다 평균 15점 정도 낮았으며, 중·상류층의 흑인들도 중·상류층의 백인들보다도 IQ가 낮았다. 젠센에 의하면 흑인의 유전자는 일반인의 유전인자와 다르다고 하였다.

고다드(Goddard)의 칼리카크(Kallikak) 가계연구에서 정상인 자손 496명은 정상 이상의 훌륭한 인물이었으며, 저능의 자손 480명 중 정상 또는 준 정상 46명 이외에는 모두 문제를 가진 사람들이었던 것으로 밝혀졌다.

입양아의 연구에서도 입양아와 친부모와의 지능상관은 .52이고 양부모와 지능상관은 .14로 밝혀졌으며, 어려서 헤어진 쌍생아가 성인이 되어 재결합하였을 때 그들의 특성을 비교해 보면 행동특성이나 능력, 기로 등에서 많은 유사점이 발견되었다고 한다. 스카와 웬버그(Scarr & Weinberg)는 정신분열증 엄마에게서 태어나 정상 부모에게 입양되어 양육된 사람들 47명을 찾아내어 살펴본 결과 47명 중 5명이 정신분열증 환자였다. 그러나 출생 시 입양되었으나 정신분열증 부모를 갖지 않았던 다른 집단에서는 정신분열증 환자가 한 명도 없었다. 또한 트리욘(Tryon)은 쥐의 우수한 특성 인공교배 실험에서 유전의 영향에 관한 사실을 입증하였다.

이상과 같은 연구의 예로부터 교육의 효과를 좌우하는 데 유전의 힘이 얼마나 작용하는지 알 수 있고, 이러한 현상은 신체적인 면에만 적용되는 것이 아니라 심리적·정신적·지능적인 면에도 적용되는 것이므로 교육의 효과가 잠재능력과 특질에 관계없이 무제한적으로 발휘될 수는 없다는 것을 의미한다.

2) 환경론

환경론은 경험의 바탕이 다음의 행동을 결정하므로 개체의 발달은 환경적 요인의 영향이라고 본다. 환경이란 개체에게 직접·간접으로 영향을 주는 모든 자극으로 인간은 환경에 의하여 생득적으로 타고난 소질을 제한 당하게 된다. 이와 같이 환경은 단순히 물리적 조건만을 의미하는 것이 아니라 물리적 조건이 개인과의 상호작용, 즉 특정한 개인의 지각활동을 통해 심리적 조건으로 전환되는 것을 의미한다.

환경의 작용에 관해 블룸(Bloom)은 다음과 같이 일반적인 결론을 내리고 있다. 첫째, 환경은 인간의 특성에서 일어나는 변화의 범위와 종류를 결정해 주는 요인이며, 둘째, 환경이 미치는 영향은 인간발달과정 중에서 가장 급격한 발달을 가져오는 시기에 더욱 큰 영향을 미친다. 셋째, 인간에게 주어지는 환경 중에서 초기의 환경은 보다 큰 영향을 미치며 넷째, 환경은 원칙적으로 개인에게 변별적으로 작용하나 그 환경을 접하고 있는 모든 개인을 동일하게 변화하도록 작용할 경우가 있다. 다섯째, 환경이 작용하여 일으키는 변화에는 한계가 있다. 따라서 인간의 성장발달에 있어서 환경의 영향이란 교육적인 측면에서 매우 중요한 것이다. 두 여아인 일란성 쌍생아가 가정환경으로 인하여 한 아이는 남의 집 하녀로, 한 아이는 부유한 집의 양녀로 성장을 한 후 비교하여 본 결과 지능, 성격 등에서 많은 자이를 발견하였다.

그리고 자연적·지리적 조건이나 사회·문화적 차이는 지능뿐만 아니라 성격적 특징에 많은 영향을 미친다고 한다. 즉, 기후조건이 인성에 미치는 것은 추위와 더위, 습도, 주야의 길이 등의 관계이며 이러한 기후조건은 개체에 영향을 미치고 나아가 민족성의 구성요소가 된다.

1920년 10월 17일 2세 된 아말라(Amala)라는 여아와 8세 된 카말라(Kamala)라는 여아를 늑대 굴에서 구출하여 양육하였으나 아말라는 1년 이내에 죽고 카말라는 9년 후에 죽었다. 카말라가 늑대의 행동에서 변하기에는 참으로 오랜 시간이 걸렸다. 두 손으로 그릇을 잡는 것만 1년 반이 걸렸고, 일어서는 데 1년 반, 죽기 전 9년 동안 배운 언어가 보통 5~6세 어린이 정도밖에 안되었다. 카말라는 보통 지능을 소지한 정상아로 태어났으나 사람과의 접촉이 없었기 때문에 인간답지 못했던 것이다. 유아기 동안의 극단적인 영양실조는 IQ점수를 더 낮춰 그 후에 식사를 개선하더라도 변화될 수 없는 지체에 머무르게 된다. 예컨대, 심하게 영양이 결핍된 남아프리카의 유아들은 적절한 식사를 했던 비슷한 연령의 유아들보다 IQ가 평균 20 정도 낮았다. 이와 같이 발달 초기에 적당한 식사를 하지 못하면 정상적인 성장 및 생리적인 성장 모두가 부진하게 된다.

또한 주위환경은 음식과 마찬가지로 발달에 중요하다. 16개월에서 18개월 동안 완전히 어두운 곳에서 길러진 다음 정상적인 환경으로 옮겨진 침팬지, 고양이, 토끼들은 출생 시부터 일광에 노출되었던 동물들만큼 볼 수 없었다. 출생 시에는 이 동물들의 눈은 아무런 이상이 없었으나 시각 세포와 신경이 자극을 받지 못하였기 때문에 시력은 발달하지 못하고 퇴화된 것이다.

영리한 쥐들과 우둔한 쥐들이 섞인 집단 중에서 한 집단은 평이한 환경에서 기르고, 다른 한 집단은 장난감이나 사다리 등 자극을 주는 환경에서 기른 다음 쥐들이 모두 자랐을 때 미로 검사를 하였다. 평이한 환경에서 사육된 쥐들은 유전적으로 우수한 쥐와 우둔한 쥐 간에 아무런 차이가 없었으며 오히려 우수한 쥐들의 유전능력이 발달하지 못해 마치 우둔한 쥐들처럼 행동하였다. 또한 자극을 주는 환경에서 자란 쥐들 간에도 별다른 차이가 없었지만 평이한 환경에서 자란 집단의 쥐들보다는 뇌의 무게가 무거운 것으로 나타났다.

스킬스(Skeels)는 3~4명의 성인이 35명 이상의 고아들을 돌보아주는 고아원을 선택해 연구하였다. 성인들은 아이들에게 음식을 먹여주고 방 청소를 해줄 뿐 놀아주거나 책을 읽어주는 시간을 따로 갖지 못했다. 조사를 해보니 이곳의 많은 어린이들은 저능아로 분류되었다. 여기서 18개월 된 지체된 어린이를 성인병실에 배정하여 18개월 동안 지내게 하였는데 평균 IQ는 64에서 94로 높아졌으나, 고아원에 그대로 남겨졌던 어린이들의 평균 IQ는 86에서 61로 낮아졌다. 차이가 나는 이유는 누군가 그들과 놀아 주었고 그들에게 책을 읽어 주었으며 그들의 시도를 격려하고 기뻐해 주었기 때문이었다. 30년 후 성인병실에서 자란 13명의 어린이들은 모두 자기 생활을 할 수 있었으며 직업도 다양하였으나, 고아원에서 자란 어린이들은 대부분 직업이 없었고, 있다고 하더라고 그들은 모두 접시 닦는 일처럼 단순한 일을 하고 있었으며, 네 명은 여전히 시설에 수용되어 있었다.

가정에서의 양육방법은 어린이의 지적 발달에 지대한 영향을 준다. 하류계층의 어머니들은 중류계층의 어머니들만큼 그들의 자녀들과 놀아주지 않으며 어린이가 기거나 시계 보는 것을 배울 때 자녀들의 성취에 일관되게 보상을 주지 않는다. 그러나 중류계층의 부모들은 자녀가 말하는 것에 격려를 하며 나무토막을 쌓고 형태, 색깔, 크기 등에 관해 말하도록 계속해서 독려한다. 이 결과 이러한 자극이 지적 발달에 크게 영향을 주게 된다.

할로우(Hallow)의 어린 원숭이의 어미로부터 분리경험 연구, 데니스(Dennis)의 지적·정서적·사회적·언어적 발달에 있어서 성인과의 접촉환경의 중요성 연구, 카간(Kagan)의 과테말라 원시림의 어린이 연구, 코헨(Cohen)의 소음에 관한 연구 등도 환경의 영향에 관한 실증적인 연구 결과로 지적할 수 있다.

레빈(Lewin)은 행동을 인간과 환경과의 함수관계로 보았다. 즉, 행동은 개체의 내면적 특성과 환경의 구체적인 조건과 함수관계를 맺고 있다는 것이다. 말하자면 환경은 개체와 기능적 관련을 가지고 개체의 행동을 규정하는 함수관계에 있을 때 참다운 의미를 가진다. 따라서 환경은 독자적으로 존재하는 것이 아니며, 인간의 성장발달도 환경과의 상호작용에 의해서 전개되는 것이다. 그러한 의미에서 교육은 환경과의 기능적 관계하에서 개체의 성장을 조성하는 작용이라고 할 수 있다.

3) 유전과 환경의 관계

인간발달에 있어 유전과 환경 중 어느 것이 더 결정적인 영향을 미치는가 하는 문제에 대해서는 아직도 이론(異論)이 분분하지만, 1930년대 이후로 점차 환경, 즉 교육의 힘이 더욱 강조되고 있다. 유전의 힘으로 생각되었던 것이 후천적 환경에 의해 많이 개선될 수 있다는 사실이 밝혀졌기 때문이다. 일반적으로 인간의 신체적 특징, 즉 체격, 용모, 체질, 혈액형, 피부라든지, 눈, 털빛 등은 종족이나 민족의 일반적인 특징인데, 이러한 것들과 부모의 개별적 특징은 유전하는 분량이 많아서 환경에 의하여 변화할 여지가 없다는 것이다. 그런데 심리적 내지 정신적 능력인 성격, 예의, 개성, 흥미, 언어, 문화성은 환경의 영향을 많이 받는다. 그 근본은 선천적 소질에 의한 것이지만 그것을 구체적으로 실현시키는 것은 환경적 영향이며 교육의 힘이라 할 수 있다.

결과적으로 인간형성은 선천적 소질과 후천적 교육의 두 가지 힘에 의해서 이루어진다고 할 수 있다. 따라서 내적 요인으로서의 유전과 외적 요인으로서의 환경은 인간의 특질을 결정지으며 양 요인의 최대한계는 교육의 한계가 되는 것으로 이러한 입장이 절충설이다.

우드워즈(Woodworth)는 발달의 가능성은 환경을 세로로, 유전을 가로로 한 직사각형의 면적과 같다고 보아 유전과 환경과의 관계는 더하기의 관계가 아니라 곱하기의 관계와 같다고 하였다. 또 고트샬트(Gottschaldt)는 다른 측면에서 유전과 환경과의 관계를 삼각형에 비교하여 설명하였다. 밑변(유전)이 같다고 해도 다른 두 변(환경과 교육)이 다르면 다른 삼각형(발달)이 되므로 유전은 성장발달의 한 요소이며 환경과 교육이 또한 큰 영향을 주기 때문에 두 요인이 동시에 좋아야 하는 것이다.

인간은 유기체이기에 갖는 짧은 수명과 유전적 한계 말고도 인류가 만들어 놓은 힘들고 복잡한 삶의 문제들로 인해 그 성장 가능성을 저해당하고 있다. 즉, 인간의 성장을 돕기 위해 마련된 학교교육제도까지도 그 구조적 모순과 비교육적 요인들로 인하여 인간의 건전한 성장을 해치는 많은 역기능적 작용을 하고 있다. 오늘날의 치열한 입시경쟁에서 빚어지는 일들, 이를테면 계속적인 긴장과 불안, 지적 호기심을 무시한 강요된 기계적 암기, 과도한 경쟁의식 등은 인간의 진정한 자아실현을 해치는 독소가 아닐 수 없다. 상급 학교 진학만을 추종하는 현재의 한국교육의 흐름도 우리 모두 반성하여야 힌다.

유전과 소질은 선천적인 것이지만 교육은 인간이 담당해야 할 과제다. 유전적인 소질을 충분히 발휘할 수 있도록 환경을 구비하여 주어야 하고 또한 개인의 교육적 의지와 노력에 의해서 그의 소질은 충분히 발전될 수 있다는 것을 깊이 인식하고 소질의 충분한 계발을 실현하도록 해야 할 것이다.

3. 발달의 원리

1) 발달의 연속성

발달은 연속적이며 점진적 과정이다. 한 개체의 성장은 비약적 과정이 아니고 계속적이며 점진적으로 이루어진다. 이것은 신체적 또는 정신적 기능의 성장에 대한 특정 결과에서 알 수 있다. 신체적 성장 속도는 보통 출생 초기가 가장 빠르고 그 후 점점 늦어지다가 12~14세경에 다시 빨라지나, 정신적 성장 속도는 신체의 성장과 같이 명료화하지는 않다. 보통 3세에 감각기관은 고도의 기능을 발휘하게 되고 신경계통은 성인의 1/10에 이르며, 6세에는 거의 9/10에 이르게 된다.

2) 발달의 상호작용성

발달은 개체와 환경과의 상호작용에 의한다. 발달이란 유전과 환경의 결과로 나타나는데, 유전적 요인은 환경조건 여하에 따라서 달라질 수 있는 것이므로 개체와 환경은 독립된 것으로 볼 수 없다. 개체의 내부적인 힘과 생활환경의 힘 등이 서로 작용하여 새로운 하나의 체제로 발달되는 것이다. 하위체제로서 개체와 환경이 이루는 전체 체제가 새로이 재체제화되어 구조화되는 데에서 발달된다.

3) 발달의 순차성

발달에는 일정한 순서가 있다. 발달은 순서와 질서에 따라 일반적인 것에서 특수한 것으로, 전체적인 것에서 부분적인 것으로 나타난다. 일반적으로 발달에 있어서 머리가 먼저 발달하고 머리 가까운 부분에서 팔, 다리와 손, 발 그리고 손가락과 발가락 순서로 발달이 진행된다.

4) 발달의 분화성과 통합성

발달은 분화와 통합의 과정이다. 모든 유기체의 발달은 부분의 분화와 그 부분 상호의 종속관계에 의한 통일에 있다고 할 수 있다. 어릴 때는 몸의 어느 부위에 자극을 받게 되면 전체의 미분화적 반응을 일으키던 것이 성장함에 따라 자극을 받는 부분만이 유의적·분화적 반응을 하게 된다. 이것은 정신적인 면에서나 정서적인 면에서도 같다고 할 수 있다. 그리고 일반 분화되면 그 분화로 그치는 것이 아니고 분화된 각 부분이 보다 발달된 수준에서 행동하게 되며 전체적이고 통합적으로 변화하게 된다.

5) 발달의 개인차

발달에는 개인차가 있다. 발달에는 일정한 순서 또는 질서가 있으나 개인에 따라 그 속도나 모양이 각기 다르다. 즉, 신체, 운동, 정서면이 제각기 다르게 발달하는데 이는 가정환경, 경제조건, 가족의 교육정도, 사회·문화적 조건 등에 의해서 이루어진다고 볼 수 있다. 이와 같은 개인차는 선천적인 유전에 의하기도 하지만 개체가 환경과 상호 작용하여 발달하게 되므로 개체는 모두 제각기 독특한 양과 질 그리고 속도를 가지고 다른 모양으로 발달하게 된다. 개인차는 개인과 개인 사이에만 있는 것이 아니라 개인 자체 내에서도 상당한 차이가 있음을 알 수 있다.

6) 발달속도의 불규칙성

발달의 속도는 불규칙적이다. 발달이 연속적인 것이라고 할지라도 항상 순조롭고 점진적인 것은 아니다. 신체적 발달과 정신적 기능이 급격히 증가 또는 감소하는 시기가 잇는 것이다. 즉, 비약 전진하는 듯한 경향을 보이는 시기와 때로는 중지되는 듯한 정지 기간을 볼 수 있다. 출생 후 12주부터 단어적인 말을 사용할 수 있지만 그 후 2, 3개월이 되면 단어 수가 늘지 않는다. 그러다가 3, 4개월이 되면 급속하게 언어가 발달된다. 또한 신장이 변화되고 체중이 늘지 않다가 체중이 늘고 신장이 변화되지 않는 등의 신장기와 충실기가 교대로 진행된다. 아동기에는 창조적인 상상력이 현저하며 청년기에 들어서 신체의 발달이 급격하게 상승한다. 어느 시기에는 그림만 그리다가 그것을 잊어버리고 무관심한 채 다른 것에 몰두하게 되기도 한다.

이외에 자신이 가지고 있는 능력을 스스로 발휘하고자 하는 자발적 사용의 원리, 각 성장의 단계를 통해서 항상 미래에 대한 준비를 하는 준비의 원리, 어떤 시기가 오면 이전의 행동 양식을 버리고 그것보다 필요한 행동양식을 몸에 익히려는 발달적 수정의 원리 등을 들 수 있다.

4. 발달의 단계

1) 태아기(parental period)

보통 수정에서 출생 때까지 9개월(40주, 280일)을 말하는데 이 기간의 교육은 예로부터 중요시되었다. 특히, 어머니의 건강과 정서적 안정은 태아의 건강한 발육뿐만 아니라 정서 상태에 중요한 영향을 준다는 것이 증명되고 있다.

2) 신생아기(neonatal period)

아기가 출생 시의 고통에서 회복할 때까지를 신생아기라고 하는데 생후 2주에서 1개월까지의 기간을 말한다. 이때는 아기의 생활이 거의 잠을 자면서(하루생활의 73%) 이루어지기 때문에 가능한 한 놀라지 않도록 주위환경을 정숙하게 해주어야 한다.

3) 영아기(infant period)

영아기는 신생아기 말부터 2세 전까지를 말하는데 이 시기는 어느 시기보다도 발달속도가 가장 빠른 때다. 즉, 신체적, 정서적, 사회적, 정신적, 기타 인간의 여러 행동발달이 현저하고 왕성한 때다. 직립보행, 언어의 시작 그리고 이유를 계기로 자기의 세계를 넓히고, 타인과 사회적 접촉이 활발해지며 독립하여 영양을 섭취하기 시작한다. 이 시기의 수유(젖 먹이기)와 이유(젖 떼기)의 상태와 방법 여하는 인간발달에 중요한 의미를 가진다.

4) 유아기(baby hood)

보통 2세 전후에서 6세 전까지, 즉 영아기를 지나 취학 전에 이르기까지를 말한다. 신체적 성장이 영아기에 가장 현저하다면 유아기는 신체운동 및 행동 발달에 있어서 가장 뚜렷한 발달을 하는 시기다. 프로이트(Freud)는 성인의 모든 특성이 이 시기의 영향이라고 하여 중요한 의미를 두었다. 즉, 유아기는 기본적인 인간행동의 형성시기이며 의학적으로나 심리적으로 측정하기 어려울 만큼 중요한 시기인 것이다. 태도, 습관, 언어 등 전인격을 형성하는 데 템포(tempo)가 가장 빠른 시기이기도 하다. 그러므로 유아기 교육의 중요성이 강조되고 있는 것이다.

5) 아동기(childhood)

만 6세에서 12세까지의 초등학교 재학 시기를 말하는데 이때는 영·유아기의 발달을 토대로 기본적인 행동특성이 발달되어 새로운 지식을 얻는 데 주저하지 않고 무엇이든지 알고 싶어 하며, 활발하고도 민첩한 활동을 특징으로 한다. 또한 아동기에는 유아의 심리적 특성인 자기중심성을 서서히 탈피하고 사회성이 발달하여 그룹을 지어 어울리는 것을 좋아한다. 흔히 말썽꾸러기, 개구쟁이의 시기라고 하지만 중요한 시기다. 일반적으로 학동기라고 부르기도 한다.

6) 청년기(adolescence)

사춘기를 포함하는 시기로 청년 전기(12, 3~15, 6세), 청년 중기(15, 6~18, 9세), 청년 후기(19, 20~22, 3세)로 구분하는데 이 시기는 어린이 상태에서 어른의 상태로 옮아가는 시기로서 심신의 모든 부분이 과도기적 현상을 나타낸다. 그러므로 행동과 사고가 불안정하여 질풍노도기, 심리적 이유기, 제2의 탄생기라고 하기도 하는 때다. 청년기의 특징이라고 할 수 있는 여러 가지 과도기적 현상인 모순과 혼란, 반항성, 비판성, 내면적 생활의 발견, 자아의식의 고양, 정신적 독립 등은 새로운 것을 만드는 기초로서 성인체제로의 진입 또는 인간성숙의 과정이라고 할 수 있다.

7) 성인기(adulthood)

대체적으로 성인기라 함은 23~60세경까지를 말한다. 이 시기는 인생의 전성기로 주장하는 학자가 있는가 하면, 반대로 인생의 쇠퇴기로 규정하는 학자도 있다. 전자는 경제적으로 상당히 안정되어 있고, 다양한 삶의 영역에서의 경험을 통하여 삶의 지혜를 터득한 상태이며, 집안에서 높은 지위와 책임을 갖기 때문이다. 또한 후자는 신체적 퇴행이 이루어지기 시작하고 위기를 슬기롭게 극복하지 못할 경우 침체된 삶의 역정을 걸을 수밖에 없기 때문이다. 이 시기에는 청소년기와 마찬가지로 인생의 전환기라고 할 수 있다. 이 시기에 수행해야 할 과업은 신체적 변화에 대한 적응, 부부간의 애정 재확립과 노년기 전 단계에서의 위기의 극복, 직업 활동의 몰두와 여가 선용 등이 주요 발달과업이라 할 수 있다.

8) 노년기(old age)

노년기의 시작을 브로디(Brody)는 60세 이후로 보고 있으며, 우리나라의 노인복지법에서는 노인을 65세부터 규정하고 있다. 그러나 현재는 65세부터 노년기가 시작되고 죽음으로 인하여 노년기가 끝난다고 보는 시간이 일반화되어 있다. 학자에 따라 노년기를 75세 전후로 하여 전기 고령노인과 후기 고령노인으로 구분하여 발달적 특성을 논의한다. 21세기 세계화 시대에는 고령사회화하여 노년기가 상당히 늦어지고 있는 현상을 보이고 있다. 현재 한국 사회에서도 70세 이후를 노년기로 보고 있다.

이 시기에는 신체적 능력의 쇠퇴 및 질병이환, 사회적 관계의 축소, 사회 경제적 지위의 하락 등과 같은 쇠퇴적 발달이 주로 일어난다. 따라서 이 시기에 노인은 신체변화에 대한 적응, 인생에 대한 평가, 역할 재조정, 죽음에 대한 대비, 여가시간 활용 등의 발달과업을 적절히 수행할 수 있도록 해야 한다.

5. 발달단계론 탐구

1) 피아제(J. Piaget)의 인지발달단계론

지적 발달은 질적으로 구분할 수 있는 몇 가지 단계를 거치면서 비연속적인 과정을 밟는다고 한다. 다만 학습동기 또는 사회·문화적 제반 여건에 따른 개인적인 차이는 있으나 개인은 누구나 몇 개의 단계를 순서 있게 거치면서 인지발달을 하게 된다는 것이다. 그리고 동화와 조절을 인지발달에 있어서 불변의 기능으로 보며 이 두 기능이 서로 평형을 유지하게 되는데 이것을 균형이라고 한다. 그러나 사실상 동화와 조절기능은 불균형 상태에 있게 되고, 환경은 언제나 새로운 자극과 문제를 제시하며 이 문제의 해결을 위해서 기존의 개념체제를 변경하도록 요구한다. 여기에 균형을 유지시킬 수 있도록 하는 환경통제를 위한 인지구조가 필요하게 되는데 인지발달의 단계는 다음과 같다.

(1) 감각운동기(sensori-motor period: 0~2세)

갓 태어난 아기가 제일 먼저 하는 일은 타고난 기술들인 빨기·잡기로, 장난감이나 손을 입 안에 넣기를 좋아하나 점차 빨 수 있는 것과 없는 것을 구분하고, 무엇이든 본능적으로 잡게 되며, 소리를 알게 된다. 이와 같은 방법으로 어린아이는 경험을 범주화하고 구조화하기 시작하며 영속성이나 자기인식이 가능해진다.

(2) 전조작기(preoperational period: 2~7세)

전조작기에는 사고가 행동지향적으로 신체적·지각적 경험에 한정되어 있다. 기억과 예상능력의 발달로 외부세계를 표상하기 위한 상징을 사용하기 시작하고, 표상의 분명한 예로서는 대상을 언어로 표현하고, 낱말들을 사용하게 된다. 이때의 사고는 상당히 자기중심적이기 때문에 자신과 외부세계를 구분 짓지 못하고 자신과 마찬가지로 사물도 감정을 가진 것으로 생각하며 자신의 심리적 과정이 실제적이고 구체적인 것으로 생각하게 된다.

(3) 구체적 조작기(period of concrete operation: 7~11세)

구체적 조작기에는 사고가 더욱 유연해지고, 자신의 사고를 검토·정정하며 경우에 따라서는 다시 시작하기도 한다. 그리고 한 번에 하나 이상의 차원을 고려하는 것을 배우고 단일 사물이나 문제를 다른 각도에서 바라볼 수 있게 된다. 문제에 대한 접근방법에 있어서 매우 논리적인 면이 있으나, 다룰 수 있고 다루는 것을 상상할 수 있는 구체적인 사물의 관점에서만 생각할 수 있다. 어른들과 같이 추상적인 사고를 하는 일과 가설을 설정하여 이것을 검증하지 않고도 기각하거나 수용할 수 있는 능력은 미약하다. 구체적 조작기는 일반적으로 초등학교 재학 기간과 일치하다.

(4) 형식적 조작기(period of formal operation: 11~15세)

추상적으로 사고할 수 있으며 자신의 생각을 논리적으로 내적인 시험을 할 수 있다. 현재를 뛰어넘어 인과관계를 바탕으로 사물을 이해할 수 있고, 실제적인 것이나 가능성 여부도 고려할 수 있으며, 어떤 특징을 지닌 대상의 범주나 개념을 발달시킬 수 있다. 또 일반적인 규칙을 형성하고 사실에 비추어 이것을 검증하며 우연에 의한 방법으로 관념을 다루지 않고 체계적이고 과학적으로 다룬다. 그러므로 형식적 조작기는 세상에 대해서 보다 추상적인 방법으로 사고하는 시기이지만 사고는 어떤 경험과 직접적인 관련을 맺고 있지 않다. 여러 가지 대안에 대해서 사고할 수 있고 가설적인 견지에서 추론할 수 있으며 비유·은유를 이해한다.

〈표 2-1-3〉 피아제(Piaget)의 인지 발달단계

발달 단계	연령(세)	주요 특징
① 감각적 운동기	0~2세	·운동적 기능 ·지금 여기의 세계(현실) ·초기 단계 말할 수 없고 사고 못함 ·객관적 현실 생각 못 함
② 전조작기 - 전개념적 사고기 - 직관적 시기	2~7 2~4 4~7세	·자기 중심적 사고 ·지각에 의한 추리 ·논리적 사고보다 직관적 접근
③ 구체적 조작기	7~11·12세	·보존 능력 ·수의 이해 ·분류와 관계에 대한 논리 ·구체적 범위만 사고
④ 형식적 조작기	11·12~14·15세	·사고에서 전도가 가능 ·진술적 사고 ·강한 이상주의 발달 ·사고의 완전한 보편성 ·가정(假定)을 다룰 수 있는 능력

2) 프로이트(S. Freud)의 심리성적 발달단계론

프로이트는 성본능 에너지를 리비도(libido)로 보며 이 에너지가 집중된 신체 부분을 성감대라고 하였는데, 성장함에 따라 리비도는 신체의 여러 감각기관에 집중된다고 한다. 이러한 성감대는 특정한 단계순서로 나타나며, 첫 번째 관심은 입에 집중되고, 다음은 항문에 그리고 성기 부분으로 옮겨진다. 이러한 순서는 타고난 생물학적 요인들에 의해서 지배되며 경험 역시 결정적인 발달의 역할을 한다.

(1) 제1단계: 구강기 · 구순기(oral stage: 0~18개월)

엄마의 젖을 빠는 행위는 영양섭취뿐만 아니라 쾌감을 준다. 이러한 행동은 배가 고프지 않으면서도 물건이나 손가락을 빠는 것으로, 이 쾌감을 자애적(autoerotic)이라고 한다. 약 6개월이 되면 어린아이는 독립적이고 필요한 존재로 엄마에 대한 개념이 발달하기 시작한다. 이와 동시에 치아가 자라서 물려고 하는 충동이 있게 된다. 사람은 모두가 성심리적 발달 단계의 모든 단계를 경험하게 되는데 어떤 단계에서 고착될 수도 있다. 고착(fixation)이란 어떤 단계를 지나서 얼마나 진전되었는지에 관계없이 전단계의 문제점이나 쾌락에 대한 지속적인 집착을 의미한다. 만일 구순단계에 고착되었다면 계속 음식에 집착하거나 물건을 빨고 뜯거나 해서 편안함을 느끼고 구순적 쾌감을 위해서 흡연, 음주에 몰두하기도 한다.

아동기의 고착의 강도와 현재 욕구좌절의 크기에 따라 퇴행(regression)하는 경향이 결정된다. 만일 구순단계에서 강하게 고착되었다면 현재 생활에서 비교적 가벼운 좌절이더라도 구순기로 퇴행할 충분한 이유가 되며, 고착이 강하지 않았다고 하더라도 매우 큰 좌절은 이전의 발달단계로 퇴행할 원인이 되는 것이다.

(2) 제2단계: 항문기(anal stage: 1.5~3세)

성적 쾌락의 원천은 항문으로 옮겨서 배설을 함으로써 쾌락을 느끼게 되나 배변훈련을 통해 쾌락을 조절하는 것을 배우게 된다. 이러한 배변훈련에 있어 부모가 너무 엄격하거나 지나치게 방임적이면 어린아이는 항문기에서 고착될 수도 있다. 배변훈련이 너무 엄격하면 분노발작을 일으킬 것이며 불결하거나 파괴적인 성격이 될 수도 있다. 그리고 어린아이는 변비가 될 때까지 배설물을 보유하는 것으로 반응하게 된다. 그 후 완고하고 인색하며 지나치게 정확하고 너무나 질서정연한 사람이 될 가능성이 있다.

(3) 제3단계: 남근기(phallic stage: 3세 이후)

이 단계의 어린이들은 성기를 만지거나 수음의 쾌락을 가지게 되고 이성의 부모에 뚜렷한 애착이 발달하며 동성의 부모를 질투하는 시기라 할 수 있다. 이것을 오이디푸스 콤플렉스(oedipus complex)라고 한다. 그리하여 거세불안(castration anxiety)의 단계를 거쳐 동성의 부모에게 동일시(identification)하게 된다. 이 단계에서 고착은 허영심과 자기본위적이며 남자들은 성적 용감성에 자부심을 느끼거나 여자를 경멸함으로써 고착의 특성들을 일반적으로 나타낸다.

(4) 4단계: 잠복기(latency stage: 5, 6세~12, 13세)

이 단계에는 오이디푸스적 감정에 대한 강력한 방어를 수립하면서 성적이고 공격적인 환상들이 무의식 속에 단단히 얽매이게 된다. 따라서 어린이들은 스포츠, 놀이, 지적 활동과 같은 구체적이고 사회적으로 받아들일 만한 일에 에너지를 쏟을 수 있을 정도로 자유롭다.

(5) 제5단계: 생식기(genital stage)

사춘기 이후 주요 과제는 남자는 어머니에게 자유로워져 여인을 찾고 아버지와의 경쟁심을 풀게 되며 아버지의 지배로부터 자유로워진다. 여자도 자신의 삶을 수립하게 된다.

〈표 2-1-4〉 프로이트의 성격 발달 단계별 특징

단계	연령	주요 특징
구강기 (구순기)(oral)	0~8개월	① 즐거움의 근원은 빨기, 물기, 삼키기, 입술 움직이기 등이다. ② 충동의 즉각적인 만족에 빠진다. ③ id가 지배한다.
항문기(anal)	8~18개월	① 성만족의 근원은 배설하고 배설물을 보유하는 것이다. ② id와 ego가 지배한다.
남근기(phallic)	18개월~6세	① 어린이는 생식기에 관심을 갖게 되고, 생식기가 성만족의 근원이 된다. ② 오이디푸스(oedipus)와 에렉트라(electra)콤플렉스를 가진다. ③ id, ego, superego가 지배한다.
잠복기(latency)	6세~11세	① 성만족에 대한 관심이 없어지고, 같은 성(同性)의 부모를 동일시(同一視)한다. ② id, ego, superego가 지배한다.
생식기(genital)	11세 이후	① 병적인 애착과 퇴행을 제외하고, 어른의 형태와 같은 성(同性) 만족에 관심을 가진다.

3) 에릭슨(E. Erikson)의 심리사회적 발달단계론

(1) 제1단계: 신뢰감 대 불신감(trust vs. mistrust)

태어나서 1년 동안의 영아들은 부모를 신뢰하는 것과 불신하는 것이 발달되는데, 일반적으로 욕구가 충족되면 환경이나 자기 자신을 신뢰하게 되고 미래에 대하여 낙관적이게 된다. 반대로 욕구가 좌절되면 의심이 많고 두려워하며 안전성에 과다한 관심을 두게 된다. 영아들은 자신과 환경 사이에 상호작용을 통해서 성숙하며 이러한 상호작용에서 제일 중요한 것은 돌보는 사람의 행동에서 일관성, 예민성, 신뢰성을 느끼는 것이다. 부모에 대해서 일관성 있고 믿을 수 있는 느낌을 가질 때 영아는 신뢰감이 발달된다.

(2) 제2단계: 자율성 대 수치심(autonomy vs. doubt)

이 단계의 신체적인 발달은 자율감을 증가시켜 주면 환경과는 더 많은 접촉을 가지게 된다. 걷기,

물건잡기, 배설기능의 통제를 학습하게 되는데 반복과 연습의 시도에서 계속 실패하면 자기의심이 생긴다. 어린이들은 자율감을 상실하지 않을 때 사회적 규제에 적응할 수 있다. 그러나 자기 결정이 무시당하게 되면 수치가 의심의 감정이 발달하게 된다. 부모나 다른 어른들이 어린이들의 노력을 얕 잡아보면 수치심을 느끼기 시작하고 지속적 열등감에 사로잡히게 된다.

(3) 제3단계: 주도성 대 죄책감(initiative vs. guilt)

이 단계는 운동기능을 계속 발달시키고, 자율감에 대한 노력이 더욱 효율성 있게 되며 목표지향 적이다. 따라서 솔선수범적인 어린이는 계획을 세우고 목표를 수립하여 그것을 성취하려고 한다. 그런데 어린이들이 자신들이 세운 큰 계획과 희망이 무너지는 것을 인식하면 위기가 온다. 초자아는 행동을 사회화하는 데 필요하지만 어린이가 인생을 접하는 데 있어서 솔선성을 억압한다. 그러므로 부모들은 권위를 완화시켜 어린이들의 흥미 있는 계획에 그들과 같은 입장으로 참여함으로써 이러 한 과정을 도와줄 수 있다. 이렇게 하여 어린이들은 그들의 야망을 포기하지 않고 자신들의 야망을 성인기의 사회생활 목표에 결부시킨다.

(4) 제4단계: 근면성 대 열등감(industry vs. inferiority)

이 단계는 자아성장의 가장 결정적 단계로 중요한 인지적·사회적 기능을 습득한다. 가족 내에서 이루어지는 과거의 희망이나 요구를 버리고 더 유용한 기술과 지식을 학습하는 데 열중한다. 그리고 꾸준한 주의력의 집중과 지속적인 근면성을 유지하는 자아를 발달시키고 또래들과 함께 일하고 노 는 것도 학습한다. 이 단계에는 개인적인 관심, 생산적인 일, 독립적인 사회생활 등을 포함한 완전히 기능하는 어른이 되기 위해 필요한 기술을 반드시 배워야 한다. 성인세계의 일부가 되려는 노력에 실패하게 되면 자신은 부적절하고 열등한 존재로 결론 내려 근면하게 되려는 자신감에 대한 믿음을 상실하게 된다.

(5) 제5단계: 정체감 대 역할혼미(identity vs. role confusion)

이 시기의 가장 중요한 과제는 새로운 자아정체감을 확립하는 것으로 나는 누구인가, 거대한 사 회 속에서 자신의 위치는 무엇인가를 알게 된다. 정체감은 다수의 역할에서 내적인 연속감 혹은 정 체감을 제공하는 일관된 양식으로 통합함으로써 성취된다. 사춘기 청년들은 급격히 성장하며 너무나 도 다양한 면세서 변화가 일기 때문에 자신도 변화들에 대해 정확히 알아채지 못할 정도이고, 다른 사람들의 눈에 좋게 보이거나 기대에 어긋날지도 모른다는 생각은 사회적인 문제로서 이러한 것들 이 정체감의 혼미를 수반한다. 이러한 현상으로 인해서 정체감을 바르게 형성하지 못하면 역할혼미 나 절망감이 생기게 된다.

(6) 제6단계: 친밀감 대 고립감(intimacy vs. isolation)

성인 초기는 이성과 친밀해지는 시기로 결혼은 이러한 시도를 궁극적으로 취하는 형태다. 누군가 를 사랑하기 위해 반드시 이전의 위기를 성공적으로 해결하고 정체감을 확립해야 한다. 이 정체감이 형성되어야만 친밀감을 획득하게 되며 다른 사람과 친숙한 관계를 형성할 수 있는데, 특히 연인들은 신뢰감을 가지고 솔선적이 될 수 있어야 서로 간에 친숙한 관계를 형성하게 된다. 이러한 상호관계를 이루지 못하는 정도, 즉 친밀성의 실패의 정도에 따라 고립감, 불완전감을 경험하게 된다.

(7) 제7단계: 생산성 대 침체성(generative vs. stagnation)

두 사람이 친밀성을 이루게 되면 그들의 관심은 두 사람을 넘어서 확대되기 시작하고, 다음 세대를 양육하는 데 관심을 가지게 된다. 생산성은 넓은 의미로서 아이를 낳고 기르는 것뿐만 아니라 일을 통해서 물건을 생산하고 아이디어를 창출하는 것을 말한다. 이 시기는 인생의 모든 부분에 있어서 생산적이고 창조적이 되며 개인의 모든 활동에서 의미와 기쁨을 발견하는 것이다. 그러나 생산성이 결핍되면 성격이 침체되고 인생은 단조로운 일이 되며 더러는 분개도 느끼게 된다.

(8) 제8단계: 자아통합 대 절망감(integrity vs. despair)

노인들은 일련의 신체적·사회적 상실에 대처해야 하며 다가오는 죽음과 타협하지 않으면 안 된다. 늙으면서 해야 하는 신체적, 사회적인 많은 적응을 인식하고 젊었을 때처럼 활동적이지 못함을 알게 된다. 그리고 모든 일자리에서 은퇴하여 일자리를 상실하면 절망하게 된다. 한편, 완전한 인격이 되어 자아통합을 갖게 되는데, 자아통합이란 자신의 인생을 그랬어야 했던 것과 다른 어떤 것으로도 바꿀 수 없는 것을 말한다. 즉, 자신의 인생을 받아들이게 된다.

〈표 2-1-5〉 에릭슨의 사회심리적 발달단계와 프로이트의 성격 발달단계 비교

사회심리적 발달단계(에릭슨)	성격 발달단계 (프로이트)	중요 관계 범위	주요 특징
① 기본 신뢰감 대 기본 불신감 (0~1세)	① 구강기-호흡 감각적 운동기	어머니	○ 경험의 일관성, 동일성을 통한 신뢰감 형성 또는 거부감을 통한 불신감을 야기한다.
② 자율성 대 수치심 (2~3세)	② 항문기-요도근육 (배설, 보유)	부모	○ 자기 능력을 인정받았을 때 자율성이 생기는 반면, 과잉보호나 통제적인 환경은 수치심을 갖게 한다.
③ 주도성 대 죄책감 (4~5세)	③ 남근기(유아기)	가정	○ 탐색·실험할 수 있는 환경을 허용할 때 주도성이 발달하고, 아동의 생활(활동)을 제한하고 귀찮아하면 죄책감이 생긴다.
④ 근면성 대 열등감 (6~11세)	④ 잠복기	이웃, 학교	○ 어떤 과업에 대해서 타인에게 대해 받는 칭찬과 승인을 통해 근면성이 발달하는 반면, 거부적이고 비난을 받게 되면 열등감이 생긴다.
⑤ 자아정체감 대 역할혼미(12~18세)	⑤ 사춘기	동료집단, 과 외집단, 리더십 있는 모델	○ 자신의 성격에 대한 동일시(同一視)를 통해서 정체감을 발달시키는 반면, 신체적 불안감, 성역할, 직업 선택의 불안정은 역할 혼미(역할 혼돈)를 가져온다.

⑥ 친밀감 대 고립감 (청년기)	⑥ 생식기	우정, 섹스, 경쟁, 협동하는 배우자	○ 직업을 선택하고 배우자를 물색하면서 친밀감이 발달하는 반면, 경제적·부정적 관계를 통해 고립감에 빠진다.
⑦ 생산성 대 자기몰두(장년기):침체성		일하기, 집안 일 분배	○ 자녀 교육 및 사회 봉사를 통해 생산성이 발달하는 반면, 이러한 생산적 과정에 실패하면 침체감에 빠진다.
⑧ 자아통합 대 절망감(노년기)		부부, 자아통합	○ 자신의 생애를 조망하면서 만족스럽다고 통찰하면, 자아통일감이 형성되지만, 자신의 삶을 무의미한 것으로 느끼면 절망감에 빠진다.

제3절 인간 발달 단계와 생애 발달

발달이론에서는 인간이 환경과 끊임없는 상호작용을 통하여 안정을 유지하고 변화에 나가며, 생리적 발달, 심리적 발달, 그리고 사회적 발달 상호 간에는 밀접한 상호관련성이 존재하며 통합적으로 가능하다고 보고 있다. 이러한 발달이론의 기본 전제는 사회 환경 속의 인간이라는 이중적 초점과 인간을 통합적으로 기능하는 존재로 보는 전체적 인간관과 유사하다. 그러므로 인간발달이론은 사회복지 원조과정의 기본적 토대를 제공할 뿐 아니라 각 분야의 사회제도의 발달에 기초를 형성해 주고 있다. 이러한 인간발달이론과 생애 발달은 <표 2-1-6>과 같은 특징을 갖고 있다.

<표 2-1-6> 인간 발달이론과 생애 발달

- ·생활주기를 순서대로 정리할 수 있는 준거들을 제공해 준다.
- ·임신에서부터 사망에 이르기까지의 각 단계에서 수행해야 할 발달과업이 무엇인지를 제시해 준다.
- ·전 생애에 걸쳐 일어나는 안전성과 변화의 과정을 설명할 수 있다.
- ·생활전이(Life transition)에 따른 안정성과 변화를 파악할 수 있다.
- ·특정 발달단계에서 특징적으로 나타나는 발달적 요인을 설명해 준다.
- ·발달을 구성하는 다양한 신체·심리·사회적 요인을 파악할 수 있다.
- ·이전단계의 결과가 다음 생활단계에 미치는 영향을 파악할 수 있다.
- ·이전단계의 결과에 의해서 형성된 각 단계에서의 성공과 실패를 설명할 수 있다.
- ·개인적인 발달상의 차이를 파악할 수 있다.

인간은 전 생애에 걸친 발달과정을 거치지만 각 단계에서 수행해야 할 발달과업과 욕구는 서로 상이하다. 만약 한 개인이 특정 발달단계에서 수행해야 할 발달과업을 적절히 수행하지 못하였을 경우에는 다음 단계로의 성장이나 발달에 방해를 받게 되고, 환경과의 상호과정에서 부적응 상태가 유발되어 결국 미 충족 욕구를 갖게 되거나 문제 상황에 직면하게 되므로 삶의 안녕 상태(well-being)를 유지할 수 없게 된다.

제4절 인간 발달과 환경

1. 사회환경의 의미

모든 인간은 사회 속에서 태어나서 자라고 사회의 성원으로 성장해 간다. 그러한 과정 속에서 인간의 심리적인 현상이나 행동은 사회적인 환경이나 상황으로부터 어떤 형태로든 영향을 받기 마련이다.

사회환경이란 궁극적으로 인간들의 집단을 통해서 형성되어지며 결국 우리는 인간들과의 관계를 통해서 하루하루 살아갈 수밖에 없다.

인간행동의 이해와 관련하여 "인간이란 무엇인가?"라는 물음과 "인간은 어떻게 살아야 하는가?"라는 질문의 명료한 답은 무엇일까? 생각해 볼 필요가 있다.

그렇다고 한다면 "나는 누구인가?"라는 물음과 함께 "나"에 대해서 얼마나 안다고 할 수 있는가? 나도 모르고 클라이언트에 대해 어찌 얼마나 알 수 있다고 하겠는가? 임상사회복지실천가들은 먼저 자기분석을 통해 여러 상황에 놓인 클라이언트를 돕는 실천 활동을 겸손하게 시작해야 할 것이다.

인간이해와 관련한 철학·심리학·교육학·사회학·인류학 등의 학문적 차원에서의 이론적 바탕을 형성하는 데 크게 기여하였다. 즉, 인간의 됨됨이와 구체적 행동은 유전과 환경이라는 두 기제의 상호작용에 의해 영향을 받는다는 것이며, 그 상대적인 영향력 역시 개체 특성과 여러 사회환경적 특성에 의해 영향을 받는다는 것이다.

인간이 다른 동물과 구분되는 특징 중 하나는 고도의 사회생활을 영위한다는 것이다. 인간(人間)의 한자어를 통해서도 알 수 있듯이 사람과 사람들 사이에서 살아가는 것이 곧 인간이다. 아리스토텔레스기 인간을 '사회적 동물'로 규정한 것은 사회성을 지닌 인간의 모습을 잘 대변해 주는 것으로 이해할 수 있다.

이렇게 볼 때, 사회를 이해하지 않고서는 인간을 온전히 이해하기 어렵다는 것은 자명하다. 일반적으로 그 사회를 규정하는 속성은 바로 인간의 행동에 영향을 미치는 강력한 환경적 동인으로 작용하고 있음을 내포하고 있다. 개인수준, 집단수준, 지역수준, 국가(nation), 자연환경(natural environment) 등으로 확산된 환경에서의 상호작용도 동일한 맥락으로 설명할 수 있으며, 오늘날 빈번히 회자되고 있는 정보화(informatization)와 세계화(globalization) 등의 용어도 이를 잘 나타내고 있다.

결국 사회환경의 논의에서 중요한 점은 인간의 발달에서 사회환경은 중차대한 영향을 미친다는 점이다. 이는 인간이 사회적 동물로서 사회적 상호작용, 사회적 행위의 토대로서 사회환경의 중요한 영향을 받고 있다는 반증이기도 하다.

다시 말해서, 사회는 인간 생활의 장(場)이며, 아울러 인간의 발달과 활동의 터전이다. 따라서 사회환경에서 인간의 삶이 표출(표상)되는 터전으로서 인간관계와 인간관계론의 중요한 탐구의 장(場)인 것이다.

2. 사회환경과 인간 생태

1) 인간생태학 이론 모형

(1) 인간유기체(HEU or organism)

이 모형의 분석 단위는 환경으로 둘러싸인 개인이 될 수도 있고 개인이 모인 집단도 될 수 있다. 예를 들면, 아동 개인, 가족, 마을, 도시 등이다. 가족을 분석 단위로 할 때, 가족 구성원은 자신의 환경과 상호 작용하는 유기체이다. 이는 인간생태학 이론을 가족에 특별히 적용시킨 가족생태학 이론(family ecosystem theory)으로 개념화하고 있다. 가족은 외부 환경과 그 안에 있는 인간과의 끊임없는 상호 작용과 교류를 통해 의사 결정하고 체계를 발전시켜 나가며, 궁극적으로 가족 구성원의 욕구 충족과 삶의 질 향상을 도모한다.

(2) 인공적 환경(HBE)

인간이 인위적으로 만든 환경으로 인간의 생존, 생계, 또는 다른 목적 달성을 위하여 인간에 의해 자연 물리·생물학적 환경이 변경되거나 변형된 것을 말한다. 예를 들면 길, 경작된 땅, 도시 거주지, 공예품, 오염된 물이나 공기 등이다.

(3) 사회·문화적 환경(SCE)

자연 물리·생물학적 환경과 인간의 행동이나 가치관에 강력하게 영향을 미친다. 예를 들면 다른 인간의 존재(지역사회 내의 이웃), 추상적 문화 구조(언어, 법률, 규범, 문화적 가치 및 유형), 사회경제적 제도(사회 통제 체계, 농업-산업 체계, 시장경제) 등이다.

(4) 자연 물리·생물학적 환경(NPBE)

인간이 살아가는 데 가장 필수적 자원을 제공한다. 즉 변형되지 않은 상태로 자연에서 존재하는 물리적·생물학적 성분들이다. 예를 들면, 대기, 기후, 토양, 물, 광물, 식물, 동물 등이다.

이상과 같은 인간생태학 이론 모형은 유기체, 미시 체계, 중간 체계, 외 체계, 거시 체계 등으로 상호영향적으로 조직되어 있다. 특히 이들 개체적 특성은 별도로 분리되어 있는 것이 아니라, 밀접하게 연관되어 있다는 점을 유념하여야 한다.

이와 같은 인간생태학 이론 모형의 각 개체별 사례를 들어보면, 유기체는 아동, 미시 체계는 학교, 교회, 가족, 또래 등, 중간 체계는 학교 관계, 가족 관계 등, 외 체계는 사회적 관계망, 직장, 지방자치단체(지방정부), 거시 체계는 문화적·사회적 태도와 가치 등이다.

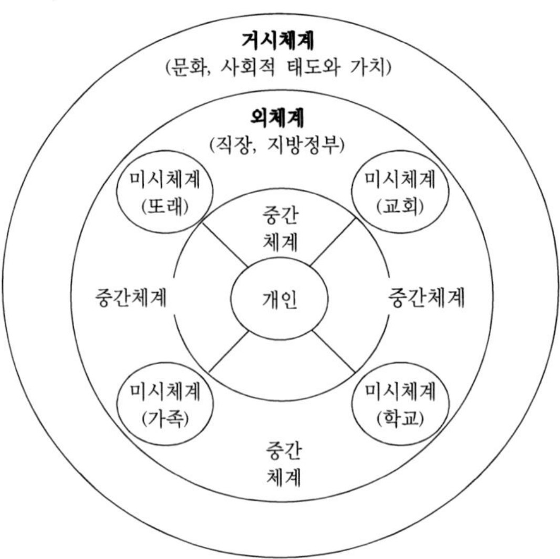

[그림 2-1-5] 보울즈와 손태그(Bubolz & Sontag)의 인간생태학적 모형

2) 인간발달 생태학적 모형

브론펜브레너(Bronfenbrenner)의 모형은 개인을 둘러싼 환경 체계를 러시아 인형 세트처럼 인형 속에 또 다른 인형이 겹겹이 포개진 겹 구조 모형으로 묘사하였다. 이러한 겹 구조의 환경체계는 미시체계(microsystem), 중간 체계(mesosystem) 외 체계(exosystem), 거시체계(macrosystem)로 모두 네 가지 수준으로 구성된다. 이러한 네 가지 환경체계는 유기체(organism)를 중심으로 매몰된 구조를 하고 있다. 도식화하면 <그림 2-1-6>과 같다.

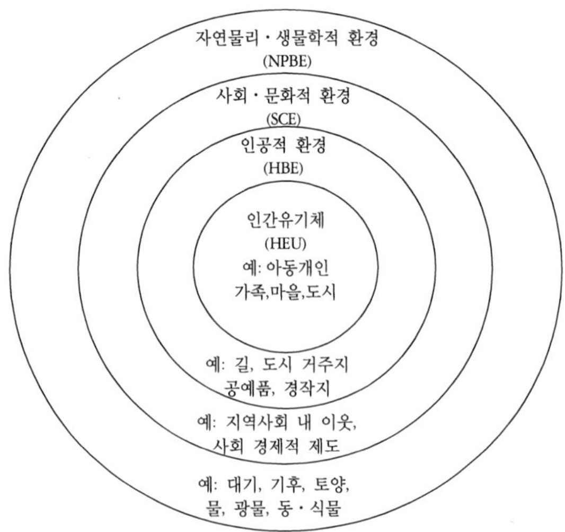

[그림 2-1-6] 생태학적 체계의 수준

(1) 유기체란 직접적으로 미시 체계 안에서 생활하는 개인으로서, 유기체는 개체적 특성을 지니고 있다. 예를 들어 아동을 유기체로 한다면 개체적 특성은 아동의 성, 연령 등이다.

(2) 미시 체계는 유기체가 직접 접하고 속해 있는 인접 환경들의 관계 복합체이다. 즉 개인을 둘러싼 직접적 환경 내의 활동, 역할, 대인 관계 유형이다. 예를 들면 부모-자녀 관계 등이며, 이러한 가족 구성원 간의 관계가 일어나는 가족 체계는 발달이 일어나는 주요한 미시 체계라고 할 수 있다.

(3) 중간 체계는 성장하는 유기체가 참여하는 두 가지 이상의 미시 체계 환경 간의 상호 작용으로 일어나는 과정과 연결성을 말한다. 예를 들면 아동의 미시체계인 가족과 학교에서 중간 체계는 가족과 학교의 관계이다.

(4) 외 체계는 유기체가 직접 능동적으로 참여하지 않는 좀 더 큰 환경이다. 그러나 이러한 외 체계에 유기체가 아닌 다른 사람들이 참여해 유기체에 간접적으로 영향을 미치게 된다. 예를 들면 아동들에게 영향을 미치는 외 체계는 부모의 직장, 사회적 관계망 등이다.

(5) 거시 체계는 하위문화나 문화 전반에 존재하거나 또는 존재할 수 있는 하위 체계 형식과 내용의 일관성을 의미한다. 즉 그 문화에서 강조 되는 철학이나 이데올로기를 가리킨다. 유기체와 미시·중간·외 체계는 거시 체계 안에 존재하며, 이 거시 체계는 특정 문화권의 광범위한 이념적 가치, 규범, 제도 유형 등이다. 예를 들면 자녀에 대한 부모의 역할관, 자녀 가치관 등이다.

〈표 2-1-6〉 인간발달 생태학적 모형 체계의 주요 특징 비교

체계	사례(예)	체계의 주요 특징(특성)
① 유기체	아동	아동의 성, 아동의 연령
② 미시 체계	학교, 교회, 가족, 또래	개인을 둘러싸고 있는 환경 내 활동, 역할, 대인 관계 유형
③ 중간 체계	학교 관계, 가족 관계	둘 이상의 미시 체계 환경 간의 상호작용
④ 외 체계	사회적 관계망, 직장, 지방자치단체(지방정부)	유기체가 직접 능동적으로 참여하지 않은 큰 환경
⑤ 거시 체계	문화적·사회적 태도와 가치	문화 전반, 문화의 하위 체계 형식과 내용의 일관성

제1절 인간의 행동

인간은 환경에 반응하기도 하고 동시에 환경에 능동적으로 작용해서 반응을 불러일으키기도 한다. 인간과 환경은 상호작용을 통해 서로에게 영향을 준다.

인간의 활동을 대상으로 하는 사회 탐구에서는 인간행동과 사회환경에 대한 다각적인 이해가 중요하다. 또 인간과 사회가 안고 있는 문제나 욕구의 이해를 비롯하여 사회를 둘러싼 환경과 사회변화를 정확하게 사정하는 것이 필요하다.

이러한 일련의 과정을 평가하고 효과적인 개입계획을 세우기 위해서 일정한 형태의 정보에 접근할 수 있어야 하며 어떤 기술을 실제로 적용하기 전에 적극적이고 능동적인 주체로서 인간과 환경과의 관계를 하나의 통합된 주체로 이해하는 관점을 가져야 한다. 이것이 '환경 속의 인간'(Person in environment)이라는 관점이다.

인간행동에 대한 이해는 인간관계 연구에 있어서 가장 기초적인 작업이다. 인간관계론의 궁극적인 목적은 도움이 필요한 인간관계의 문제를 해결하여 다양한 행복을 추구하도록 도와주는 것이다. 인간관계의 문제를 해결하기 위해서는 인간행동에 대한 개념 및 이해가 선행되어야 한다.

1. 인간행동의 개념

인간행동이라고 하면 겉으로 드러난 신체적 움직임으로 그 의미를 국한하는 경우가 많다. 그러나 인간관계론에서 인간행동이란 겉으로 드러난 관찰 가능한 행동뿐만 아니라, 개개인의 사고, 감정, 무의식 등의 정신적 요인과 정서적 요인 모두를 포괄하고 있으며 더 나아가 그 사람이 처해 있는 상황적 요인까지도 내포하고 있는 개념이다.

즉, 신체적 행동으로 언어, 얼굴표정, 가벼운 손놀림 등을, 정신적 행동으로 느낌, 스트레스 과정 등을 들 수 있다. 이와 같은 인간의 행동은 자극에 의해 일어나는데 이 자극은 행동을 일으키는 동기이며 인간관계론에서는 개인의 욕구라고 할 수 있다. 나아가 인간의 행동은 습관의 원리, 대조의 원리, 무의식적인 표현의 원리에 의해 설명된다. 즉 인간은 같은 감정 상태에 의해 습관적으로 같은 움직임을 나타내며 정반대의 감정을 느꼈을 때 행동 역시 상반된 경향을 띠며 뇌척수가 흥분되어 신경력이 방출되면서 의지나 습관과는 무관하게 신경계가 자극되어 행동이 나타난다. 인간의 행동에 대한 개념은 인간을 신체적 에너지와 특정 대상에 의한 동기에 반응하는 과정으로 이해하는 생물체로 보는 관점과 인간을 사회환경과 내적, 외적으로 다양한 요소와 상호작용하여 나타난 결과로 이해하는 체계적인 관점으로 나누어 설명하며 사회환경 안에서 인간행동을 전반적으로 이해하고자 한다.

2. 인간행동의 이해

인간관계론에서 사용하고 있는 인간행동이란 용어는 관찰이 가능한 신체적 움직임에 국한하지 않고 인간의 정신과 정서 등을 포괄하는 심리적 측면과 개인이 처한 상황적 측면까지를 모두 포괄하는 광의의 개념을 의미한다.

인간행동을 이해하고자 하는 접근 중 초기의 특징으로 정신분석학과 행동주의 심리학의 관점을 들 수 있다. 정신분석학의 관점은 무의식에 저장된 아동 초기 경험의 기억들이 인생을 통하여 행동에 지속적으로 영향을 준다는 입장을 취하였고, 행동주의 심리학의 관점은 정신적 경험과 달리 행동은 측정되고 다른 사람들에 의해 증명되어야 한다는 객관적이고 실험적인 면을 강조하였다.

인간행동에 관한 이와 같은 초기의 관점을 눈으로 드러난 행동에 그리고 특정 체계 안에서 개인 간 상호작용에만 한정하여 인간행동에 관한 이해가 편향되게 이루어졌다.

최근에는 관련 이론의 발달과 함께 개인의 무한한 능력과 다양한 체계 수준의 환경 간 영향을 고려하여 인간행동을 이해하게 되었다. 이러한 인간의 행동은 전 생애에 걸쳐 인간의 신체적, 심리적, 사회적 측면에서 전개되는 발달에 초점을 두고 이해해야 한다. 인간의 신체, 심리, 사회적 요인을 따로 분리하여 파악하기보다는 통합된 전체로서의 인간으로 이해하여야 한다. 따라서 인간 행동을 이해하기 위해서는 우선적으로 전 생애에 걸쳐 일어나는 인간의 신체, 심리, 사회적 측면이 복합적으로 작용하여 이루어지는 발달에 대한 정확한 이해를 갖추어야 한다. 인간행동은 주로 개인의 성격에 의해 결정되므로 인간행동의 이해를 위해서는 발달뿐만 아니라 인간의 성격을 이해하여야 한다. 현재의 인간을 이해하고 미래의 행동을 예측하며 바람직한 방향으로 행동을 수정하기 위해 성격에 대한 이해가 필요하다. 또한 인간행동의 이해에는 인간의 부적응적 행동을 이해하는 것도 포함된다.

인간관계론 연구에서는 개인, 집단, 가족 수준에서 인간의 이상행동이나 부적응 행동을 보다 바람직한 적응적 행동으로 변화시키고 사회적 기능을 향상시키는 노력이 필요하다.

제2절 인간의 발달

인간관계론에서는 생명의 시작에서부터 죽음에 이르기까지의 전 생애에 걸쳐 일어나는 인간의 신체, 심리, 사회적 변화와 안정성 그리고 이들 기능 간의 상호작용을 이해할 수 있게 해주고, 사회환경이 인간발달에 미치는 영향력을 설명해 줄 수 있고, 사회복지 개입이나 원조의 방향을 제시해 줄 수 있는 인간 발달 이론에 많은 관심을 가지고 있다.

1. 인간발달의 개념

모든 생명체는 생명이 시작되는 순간부터 소멸되는 순간까지 정체되어 있는 것이 아니라 역동적인 변화를 거듭한다. 인간도 모태 내에서 수정되는 순간부터 죽을 때까지 다양한 측면에서 변화를 경험한다. 이러한 인간의 역동적 변화를 설명해 줄 수 있는 개념이 발달(development)이다.

발달이란 어원적으로는 유기체 내에 잠재해 있는 본질 또는 가능성이 점차 그 모습을 드러내는 현상을 의미한다. 그린(Greene)은 "발달은 신체, 심리, 사회적 변인을 포괄하며 일생에 거쳐 일어나는 안정성과 변화의 역동성이다"라고 했으며, 바이런(Birren)과 우드루프(Woodruff)는 "발달은 덜 분화된 상태에서 더 분화된 상태로, 덜 복잡한 유기체로부터 더 복잡한 유기체로, 능력과 기술의 낮은 단계에서 높은 단계로 진행해 가는 과정이다"라고 하였다.

이러한 발달에 대한 학자들의 정의를 종합하여 보면, 인간의 발달이란 시간에 따라 일어나는 신체구조, 사고, 행동의 변화를 가리킨다. 이러한 변화는 점진적으로 진행되고 축적되며 그 결과로 신체의 확장, 복잡한 활동수행능력의 증가 등을 가져온다고 하였다.

발달과 유사한 의미로 사용되는 용어로는 성장, 성숙, 그리고 학습이라는 용어가 있다.

첫째, 성장(growth)은 신체의 크기나 근육의 세기 등의 양적 증가, 유전인자에 설계된 대로 상승하다가 정점에 이르면 정지한다. 주로 신체적, 생리적 발달의 양적 증가에 국한된 변화를 설명하고자 할 때 사용된다.

둘째, 성숙(maturation)은 경험이나 훈련에 관계없이 유전적 기제의 작용에 의해 나타나는 체계적이고 규칙적으로 진행되어 가는 생물학적 과정을 의미한다. 즉 성숙은 부모로부터 받은 유전인자가 지니고 있는 정보에 따라 발달적 변화가 통제되는 과정이다.

셋째, 학습(learning)은 직접적, 간접적 경험의 산물, 인간의 발달을 이끄는 환경적 요소들의 총체, 후천적 변화의 과정이라고 할 수 있다.

이에 비해 발달이란 경험이나 훈련은 물론 유전적 요인에 의해 일어나는 변화까지도 포함된 의미이며 내적인 변화뿐만 아니라 외적인 변화까지도 포함하고 있기 때문에 발달이 더욱 넓은 의미를 지니고 있다.

하지만 성장, 성숙, 학습은 상호 분리되어 있는 것이 아니라 서로 연결되어 있으며 인간의 발달은 성장, 성숙, 학습이라는 세 가지 과정이 공존할 때 비로소 이루어진다.

즉, 일생을 통한 성장, 성숙, 학습에 의해 이루어지는 복합적인 과정이 바로 인간발달이다.

2. 인간발달의 원리

인간발달은 인간행동을 이해하는 기초가 된다. 여러 가지 다양한 발달이론과 접근에 대한 지식은 효과적인 인간관계론 탐구를 위하여 필수적이다. 이러한 다양한 이론에 대한 지식은 사회복지사에게 다양한 적용을 위한 다중적인 도구가 될 수 있다. 따라서 다양한 범위의 사람들과 그들의 다양한 경험을 다루어야 할 필요가 있다.

뉴만과 뉴만(Newman & Newman)은 인간의 발달에 관하여 다음과 같은 기본전제들을 제시하였다.

첫째, 인간의 성장과 발달은 삶의 모든 기간에 걸쳐 일어난다. 전 생애에 걸쳐서 발달이 계속된다.

인간발달은 모체 내에서 수태되었을 때부터 죽을 때까지의 긴 인생과정에서 일어나는 변화를 다 포함한다.

둘째, 인간의 삶이란 시간에 따라 진행되면서 지속성과 변화를 보인다. 인생은 긴 마라톤이다.

과거에 이루어진 발달로 이미 형성된 구조 속에 현재의 경험이 융합되어 변화가 일어나므로 인간의 발달에는 지속성과 변화가 있다고 보아야 한다.

셋째, 인간은 전체로서 이해해야 한다. 인간적 아주 통합적이고 복합적인 존재이다.

왜냐하면 우리는 일상생활에서 인간으로서의 여러 기능이 통합된 방식으로 활동하기 때문이다.

넷째, 인간의 발달과 행동은 그에 관련된 상황이나 인간관계의 맥락에서 분석되어야 한다. 인간은 환경에 적응하는 고도의 능력이 있으므로 행동양식이나 그 변화는 흔히 그것이 일어난 물리적, 사회적 상황을 반영하고 있기 때문이다.

인간의 발달은 개인마다 그 정도가 다르지만 예측 불가능한 것이 아니며, 질서정연하면서도 안정적이며 체계적인 과정을 따라 이루어지는 규칙적 변화이다. 인간의 전 생애에 걸친 발달은 다음과 같은 원리에 따라 진행된다.

첫째, 발달은 환경의 상호작용에 의해 이루어진다. 발달과 환경은 아주 밀접한 관련이 있다.

발달은 유전적 요인과 환경의 영향의 비중은 각기 다르지만 부모로부터 받은 유전적 영향과 외부로부터 받은 환경 간의 상호작용으로 진행된다.

둘째, 발달은 전 생애를 통해 이루어진다. 인간의 일생동안 발달, 성장, 성숙, 학습 등이 이루어진다.

발달은 일생동안의 계속적이고 점진적이며 순서적인 과정으로 이루어진다. 유아기를 거쳐 아동기가 오고 아동기를 걸쳐 청년기가 오는 것이다.

셋째, 발달은 결정적 시기가 있다. 결정적 시기에 가르칠 것을 가르치고 배울 것을 배워야 한다.

신체발달 및 심리발달에는 발달이 가장 용이하게 이루어지는 결정적 시기 혹은 최적의 시기·결정적 시기(Critical Period)가 있다.

발달은 각각의 발달 단계마다 그 단계에서 중요한 발달적 특정이 있다. 그러므로 이 시기에 제대로 배우지 않으면 다음시기에 배운다 해도 효과는 적어진다.

넷째, 발달에는 일정한 순서와 방향이 있다. 발달은 질서정연한 차례와 방향으로 연속적으로 진행된다.

발달은 상부에서 하부로 즉 머리에서 꼬리 방향으로 진행되며 신체의 중심 부위에서 말초 부위로, 대근육에서 소근육으로 발달해 간다.

다섯째, 발달은 점성적 원리를 따른다. 발달은 선후 관계, 전후 관계에 따라 점진적으로 이루어진다.

발달은 이전 단계의 발달을 기초로 하여 이후의 발달이 이루어진다.

여섯째, 발달에는 개인차가 존재한다. 세상의 모든 사람들이 각자 백인백색, 천차만별로 발달이 이루어진다.

발달의 순서는 일정하지만 최종적으로 이루어진 발달의 정도와 발달속도 그리고 발달이 끝나는 시기는 각 개인마다 다르다.

제3절 사회환경의 탐구

인간이 속해 있는 가족·집단·조직·지역사회 그리고 문화 등으로 구성되어 있는 사회환경은 인간행동에 많은 영향을 미친다. 인간행동을 정확히 이해하고 효과적인 원조를 하기 위해서는 인간 내면세계뿐만 아니라 그 인간을 둘러싸고 있는 외적 환경이 인간에게 미치는 영향까지도 이해해야 한다.

1. 사회환경의 개념

사회환경이란 인간의 삶과 행동에 직접 혹은 간접적인 영향을 미치는 조건, 상황 그리고 인간존재 간의 상호관계를 의미한다.

여기서 조건이나 상황은 당시의 사회가 추구하는 사회성격, 문화구조, 사회제도와 전통에 의해 이루어진다. 사회환경에는 그 사회를 구성하는 대다수에 의한 공통적 성격, 문화를 형성하고, 활용하는 체계, 제도와 전통이 스며들어 있다. 인간행동에 영향을 미치는 환경은 크게 내부 환경과 외부 환경으로 구분된다.

내부 환경은 사회환경을 의미하고, 외부 환경은 물리적 환경을 의미한다. 물리적 환경은 다시 자연환경과 인위적 환경으로 구분된다.

여기서 자연환경이란 지형, 고도, 날씨, 기후와 지리적 조건 등을 의미하며, 인위적 환경은 건축물, 대중매체, 교통체계 매연 등 자연환경 내에서 인간이 만들어낸 구조나 대상들을 포함한다.

인간은 자연적 환경과 인위적 환경의 요구에 순응하거나 자연적 환경을 자신이 생활하기에 적합하게 바꿈으로써 환경에 적응해 나간다. 물리적 환경이 인간의 생존을 좌우하는 필요조건이라면 사회환경은 인간의 삶이 펼쳐질 수 있게 하는 충분조건이라 할 수 있다.

개인을 둘러싸고 있는 사회환경, 즉 다양한 수준의 사회체계는 인간의 삶과 행동에 직접 혹은 간접적 영향을 미치며 인간으로부터 영향을 받기도 한다.

2. 사회환경의 이해

사회환경에 관한 이해는 크게 초기 사회학에 기반한 관점과 같은 시기에 강조된 생태학과 체계이론에 기반한 관점을 통해 가능하다.

먼저 초기 사회학에서 강조하는 사회환경은 인간에 의해 구성된 집합체에 중점을 두었고, 이들 집합체가 독립적으로 존재하는 것으로 보았다. 초기 사회학의 관점에서 사회환경은 가족, 집단, 조직 지역사회 등에 주목하였고 이들 환경은 체계수준을 형성하지 않고 각 환경 체계 속에서 구성원 간 교류를 강조하였다.

생태학적 접근은 변화과정에 있는 환경뿐만 아니라 인간발달의 영역, 인간의 다양성, 사회체계이론을 포괄한다. 생태학이라는 용어는 유기체와 환경 간의 관계를 연구하는 생물학적 이론으로부터 온 것이다. 생태학적 접근을 사회적 측면이 점점 더 사람들의 일상과 관련될 수 있도록 이끈다.

생태학적 접근은 인간을 인간이 살고 있는 거주지에 연결하고 개인을 포함한 사회조직들이 환경으로부터 받은 영향을 검증할 수 있는 틀을 제공하였다는 데 큰 의의를 지닌다. 생태학이론은 사회체계 이론과 결합하여 생태체계적 관점으로 발전하였다.

생태학이론에서 강조하는 자연환경의 영향과 사회체계이론에서 강조하는 환경의 체계 수준이 함께 고려되는 통합적 관점이라고 할 수 있다.

특히 생태체계적 관점은 "체계의 모든 부분이 서로 관계, 연계, 의존하고 있다는 사회체계이론을 부가함으로써 개인의 기능과 관련하고 있는 상·하위 체계는 물론 여타 체계들의 영향을 중시하고 있다.

생태학적인 용어로 '환경 속 인간'(a person in environment)은 생태체계를 가리킨다. 한 생태체계는 사람뿐만 아니라 사람과 상호작용하는 모든 체계 그리고 사람과 체계들 간에 교류하는 보다 넓은 환경을 포함한다.

인간과 그의 환경은 다양한 부분들이 상호 의존하는 하나의 통합된 전체로 보아야 한다. 즉 인간은 그의 환경으로부터 영향을 받으며 그 환경은 또한 인간의 행동에 영향을 받는다.

3. 사회와 사회문제

오늘날 인류는 수많은 사회문제들을 경험하고 있다. 예를 들면, 빈곤문제, 가족문제, 도시문제, 주택문제, 학교폭력, 청소년비행문제, 교육문제, 노동문제, 성 차별문제 등 수많은 사회문제들이 존재하고 있다. 이러한 사회문제들은 우리 사회의 모든 구성원들에게 직·간접적으로 영향을 미치고 있다.

이처럼 광범위하게 영향을 미치고 있는 사회문제가 최근에 갑자기 생겨난 것은 아니다. 사회의 변화와 함께 사회문제도 발생하고 심화되어 왔던 것이다. 다시 말해서, 오늘날 사회문제는 사회변화(산업화 및 도시화)와 깊은 연관을 맺고 있다. 산업화는 사회문제의 발생과 직접적인 관련이 있다. 산업혁명은 산업화를 촉발하는 계기가 되었으며, 이후 전개된 산업화는 사회의 구조적 변화를 가져왔다. 산업혁명 이후 생산성이 급격하게 증가하였기 때문이다. 세계화 시대인 21세기에도 사회문제는 더욱 증가하고 있다.

이러한 사회의 구조적 변화는 자본주의의 발달도 포함할 수 있지만, 한편으로는 전통적인 관습과 규범의 통제력 약화나 개인의 부적응을 가져왔다. 아울러 부(富)의 불평등한 재분배도 양산되었다. 빈곤문제 등을 포함한 여러 가지 사회문제들은 이러한 산업화 과정에서 발생하였다. 또한 산업화에 수반되어 진행된 도시화도 사회문제의 발생과 깊은 연관이 있다. 이러한 도시화는 환경문제뿐만 아니라 교통문제, 교육문제, 청소년 비행문제, 주택문제 등의 사회문제들을 야기하였다. 그 외에도 현대 사회에서는 여러 가지 크고 작은 사회문제가 발생하고 있다.

제4절 인간행동과 사회환경의 관계: 인간관계와 사회복지

인간행동과 사회환경은 인간의 성격과 행동을 연구하는 학문으로 인간관계 연구에 있어서 매우 기본적인 것이다. 인간관계에서는 자신의 발달, 성격, 적응이나 부적응뿐만 아니라 그를 둘러싸고 있는 가족이나 지역사회 등 사회체계들과의 관계를 정확하게 분석하는 것이 필요하다.

인간관계론은 인간의 욕구를 충족시키려는 사람과 사회체계 간의 상호작용인 사회기능에 초점을 맞추고 있다.

이런 사회적 기능에 초점을 맞춘 서비스를 제공하기 위해서 반드시 개인뿐만 아니라 사회체계들과 상호작용을 해야 한다.

일반적으로 인간관계론 탐구에서 사회복지실천은 일반적으로 몇 가지 기본단계를 거치게 된다.

첫째, 문제나 상황을 자세히 조사하여 이해해야 한다. 즉 문제 상황에 대한 정확한 사정이 필요하다.

둘째, 주의 깊게 선택되고 명백하게 상술된 목표들을 가지고 행동의 구체적인 계획을 수립해야 한다.

셋째, 실행부분으로 계획의 실제적인 개입이나 수행이 일어난다.

넷째, 문제 해결의 과정을 평가하는 것이다.

끝으로, 마지막 단계는 사회복지사가 그 개입을 종결하는 것이다. 여기에서는 과정을 마무리하고 무엇이 성취되었는지 요약하는 일이 포함된다.

정확한 사정과 계획의 수립, 그리고 개입이나 수행, 평가와 종결의 단계는 사회복지 실천과정에서 매우 중요한 단계다.

특히 정확한 사정을 위해 사회복지사는 인간행동에 대한 기본적인 지식이 수반되어야 한다. 이때 사회복지사가 인간행동에 대해 이해가 있어야 클라이언트들이 자신을 인지하고 대안을 선택하는 데 도움을 줄 수 있다.

일반적으로 사회복지 실천의 토대인 가치, 목표, 지식, 기술, 환경 등에 인간행동과 사회환경이 근간을 이루고 있기 때문에 인간행동과 사회환경은 사회복지 실천에서 특별한 의미를 지닌다.

일반적으로 인간행동, 사회환경, 사회복지의 상호 관계적 연계성은 다음과 같다.

첫째, 사회복지실천에서 인간행동은 클라이언트의 욕구나 문제를 파악할 수 있는 핵심체로서 중요한 의미를 가진다. 사회복지사가 클라이언트의 욕구나 문제를 파악할 때 그의 행동에 중점을 두어야 하기 때문이다.

"환경 속의 클라이언트"를 이해하기 위해서는 클라이언트가 관계하고 있는 다양한 체계수준의 환경(가족, 집단, 조직, 지역사회 등)을 고려하여 통합적으로 이해해야 한다는 측면에서 사회환경은 중요한 의미를 가진다.

둘째, 사회복지실천에서 인간행동과 사회환경은 사회복지사의 활동 현장으로서 중요한 의미를 가진다. 사회복지사는 클라이언트, 클라이언트의 가족과 동료집단은 물론이고 사회복지사가 근무하고 있는 기관, 조직, 지역사회 안에서 활동하고 있기 때문이다.

셋째, 사회복지 실천에서 사회환경은 클라이언트에의 중요한 영향체계로서의 중요한 의미를 지닌다.

클라이언트를 둘러싼 사회환경으로서 가족, 집단, 조직, 지역사회 등은 클라이언트에게 다양한 유형의 영향을 미친다. 사회복지실천에서 인간행동과 사회환경에 관한 이해는 이해 자체로 끝나는 것이 아니고 이해를 바탕으로 사회복지실천 현장에 적용시켜 나가는 데 궁극적 목표가 있기 때문이다.

제5절 사회복지와 인구 고령화

1. 사회복지의 변화

사회복지는 사회를 구성하는 구성원들의 행복을 추구하기 위한 사회적 노력이라 할 수 있다. 따라서 시대적·사회적·역사적 환경에 따라 나타나게 되는 다양한 문제와 욕구를 해결하기 위한 다각적인 사회적·제도적·정책적 일련의 활동들이 사회구성원의 인간다운 삶을 보장해 주기 위하여 다루어지고 있다. 사회복지제도 또한 인간의 기본적인 삶의 질을 확보하기 위한 방안으로 제도화되었고, 다양한 제도들이 시대적·상황적 변화에 따라 나타나고 소멸되면서 현재까지 발달하고 있다고 할 수 있을 것이다.

최근 들어 사회적으로 관심이 고조되어 제도화된 노인장기요양보험제도, 기초노령연금제도 역시 현 사회적 상황의 변화에 따라 인간의 기본적인 삶을 보장하기 위한 제도로서 사회구성원들의 문제해결과 욕구에 부응하기 위한 방안으로 나타나고 있는 사회복지의 분야라 할 것이다.

이러한 최근 사회복지의 제도화는 우리나라는 무엇보다도 인구의 고령화, 가족의 기능변화, 사회복지에 대한 인식변화가 많은 영향을 미치고 있으며 앞으로 사회복지 영역의 확대를 주도할 것이다.

2. 인구고령화

우리나라는 지속적인 경제성장과 의료기술의 발달로 2006년 현재 총인구 중 65세 이상 고령인구의 비율로 9.5%로 고령화사회(aging socicty)로 진입히였으며, 2006년 통계청 자료에 의히면 2018년에는 노인인구비율이 14.3%로 고령사회(aged society), 2026년에는 노인인구가 20.8%가 되어 초고령사회(super-aging society)가 될 것으로 예정하고 있다(<표 2-2-2> 참조).

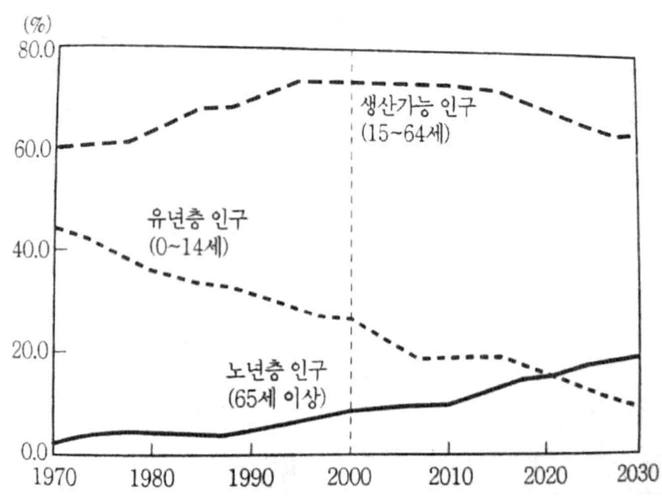

[그림 2-2-1] 연령계층별 인구구성비 추이

〈표 2-2-2〉 연령계층별 인구 및 구성비 추이

(단위: 천 명, %)

구분	1980	1996	2000	2005	2006	2010	2018	2026
총인구	38,124	45,525	47,008	48,294	48,497	49,220	49,934	49,771
0~14세	12,951	10,403	9,911	9,240	9,026	8,013	6,495	5,796
15~64세	23,717	32,327	33,702	34,671	34,874	35,852	36,276	33,618
65세 이상	1,456	2,795	3,395	4,383	4,597	5,354	7,162	10,357
구성비	100.0	100.0	100.0	100.0	100.0	100.0	100.0	100.0
0~14세	34.0	22.9	22.1	19.1	18.6	16.3	13.0	11.6
15~64세	62.2	71.0	71.7	71.8	71.9	72.8	72.6	67.5
65세 이상	3.8	6.1	7.2	9.1	9.5	10.9	14.3	20.8

자료: 통계청, 2005.

이렇게 인구고령화가 급속히 촉진되고 있는 원인은 평균수명의 증가와 출산율의 급격한 저하 때문이라 할 것이다.

2003년 현재 평균수명은 전체 77.9세로 남자 73.9세, 여자 80.8세였으며, 이는 성별로 보면 평균수명은 남자 73.3세, 여자 80.8세로 여자가 남자보다 7.0년 더 오래 사는 것으로 나타났다. 또한 2005년 통계청 자료에 의하면 우리나라 평균수명은 2015년 80.1세, 2020년에는 81.0세로 전망하고 있다.

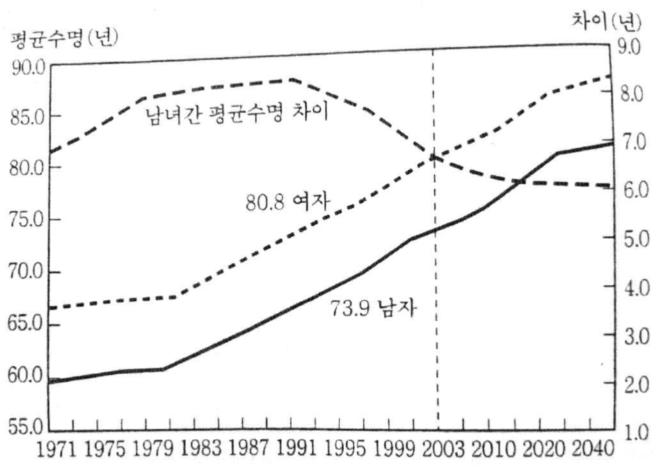

[그림 2-2-2] 평균수명 추이

〈표 2-2-3〉 한국인의 평균수명 추이

(단위: 년)

구분	1981	1993	2002	2003	2010	2020	2030	2050
계	66.2	72.8	77.0	77.5	79.1	81.0	81.9	83.3
남자	62.3	68.8	73.4	73.9	76.2	78.2	79.2	80.7
여자	70.5	76.8	80.4	80.8	82.6	84.4	85.2	86.6
차(여-남)	8.3	8.0	7.1	7.0	6.4	6.2	6.0	5.9

자료: 통계청, 2005a; 통계청, 2005b

　　우리나라 인구고령화의 특징 중 하나는 그 속도가 어느 나라에서도 볼 수 없을 정도로 빠르게 진행되고 있다는 것이다. 인구고령화속도 국제비교에서 보는 바와 같이 프랑스는 노인인구가 7%에서 14%에 이르는 데 115년 걸렸고, 미국은 73년, 영국은 47년, 독일은 40년이 걸린 데 비해 우리나라는 고령화 사회에서 고령사회로 진입하는 데 18년 정도로 예상하고 있다.

　　이러한 노인인구의 변화는 외국 선진국은 고령화에 대비할 수 있는 토대를 마련하였으나 우리나라는 최단시간에 고령화사회로 진입하게 됨으로써 고령화사회에 대비할 수 있는 여건은 미약하였고, 이는 결과적으로 노인인구의 고령화는 노인부양비의 증가와 사회보장비의 증가로 이어져 사회적 부담의 문제로 남게 되었다.

　　따라서 인구고령화는 사회보장의 재정적 지출증가는 피할 수 없게 되는 것이다. 그 외에도 사회복지 서비스와 고용·주택·교육 등의 비용도 대폭 증가할 것으로 추산되어 사회보장과 사회복지 그리고 관련제도로 지출되는 국민의 재정적 부담이 한층 더 무거워지게 될 것이다.

〈표 2-2-4〉 인구고령화 속도의 국제 비교

국가 \ 고령인구비율	도달 연도			증가 소요 연수	
	7%	14%	20%	7→14%	14→20%
프 랑 스	1864	1979	2019	115	40
스 웨 덴	1887	1972	2011	85	39
호 주	1939	2012	2030	73	18
미 국	1942	2014	2030	73	16
캐 나 다	1945	2010	2024	65	14
이 탈 리 아	1927	1988	2008	61	20
영 국	1929	1976	2020	47	44
독 일	1932	1972	2010	40	38
일 본	1970	1994	2006	24	12
한 국	2000	2018	2026	18	8

3. 가족기능의 변화

가족은 사회를 이루는 가장 기본적인 제도로서 결혼과 혈연 및 입양을 토대로 이루어진 관계자들의 집단이며, 이들은 의식주의 해결을 공동으로 하고 정서적·정신적 유대와 공동체적 생활방식을 갖는 집단이라고 말할 수 있다. 이러한 전통적인 가족제도가 최근 급변하는 사회현상과 함께 가구의 축소와 1인 가구의 증가 및 이혼·재혼가족의 증가 등 가족형태가 다양하게 변화되고 있으며, 이러한 변화는 가족이 수행하는 기능도 변화하게 되었다. 이러한 가족구조의 변화는 심각한 사회문제를 초래하였는데, 사회변혁에 동승한 핵가족화·소가족화·노인 단독가구의 증가 등이 그 원인이 되었다. 이는 단순한 가족구조변화를 넘어 경노효친사상의 사회규범을 붕괴시켰다.

〈표 2-2-5〉 한국의 여성 경제활동 참여율

연도	경제활동인구(천 명)		경제활동참가율(%)	
	여성	남성	여성	남성
1985	5,975	9,617	41.9	72.3
1990	7,509	11,030	47.0	74.0
1995	8,410	12,435	48.4	76.4
2000	9,101	13,034	48.8	74.4
2001	9,299	13,172	49.3	74.3
2002	9,486	13,435	49.8	75.0
2003	9,418	13,539	49.0	74.7
2004	9,690	13,727	49.9	75.0
2005	9,860	13,883	48.4	74.6
2006	10,205	14,115	51.3	74.8

주: 1) 경제활동참여율 = 경제활동인구 / 15세 이상 인구×100
　　2) 2005년 6월부터 통계청에서 발표하는 실업률 기준이 '구직기간 1주'에서 '구직기간 4주'로 변경됨에 따라 2000년을 기준으로 변경된 내용을 기재.

자료: 통계청, 각 연도; 통계청 KOSIS DB.

전통사회에서는 노인은 공경의 대상으로 가족의 틀 안에서 보호되어 왔으나, 현대사회의 경우 경제적 부문에서의 능력 저하는 사회적 지위에 있어서의 하락을 가져왔고, 그동안 사회의 공헌에 대한 적절한 보상을 해야 하는가와 관련하여 사회적인 논란의 대상으로 부각되어지고 있다. 또한 여성의 사회참여 확대 등으로 노인에 대한 보호와 부양은 전통사회에서는 가족의 고유한 기능에서 공백을 초래하게 되었다. 2005년 여성의 경제활동참가율은 48.4%에 이르고 있고, 사회발전과 더불어 점차 증가하고 있는 추세이다. 즉 여성의 사회참여의 확대와 가족핵가족화 등으로 가족의 역할이 한계에 도달하게 되었다.

4. 사회복지 인식의 변화

사회복지영역과 관련한 가장 큰 변화로는 가족 내에서 담당하였던 사회보장과 관련된 기능이 많은 부분 국가와 공존하는 형태로 변화하였다는 것이다. 즉 가족구성원 중 노인은 여성·아동·장애인과 더불어 사회복지영역의 중요한 대상이 되었고, 사회복지의 중요한 영역으로 다루어지고 있는 것이다. 즉 아동양육과 관련한 다양한 보육시설, 노인 케어와 관련한 노인들의 탁노소(託老所), 치매노인센터, 노인요양원, 장애인과 관련한 재활시설 등 사회복지 서비스 내에서의 확대 및 책임이 부각되고 있다.

이러한 서비스의 확대는 서비스를 이용하는 사람이 서비스를 스스로 선택할 수 있고, 서비스를 종합적이고 통합적으로 받을 수 있으며, 민간의 다양한 서비스를 개별적 접근에 의하여 제공받을 수 있게 사회복지적 환경이 변화하고 있다. 사회복지 서비스와 관련한 다양한 제도가 도입됨으로써 서비스 이용에 대한 접근이 용이해졌으며, 효율적인 사회적 지원 시스템으로 사회복지적 개입은 가족들만 떠맡는 것이 아니라 사회 전체의 책임으로 담당해야 하는 분야로의 인식전환으로 다양한 전문가에게 전문적 서비스를 받을 수 있는 환경으로 변화된 것이다.

5. 사회복지 확대와 과제

현재까지 우리나라의 사회복지는 내실을 기하기보다는 현실적으로 나타난 문제에 대한 대응책으로 발전해 왔다고 할 수 있으나, 궁극적으로 사회복지는 사회적 책임이라는 국민의식이 뿌리를 내리면서 양적인 확대뿐 아니라 서비스의 질, 인간다운 삶을 보장하는 방향으로 전개되어야 할 것이다.

따라서 무엇보다 사회복지의 발전을 위한 과제에 대하여 살펴보면 다음과 같다.

첫째, 전문 인력 구축으로 우리나라 사회복지교육은 최근 사회복지의 관심을 반영하듯 다양한 형태로 사회복지사의 양적인 확대가 이루어졌다고 할 수 있다. 이러한 양적 공급과잉은 사회복지현장에서 사회복지 발전을 가져오게 되는 중요한 요인이라 할 수 있다.

둘째, 사회복지공급체계의 확충으로 사회복지 공급체계가 안정화되고 전문화되려면 우선적으로 사회복지 재원이 확충되어야 하며 사회보험, 공적 부조, 사회복지서비스와 같은 공급체계가 확충되어야 하다.

셋째, 사회복지 전달체계의 개선으로 사회복지 전달체계의 효율적인 운영을 위해서는 공공복지와 민간복지의 통합적인 연대노력으로 사회복지의 공급이 충분하고 효과적이며 책임성 있고 공평하게 전달될 수 있도록 하며, 새로운 욕구에 민감하게 대응할 수 있도록 하여야 한다. 또한 글로벌 시대의 사회복지에 초점을 맞추어 다문화적 접근, 국제적 접근이 이루어질 수 있도록 역량을 강화하는 것이 중요하리라 본다.

현대를 살아가는 우리로서 사회복지는 우리들의 생활일 것이다. 복지를 논하지 않아도 복지가 이루어진 사회가 우리가 희망하는 것이다. 이는 우리 모두의 노력으로 가능한 것일 것이다.

제1절 집단(集團)에 대한 이해

1. 집단의 정의

집단이란 2인 이상의 집합체로서 일정한 성원이 있고, 서로가 동일한 집단에 소속하고 있다는 집단의식이 있고, 공통의 목적이나 관심사가 있으며, 이들 목적을 성취함에 있어 상호의존적이며, 의사소통, 인지 그리고 반응을 통하여 상호작용하며, 단일한 행동을 할 수 있는 능력이 있을 때 이를 집단이라고 할 수 있다.

일반적으로 집단은 한 개인으로 서로 인식하고 상호작용하며, 사회적 실체로서 집단에 대한 의식을 가지고, 구성원의 집단과 관련된 행동에 의해 영향 받으며, 표현적 행동이 지배적인 두 명 이상으로 구성된다.

하트포드(Hartford)는 집단이란 두 사람 이상이 공동목적이나 관심을 가지고 모여서 서로 인지하고, 감정을 공유하며, 집단기능을 위해 규범을 만들고, 행동을 위한 목표를 수립하며, 응집력을 발전시키므로 타 집단과 구별된다고 정의하였다.

2. 집단의 유형과 특성

집단은 쿨리(Cooley)의 전통적 집단 분류방법, 집단의 구성방법에 따른 분류방법 그리고 집단목적에 따른 분류방법에 따라 집단의 유형을 분류하는 것이 일반적이다.

1) 제1차 집단과 제2차 집단

(1) 제1차 집단(primary group)

직접적인 상호작용을 하면서 관계를 맺고 있는 소규모의 집단을 말한다. 이 집단이 그 규모에 있어서 소규모인 이유는 대집단에서는 직접적·대면적 상호작용이 이루어지기 어렵기 때문이다. 이 집단에 속하는 대표적인 집단으로는 가족, 친구 그리고 또래집단 등이 있으며, 이 집단은 '우리 감정(we-feeling)', 즉 결속력과 상호정체감을 가지며 사회화, 도덕적 규범의 발달, 행동형성과 변화에 영향을 미친다.

(2) 제2차 집단(secondary group)

정서적 결속이 미약하고, 특별한 목적의 성취를 위하여 상호 작용하는 집단을 말한다. 이 집단에서는 개인 자체보다는 집단 내에서 수행하는 개인의 기능과 역할을 중시하며, 집단성원의 역할은 세분화되어 있어 성원 간에 상대방의 역할에 대해 잘 알지 못한다. 집단성원 간의 관계는 단지 작업(作業)이나 노동활동에 근거를 두고 이루어지며, 관계를 맺는 목적은 효율성을 제고하는 데 있다. 의사소통은 제1차 집단이 직접적인 데 반하여 제2차 집단에서는 문서, 전화 등 간접적 방식에 의해 이루어진다.

2) 집단 구성 방법에 따른 유형 분류

(1) 자연적 구성 집단(natural group)

자연발생적으로 일어난 사건, 대인관계상의 매력 또는 구성원의 상호욕구 등에 근거하여 자연발생적으로 구성된 집단으로 공식적인 후원체계가 없는 것이 그 특징이다. 이러한 집단에는 가족집단, 동년배집단, 친구집단, 갱 집단(street gang) 등이 포함된다. 이 집단은 쿨리(Cooley)의 제1차적 집단과 유사한 성격을 지닌다.

(2) 의도적 구성 집단(formed group)

의도적 구성 집단은 어떠한 외부의 영향력이나 전문가의 개입을 통하여 구성된 집단으로 후원이나 외부의 협력 없이는 구성될 수 없는 집단이다. 이 집단은 특별한 목적을 위하여 소집·구성되며 치료집단, 학급, 위원회, 클럽(club), 팀(team) 등이 포함된다. 이 집단은 쿨리(Cooley)의 제2차 집단과 유사한 성격을 지닌다.

3) 집단목적에 따른 유형분류

집단의 목적에 따라 집단의 유형을 분류해 보면, 크게 치료집단(treatment group)과 과업집단(task group)으로 구분할 수 있다.

(1) 치료집단의 유형

치료집단의 4가지의 주요 목적은 ① 교육(education), ② 성장(growth), ③ 치료(remediation)는 치유 혹은 치료, treatment는 처치 혹은 치료로 번역될 수 있지만, 일반적으로 모두 '치료'라는 용어를 사용하고 있다. 따라서 remediation을 의미하는 치료집단인 경우에는 치료집단(treatment group)과의 혼동을 피하기 위하여 '치료집단(remedial group)'으로 표기한다. 그리고 ④ 사회화(socialization)이다.

<표 2-3-1> 여러 치료 집단의 특성 비교

집단특성	교 육 집 단	성 장 집 단
목　　적	집단성원에 대한 교육 강연, 토론, 그리고 직접 경험을 통한 학습	집단성원의 잠재력 개발 토론이나 성장을 경험할 수 있는 학습 프로그램을 통하여 자아인식, 통찰의 증진
지 도 력	교사 집단토론을 위한 집단의 구조화	촉진자 역할 모델
초　　점	개인의 학습 학습을 위한 집단의 구조화	개별성원 또는 전체집단에 초점
결 속 력	학습, 기술발전에 대한 공동 흥미에 근거하여 발달	집단경험을 통한 개인의 성장 성원의 공동목적에서 발생 성장을 위해 집단을 활용하기로 한 계약에 근거하여 발생
집단구성	교육수준이나 기술수준이 유사한 성원으로 구성 또는 초심자와 경험이 많은 사람으로 구성	성원의 성장, 발달해 갈 수 있는 능력에 따라 다양
의사소통	주로 지도자가 성원에게 강의 때때로 성원 간의 토론	상호작용이 매우 높음 성원이 집단에서의 의사소통에 책임을 짐
자기표출	강의와 지도가 주종을 이루므로 낮거나 보통 수준임	성원 간의 상호작용이 활발하므로 보통 이상임
집단특성	치 료 집 단	사 회 화 집 단
목　　적	행동의 변화 행동 변화를 위한 개입을 통해 교정, 재활, 문제 해결	의사소통 및 사회기술의 증진 프로그램활동, 구조화된 운동(structured exercises), 역할극 등을 통해 대인관계 능력의 증진
지 도 력	접근방법에 따라 전문가, 권위적 인물, 촉진자의 역할	집단활동 또는 프로그램의 지시자
초　　점	개별성원의 문제, 관심사, 목적에 초점	집단활동, 참여의 수단으로서의 집단에 초점
결 속 력	상이한 목적을 가진 성원들이 수립한 공동목적에 근거하여 발달	공동활동 또는 공통상황에 근거하여 발달
구　　성	유사한 문제나 관심사를 가진 사람으로 구성 접수과정(intake)을 통하여 성원을 선별	집단의 위치, 목적에 따라 다양하거나, 동일할 수 있음
의사소통	접근방법에 따라 지도자-성원, 성원-성원 간에 의사소통	활동 또는 비언어적 행동(역할극)이 주종을 이룸
자기표출	보통 또는 그 이상	보통 또는 그 이하이며, 비언어적 자기표출이 주종을 이룸

(2) 과업집단의 유형

　과업집단유형의 목적은 첫째, 조직적 욕구의 해결(예를 들면, 위원회, 행정집단, 협의체), 둘째, 클라이언트의 욕구충족이다(예를 들면, 팀, 치료회의, 사회행동집단).

　이들 과업집단의 특징은 각 집단별로 수행한 일(과업)이 분명하게 제시되어 있다는 점이다. 즉 일정한 과업집단 또는 과업집단의 구성원들이 달성하여야 할 목표(지향점)가 제시되어 있고 이를 달성하기 위하여 함께 협력하여 노력하는 것이다.

〈표 2-3-2〉 여러 과업 집단의 특성 비교

집단특성	위 원 회	행 정 집 단
목　적	보고, 과업의 성취, 건의	정책입안, 조직변화 또는 체계유지
지 도 력	임명 또는 선출	기관감독자(이사회) 등에 의해 승인
초　점	성원보다는 결과에 초점	기관에 높은 비중을 둠 행정유형에 따라 다양
결 속 력	과제나 임무에 근거하여 발달	조직적 목적에 근거하여 발달
구　성	의사결정과 노동 분화를 지원하므로 매우 다양	기관이 채용하는 방식에 따라 다양
의사소통	과업과 관련된 내용	공식적 의사소통이 이루어짐
자기표출	성원의 자기표출이 낮음	성원의 자기표출이 낮음

집단특성	협 의 체	팀(team)
목　적	다양한 부서나 기관의 대표 집단행동 및 기관이익의 대변	내담자와의 상호관련성 형성
지 도 력	부서, 기관에서 임명 또는 선출된 대표자	후원기관에서 임명
초　점	대표권의 평등성, 보다 광범위한 문제와 관심사에 초점	적절히 기능할 수 있는 팀의 형성
결 속 력	개인 또는 기관보다는 상위 목표나 지역사회의 관심사에 근거하여 발달	팀 정신(team spirit) 조직관 내담자의 욕구
구　성	대표하는 조직, 이익, 부서 등 협의체 자체의 정의에 따라 다양	이질적임 기능에 따라 다양함
의사소통	대규모 체계사이의 공식적 의사소통의 장을 마련함 성원은 협의체와 대표기관 또는 부서와의 의사소통 연결고리임	이론적으로 친밀하지만, 때로 인위적이고 고무된 의사소통
자기표출	성원의 자기표출이 적음	보통 또는 그 이하

집단특성	치 료 회 의	사 회 행 동 집 단
목　적	내담자의 치료에 관한 의사결정	개인 또는 사회의 변화
지 도 력	중립적 위치의 인물 또는 내담자 치료에 책임이 가장 큰 인물	조정자, 조력자
초　점	의사결정에 초점, 성원에 대한 초점은 낮고, 내담자 치료에 책임이 가장 큰 인물	행동에 초점, 내담자에 높은 초점
결 속 력	클라이언트에 대한 관심, 치료계획, 기관 내 또는 기관 간의 합의에 근거하여 발달	내담자가 특정한 목적을 성취하기 위해 발달
구　성	기능, 전문성 등에 따라 다양	집단의 목적에 따라 다양
의사소통	클라이언트에 대한 모든 관점을 고려하려고 함, 내담자 접촉과 관련된 내용	사회행동의 특성에 따라 다름

3. 집단체계의 특성

체스와 노린(Chess & Norlin)은 집단체계의 특성을 다음과 같이 설명하였다.
① 집단의 크기는 작다. 최소한의 크기는 두 명이며 최대 크기는 명시될 수 없으나 집단 구성원
   끼리 서로 대면적 상호작용을 해야 하는 점에서 최대 크기는 제한된다. 대면적 특성이 상실되
   면 더 이상 집단이 아닌 것이다.
② 집단은 최소한의 역할분화 수준이 특징이다. 구성원 간의 상호작용은 본질적으로 대면적 상호
   작용이어서 협의로 정의된 역할에 전적으로 근거하지 않고 전인격적으로 이루어진다. 그 결과
   집단목적이 집단 구성원들의 욕구에서 나오는 것이므로 명시적인 것이 아니라 묵시적인 경향
   이 있다.
③ 모든 집단 구성원은 공통된 집단정체성을 가지며 집단을 하나의 실체로 지각한다. 집단은 집
   단구성원의 개성에 영향을 미친다.
④ 집단은 구성원들에게 중요한 사회화 및 사회통제 기능을 수행한다. 집단은 구성원들이 집단과
   관련된 행동에 영향을 미치는 규범체계를 포함한 하위문화를 가진다.
⑤ 집단 구성원들 간의 관계와 상호작용은 구성원의 내적 혹은 자연적 상태를 토대로 이루어진다.
   따라서 집단과 관련된 행동은 이성적 요소들보다는 정서적인 요소들에 의해 주로 유발된다.

한편 집단체계는 발달적인 생활주기를 갖는데, 와이즈만은 집단의 발전 과정을 다음 다섯 가지
특성으로 설명하였다.
첫째, 집단은 환경에 적응한다. 적응적 행동에 반응해서 구성원들은 집단의 활동, 감정 및 상호작
용을 발전시킨다. 적응대상은 집단의 외적 체계이다.
둘째, 집단은 목표지향적 행동을 통해서 필요로 하는 적응적 행동을 능가하는 활동, 감정 및 상호
작용을 발전시킨다. 이것이 내적 체계가 된다.
셋째, 내적 체계가 정교해지면서 유대, 응집력, 규범, 역할 및 지위 등이 발달한다.
넷째, 피드백으로 인해 집단의 적응은 환경과 더불어 발달하는 내적 체계에 의해 영향을 받는다.
다섯째, 이에 따라 집단은 집단구성원들의 기능을 수정한다.

집단은 개인적 목적과 집합적인 목적을 달성하도록 구성원들을 지지하고 자극시키는 힘을 가지고
강력하게 성장을 촉진하는 사회환경이 될 수 있다. 즉, 집단은 대인관계와 목표추구의 장이 되며, 다
양한 인간욕구를 충족시킬 수 있다. 소속과 인정에 대한 욕구, 피드백 과정을 통해 정당성을 인정받
고 싶은 욕구, 다른 사람들과 함께할 기회를 가지려는 욕구 등이 집단을 통해서 충족될 수 있다. 반
면 집단은 구성원들에게 아무 영향력이 없거나 오히려 구성원들이나 사회에 파괴적인 강력한 영향
력을 행사할 수 있는 사회환경도 된다. 또한 집단은 대인 간의 갈등을 야기하거나 부적절한 지도자
선발을 할 수도 있다. 심지어 사회심리학자 가운데는 집단이 유해한 사회환경이라고 주장하는 사람
도 있다. 예를 들어, 집단은 좋지 않은 결정을 내리고, 곤경에 빠진 사람을 돕는 것을 거절하며, 괴
상한 행동을 일삼고, 폭도가 되기도 한다는 것이다. 집단은 사회환경에 큰 영향을 받고 있다.

제2절 조직(組織)과 인간관계의 의의

1. 조직(組織)의 개념

1) 조직의 중요성

인간은 혼자서 살아갈 수 없으며, 어떤 형태로든지 모여서 생활하고 있다. 특히 오늘날 사람들은 조직을 떠나서는 살아갈 수 없으며, 여러 조직들과 관련을 맺으면서 살아간다. 그러한 조직들은 학교·병원·군대·회사·관청·종교단체 등 여러 가지가 있다.

이러한 조직들이 모여서 조직화된 사회를 이루고 있으며, 어느 조직에 속해 있든지, 현대인들은 조직 속의 인간, 즉 '조직인'으로 살아가게 된다. 그런데 오늘날의 조직들은 매우 복잡한 망(網, network) 속에 뒤얽혀 있다. 그래서 조직 속의 인간들은 조직 속에서 더욱더 긴밀하게 묶여 있게 되었고, 그에 따라서 개인은 조직에 예속되어서 자유와 권리를 위협받아 비인간화되는 위험성까지 초래하게 되었다.

그러나 조직의 그러한 역기능에도 불구하고, 조직은 많은 긍정적인 측면을 가지고 있다. 그러한 긍정적인 이점을 찾아보면 다음과 같다.

첫째, 조직은 개인의 요구를 충족시켜 줄 수 있다는 점이다. 개인은 조직에 참여함으로써 자신의 욕구의 충족을 기대하게 된다. 조직은 이와 같은 개인의 욕구를 충족시켜 줄 수 있는 가치를 창출하고, 개인으로부터 자원을 받아들여 투입된 것보다도 더욱 많은 가치를 개인에게 돌려준다.

둘째, 조직은 협동적으로 목표를 달성할 수 있게 해준다는 점이다. 개인은 혼자서 할 수 없는 일을 조직을 통하여 달성할 수 있게 해준다는 점이다. 개인은 혼자서 할 수 없는 일을 조직을 통하여 달성할 수 있다고 기대한다. 이것은 혼자서 돌을 움직일 수 없을 때, 둘 이상의 사람이 힘을 합하여 움직이는 원리와 같다. 그렇게 함으로써 개인은 자신의 목표를 협동적 노력을 통하여 달성할 수 있는 것이다. 또한 조직의 구성원들은 협동적 노력을 통하여 자신이 기여한 이상의 이익을 얻을 수 있다. 이것을 상응 효과 즉 시너지(synergy) 효과라고 하는데, 이는 전체가 부분의 합 이상이라는 원리에 입각한 것이다.

셋째, 조직인 상호작용의 기대를 증진시킨다는 점이다. 조직 속의 개인들은 어떤 형태로든지 상호작용하면서 조직 속에서 생활한다. 이와 같은 상호작용을 하면서 개인은 생활이 안정되고 삶의 보람을 느끼기를 바라는 것과 같은 자신의 목표를 달성하려고 한다. 이 상호작용이 바로 조직이 기능을 발휘할 수 있게 하는 과정인 것이다.

2) 조직의 개념

조직은 여러 가지 인적·물적 자원을 동원하여 설정된 공동목표를 효과적으로 달성하려고 한다. 우리가 흔히 조직이라고 하면, 어떤 특정의 목표를 추구하기 위하여 일정한 규범에 따라서 인간·노동·자원 등의 사이에 어떤 관계를 설정하여 하나의 형식적 체제를 형성하는 형식적 조직(formal organization)을 일컫는다.

그러나 형식적 조직의 구성원들은 조직의 공식 목적과는 직접적 관계가 없는 비공식적 목적을 달성하기 위한 비형식적 조직(informal organization)을 따로 형성하고 있다. 그리하여 형식적 조직의 목적과 비형식적 조직 목적의 부조화로 인한 갈등이 생기는 경우가 많다. 그러므로 형식적 조직의 목적과 비형식적 조직의 목적을 조화시키려는 노력은 오늘날 조직 연구에 있어서 매우 중요한 과제가 되고 있다.

베버(Weber)는 "조직이란 목적을 추구하고 활동에 참여하는 조직 구성원 사이의 정당한 상호작용"으로 정의하고 있다. 그리하여 그는 조직의 개념적 속성을 다음과 같은 네 가지로 들고 있다.

① 경계(boundary)
② 기능 수행에 있어서 권위계층과 노동의 분업(a hierarchy of authority and division of labor)
③ 상호작용에서는 공동사회적 성격이라기보다는 이익사회적 성격
④ 목표(goal) 등이다.

베버(Weber)의 이러한 지적은 조직의 개념을 정의하는 데 있어서 체계적 측면을 강조한 것이다.

에치오니(Etzioni)는 조직을 "특정의 목적을 추구하기 위하여 구성되고 재구성되는 사회적 단위(social units)"라고 정의하고 있다. 그는 특정한 목적을 추구한다는 관점에서 회사·군대·학교·병원·교회·형무소 등이 포함되나, 종족·인종·가족 등은 포함되지 않는다고 하였다. 그는 또한 이러한 조직들이 가지는 특성을 다음과 같이 지적하고 있다.

① 특정한 목적을 달성하기 위한 분업·권력·의사소통 등이 이루어진다.
② 목적을 지향하고 조직의 노력을 집중하기 위한 하나 이상의 중심 권력기관이 존재한다.
③ 불필요한 성원(personnel)의 교체와 전보 및 승진을 통한 성원의 재결합 등이 이루어진다.

스콧(Scott)은 몇 가지 요소를 추가하여 정의하였는데, "조직이란 다소 계속적으로 비교적 특정한 목적을 추구하기 위해서 설립된 집합체(collectivities)"라고 하였다. 그리고 그는 조직이 목적의 특정성과 계속성 외에도 다른 특징을 가지고 있다고 하였는데 그것은 다음과 같다.

① 고정된 경계(fixed boundaries)
② 규범적 질서(normative order)
③ 권위계층(authority ranks)
④ 의사소통체제(communication system)
⑤ 유인체제(incentive system)

또한 버나드(Barnard)는 두 사람 이상의 의식적으로 조정된 행동과 힘의 체제로 정의하였고, 핼핀(Halpin)은 특수한 종류의 집단으로 그 성원들의 집단 과업을 수행하기 위해서 책임이 구분되어 있는 사회적 집단이라고 정의하였다. 그리고 알드리치(Aldrich)는 조직을 정의하는 데 필수적인 속성으로 ① 목표지향적(goal directed), ② 경계유지(boundary maintaining), ③ 활동체제(activity system) 등을 들고

있으며, 로빈스(Robbins)는 공통의 목적을 성취하기 위해서 분업과 권한의 위계를 통하여 기능하는 2인 이상의 집단행동의 계획된 조정(planned coordination)이라고 정의하고 있다. 그리하여 그는 다음과 같은 것을 조직의 필수요소로 규정한다.

① 계획된 조정(planned coordination)
② 분업과 권한의 위계(a division of labor and a hierarchy of authority)
③ 목적(goal)

그러나 실제로 조직은 많은 요소들을 포함하고 있고, 여러 가지 다양한 요소들에 의해서 영향을 받는 복잡한 실재(complex entities)들이다. 그러므로 조직을 정의하는 데에는 조직 내적 요소와 조직 외적 요소의 성격과 결과에 대한 검토가 필요한 것이다.

한편, 교환이론(exchange theory)의 관점에서 접근하는 사람들도 있다. 블라우(Blau)는 조직의 요체로 개인 간의 상호작용을 중요시하였다. 또한 벤슨(Benson)은 더욱 개인에 초점을 두고 정의하였는데, 그는 "조직의 실재는 조직행위자의 마음속에 있는 사회적 구조"라고 하였다.

이러한 조직에 대한 개념을 종합하여 볼 때, 조직이란 공동의 목적을 달성하기 위하여 일정한 개념을 종합하여 볼 때, 조직이란 공동의 목적을 달성하기 위하여 일정한 경계와 규범을 가지고 상호 의사소통을 하면서 필요한 조정을 가하는 체제라고 할 수 있다. 그러므로 조직에는 다음과 같은 특성이 있다.

① 목적 또는 목표가 존재해야 한다.
② 일정한 경계와 규범적 질서를 가지고 조직을 유지하여야 한다.
③ 의사소통을 통해 공동의 목표를 향해 매진한다.
④ 또한 필요하면 조정을 가하여야 한다.
⑤ 환경과 상호작용하는 일종의 체제적 요소를 지니고 있다고 할 수 있다.

2. 조직과 인간관계

조직(organization)이라는 용어는 유기체(organism)라는 말에서 나온 것이다. 유기체라는 것은 사전에 의하면, "여러 부분이 하나로 통합되었고 부분 상호 간의 관계에 의하여 지배되어 있는 것"이라고 설명되어 있다.

이리하여 유기체는 두 개의 동일시할 수 있는 기본적 성분, 즉 부분과의 관계로 구성된다고 말할 수 있다. 이 부분이란 전체 작업의 완수를 위해 필요한 작업 단위나 사람들의 집단이라고 볼 수 있다. 작업 단위의 수와 구조는 성취할 작업에 달려 있으나, 조직체의 특성에 따라 상당히 다르게 나타날 것이다.

이와 같이 부분 간의 제(諸) 관계는 업무 할당과 각 단위의 비중의 결과로서 존재하게 된다. 그러나 이러한 제 관계의 더 큰 의의는 특정한 사람들이 각자의 업무를 수행할 때 나타난다. 또한 권한 및 그것이 각인(各人)에게 위양되는 정도나 범위는 여기에서 생기는 것이다. 편의상 조직의 결과로 나타나는 개인과 개인 사이의 제 관계는 현실적 의미에 있어서의 존재라고 말하는 데 반하여, 작업

단위와 단위 사이의 관계는 추상적 의미의 존재라고 말할 수가 있다.

조직과 인간의 제 관계를 구체적으로 들면 ① 목적에 맞추어서 수행할 활동, ② 그 활동을 수행할 사람, ③ 준비할 환경의 물적 요소, ④ 개인과 개인, 집단과 개인, 집단과 집단 사이의 관계를 결정하는 일은 관리조직의 개념 가운데 기본적인 일이다. 따라서 다음과 같이 조직의 정의를 내릴 수 있다.

"조직이란 어떤 목적 달성을 위해서 필요하다고 생각되는 제 활동을 규정짓고 배열하는 일이며, 이와 같은 활동에 사람들을 배정하는 일이고 주위의 적절한 물적 요소를 준비하는 일이다. 또한 각기 책임을 맡은 각 개인에게 권한을 위임하는 일이다."

이러한 조직의 결과로 한 조직체가 생기는데, 이 조직체는 질서와 합리적 배열과 조화 있는 제 관계에 따라 여러 가지 기능을 한 군데에 유지하는 하나의 프레임이라고 말할 수가 있다.

그러므로 조직의 일 중에 가장 중요한 부분은 여러 가지 개성의 집합체인 집단을 조화시키며 각종의 이익을 융합시키며 또한 모든 힘을 일정한 방향으로 활용하는 것이다. 조직 구조는 사람이 즐겁게, 그리고 능률적으로 작업할 수 있는 체제를 형성하는 데 있다.

조직의 이와 같은 인간적인 면 이외의 현대의 경향을 집단 내부에서 수행되는 작업의 중요성을 중시하고 있다. 또한 거기에 따른 많은 관계와 역할의 중요성도 인식되고 있다.

3. 교육조직의 성격

교육조직은 다른 조직과 마찬가지의 성격을 지니고 있다. 기관으로서의 성격, 행동의 집합체로서의 성격, 관료제로서의 성격, 그리고 전문조직으로서의 성격 등이 그것이다. 이러한 성격들은 일반조직의 성격에도 적용되지만, 그 내용면에서는 각기 다른 성격을 지니게 된다고 할 수 있다. 또한 교육조직은 일반조직과는 다른 독자적 성격을 지니고 있기도 하다. 이들 성격들을 자세히 설명하면 다음과 같다.

1) 기관으로서의 성격

교육조직은 일종의 사회적 기관이다. 교육조직을 개념화하려면 다른 기관의 유형과 비교함으로써 보다 명료화할 수 있을 것이다. 예를 들면, 교육조직은 형무소, 정신병원, 그리고 다른 비자발적 기관과 비교해 왔다. 비자발적 기관이란 수혜자가 임의로 조직을 선택할 수 없는 기관을 말한다. 비자발적 기관에서는 다수의 수혜자가 소수의 직원에 의해 서비스를 제공받는다. 그런데 제공되는 서비스는 많은 경우에 수혜자의 요구에 의해서 제공되는 것이 아니기 때문에, 비자발적 기관의 핵심문제는 어떻게 질서를 유지하고 통제하느냐에 있다. 이런 목적 때문에 비자발적 기관의 직원은 세밀한 규칙과 통제를 개발하게 된다. 그러나 교육기관이 비자발적 기관이라고 하더라도 수혜자인 학생을 통제하기 위해서 많은 규칙을 만들고, 규칙 위반자에 대한 철저한 통제가 교육목적상 얼마나 바람직한지는 생각해 보아야 할 문제이다. 교육조직이 비자발적 기관이기는 하더라도 그 성격과 내용은 다른 비자발적 기관과 다른 것이다.

2) 행동의 집합체로서의 성격

베이트와 머레이(Bates & Murray)는 교육조직에 대한 적절한 개념을 파악하기 위해서는 교육조직의 기본요소를 말할 수 있어야 하며, 이러한 기본요소가 전체를 포괄하기 위하여 어떻게 조직되는가를 보여주어야 하고, 교육조직과 환경과의 경계를 인식해야 한다고 하였다.

이런 개념으로 교육조직을 볼 때, 다른 모든 복합공식조직과 같이 교육조직의 기본요소는 사람이나 물리적 구조가 아니라 행동으로 구성되어야 한다. 또한 교육조직의 경계는 지리적인 것이 아니라 행동적인 것이다. 따라서 교육과 관련된 행위(예: 숙제를 내거나, 평가점수를 내는 것)는 교육조직 내에서 이루어지는 것이 아니더라도 사회체제로서의 교육조직의 일부에 속하는 것이며, 교육조직 내에서 일어나더라도 교육체제로서의 행동이 아닐 때에는 교육조직의 일부가 아니다.

3) 관료제로서의 성격

교육조직은 다른 공식조직과 마찬가지로 관료제로서의 성격을 지니고 있다. 비드웰(Bidwell)은 교육조직의 관료제로서의 성격을 다음과 같이 설명하고 있다.
① 업무의 기능적 분업: 수업배당과 행정업무의 조정
② 공식적 직무로서의 직원역할의 정의: 실적과 능력에 따른 충원, 성과의 기능적 상세화, 학생과 보편적 애정을 가지고 상호작용하는 것
③ 직위의 계층적 질서: 법적으로 규정된 재직상의 권력과 규정된 통로를 통한 의사소통에 기초를 둔 권위 구조
④ 절차규정에 따른 운영: 공식적 행위의 목적과 형태를 상술함으로써 교사의 재량에 제한을 두는 절차

교육조직은 이와 같이 관료제로서의 성격을 가지고 있으나 교육조직의 특징은 순수한 관료적 모형의 변형을 나타내고 있다고 비드웰은 지적하고 있다. 그러한 점은 다음과 같다.
① 교사의 충원과 훈련이 다른 전문직과 다르다는 점
② 애정적으로 중립적이거나 비정의적 관계와 같은 관료적 상호작용은 학교 교실에서 반드시 일어나는 특징이 아니라는 점
③ 많은 교사들은 교실에서 이상적이고 전형적인 관료적 환경보다는 더 많은 자유재량과 절차의 다양성을 요한다는 점
④ 경험적 연구의 결과 관료적 모형을 집착하는 정도에서는 학교들 간에 상당한 차이를 나타냈다는 점

이와 같이 교육조직은 관료제로서의 성격을 가지고 있으나 교육의 목적이나 방법상으로 볼 때 일률적인 적용은 많은 부작용을 낳고 교육 본래의 목적달성을 어렵게 할 수 있다. 그러므로 이에 대한 많은 연구가 필요하다고 하겠다.

4) 전문조직으로서의 성격

전문직이라는 용어에 대한 정의는 여러 가지로 발전해왔다. 여러 사람들이 각기 전문직에 대하여 설명하고 있지만, 표현이 다를 뿐 그 내용은 유사한 성격을 가지고 있다.

일반적으로 어떤 조직이 전문직이 되려면 다음과 같은 지표에 맞아야 된다고 보고 있다.

① 전문직은 고도의 지성을 요구하는 정신적 활동을 위주로 한다.

② 전문직은 엄격한 자격기준을 세운다.

③ 전문직은 단순한 지식·기술의 습득으로 이루어지는 것이 아니고, 심오한 학문적 이론과 응용에 그 기초를 두고 있다.

④ 전문직은 이기적 동기보다 이타적 동기를 중시하는 봉사활동을 특징으로 한다.

⑤ 전문직은 그 종사자가 고도의 자유를 가지는 반면에, 중대한 사회적 책임을 느끼는 것이 특징이다.

⑥ 전문직 종사자는 스스로 행동을 규율하는 윤리강령을 가지고 있다.

⑦ 전문직 종사자는 자율적 조직체를 통하여 사회·경제적 지위를 향상시키고, 그 전문성을 제고하도록 노력한다.

또한 리베르만(Liberman)은 전문직의 특성을 다음과 같이 제시하고 있다.

① 유일하고 독특한 사회적 봉사기능

② 직무수행에서의 고도의 지적기술

③ 장기간의 준비교육

④ 광범위한 자율권행사

⑤ 전문직 종사자로서의 행위에 대한 광범위한 책임

⑥ 자치조직

⑦ 경제적 보수보다는 사회적 봉사 우선

⑧ 직업윤리

그리고 호이와 미스켈(Hoy & Miskel)은 전문직의 특징으로서 다음을 들고 있다.

① 장기간의 훈련을 통해서 얻어진 기술적 능력

② 이상적 서비스를 포함하는 전문직 규범의 고수

③ 객관성

④ 비정의성

⑤ 의사결정에서 동료지향의 준거집단

⑥ 지식과 표준에 기초한 스스로 부과한 통제

이러한 전문직의 특성을 종합해보면 다음과 같다.

① 종사자에 대한 엄격한 자격기준 제시

② 봉사적인 성격을 지닌 활동
③ 전문직의 윤리강령과 자율적 조직을 통한 통제
④ 종사자의 사회적 책임감
⑤ 고도의 지적 기술 요구

이러한 전문직의 특성에 비추어 볼 때, 현대사회에서 의사·변호사·교수 등은 전문직이라고 할 수 있다. 특히, 이 전문직이냐 아니냐에 대해서는 많은 논란이 있어왔다. 그러나 극단적으로 교직이 '전문직이다', '전문직이 아니다'로 논하기 이전에 대체로 교직은 전문직으로 보며, 전문직이어야 한다는 데는 동의하는 것 같다.

한편, 리치(Rich)는 "교직은 반전문직에서 전문직의 사이에 놓여 있으며, 성장하는 전문직"이라고 주장하고 있다.

현대사회에서 교직은 전문직이며 전문직이어야 한다. 그 이유는 다음과 같다.

① 교직은 교사에 대한 엄격한 자격요건을 요한다.
② 교사들은 자신의 복지에 대해서만 신경을 써서는 안 되고, 근본적으로 학생에 대한 봉사자의 위치에 서야 한다.
③ 교직은 교원윤리강령, 교직윤리헌장에 따른 행동을 요하고 있으며, 교직의 자율성이 더욱 요구됨에 따라서 자율조직체를 형성하여, 자율적인 통제를 할 것이 더욱 요구된다.
④ 교직에 종사하는 사람들은 교육자로서의 사회적 책임감을 더욱 가져야 한다.
⑤ 과학의 발달과 함께 교육기술의 발달이 이루어져 가고 있다. 그러므로 교육자들에게 고도의 기술이 필요하게 된다는 점 등이다.

5) 독자적 성격

교육조직은 학교조직과 교육행정조직을 포함하여 일컫는다. 교육조직은 다른 조직과 마찬가지로 그 자체가 목적이 아니라 수단이다. 교육 목적을 달성하는 데 용이하도록 하기 위한 수단이 곧 교육조직인 것이다. 따라서 교육조직은 행정의 편의를 위해서 존재하는 것이 아니라, 학생의 성장과 발달을 촉진하려는 교육목적을 달성하기 위해서 존재하는 것이다. 이러한 교육조직은 다른 조직과 여러 가지 측면에서 공통성을 지니고 있다. 그러나 다른 조직과는 다른 독자적인 성격도 지니고 있다. 마치(March) 등은 교육조직의 성격을 '조직된 무정부'라고 규정하면서 그 특징을 다음과 같이 지적하고 있다.

① 목표의 문제성: 목표를 명료하게 기술하기가 어려우며, 그 목표는 수시로 변화한다. 또한 그 목표는 학교의 수준에 따라서 다르고 행동으로 바꾸는 데 어려움이 있다. 또한 목표 간에 갈등이 있고, 그 갈등은 쉽게 해결되지 않는다.
② 기술의 불분명성: 교육기간을 설립하여 인원을 배치하고 교육 프로그램을 자세히 기술하지만, 그것이 작용하는 과정을 잘 알지 못한다. 또한 체제에서의 계획적인 변화에 대한 능력은 별로 가지고 있지 않으며, 표준적인 체제를 비표준인 학생이나 상황에 어떻게 적용해야 할지를 잘

알지 못한다.

③ 조직에의 참여의 유동성: 참여자가 들어오고 나간다. 학생·교사·교육 행정가는 전입하고 전출한다. 학부모들의 개별적·집단적 참여는 물론 지역사회 지도자는 학교를 무시하기도 하고, 또한 학교에서 헌신하기도 한다. 정부기관은 능동적이다가도 수동적이 된다.

또한 서지오바니(Sergiovanni)와 커버(Carver)는 학교조직의 성격을 다음과 같이 들었다.

① 학교는 전문가의 조직: 학교는 일정한 자격을 갖춘 사람들이 교사로 충원된다. 또한 교사들은 전문가로서의 윤리를 가지고 자신의 임무를 수행한다.

② 고객인 학생의 학교 불선택권: 학생은 학교에 대하여 입학을 지원할 수는 있으나 그 입학의 허용은 학교에서 결정한다. 의무교육의 경우에는 더욱 학교를 선택할 수 없게 된다.

③ 학교의 재정이 국가·지방행정이나 학생 수에 의존: 학교는 정부의 지원이나 학생의 수업료에 의존한다.

④ 목표의 모호성: 학교는 교육을 담당하는 기관이다. 그러나 교육의 목표를 무엇으로 하느냐에 대해서는 명확하지 않다. 학교의 전통적인 목적(목표)인 바람직한 인간 육성은 매우 추상적이다.

⑤ 학생의 이중적 지위: 학생은 고객이면서도 서비스에 대한 발언권이 대체로 없다. 그러나 학부모나 시민이 학교 당국에 요구하여 학생과 학교와의 관계를 악화시킨다는 것이다.

스투프와 존슨(Stoops and Jonhson)은 교육조직이 갖추어야 할 성격을 다음과 같이 제시하고 있다.

① 융통성 있고 교수 학습의 질에 공헌해야 한다.

② 교육의 목적과 목표에 제시된 철학을 반영할 수 있는 프로그램과 물리적 시설조건 등을 갖추어야 한다.

③ 이론적 일관성과 관련성을 가져야 한다.

④ 경제성, 능률성, 민주적 과정 등을 장려해야 한다.

교육조직이 다른 일반 조직과 다른 특징은 다음과 같이 정리할 수 있다.

첫째, 교육조직은 변화속도가 느리다. 그러므로 교육조직은 그만큼 폐쇄적인 경향이 강하다고 할 수 있다. 그 이유에 대해서 오웰스는 교육조직에는 변화촉진자가 적다는 점, 변화에 대한 보상체제가 적다는 점, 그리고 교화조직이라는 점 등을 들고 있다.

둘째, 교육조직은 목표가 뚜렷하지 않다. 교육조직은 일반 생산조직과 달리 구체적으로 명확히 하기가 어려우며, 목표달성의 정도를 측정하기도 어렵다. 즉 교육조직은 대상이 인간이고, 목적이 의식이나 행동의 변화이기 때문에 인간의 의식이나 행동이 얼마나 변화했는지를 객관적으로 나타내기가 매우 어려운 것이다.

셋째, 교육조직은 전문기관이다. 성숙한 성인과 학생이 공존하는 특수조직체로서의 교육조직은 전문적인 방법과 기술을 필요로 하며, 인간의 이해를 위해서는 전문적 지식이 필요한 것이다.

끝으로, 교육조직은 환경의 영향을 많이 받는다. 교육조직은 문화유산을 전수하여 환경에의 적응력을 습득시키는 동시에, 환경에 개조하는 능력을 갖게 하므로 환경과 밀접한 관계를 가지고 있다.

이러한 교육조직의 특성은 교육조직의 약점이 될 수도 있다. 즉, 변화의 속도가 느리기 때문에 계속적으로 변화·발전하는 사회환경에서 낙후되고 고립되기 쉽다. 또한 목표가 불분명하기 때문에 그만큼 능률적인 조직 운영이 어렵다. 그리고 환경과 밀접한 관계는 그만큼 능률적인 조직 운영이 어렵다. 그리고 환경과 밀접한 관계는 그만큼 환경의 지배를 더욱 많이 받고, 자율성이 침해될 수도 있는 것이다.

이와 같은 학교조직의 독자적 성격을 종합적으로 정리해 보면 다음과 같다.

첫째, 학교조직은 목표가 특수하면서도 모호하다는 점이다. 학교조직은 교육이라는 근본적인 목표를 가지고 있다. 교육의 그 근본적인 목표는 모호하여 평가가 곤란하다. 예를 들면, 교육이 달성하려는 목표가 건전한 시민·지적 심화·문제 해결력·독창적 사고력·경제적 능률 등 다양하여 구체적으로 합의되지 못하고 있으며, 이들에 대한 구체적인 평가척도도 별로 가지고 있지 못하다.

둘째, 고객으로서의 학생의 특수한 지위이다. 고객은 조직에 대해 일정한 서비스를 요구할 수 있으나, 학생은 고객이면서도 그러한 서비스에 대한 요구권이 거의 없다. 또한 이들은 회사·군대·공장 등과 같은 조직의 최하위자의 지위와도 전혀 다른 특수한 지위를 가지고 있다.

제3절 조직의 원리

1. 분업의 원리: 기능의 원리, 전문화의 원리

분업의 원리란 업무의 기능이나 성질별로 나누어 가능한 한 사람에게 한 가지의 주된 업무를 분담시키자는 원리로 테일러에 의하여 주장되었다. 무니(James D. Mooney)는 기능의 원리라고 했으며, 또한 전문화의 원리라고도 하였다.

이는 능률적인 업무수행을 위한 원리로 ① 개인의 작업능률의 향상을 기할 수 있으며, ② 도구, 기계의 발달을 가져와 기계화를 촉진시킬 수 있고, ③ 인간의 능력을 기계적으로 이용할 수 있다는 장점이 있으나, ① 단순 업무를 계속적으로 반복함으로써 개인이 일에 대한 흥미와 창의성을 상실하게 되며, ② 시야가 협소화되며, ③ 지나친 분업은 각 단위의 조정과 의사소통이 어렵고, ④ 분업이 세분화될수록 많은 자원이 소요된다는 비판을 받고 있다.

2. 계층제의 원리

계층제의 원리란 조직의 최고 정상으로부터 최하층에 이르기까지 조정·통제가 가능하도록 명령계통을 수립한 피라미드형의 인간관계의 구조를 말한다. 따라서 명령복종관계의 상·하 체계이다.

막스 베버(Max Weber)는 계층제의 성격으로 "계층제는 ① 관료제의 특징이다, ② 행동통일을 위한 명령계통의 확립이다, ③ 조직 내의 모든 권한과 책임을 최고 일인자에게 집중시킨다, ④ 조직의 수직적 차원에 통용되는 원리로 수직적 분업이라고 할 수 있다"라고 하였다.

화이트(L. D. White)는 계층제의 순기능을 다음과 같이 들고 있다.

① 명령의 통로, ② 의사소통의 통로, ③ 권한위임의 통로, ④ 조직 내에서 형성된 관습의 조직 내의 주입, ⑤ 질서유지와 통일성 확보, ⑥ 행정목표의 설정과 업무부담, ⑦ 조직 내의 분쟁의 조정과 해결 등을 들고 있다.

계층제의 역기능으로는 ① 조직의 경직화를 초래하고, ② 동태적인 인간관계의 형성을 저해하고, ③ 의사소통을 왜곡시킨다는 점을 들 수 있다. 조직의 성격에 따라 계층제에는 피라미드의 형태가 있는가 하면, 반대로 수평적으로 편평한 것도 있다. 교육행정조직의 구성은 전문인들이고 창의적 성격을 띤 조직이므로 그 계층의 수가 적은 것이 특징이다.

3. 통솔범위의 원리

통솔범위의 원리란 한 사람의 상관이 직접 효과적으로 다스릴 수 있는 부하의 수를 의미한다. 이와 같이 통솔범위가 존재하는 근본적인 원인은 인간의 인식능력에는 한계가 있으므로 부하의 수가 제한되어야 한다는 것이다.

통솔범위에 관한 연구 중 그레구너스의 수학적 연구에 의한 공식은 주목할 만하다. 그는 효과적인 통솔은 부하들과의 인간관계를 파악하는 것이라 하고, 통솔에 필요한 인간관계의 종류는 ① 직접단순관계(상관과 부하 개개인과의 일대일 관계), ② 직접집단관계(상관과 2인 이상의 부하가 형성하고 있는 집단과의 관계), ③ 교차관계(부하들 상호 간의 관계)이고, 부하의 수와 상관이 파악해야 할 인간관계의 수는 다음과 같은 공식으로 도출된다.

$$R = n(2^n /2 + n-1) \quad (R = \text{총 인간관계의 수}, \ n = \text{부하의 수})$$

[그림 2-3-1] 인간관계의 수

인간관계론에서 부하의 수적 증가는 산술급수적이지만, 인간관계는 기하급수적으로 증가한다. 직속부하 직원 수의 최고한계는 인간의 심리적인 인식능력의 한계를 260으로 정하고 있다. 상기공식에 의헤 n이 6이면 R은 222이고, n이 7이면 R은 490이므로 6인이 최고한계가 된다. 업무의 성질이 부하 상호 간의 접촉을 요하지 않으면 더 넓힐 수 있다.

이러한 관점에서 통솔범위를 정하는 데 다음과 같은 것이 고려되어야 한다.

1) 감독자에 대한 고려: ① 인간의 인식능력의 제약(심리적인 주의력 집중의 제한성)과 ② 감독자의 성격, ③ 업무에 대한 지식과 리더십 등이 관계된다.
2) 업무의 성격: ① 단순한 업무(많음)와 복잡한 업무(적음), ② 기능적 동질성(많음)과 이질성(적음) 등과 관계가 있다.
3) 부하에 대한 고려: ① 부하들의 능력에 따라 달라진다. ② 동질적 집단이면 많다(교육 및 배

경이 같으면 많다) ③ 일차집단의 형성으로 자발적 협조분위기가 되어 있으면 많다.

4) 공간적 요인: ① 지역적 분산도(집중되면 많고 분산되면 적음), ② 교통, 통신이 발달하면 커뮤니케이션의 곤란을 해소하므로 많아진다.

5) 시간적 요인에 대한 고려: ① 기성조직의 상관은 신설조직의 상관보다 많은 부하를 통솔할 수가 있다. ② 상관의 정책 및 계획 작성에 시간적 여유를 얻고 싶으면 적어진다. ③ 신속한 의사결정을 요하는 업무를 부하가 취급하면 통솔범위는 넓어진다.

6) 조직에 대한 고려: ① 상하 계층(상부로 가면 적고, 하부로 오면 많다), ② 규모가 커지면 조직의 상부는 적어야 하며, ③ 관리기관(막료조직)을 설치하면 확대할 수 있다.

4. 명령통일의 원리

명령통일의 원리란 한 사람의 상관에게만 명령을 받고 그에게만 보고한다는 원리이다. 귤릭에 의하면 명령통일 원리의 효과로서 ① 조직적이며 능률적으로 책임 있게 일할 수 있으며, ② 보고의 통로가 명백하므로 지위의 안정감을 유지할 수 있으며, ③ 보고와 명령의 책임소재를 밝힐 수 있으며, ④ 전체적 조정이 용이하다고 한다. 그러나 현대에 와서는 막료기관의 역할 증대로 그 중요성이 감축되고 있다. 사이먼은 현대의 어떤 조직에도 없는 환상적 원리라고 비난하고 있다.

5. 조정의 원리

조정의 원리란 조직체의 각 부분이 공통된 목적을 달성하기 위하여 행동의 통일을 이룩하도록 집단적 노력을 질서 있게 결합하고 배정하며 조화를 이루게 하는 행위로, 무늬에 의하면 이 원리는 조직의 제1원리로 총무 관리의 책임이라 하였다. 분업의 원리를 제외하고는 조직의 모든 원리는 조정을 위한 수단이 된다고 할 수 있다.

조정의 저해 요인으로는 ① 불완전 계층제 현상, ② 조직의 대규모화와 전문분야의 발달, ③ 이해대립되는 이익단체의 압력, ④ 관리층의 리더십의 결여와 권위의 부족, ⑤ 조직구성원의 정치세력 관계의 차이, ⑥ 목표와 이해관계의 차이, ⑦ 할거주의 등을 들 수 있다.

효과적인 조정방법으로 다음과 같은 것을 들 수 있다.

1) **자발적 협조의 유도:** ① 조직의 목표설정이나 수행과정에 조직원이 참여할 기회를 주어야 하며, ② 조직원을 자극하는 새로운 아이디어를 창출해야 하며, ③ 의사전달을 원활하게 하며, ④ 회의 및 위원회제도를 활용해야 한다.

2) **사전적 조치:** ① 직무와 책임의 한계를 사전에 명백히 하고, ② 종합계획을 작성부분 간의 계획의 충돌을 사전에 방지하고 피드백을 한다.

3) **관리기구(관리자의 인격의 확장)의 조치:** ① 조정, 통제 전담의 막료기관을 설치한다.

② 관리자의 통솔범위가 확대되어 조정능력이 강화된다.

4) 계층제와 권위의 확립: ① 계층제는 조정의 구조적 수단이다. ② 권위는 조정의 내면이라 할 수 있다. ③ 오늘날 대부분의 조정은 이 양자에 의한다.

6. 적도집권의 원리: 집권과 분권의 균형의 원리

적도집권의 원리란, 집권제와 분권제 사이에 적절한 정도의 권한의 균형을 유지하자는 원리이다. 집권화됨에 따라 ① 통일된 정책을 수행할 수 있으며, ② 강력한 통솔력을 발휘할 수 있으며, ③ 신속하게 대량의 업무를 처리하므로 경비의 절감을 가져올 수 있으며, ④ 위기에 합리적으로 대처할 수 있으며, ⑤ 통합적 조정 등을 기할 수 있으나, ① 관료주의화 되기 쉽고, ② 형식주의화 되기 쉽고, ③ 창의성과 적극성이 결여되고, ④ 실정에 맞는 행정이 어렵다는 등의 폐단이 있다. 분권화됨으로써 ① 지방 실정에 맞는 행정을 할 수 있고, ② 자발적인 참여로 사기와 창의성을 발휘시킬 수 있으며, ③ 관리자 훈련 등을 할 수 있는 장점이 있으나, ① 경비의 과다지출, ② 행정체계의 문란, ③ 업무의 중복 등이 초래될 수도 있다.

따라서 집권과 분권 사이에 적도의 균형을 취할 필요가 있다. 이러한 것은 한 조직 내에서 뿐만 아니라 상부조직과 하부조직 간에도 집권화와 분권화가 적도의 균형을 이루는 것도 포함된다.

제4절 조직구조와 인간관계

다음 글은 조직과 인간관계를 쉽게 이해하기 위해 국내 모기업체의 인사과 인사과장의 성찰적 고백으로 우리에게 시사하는 바가 크다. 조직구조와 인간관계가 밀접한 관련이 있음을 보여주고 있다.

"나는 다시 귀찮은 일에 손을 대게 되었어. B반의 직공장은 K군이 해고됐다는 사실을 감히 그의 부하에게 말하지 못하고 있다. 그는 우리의 충고를 아랑곳없이 K군을 고용했고, 또다시 우리 충고도 듣지 않고 그에게 두 번이나 더 기회를 주었거든. 이제 그 K군은 성질이 아주 고약해서 내가 그를 해고시키기를 원하고 있어. 해고시키는 일은 그들 라인 업무이므로 그들이 그를 해고시키도록 해야지. 해고는 스태프의 기능은 아니란 말이야! 라인 맨들은 책임 회피자들이야."

이 평범한 대화 속에서 조직의 성가신 몇 가지 면을 볼 수 있다. 어떤 조직이라도 그 조직은 인간관계와 관련을 가진다. 조직이란 바로 그 단어가 인간들이 어떤 목적을 위해 상호관계를 맺고 있음을 암시해 준다. 물론 작업 집단 내에서 우리들은 조직을 매우 의식하고 있다. 어떤 새로운 기업을 만드는 데 있어 첫 번째 단계는 조직도를 작성하는 일이다.

사람들은 상호관계와 일련의 명령을 이해하기 위해 어떤 현존하는 기업이나 다른 어떤 조직에 있어 병폐를 분석하려 할 때 첫 요건은 조직도를 연구하는 일이다. 그러나 조직도가 오히려 빈약한 전체주의의 투시도가 될 수도 있고 또한 종종 되고 있다. 조직도 자체가 구성원들이 얼마나 상호작용하고 있는가를 나타내고 있으나, 실제적인 접촉과 커뮤니케이션, 명령, 불평 등은 조직도에서 볼 수 있는 것과 같은 기정사실과는 거리가 멀 경우가 많다.

따라서 최근 몇 년간보다 더 실제적인 방법으로 조직을 소개하는 연구가 활발히 이루어지고 있다.

1. 공식적 조직

조직도를 구성하는 목적은 조직의 목적을 알고 그 목적을 달성시키기 위해 조직도를 작성하는 것이 관례로 되어 있다. 기업의 목적은 재화나 용역이거나 간에 항상 생산과 관련이 있다. 이러한 기업의 종업원은 두 가지 기능을 가지고 있다. 그 하나는 재화나 용역을 생산하는 기능이고, 다른 하나는 그 조직 자체를 유지, 존속시키고자 하는 기능을 말한다. 일반적으로 재화나 용역의 생산은 라인기능으로 생각되고, 조직의 유지, 존속기능을 '스태프'의 책임이라 말하고 있다.

1) 피라미드형 조직도(pyramid chart)

이 두 가지 기능, 즉 생산과 유지, 존속을 도식화했을 때의 일반적 형태는 '피라미드' 형이 된다. 이 '피라미드' 형의 상층에는 주주총회 회장이나 사장 등의 최고 경영자가 차지한다. 수직 혹은 경사진 면은 중역의 위치를 나타내주고 생산부문에 대한 책임과 권한 영역을 나타낸 것이 바로 '라인 멤버'들의 위치이다.

수평면은 보통 '스태프'로 언급되는 유지 기능의 역할을 하는 영역을 나타낸다. 전형적인 '스태프' 기능으로 기획, 인사, 재정 그리고 PR을 들 수 있고, '피라미드' 형은 역사적으로 군대에서 유래한 것이다. '피라미드' 형은 구성원들의 실제적 기능보다 권한과 통제를 강조한다. 이것은 보다 상위층에 있는 구성원들은 하위층에 있는 사람들보다 더 큰 권한을 가지고 있음을 나타내고 있다.

'스태프'진은 보통 자기 부분의 사람들에 대해서만 권한을 가지며 이외에 조언, 권고기능이 부여되어 있다. 물론 여기에는 예외가 있음을 밝혀둔다.

'피라미드'형은 한 사람이 많은 종업원에 대한 책임을 맡고 있을 경우에는 '피라미드'의 밑변이 넓고 높이가 짧은 형으로 계층이 줄어들어 상, 하 '커뮤니케이션' 통로가 단축되어 관리비가 적게 드는 장점도 있으나, 한 사람의 장이 직접 관리와 통제를 하는 데는 한계가 있으므로 직접 지휘, 감독해야 할 부하가 많으면 효과적인 관리를 기할 수 없는 단점도 있다.

전형적인 '피라미드'형과 다른 형태로 조직구조를 설명해 보려는 시도가 이루어져 왔다. 그 한 가지가 조직을 일련의 동심원으로 표현할 수 있다는 것이다. 코어나 뉴클레우스인 첫째 원에는 보스, 즉 사장, 전반적인 관리자, 중역 또는 이와 유사한 지위를 표시라고 중간 관리층으로 주요영역을 나타내준다. 각 주요 영역은 특별히 밀접한 관현을 갖는 동일계층의 타 부문과 관련되어 있다.

2) 위원회 조직(committee organization)

이 형태는 단 하나의 개인이라기보다 개인이 모인 집단이 권한을 갖는 지위를 대표하고 있다는 점만 제외한다면 '라인 스태프' 조직과 비슷하다. 이 형태를 도출하게 된 동기는 '백지장도 받들면 낫다'는 데에 두고 있다. 여러 사람의 지력, 훈련, 기술이 관리자나 경영자의 인격의 복합체를 이룬다. 관계자가 많을수록 문제에 대한 보다 나은 결정책이 나온다는 생각은 지난 10년 동안 위원회 조직이 높이 평가받을 만한 문헌이 풍부한 점으로 미루어 보아 이 조직이 타당한 것 같다.

그러나 위원회 조직도 큰 결점을 가지고 있다. 즉 시간을 막대하게 소비한다는 점이다. 예컨대, 아마 TV시청 혹은 다른 모임에서 아무 쓸모도 없는 토론처럼 느껴지는 위원회에 참석한 경험이 있으리라 믿는다. 위원회 조직에 관계되는 또 다른 견해는 위원회의 기능이 충고하는 것이기 때문에 기업이나 다른 조직에 있어 '컨설터티브 매니저먼트'가 장차 성행하게 될지는 모르지만, 미국 기업이나 다른 조직의 보수주의적 경향으로 봐서 대부분은 우리가 살아 있는 동안에는 '라인 스태프 피라미드'형 조직의 문제와 씨름해야 할 것이다.

3) 지위와 역할(status and role)

일반적으로 조직도 상의 높은 지위에 있는 사람(구성원)일수록 위신을 더 찾게 되고, 그 지위가 높다는 것이 인정된 사실이지만, 보통 입안된 조직도에는 전 구성원의 지위가 다 나타나 있지 않다. 환언한다면 최고경영자는 '톱(Top)'에 위치하고, 또 '스태프' 위치는 상당한 위신을 가질 수 있는 자리임은 명백한 일이다. 확실히 회사의 기술부는 오늘날 자기 부문 지위가 상당히 위신을 가지고 있다고 생각할 만큼 향상되었다. 역할에 관해서 언급한다면 조직도 상에서 각 지위에 주어진 업무, 즉 직무가 무엇인가를 거의 설명해 주지 못하고 있다. 조직도 상에 있는 사람은 누구나가 다 다른 사람과 직접 간접적으로 관계를 갖고 있다. 인간관계라는 관점에서 보면 개인은 누구나가 조직을 형성할 수 있고, 조직 속에서 재화와 용역을 생산하기 위하여 하나의 협동체계 내에서 생활하고 있다. 일반적으로 조직도 상에서의 한 문제점을 들면 최고 경영층에 있는 관리자들은 위신을 지나치게 중시하는 사람들이라고 생각된다. 이미 언급된 바와 같이 몇몇 회사의 조직도에는 중심에 위치한 사람들이 권한을 가지고 있음을 알았다. 예컨대, 물의 파상 영향력이 미치는 점에서부터 움직여나가는 방식으로 조직의 바깥 테두리에 노동력이 놓이지 않은 부분에 놓이는 것은 아니다.

여기에서 '톱'에 있는 사람들은 그들 자신이 더 많은 위신을 가진다고 느끼며, 또한 조직 내에서 그들의 역할이 전체적으로 역동적 개념으로 볼 때 중요성을 가진다고 생각한다. 물론 '톱'에 가까울수록 조직 전체에 미치는 그들의 영향력은 커지겠지만, 하위층에 있는 종업원도 하나의 인격체이므로 그들의 위신도 중시해야 한다.

4) 권한(authority)

권한은 책임의 측면이며 수행에 따르는 힘을 나타내는 것이다. 일반적인 용법에서는 이러한 권한이라는 말을 반드시 이렇게 광범위한 의미로 해석하지 않고 기업의 성원이 다른 성원에 대해서 행사하는 힘에 한정되어 있는 경우가 적지 않다. 그러나 권한은 또 공식적으로 행동하는 권리로서 규정할 수도 있다. 즉 영향력, 정의, 신뢰를 요구하는 개인적인 힘이며, 특정한 개인에 대해서 행사하는 데 국한되지 않는다. 사실 권한은 책임과 상관된다. 권한이 없는 책임은 공허한 임무가 되므로 권한의 범위가 보다 좁을 수는 없는 것이다. 반대로, 책임을 수반하지 않는 권한은 무력하게 되므로 권한의 범위가 보다 넓을 수는 없다. 이러한 규정의 범위에서 권한에는 여타한 한정도 붙일 수가 없다. 왜냐하면, 이러한 종류의 한정은 모두 책임을 부정하는 것이기 때문이다. 권한은 당해 책임의 일절의 부분에 미치고, 또 거기에는 생기는 물체와 인간과의 접촉에까지 미친다.

권한이란 작업을 함에 있어서 인간의 이해력과 판단력을 사용하는 것이다. 권한은 또한 의무의 이행에 적용되는 개인적인 모든 능력이라는 세력과 중량이기도 하다. 그러므로 권한은 속박하거나 해방시킬 수 있는 힘이며, 처리해야 할 시간을 결정하는 힘이다. 또 도구를 사용하고 형을 이루는 힘이다. 그리고 천성적인 일과 노력의 타성을 억제하는 힘이면서 수행을 위해서 시간과 환경을 극복하는 힘이다. 권한은 인간에게 흔히 있을 수 있는 무관심과 고집을 설득 또는 억제하는 힘인 것이다.

예컨대, 어떤 기업에서 구매 담당자는 구입처를 비교, 고려하여 자재를 구입하고, 인사 담당자는 응모자 중에서 채용할만한 사람을 결정한다. 이와 같이 각 부문의 담당자는 자기의 책임에 수반되는 권한을 행사하는 것이다. 이것은 당연한 일이겠지만, 권한에는 적부에 대한 어떤 종류의 한계가 있다. 권한은 책임의 수행에 필요하고 또 적절한 일절의 수단을 포함하는 것이나, 불필요하고 부적절한 수단을 취하는 것은 일제 허용되지 않는다. 모든 법률에 있어서 불법 행위의 수행을 요구하는 것은 생각할 수 없으며, 마찬가지로 조직상의 의무는 그것이 효과적이라고 생각할 수 있는 경우에 있어서도 부적절하거나 부적당한 행위를 요구한다는 것은 추정할 수 없다. 이러한 사실은 양심과 윤리에 관한 일이며 원칙을 승인하는 점을 제외하면 조직의 영역 밖에 있다.

5) 위신(prestige)

조직도에 나타나지 않는 힘의 원천인 위신이나 또는 힘의 원천으로서 특정한 사람의 지위가 가지는 명성인 위신은 흔히 그 회사의 역사적 발전에 좌우되며 회사가 활동하고 있는 지역 사회에 좌우되기도 한다. 지위가 한 회사에서는 위신을 소유하나 다른 회사에서는 소유하지 못한다. 위신은 흔히 전통에 의해 발전된다.

따라서 어떤 조직에 새로 들어온 사람은 자기가 권한, 책임, 고소득을 가진다 하더라도 그의 지위에 따른 위신이 낮을 수도 있다는 사실에 놀라게 된다. 예를 들면, 일반 공장 경영자의 비서와 구매계 비서, 둘 다 봉급이 같고 구매계 비서가 사실상 회사에 돈을 더 벌 수 있게 하는 지위에 있다 할지라도 일반 공장 경영자 비서가 구매계 비서보다 보통 더 높은 위신을 누리게 된다. 어떤 지위는 자동적으로 상당한 양의 위신이 수반되며, 또한 그것은 현직의 특별한 힘과 영향력을 가져다준다.

6) 스태프 대 라인(staff versus line)

조직 내에서 '스태프(staff)' 요원이 '라인'에 간섭할 경우 불화가 자주 일어난다. '라인' 요원과 관련이 있는 '스태프' 요원의 직무는 '라인'에게 자기 의견을 진술하거나 조언하는 데 있다. 보통 조직도는 '스태프' 요원이 일선에 있는 사람들에 관하여 얼마나 많은 책임과 권한을 가지는지 명확히 나타내주지 못한다. 인사과는 보통 '스태프' 기능이다. 그러나 그것은 '라인'과 관련해서 상당한 책임을 가진다.

예로써 종업원이 부정직하다는 데 대한 문제를 들 수 있다. 한 인사 담당 '스태프'는 종업원과 면담하여 일을 마무리 짓는 데 관한 충고를 하도록 되어 있었다. 그런데 그는 면담의 결과로 그 종업원을 파면시키느냐 아니면 그대로 두느냐의 문제를 말할 수 있는 권한이 그에게 주어질 때까지는 이 일을 거절하여야 한다. '스태프'와 '라인' 사이의 관계에 관한 명확한 구별은 물론 있을 수 없다. 엄한 규율이나 규제보다 보편적인 정책이 필요하다.

이따금 조직도에서 이러한 정책관계를 지적하기란 어려운 일이다. 이런 어려움이 있을 경우는 정책에 관한 문헌을 비치할 수도 있고, 여러 가지 방법으로 재차 보완할 수도 있다. 기계류의 재설계가 요구되는 최근의 어떤 상황 속에서 디자이너는 기술부에 보내졌다. 물론 이 '디자이너'는 '스태프'의 기능이었다. '엔지니어'가 정규적인 '라인' 종업원으로 구성된 부문에서 일하도록 배정되었다. 그러고 나서 기술부문의 기술 부장, 구매 부장, 생산 부장을 포함한 위원회가 구성되었다. 이 위원회는 두 명의 기술자가 재임명된 후 앞으로 할 일에 관한 최종 결정을 할 권한을 가지게 되었다.

2. 비공식적 조직

일반적으로 사람들은 직장, 가정, 지역 사회에서 생활을 하는 가운데서 상호관계를 맺게 된다. 공통적인 이해관계를 가진 사람들은 서로 뭉치는 경향이 있다. 이러한 결합은 같은 종교나 국가적 배경, 가족관계로 얽힌 사람들을 포함할 수도 있고, 개인적 요구가 비공식적인 관계로 상호 충족되는 가운데 이루어질 수도 있다. 한 조직 내에서 비공식적인 관계로 상호 충족되는 가운데 이루어질 수도 있다. 한 조직 내에서 비공식적인 관계는 존재한다.

일반적으로 비공식조직은 공식조직에 비해 개인적 욕구를 보다 많이 충족시켜 준다. 이들 비공식조직 중 몇몇 집단은 매우 응집력이 강해서 상당한 영향을 끼치는 경우도 있다. 비공식조직을 만든 경험이 있는 나이 많은 종업원은 새로 온 종업원이 그들 집단 내에 들어오는 것을 어렵게 할 수도 있다. 새로 들어온 종업원이 아주 만족스럽게 일하고 있고 회사에 충성을 다하고 있다 하더라도 그들은 소외감을 느끼게 되며, 따라서 그들은 직장에서 불안감을 갖게 되는 경우가 많다. 예민한 감독자는 비공식적인 조직을 알고 그 조직의 의미를 이해하게 된다. 비공식적인 집단 내에 존재하는 충성심을 조직의 공통 목적을 달성할 수 있도록 이 충성심을 모음으로써 생산성을 보다 높일 수 있다.

비공식적인 조직이 갖는 또 다른 중요한 면은 '커뮤니케이션'의 문제이다. 조직 내에 일어난 소문의 전파 속도와 방향은 비공식적 조직에 관해 상당한 정보를 알려 준다. 한 소문이 A부문에서 돌다가 갑자기 몇 시간 후에는 K부문에서 돌 수도 있지만, 분명한 '커뮤니케이션 라인'은 없다. 조사를 해본 결과 K부문의 한 종업원은 한때 A부문에서 일을 했으므로 A부문과 비공식적인 접촉을 하고 있었다. 이들 각 구성원은 '커피'를 마시러 식당에 가서 우연히 만나는 경우가 생긴다. 한 집단이 밀접한 관련을 맺고 있을수록 소문은 빨리 돈다. 소문의 통로는 비공식적인 관계를 보여준다. 현명한 관리자는 이 사실을 알고 비공식적인 조직을 잘 이용한다.

3. 인간관계와 비공식적 조직

제1차 세계대전을 전후해서 당시 산업화의 진행은 생산의 기계화라든가 기술의 발달, 기업의 대규모화에 따른 노동 능률의 향상 등을 가져왔으나, 한편으로는 노동자의 주체성이나 개성이 상실되므로 노동자는 심한 고독감에 빠지게 되고, 나아가서는 집단에서 소외현상을 낳는 등 집단에서 새로운 인간 문제가 등장하게 되었다. 이 문제를 제기한 것은 1924~1932년에 메이요와 뢰스리스버거가 중심인물이었다. 이들의 웨스턴 일렉트릭사의 시카고 교외에 있는 호손 공장에서 실시한 호손실험이 최초였다.

이 실험은 당초 물리적 작업 환경과 작업 능률과의 사이에 어떤 상관관계가 있는가를 발견하려는 데 그 목적이 있었다. 1924~1927년에 실시한 '호손' 공장의 조명 실험은 조명의 질, 양이 작업원의 작업 능률에 어떠한 영향을 미치는가를 조사할 목적이었다. 그러나 가능한 한 세밀하게 실험을 했는데도 불구하고 조명의 질, 양과 작업 능률 간에는 어떤 유의미한 관계를 발견하지 못했다. 여기에서 실험자들은 작업환경 조건을 다양하게 해서 작업 능률의 관계를 발견하려 했다. 그것은 1927~1923년간에 실시한 계전기 조립 실험이다. 조명뿐만 아니고 실내의 온도, 습도, 수면시간, 식사, 휴식기간, 임금의 지불방법 등의 작업조건을 감안했지만, 통계학자의 노력에도 불구하고 계전기 조립에 요하는 시간이나 조립된 제품의 품질 간에는 어떠한 유의미한 관계를 발견할 수 없었다.

이러한 결과에서 연구자들은 지금까지 생각했던 사고를 근본적으로 개혁하고 종업원의 작업 능률은 명백히 온도라든가 조명 등의 물리적 조건의 변화에서는 설명할 수 없다고 생각하고, 오히려 이와 같은 물리적 조건의 변화에 대한 종업원의 느낌, 환언한다면 종업원의 태도나 감정이 중요한 요소가 됨을 발견했다.

1928~1930년간에 행한 면접 실험이라 부르는 제3차 실험에서는 종업원들의 관심사를 직접 말하게 하고, 그들이 무엇을 생각하고 있는가를 알려고 계획한 실험이었다. 이 실험의 결과를 요약한다면, 첫째로 종업원의 행동을 감정과 분리해서는 이해할 수 없고, 둘째로, 종업원의 감정은 위장되었고, 셋째로, 감정의 표현은 인간 전체 상황에 비추어서 비로소 이해될 수 있다는 점을 발견했다.

그리고 제4차 실험은 1931~1932년간에 배전기 권선작업실험으로 집단 청부제인 작업에서 3종의 작업집단을 관찰했다. 이 방식은 집단장애 통제로 종업원은 작업량이 많으면 많을수록 임금이 증가되도록 되어 있으나, 종업원들은 집단의 총 생산고를 높이려는 데는 관심이 없고 그들 상호 간에 이루어진 규범에 따라 다음과 같이 만들었다.

① 작업에 지나치게 집중하지 말자.
② 그렇다고 동료에게 폐를 끼칠 정도로 게으름을 피우지 말자.

③ 동료의 잘못을 상사에게 고발하지 말자.

④ 동료 간에 뽐내지 말자.

이렇게 집단 감정 내에 우러난 '그룹 규범'이 그들의 행동을 규제하는 '인포멀 그룹(비공식 집단)'이 '포멀 그룹(공식 집단)' 속에 형성하게 되었다. 그러므로 종업원의 생산고는 종업원의 행동을 지배하는 비공식 집단의 집단적 감정에 의한 사회적 행동의 표현이고, 또 작업관계의 각 종업원의 생산고는 당해 작업 집단의 비공식조직에 있어서는 그들의 지위의 반영이었다. 이 제4차 실험인 ①기술적 조직, ② 인간조직으로 나누고, 인간조직을 다시 공식조직과 비공식조직으로 나누었다.

호손실험은 인간의 협동 문제가 단순한 기계 '모델'로만 처리될 문제가 아니고 감정적인 측면을 포함하기 때문에 인간을 사회적 동물로 생각하지 않으면 아니 됨을 나타내고 있으며, 인간관계론도 이 점을 응용한 인간 관리기법의 기초를 이루었다.

인간의 감정이나 비공식조직을 중심으로 한 인간관계 중시의 관리 방식은 테일러의 과학적 관리법에서는 찾아볼 수 없는 이점이긴 하지만 ① 공식조직에 대한 관심이 박약하고, ② 노사대립 간의 관계를 완화시키는 미봉책으로 이용되어 약하며, ③ 격변하는 경영 환경에 적응할 수 있는 관리 이노베이션을 고려하지 않은 정서인 전통적 인간관계를 중심으로 한 소프트 매니저먼트로서는 조직의 존속 발전에 위험이 따르게 되는 결점이 있음을 유념하여야 한다.

제1절 리더십(Leadership)의 개념과 의의

인간은 사회생활을 하는 가운데 그 사회를 이끌어갈 리더를 필요로 하며, 이런 필요성은 동서고금을 막론하고 거의 모든 종류의 조직에 있다. 특히 어떤 사회가 역경에 처해 있을 때 사회 구성원들은 역경에서 그들을 구해 줄 리더를 갈망한다.

한 한국계 러시아인이 전한 체제 붕괴 직후 경제적 어려움을 겪던 러시아에 유행했던 농담은 리더에 대한 사람들의 갈망을 대표한다. "우리네 러시아는 국토도 넓고, 자원도 풍부하며, 인구도 충분하고, 기술도 훌륭한데, 딱 한 가지가 없다. 그것은 러시아를 이끌어갈 리더이다. 정말 대통령을 수입해 와야 하나?" 2002년 한·일 월드컵에서 한국 축구대표팀이 4강에 오르도록 팀을 훈련시킨 히딩크 감독은 한국은 물론 세계적으로 유명인사가 된 바 있다. 2002년 월드컵에서 한국축구 대표팀은 4강에 오르는 데 기여한 히딩크 감독의 계약이 만료되자, 많은 사람들은 그에 걸맞은 유능한 감독을 목말라 했다. 이런 리더에 대한 갈망은 바로 좋은 리더십에 대한 갈망이다. 근래 세종대왕 리더십, 이순신 리더십, 유관순 리더십 등이 회자되고 있는 것도 이러한 시대 흐름의 반증이다. 과거의 전통적 리더십, 카리스마적 리더십이 변혁적 리더십으로 변화된 점도 유의할 필요가 있다.

최근 국내외적으로 그리고 대학 안팎에서 리더십에 대한 학습욕구가 증대되고 있다. 그 증거로, 요즈음 한국의 많은 대학에서 '글로벌 리더'란 이름의 프로그램이 유행하고 있고, 서점마다 한편에는 온갖 리더십 관련 서적이 꽉 차 있다. 민주사회에서 그리고 전문 지식이 무기가 되는 지식 기반 사회에서 리더십에 대한 갈망은 역설적인 듯하다. 리더가 발휘되는 리더십에 따라 한 사회나 조직의 생존과 발전이 크게 영향을 받기 때문에 역설이라고 할 수 없을 것이다.

첫째, 민주사회에서는 강제보다 동의, 강제적 동원보다 자발적 참여가 중요하기 때문에 강제하는 권력자와 다른 설득하고 감화를 시키는 사람을 요구한다.

둘째, 이 시대가 지식 기반 시대라 해도 일을 하는 사람의 조직이 공동으로 목표를 달성하도록 하는 데 리더십이 유용하다. 그러므로 전문지식은 기본이고 리더십은 플러스알파로서, 리더십은 각 분야의 전문가를 차별화하고, 리더십은 한 사회를 나머지 사회와 다르게 만든다. 이때문에 전문화된 이 시대에서도 우리는 리더십의 중요성을 무시할 수 없다.

셋째, 한국사회에서는 '신바람'이란 말이 있는 것처럼 유별나게 분위기를 타는 사회로, 사람들은 자기가 좋아할 때는 열기를 가지고 일해 무엇이든 놀랄만한 성과를 내나, 내키지 않는 지시로 강요받을 때는 움직이려 하지 않고, 심지어 "난 못하겠으니, 배 째라!"는 식으로 불복한다. 그러므로 한국사회에서는 다른 사회에서보다 강제보다 설득이 유효라기 때문에 변혁적 리더십이 중요하다.

그러면 리더십이란 무엇인가? 리더십에 대한 정의는 정치, 행정, 군사, 경영 등의 영역에 따라 뉘앙스를 달리하기 때문에 리더십에 대한 정의는 아마도 성공한 리더십 이론을 펴는 학자 수만큼 다양하겠지만, 다음과 같은 정의가 유용하다고 본다.

첫째, 리더십이란 한 개인(또는 리더십 팀)이 리더가 가지고 있거나 리더와 추종자가 공유하고 있는 목표를 달성하도록 해주는 설득 또는 본보기 과정이다.

둘째, 리더십은 지도자들이 지도자들과 추종자들 모두의 가치와 동기(욕구와 필요, 열망과 기대)를 반영한 일정한 목표들을 위해 추종자의 행동을 유도하는 것이다.

셋째, 리더십이란 상호의 목적을 반영하는 실질적 변화를 의도하는 리더와 추종자 사이의 영향력 관계이다.

이처럼 관계로 파악되는 리더십은 권력의 한 형태이기는 하지만 권력과 구별된다. 베버(Max Weber)가 권력을 사회적 관계 내에서 한 행위자가 저항을 무릅쓰고 자신의 의지를 관철할 수 있는 개연성이라고 보았던 것처럼, 권력은 권력 행사자가 자신의 특정한 목표를 성취하기 위한 동기로 권력 토대의 자원을 동원하고 활용하여 행사된다. 이와는 달리, 리더십은 리더와 추종자가 상호 수용한 목적을 현실화시키려 할 때 발휘된다. 로스트(Roast)는 리더십에서 다음 네 가지가 필수적이라고 한다.

첫째, 관계는 영향력에 기초해 있으며, 영향력 관계는 양 방향적이고 비강제적이다.

둘째, 리더와 추종자는 관계로 맺어진 사람들로, 추종자도 능동적이지만, 양자 관계가 동등하지는 않다.

셋째, 리더와 추종자는 확실히 일어날 중요한 변화를 의도한다. 리더와 추종자는 공동의 상호 목적을 개발한다.

넷째, 리더에 대한 엘리트적 접근의 위협을 피하면서 리더십의 과제를 이해한 후 리더십을 기르는 노력을 시작할 수 있다.

사실 리더십문제는 인류역사만큼 오랫동안 관심을 불러일으킨 주제지만, 과학적 연구는 20세기에 들어서서 본격화되어, 리더의 특성에 관한 연구, 리더의 행동연구 상황 부합적 연구의 순서로 계기적으로 발전해 왔다. 21세기 세계화 시대에는 리더십이 인간관계의 본질로 대두되었다.

제2절 리더십의 과제

1. 목표의 설정

다중 지능을 연구한 가드너(Gardner)는 리더십의 과제를 ① 목표의 설계, ② 가치관 확립, ③ 가치 재생산, ④ 동기부여, ⑤ 관리, ⑥ 통합의 확보, ⑦ 신뢰, ⑧ 설명, ⑨ 상징으로서의 복무, ⑩ 집단의 대표, ⑪ 쇄신 등으로 지적했다. 논자에 따라 다른 목록을 가감할 수 있을 것이다. 리더십은 목표의 설정, 위업과 경영, 동기부여, 신뢰의 확보, 상징적 존재와 대표로서의 역할을 리더십의 탐구 과제로 삼을 수 있다.

먼저 목표의 설정을 보기로 한다. 겨울이 오면 북에서 남으로, 봄이 오면 다시 남에서 북으로 이동하는 철새 떼를 본다. 철새 떼의 운명은 리더가 가고자 하는 목표를 제대로 잡아 어떻게 그들을 이끌어 가느냐에 달려 있음을 우리는 알고 있다. 동물의 세계에도 그럴진대, 하물며 인간사회는 더 말할 나위가 있겠는가. 잠베지강 탐사에 실패한 리빙스턴처럼 목표의 방향을 잘못 잡은 탐험대가 실패하듯이, 어떤 조직이든지 올바른 목표를 설정해서 그 목표를 향해 나아가지 아니하면 위험에 처할 수밖에 없다. 그러므로 나아갈 목표의 설정은 인간 개개인은 물론, 모든 조직에 가장 중요한 리더십의 과제 중 하나이다. "목표에 도달하려면 가장 먼저 목표가 있어야 한다."

여기서 목표는 어떤 사회가 향후 이룩할 미래상인 비전과 그 비전을 실천하기 위한 장기 목표로, 중기 목표, 단기 목표 등을 포함해 말하는 것이다. 리더는 성장 과정에서 기른 역사적 안목과 통찰력으로 집단이 나아갈 비전을 제시하고, 그 비전을 실현할 전략과 전술을 마련해야 한다. 리더가 제시하는 비전의 적실성(적절성) 여부는 리더의 능력문제이다. 조선조 정치체제를 설계한 정도전, 세계대전 후 새로운 국제 질서를 구상한 윌슨이나 루스벨트는 위대한 비전을 제시한 정치가로 우뚝 서 있다.

일반적으로 목표를 설정할 때에는 다음과 같은 사항을 고려할 필요가 있다.

첫째, 목표의 설정은 현재의 상황에 기초한다는 점이다. 집단이 처한 상황을 정의하고, 그 상황에 대처하는 방법을 계획하고, 진단 및 제안된 대책에 대하여 광범위한 지시를 동원하는 정치 리더십의 기본 임무에 따르는 것이다. 슛을 하는 운동선수는 자신의 위치로부터 거리를 재서 슛을 하며, 탐험대도 지도에 현재의 위치를 찍으며 앞으로 나아간다. 리더는 항상 집단의 현재의 위치-목표-목표 달성 방법의 삼각형을 그려야 할 것이다.

둘째, 목표는 리더와 추종자가 공유해야 한다. 절박한 현안의 해결을 도모하고 단기간인데 실현 가능성을 보이며, 그러므로 박정희 정부에서 목표의 공유가 쉬웠던 새마을 운동은 "잘살아 보세." 한 마디로 성공한 반면, 김대중 정부의 제2건국운동은 시작은 거창했으나 끝은 물거품처럼 되었다.

셋째, 민주주의 사회에서 목표는 의사결정 과정을 통해 수립되지만, 목표 설정은 때때로 리더의 결단을 요구하며, 리더는 때로는 위험을 무릅쓰고 결단을 내려야 한다. 아마도 과감한 결단의 대표적인 좋은 본보기는 '삼국지'에 나오는 적벽대전의 개전 결정 장면으로, 손권의 개전 결의는 전통시대 군주의 단호한 결단 사례로 인용되기도 했다.

끝으로 리더와 추종자 간에 의사 결정과정을 통해 수립된 목표라 하더라도 장기적 목표는 그 성과가 나올 때까지 시간과 희생을 요구하므로 리더와 추종자 간 이해관계를 달리하고, 그 간극은 리더의 지위를 위태롭게 할 수도 있다.

2. 동기 부여

1) 신뢰의 확보

일반적으로 리더가 과업을 위임한 후 집단을 경영하면서 할 중요한 일 중 하나는 추종자들이 목표 달성을 위해 움직이도록 동기를 부여하는 일이다.

리더는 조직의 추종자와의 관계 유지와 조직이 추구해야 할 일을 성취 사이에서 선택의 딜레마에 봉착하기 쉽다. 그러나 구성원으로부터 신뢰받는 리더는 조직을 통합시키고 안정화시키며, 추종자의 열정을 불러일으켜 과업 수행의 질을 향상시킨다. 이 때문에 리더십에서 신뢰는 리더의 가장 중요한 자산 중 하나이다.

그러면 우리는 언제 리더에게 신뢰를 보낼 수 있을까? 리더가 예측 가능한 일관적 행동을 하거나, 일을 수행하는 방식이 공정한 경우, 리더가 우리를 돕고 있다고 생각할 때이다. 또는 우리가 조직이 올바른 일을 하고 있다고 믿고, 일을 하는 과정과 의사결정방식이 옳다고 믿으며, 리더가 추종자를 믿고 추종자도 리더를 믿을 때이다.

신뢰는 신용, 믿음직함, 친근감에 비례하고 이기심에 반비례한다. 여기서 신용은 전문성으로, 다른 사람의 신뢰를 얻을 수 있을 정도로 하고 있는 일이나. 말에 대해 충분히 알고 있는 것이 바람직하지만, 아는 게 별로 없어도 어디서 필요한 정보를 찾을 수 있는지는 정확히 알고 있으면 될 정도의 전문성이다. 이런 전문성과 과거의 행적, 그동안 이룬 업적과 특히 이 모든 것이 조직 내에서 알려진 인지도가 어떤 사람을 조직 안에서 신용 있는 사람으로 만들어 준다는 것이다.

믿음직함이란 일관적이어서 남이 의존할 수 있는 특징으로, 상대방을 편안하게 만들 정도로 일관되고 남이 믿을 수 있게 행동하는가를 말한다. 위기가 닥치면 리더는 사람들을 위로하고 안정시키고 시운을 북돋아야 하기 때문에 리더에 대한 믿음은 위기의 순간에 절대적으로 필요하다.

친근감은 개인적 동기, 상황, 민감성에 대한 이해로 일을 하면서 리더가 구성원이 직면하는 이슈에 대해 감정적으로 친해지는 것을 말한다. 리더가 사생활을 나와 공유하거나 남에게 요구해야 한다는 의미가 아니라, 리더는 비즈니스 이슈로 매일 영향을 받는 사람들의 눈앞의 개인적 업무, 즉 보상, 승진 직원 고용과 해고와 같은 문제를 진지하게 고민해 주어야 한다는 것이다. 이를 공식으로 하면 다음과 같다.

신뢰도(trustworthiness) = **신용**(credibility) + **믿음직함**(reliability) + **친근함**(intimacy) + **이기심**(self-orientation)

[그림 2-4-1] 신뢰도 지수 공식

신뢰도를 측정하는 기준은 신뢰도의 측정 그 자체도 중요하지만, 리더십 훈련과정에서 리더로서 신뢰를 증진시킬 수 있는 방안을 시사한다. 그러므로 위의 요소를 염두에 두고, 신뢰를 증진시키는 노력을 기울여야 한다. 매일 매일의 만남은 한편으로는 잘못을 범할 경우엔 신뢰를 손상시키는 위기가 되겠지만, 반대로 올바르게 헌신하면 신뢰를 구축할 좋은 기회이다. 신뢰받는 비결은 단순한 말이라도 꾸밈이 아니라, 솔직하게 행동하고 상대를 배려하면서, 일한 결과를 보여주는 데 있다.

2) 집단의 상징적 존재와 대표로서의 역할

리더는 집단의 상징적 존재이자 대표이다. 리더는 상징적 존재로서 품위를 유지해야 하고, 외부로 자신의 집단을 대표해야 한다. 일제 강점기 단신으로도 한국의 독립을 위해 미국에서 투쟁한 이승만, 본토의 일부는 독일군에게 점령당하고 나머지는 독일 괴뢰정권이 들어섰음에도 불구하고 영미 연합국 사이에 위축되지 않고 자유 프랑스의 대표로 행세한 드골은 상징적 존재로서의 대표역할을 한 대표적인 사례이다.

제3절 리더의 자질

1. 건강

독일의 정치사회학자인 베버는 정치지도자의 자질을 열정, 책임감, 균형감각 있는 판단력 등으로 지적한 바 있다. 반면 미국인 가드너는 리더의 자질을 ① 육체적 활력과 정력, ② 기꺼이 책임을 지려는 자세, ③ 과업 수행의 능력, ④ 추종자·구성원 및 그들의 욕구에 대한 이해, ⑤ 사람 다루는 수완, ⑥ 성취하려는 욕구 ⑦ 동기를 부여할 수 있는 능력, ⑧ 용기·과단성·확고부동함, ⑨ 신뢰의 획득과 유지능력, ⑩ 경영하고 결정하며, 가치우선순위를 설정하는 능력, ⑪ 자신감, ⑫ 주도·지배·단호함, ⑬ 방법의 적용능력과 유연성 등의 13가지로 지적하고 있는데, 이는 상세한 반면 너무 세분된 듯하다. 사람에 따라 중요하다고 보는 자질이 다를 수 있다는 점을 인정하고, 여러 가운데 가장 대표적인 자질로 건강, 열정, 판단력, 책임감, 용인술과 정치력을 고찰하여야 한다. 먼저 건강을 보기로 한다.

흔히 재물을 잃으면 조금 잃는 것이고 명예를 잃으면 많이 잃는 것이며, 건강을 잃으면 다 잃는 것이라고 한다. 이처럼 건강은 누구에게나 소중한 것이지만, 리더의 안위는 집단 안팎에 영향을 미치기 때문에 그의 건강은 주요 관심거리가 되고, 고위 리더일수록 더 큰 관심을 불러일으킨다.

만일 조선 후기의 명군(名君) 정조(正祖)가 더 오래 집권을 했다면 조선이 더욱 달라졌을지도 모르고, 미국의 루스벨트 전 대통령이 더 건강했더라면 전후처리를 위한 회담에서 스탈린에게 덜 양보했을지도 모른다. 건강은 리더가 활발하게 일할 수 있도록 만들어주는 신체적·정신적 활동이기 때문에 리더가 되려는 사람이 모두 역도선수와 같은 체력을 갖출 필요는 없겠지만, 건강을 증진하고 최적의 상태를 유지할 필요가 있다.

2. 열정

역사상 위대한 리더들은 불꽃같은 열정은 가진 사람들이어서, 무엇인가를 성취하고자 하는 욕망의 용광로로 비유될 수도 있다. 우리가 생태적으로 그런 열정을 가지고 있으면 좋겠지만, 그렇지 아니한 경우 자기 예언적 목표로 몰입 할 수는 있을 것이다. 시저는 세계제국을 건설한 알렉산더대왕에 비추어 분발할 수 있었다. 우리가 왕이나 장군이 아니지만 우리는 리더로서 부여받은 과제에 의미를 부여하는 방법으로 열기를 살릴 수 있다.

언젠가 가까이서 보기에 과중한 업무를 수행하는 동료 교수에게 위로의 말을 했더니, "어떤 일을 맡는 것을 피할 수 없는 것이라면, 차라리 그 일을 하는 것을 즐기기로 했어요!"란 것이었다. 또 어느 교수는 한 특강에서 "우리 모두 어떤 일을 시작할 바엔 완수하도록 하고, 완수할 바엔 잘하도록 하고, 또 잘할 바엔 남다르게 하고, 남다르게 할 바엔 의미 있게 해보도록 하자"라는 제안을 했었는데, 그런 열정으로 살아온 그는 그 후 고위 공직을 맡아 일을 하게 되는 영광을 안았다. 이 두 사람의 신조는 모두가 한 번쯤 되뇌어 볼 만한 황금언(黃金言) 이라고 본다.

3. 판단력 : 사례

지도자인 리더의 판단은 넓게 그에 속한 집단과 환경에 대한 진단과 미래에 대한 전망을 포함한 안목과 비전을 실천시키기 위한 전략의 채택을 포함하는 것을 의미한다. 판단력이란 어려운 자료, 의문스러운 자료, 그리고 직관적 상상력을 결합하여 사태가 올바른가도 입증된 결론에 도달하는 능력이다. 행위상의 판단력은 효과적 문제 해결, 전략의 수립, 가치관의 우선순위, 그리고 합리적 판단뿐만 아니라 직관의 사용도 포함된다. 판단력의 중요성을 보여주는 유명한 사례는 부지기수지만, 한국전쟁 때 오성산 공격작전에 대해 한국계 미군 김영옥 소령이 내린 판단과 그 판단과 배치된 작전의 피해를 소개하기로 한다. 이를 보면 리더의 판단이 얼마나 중요한지를 알 수 있다.

「한국전쟁 3년째인 1952년 김영옥 소령은 미 7사단 31연대 1대대장으로서 그의 부대는 금화지역에 배치되어 있었다. 그때 31연대장인 모으세 대령이 중공군이 점령하고 있는 1,062m의 오성산 줄기 아래 있는 쌍둥이 고지 파이크스봉과 598고지 공격을 제안했다. 그러나 김영옥 소령은 무모한 공격이라고 판단해 반대했다. 그 판단의 근거는 다음과 같다.

'두 고지를 점령해도 중공군은 고지대에 있고 미군은 저지대에 있어 은폐가 어려워 위험에 노출되어 있어 희생만 부를 뿐이다. 오성산의 전략적 위치상 오성산 점령은 평양 점령의사와 같은 것이므로, 워싱턴의 허락 없이는 대공세가 불가능하다.

오성산은 요새화되어 지상군 2개 사단과 공군도 동원되어야 하는 것으로 연대급 이하의 작전은 불가능하다. 연대장이 미국 남북전쟁 때 북군인 소모전을 전개해 남군의 병력을 고갈시켜 승리하게 되었다고 주장하지만, 당시 남군은 병력이 부족했고 북군은 부족하지 않았으나, 여기서는 유엔군은 병력이 부족하고 중공군은 부족하지 않다. 또 미국 남북전쟁은 남군을 완전히 패배시키는 전쟁이었지만, 현재의 한국전쟁은 유리한 협상을 하기 위한 전쟁일 뿐이다.

그리하여 김영옥 소령은 연대장 모세스 대령의 쌍둥이 고지 공격작전을 반대하고, 미군복무규정의 본국으로 귀환할 자격을 갖고 있어 한국전선을 떠났다. 그 후 미 7사단과 한국군 2사단이 연합작전으로 전개한 '쇼다운 작전'의 저격능선전투에서 42일간의 전투가 벌어져 유엔군 8,000명, 중공군 12,000명의 사상자를 냈다. 그렇게 하고도 이 지역의 전선은 작전 전 그대로였다.'」

4. 책임감

어느 사회이든 어떤 문제가 발생했을 때 문제의 해결을 위해 누군가 어떤 결정을 내려야 하는 상황이 존재한다. 아무도 나서지 않을 때 리더는 문제의 해결을 위해 주도적으로 나서야 하며, 또 스스로가 주도권을 행사하고 결정을 내린 부담을 져야 한다. 리더는 일반 사회 구성원이 갖는 법적 책임을 넘어서는 정치적 책임을 진다. 베버는 정치지도자는 심정윤리가 아닌 책임윤리를 가져야 한다고 했지만, 책임윤리는 비단 정치지도자에게만 해당되는 것이 아니라 리더 모두에게 해당되는 의무이다.

리더는 스스로 책임을 져야 하지, 남에게 특히 추종자에 전가해서는 아니 된다. 미국의 트루먼 대통령은 재임 중 "모든 책임은 여기서 끝나지 않는다"라는 글을 책상 위에 써두었다고 하는데, 책임감 있는 리더의 면모를 잘 보여주는 일화가 아닐 수 없다.

5. 용인술과 정치력

리더는 집단이 지향하는 공동의 목표를 달성하기 위해 일할 사람을 다루고 다른 사람의 협력을 끌어내기 위해 용인술과 정치력이란 기술이 있어야 한다. 여기서 용인술은 집단 내 인재를 활용하는 기술을, 정치력은 외부 집단과의 협력을 끌어내는 기술을 의미한다.

리더는 함께 일하는 구성원의 자질을 알고 그들의 욕구를 제대로 이해하고 있어야, 집단 내 갈등을 줄이고 통합을 이룩할 수 있으며, 구성원에게 동기를 부여하여 업무를 효율적으로 수행할 수 있다.

임진왜란 때 이순신 제독은 조선의 원병요청에 따라, 자국의 안보를 위하여 그리고 자소사대의 규범에 따라 파병된 명나라 군사 중 수군과 연합작전을 전개한 바 있다. 이때 명나라 수군 도독은 진린이었는데, 그는 거만하고 탐욕스런 인물이었다. 그러나 이순신은 그의 성격을 파악한 후 자존심을 충족시켜주되 조선 수군의 전투능력을 보여주는 전략을 써서 그의 협력을 받아 조명 연합 작전을 수행하였다.

한국 여자 양궁선수들은 단순한 세계 1위의 금메달 기록이 아니라 활을 쏴 과녁의 정중앙을 맞추어 그곳에 부착되어 있는 텔레비전 중계용 카메라를 깬 신화를 기록한 적이 있다. 이는 한국 선수들이 그만큼 훈련을 잘 받았고 최상의 실력을 보유한 결과라 할 수 있는데, 대표 팀 감독들은 선수들의 생리 주기조차 파악할 정도였다고 한다.

오늘날 사회는 각종 네트워크로 상호 연결되어 있어 관련 기관의 협력 없이 일이 추진할 수가 없다. 이때문에 리더는 정치력 또한 소홀히 할 수 없다는 점을 추가하지 않을 수 없다.

제4절 리더십의 유형

리더십은 리더의 성격, 상황, 목표 등에 의해 다양하게 분류될 수 있다. 수많은 유형 가운데 고전적 유형 중 하나는 르윈의 분류로, 그는 리더십을 전제적 리더십, 민주적 리더십, 자유방임적 리더십으로 분류했다. 또 다른 하나의 유형은 번즈의 구분으로 거래적 리더십과 변혁적 리더십이 있다. 거래적 리더십은 지도자와 추종자의 관계가 거래적인 것으로 지도자가 추종자의 이기적 욕구를 자극하여 동기를 부여하는 유형이다. 반면, 변혁적 리더십은 추종자의 도덕성을 자극하여 동기를 부여하는 유형이다. 세계화 시대의 변혁적 리더십은 부드러운 섬김과 나눔의 리더십이다.

그러나 최근 활성화되고 유형화된 컬러 리더십은 흥미롭고 유용해 보인다. 컬러 리더십은 우리는 누구나 자신이 가진 리더십 요소 중 스타 리더십 요소를 키워 색깔 있는 리더가 되어야 한다는 문제의식에서 출발해, 자신의 리더십을 진단할 수 있도록 하고 있다. 7가지 유형은 서번트 리더십, 브랜드 리더십, 사이드 리더십, 파워 리더십, 슈퍼 리더십, 비전 리더십, 변혁적 리더십 등이다.

자신의 리더십 컬러를 진단하는 방법은 다음과 같다. 먼저 진단표의 진단 내용에 '적극 동의한다'-10, '동의한다'-8, '보통이다'-5, '미흡하다'-2, '아주 미흡하다'-0으로 표기한다. 세로로 숫자를 더하여, 가장 높게 나온 유형이 자신의 리더십 컬러가 된다. 저자의 말처럼, "사람은 누구에게나 강점이 있다. 자신의 강점을 빛나게 하는 리더가 되어야 한다."

제5절 리더십의 배양

일반적으로 리더십의 중요성을 이야기하면, 사람들은 흔히 그것은 자기와는 상관없는 일이라고 생각하기 쉽다. 나이든 사람은 대개 "내 나이 몇인데, 그것 무엇하려고 공부하나" 할 수 있다. 그러나 일본어를 배우기 위해 학원에 등록한 68세가 된 어느 할머니가 지금 그 연세에 공부할 수 있겠느냐는 질문을 받자, "내년부터 시작할까 했는데 그땐 너무 늦을까 봐 올해부터 시작하기로 했다오"라는 말의 메시지처럼, 우리는 종종 무엇을 하기 전에 너무 늦은 때란 없다고 듣는다. 젊은이들 또한 리더십 공부에 관해 잘못 생각하기 쉽다. "다른 공부하기도 벅찬데, 내가 당장 알 필요도 없는 리더십을 왜 공부해야 하나? 내가 리더도 아닌데, 리더나 알아야 할 리더십을 공부해야 하나? 등의 오해를 할 수 있다.

맥스웰(John C. Maxwell)은 중간 리더는 다음과 같은 리더십에 대한 오해에 직면한다고 지적하고 그 오해에 대해 반박을 했다. 그 오해는 다음과 같은 것이다.

① 지위에 대한 오해: "톱 리더가 아니면, 리더십을 발휘할 수 없다."
② 목적지 도달에 대한 오해: "톱(top) 리더가 되고 나면, 리더십을 배울 것이다."
③ 영향력에 대한 오해: "내가 톱 리더라면 사람들이 나를 따를 것이다."
④ 무경험에서 오는 오해: "톱 리더가 되면 조직을 통제할 수 있을 것이다."
⑤ 자유에 대한 오해: "톱 리더가 되면 제한 없이 마음대로 할 수 있을 것이다."
⑥ 잠재력에 대한 오해: "톱 리더가 아니면, 잠재력을 다 펼칠 수 없다."
⑦ 전부 아니면 전부라는 오해: "톱 리더가 될 수 없다면, 아예 리더가 되지 않겠다."

우리가 조금 깊이 생각하고 관찰해 보면 이것은 잘못된 것임이 쉽게 드러난다. 리더십 훈련은 사람이 태어나서 죽을 때까지 평생 지속되는 사회화와 마찬가지로, 늘 요구되는 과정이다. 사소해 보이지만 다음의 답법은 리더십의 배양을 위해 평소에 실천해볼 만한 방법이다.

① 독서를 통해 간접경험을 하라: 역사적으로 위대한 지도자들은 그들이 군사지도자였든 정치지도자였든, 경영자였든 간접적이었지만 독서를 통해 많은 경험을 했던 사람들이었고, 그들은 대체로 역사서를 좋아했다. 동서고금의 역사서나 역사적 인물의 전기는 훌륭한 리더십 교재이다. 남과 다른 창의성 계발을 위해 한 분야의 일가를 이룬 어떤 이는 남들이 잘 읽지 않는 오래된 고전을 읽으라고 권하고, 다른 어떤 이는 시를 읽어 보라고 권한다. 모든 경험을 직접 할 수 없는 것이 현실인 만큼 리더십의 배양에 관심이 있는 사람에게 독서는 강력한 훈련방법이다.

② 좋아하는 훌륭한 리더를 마음속의 거울로 삼아보라: 우리가 잘 알고 있듯이 「큰 바위 얼굴」은 훌륭한 인물을 고대하던 어린이가 성장해 자기가 바로 그 기대하던 인물이 된다는 내용의 소설이다. 역사상 가장 훌륭한 지도자는 자신이 숭배하는 사람에 버금가는 지도자가 되었다. 한때 한국의 정치 지도자 중 많은 사람이 유력한 정치인을 모델로 삼아 병치에 입문해 지도자로 성장해 갔다. 이런 사례는 비정치적 분야에도 해당된다.

③ 마음속의 리허설을 하라: 우리는 흔히 일상생활 속에 가까운 시간 안에 할 일에 대해서는 곧잘 마음의 준비를 한다. 일종의 마음속으로 예행연습을 하는 셈이다. 이것을 조금 확장하면 우리는 더 많은 마음속의 예행연습을 할 수 있다. 우리는 크든 작든 일상생활을 통해 다양한 리더와 직간접적으로 대면한다. 학과 대표, 학생회장, 동아리 대표, 동문회장, 입학식에서 만나는 총장, 시의 중요한 정책을 집행하는 시장, 대외정책에서 양자택일을 요구받는 대통령, 선수교체의 순간을 고민하는 감독, 새로운 업종진출을 결단 내려야 하는 경영자, 등산 코스를 선택해야 하는 등반대장 등등이 그들이다. 이들이 어떤 역할을 수행하는 상황에서, 다행히도 우리가 그 곁에 있게 된다면, "내가 그 자리에 있다면 나는 무엇을 어떻게 할까 하고 스스로에게 던지는 물음과 대답은 훌륭한 리더십 훈련이 된다.

④ 문서로 표현해 보라: 화가는 머릿속으로 구상하고도 스케치를 한다. 건축설계사는 머릿속으로 구상한 것을 그려서 구체화한다. 리더는 조직의 비전과 목표, 추진전략을 문서로 구체화할 필요가 있다. 훈련을 위해 머릿속으로만 생각하지 말고 종이에 써 보고, 그려 보고, 표도 만들어 계획서를 구체화하는 것은 목표 설정과 실천 전략과 전술을 구체화하는 것이다. 일하면서 유념할 사항은 계획과 실천전략은 살아 있는 현장에 토대를 둔 계획과 전략이어야 한다는 것이다. "나는 탁상 위의 전략을 믿지 않는다"라는 것은 전쟁터에서만 해당되는 것이 아니다.

⑤ 작은 일이더라도 능동적으로 실천해 보라: 리더십은 살아가면서 어떤 일을 수행하면서 익히는 것이다. 이론으로 배웠다 해도 수영은 물에 들어가야 익힐 수 있고 낙하산 타는 법은 공중을 뛰어내리면서 익힌다. 리더십 또한 마찬가지이다. 비록 현재의 위치가 낮은 하위 리더이거나 추종자의 위치에 있다 해도 수행하는 작은 일이라 하더라도 최선을 다함으로써, 차츰 리더로서의 자질이 연마되어 보다 높은 단계로 나아 갈 수 있다. 사다리는 맨 아래 계단부터 오르는 것이지, 단번에 맨 위 계단으로 오르지는 못한다.

⑥ 항상 겸손한 마음으로 최선을 다하여라: 세상은 넓고 할 일은 많다. 최근 청년 백수 120만명, 88만원 세대 등 우울한 소식이 많지만, 그래도 청년들은 젊음과 패기로 도전하여야 한다. 늘 현실에 최선을 다하며 매사 겸허한 자세로 대들어야 한다.

훌륭한 리더는 실패와 실수에 대하여 남의 탓이나 책임전가의 태도가 아니라 모든 잘못된 결과를 겸허한 자세로 책임을 수용하여야 한다.

〈표 2-4-1〉 리더십 진단표

문항		진단 내용	진단 수준
방향설정	1. 비전	그의 비전은 우리에게 희망을 주고 우리 스스로 열정을 갖도록 만든다.	0 2 5 8 10
	2. 창의성	독특한 발상을 중시 여기며 미래를 보는 안목이 탁월하다.	0 2 5 8 10
	3. 문제의식	어떤 상황에서도 항상 문제의식을 갖고 개선 가능성을 본다.	0 2 5 8 10
	4. 의견 수렴	구성원의 요구사항을 수시로 파악해서 공감대를 이루려고 노력한다.	0 2 5 8 10
결단력	5. 신속성	모호한 행동을 취하지 않으며 한번 결정하면 즉시 실행에 옮긴다.	0 2 5 8 10
	6. 책임감	상과를 높이는 데 책임감을 중요시 여긴다.	0 2 5 8 10
	7. 용기	갈등과 대립의 순간에도 용기 있는 결단을 내린다.	0 2 5 8 10
	8. 경쟁심	경쟁을 즐기며 경쟁할 수 있는 자체가 기회라고 생각한다.	0 2 5 8 10
	9. 치밀성	자신이 맡은 일은 빈틈없이 치밀하게 처리한다.	0 2 5 8 10
	10. 유연성	순발력과 융통성이 있다는 평가를 받고 있으며 급변한 상황에서도 여유 있게 대응한다.	0 2 5 8 10
추진력	11. 통솔력	원하는 방향으로 조직을 이끄는 능력이 있다.	0 2 5 8 10
	12. 신뢰	리더로서 신뢰가 있다는 평판을 가지고 있다.	0 2 5 8 10
	13. 열정	하는 일에 대부분 열정적으로 참여하고 추진한다.	0 2 5 8 10
	14. 전략적 사고	다양한 요소를 고려한 계획 수립 및 실행 능력이 탁월하다.	0 2 5 8 10
	15. 지속적 개선	꾸준한 성격이며 정신적·신체적 인내성이 강해서 계속 발전시키는 것을 중시한다.	0 2 5 8 10
	16. 성실	리더가 되는 데 필요한 성실성을 가지고 있다.	0 2 5 8 10
대인관계	17. 커뮤니케이션	대인 커뮤니케이션 능력(연설, 발표, 혹은 설득 등)이 우수하다.	0 2 5 8 10
	18. 유머	그의 유머는 리더십에 좋은 영향을 미친다.	0 2 5 8 10
	19. 정치성	외부 활동이 활발하여 내부에서 필요한 부분을 조직 외부에서 찾아내어 해결하는 데 적극적이다.	0 2 5 8 10
	20. 쇼맨십	보다 나은 결과를 위해서 의도적으로 상황을 연출하기도 한다.	0 2 5 8 10
	21. 교섭 능력	어려운 상황과 다루기 힘든 사람을 협상으로 처리하는 능력이 있다.	0 2 5 8 10
	22. 겸손	언행에 있어서 겸손한 사람이라는 평가를 받고 있다.	0 2 5 8 10
	23. 직선적	마음에 있는 생각은 솔직히 털어놓는 성격이다.	0 2 5 8 10
가치관	24. 도덕성	리더는 도덕적, 윤리적으로 깨끗해야만 한다고 믿고 실천하는 사람이다.	0 2 5 8 10
	25. 인간중심	상호 인격을 존중하며 다른 사람의 실수도 사랑으로 포용한다.	0 2 5 8 10

〈표 2-4-2〉 리더십 진단 내용 및 진단 수준

진단문항		빨간색 서번트	주황색 브랜드	노란색 사이드	초록색 파워	파란색 슈퍼	남색 비전	보라색 변혁적
방향설정	1. 비전(예시용)							
	1. 비전							
	2. 창의성							
	3. 문제의식							
	4. 의견수렴							
결단력	5. 신속성							
	6. 책임감							
	7. 용기							
	8. 경쟁심							
	9. 치밀성							
	10. 유연성							
추진력	11. 통솔력							
	12. 신뢰							
	13. 열정							
	14. 전력적 사고							
	15. 지속적 개선							
	16. 성실							
대인관계	17. 커뮤니케이션							
	18. 유머							
	19. 정치성							
	20. 쇼맨십							
	21. 교섭 능력							
	22. 겸손							
	23. 직선적							
가치관	24. 도덕성							
	25. 인간 중심							

〈표 2-4-3〉 리더십 컬러와 키워드(접근 방식)

리더십 컬러	키워드(접근 방식)	영어 한마디로 표현한다면?	컬러리더십이 돋보이는 경영 환경
서번트 리더십	사랑(Affiliative)	People com first.	복잡한 갈등이나 대립을 해소하고 싶다.
브랜드 리더십	창의(creative)	Think different, act different	차별화된 경쟁력을 만들고 싶다.
사이드 리더십	예방(Democratic)	What do you think?	의견 수렴을 통해서 공감대를 확립하고 싶다.
파워 리더십	성실(Pacesetting)	Do as I do, now.	팀으로부터 즉각적 결과를 만들고 싶다.
슈퍼 리더십	지식(Delegating)	Do it yourself.	권한 위임을 통해서 책임을 명확히 하고 싶다.
비전 리더십	비전(Authoritative)	Come with me.	새로운 비전이나 방향 설정이 요구되는 환경이다.
변혁적 리더십	용기(Coaching)	Try this.	업무 능력을 개선하여 장기적 경쟁력을 만들고 싶다.

제1절 우정(友情)의 이해와 탐구

일반적으로 생활 행태가 사회적 동물인 인간은 늘 타인과 영향을 주고받으며 함께 더불어 살아간다. 세상의 수많은 만남과 해후 중에서 친구는 아주 소중한 존재이다. 정말로 '친구 따라 강남 간다'라는 말이 있듯이 인생에서 좋은 친구만큼 소중한 것도 없다. 인생에서 수많은 사람을 접하게 되는데 만나는 대부분의 사람과 모두 친밀한 관계를 맺지는 못하는 게 일반적이다. 특히 세계화 시대인 현대에는 늘 바쁘게 살다보면 타인과의 상호작용이 맹목적, 몰인정하게 흐르기도 하는 게 사실이다. 그러나 소수의 사람들과 잦은 만남을 통해 친밀한 관계를 맺게 되고, 서로를 잘 알게 되어 친구가 된다. 이러한 친구와 나누는 정다운 애정을 우정이라고 한다.

한편, 사랑은 인간관계에서 경험할 수 있는 가장 행복하고 오묘한 감정이다. 한 개인의 삶에 있어서 사랑은 기쁨과 슬픔, 환희와 고통, 행복과 불행을 좌우하는 가장 중요한 요인 중 하나이다. 그러나 이렇게 우리 삶의 중요한 요소인 우정과 사랑에 대해 우리가 아는 것은 너무 미미(微微)하다.

1. 친구(親舊)와 우정(友情)

서로를 이해하고 어려운 시기에 위로하고 격려하며 때로는 하기 어렵고 싫어하는 충고를 해 주는 진정한 의미의 친구를 가진다는 것은 인생에서 무엇과도 비교할 수 없는 큰 자산이다. 사실 친구와 우정을 한마디로 정의하는 일은 쉽지 않다. 친구의 사전적 정의는 '오래 두고 정답게 사귀어 온 벗'이다. 간장과 된장 등이 오래 숙성될수록 간이 맞고 맛이 좋듯이 친구도 오랜 기간 동고동락(同苦同樂)하며 나눈 친구가 서로 우정이 깊은 것이다. 친구의 우리 말인 '벗'은 '마음이 서로 통하여 친하게 사귄 사람'이나 '뜻을 같이하는 사람'이라고 정의된다. 이러한 친구와 나누는 정다운 애정을 우정이라고 한다. 이러한 우정은 연인에게 느끼는 낭만적 사랑이나 가족에게 느끼는 가족애와는 구분된다.

친구와 우정의 의미를 좀 더 자세히 이해하기 위해서는, 우리와 같은 동시대를 살아가는 사람들이 친구라는 용어를 적용하는 인간관계를 분석해 볼 필요가 있다. 데비스와 토드(Davis & Todd)는 250여 명의 대학생과 일반인을 대상으로 우정과 사랑의 가장 대표적 특징을 조사하였다. 그 결과, 우정의 특징으로는 '함께 있으면 즐겁다', '있는 그대로 받아들인다', '서로 깊게 신뢰한다', '서로 존중한다', '서로 도와주고 믿을 수 있다', '서로 비밀이 없다', '서로 이해할 수 있다', '있는 그대로 내보일 수 있다' 등이 나타났다. 이러한 연구결과에 의하면, 친구는 수용, 신뢰, 존중의 바탕 위에서 인생의 즐거움을 공유하고 도움을 교환하는 동반자라고 정의할 수 있다.

그렇다면 친구는 다른 유형의 동반자와 어떤 차이가 있는가? 우정과 사랑은 어떻게 다른가? 즉, 친구에 대한 우정과 이성에 대한 낭만적 사랑은 어떤 차이가 있는가? 이성 친구와의 우정은 가능한

가? 친구의 고유한 특성을 살펴보기 위해서 이러한 물음이 제기될 수 있다. 우정과 사랑은 관련된 사람의 특성보다는 관계의 질에 의해서 구분된다는 것이 일반적인 견해이다. 두 사람이 같은 성이냐 다른 성이냐의 문제보다는 두 사람의 관계가 어떤 특징을 지니느냐에 의해 우정과 사랑은 구분된다는 것이다. 즉 상대방에 대해서 어떤 체험을 하며 어떤 태도를 지니고 있느냐가 중요하다는 것이다.

우정과 사랑의 차이에 대해서 연구한 데이비스와 토드(Davis & Todd)에 의하면, 우정과 사랑은 매우 유사하며 많은 공통점을 지닌다. 동시에 발견되는 특징으로는 친한 우정관계에서는 함께 있으면 즐겁고 편안했으며, 서로를 있는 그대로 받아들이고, 서로를 신뢰하고 존중하고 있었다. 또한 상호 간의 비밀 없이 감정이나 경험을 솔직하게 털어놓았으며, 상대편이 왜 그런 행동을 했는지? 왜 그런 감정을 느끼는지를 이해하고 있었다. 이들은 자신을 감추지 않고 자유스럽게 드러냈으며, 어려울 때 함께 도와주고 있었다. 이러한 특징들은 애정관계에 있는 사람들에게서도 유사하게 나타났다.

그러나 애정은 두 가지 측면에서 우정과는 다른 특징을 보였다. 그 하나는 열정적인 측면이다. 맹목적 몰입의 우려도 있다. 즉, 애정관계에서는 무슨 일을 하든 항상 그 사람과 함께 있고 싶고 그 사람 생각으로 사로잡혀 있었다. 그리고 두 사람의 관계는 이전에 경험해 보지 못한 특별한 관계였으며 다른 어떤 사람과의 관계보다 우선권이 주어졌다. 또한 서로를 이상화해서 매력을 느끼고 있었으며, 성적인 접촉을 갈망했다. 다른 하나는 보호적인 측면이다. 즉, 애정관계에서는 상대방을 위하는 일이라면 무엇이든지 하려고 하며 상대방이 어려움에 처해 있을 때에는 보호하려 하고 자기희생도 무릅썼다. 또한 아끼는 마음에서 상대편의 이익을 위해서 적극적으로 지지하고 옹호하는 한편이 되었으며, 애인들 간에는 친구들보다 더 함께 있기를 원했다. 그러나 애정관계보다 우정관계가 더욱 변화 가능성이 적었다. 즉, 이들의 연구에 의하면, 우정과 사랑은 수용, 신뢰, 존중의 측면에서는 거의 차이가 없었으며 숨기지 않음, 이해, 자발성, 상호 협력의 측면에서도 다소 차이가 있지만 거의 유사했다. 그러나 낭만적 사랑을 경험하는 부부나 애인은 친구에 비해서 상대방을 훨씬 더 매혹적이라고 느낄 뿐만 아니라 '이 세상에 오직 하나뿐인 존재'라고 느끼는 정도가 더 강했다.

사랑과 우정에 대해서 규범적인 정의는 없다. 이에 대한 정의는 개인마다 매우 다를 수 있어서 단정적으로 "이것이 우정이다", "이것이 사랑이다"라고 말하기 매우 어렵다. 그러나 여러 학자들이 연구하고 주장해 온 의미들을 되새겨봄으로써 진정한 우정과 사랑이란 어떤 것인가를 생각해볼 필요가 있다.

인생에서 좋은 친구만큼 소중한 것도 없다. 우리는 인생의 여정에서 수많은 사람을 만난다. 만나는 대부분의 사람과는 친밀한 관계를 맺지 못하고 그저 스쳐 보내는 것이 일반적이다. 그러나 소수의 사람들과는 잦은 만남을 통해 친밀한 관계를 맺게 된다. 이들은 서로를 잘 알고 서로 마음과 뜻이 통하며 정다움을 느끼는 친구가 된다. 이러한 친구는 우리의 마음속에 의미 있는 존재로 자리 잡게 되며 우리의 삶에 소중한 존재가 된다.

한 평생을 살아가면서 의미 있는 관계를 맺는 사람들은 과히 많지 않다. 사람마다 차이가 있지만, 어떤 연구에 의하면 평생토록 100명 이내의 사람들과 친밀한 인간관계를 맺는다고 한다. 인생의 동반자에 대한 4가지 유형론에 따르면, 가족적 동반자와 낭만적 동반자는 그 수가 극히 제한되어 있다. 직업적 동반자 역시 직업이나 업무와 관련된 소수의 동료들을 의미한다. 한 평생을 살면서 인간관계의 대부분을 차지하는 것은 사교적 동반자인 친구들이다. 인간은 만 2세경부터 같은 또래에 대한 관심을 보인다. 즉, 친구를 찾는다. 이처럼 친구를 찾고 우정을 느끼려는 친애 동기는 인간의 기본적인 대인동기의 하나이다.

2. 친구의 정의

일반적으로 친구의 사전적 정의는 '오래 두고 정답게 사귀어 온 벗'이다. 친구의 우리말인 '벗'은 '마음이 서로 통하여 친하게 사귄 사람'이나 '뜻을 같이하는 사람'이라고 정의된다. 이러한 친구와 나누는 정다운 애정을 우정이라고 한다. 이러한 우정은 연인에게 느끼는 낭만적 사랑이나 가족에게 느끼는 가족애와는 구분된다.

친구와 우정의 의미를 좀 더 자세히 이해하기 위해서는, 우리와 같은 시대를 살아가는 사람들이 친구라는 용어를 적용하는 인간관계를 분석해 볼 필요가 있다. 데비스와 토드(Davis & Todd)는 250여 명의 대학생과 일반인을 대상으로 우정과 사랑의 가장 대표적 특징을 조사하였다. 그 결과, 우정의 특징으로는 '함께 있으면 즐겁다', '있는 그대로 받아들인다', '서로 깊게 신뢰한다', '서로 존중한다'. '서로 도와주고 믿을 수 있다', '서로 비밀이 없다', '서로 이해할 수 있다', '있는 그대로 내보일 수 있다' 등이 나타났다. 이러한 연구결과에 의하면, 친구는 수용, 신뢰, 존중의 바탕 위에서 인생의 즐거움을 공유하고 도움을 교환하는 동반자라고 정의할 수 있다.

그렇다면 친구는 다른 유형의 동반자와 어떤 차이가 있는가? 우정과 사랑은 어떻게 다른가? 즉, 친구에 대한 우정과 이성에 대한 낭만적 사랑은 어떤 차이가 있는가? 이성 친구와의 우정은 가능한가? 친구의 고유한 특성을 살펴보기 위해서 이러한 물음이 제기될 수 있다. 우정과 사랑은 관련된 사람의 특성보다는 관계의 질에 의해서 구분된다는 것이 일반적인 견해이다. 두 사람이 같은 성(sex)이냐 다른 성이냐의 문제보다는 두 사람의 관계가 어떤 특징을 지니느냐에 의해 우정과 사랑은 구분된다는 것이다. 즉, 상대방에 대해서 어떤 체험을 하며 어떤 태도를 지니고 있느냐가 중요한 것이다.

우정과 사랑의 차이에 대해서 연구한 데비스와 토드(Davis & Todd)에 의하면, 우정과 사랑은 매우 유사하며 많은 공통점을 지닌다. 그러나 낭만적 사랑에는 '열정'과 '보호'라는 요소가 추가되어 있다고 한다. 즉, 열정은 '매혹적이다', '이런 감정은 그대가 처음이다', '성적 욕망을 느낀다'라는 경험을 의미하여 보호는 '그대를 위해 무엇이든 할 수 있다', '우리는 무조건 한편이다'라는 태도를 의미한다. 이들의 연구에 의하면, 우정과 사랑은 수용, 신뢰, 존중의 측면에서는 거의 차이가 없었으며 숨기지 않음, 이해, 자발성, 상호협력의 측면에서도 다소 차이가 있지만 거의 유사했다. 그러나 낭만적 사랑을 경험하는 부부나 애인은 친구에 비해서 상대방을 훨씬 더 매혹적이라고 느낄 뿐만 아니라 '이 세상에 오직 하나뿐인 존재'라고 느끼는 정도가 더 강했다.

친구에 대해서 정해진 규범적인 정의는 없다. 친구에 대한 정의는 개인마다 매우 다를 수 있다. 즉, 친구는 어떤 사람들이며 친구는 어떠해야 한다는 생각은 개인의 주관적 신념에 속하는 것이다. 이러한 신념은 친구관계에 많은 영향을 미치게 된다. 다만, 이 시대를 사는 많은 사람들이 친구라는 용어에 대해서 어떤 의미를 부여하고 있는지에 고찰해 보는 것은 매우 의미 있는 일이다.

3. 친구의 특성

친구는 인생의 다른 동반자인 가족, 연인, 직장동료와는 구분된다. 친구관계가 지니는 몇 가지 일반적인 특성을 살펴보기로 한다. 첫째, 친구관계는 대등한 위치의 인간관계이다. 친구관계는 흔히 나이나 출신지역, 출신학교나 학력 그리고 사회적 신분 등에 있어서 비슷한 사람과 맺는 친밀한 관계이다. 드물게는 이러한 속성에 현저한 차이가 있는 사람 간에도 친구관계가 형성될 수 있지만, 친구관계는 수직적 관계보다는 수평적 관계의 속성을 지닌다. 이러한 점이 친구관계가 상사와 부하의 관계, 스승과 제자의 관계, 부모와 자녀의 관계와 구분되는 점이다. 인간관계에서 가장 민주적인 관계를 경험하는 것이 친구관계이다.

둘째, 친구관계는 가장 순수한 인간지향적인 대인관계이다. 즉, 친구관계는 함께 추구해야 할 목표나 과업을 지니고 있는 업무 지향적 관계와는 구분된다. 실리적 목적보다는 상대방의 개인적 속성이 친구관계를 형성하는 주요한 요인이 된다. 아울러 이해관계보다는 상대방에 대한 호감과 우정이 친구관계를 유지하는 주요한 요인이 된다. 친구관계는 친구가 인간적으로 좋고 만남이 즐겁고 유쾌하기 때문에 유지되는 것이다. 친구관계에서 얻게 되는 현실적인 이득은 2차적인 부수적 효과일 뿐이다. 이런 점에서 친구관계는 인간중심적 인간관계, 달리 말하면 우정 또는 친밀감 중심의 인간관계이다.

셋째, 친구관계는 인간관계 중 가장 자유롭고 편안한 관계이다. 친구관계는 대등한 위치에서 맺는 인간관계이기 때문에 위계적 관계에서 지켜야 되는 심리적 부담과 제약이 적다. 윗사람에 대한 순종과 복종의 의무도 없으며 아랫사람에 대한 부양과 인도의 책임도 따르지 않는다. 뿐만 아니라 가족관계나 직장에서의 인간관계처럼 강렬한 심리적 애정을 투여하지 않으며 책임감을 덜 느끼는 관계이다. 따라서 관계를 맺고 푸는 것은 전적으로 개인의 자유이다. 자신의 가장 자유스럽고 솔직하게 표현할 수 있는 인간관계가 친구관계이다. 따라서 친구사이에서는 자기 공개가 가장 심도 있고 광범위하게 이루어질 수 있다. 가족이나 직장동료에게 할 수 없는 이야기를 가장 허심탄회하게 할 수 있는 것이 친구사이이다.

넷째, 친구의 여러 가지 측면에서 유사점을 지닌 사람들이기 때문에 서로 공유할 삶의 영역이 넓다. 친구관계는 나이, 학력, 지식수준, 사회적 신분 등에 있어서 유사한 사람들과 맺어지는 경향이 있으며 따라서 삶의 체험이 유사하기 때문에 서로를 이해하고 공감할 수 있는 공유영역이 가장 넓은 관계이기도 하다. 화제, 취미, 오락, 가치관 등에서 유사하기 때문에 서로의 만남이 즐겁고 편안하게 된다.

마지막으로, 친구관계는 구속력이 적어 해체되기 쉽다. 친구관계의 가입과 탈퇴가 다른 인간관계에 비해 자유롭다. 가족관계나 직장에서의 인간관계처럼 관계를 유지해야 하는 의무나 구속력이 적다. 친구관계는 유지해야 할 외부적 강제요인이 적기 때문에 관계의 해체가 어떤 인간관계보다 용이하다. 따라서 친구관계는 그 관계를 유지하기 위해 자발적으로 적극적인 노력을 기울이지 않으면 약화되고 해체되기 쉬운 인간관계이기도 하다.

4. 친구의 기능

좋은 친구는 삶의 소중한 요소로 여겨지고 있다. 과연 친구는 왜 소중한가? 우리의 삶(인생)에 있어서 친구는 어떤 기능과 역할을 하는가? 과연 좋은 친구란 어떤 친구인가?

첫째, 친구는 중요한 정서적 공감자이자 지지자가 된다. 친구는 만나서 편안하고 서로 힘을 줄 수 있어야 한다. 서로를 이해하고 공감하여 인정하는 정서적 지지는 친구관계를 유지하고 심화시키는 주요한 요인이 된다. 힘들 때 힘이 되어주는 친구가 좋은 친구라는 말이 있다. 자신의 고통, 갈등, 고민 등을 공개할 수 있고 친구로부터 이해받고 위로받을 때 우리는 위안과 힘을 얻게 된다. 따라서 서로에 대한 공개수준이 넓고 깊어지게 된다. 서로의 사생활을 잘 알고 이해하는 친구 간에는 우정이 깊어지게 된다. 관중과 포숙의 우정을 높이 평가하는 것은 이들이 서로에 대한 신의로운 지지자였기 때문이다. 미국의 작가인 마크 트웨인(Mark Twain)은 '친구의 본래 임무는, 당신이 잘못했을 때 당신을 편들어 주는 사람이다. 당신이 옳은 일을 했을 때는 누구나 당신을 편들어 줄 것이다'라고 친구의 역할을 재치 있게 표현한 바 있다. 내가 약해지고 비난받을 때 나를 이해하고 지지해주며 위로해 줄 사람이 있다는 것은 인생의 큰 힘이 된다.

둘째, 친구는 자기 자신과 자신의 삶을 평가하는 주요한 비교준거가 된다. 우리는 타인과의 비교를 통해 자신을 평가한다. 자신과 여러 가지 조건에서 차이가 있는 사람보다는 비슷한 사람과의 비교자료가 자산을 평가하는 신뢰로운 자료가 될 수 있다. 따라서 어떤 인간관계 대상보다도 친구는 자신을 평가하는 데 필요한 풍부한 정보와 자료를 제공하는 유익한 대상이기도 하다.

셋째, 친구는 즐거운 체험을 공유하는 사람이다. 친구는 만나서 즐거워야 한다. 서로 만나 재미있게 놀 수 있어야 한다. 공통의 화제, 관심사, 취미가 같은 사람들끼리 서로 나누는 재미와 즐거움은 친구관계를 유지하는 주요한 원천이 된다. 여기서 즐거움이란 반드시 향락적 쾌락만을 의미하는 것은 아니다. 가치관, 인생관, 종교관 등이 같은 사람들은 대화를 통해서 서로의 생각에 대한 공감과 지지를 받기 때문에 자신의 사고방식과 신념에 대한 확인을 받게 되면서 만남이 즐거울 수 있다.

넷째, 친구는 안정된 소속감을 제공한다. 친구는 많은 경우 집단을 이루게 된다. 인간은 누구나 소속감을 느끼고자 하는 욕구를 지닌다. 친구집단에 소속됨으로써 그 집단을 자신의 준거집단으로 삼게 되고 앞에서 언급한 여러 가지 긍정적 경험과 도움을 안정되게 공급받을 수 있게 된다. 이러한 친구집단에의 소속감은 자기가치감과 안정감을 느끼는 주요한 원천이 될 수 있다.

마지막으로, 친구는 삶에 현실적인 도움을 준다. 현실적인 곤경이나 도움이 필요한 상황에서 그러한 도움을 요청할 수 있는 주된 대상이 친구이다. 현실적으로 도움이 되는 친구관계는 잘 유지될 수 있다. 현실적인 도움은 재정적 또는 물질적 도움뿐만 아니라 지식과 정보의 제공 및 교환들을 포함한다. 인간관계는 주고받는 관계이며 친구관계도 마찬가지이다. 현실적인 도움이 일방적으로 주어지는 친구관계는 유지되기 어렵다. 현실적인 도움의 내용과 형태는 다르더라도 서로 균형 있게 도움을 주고받을 때 친구관계는 더욱 공고해질 수 있다.

이러한 기능과 역할이 원활히 수행되면 친구관계는 잘 유지되고 심화된다. 그러나 그렇지 못할 때 친구관계는 약화되거나 해체된다. 이러한 기능을 제공할 수 있는 새로운 사람과 친구관계를 모색하게 된다. 따라서 친구관계를 유지하고 심화시키기 위해서는 이러한 기능과 역할을 고려하여 노력하는 것이 중요하다.

좋은 친구는 삶의 소중한 요소로 여겨지고 있다. 과연 친구는 왜 소중한가? 우리의 삶에 있어서 친구는 어떤 기능과 역할을 하는가? 과연 좋은 친구란 어떤 친구인가?

일반적으로 인간관계에서 친구는 다음과 같은 기능과 역할을 한다.

1) 중요한 정서적 공감자이자 지지자

친구는 만나서 편안하고 서로 힘을 줄 수 있어야 한다. 서로를 이해하고 공감하며 인정하는 정서적 지지는 친구관계를 유지하고 심화시키는 주요한 요인이 된다. 힘들 때 힘이 되어주는 친구가 좋은 친구라는 말이 있다. 자신의 고통, 갈등, 고민 등을 공개할 수 있고 친구로부터 이해받고 위로받을 때 우리는 위안과 힘을 얻게 된다. 따라서 친구 간에는 우정이 깊어지게 된다. 관중과 포숙의 우정을 높이 평가하는 것은 이들이 서로에 대한 신의로운 지지자였기 때문이다. 미국의 작가인 마크 트웨인(Mark Twain)은 "친구의 본래 임무는 당신이 잘못했을 때 당신을 편들어 주는 사람이다. 당신이 옳은 일을 했을 때는 누구나 당신을 편들어 줄 것이다"라고 친구의 역할을 재치 있게 표현한 바 있다. 내가 약해지고 비난받을 때 나를 이해하고 지지해 주면 위로해 줄 사람이 있다는 것은 인생의 큰 힘이 된다.

2) 자기 자신과 자신의 삶을 평가하는 주요한 비교 준거

우리는 타인과의 비교를 통해 자신을 평가한다. 자신과 여러 가지 조건에서 차이가 있는 사람보다는 비슷한 사람과의 비교자료가 자신을 평가하는 신뢰로운 자료가 될 수 있다. 따라서 어떤 인간관계 대상보다도 친구는 자신을 평가하는 데 필요한 풍부한 정보와 자료를 제공하는 유익한 대상이기도 하다.

3) 즐거운 체험을 공유하는 사람(만나서 즐겁고 든든한 친구)

서로 만나 재미있게 놀 수 있어야 한다. 공통의 화제, 관심사, 취미가 같은 사람들끼리 서로 나누는 재미와 즐거움은 친구관계를 유지하는 주요한 원천이 된다. 여기서 즐거움이란 반드시 향락적 쾌락만을 의미하는 것은 아니다. 가치관, 인생관, 종교관 등이 같은 사람들은 대화를 통해서 서로의 생각에 대한 공감과 지지를 받기 때문에 자신의 사고방식과 신념에 대한 확인을 받게 되면서 만남이 즐거울 수 있다.

지금까지의 여러 분야에서 수행되어 온 연구들은 우정이 우리 행복에 큰 영향을 준다는 것을 시사하고 있다. 구체적으로 돈독한 우정이 우리의 주관적 안녕을 왜 높여주는가? 이 의문에 대한 대답은 아지리(Argyle)와 펀햄(Furnham)의 연구에서 살펴볼 수 있는데 그들은 세 가지 중요한 인간관계, 즉 친구, 배우자, 그리고 작업동료와의 관계에서 우리가 일반적으로 가장 많이 하는 활동이 무엇인지를 조사하였다. 그 결과 누구보다도 친구와 함께 즐거운 활동을 가장 많이 하는 것으로 나타났다. 즉,

그들은 같이 춤추고, 마시고, 먹고, 잡담하고 게임을 한다. 그 결과 친구가 우리의 행복을 높여 주는 이유로 즐거움을 주는 활동을 같이 활동에 비해서 일상적인 것, 즉 즐거움이 그리 많지 않은 것이 대부분이다. 그런 점에서 배우자보다 친구와의 활동에서 더 많은 기쁨을 얻는다고 가정할 수 있다.

4) 안정된 소속감의 제공

친구는 많은 경우 집단을 이루게 된다. 인간은 누구나 소속감을 느끼고자 하는 욕구를 지닌다. 친구 집단에 소속됨으로써 그 집단을 자신의 준거집단으로 삼게 되고, 여러 가지 긍정적 경험과 도움을 안정되게 공급받을 수 있다. 이러한 친구집단의 소속감은 자기 가치감과 안정감을 느끼는 주요한 원천이 될 수 있다.

5) 삶에 현실적인 도움의 제공

현실적인 곤경이나 도움이 필요한 상황에서 그러한 도움을 요청할 수 있는 주된 대상이 친구이다. 현실적으로 도움이 되는 친구관계는 유지되기 어렵다. 현실적인 도움의 내용과 형태는 다르더라도 서로 균형 있게 도움을 주고받을 때 친구관계는 더욱 공고해질 수 있다.

이러한 기능과 역할이 원활히 수행되면 친구관계는 잘 유지되고 심화된다. 그러나 그렇지 못할 때 친구관계는 약화되거나 해체된다. 이러한 기능을 제공할 수 있는 새로운 사람과 친구관계를 모색하게 된다. 따라서 친구관계를 유지하고 심화시키기 위해서는 이러한 기능과 역할을 고려하여 노력하는 것이 중요하다.

<표 2-5-1> 나의 우정지수

점수로 보는 나의 우정	늘 그렇다	가끔 그렇다	거의 그렇지 않다
1. 공통의 취미 또는 생각을 가지고 무엇인가를 하면서 지낸다.			
2. 좋은 것, 맛있는 것이 있으면 꼭 서로 나누어 쓰거나 먹는다.			
3. 서로의 생각, 느낌이나 의견을 솔직히 이야기한다.			
4. 지금의 우정이 계속 유지될 것을 굳게 믿는다.			
5. 잘못한 일이 있으면 솔직히 말하고 용서를 구한다.			
6. 어떤 경우에도 친구를 무시하지 않는다.			
7. 친구의 이야기를 잘 들어준다.			
8. 친구의 이야기를 듣고 그에 대한 답변, 충고를 성심껏 해 준다.			
9. 친구의 좋은 점, 본받을 점을 이야기해 준다.			
10. 친구와의 비밀 또는 약속을 잘 지킨다.			

(늘 그렇다: 5점, 가끔 그렇다: 3점, 거의 그렇지 않다: 1점)

[채점 및 평가]
*45점 이상: 우정을 지키려는 태도가 매우 좋고 대화와 타협으로 친구와의 갈등을 해결하려는 타입
*35~44점: 마음으로 우정을 지키고 싶지만 행동이 따라주지 않는다. 가끔 싸우기도 하지만 곧 친구의 마음을 풀어주려고 노력하는 타입
*34점 이하: 친구와의 우정을 지키기보다는 자신의 이익을 생각하고, 친구를 이해하려 하지 않고 자신의 의견과 생각만을 주장하는 타입

<표 2-5-2> 좋은 친구로서의 '나' 점검해 보기

자기 노출 지표					
나는 친한 친구에게	전혀 그렇지 않다	그렇지 않은 편이다	보통 이다	그런 편이다	매우 그렇다
1. 나는 나만의 특이한 습관을 말한다.	1	2	3	4	5
2. 내가 한 일들 중에서 죄책감을 느끼는 일들을 말한다.	1	2	3	4	5
3. 여러 사람 앞에서 하고 싶지 않은 일들을 말한다.	1	2	3	4	5
4. 나의 가장 깊은 감정들을 표현한다.	1	2	3	4	5
5. 나 자신에 대해 내가 좋아하는 것과 싫어하는 것을 말한다.	1	2	3	4	5
6. 인생에서 나한테 가장 중요한 것을 말한다.	1	2	3	4	5
7. 나 자신에 대해서 말한다.	1	2	3	4	5
8. 나의 가장 큰 걱정거리를 말한다.	1	2	3	4	5
9. 내가 한 일들 중에서 자랑스러운 일들을 말한다.	1	2	3	4	5
10. 다른 사람들과의 가까운 관계에 대해서 말한다.	1	2	3	4	5

[채점 및 평가]
*31점 이상: 가장 친한 친구와 나는 비밀이 없는 사이, 서로 어려운 점을 나눌 수 있는 좋은 친구
*11~30점: 조금만 솔직해진다면 좋은 친구
*10점 이하: 나를 다른 사람에게 개방하자. 내가 나를 꺼내어 놓지 않으면 나를 이해하고 나에게 다가오는 사람은 없다.

출처: Miller, L. C. Berg, J. H. & Archer, R. L.(1933). Openers: individual who elicit intimate self-disclosure, Journal of personality and social psychology, 44(6), 1234-1244

6) 친구관계의 유형

우리는 여러 사람과 다양한 친구관계를 맺는다. 친구관계는 그 관계의 강도, 내용, 형성요인 등에 따라 다양하게 분류될 수 있다. 친구관계는 우정의 강도에 따라 분류될 수 있다. 우정의 강도와 친밀도에 따라 우리는 친구를 다양한 용어로 표현하고 기술한다. 지기(知己), 친구, 절친한 친구, 단짝 친구, 죽마고우, 생명도 나눌 수 있는 친구 등의 표현이 있다.

(1) 우정의 강도에 따른 친구관계

우정의 강도를 평가하는 것은 어렵다. 그러나 우정의 강도는 몇 가지 기준에 비추어 평가될 수 있다. 일반적으로 우정의 강도에 따른 친구관계를 종합하면 다음과 같다.

첫째, 우정은 친구관계에서 경험하는 정서적 만족도에 비례한다. 정서적 만족도는 친구 관계에서 경험하는 긍정적 감정과 부정적 감정의 비율 및 강도에 의해서 평가될 수 있다. 유쾌하고 즐거우며 편안한 친구는 부담스럽고 불편한 친구보다 우정의 강도가 높다고 할 수 있다. 아울러 미래에 정서적 만족도가 높아질 것이라고 예상되는 친구관계는 그렇지 못한 관계보다 강한 우정을 느끼게 된다.

둘째, 우정은 현재 친구관계에 투여하는 심리적 또는 물리적 투자의 양에 비례한다. 만남을 위해 많은 시간을 투여하고 심리적인 관심과 애정을 보여주며 때로는 물질적으로도 친구에게 투자하게 된다. 이러한 투자량은 친구관계의 강도를 반영하는 것이다.

셋째, 우정은 미래에 친구를 위해 투자할 수 있는 초대의 양에 비례한다. 만약 친구가 곤경에 처해서 도움을 요청했을 때 어떤 도움을 얼마나 투여할 의지가 있는가? 담보 없이 돈을 빌려달라고 했을 때 과연 얼마나 흔쾌히 빌려줄 수 있는가? 또한 보상이나 대가를 기대함이 없이 얼마나 도움을 줄 수 있는가? 즉, 우정은 친구에 대한 신뢰의 정도를 반영하며 친구를 위한 자기희생의 정도에 의해 평가될 수 있다.

마지막으로, 우정의 강도는 친구관계의 지속기간이나 만남의 빈도와도 관계가 있다. 오랜 기간 우정을 유지하고 빈번하게 많은 만남을 가져온 친구관계는 견고해진다. 이렇게 오랜 기간 동안 친구관계를 유지해 왔다는 것은 그동안 많은 우여곡절 속에서 친구관계를 지탱하고 심화시키는 요인들이 충분히 시험되고 검증되었다는 것을 의미한다.

(2) 형성요인에 따른 친구관계

친구관계는 그 형성요인에 따라 1차적 친구와 2차적 친구로 나눌 수 있다. 1차적 교우 집단은 학연, 지연, 때로는 혈연에 근거하여 형성된 친구이다. 달리 말하면, 1차적 교우는 상당기간 반복적인 만남이 상황적으로 주어진 상태에서 맺어진 친구를 말한다. 흔히 오래도록 지속되는 친구관계는 어린 시절 같은 지역에서 자랐거나 같은 학교를 다닌 사람, 특히 동기들 사이에서 유지된다. 때로는 가까운 친척 중에 같은 또래끼리 친척인 동시에 친구가 되는 수도 있다. 1차적 친구는 어린 시절부터 지속되는 경향이 많다. 반면, 2차적 친구는 관심사, 취미, 가치관 등의 공유로 인해 형성된 친구이다. 2차적 친구는 상황적 요인보다는 개인적 특성에 근거한 친구이다. 이러한 2차적 친구는 어린 시절보다 청소년기 이후에 생기는 경향이 있다.

아리스토텔레스(Aristoteles)는 친구관계를 형성하고 유지시키는 요인에 따라 쾌락적 친구, 효용적 친구, 인격적 친구로 나누고 있다.

첫째, 쾌락적 친구는 즐거움과 쾌락을 위해 맺어진 친구이다. 이러한 친구관계에서는 즐거움과 쾌락이 친구관계를 유지하는 주요한 요인이 된다. 쾌락적 친구관계에서는 유흥, 취미, 여가와 관련된 활동이 많이 일어나게 된다.

둘째, 효용적 친구는 실리적 필요와 현실적인 도움의 기대에 의해 맺어진 친구이다. 이런 친구는 물질적, 직업적, 사회적인 면에서 현실적인 도움을 서로 주고받는 교류가 활발하게 일어난다.

셋째, 인격적 친구는 상대방 서로와의 덕성에 의해 맺어진 친구이다. 덕성은 개인이 지니는 여러 가지 긍정적인 성격적 특징, 즉 수용성, 신뢰성, 지혜로움, 성숙성 등을 의미한다. 이러한 인간관계에서는 상대방의 인격적 가치에 대한 존중과 호감이 중요한 역할을 한다. 아울러 개방적이고 깊이 있는 대화, 정서적 지지, 그리고 공감이 주요한 교류 영역이 된다.

(3) 기능에 따른 친구관계

친구관계를 그 기능에 따라 연합적 친구관계, 수혜적 친구관계, 상호적 친구관계로 구분한다.

첫째, 연합적 친구관계는 공간적 근접성, 유사성, 업무의 공유 등에 의해서 맺어지는 친구관계로서, 서로 간의 정서적 유대나 깊은 관여가 부족하다, 따라서 이사를 하거나 전직을 하게 되는 경우와 같이 환경이 변화하게 되면 친구관계는 종결된다. 이러한 친구관계는 단기적이며 피상적인 수준에서 가볍게 만나는 교제로서 현대사회에서는 이러한 친구유형이 많다고 할 수 있다.

둘째, 수혜적 친구관계는 한 사람이 상대방에게 주로 베푸는 역할을 하는 친구관계이다. 이러한 친구관계는 흔히 두 사람 사이에 사회적 지위나 역할에 있어서 차이가 있는 경우가 많다. 예를 들어, 스승과 제자, 고용주와 피고용인, 후견인과 피후견인, 지도자와 추종자의 관계가 이에 속한다.

셋째, 상호적 친구관계는 동등한 위치에서 서로에 대한 상호적 이해와 신뢰에 근거한 친구관계이다. 이러한 친구관계는 상대방에 대한 깊은 정서적 유대와 헌신적 관여로 인해 오랜 기간 동안 지속된다. 동양에서는 춘추시대 제나라 사람인 관중과 포숙아의 평생에 걸친 깊은 우정을 '관포지교'라 하여 이상적이고 모범적인 친구관계로 기리고 있다. 이러한 관포지교가 상호적 친구관계의 전형이라고 할 수 있다.

(4) 친구관계 형성 요인

친구관계의 형성에는 친교 대상자의 선택요인들, 즉 근접성, 유사성, 친근성, 보상성 및 개인적 특성들이 개입된다. 제1차적인 친구집단은 혈연, 지연, 학연 등을 통해 형성된다. 같은 또래의 친척들, 동향회의 친구들, 각종 동문회의 친구들은 주요한 친구집단이 된다. 특히 폭넓은 인간관계가 이루어지기 전인 청소년기까지는 이러한 제1차적 친구집단이 주류를 이루게 된다. 이들은 또한 근접성, 친근성, 유사성 등의 친교 요인을 많이 지니고 있어서 평생 주요한 친구로 남는 경우가 많다. 그러나 대학입학을 전후하여 활동의 폭과 사유가 증가하면서 인간관계는 넓고 다양해진다. 과거의 제1차적 친구집단에서 벗어나 가치관과 인생관, 사상과 이념, 종교, 취미 등의 공유를 바탕으로 한 제2차적 친구집단이 발전하게 된다. 직장으로 사회적 진출을 하게 되면 직장의 동료들은 많은 시간을 함께 작업하고 친밀감을 나누는 주요한 친구집단이 된다.

이렇게 인생의 시기마다 다양한 친구들을 만나게 되지만, 어떤 친구는 피상적인 관계에 머무르는 반면 어떤 친구는 매우 깊고 친밀한 관계로 발전한다. 친구관계는 서로 상호작용하면서 그 상호작용의 성격에 따라 관계가 유지되고 심화되기도 하며 때로는 소원해지고 해체되기도 한다. 친구들 간의 상호작용에는 여러 가지의 활동이 이루어지고 그 속에서 다양하게 심화시키는 일은 더욱 어렵다. 만족스러운 친구관계를 이루기 위해서는 이를 유지시키고 심화시키는 요인에 대한 이해가 필요하다.

1979년 'Psychology Today'라는 대중심리학 잡지사에서 4만여 명의 미국인을 대상으로 하여 친구와 함께하는 활동을 조사한 바 있다. 그 결과 친구 사이에서는 친밀한 대화, 서로 도움, 함께 식사를 함, 영화나 스포츠를 함께 관람함, 함께 쇼핑함, 스포츠를 함께함 등의 순서로 나타났다. 친밀한 대화는 친구관계를 유지하는 가장 중요한 활동으로 나타났다. 솔직하고 개방적인 대화를 통해 서로를 이해하고 공감하며 인정하는 정서적 지지는 친구관계를 유지하고 심화시키는 가장 주요한 요인이 된다.

아리스토텔레스(Aristoteles)는 친구관계를 형성하고 유지시키는 주요한 요인을 쾌락, 효용성, 덕성으로 보고 그에 따라 친구를 쾌락적 친구, 효용적 친구, 인격적 친구로 나눈 바 있다. 대체로 친구관계는 이러한 세 가지 우정의 요소들을 모두 포함하고 있다. 그러나 남자들은 친구관계에서 쾌락을 중요시하는 반면, 여자들은 신뢰와 같은 덕성을 보다 중요시한다고 한다. 또 어린 시절에는 쾌락이 친구관계를 유지하는 중요한 요소인 데 비하여, 나이가 들면서 효용성이 친구관계에 중요한 역할을 하게 된다. 그러나 쾌락과 효용성보다는 덕성에 기초한 친구관계가 오랜 기간 지속되는 경향이 있다.

일반적으로 친구관계를 유지하는 주요한 요인은 크게 흥미의 공유, 정서적 지지, 현실적 도움으로 나눌 수 있다.

첫째, 친구는 만나서 즐거워야 한다. 만나서 즐거운 친구는 자꾸 만나게 된다. 아지리(Argyle)와 펀햄(Furnham)의 연구에 의하면, 친한 친구 사이에는 여가 및 취미활동, 식사, 음주를 함께하면서 많은 상호작용이 일어났다. 이러한 연구결과는 친구끼리 즐거움을 느끼는 활동을 함께한다는 것을 시사한다. 특히 동성의 친구 사이에서는 흥미의 공유가 만족을 느끼게 하는 주요한 원천이 된다. 친구사이에서는 서로 만나 마음 편하고 재미있게 놀고 즐길 수 있어야 한다. 취미나 관심사가 같은 사람들끼리 서로 나누는 재미와 즐거움은 친구관계를 유지하는 주요한 원천이 된다.

둘째, 친구는 만나서 편안하고 서로 힘을 줄 수 있어야 한다. 힘들 때 힘이 되어 주는 친구가 좋은 친구이다. 자신의 고통, 갈등, 고민 등을 공개할 수 있고, 친구로부터 이해받고 위로받을 때 우리는 위안과 힘을 얻게 된다. 이렇게 친구관계가 심화되기 위해서는 자기공개가 매우 중요하다. 서로의 사적인 생활에 대한 자기공개가 이루어짐으로써 상호 이해와 상호 신뢰가 증진된다. 따라서 이런 친구 사이에서는 서로의 고민과 갈등을 털어놓을 수 있게 되고 서로 정서적인 지지를 통해 힘이 되어 줄 수 있다. 결과적으로 서로의 사생활을 잘 알고 이해하는 친구 간에는 우정이 깊어지게 된다. 아리어스(Aries)와 존슨(Johnson)은 중년을 대상으로 하여 친구와 대화할 때의 주제를 조사하였다. 그 결과, 주된 주제는 일상적 활동, 사회적 사건, 가족의 활동, 가족의 문제, 과거의 추억과 같은 개인적인 주제의 대화가 중요한 비중을 차지했다. 특히 여자는 남자에 비해서 개인적이며 인간관계와 관련된 주제에 대해 이야기하는 경향이 강하며 더 자세하고 깊이 있는 이야기를 하는 것으로 나타났다. 친구관계에서 정서적 지지는 부부나 연인관계에서보다는 덜 중요하지만 다른 가족이나 직장동료 사이보다는 더 중요한 역할을 한다고 한다.

셋째, 현실적인 도움을 주고받는 친구관계는 심화되는 경향이 있다. 현실적인 도움은 재정적 또는 물질적 도움뿐만 아니라 정보의 교환을 포함한다. 그러나 현실적인 도움이 일방적으로 주어지는 친구관계는 유지되기 어렵다. 현실적인 도움의 내용과 형태는 다르더라도 서로 균형 있게 도움을 주고

받을 때 친구관계는 더욱 공고해질 수 있다.

이처럼 친구는 다양한 활동을 함께 나누면서 우정이 깊어진다. 즐거운 체험의 공유, 정서적 지지와 자기공개, 그리고 현실적인 도움의 교환은 친구관계를 유지하고 심화시키는 주요한 요인이다. 현재 우리가 맺고 있는 친구관계를 이러한 점에서 다시 한 번 깊이 살펴볼 필요가 있다.

제2절 사랑의 이해와 탐구

1. 사랑의 의미

사랑은 사람 사이, 즉 인간관계에서 경험할 수 있는 가장 행복하고 오묘한 감정이다. 사랑은 가장 황홀하면서도 때로는 가장 고통스러운 체험이기도 하다. 사랑은 한 인간과 한 인간이 서로를 강렬하게 원하며 서로를 융합시키는 신비스런 마력을 지니고 있다. 사랑은 누구나 동경하는 체험이며 동서고금을 막론하고 예술과 문학의 변함없는 주제였다. 한 개인의 삶에 있어서도 사랑은 기쁨과 슬픔, 환희와 고통, 행복과 불행을 좌우하는 가장 중요한 요인임을 아무도 부정하지 못할 것이다.

사람은 누구나 사람을 사랑하고 사랑을 받고, 그리고 그 사랑이 그 영원히 변치 않기를 바라고 있다. 사랑하고 사랑받고 있다는 사실로서 인생의 보람을 느끼고 행복을 느끼기 때문에 누구나 사랑을 원한다. 루소(Rousseau)가 말한 바와 같이 산다(生活)는 것은 곧 사랑(愛情)한다는 것이고 사랑하지 않는다는 것은 살지 않는다는 것과 같다. 인생에는 사랑이 있기 때문에 기쁨이 있고, 향기가 있고, 보람이 있고, 행복이 있다. 인생에서 사랑을 제거한다면 삶의 의미가 없어지고 삭막해질 것이며, 정신적인 건강은 황폐해질 것이다. 이러한 사실은 사랑의 진실을 호소한 시나 노래가 시대나 국적을 초월하여 언제나 감동적인 것으로 나타나고 있음을 통해 알 수 있다.

부모와 자녀, 형제 그리고 부부가 따뜻한 사랑으로 맺어진 가정은 언제나 마음의 안식처이고 사랑으로 손잡고 나아가는 곳에는 가시밭길도 꽃밭으로 된다고 한다. 그러나 사람들은 사랑의 아름다움과 기쁨을 끊임없이 추구하면서도 진정한 사랑의 모습은 현실에서 얻기가 어렵고 사랑하고 사랑받는 마음의 과정이 얼마나 미묘한 관계인지를 알고 있다. 여자의 마음은 갈대와 같다거나 남자들은 다 그렇다거나 하면서 사람의 마음이 쉽게 변하는 것을 한탄하기도 하고, 사랑은 맹목적이라거나 사랑이 미움이 된다고 하는 것은 사랑이란 그렇게 달콤한 것만이 아니라는 설명이다. 한편, 사랑이란 비록 짝사랑이나 실연으로 끝나더라도 사랑을 하지 않은 것보다 훨씬 값지며, 사랑을 잃었지만 많은 것을 얻는다고 한다. 결혼할 때는 변함없는 사랑을 맹세한 행복한 남녀가 살면서 폭행을 하고, 이혼을 하고, 심지어 살해하기도 한다. 이와 같이 사랑의 아름다움과 그 현실적인 문제의 이중성은 사랑에 대한 본질적 이해와 가치를 잘못 알고 실천하는 데 있는 것이다. 사랑은 얻는 것이 아니라 가꾸는 것이다.

과연 우리의 삶에서 이토록 중요한 사람은 무엇인가? 무엇을 사랑이라고 하는가? 사랑은 정의하기 어렵다. 국어사전에 의하면, 사랑은 '아끼고 위하며 따뜻한 인정을 베푸는 일 또는 그런 마음' 또는 '마음에 드는 이성을 몹시 따르고 그리워하는 일, 또는 그런 마음'이라고 정의되어 있다. 그러나 사랑이라는 용어는 다양한 맥락에서 다양한 인간관계를 지칭하기 위해 사용된다. 따라서 사랑의 개념을 정리해 볼 필요가 있다.

심리학자들은 사람들이 '사랑'이라는 단어로 기술하는 다양한 행위와 그 특성을 분석해왔다. 또 많은 사람들을 대상으로 설문지와 면접을 통해 사랑에 대한 태도와 행동들을 연구해왔다. 그 결과 일반적으로 사랑은 크게 다음과 같은 5가지 유형으로 분류되고 있다.

1) 이타적 사랑

이타적 사랑(altruistic love)은 무조건적이고 헌신적으로 타인을 위하고 보살피는 사랑이다. 사랑의 대상이 사랑을 받을 자격을 가지고 있는지의 여부나 그로부터 돌아오는 보상적인 대가에 상관없이 변함없이 주어지는 헌신적인 사랑이다. 이런 종류의 사랑에서는 자기희생이 중요한 요소가 된다. 이타적 사랑은 고전적인 종교적 사랑으로서 성경의 고린도전서 13장에 묘사되어 있듯이 언제나 온유하고 오래 참으며 시기하지 않고 보답을 기대하지 않는 숭고한 사랑을 말한다. 신의 사랑, 부모의 사랑이 이러한 이타적 사랑의 대표적인 예이다.

2) 동료적 사랑

동료적 사랑(Companionate love)은 친한 친구에게서 느끼는 우정 같은 사랑이다. 동료적 사랑은 상대방에 대한 뜨거운 열정이나 일방적인 헌신이 개입되지는 않으나 깊은 신뢰와 친근감에 바탕을 둔 사랑이다. 사랑(loving)과 좋아함(liking)은 흔히 상대방에 대해 갖는 애정의 강도에 의해서 구분되는데, 동료적 사랑에서 느끼는 감정은 좋아함에 가깝다고 할 수 있다. 동료적 사랑은 삶 속에서 오랜 기간 밀접한 관계를 가져온 사람에 대해 느끼는 애정과 의리를 의미한다. 평생동안 인생의 풍파를 함께 헤쳐 온 노부부 간의 사랑이 이러한 사랑의 대표적인 예라고 할 수 있다.

3) 낭만적 사랑

낭만적 또는 열성적 사랑(romantic/passionate love)은 뜨거운 열정이 중요한 요소가 되는 강렬한 사랑이다. 이러한 사랑은 사랑하는 사람과 하나가 되고 싶은 욕망, 사랑하는 사람에 대한 과대평가나 우상화, 강렬한 감정을 수반하는 집착 등의 특징을 지닌다. 사랑이 영원할 것이라는 신념, 사랑하는 사람에 대한 계속적인 생각, 사랑을 위해선 무엇이든지 하려는 충동과 더불어 강렬한 성적인 요소가 개입된다. 이러한 사랑을 하는 사는 사람은 낭만적 사랑이 세상에서 가장 중요하다고 믿는다. 로미오와 줄리엣의 사랑이 대표적인 예라고 할 수 있다. 낭만적 사랑은 대부분의 사람들이 선망하는 사랑의 유형이기도 하다. 그러나 낭만적 사랑은 흔히 불안정하며 지속적이지 못하고 많은 심리적 고통을 수반하는 경우가 많다. 이러한 사랑은 '눈먼 사랑'으로 기술되기도 한다.

4) 실용적 사랑

실용적 사랑(pragmatic love)은 이성에 근거한 현실주의적이고 합리주의적인 사랑이다. 사랑의 대상을 선택할 때에도 사랑의 관계가 안정적이고 지속적일 수 있는 서로의 조건을 고려한다. 상대방의 성격, 가정배경, 교육수준, 종교, 취미 등을 고려하여 자신과 맞는 사람을 선택한다. 이러한 조건을 고려한 선택이 이루어지게 되면, 강렬한 애정감정과 열정이 뒤따르기도 한다. 우리나라에서 이루어지는 '맞선'이나 '중매'를 통해 상대를 만나고 사랑하게 되는 경우가 이러한 사랑의 한 예라고 할 수 있다.

5) 유희적 사랑

유희적 사랑(playful love)은 놀이와 같이 재미와 쾌락을 중요시하는 즐기는 사랑이다. 이러한 사랑에서는 상대방에 대한 강력한 집착이나 관계의 지속을 위한 장기적인 계획이 없다. 유희적 사랑을 하는 사람들은 흔히 여러 명의 연인을 동시에 사귀며 고정된 이상적인 연인상을 가지고 있지도 않다. 이들은 한 사람과의 관계에 자신의 평생을 바치려 하지 않으며 상대방과의 관계에서 쾌락과 즐거움이 줄어들면 다른 대상을 찾게 된다. 일반적으로 플레이 보이들이 나타내는 사랑이 대표적인 예라고 할 수 있다.

이와 같은 '사랑'은 다양한 형태가 있고 그 속성과 관련된 심리상태도 매우 다양하다. 존리(John Lee)도 '사랑의 유형(A typology of styles of loving)'이라는 논문에서 사랑의 스타일은 <표 2-5-3>과 같이 6가지 유형으로 분류한 바 있다.

〈표 2-5-3〉 사랑의 여러 가지 유형

사랑의 유형	주요 특징
에로스(eros)	주로 상대의 외모의 아름다움으로 생기는 사랑이다. 에로스적 사랑을 하는 사람은 자신이 이상적으로 생각하는 외모를 가진 사람을 찾는다.
루더스(ludus)	유희적 사랑으로서 이런 사랑을 하는 사람은 한 사람과의 관계에 자신을 매어놓지 않고 책임지려 하지도 않는다. 대신 여러 사람과 유희적인 사랑을 택하는 경향이 있다.
스토게(storge)	어떤 사람과 가까이 지내며 서서히 발전하는 애정의 결과로 생긴 사랑이다. 이런 사랑을 하는 사람은 강렬한 정열 없이 서서히 조심스럽게 지속적인 책임 있는 관계로 나아간다.
마니아(mania)	강렬한 낭만적인 사랑으로서 이런 사랑을 하는 사람은 질투가 많고 상대에 대해 집중적인 몰두를 하게 된다. 또한 상대로부터 강렬한 사랑을 기대하고 반복적인 확인을 요구한다.
아가페(agape)	이타적 사랑으로서 받는 것을 기대함이 없이 주는 사랑이다. 온유한 보살핌과 무조건적 헌신이 주요한 요소이다.
프라그마(pragma)	합리적 사랑으로 이런 사랑을 하는 사람은 교육, 종교, 직업 등 여러 가지 현실적 조건을 고려하여 적당한 사람을 찾고 선택한다.

사랑은 우리 인생에 있어서 가장 중요한 심리적 체험이다. 그러나 참으로 이상한 것은 이렇게 우리 삶의 중요한 요소인 사랑에 대해서 우리는 너무도 아는 게 없다는 사실이다. 사랑이 인간의 삶에 강력한 영향을 미친다는 것에 대해서는 인간의 역사 수천 년 동안 수없이 체험되어 왔고 수없이 묘사되어 왔지만, 사랑을 지적으로 이해하려는 노력은 너무도 미미했다. 오늘날 인간이 우주선을 타고 외계를 넘나들 만큼 과학문명이 눈부시게 발달한 20세기에도, 사랑에 대해서는 수천 년 전과 크게 다를 바 없는 원시적인 사랑관을 갖고 살아가고 있다. 그 이유 중의 하나는 사랑을 신비화하려는 인간의 미신적 또는 낭만적인 성향이라고 할 수 있다. 사랑 앞에서 인간의 이성은 무기력해지는 경향이 있다. 파우스트 같은 대학자도 사랑 앞에선 자신의 영혼을 사탄에게 넘겨줄 만큼 비이성적인 존재로 변해버린다. 인간은 이 세상 모든 것에 대해서 과학이라는 칼날로 그 실체를 밝히려 시도해 왔지만, 사랑에 대해서만은 그렇지 못했다. 사랑에 대해서만은 이성적 이해를 유보한 채 신비의 영역으로 남겨두려는 낭만적 태도가 지배적이었다. 많은 사람들이 '사랑에 대한 과학적 연구'에 대해서는 부정적이고 거부적인 태도를 보인다. 심지어 1960년대에 미국 의회에서는 사랑에 대한 심리학자들의 연구를 자제해달라는 요구가 제기된 적이 있었다. 그 이유는 사랑이 과학적으로 해부되어 버리면 삶이 너무 무미건조해지지 않겠느냐는 것이었다고 한다. 이러한 태도 뒤에는, 사랑이 과학적으로 연구되어 그 신비성이 사라지면 사랑의 가치가 상실될 것 같은 미신적인 불안감이 숨겨져 있는지 모른다. 마치, 다이아몬드가 단지 탄소덩어리에 불과하다는 것이 밝혀지면 무가치한 돌덩어리로 변해버리지 않을까 하는 다이아몬드 애호가의 불안 같은 것이라고 할 수 있다.

2. 사랑의 요소

스텐버그(Sternberg)는 사랑의 심리에서 사랑의 구성요소를 친밀감, 열정, 헌신으로 설명하고 있다. 친밀감은 사랑하는 사람과 가깝고, 연결되어 있고, 결합되었다는 느낌이다. 또한 두 사람 사이에서의 따뜻한 느낌이다. 친밀감을 가지게 되면 그 사람과 함께하고, 그 사람의 복지를 증진시키려 하고, 존경심을 가지고, 이해하고, 자신 및 자신의 소유를 나누고, 정서적 지지를 주고받고, 의사소통을 원만히 하고, 그 사람의 가치를 높게 평가한다.

열정은 사랑하는 사람에게 낭만, 신체적 매력, 성적인 매력을 이끄는 욕망이다. 이 외에 자아존중감, 친화, 지배, 복종, 자아실현과 같은 욕구도 열정을 작용하는 것이 된다. 결심과 헌신은 단기적으로 어떤 사람을 사랑하기로 결심하는 것과 장기적으로 그 사랑을 지속시키려는 헌신을 의미한다. 상대를 사랑한다고 인정하지 않은 상태에서 그 사람과의 사랑에 헌신하기도 하지만 헌신 이전에 사랑에 대한 결심이 선행된다.

사랑에서 친밀감, 열정, 결정과 헌신 등의 세 가지 요소를 삼각형의 각 꼭짓점에 놓고 볼 때, 조화롭게 균형을 이룬 삼각형이 성숙한 사랑이며, 세 가지 요소 가운데 어느 한 요소에 치우치면 사랑은 균형을 잃게 된다. 세 요소들 간의 관계는 강도와 균형에 있어서 다양하게 되고 사랑의 삼각형 크기와 모양도 또한 다양해진다. 그러므로 상대에 대한 사랑의 삼각형 크기와 모양을 알면 그 사람이 상대를 어떻게 느끼고 있는지를 알 수 있게 된다.

⟨표 2-5-4⟩ 사랑의 형태 비교

사랑의 형태	사랑의 요소		
	친밀감(intimacy)	열정(passion)	헌신·몰입(commitment)
1. 사랑 없음(non-love)	×	×	×
2. 좋아함(liking)	○	×	×
3. 현혹된 사랑(infatuation)	×	○	×
4. 공허한 사랑 (empty love)	×	×	○
5. 낭만적 사랑 (romantic love)	○	○	×
6. 실체 없는 사랑 (fatuous love)	×	○	○
7. 동반적인 사랑 (companionate love)	○	×	×
8. 완전한 사랑 (consummate love)	○	○	○

프롬(Fromm)은 사랑의 대상이 다르고 사랑의 깊이와 질이 다를지라도 사랑의 기본요소는 동일하다고 보았으며, 사랑의 기본적인 요소는 관심, 책임감, 존경, 지식이라고 하였다. 관심(care)은 상대방이 처한 어떠한 상황에도 자신이 참여하는 것이다. 사랑은 즐거운 상황이나 고통스러운 상황에도 기꺼이 접하도록 하는 것이다. 책임(responsibility)은 상대에게 반응할 준비가 되어 있는 상태로 원어인 'respondere'는 대답하는 것을 의미하는 말이다. 사랑을 함은 상대의 육체적 생존뿐만 아니라 지속적인 성장과 발달에 관심을 가지고 책임을 느끼는 것이다. 이러한 책임감은 의무가 아니라 스스로 자신의 일이라고 느끼는 자신에 대한 반응이다. 존경(respect)이란 상대가 있는 그대로 성장하며 발전해야 한다는 것을 인식하는 관심이다. 사랑하는 사람이 나에게 봉사해 줄 것을 바라지 않고 상대가 성장하며 발전하기를 원한다. 존경이란 상대의 개성과 독특성을 인정하는 것이다. 지식(knowledge)은 상대의 성장을 도와줄 수 있는 개인의 능력을 말한다. 상대에 대한 존경과 지식이 없다면 사랑은 불가능한 것이다.

3. 사랑의 유형

1) 사랑의 유형

스텐버그(Sternberg)는 사랑의 유형을 에로스, 스트로게, 루더스, 마니아, 프라그마, 아가페 등으로 나누어 설명하였다.

① 에로스(Eros) 사랑은 고대 그리스 신화의 에로스고, 에로스는 아폴론의 가슴에 사랑의 감정을 일으키는 화살을 쏜 데서 연유된 것이다. 마침 강한 전류에 감전된 듯이, 큐피트의 화살이 심장에

꽂히는 순간부터 사랑의 불꽃이 활활 타오르는 황홀하고 열정적인 낭만적 사랑이다. 이런 사랑은 대게 처음에는 신체적 매력에 이끌리게 되며 신체적 변화를 수반하는 강한 정적 감정을 일으키는 것이 보통이다. 그리고 차츰 감정이나 생각, 경험들을 함께 나누어가짐으로써 서로를 사랑의 사슬에 묶어 놓는다.

② 스트로게(stroge) 사랑은 형제자매 사이나 친구 간에 시간이 흐르면서 서서히 무르익는 사랑의 감정을 뜻하는 고대 그리스어 Storgay에서 온 것이다. 이와 같이 스토르게 사랑은 우정이나 연민을 생활 가운데서 자연스럽게 느끼고 사랑의 감정으로 발전한 경우이다. 그러므로 사랑하는 사람을 의도적으로 고르거나 육체적인 이상을 추구하지도 않으며 생활 속에서 만나는 것에 만족해한다. 이러한 사랑은 비록 황홀한 감정은 없을지라도 서로 함께 있으면 편안하고 정다우며, 서로를 신뢰하고 이해하며 보살피려는 친밀감이다.

③ 루더스(Ludus) 사랑은 놀이나 게임을 뜻하는 라틴어에서 유래된 것으로 여러 대상을 방황하는 사랑이다. 이러한 사랑을 하는 사람들은 온 생을 다해 한 대상만을 사랑하는 것은 무의미하다고 보고 그때그때 만나는 사람과 즉흥적이며, 찰나적인 사랑을 추구한다. 이러한 사람들은 동시에 여러 사람을 사랑하며 다른 사람을 또 사랑할 수 있는 자랑으로 사랑을 즐긴다. 그러면서 지속적인 사랑이란 구속이라고 느끼며 새로운 대상을 찾는다.

④ 마니아(Mania) 사랑은 고대 그리스어의 신으로부터 나오는 광기라는 의미의 마니아에서 유래된 것으로 상대에게 사로잡혀 질투와 소유욕에 불타는 사랑이다. 언제나 사랑받고 있다고 확인하며 상대가 사랑하기 전에 사랑하게 될까 봐 걱정을 한다. 이런 사람은 상대를 정말로 좋아하지도 않고 평생 동반자로 생각하지도 않는다. 그러다 사랑을 하게 되면 너무 많은 사랑을 필요로 하기 때문에 냉정하게 처신하기 힘들다. 초연함을 지니고 싶지만 자기 확신이 부족하다. 마니아적 사랑은 구체적인 대상과 사랑에 빠진 것이 아니라 사랑 그 자체를 사랑하고 있는 것이다. 이러한 사랑이 필요한 것은 친한 친구가 부족하거나, 자신의 일에 대해 깊은 불만을 가지고 있거나, 혼자 살거나, 외로움 또는 낮은 자존감을 가지고 있을 경우이다.

⑤ 프래그마(pragma) 사랑은 그리스어 'pragmatic'이란 말에서 유래된 것으로 실용적인 사랑을 의미한다. 이러한 사랑을 하는 사람은 상대에게 원하는 특성들을 목록으로 작성하여 잘 어울리는 상대를 찾는다. 이 자질 목록에는 신체적 매력이나 취미 등이 포함되어 있으며, 이와 같은 특성을 지닌 대상을 찾기 위해 스스로 노력한다. 만일 자신과 잘 어울리는 배경과 관심사를 가진 상대를 만나지 못하면 루더스를 사용하여 적당한 후보를 물색한다. 그러나 충동적이거나 성적 행동을 하지 않으며, 각 대상을 검토하여 자신과 잘 어울리는 상대라고 판단될 때까지 알아본다. 그리고 자기의 판단이나 선택이 옳은지의 여부를 친구나 부모에게 상의한다.

⑥ 아가페(Agape) 사랑은 기독교에서 나온 것으로 타인을 위한 사랑이며, 나를 희생하는 사랑이다. 상대에게 사랑하는 감정이 없더라도 사랑하는 것을 의무로써 하는 사랑이다. 따라서 아가페 사랑은 마음보다는 머리로, 감정보다는 의지로 사랑한다. 아가페는 하느님의 완전한 의지에 복종함으로써 완전한 사랑의 대상과 결합하려 한다. 의무적이며 베푸는 사랑은 이웃을 사랑하고 봉사자로서 헌신적인 친구로서 행동한다. 아가페 사랑을 하는 사람은 배우자와의 관계에서 그에게 사랑을 주어야 하는 많은 대상자 중의 한 사람으로 여기며, 상대가 자신보다 다른 사람과 함께 있는 것이 더 행복하

다고 생각할 땐 대상이 경쟁자일지라도 관계를 단념할 수 있다.

2) 스텐버그(Sternberg)의 사랑유형 분류

사랑의 세 요소를 가지고 결합하면 좋아하는 관계, 도취적 사랑, 공허한 사랑, 낭만적 사랑, 우애적 사랑, 얼빠진 사랑, 성숙한 사랑, 사랑이 아닌 것으로 사랑의 유형을 분류할 수 있다.

① 친밀감만 있는 좋아하는 관계는 서로 간에 친밀감만을 경험할 수 있는 사랑이다. 이러한 사이는 진정한 친구들과의 관계에서 경험하는 감정으로 열정이 없이도 결합되어 있다는 느낌이나 따뜻함을 느끼며 지낸다.

② 도취적 사랑은 첫눈(초면)에 반하거나 망상으로 치우치는 사랑이다. 이 경우는 친밀감이나 헌신적인 것이 결여되고 열정만으로 이루어진 사랑이다. 도취적 사랑은 상대를 있는 그대로 보는 것이 아니라 이상화하여 사랑하며, 사랑에 홀린 듯한 상태로 다른 일에 몰두하지 못하게 된다.

③ 공허한 사랑은 친밀감이나 열정이 전혀 없이 상대를 사랑하려는 것이다. 오랫동안 서로 감정적 몰입이나 육체적 매력을 느끼지 못하는 관계로 사랑에의 헌신이 없다면 어려운 사랑이다. 공허한 사랑은 오래된 관계의 종말의 부분이기도 하지만 중매결혼의 사회에는 서로 간의 헌신은 관계의 시작이 되었으므로 반드시 관계의 종결만을 의미하는 것은 아니다.

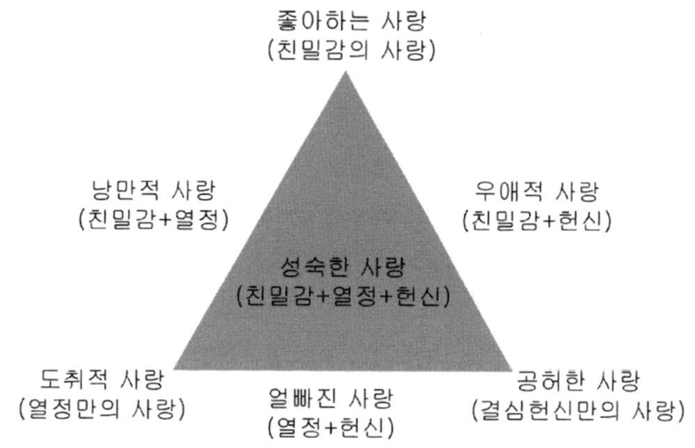

[그림 2-5-1] 스텐버그(Sternberg)의 사랑 요소와 유형

④ 낭만적 사랑은 친밀감과 열정이 있는 사랑으로 육체적 매력이나 다른 매력이 포함된 좋아하는 감정이다. 그러므로 서로가 육체적, 감정적으로 밀착되어 있다. 이러한 밀착은 우정으로 시작된 좋아하는 관계에서 열정적인 사랑으로 발전될 수 있다.

⑤ 우애적 사랑은 친밀감과 헌신에서 생긴다. 육체적 매력이 약해지고 우정을 나누는 관계에서 볼 수 있는 사랑이다. 낭만적인 사랑은 차츰 우애적인 사랑으로 변하게 되는데 열정은 없어지고 친밀감은 남아 있어서 세월이 거듭됨에 따라 깊은 헌신으로 바뀌게 된다.

⑥ 얼빠진 사랑은 열정과 헌신이 결합되며, 친밀감은 결여된 사랑이다. 남녀가 어느 날 만나 약혼하고 결혼하며 헌신하는 데 시간이 걸리는 그런 사랑이다. 도취적인 사랑은 열정이 식어가게 될 때 헌신으로 변한다. 이 헌신은 오랫동안 성숙하고 심화된다.

⑦ 성숙한 사랑은 친밀감과 열정, 헌신이 포함된 사랑으로, 낭만적 관계에 있는 사람들이 도달하려고 노력하는 사랑이다. 따라서 육체적인 밀착뿐만 아니라 상대와 일체감을 느낄 만큼 심리적으로 밀착되고 자기 자신에게 하는 것처럼 상대에게도 기꺼이 내어주고 행할 수 있는 친밀감이 필요하다. 이와 같은 완전한 사랑이 어렵긴 하지만 서로의 노력에 의해 가까이 도달할 수 있는 것이라는 기대를 가지고 사랑해야 한다.

4. 사랑의 기술

모든 사람이 사랑하고 사랑받기를 원한다. 그럼에도 불구하고 사랑하는 방법을 배울 필요가 있다고 생각하는 사람은 지극히 드물다. 프롬(Fromm)은 그 이유를 다음과 같이 주장하였다.

첫째, 대부분의 사람들이 사랑은 '사랑하는 것'이 아니라 '사랑받는 것'이라고 생각한다. 이들에게는 어떻게 하면 사랑받을 수 있고 사랑스러워하는가가 중요하다. 그래서 이들은 사랑을 받기 위해 돈을 모으고 성공하고, 옷치장을 하며, 인기와 성적 매력을 추구한다.

둘째, 사랑이란 '능력'의 문제가 아니라 '대상'의 문제라고 가정한다. 오늘날과 같이 시장 지향적이고 물질적 성공이 우위를 차지하고 있는 문화권에서는 애정관계 역시 교환 형식을 따를 수 있다. 즉, 신체적 매력, 재력, 가족적 배경, 학력들이 자기의 것과 교환가치가 있는 최상의 대상을 찾았을 때에만 사랑을 할 수 있다고 생각한다.

셋째, 사랑을 시작하는 '최초의 경험'과 사랑관계 속에 머물러 있는 '지속적인 상태'를 혼동하기 때문이다. 흔히 성적 매력이나 성적 결합에 의해서 시작되는 경우이지만, 두 사람이 처음 만나 갑자기 가까워지고 일체감을 느끼고 합일의 순간을 경험하는 것은 생애의 황홀하고 격앙된 경험일지도 모르지만, 이러한 흥분된 감정들은 쉽게 사라져 버리고 마침내 적대감, 실망감, 상호 간의 권태가 쌓여 간다. 그 열정은 사랑의 열도가 아니라, 자신들이 그동안 얼마나 외로웠나를 입증한 것뿐이다. 이들은 자신들의 실패 원인을 가려내고, 진정한 사랑의 의미를 깨닫고 어떻게 사랑해야 되는가를 배우지 않는 한 지속적으로 사랑 관계를 유지해 나가기가 힘들다.

프롬(Erich Fromm)은 사랑이란 즐거운 감정이라기보다는 기술(art)이며, 사랑하기 위해서는 지식과 노력이 필요하다고 했다. 어떻게 사랑의 기술을 습득하고 이를 실천에 옮길 수 있을까?

첫째, 사랑을 하기 위해서는 순수한, 성숙한 사랑의 의미가 무엇인가를 알고 삶에서 사랑의 가치를 긍정적으로 여기고, 우선적인 가치로 삼아야 할 것이다. 아마도 어떤 사람은 "사랑 먹고 사나? 쌀 먹고 살지!" 하고 말할 것이다. 지극히 현실적인 말이다. 그러나 삶의 가치를 쌀에 두느냐 사랑에 두느냐는 개인의 가치문제이다. 사랑을 우선적인 가치로 둘 때만 사랑하려는 동기가 생기고 그것을 얻기 위해 노력을 하게 되며, 이런 사람만이 사랑할 기회를 갖게 된다.

둘째, 사랑하는 기술을 습득해서 실천에 옮겨야 한다. 사랑하는 기술을 살펴보면 다음과 같이 요약할 수 있다.

① 자신의 욕구를 분명히 밝힌다: 자신이 욕구불만인 상태에서 누군가를 사랑한다는 것이 불가능하기 때문에 자신의 기본적인 욕구 먼저 충족시켜야 한다. 따라서 자기가 상대방에게 원하는 것이 무엇인지 분명히 알려주어야 한다. 사랑하는 사람들끼리 어떻게 사랑받고 싶은지를 자유롭게 말할 수 있다는 것은 그만큼 두 사람의 사랑이 깊고 관계가 돈독함을 나타낸 것이다.

② 상대방의 욕구를 알고 충족시키려 노력한다: 상대방의 욕구를 충족시키기 위해서는 다양한 기술과 노력이 필요하다. 상대방이 깔끔하고 부지런하기를 원하면 그렇게 하도록 노력해야 할 것이다. 또 재치 있는 사람이 되기를 원하면 그렇게 되도록 노력해야 할 것이다.

③ 각자가 서로의 사랑하는 방식을 이해하고 존중해야 할 것이다: 사람마다 사랑을 표현하는 방식이 다르다. 대부분의 사람들은 어린 시절 자신이 사랑받았던 방식대로 사랑을 표현한다. 어떤 사람은 성실하고 책임감 있게 보살피나 정감이 우러나는 말이나 열정은 전혀 보이지 않을 수도 있으며, 또 반대일 수도 있다. 그러나 자신이 사랑하는 방식만이 진정한 사랑이라고 생각한다면 자기 폐쇄적인 태도이다.

④ 사랑을 지킬 용기가 있어야 한다: 사랑하는 과정에는 욕구불만도, 좌절도 그리고 상실감도, 실망도, 견디기 어려운 고통도, 위험도 있을 수 있다. 진정으로 그 사랑관계를 유지하기를 원한다면, 이러한 모든 것을 감수하고 견뎌나가는 용기가 필요하다. 필요하다면 상대방이 원하는 대로 자신을 변화시킬 수 있는 용기와 유연성이 있어야 할 것이다. 특히 이성 간의 사랑은 상대적이다. 주기만하고 사랑받기를 포기하는 완전히 희생적인 사랑은 매우 드물다.

5. 낭만적 사랑

1) 낭만적 사랑의 특성

'사랑'하면 많은 사람들은 낭만적 사랑을 떠올린다. 두 젊은 남녀가 서로에게 반하여 뜨거운 애정을 교환하는 그런 낭만적 사랑을 생각한다. 흔히 로미오와 줄리엣의 사랑이나 이도령과 춘향이의 사랑처럼 죽음을 불사하는 강렬한 사랑을 아름다운 사랑으로 여기는 경향이 있다. 많은 사람들이 이러한 낭만적 사랑을 동경한다. 또 많은 사람들은 이성교제에서 이와 유사한 낭만적 사랑에 빠진다.

이성 간의 낭만적 사랑은 매우 독특한 인간관계의 체험이다. 낭만적 사랑은 다른 인간관계에서 경험할 수 없는 몇 가지 독특한 특성을 지니고 있다. 낭만적 사랑의 첫째 특성은 두 남녀 사이의 독점적이고 배타적 관계라는 점이다. 이러한 배타적 2인 관계에는 제3자가 그들의 애정관계 속으로 들어오는 것을 용납하지 않는다. 이러한 애정관계에 제3자가 침입하면 강렬한 질투감정과 분노감정을 느끼게 되며 그를 배제하려는 강렬한 노력을 하게 된다.

둘째, 낭만적 사랑은 많은 경우 그 발전 속도가 매우 급속하다. 혈연, 지연, 학연과 같이 두 사람을 묶어 맬 아무런 객관적 이유가 없는 두 남녀가 급속하게 강렬한 인간관계로 발전한다는 점이다. 어떤 경우는 전혀 모르던 두 사람이 우연히 처음 보는 순간에 강렬한 사랑으로 발전하기도 한다. 그래서 모든 언어 문화권에는 이처럼 사랑의 급격한 발전을 기술하기 위해 '사랑에 빠진다(fall in love)'라는 표현이 있다고 한다.

낭만적 사랑의 세 번째 특성은 매우 강렬한 감정이 개입된다는 점이다. 낭만적 사랑에서는 어떤 다른 인간관계에서도 경험할 수 없는 매우 강한 애착감정이 유발되어 상대방에 대한 강렬한 집착이 생겨난다. 낭만적 사랑처럼 뜨겁고 강렬한 감정이 개입되는 인간관계는 없다. 아울러 사랑관계의 굴곡에 따라 감정변화가 매우 심하게 일어난다. 상대가 나를 사랑한다고 확인했을 때의 기쁨과 환희 또는 상대가 나를 거부하고 떠나갈 때의 고통과 쓰라림은 어떤 다른 인간관계에서도 느낄 수 없는 매우 강렬한 감정인 것이다.

이러한 낭만적 사랑을 경험하는 사람들은 매우 유사한 심리적 상태를 나타낸다. 일반적으로 낭만적 사랑을 하는 사람들은 다음과 같은 심리적 경험 또는 증상을 공통적으로 경험한다.

① 사랑하는 사람에 대해서 강렬하게 집착하고 몰두한다.
② 사랑하는 사람과 늘 함께 있고 싶은 강렬한 욕망을 느낀다.
③ 함께 있든 아니든, 사랑하는 사람에 대해서 끊임없이 생각한다.
④ 사랑하는 사람을 보거나 생각하면, 강렬한 애정과 더불어 신체적 흥분을 느낀다.
⑤ 사랑하는 사람에게는 모든 것을 다 주어도 아깝지 않을 것 같은 느낌이 든다.
⑥ 사랑하는 사람으로부터 독점적인 관심과 애정을 받고자 한다.
⑦ 사랑하는 사람의 관심이 다른 사람에게 쏠리면 강렬한 질투를 느낀다.
⑧ 사랑하는 사람 없이는 자신의 존재가 불완전해지는 느낌을 가진다.
⑨ 사랑하는 사람이 자신을 거부할 것에 대한 강한 두려움이 생긴다.
⑩ 사랑하는 사람과 이별하게 되면 깊은 슬픔과 절망감을 느끼게 된다.

이러한 낭만적 사랑은 정상적이며 아름다운 심리적 체험이라는 관점이 있다. 정도에 차이는 있지만, 많은 사람들이 이성과의 관계에서 이러한 낭만적 사랑의 경험을 하기 때문에 극히 정상적인 체험이라고 할 수 있다는 생각이다. 뿐만 아니라 낭만적 사랑은 인간의 마음 깊은 곳에 있는 본성적인 애정욕구의 발현으로서 이러한 욕구가 활발하게 발현되고 충족되는 상태라고 본다. 따라서 낭만적 사랑을 통해서만 경험할 수 있는 타인에 대한 강렬한 사랑의 체험은 아름답고 소중한 체험인 것이다. 낭만적 사랑은 인생의 특정한 시기에 특별한 인연이 있는 사람에 대해서만 느낄 수 있는 삶의 축복이라고 높이 평가하는 사람도 있다. 이러한 관점을 가진 사람은 낭만적 사랑을 이상적인 사랑으로 여기며 진정한 사랑은 이러해야 한다는 입장을 취하기도 한다.

둘째, 낭만적 사랑은 비정상적인 신경증적 상태라고 보는 관점이 있다. 흔히 낭만적 사랑에 빠진 사람은 평소의 상태에 비해서 매우 불안정한 심리상태가 된다. 뿐만 아니라 사랑에 몰두하다 보면 학업이나 직업과 같은 현실생활에서 기능 저하를 나타낼 수 있다. 심지어 사랑을 위해서 생명을 버리는 사람도 있다. 이러한 심리상태는 정상적이고 건강한 상태라고 볼 수 없다는 관점이다. 또한 모든 사람이 이런 낭만적 사랑을 경험하는 것도 아니기 때문이다. 타인에 대한 강렬한 집착이라는 점에서 낭만적 사랑은 의존성, 성충동, 자기조절능력의 부족과 같은 인격적 미숙함을 반영하는 상태라고 볼 수 있다. 뿐만 아니라 낭만적 사랑에서 체험되는 여러 가지 심리적 상태는 개인의 열등감, 의심성, 질투심, 거부에 대한 두려움, 불완전감 등과 같이 부정적인 심리적 요인이 활성화되어 나타난 신경증적인 상태라고 볼 수 있다. 따라서 이런 관점을 지닌 사람에게는 낭만적 사랑이 이상적인 사랑의 형태가 아니라 미숙한 사랑의 형태인 것이다. 성숙한 사랑은 자기조절이 이루어진 안정된 상태에서 타인의 행복과 발전을 위해 현실적인 노력을 기울이는 것이라고 본다.

마지막 세 번째의 관점은 낭만적 사랑을 사회적 학습의 소산으로 본다. 즉, 낭만적 사랑은 사회문화가 부추긴 상상과 환상의 소산이라고 보는 관점이다. 우리 문화 속에서 흔히 접할 수 있는 사랑의 이야기들은 대부분 낭만적 사랑을 다루고 있고 이러한 사랑을 아름다운 것으로 미화시키는 경향이 있다. 따라서 우리는 낭만적 사랑에 대해 미화된 환상을 지니게 된다. 뿐만 아니라 이성 간의 사랑은 낭만적이어야 한다고 학습되며 따라서 그러한 사랑을 원하고 상상하게 된다. 이렇게 사회적으로 학습된 사랑에 대한 환상과 상상이 실제 이성 관계에서 결국 좌절되거나 많은 갈등을 초래하게 된다. 따라서 낭만적 사랑은 오래가지 못하며 보다 현실적인 다른 형태의 사랑으로 변화되게 된다. 요컨대, 이러한 관점은 낭만적 사랑을 비현실적인 환상에 근거한 미숙한 형태의 사랑으로 간주한다. 또한 이러한 미숙한 사랑의 원인과 책임은 개인보다 사회에 있다고 본다.

2) 낭만적 사랑의 함정

낭만적 사랑은 양면성을 지닌다. 사랑에는 밝은 면과 더불어 어두운 면이 있다. 사랑은 행복과 기쁨의 원천인 동시에 불행과 고통의 원천이기도 하다. 특히 낭만적 사랑은 사랑에 빠진 사람을 황홀한 행복감에 젖게 하지만 다른 한편으로 많은 갈등과 고뇌 속으로 몰아넣는다. '사랑은 나의 천국, 사랑은 나의 지옥'이라는 노래가사가 있듯이, 사랑은 행복·기쁨·환희를 체험하는 천국의 요소를 지니는 동시에 사랑은 불안·슬픔·고통을 겪게 하는 지옥의 속성을 함께 지니고 있다.

이렇듯이 사랑에 있어서 갈등과 고통은 필연적인 요소인 듯하다. 사랑을 다룬 동서고금의 문학작품 중에서 사랑의 갈등과 고통을 다루지 않은 작품이 없다. 심지어 '사랑은 죽음보다도 고통스럽고 독약보다도 쓴 것'이라고 묘사하는 이도 있다. 강한 밝음이 있으면 그 뒤에 강한 어둠이 있듯이, 사랑이 그토록 강렬한 기쁨을 주는 것은 그 이면에 이토록 지독한 괴로움이 있기 때문인지도 모른다. 과연 낭만적 사랑에는 어떤 고통과 갈등이 따르는 것인가? 과연 낭만적 사랑에는 어떤 함정이 있는가?

"사랑을 하게 되면 영웅호걸도 바보, 겁쟁이가 된다"라는 말이 있듯이, 사랑을 하게 되면 사람이 변한다. 흔히 나약하게 변해서 아픔을 많이 느끼게 된다. 그래서 사랑을 열병이라고 하기도 하고 누구나 한 번씩 치르는 홍역이라고 하기도 한다. 특히 낭만적 사랑은 신경증적인 병적 상태라고 보는 사람도 있다. 과연 사랑을 하게 되면 어떤 변화가 오는 것일까? 어떤 변화가 오길래 사랑이 그토록 고통스럽게 느껴지는 것일까? 낭만적 사랑의 특징을 성찰하는 것은 의미 있는 일이다.

(1) 과민성(예민성)

사람이 사랑을 하게 되면 매우 예민해진다. 사랑하는 사람의 반응에 예민하게 촉각을 곤두세우게 된다. 사랑하는 사람의 말 한마디, 눈빛 하나, 몸짓 하나에도 주의를 기울이고 그 의미를 찾으려고 한다. 사랑하는 사람의 기분과 감정에 대해서도 주의 깊게 살피게 된다. 특히 사랑하는 사람의 행동 하나하나가 과연 나를 좋아한다는 표현인지 아니면 나를 거부하는 표현인지에 대해서 촉각을 곤두

세우게 된다.

(2) 감정의 동요

사랑을 하게 되면 감정동요가 심해진다. 평소보다 감정의 변화가 심해진다. 다양한 감정을 경험할 뿐만 아니라 감정의 강도와 감정변화의 진폭이 커진다. 또한 감정이 수시로 변화하기 때문에 매우 불안정한 감정상태가 된다. 이러한 변화는 증가된 예민성의 결과이기도 하다. 상대의 반응에 예민해지면서 상대의 반응에 따라 감정이 변하기 때문이다. 상대가 나를 사랑하는 듯한 반응을 보일 때는 날아갈 듯한 기쁨과 행복감에 젖지만, 상대가 나를 멀리하는 듯한 행동을 보이면 갑자기 절망감과 불안에 휩싸이게 된다.

(3) 거부의 두려움

사랑이 고통스러운 심리적 이유 중의 하나는 거부에 대한 두려움 때문이다. 사랑을 하게 되면 사랑하는 사람으로부터 거부당할 것에 대한 과도한 두려움이 생긴다. 특히 서로 사랑의 마음을 확인해 가는 탐색적 애정교환단계에서 이러한 두려움이 가장 강하다. 그토록 상대방을 좋아하고 사랑하면서도, 사랑을 고백하기가 어렵고 힘든 이유가 여기에 있다. 상대방이 나의 사랑을 받아들이지 않을까 봐 두렵기 때문이다. 그래서 자신의 마을을 솔직하게 내보이지 못하고 대신에 매우 모호하고 우회적인 방식으로 사랑을 은밀히 표현한다. 설혹 상대방이 나의 사랑을 거부하더라도 내가 받을 상처를 줄이기 위해서이다.

(4) 열등감의 확대

사랑을 하게 되면 자신의 열등감이 확대된다. "그대 앞에만 서면 나는 왜 작아지는가"라는 유행가 가사가 있듯이, 사랑을 하게 되면 나 자신이 작고 초라하게 느껴진다. 평소에 작게 느껴지던 자신의 결점이 크게만 느껴지는 반면, 자신의 장점은 작게만 느껴진다. 또한 사랑을 하게 되면, 평소에 잠복해있던 열등감이 의식의 전면에 떠오르게 된다. 사랑을 해봐야 자신의 진정한 모습을 알 수 있다고 한다. 평소에 잠재되어 있던 열등감, 콤플렉스, 무의식적 갈등과 같이 자신의 숨겨진 면들이 부각되기 때문이다. 이렇게 자신이 작게 느껴지는 이유는 상대방이 커 보이기 때문이다. 사랑을 하게 되면 상대방에 대해서 과대평가하고 이상화하는 경향이 생겨난다. "사랑을 하면 눈이 먼다"는 말이 있듯이, 상대방의 단점과 결점은 보이지 않는다. 대신 상대방의 장점은 실제 이상으로 커다랗게 느껴진다. 따라서 사랑하는 사람 앞에서 흔히 자신감을 잃고 위축되게 된다. 천하의 영웅호걸도 사랑하는 사람 앞에서 겁쟁이가 되는 이유가 여기에 있다. 흔히 콩깍지가 씌는 것이다.

(5) 의심

사랑을 하게 되면 의심이 많아진다. 상대방의 사랑에 대해서 자꾸만 의심과 회의가 생겨난다. 과연 그 사람이 정말 나를 사랑하고 있는가? 과연 나만을 사랑하고 있는가? 다른 사람과 사귀고 있지는 않는가? 나를 속이고 있는 것은 아닌가? 이런 의문과 의심이 연기처럼 피어오른다. 상대방의 모호한 말 한 마디에 근거하여 여러 가지 피해의식적 공상과 의심을 하게 될 때도 있다. 이럴 경우에는 흔히 최악의 상황을 상상하며 의심하게 된다. 따라서 상대방의 사랑을 자꾸 확인하려 한다. 좀 더 분명한 방법으로 상대방의 사랑을 확인하고 싶어진다. 그러나 사랑에 대해서 아무리 확실한 확인을 해도 사랑의 의심은 쉽게 잠재워지지 않는다. 이러한 의심은 사랑의 위험한 함정 중의 하나이다. 의심하는 마음으로 상대방을 보면, 상대방의 언행에는 의심하는 내용과 일치하는 것으로 해석될 수 있는 것들이 없지 않다. 이렇듯, 의심은 오해를 낳고 오해는 확신으로 변한다. 이러한 현상이 극단적으로 나타난 불행한 경우가 배우자의 불륜에 대한 망상적 확신을 갖게 되는 의처증과 의부증이다.

(6) 질투

일단 사랑하게 되면 질투가 심해진다. '질투는 사랑의 자매이다. 악마가 천사의 형제이듯이'라는 명구가 있듯이, 사랑을 하게 되면 사랑의 잠재적 경쟁상대에 대해서 질투를 느끼게 된다. 사랑하는 사람에게 호의적으로 접근하는 모든 사람에 대해서 경계심을 갖게 된다. 특히 두 사람 사이의 애정관계를 위협하는 경쟁상대에 대해서는 적개심을 느끼게 된다. 또 사랑하는 사람이 관심을 보이거나 호의적으로 평가하는 사람에 대해서 질투를 느끼게 되고 그 사람을 은근히 깎아내리고 싶어진다. 이러한 질투감정은 의심과 짝을 이루어 서로를 증폭시키기도 한다. 대부분의 사회에서 질투나 시기는 금기시하는 감정이기 때문에, 질투를 느끼면서도 그것을 표현하기가 어렵다. '질투는 영혼의 황달'이라는 말이 있듯이, 질투는 강렬한 불쾌감정이지만 표출하기가 어렵기 때문에 그만큼 해소하기 어려운 마음의 고통이 된다. 따라서 질투는 간접적이며 우회적으로 표현되는 경우가 많다. 질투하는 마음을 드러내지 않은 채, 은근히 냉소적인 태도를 보이거나 사소한 일에도 짜증과 화를 내는 등 다양한 방법으로 표출된다. 따라서 상대방에게 오해를 불러일으켜 사랑의 관계에 위기를 초래할 수 있다.

(7) 외로움과 불안감

사랑을 하게 되면 고독을 알게 된다고 한다. 사랑을 알기 전에는 혼자서도 잘 지내던 사람이 사랑을 하게 되면 혼자 있을 때 외로움을 느끼게 된다. 사랑하는 사람과 떨어져 있게 되면 무언가 부족하고 불완전한 느낌에 휩싸이게 된다 그래서 사랑하는 사람과 늘 함께 있고 싶어 하며 헤어질 때마다 몹시 아쉽게 느껴진다. 헤어지고 나서 혼자 있게 되면 마음이 안정되지 않고 허전해지며 다시 만날 때를 손꼽아 기다리게 된다. 이렇듯, 사랑을 하게 되면 혼자 있는 상태가 힘들게 느껴진다. 혼자 있음은 사랑하는 사람과 떨어져 있음을 의미하기 때문이다. 더구나 상황적 이유로 사랑하는 사람과 오래도록 헤어져 지내야 하거나 실연을 통해 이별하게 되는 경우에 이러한 외로움과 불완전감은 더욱 커진다.

그런데, 낭만적 사랑에는 여러 가지 함정이 숨어 있다. 이러한 심리적 함정은 낭만적 사랑을 하는 사람에게 여러 가지 고통과 갈등을 안겨준다. 뿐만 아니라 서로에 대한 오해와 갈등을 낳게 하며 사랑의 관계에 위기를 초래할 수 있다. 이러한 갈등과 오해가 잘 해결되지 못하고 오히려 악화되면 사랑의 관계는 불행한 종말을 맞게 된다.

물론 낭만적 사랑을 하는 모든 사람들이 이러한 심리적 함정에 빠지는 것은 아니다. 그러나 이러한 심리적 함정에 빠져 자기 자신과 상대방을 모두 고통스럽고 불행하게 만드는 사람들이 의외로 많다. 사랑의 문제로 고통 받는 많은 사랑을 대상으로 연구한 텐노브(Tennov)는 이들의 사랑방식이 지나치게 비이상적이라는 공통점을 발견하였다. 그녀는 이렇게 타인에게 비이성적이고 강렬하게 집착하는 병적인 사람을 강박적 사랑(obsessional love)이라고 불렀다. 아울러 강박적 사랑은 다음과 같은 6가지 특성을 지닌다고 보고 있다.

① 사랑하는 사람에게 지나치게 강박적으로 집착한다.
② 사랑하는 사람도 자신과 마찬가지로 똑같이 강렬한 사랑을 보여 주어야 한다는 매우 강한 기대를 지닌다.
③ 사랑하는 사람의 행동을 왜곡하여 해석하고 따라서 극단적 감정변화를 나타낸다.
④ 사랑하는 사람이 사랑을 보여 주지 않으면 심한 불안과 우울에 빠진다.
⑤ 사랑하는 사람을 비현실적으로 이상화하고 과대평가하며 그 사람의 결점을 보지 않으려 한다.
⑥ 사랑하는 사람의 관심과 사랑을 얻기 위해 무모한 행동을 한다.

텐노브의 연구 자료에 따르면, 이러한 강박적 사랑은 인생의 여러 시점에서 나타날 수 있고 또한 여러 수준의 강도로 나타날 수 있다. 낭만적 사랑을 하고 있는 사람들 중에서 이런 증상을 전혀 나타내지 않는 사람도 있고 항상 이런 상태에 있는 사람도 있었다. 이러한 감정은 처음에 단순한 호감에서 시작하여 심각한 강도로 발전하는데, 대부분의 경우 시간이 흐르면 결국 낮은 수준으로 떨어지는 것이 일반적이었다.

〈표 2-5-5〉 나의 사랑에 대한 채점표

문항	전혀 그렇지 않다	그렇지 않은 편이다	보통 이다	그런 편이다	매우 그렇다
1. 우리(애인과 나)는 처음 만나자마자 곧바로 서로 끌리기 시작했다.	1	2	3	4	5
2. 내 자신의 행복보다 나의 애인의 행복을 우선하지 않으면 나는 행복할 수 없다.	1	2	3	4	5
3. 나는 그녀(그)와의 관계를 약간 모호한 상태로 유지하려고 노력한다.	1	2	3	4	5
4. 나는 내가 사랑하는 사람과 언제나 좋은 친구이기를 바란다.	1	2	3	4	5
5. 내가 사랑에 빠져 있을 때는 나는 어떤 일에도 주의 집중을 할 수가 없다.	1	2	3	4	5
6. 나의 애인은 신체적인 외모(아름다움/세련됨)가 나의 이상형에 꼭 들어맞는다.	1	2	3	4	5
7. 나의 애인이 나에게 화를 낼 때도, 나는 그녀(그)를 한없이 조건 없이 사랑한다.	1	2	3	4	5

	1	2	3	4	5
8. 나의 애인이 나에 대해서 모르고 있는 사실이 그녀(그)에게 상처를 주지는 않을 것이라고 믿는다.	1	2	3	4	5
9. 나는 애인을 선택하기 전에 주의깊게 내 인생을 계획하려고 한다.	1	2	3	4	5
10. 우리 사이에는 곧바로 신체적 "반응(chemistry)"이 일어났다.	1	2	3	4	5
11. 나의 애인이 나에게 관심을 주지 않으면 나는 온통 아파버릴 것 같다.	1	2	3	4	5
12. 만약에 나의 애인이 내가 다른 사람과 사귀던 일을 알게 된다면 그녀(그)는 제정신이 아닐 것이다.	1	2	3	4	5
13. 사랑은 신비스럽고 알 수 없는 정서라기보다는 진실로 깊은 우정이다.	1	2	3	4	5
14. 우리 사랑은 매우 강렬하고 만족스러웠다.	1	2	3	4	5
15. 나의 애인이 나에게 너무 의존적이 되어올 때면 나는 약간 뒤로 물러서고 싶어진다.	1	2	3	4	5
16. 나의 애인이 잠시라도 나에게 무관심하면, 때때로 나는 그녀(그)의 관심을 돌리기 위해 이상한 짓을 한다.	1	2	3	4	5
17. 애인이 선택할 때 가장 중요하게 고려하는 것은 그녀(그)가 나의 가족에게 어떤 영향을 미칠까 하는 것이다.	1	2	3	4	5
18. 나는 여러 파트너와 "사랑놀이(game of love)"하기를 즐긴다.	1	2	3	4	5
19. 우리들 사이에 어디쯤에서 우정이 끝나고 사랑이 시작되었는지를 확실히 말하기는 어렵다.	1	2	3	4	5
20. 우리는 진실로 서로를 이해한다.	1	2	3	4	5
21. 나는 일반적으로 나의 애인의 소망을 성취하도록 하기 위해서 내 자신의 소망을 희생하려고 한다.	1	2	3	4	5
22. 배우자를 선택하는 데에 중요한 요인은 그녀(그)가 좋은 부모가 될 수 있을까 하는 것이다.	1	2	3	4	5
23. 우리는 서로를 위해 존재한다고 나는 느낀다.	1	2	3	4	5
24. 우리들의 우정은 시간이 지남에 따라 서서히 사랑으로 발전되었다.	1	2	3	4	5
25. 나는 애정관계를 꽤 쉽게 그리고 빨리 극복할 수 있다.	1	2	3	4	5
26. 나의 가장 만족스러운 사랑관계는 좋은 우정으로부터 발달되었다.	1	2	3	4	5
27. 나는 내 자신을 누군가에게 맡기 전에 그 사람이 인생에서 무엇이 되려고 하는가를 생각한다.	1	2	3	4	5
28. 어려울 대는 언제나 나는 나의 애인을 도우려고 노력한다.	1	2	3	4	5
29. 진실한 사랑이란 처음에는 먼저 돌보고 싶은 마음이 있어야 한다.	1	2	3	4	5
30. 유사한 배경을 가진 사람을 사랑하는 것이 최선이다.	1	2	3	4	5

31. 나의 애인이 누군가와 함께 있다는 것을 상상하면 나는 견딜 수 없다.	1	2	3	4	5
32. 내가 가지고 있는 것은 무엇이든지 나의 애인이 마음대로 써도 좋다.	1	2	3	4	5
33. 우리들 사이에 일이 잘 풀리지 않으면 속이 뒤집혀 소화가 안 된다.	1	2	3	4	5
34. 나는 때때로 둘씩 사귀면서 두 사람이 서로 알지 못하도록 한 적이 있다.	1	2	3	4	5
35. 나는 어떤 사람과 사귀기 전에 만약에 우리가 아이를 가졌을 경우 그녀(그)의 유전적 배경이 나의 것과 얼마나 적합한지 밝혀내려고 한다.	1	2	3	4	5
36. 때때로 나는 사랑에 빠져 있는 흥분 때문에 제대로 잠을 이룰 수가 없다.	1	2	3	4	5
37. 나의 애인이 고통을 당하도록 내버려두는 것보다 차라리 내가 고통을 당하겠다.	1	2	3	4	5
38. 배우자를 선택할 때 한 가지 고려하는 점은 그녀(그)가 내 이력에 어떤 영향을 미칠까하는 것이다.	1	2	3	4	5
39. 우리는 상당히 빠른 속도로 정서적으로 휘말려 들게 되었다.	1	2	3	4	5
40. 최선의 사랑은 오랫동안의 우정에서 나온다.	1	2	3	4	5
41. 나의 애정관계가 깨지면 나는 우울증에 빠져들어 자살하고 싶은 생각까지 든다.	1	2	3	4	5
42. 나는 나의 사랑하는 사람을 위해서라면 모든 것을 참고 견디겠다.	1	2	3	4	5

[채점 및 평가]

유형	낭만적	유희적	우정과 같은 사랑	소유의존적	실용적	헌신적
검사지 번호	1	3	4	9	5	2
	6	8	13	17	11	7
	10	12	19	22	16	21
	14	15	24	27	31	28
	20	18	26	30	33	32
	23	25	29	35	36	37
	39	34	40	38	41	42

각 문항에 대해 "매우 그렇다=1" "약간 그렇다=2" "그렇다=3" "별로 그렇지 않다=4" "전혀 그렇지 않다+5"의 5점 척도 상에 반응한 <표 2-5-5>에 근거하여 각 사랑의 유형별로 점수의 평균치를 계산한다.

출처: Hendrick & Hendrick, 1986.

탐구 문제

1. 인간의 성격의 의미와 특징에 대해서 간단히 설명해 보시오.

2. 성격이론 중 특성이론의 유형론과 특질론을 상호 비교 설명해 보시오.

3. 인간의 종합적 성격 판별 기법인 MBTI(성격 유형 검사)의 특성과 시사하는 바를 설명해 보시오.

4. 인간의 발달, 성장, 성숙, 학습 등을 상호 비교 설명해 보시오.

5. 인간의 발달에서 유전과 환경의 영향에 대해서 간단히 설명해 보시오.

6. 피아제(Piget)의 인지발달단계를 제시하고 간단히 설명해 보시오.

7. 프로이트(Freud)의 심리성적 발달단계를 제시하고 각 발달 단계의 특징을 간단히 설명해 보시오.

8. 에릭슨(Erikson)의 심리사회적 발달단계를 제시하고 간단히 설명해 보시오.

9. 일반적인 사회환경의 개념을 내부환경과 외부환경으로 구분하여 그 특징을 간단히 기술해 보시오.

10. 집단의 유형을 구성 방법에 따라 분류하고 그 특징과 시사(示唆)하는 바를 중심으로 논하시오.

제 **3** 부

소통(疏通)과 공감의 이해

제1장 대화(對話)와 설득(說得)
제2장 의사결정(意思決定)의 이해
제3장 의사소통(意思疏通)의 이해
제4장 갈등(葛藤)과 해결 방안
제5장 인간존중과 행복

[제3부 학습과 탐구의 개관]

　제3부에서는 인간과 인간의 상호작용(interaction)을 중심으로 한 소통과 공감에 대한 이해를 심층적으로 파악하고 탐구한다. 이를 위하여 대화와 설득, 의사결정의 이해, 의사소통의 이해, 갈등과 해결 방안, 인간존중과 행복 등에 대해서 이론과 현실을 연계하여 접근하고 있다. 인간이 사회 구성원으로서 겪고 경험하는 다양한 인간관계의 밑바탕인 대화와 설득, 그리고 의사결정과 의사소통의 중요성과 기법에 대해서 다룬다. 특히 인간관계의 인지적 측면, 심리적 측면, 행동적 측면을 연계하여 연구한다.

제3부: 소통(疏通)과 공감의 이해

☺ **학습 목표**
1. 의사소통의 수단인 대화(對話)와 설득(說得)에 대해서 이해한다.
2. 의사결정의 유형과 과정에 대해서 깊이 있게 이해한다.
3. 의사소통의 유형과 방법에 대해서 깊이 있게 이해한다.
4. 인간의 사회생활에서의 갈등(葛藤)의 개념과 원인 및 해결 방안을 모색한다.
5. 인간존중과 참다운 행복에 관해서 이해하고 탐구한다.

▶ **주요 개념**
1. 의사소통, 대화, 경청, 공감, 관심, 대화의 기술, 설득의 전략, 자존심 존중
2. 의사결정, 중재적 결정, 상고적 결정, 창조적 결정, 대안 평가, 의사결정의 모형
3. 인간행동, 의사소통의 유형, 공식적 의사소통, 비공식적 의사소통, 의사소통의 장앤 요인, 의사소통의 효과, 의사소통의 전달자
4. 갈등, 갈등 해소전략, 갈등의 기능, 갈등의 원인, 갈등의 유형, 조직 갈등, 역할
5. 인간과 행복, 인간존중, 인간존중의 개념, 자기존중, 타인존중, 참다운 행복

※ 사실 커다란 차이를 만들어내는 것은 사소한 사고(思考)와 태도(態度)에서 비롯된다.
　　(Churchill: 전 영국 총리)

제1장 대화(對話)와 설득(說得)

제1절 대화(對話)의 이해

1. 대화와 '달변(達辯)'의 의미

대화(對話)란 두 사람 이상이 말을 주고받는 것을 뜻한다. 그러나 말과 대화는 다르다. 대화는 주로 말로 하지만, 말은 대화가 아닐 수 있다. 혼자서는 말을 잘하지만-연설을 잘하는 사람들처럼-둘 이상이 모였을 때 대화를 잘 하지 못하는 사람이 많다.

말(言語)은 의사전달이어서 일방 통행적인 반면, 대화는 의사교환이어서 양방 통행적이다. 마치 테니스를 치는 것과 같다. 내가 오른쪽에서 상대편으로 공을 치면 상대편은 공이 날아오는 곳으로 옮겨가서 공을 받아치고, 나는 또 그 공이 오는 곳으로 옮겨가서 공을 맞받아치는 것과 같은 것이다.

이처럼 대화는 상대방과의 관계 속에서 이루어지는 것이기 때문에 거기에는 감정이 실리게 마련이다. 어떻게 보면, 인간관계를 대화의 관계라고 해도 지나친 말이 아니다. 그래서 학교에서 교육을 할 때의 교사와 학생의 관계도 대화의 관계라고 말할 수 있다. 슬픈 대화가 있고 즐거운 대화가 있다. "어 해서 다르고, 아 해서 다르다"라는 말도 대화에 감정이 실린다는 뜻이다. 감정이 실리기 때문에 대화는 때때로 상승작용을 하게 된다.

대화에 있어서 가장 중요한 대 원칙은 말의 양(量)보다 질(質)이 중요하다는 점이다. 학생과의 관계에서 교사는 어른이기 때문에, 그리고 교사의 권위가 있기 때문에 학생과의 대화에서 말을 많이 할 가능성이 있다. 말의 무게, 씨알이 먹히는 말이 듣는 사람에게 의미가 없는 잔소리보다 중요하다. 그래서 무엇(內容)을 말할까도 중요하지만, 어떻게(方法) 말하는가가 더 중요할 때가 많다. 이 프로그램은 학생과의 관계에 있어서의 올바르게 대화하는 방법을 익히기 위한 것이다. 일상생활에서 교사가 학생들과 수고받는 말은 수없이 많다.

1915년 미국에서의 있었던 일이다. 당시 록펠러(Joho Davison Rockefeller, Jr.)는 미국 콜로라도 주에서 그 누구보다도 가장 많은 미움을 받던 사람이었다. 미국의 산업 역사상 가장 끔찍한 파업 사태가 2년 동안 콜로라도 주를 강타했다. 성난 광부들이 콜로라도 석유회사와 강철회사에서 임금 인상을 요구했다. 그 회사는 록펠러의 소유였다. 회사 기물이 파괴되고 군대까지 동원되었다. 유혈 사태가 발생하여 파업하던 사람들이 총에 맞아 쓰러졌다. 사태를 수습하기 위해 록펠러는 파업 광부 대표들에게 연설을 했고, 이를 들은 파업 광부들은 자신들이 그토록 격렬하게 싸웠던 임금 인상 문제에 대해서는 단 한마디 말도 하지 않은 채 일터로 되돌아갔다.

위 사례에서 소개된 사람은 존 D.록펠러 2세로서 록펠러 재단의 창시자인 존 D.록펠러의 아들이자 자선사업가였다. 그가 극한 상황에서 노조에 했던 온화하고 다정한 연설은 우리가 대화나 설득에 임해서 어떤 태도를 보여야 하는지 큰 교훈을 준다. 다음 연설의 어구 중 어떤 부분이 분노한 노조의 마음을 움직였을지 깊이 고뇌해 보는 것도 의미 있을 것이다.

"오늘은 제 생애에 있어서 특별한 날입니다." 하며 록펠러는 연설을 시작했다.

"이 훌륭한 회사의 임직원과 근로자들의 대표를 만나게 된 영광은 오늘이 처음이며, 따라서 이 자리에 서 있는 것이 자랑스럽고 오늘의 만남을 영원히 기억할 것입니다. 만일 우리가 2주일 전에 이렇게 모였더라면 저는 여러분 중 몇 사람의 얼굴만 알아보는 낯선 사람으로 여기 이 자리에 섰을 것입니다. 지난 주 동안 남부 탄광촌을 모두 방문하여 그 자리에 없던 몇몇 사람을 제외하고는 거의 모든 근로자 대표들과 이야기를 나눴고, 여러분의 가정을 방문하여 가족도 많이 만나 볼 수 있는 기회가 있었기 때문에, 오늘 여기서 우리는 서로 낯선 사람들이 아닌 친구로서 만나게 된 것입니다. 또한 제가 여러분과 더불어 우리의 공동 이익에 대해 의논하는 기회를 갖게 된 것을 기쁘게 생각하는 것도 바로 이 우호정신 때문입니다. 이 자리는 회사의 직원과 근로자 대표의 모임이기 때문에 제가 여기에 서 있는 것은 오로지 여러분의 덕분입니다. 불행하게도 저는 여러분 중 어느 한 편에도 끼지 못하지만 어떻게 보면 저는 여러분 모두와 매우 친밀한 관계를 맺고 있다고 생각합니다. 그것은 제가 주주와 이사회의 대표이기 때문입니다."

"말 한마디에 천 냥 빚도 갚는다"라는 값진 속담이 있지만 우리는 깊이 생각해보지 않는 경우가 많다. 우리가 말 잘하는 것을 소홀하게 생각하거나 말을 잘 못하는 이유에는 말에 대한 한국인만의 독특한 사고방식이나 행태가 있기 때문이다.

기본적으로 타인(남)을 너무 의식한다. 일단 말을 해야 할 때에도 체면부터 차리고 본다. 체면을 벗어던지고 솔직하게 자기 고백을 하면 문제를 쉽게 풀 수 있는데도 불구하고 그것이 잘 안 되는 것이다. 또 튀면 찍힌다는 생각도 많다. 보통 사람들은 튀지 않기 위해 가급적 자기 생각을 제대로 표현하지 않으려고 한다. 특히 이런 행태는 멍석을 깔아 주면 더 심하다. 앉아서는 말을 잘하는데 사람들 앞에만 서면 말을 잘 못한다.

그러면서도 친한 사이에는 조심성이 너무 없다. 부부간이나 부모와 자식 간의 갈등은 대부분 서로 기본적 예의를 지키지 않는 데서 기인한다. 말 안 해도 우리는 통한다고 믿는 것도 문제이다. '이심전심(以心傳心)'이라는 말도 있듯이 내가 굳이 말을 안 해도 상대방이 내 마음을 알아주려니 믿는다.

말을 잘 안 하거나 못하는 것을 떠나 말이 싸움으로 이어지는 경우도 많다. 차끼리 접촉사고가 나면 우선 큰소리부터 쳐서 상대방의 기선을 제압해야 한다고 배운다. 몹시 치열한 경쟁 사회에서 살아남기 위해서 다른 사람을 배려하거나 양보할 줄 모른다. 극심한 경쟁의식과 피해의식으로 인해 타협이나 양보보다는 우격다짐으로 문제를 풀려고 하거나 억지를 부려서라도 자기 의견을 관철시키려고 한다.

그렇다면 말을 잘한다는 것은 무엇일까? 그것은 미사여구를 동원하여 거침없이 쏟아내는 달변을 의미하지 않는다. 우리가 흔히 일상생활 속에서 말 때문에 겪게 되는 문제나 어려운, 혹은 말 한 마디만 잘해도 잘 해결 될 수 있는 문제에 관해 차분히 다시 생각해 보고 마음가짐과 태도를 고쳐 나가려는 노력과 크게 다르지 않다. 결국 말을 잘한다는 것은 바로 상대방의 기분과 상황을 잘 고려하여 적재적소에 맞는 언어 표현을 잘하는 것을 의미한다.

2. 대화의 기본 습관

우리는 일생 동안 수많은 사람을 만나게 된다. 그러나 진정 나를 이해하고 도와줄 사람이 언제 어디에서 나타날지 알 수는 없다. 그런 인연에 대해 아무도 알 수 없기 때문에 우리는 누구에게나 항상 친절하고 성심껏 대해야 한다. 이런 태도가 깊이 배어 있는 좋은 대화를 이어 나가기 위해서, 우리는 평소에 좋은 대화 습관을 가져야 한다.

1) 경청(傾聽)의 미학: 잘 듣는 습관

저명한 화술 전문가 데일 카네기(Dale Carnegie)는, 수다를 "불만을 해소하는 안전밸브"라고 하면서 상대방이 되도록 많은 이야기를 하게 해야 한다고 주장한다. 우리는 나와 의견이 맞지 않는 사람이 말을 할 때면 흔히 끼어들어서 논쟁을 벌이거나, 말을 막을 수 있는 지위에 있다면 말을 막아 버린다. 그러나 안전밸브가 잘못되면 불만은 폭발할 수밖에 없다. 진정으로 진지하게 들으면서 교감을 나눌 수 있는 대화가 필요하다.

스티븐 코비(Steven Covey)는 그의 명저 『성공하는 사람들의 7가지 습관(The 7 Habits of Highly Effective People)』에서 성공하는 사람이 가지는 공통적 습관에는 어떤 것이 있는지 제시한 바 있다. 그 일곱 가지 중 하나는 "먼저 이해하고 다음에 이해시켜라!"이다. 즉, 성공한 사람들은 의사소통을 할 때 단순한 정보의 교환이 아닌 공감적 커뮤니케이션에 익숙하다는 말이다.

그에 따르면, 다른 사람의 말을 듣는 우리의 태도는 얼마나 집중하는지에 따라 보통 다섯 가지 수준 중 어느 하나에 속한다고 한다. 첫째는 그 사람의 말을 아예 무시해 버리는 것, 둘째는 "응, 그래, 그렇지, 맞아" 등 맞장구를 치면서 듣는 체만 하는 것이다. 셋째는 대화 중 어느 특정한 부분만 듣는 선택적 청취이고, 넷째는 상대가 하는 말에 온 힘을 다하여 주의를 기울이는 집중적 경청(傾聽)이다. 넷째까지만 하더라도 자기의 관점을 중심으로 듣는 태도이며 상대방의 말을 진정으로 이해하려는 의지보다는 그 말에 대응하면서 상대방을 통제하려는 목적이 내포되어 있다.

그러나 마지막 다섯째는 위의 것과는 차원이 다른 '공감적 경청'이다. 공감적 경청이란 다른 사람이 가진 준거 틀의 내면에 들어가는 것을 말한다. 다른 사람의 관점을 통해서 사물을 보는 것, 즉 그들이 세상을 보는 방식에 입각하여 세상을 보는 것이다. 이때 우리는 그들의 패러다임과 감정을 이해하게 된다.

공감적 경청을 한다는 것은 귀로 말을 듣는 것뿐만 아니라 동시에 더욱 중요한 눈과 가슴으로도 듣는 것을 의미한다. 즉, 감정과 의미, 행동까지도 경청한다. 오른쪽 뇌는 물론 왼쪽 뇌까지도 사용하여 감지하고 직관하고 느끼게 된다. 따라서 공감적 경청이란 남에 대한 배려와 감정이입(感情移入) 없이는 불가능하다.

대화에서 배려와 감정이입의 중요성을 강조하는 철학사조로는 포스터모더니즘이 대표적이다. 이 사조의 핵심적 가치는 상대주의와 감성이다. 여성이 남성보다 일반적으로 부드러운 대화를 잘 이어가는 주된 이유는 상대의 입장에서 생각해 보려는 역지사지(易地思之)의 마음가짐이 잘 되어 있고, 또 잘 들으려는 감성적 의지가 강하기 때문이라고 한다.

예를 들어 우리는 흔히 텔레비전 연속극을 보면서도 눈시울을 적시거나 몹시 흥분하는 우리의 어머니들을 목격한다. 또 "어머머, 그랬구나!" 맞장구를 치면서 수다를 늘어놓는 한국의 전형적 아줌마들에게도 익숙하다. 남성은 당면한 문제를 직접 해결할 수 없는 수다를 쓸모없는 것으로 치부해 버리지만 여성은 감정의 소통 자체에 즐거움을 느끼고 교감을 나눈다.

따라서 좋은 대화를 이어 나가면서 그것이 좋은 인간관계로 발전하게 만들기 위해서는 마음을 활짝 열고 끈기 있게 다른 사람의 말에 귀를 기울여 진지하게 들어야 한다. 그리고 그들이 생각을 충분히 말할 수 있도록 격려도 해 주어야 한다.

2) 공감적 이해: 상대방의 욕구에 공감하려는 습관

우리는 주위에서 공휴일이면 골프든 낚시든 등산이든 장비를 꾸려가지고 떠나는 직장인이나 세일즈맨을 많이 보고 있다. 그들 중에는 취미생활을 즐기기 위해서 그렇게 하는 사람도 있겠지만, 상당수 사람들은 집에서 잠이나 실컷 자거나 소홀했던 가족들과 함께 시간을 보내고 싶은 생각이 굴뚝같을 것이다. 그런데도 불구하고 어쨌든 나가야 하는 신세는 결국 처세술의 일환이라고 보아도 큰 무리가 아니다.

세계화 시대인 현대 사회에서 직장의 상관이나 고객이 즐기는 취미를 공유해야만 '살아남을 수 있다'라는 것은 많은 직장인이 기본적으로 가지고 있는 생각이다. 처음에 직장에서나 업무와 관련해서 쌀쌀맞게 대하던 사람도 취미를 공유하면서는 놀랄 만큼 부드러워진다. 자연히 대화가 원활해지고 인간관계가 돈독해지면서 후에 업무와 관련해서도 큰 도움이 된다.

따라서 다른 사람과 친해지고자 할 때, 혹은 설득을 해야 할 특정한 목적이 있을 때조차 용건부터 말하기 전에 사전에 충분한 공감대를 형성하고 편한 관계를 만들어야 한다. 이를 위해 화젯거리를 만드는 일도 중요하다.

데일 카네기에 따르면, "당신은 낚시를 할 때 미끼로 무엇을 사용하고 있습니까? 당신은 자신이 버터나 치즈를 좋아한다고 해서 설마 그것을 미끼로 쓰지는 않겠지요?" 하고 좋은 대화를 위해서는 상대편이 어떤 것에 관심이 많은지 잘 파악해서 화제를 만드는 것이 필요하다고 역설한다.

예를 들어 남성과 말할 때에는 일, 취미나 오락, 술과 같은 기호품 등에 관한 화제가 적절하지만, 여성과 말할 때에는 옷이나 액세서리, 육아나 가정생활 등에 관한 것이 좋을 수 있다. 젊은 층은 레저나 스포츠, 취업 등에 관심이 많은 반면, 중년층은 일, 가정, 건강 등에, 그리고 노년층은 과거의 인생 이야기나 건강 등에 관심이 특히 많을 것이다. 부유층을 대할 때에는 그의 성공담이나 취미, 고가품 등에 대해서 대화를 시작하면 관심을 보일 가능성이 크다.

이렇게 적절한 화젯거리를 찾기 위해서는 평소에 준비를 잘하고 있어야 한다. 신문이나 교양서적을 평소에 많이 읽어 식견을 넓히고 다양한 의견을 접해봄으로써 편견이나 선입견을 없애려는 노력도 중요하다. 앞으로 어떤 종류의 사람을 만나게 될지 모르며, 만나게 되는 그 많은 사람이 같은 성별, 연령, 지위라고 하더라도 제각기 다른 관심과 욕구를 가지고 있을 수 있기 때문이다. 깊이 있는 대화에서는 다음과 같은 점을 유의하여야 한다.

① 다른 사람(어른)의 뜻대로 지도하거나 통제하지 말자.

② 대화의 문을 열어주고는 다시 닫지 말자.
③ 앵무새처럼 말을 되받기만 하지 말자.
④ 공감적 이해를 하면서 듣도록 하자.

3) 대화의 종류와 기능: 의견과 감정의 교호

현대사회에서 말을 잘한다는 것은 큰 자산을 가지고 있는 것과 같다. 대화를 통해 우리가 얻을 수 있는 것을 중심으로 대화의 종류를 구분하자면, 소비적 대화와 생산적 대화로 나눌 수 있다. 소비적 대화란 잡담처럼 이야기하는 것 자체에서 즐거움을 느끼는 것이고, 생산적 대화란 회의나 세일즈에서처럼 특별한 문제를 해결하기 위해 이야기하는 것이다. 그래서 소비적 대화를 '정적 대화'라 하고, 생산적 대화를 '지적 대화'라고도 한다.

우리는 소비적 대화, 즉 잡담과 같은 것을 통해 그저 즐거움을 나누는 경우가 있다. 문제 해결 등 특정한 목적을 이루려고 하는 것은 아니지만 레크리에이션과 같은 기능이다. 그러나 잡담이라고 해서 결코 불필요하거나 말 그대로 '소비적'인 것이라고 볼 수는 없다. 잡담은 좋은 인간관계를 형성하는 데 큰 역할을 한다. 잡담은 '화장을 하지 않은 얼굴'과 같아서, 잡담을 통해 정보는 물론 감정까지 상대방과 솔직담백하게 공유하면서 서로 친해진다. 더 나아가 서로 신뢰와 인간적인 정까지 싹틀 수 있는 계기가 된다.

잡담(雜談)을 통해 일단 원만한 인간관계가 형성되면 후에 상대방을 설득할 때에도 큰 도움이 된다. 우리가 상대방의 말에 동요되는 것은 저 사람의 말은 믿어도 되라라는 생각이 들기 때문이다. 소비적 대화는 그저 '소비적'이 되는 것이 아니라 장기적으로 보면 생산적 대화, 즉 설득을 위한 탄탄한 기반이 되는 것이다. 그러나 잘못된 대화는 인간관계에 치명적 오점을 남긴다. 한 번 뱉은 말을 주워담기 어렵다. 사람의 마음속에 깊은 상처를 남길 수도 있어 대립과 갈등의 씨앗이 되기도 한다. 말을 하는 데 있어 사람은 누구나 실수를 할 수도 있다.

그러나 문제는 잘못을 깨닫고 시정하지 않으려는 쓸데없는 고집이 인간관계를 해친다. 우리는 내뱉은 말을 취소하고 사과해야 하는 명백한 상황 속에서도 단순히 자존심이 상할까 봐 갖가지 변명과 궤변을 늘어놓으면서 밀어붙이는 오류를 범한다.

한편 소비적 대화와 대비하여 생산적 대화에서는 특정한 목적을 가지고 대화에 임한다. 그 목적은 무수히 많다. 세일즈맨은 물건을 팔기 위해 대화하고, 정치인은 표를 얻기 위해 대화하고, 교사는 학생을 가르치기 위해 대화하고, 공무원은 민원을 해결하기 위해 대화하는 등 매우 다양하다. 그런데 이런 종류의 대화에서는 말하는 사람이 원하는 대로 상대방이 이해해 주고 따라 주기를 원하기 때문에 설득의 형태를 띠는 경우가 많다.

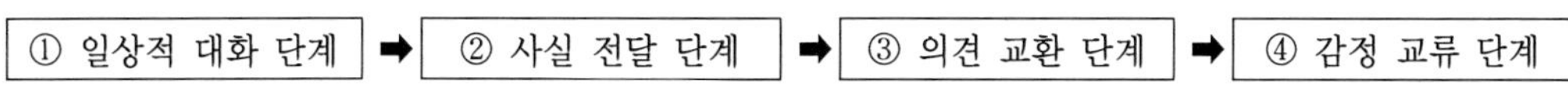

[그림 3-1-1] 대화를 통한 인간관계의 단계

설득에는 전략 및 기법이 필요하다. 즉, 일상 회화에서와는 달리 화술이 필요하다. 화술이란 자기의 의사를 상대방에게 전달하고 상대를 이해, 납득, 공감시켜서 자기가 원하는 대로 움직이게 만드는 기술이다. 따라서 화술(話術)은 화장(化粧)에 비유할 수 있다. 잡담(雜談)이나 일상 회화(會話)는 화장을 하지 않은 얼굴이라고 한다면, 생산적 대화 혹은 설득은 곱게 '화장(化粧)을 한 얼굴'과 같다. 즉, 잘 가꾼 말이 필요하다.

사회생활에서 화술은 성공의 열쇠이다. 일도 열심히 하고 능력도 있으며 주관도 뚜렷하지만, 상대방에게 자신을 올바르게 이해시키지 못하여 자기의 존재를 제대로 평가받지 못하는 경우가 많다. 이렇게 화술에서 문제가 생기면 삶 자체가 고달파진다. 자기의 의사를 제대로 밝히지 못하여 자존심이 상하고 열등감을 가지게 된다. 일에 실적은 떨어지고 리더십(leadership)이 사라지면서 승진이 늦어진다. 성격 자체가 어두워지면서 가족이나 친구로부터도 멀어진다.

물론 설득에서도 잡담에서처럼 '잘 듣는 습관'과 '상대방의 욕구에 공감하려는 습관'과 같은 성실한 습관이 중요하다. 그럼에도 불구하고 설득의 효과를 극대화시키기 위해서는 성실함과는 다소 괴를 일으킬 수도 있는 전략적 접근이 필요하기 때문에 설득의 의의 및 설득을 위한 전략에 관해서 좀 더 깊이 있게 논의하지 않을 수 없다.

〈표 3-1-1〉 교사와 학생 간의 대화 문제 해결 방안

사례	대화 구분	문제 해결 방안
교사에게 문제가 있을 경우	① 나의 감정이나 의사를 표현해 주는 대화 ② 상대방의 행동을 표현해주는 대화	① 학생 때문에 교사에게 문제되는 것이 무엇인가를 확실히 한다. ② 교사가 대화를 이끌어 나간다. ③ 교사가 말하는 입장이 된다. ④ 교사는 문제의 해결책을 찾는다.
교사, 학생 양쪽에 문제가 될 경우	① 문제 해결의 대화	① 교사가 원하는 것과 학생이 원하는 것이 무엇인가를 확실히 한다. ② 교사와 학생이 함께 대화를 이끌어 나간다. ③ 교사와 학생 둘 다 만족할 수 있는 해결책을 찾는다.
학생에게 문제가 있을 경우	① 침묵의 대화 ② 대화의 열쇠 ③ 깊이 듣는 대화	① 학생에게 문제가 되는 것이 무엇인가를 확실하게 한다. ② 학생이 대화를 이끌어 나가도록 한다. ③ 학생이 말하는 입장이 된다. ④ 교사는 듣는 입장이 된다. ⑤ 학생 스스로 해결책을 발견하도록 돕는다.

3. 마음을 여는 대화 기법: 'High 접근 기법'

1) High Concern! (관심)

(1) 건강인이란?

세계보건기구(WHO)는 건강인의 정의를 육체적 건강, 정신적 건강, 사회적 건강, 영적인 건강으로 정의하였다. 그런데 한국에서는 여기에다가 경제적 건강을 추가하고 있다. 즉 육체적, 정신적, 사회

적, 영적에다가 경제적 건강까지 이룬 바탕위에서 아름다운 대화를 나누며 사는 삶이 건강한 삶이라고 할 수 있다.

(2) 관심의 중요성

모든 일은 관심에서 비롯된다. 관심을 가지면 그곳에 희망이 있고, 미래가 있다. 꿈이 있고 비전이 있다. 우리가 고객에 관심을 갖고 학생에 관심을 갖는 것은 그곳에 희망과 꿈이 있기 때문이다. 만일 우리가 학생들에게 관심을 갖지 않는다면 그와 같은 꿈과 희망도 사라져 버릴 것이다.

(3) 관심의 3단계

첫째, 관심 갖기이다. 타인의 표정과 행동을 살피고, 말에 귀를 기울여 그가 필요로 하는 것이 무엇인가를 알아낸다.

둘째, 배려하기이다. 그가 원하는 것이 실현되도록 적극적으로 도와서 만족을 준다.

셋째, 승승(win-win)문화 만들기이다. 고객이 만족하고 행복하면 나도 행복한 승승의 사회문화가 이루어지도록 한다.

2) High Smile! (웃음)

(1) 활짝 웃어라

일소일소(一笑一少) 일로일로(一怒一老)이다. 또 소문만복래(笑門萬福來)이다. 웃으면 누구나 좋아한다. 웃음으로 대하면 누구나 환영하기 마련이다. 벌도 우는 낯에 쏜다는 말이 있다. 향기로운 꽃밭엔 벌나비가 날아드나, 구린내가 나는 꽃엔 똥파리가 날아든다. 자신의 얼굴을 벌나비가 찾아오는 향기로운 꽃으로 가꾸는 것이 중요하다. 사람만 보면 활짝 웃는 웃음인이 되어야 한다. 그래서 자신이 있는 곳엔 늘 밝고 아름답도록 하여야 한다. 타인을 대하면 노여움이 사라지고, 좌절이 희망으로 바뀌고, 슬픔이 기쁨으로 변화되도록 하여야 한다. 자신의 미소의 마력에 상대는 감동을 받게 될 것이다.

(2) 웃음의 의미

첫째, 웃음은 만국 공통어이다.
둘째, 웃음은 만병통치약이다.
셋째, 웃음은 최고의 비아그라이다.
넷째, 웃음은 최고의 미용 화장품이다.
다섯째, 웃음은 행복의 메신저이다.
여섯째, 웃음은 사랑의 표상이다.

(3) 웃음의 효과

웃음은 + 건강을 더해주고,
웃음은 - 스트레스, 근심, 걱정을 빼주고,
웃음은 X 행복을 곱해주며,
웃음은 ÷ 사랑, 행복을 나눠준다.

3) High Listening! (경청)

(1) 조용히 듣는 태도

타인의 이야기를 건성으로 듣지 말고 잘 들어야 한다. 진지한 모습으로 들어야 한다. 그냥 듣지 말고 반응을 보이면서 들어야 한다. 그러면 상대방은 신바람이 난다. 간혹 중복되는 부분이 있더라도 처음 듣는 느낌으로 들어주어야 한다. 또 그 소리한다고, 지겹다거나 면박을 주지 말아야 한다. 끝까지 기분 좋게 들어주어야 한다. 그러면 상대는 당신의 경청의 자세에 감동을 받아 고마워할 것이다. 잘 듣는 것이 소통의 첫째이다.

(2) 자연과의 소통

자연의 소리에 귀를 기울여야 한다. 자연의 도움 없이는 단 한 시간도 살수 없기 때문이다. 공기가 없다고 생각해보자. 물이 없다고 생각해보자. 동식물이 없다고 생각해 보자. 삶이 원초적으로 불가능할 것이다.

자연에 귀를 기울이고 친환경적인 생활을 해야 하는 또 다른 이유는 남성의 근본이 약해지고 있다는 것이다. 건강한 남성이 정액을 한 번 발사하면 3억 개의 정충이 쏟아져야 하고 그 중 60% 이상의 활동성으로 움직여야 할 텐데 그 숫자가 대폭 줄어들었다는 보도이다. 줄어들었을 뿐만 아니라 그 녀석들만이라도 활발하면 얼마나 좋을까? 안타깝게도 1m 전방에 난자가 기다리고 있는데 그곳까지 못 가는 것이다. 한 발 가서 주저 앉고 한 발 가서 물러서고…. 정자가 난자와 만나야 애를 만들든지 뭘 하든지 할 텐데 만나지를 못하는 것이다. 몇 가정 중에 한 가정이 애가 없는 이유를 곰곰이 생각해 보아야 한다.

자연을 한없이 사랑하고 친환경적인 생활을 하도록 하여야 한다. 그것이 우리가 살고 자연이 사는 길이기도 하다.

(3) 자기와의 소통

자연과의 소통을 하였으면 자기와의 소통을 해야 한다. 이 세상에서 가장 주요한 존재는 누구일까? 곧 자기 자신이다. 내가 없으면 세상은 무의미하기 때문이다. 따라서 우선 자신과의 소통을 잘해야 한다.

나와의 소통을 잘하려면 내 영혼이 어딘가에 불편한 데가 없는가를 살펴야 한다. 내 영혼이 어딘가에 괴로운 데가 없는가를 살펴야 한다. 노력과 수고에 대한 대가는 제때 함으로서 내면의 활력을 증진시켜야 한다.

가끔 좋은 음식도 대접을 해야 한다. 3천 원짜리, 5천 원짜리만 대접할 것이 아니라 좀 후한 대접도 해야 한다. 그래서 내면에서부터 활성화돼야 한다.

(4) 고객과의 소통

자기와의 소통을 했으면 고객과의 소통을 해야 한다. 내 얘기만 하는 것은 아닌지 살펴봐야 한다. 고객의 소리를 듣고 또 들어야 한다. 그들의 원하는 것이 무엇인지를 듣고 또 들어야 한다. 불만을 표시하면 즉각 처리를 함으로써 기회로 전환하여야 한다. 고객은 리더요, 스승이요, 은인이다. 그들이 있으므로 내가 있고 그들의 협조 덕에 오늘도 생활하여야 한다.

10-1=? 10-1=9가 아니라 0이다. 10번 잘하다가 1번만 잘못하면 소용이 없다는 뜻으로 쓰이는 말이다. 실제로 열 번 잘하다가 한번 잘못하면 우린 그 식당에 안 가는 경우가 많다. 다른 데로 가는 것이다. 대신 갈 곳이 얼마든지 있기 때문이다. 그 한번 때문에 그 식당은 문을 닫을 수도 있다. 그렇게 한 번이 무서운 것이다.

그러면 고객이란 누구인가? 가족을 포함한 주변의 모두를 가리킨다. 고객은 감동시켜야 할 대상이다. 어떻게 하면 고객을 기쁨으로 감동시킬 수 있을까를 생각해야 한다.

나는 내가 일하는 곳이 있다. 그곳의 일이 죽을 때까지 있는 한 나는 영원한 직장인이다. 그곳에 들러서 보면 모두들 열심히 일한다. 어떨 때는 눈썹이 휘날리도록 뛰어다니면서 일을 한다. 그때 살짝 예기해 준다. 현장에서 느낀 대로, 다만 긍정적으로.

"힘들지!"

"아뇨, 괜찮아요."

이 짤막한 커뮤니케이션이 그와 나의 마음을 이어준다. 피곤한 듯 느껴지던 그의 얼굴에 미소가 느껴지면서 분위기는 금방 따뜻해진다. 배려와 관심이 인간관계를 좋게 만드는 것이다.

나는 이들이 전부 고객이라 생각하기 때문에 정성을 다한 대접을 한다. 사실 내부고객이 더 중요한 것이다. 내부고객이 만족해야 외부고객을 만족시킬 수 있다. 내부고객이 얼굴에 미소가 돌아야 외부고객을 웃음으로 만족시킬 수 있다.

고객과의 소통이 중요하다. 고객을 위해서라면 뭐든지 하여야 한다. '고객님, 당신을 사랑합니다. 당신이 있기에 내가 있습니다.'

(5) 역피라미드 시대

이제는 역피라미드 시대이다. 과거의 시대가 피라미드시대였다면 지금은 역피라미드 시대이다. 피라미드 시대에서는 맨 위에 CEO가 있고 임원이 있고 관리자가 있고, 직원이 있고 맨 아래에 고객이 있었다. 그러나 이제 역피라미드 시대에는 맨 아래에 있던 고객이 맨 위로 올라왔다. 고객이 어떤 경우에건 매우 중요한 시대가 되었다.

그리고 파워 관계는 어떠냐 하면 이 부분도 바뀌었다. 피라미드시대에는 뭔가를 제공하는 이에게 힘이 있었다면 지금은 그 제공하는 것을 사용하는 소비자에게 즉 고객에게로 힘이 이전되었다. 즉 정치인보다는 국(시)민, 경영자보다는 근로자, 선생님보다는 학생, 의사보다는 환우, 상사보다는 부하, 다시 말하면 '생산자에게서 소비자에게로 파워가 시프트(이동)되었다'라고 말할 수 있다.

(6) 소통의 목적

소통의 목적은 어디에 있을까? 상생에 둬야 하지 않을까 한다. 사람들의 최종 목적은 너도 살고 나도 사는 협력에 있기 때문이다.

유네스코는 평생학습시대의 네 가지 기둥을 제시하고 있다. 첫째는 알기 위한 학습(Learn to know)이고, 둘째는 행동하기 위한 학습(Learn to act)이고, 셋째는 더불어 살기 위한 학습(Learn to live together)이고, 넷째는 존재하기 위한 학습(Learn to be)이다.

우리가 소통하는 목적은 이 네 가지 다 포함되어 있다. 그중에서도 하나를 고르라 한다면 세 번째인 너와 내가 함께 잘사는 상생에 있음을 유념해야 한다. 그럴 때만이 우리는 존재하게 된다.

너만 잘살고 나는 못 사는 사회가 돼서는 곤란하다. 그 반대로 너는 못 살고 나는 잘사는 사회가 돼서도 곤란하다. 너와 내가 함께 못사는 사회가 돼서도 안 된다. 너와 내가 더불어 잘사는 사회, 협력하고 조화를 이루면서 함께 힘을 모아 잘사는 사회가 되어야 하겠다.

4) High Praise! (칭찬)

(1) 칭찬을 해야 하는 이유

첫째, 젖소도 칭찬을 들으면 우유생산을 높인다.
둘째, 식물도 칭찬을 들으면 건강하게 잘 자란다.
셋째, 물도 칭찬을 들으면 가장 맛이 좋은 물이 된다.
넷째, 석상도 칭찬을 들으면 살아 움직인다.
다섯째, 칭찬은 고래도 춤추게 한다.

(2) 질책하는 요령

첫째, 단둘이 있을 때 한다.
둘째, 누구에게도 발설하지 않는다.
셋째, 자존심을 지켜준다.

(3) 인정해 줘라

주례를 볼 때 양가 부모님께 인사를 드리는 순서가 있는데 신부 부모님에게 먼저 인사를 한다. 그런데 종종 이런 멘트를 본다. "어머님, 아버님, 그동안 고생 많이 하셨습니다"라고 하면 벌써 눈물을 흘리는 부모가 있다. 자식 때문에 고생하지 않은 부모님이 어디 있을까? 그럼에도 불구하고 고생했다고 인정해 주니까 열 부모님 중에 일고여덟 부모는 눈물을 흘린다. 그리고 그다음에는 "이 순간부터 저희들은 한 쌍의 부부가 되어 열심히 서로 사랑하고 훌륭한 가정 이루어서 부모님의 은혜에 꼭 보답하겠습니다"라고 다짐하는 것이다.

남을 인정한다는 것이 중요하다. 인정해주면 그 가치를 다하는 것이다. 상대방의 고생한 점, 노력한 점, 애쓴 점, 최선을 다한 점 등을 찾아 인정해주어야 한다. 실적은 부족해도 노력한 점을 인정해주면 다음번에는 더욱 잘해야지 하고 다짐을 하면서 높은 성과를 창출하게 된다.

인정해 주면 달라진다. 인정해 주면 변한다. 인정해 주면 통한다. 질책보다는 당신은 잘할 수 있는 사람이라는 것을 인정해주면 놀라운 결과가 일어나게 된다.

5) High Fun! (재미)

(1) 지(知) 〈호(好) 〈락(樂)

논어에 보면 아는 것보다 좋아하는 것이 위이며 좋아하는 것보다 즐기는 것이 상위에 있다는 말이 나온다.

즐기는 것을 누가 당할 수 있을까? 즐기면서 일하면 능률이 오르게 된다. 즐기면서 일하면 성과가 향상된다. 즐기면서 일하면 시너지가 창출된다. 우리가 있는 모든 곳에서 즐기면서 일할 수만 있다면 그거야말로 엄청난 일이다. DNA가 막 춤을 추는 듯한 모습으로 일한다면 더욱 좋을 것이다.

한번 사는 우리의 인생을 즐겁게 살아야 한다. 한번 사는 우리의 삶을 부정적으로 살아선 안 되겠다.

(2) 즐겁게 사는 법

첫째, 긍정적인 인생관을 가진다.
둘째, 낙관적인 인생관을 가진다.
셋째, 희망적인 인생관을 가진다.
넷째, 적극적인 인생관을 가진다.
다섯째, 어떤 난관 속에서도 길은 있다고 생각한다.
여섯째, 희망이 있다고 생각할 때 희망은 있다고 생각한다.

(3) 좋다! 박수 치는 요령

좋다 박수는 3박자로 이루어져 있다. 첫째, '좋다'라고 박수를 치는 것이다. 둘째, '껄껄껄' 웃는다. 셋째, '아자'하고 마감을 한다.

짧은 시간 내에 우리의 기분을 업(UP)시켜 주고 활력을 주는 박수는 아마 이 박수밖에 없지 않나 싶다. 우리가 있는 모든 곳에서 이 박수를 침으로 해서 시너지가 창출되고, 성과가 향상되고, 생산성이 올랐으면 한다.

자, 좋다 박수 한 번 들어간다. "좋다. 아하하하. 아자." 좋다 박수 두 번 들어간다. "좋다, 좋다, 아하하하. 아자. 아자." 좋다 박수 세 번 들어간다. "좋다. 좋다. 좋다. 아하하하. 아자. 아자. 아자."

6) High Touch! (감성)

(1) 기접칭 법칙

나의 변화전략 가운데 하나는 '111(일일일)기접칭' 법칙이라는 것이 있다. 하루 1번 기도를 하고, 하루 1번 피부접촉을 하고, 하루 1번 칭찬을 한다는 것이다.

엄밀히 말하면 종교인의 아니지만 나는 기도를 한다. 일상이 사실은 다 기도가 되어야 한다. 말이 기도고 생활하는 것 자체가 기도가 되어야 한다.

우리는 아내와 피부접촉을 하고 스킨십을 한다. 포옹을 한다. 나이가 들고 해서도 괜찮을 것이다. 하루 1번 이상 칭찬도 하여야 한다. "당신은 괜찮은 사람이야", "당신이 최고야", "당신 덕분에 어려운 일이 잘 넘어가고 있어" 등이다.

(2) 포옹의 힘

우리가 말을 하고 듣고 하는 모든 행위는 결국 소통을 위해서 하는 행위이다. 남녀 간에 통하면 사랑을 하게 되고, 사제지간에 통하면 참다운 사제지간이 되는 것이다. 그런데 포옹은 대화 없이도 통하게 하는 가장 효율적인 소통의 방법이다.

부모와 자녀 간의 문제, 동료 간의 문제, 부부간의 문제 등 모든 문제와 갈등은 소통의 부재에서 오고, 소통의 부재는 대화와 함께 가슴으로 상대를 포옹하지 못한 데 있지 않나 싶다. 열심히 가슴으로 상대를 보듬어주어야 한다.

7) High Win-Win! (승승)

(1) 승승의 사고

결국 우리가 추구해야 할 최고의 가치는 무엇일까? 우리가 지향해야 할 목적지는 어디일까? 많은 재물을 쌓아놓고 모든 것을 혼자 소유하며 나 혼자 잘 먹고 잘사는 무인도일까? 그렇지 않을 것이다. 구성원들과 더불어 땀 흘리고 그 땀의 대가를 공평하게 소유하며 함께 기쁨을 노래하는 곳, 그곳이 우리가 지향해야 할 목적지가 아닐까?

자연과 더불어 호흡하고 우주와 함께 생각하며 모두가 한 가족이 되어 서로 배려하고 축복해 주는 삶, 그런 삶이 우리가 추구해야 할 최고의 가치가 아닐까? 지금 내가 살고 있고 당신의 일하는 그곳을 이런 곳으로 만들어 가는 것이 우리의 목표인 것이다.

(2) 윈윈 파트너십의 형성

인간의 자연을 사랑하면 자연도 인간을 도와 자연과 인간이 서로 원원(win win)하는 삶을 살게 된다. 우리는 서로지 간에 일종의 파트너십을 발휘해야 한다고 본다. 스타벅스는 종업원을 종업원이라 부르지 않고 그들을 파트너라 부르는 것은 서로 성공하고 행복해야 할 대상이라고 보는 것이다.

성공하기 위해서는 필연적으로 주변을 도와야 한다. 주변의 도움 없이 내가 성공할 수 없기 때문이다. 성공의 크기는 도움의 크기에 비례한다고 해도 과언이 아닐 것이다.

주변의 도움과 협력을 받기 위해선 먼저 그들을 도와야 한다. 그들이 잘되게 해야 그들도 우리를 도와서 함께 잘되기 때문이다. 그들을 도와주기 위해서는 그들의 입장에서 생각하고 배려하는 역지사지의 정신이 무엇보다도 중요하다.

성공과 행복을 교류하는 윈윈 패밀리! 이것이 모두가 바라고 있는 우리 사회의 모습이기도 하다.

제2절 대화의 기술

사람은 다른 사람과의 대화 없이는 한시도 살아갈 수 없다. 대화는 보통 다음과 같은 목적을 달성하기 위하여 필요로 한다.

① 자기의 의사를 다른 사람에게 전달하기 위하여 한다.

② 상대방의 의사를 알기 위하여 한다.

③ 상대방을 설득하기 위하여 한다.

④ 다른 사람에 대하여 관심을 갖고 있다는 것을 나타내고 친구를 사귀고 그들과 함께 어울려 지내기 위함이다.

25년간이나 경영관리와 대인관계 분야에 종사한 바 있는 한 전문가의 말에 의하면, 성공을 좌우하는 것은 일을 잘 수행해 나가는 능력뿐만 아니라 대화를 잘하고 못하는 데에도 달려 있다고 말하고 있다. 행복 역시 생각이나 욕망이나 의욕이나 실망을 다른 사람들에게 말로 표현하는 능력 여하에 크게 좌우된다. 고독한 탐험여행에서 돌아온 탐험가는 잡담을 할 상대가 없는 것이 무엇보다도 서글펐다고 말한다. 정신질환자를 다루는 정신분석가들에 의하면, 많은 사람들의 불행의 원인은 그들이 어떤 이유로 자기 자신을 표현하지 못하고 생각이나 감정을 자기 내부에 그대로 지니고 있기 때문이라고 한다.

첫째, 대화는 짤막짤막하고 요령 있게 해야 하며, 사이사이에 다른 사람들도 말할 수 있는 기회를 주어야 한다.

둘째, 언어는 대화의 도구이므로 도구성을 충분히 지니고 있어야 한다. 즉 말하는 사람은 나타내고자 하는 사상이나 사실을 구체화하고 그것을 표현할 수 있는 언어를 구사할 수 있어야 한다.

셋째, 고운 말씨를 써야 한다. 말은 인격의 표현이므로 좋은 말씨의 사용은 말하는 사람의 인격을 돋보이게 한다. '가는 말이 고와야 오는 말이 곱다'라는 속담이 뜻하는 바와 같이 고운 말씨는 상대방의 좋은 반응을 불러일으킨다.

넷째, 말은 활달하고 흥미 있게 해야 한다. 활달하게 대화를 진행한다는 것은 그 자체로서 어느 정도 말에 흥미를 느끼도록 할 수가 있다. 대화 속에 위트와 유머가 깃들면 더욱 흥미롭다. 특히 대화에 경계해야 할 것은 냉소적이며 초월적인 태도이다. 미소를 짓는 명랑한 태도는 듣는 사람을 감동시킨다.

제3절 설득(說得)의 이해

1. 성공적 설득의 전략

설득이 위협하거나 약속하는 방법보다 유익한 점이 있기는 하지만, 결코 목적을 달성하기 쉬운 것은 아니다. 설득하려는 시도 중 많은 부분은 실패로 돌아간다. 설득하려는 시도에 대해 상대편은 다양한 방법으로 반응할 수 있기 때문이다. 우선 그냥 메시지를 무시할 수 있다. 우리는 특정 상품을 팔고자 설득하는 텔레비전 광고를 시청하면서도 그중 수많은 것은 무시하고 무심코 채널을 돌리게 된다. 이런 경우보다 정확한 판단을 위해 추가적 정보를 더 필요로 하는 것이 보통이다. 또 다른 반응은 설득하는 쪽을 비방하는 것이다. 잘 모른다고, 비논리적이라고, 심지어 어리석다고까지 비방할 수 있다. 마지막 반응은 설득하려는 쪽을 도리어 설득하려는 '반작용적 설득'이다.

위와 같이 다양하게 반응할 수 있는 경우가 있다면, 과연 어떻게 해야 상대편의 믿음과 태도를 바꿀 수 있을까? 즉, 어떤 요인이 설득의 성패를 좌우할 수 있을까? 학자들은 설득에서 성공하는 방법에는 일반적으로 중심경로와 주변경로라는 두 가지 경로가 있다고 한다. 중심경로(central routes)는 메시지 자체가 내포하고 있는 특정한 정보 및 주장의 내용을 처리하는 과정이다. 반면 주변경로(peripheral routes)는 메시지의 내용과는 별도로 주변 상황이 설득에 영향을 미치는 과정이다.

상대편은 중심경로를 통해서 메시지에 들어 있는 주장을 파악하고 해석하고 평가한 다음, 자신의 관점에서 받아들인다. 그 메시지 자체에 들어 있는 새로운 정보를 메시지를 받아들이기 전에 자신이 가지고 있던 기존 정보와 비교 및 분석하여 결합시키는 활동을 한다.

이렇게 새 정보 중 여과할 것은 하고 수정할 것은 하는 과정을 심리학에서는 정보의 정교화(elaboration) 과정이라고 한다.

주변경로는 메시지의 내용과는 독립적으로 작용하는 부수적 요인으로서 여기에는 설득하는 쪽과 설득당하는 상대편의 특성이 포함된다. 즉, 설득하는 사람이 얼마나 전문성을 가지고 있고 매력을 지니고 있는지, 혹은 그 사람을 얼마나 신뢰할 수 있는지가 관건이다. 또한 상대편이 얼마나 지적이고 이슈에 대해서 이해관계를 가지고 있는지도 관건이다.

설득을 통해 원하는 바를 달성하기 위해서는 "누가 누구에게 어떤 목적으로 무엇을 말하는가?"라는 문제의식을 가지고 접근해야 한다. 이 질문에는 위에서 언급한 중심경로와 주변 경로의 개념이 동시에 포함되어 있다. 즉, "무엇을 말하는가?"라는 어귀는 메시지의 내용 자체에 대해 묻고 있으므로 중심경로에 대한 관심이다. 반면 "누가 말하고 있는가?"와 "누구에게 말하고 있는가?"는 각각 설득을 하려는 쪽과 설득을 당하는 쪽으로서 주변경로에 해당한다. 즉 설득은 메시지 내용 자체와 설득에 관련된 당사자의 특성에 따라 효과가 달라진다.

구분	진행 방향	설득의 효과
① 설득하는 사람 　권위 　호감	➡	태도 변화 메시지 거부 판단 보류 설득자 비방 반작용적 설득
② 메시지 　사회적 증거 　희소성	➡	
③ 설득의 대상 　상호성 　일관성	➡	

[그림 3-1-2] 설득 과정의 요소와 6가지 법칙

[그림 3-1-2]를 살펴보면, 설득 과정의 요소, 즉 설득하는 사람, 메시지, 설득의 대상이 서로 어떻게 연계되면서 효과를 보이는지 알 수 있다. 이를 소비자를 설득하여 상품을 팔고자 하는 장사꾼의 다양한 상술에 빗대어 설명하면 다음과 같다.

첫째, 설득하려는 사람이 가지는 특징은 상대편이 메시지를 어떻게 해석할 것인지에 영향을 미칠 수 있다. 예를 들어, 논의되고 있는 이슈에 대해서 전문가라든가 권위자라고 인정된다면 상대편이 설득당할 가능성이 크다. 기능성 식품의 광고에서 식품공학 전공교수가 등장하여 그 식품의 효능에 관해 언급하는 경우가 그런 효과를 노린 것이다. 또 보기에 추한 사람보다는 호감이 가는 사람이 설득하려고 한다면 설득당할 가능성이 크다. 광고회사에서 굳이 비싼 출연료를 지불하면서까지 멋지거나 아름다운 유명 연예인을 등장시키는 것도 바로 이 효과를 노리기 때문이다.

둘째, 메시지 자체의 성격도 중요하다. 예를 들어 인간은 대다수의 다른 사람과 동화되고자 하는 심리가 있어서 메시지의 내용 중에 특정 상품이 불티나게 팔리고 있다는 사실을 알게 되면 덩달아서 사고 싶어지는 충동이 생기거나 코미디 프로그램에서 가짜 웃음을 들려주면 따라 웃게 된다. 또한 희소성을 강조하면 설득의 효과가 높아지는데 홈쇼핑 프로그램에서 "몇 개 안 남았다"라고 위기감을 조성하면 충동구매를 하게 되는 것이 그 예이다.

셋째, 설득의 대상이 가지고 있는 특성도 설득의 효과에 영향을 미친다. 예를 들어, 인간은 남에게 신세지는 것을 매우 미안해하는 성격을 보편적으로 가진 편인데, 백화점 시식코너에서 시식을 하고는 그냥 지나치지 못하고 본 상품을 집어 들게 되는 것이 그 예이다. 또한 인간은 일관성을 지키고자 하는 편인데, 외판원이 사정을 하지만 바쁘거나 귀찮아서 다음번에 오면 긍정적으로 생각해 보겠다고 건성으로 답했어도 일단 해 버린 약속은 지켜야 한다는 강박관념에 휩싸이게 되어 다음번 설득에는 약해지게 된다.

사실 권위, 호감, 사회적 증거, 희소성, 상호성, 일관성 여섯 가지는 로버트 치알디니(Robert B. Cialdini)가 그의 저서 『영향: 과학과 실제(Influence: Science and Practice)』에서 제시한 설득의 여섯 가지 법칙을 따른 것이다. 그는 인간의 보편적 심리를 조사 및 분석한 결과, 인간은 여섯 가지 법칙에 따라 움직일 가능성이 크다고 주장한다.

설득하는 자가 권위자이거나 겉으로 호감을 주는 인물일수록 설득당할 가능성이 크다. 설득하려는 메시지에 다른 많은 사람이 함께 관심을 가지고 있거나 혹은 그것이 희소한 것이라는 사실을 알게 되면 쉽게 설득당한다. 설득의 대상으로부터 신세를 졌다면 갚으려고 하고 일단 약속을 해 버린 것은 지키려고 해서 설득에 약해지는 경우도 많다.

2. 신뢰감과 자존심 존중의 중요성

치알디니의 여섯 가지 법칙은 생산적 대화, 즉 문제 해결을 위한 대회에 적합한 전략으로서 그 효능은 실제로 상당할 수 있다. 그러나 여기에는 한 가지 중요한 단서가 있다. 설득하려는 사람이나 혹은 그 사람의 화술에 대해서 실제로 얼마나 믿을 만한지 검증을 거쳐야 한다는 것이다. 바로 인간관계와 신뢰가 설득의 효과를 극대화시키는 결정적 매개가 될 수 있다는 말이다. 만약 믿을 만하지 못하다는 사실이 검증되면 설령 이번에는 설득에 성공한다고 하더라도 다음번에는 그렇게 하기가 훨씬 어려워진다.

인간관계를 통해 축적된 신뢰의 다양한 수준에 따라서 설득의 성공도는 확연히 차이가 난다. 우선 나쁜 인간관계로서 상호 적의를 가지는 경우에는 아무리 위와 같은 전략을 구사하더라도 상대도 하지 않으려고 한다. 보통의 인간관계로서 호의도 악의도 없는 상태에서는 설득에 상당한 노력을 요한다. 좋은 인간관계로서 신용을 해주는 상태에서는 대강 설명을 해도 들어준다. 가장 좋은 인간관계로서 신뢰가 강하게 형성되어 있는 상태에서는 용건을 말하면 곧 승낙한다.

무슨 부탁인지 듣기도 전에 대뜸 "좋아, 들어줄게"라고 대답하는 경우 서로 완벽한 신뢰감이 형성되어 있다. 우리가 상대방의 말에 동요되는 것은 저 사람의 말을 믿어도 되리라는 생각이 들기 때문이다.

인간이 설득당하게 되는 심리적 변화 과정을 여섯 단계로 구분하고 각 단계의 영문 첫 글자를 따서 '아이드카스(AIDCAS)'라는 법칙이 있다. 상품을 구매하게 되는 심리과정이라는 점에서 구매 심리의 여섯 단계라고도 한다. 우선 주의(attention)를 끌어야 하고, 주의에서 흥미(interest), 흥미에서 욕망(desire)으로, 욕망에서 비교(comparison)로, 비교한 후 행동(action)하면 만족(satisfaction)에 이르게 된다. 치밀한 전략과 화술을 통해서 고객의 주의를 끌고 흥미를 가지게 만들고 구입하고자 하는 욕망을 자극하여 다른 상품과 비교한 후 구매라는 행동까지 쉽게 유도할 수는 있다. 그러나 행동 후 만족에 까지 이르지 못하면 신뢰를 상실하여 그 고객은 두 번 다시 찾아오지 않을 것이다.

여기서 감정적 공감까지 이끌어 낼 수 있다면 더욱 좋다. 설득은 이성적 이해만으로는 부족하고 감정적 공감까지 가미되었을 때 효과가 극대화될 수 있다. "네 말이 무슨 말인지는 알아들었지만, 난 별로 하고 싶지 않아"라는 답변은 이성적으로는 이해시켰지만 감정적 일체감은 끌어내지 못했음을 의미한다.

감정적 공감을 이끌어 내는 한 방법은 상대방의 자존심을 살려 주는 것이다. 사람이 동물과 다른 점은 자존심을 가졌다는 것이다. 설득하기 어려운 일도 상대방의 인격을 최대한 배려하여 접근했을 때 의외의 효과를 볼 수 있다.

예를 들어 인사 이동에서 다들 기피하는 자리로 발령이 났을 때를 생각해 보자. 보통의 경우 '밀려났다' 혹은 '쫓겨났다'는 좌절감이나 분노를 많이 겪는다. 이때 그 사람의 가치와 중요성을 부각시켜야 한다. 다음과 같은 언급은 어떨지 생각해 보자. "내 입장이나 우리 부서 입장에서는 자네가 꼭 필요하지만 회사 입장에서는 자네가 꼭 그 자리에 필요하네. 다들 자네를 원하고 있어."

치알디니의 제안을 비롯하여 수많은 처세술 서적에서 제안하듯이 단기적으로 설득의 효과를 극대화하기 위한 전략은 있을 수 있다. 그러나 그 저변에 필요한 정서적 교감이나 인간적 미덕을 갈구하는 인간의 본성을 충족시키지 못한다면 아무리 좋은 전략이라도 한계가 있기 마련이다.

① 포스트모더니즘이란, 1960년대에 일어난 정치, 경제, 사회의 모든 영역에 걸쳐 폭넓게 일어났던 사회이념이자 문화운동이다. 포스트모더니스트들은 18세기 계몽주의로부터 시작된 합리성 및 이성중심주의를 추구했던 모더니스트들과 자신들을 엄격히 구별하면서 개성, 자율성, 다양성을 중시하였다.

② 위협과 약속의 효과에 관해 연구하는 심리학 이론으로 강화이론(reinforcement theory)을 들 수 있다. 이 이론에 따르면 인간의 행태는 외부적 자극, 특히 처벌과 보상에 의해서 지배된다고 한다.

③ 조직이란, 위협이나 보상에 대한 약속이 잘 지켜질 수 있도록 잘 정비된 시스템과 같다. 조직 내에 위계질서를 세움으로써 높은 지위의 사람은 권력을 행사할 수 있게 보장되고, 보상체계를 세움으로써 구성원은 일한 만큼 대가를 지불받을 수 있도록 보장된다. 따라서 조직 내부에서는 일단 위협이나 보상에 대한 약속에 의존하는 경우가 많지만, 권력을 쓸 수 없도록 서로 수평적 관계에 있거나 보상에 필요한 자원이 부족할 경우에는 역시 설득을 활용해야 한다.

3. 효과적 설득의 가치와 방법

설득이란, 한 사람이나 한 집단이 다른 사람이나 다른 집단에게 정보를 전달하고 공유함으로써 그들이 새롭거나 도전적인 목적을 이해하고 동의하며 그것을 달성하기 위해 노력을 기울이게 하는 시도이다. 효과적 설득을 위해서는 정보를 틀에 짜 맞추거나 포장을 잘해서 다른 사람들이 그 정보를 수용하거나 신뢰하도록 영향을 미칠 수 있어야 한다.

1) 남에게 영향을 미치는 방법

우리는 긴 인생을 살아오면서 내가 원하는 대로 상대편이 움직여 주기 바랄 때를 많이 경험한다. 이제까지 주로 가족이나 친구들이 그 대상이었지만, 앞으로 조직에 속하고 사회에 진출하면서 그런 경우는 더욱 많아질 것이다. 내가 해야 할 일이 많아지고 원하는 일이 많아지고 접하는 사람이 많아지게 되기 때문이다.

그렇다면 다른 사람이나 집단이 나의 의도대로 따르도록 영향을 미칠 수 있는 방법에는 어떤 것이 있는지 고찰하는 것도 의미 있는 일이다. 보통 조작적 영향과 공개적 영향 두 가지가 있다. 조작적 영향이란, 실제를 조작하여 가상의 이미지를 형성함으로써 상대방의 마음이나 판단을 움직이는 방법이다. 예를 들어, 과장 광고나 사기 행위 등이 해당한다. 그러나 상대편의 태도나 형태를 변화시키려고 하고 있다는 사실을 상대편이 모르고 있는 상태이다. 이런 방법에 관해 학습한다는 것은 윤리적으로 적절하지 않다고 본다.

반면 공개적 영향이란, 상대편의 태도나 행태를 변화시키려고 하고 있다는 사실을 상대편도 알고 있는 상태이다. 공개적으로 영향을 미치는 방법에는 다시 설득, 위협, 약속 세 가지가 포함된다. 설득의 정확한 개념을 이해하기 위해서는 우선 위협과 약속의 개념과 어떻게 다르고 어떤 장점이 있는지 명확히 할 필요가 있다.

일반적으로 타인을 설득하기 위해서는 정보와 주장을 활용한다. 즉, 상대편이 현 상황을 달리 볼 수 있도록 정보를 제공하고 그 정보 안에는 왜 상황을 달리 보아야 하는지에 관한 주장이 내포되어 있어야 한다. 예를 들어 부모가 학생에게 "왜 공부를 열심히 하지 않니? 그러다가 나중에 공부가 밀려서 힘들지 않을까?"라고 설득할 수 있다.

공부를 미루면 나중에 힘들 것이라는 사실을 학생은 잘 모르고 있지만, 현재 상황을 달리 생각해 볼 수 있도록 정보를 제공하고 있는 것이다. 또 단순히 그러한 정보를 던지는 수준이 아니라 나중에 힘들지 않으려면 공부를 미리 열심히 해 놓아야 한다는 주장도 함께 내포하고 있는 것이다. 결국 설득이라는 방법은 현 생황은 계속 유지하되 상대편이 그 상황을 다른 시각에서 보도록 정보를 제공함으로써 마음을 움직이고 그에 따라 태도도 움직일 것을 주장하는 것이다.

반면 위협과 약속이라는 방법은 아예 현 상황 자체를 바꾸어 버리는 것이다. 즉 상대편이 어떤 성과를 보이는지에 따라 처벌을 가하든지 보상을 더하게 되는 새로운 상황을 고안한 후, 상대편에게 주지시키는 것이다.

예컨대 부모가 자식에게 "공부 열심히 안 하면 야단맞을 줄 알아라!"라는 위협적 언급을 생각해 보자. 여기에서는 부모가 '야단'이라는 처벌을 새로 도입하고, 공부를 열심히 안 하면 야단을 맞을 것이라는 인과적 상황을 가상으로 만든 후, 자식에게 그 가상의 경우를 상상하게 만드는 것이다. 또 "공부 열심히 하면 용돈 더 줄게."라는 약속도 생각해 보자. 부모가 '용돈'이라는 보상을 새로 도입하고, 공부를 열심히 하면 용돈을 더 주겠다는 인과적 상황을 가상으로 만든 후, 자식에게 그 가상의 경우를 상상하게 만드는 것이다.

2) 위협과 약속의 문제점

일반적으로 처벌로 위협하거나 보상을 약속하는 방법의 효과는 두 가지 변수에 따라 달라진다. 하나는 위협과 약속의 강도이고, 다른 하나는 신뢰성이다. 이를 구체적으로 고찰하면 다음과 같다.

우선 위협과 약속의 강도에 따라서 영향을 미치려는 효과가 달라진다. 예를 들어 위협하는 경우, "공부 열심히 안 하면 몽둥이 찜질이다"라는 강한 위협과 "공부 열심히 안하면 꿀밤 한 대다"라는 약한 위협은 효과에서 차이가 날 것이다. 보상의 경우에도, "공부 열심히 하면 용돈 만 원 더 줄게."라는 강한 보상과 "공부 열심히 하면 용돈 백 원 더 줄게"라는 약한 보상 간에는 효과의 차이가 날 것이다.

다음으로, 위협과 약속의 신뢰성에 따라서 효과가 달라진다. 부모가 자식에게 "공부 열심히 안하면 혼 날 줄 알아라"라고 위협적인 말을 했을 때 그것이 정말로 현실화될 것인지, 아니면 단지 엄포를 놓은 것인지 자식이 생각하는 바에 따라 복종의 여부가 결정될 것이다, 또 "공부 열심히 하면 용돈 더 줄게"라고 약속했을 때에도 그것이 정말 지켜질지 아닐지 자식의 믿음에 따라 효과가 달라진다.

따라서 효과를 극대화하기 위해서는 강도 높은 발언을 하거나 신뢰감을 이끌어 내야 하는데, 일단 발설한 후에는 그 발언을 반드시 지켜야 하는 데 비용이 많이 든다. 우선 위협을 하기 위해서는 그에 걸맞은 지위에 있거나 권력이 있어야 한다. 권력이 많으면 많을수록 적은 노력으로도 효과적으로 상대방을 움직일 수 있다. 또 보상할 것을 약속하는 경우에는 보상할 만한 자원이 충분히 있어야 한다. 역시 자원이 많으면 많을수록 상대방을 움직일 수 있는 역량이 높아진다. 권력이나 자원이 많다면 문제가 없겠으나 상당한 경우 제한적이기 때문에 이들을 마음 놓고 활용할 수 없다.

게다가 위협과 약속 중에서도 위협의 부작용은 매우 크다. 즉, 강제력을 행사하려는 쪽이 아무리 권력이 많거나 지위가 높다고 하더라도 그에 대해 적개심이 축적될 수 있고 급기야 반발로 표출될 수도 있다. 목적을 달성하기 위해서 위협이라는 수단이 단기적으로 효과가 있을 수 있지만 인간관계를 해치게 되어 결국 목적 달성에 실패하는 경우가 많다.

심지어 처벌이나 보상의 수준은 항상 일정해서는 안 되고 지속적으로 향상되어야 한다. 이번에는 효과를 보았어도 다음에는 그 자극이 식상해져서 효과가 떨어질 수 있기 때문이다. 한 사례를 들면 미국 뉴저지 주에서 '공포에 질린 모범생(Scared Straight)'이라는 불량청소년을 상대로 한 교정 프로그램이 시행되었다. 그 일환으로 불량청소년에게 정기적으로 교도소를 방문하게 하였다. 죄수들과 만나게 한다면 강렬한 공포감이 생겨서 교도소나 죄수들을 경계하게 되고, 따라서 범죄를 억제하려는 의욕이 생길 것으로 가정하였다. 초기에는 그 효과가 있는 것처럼 보였다. 하지만 대부분이 이 위협적 상황에 대해 식상해져서 결국 다시 범죄를 저지르고야 말았다. 이 사례와 같이 아무리 위협적인 자극을 주어도 시간이 지남에 따라 그 자극에 익숙해져서 결국 효과가 떨어질 가능성이 높아진다.

처벌과 보상을 통해 효과가 지속될지 아닐지 불확실한 경우도 있다. 그 이유는 상대편의 속마음과 겉 태도가 일치하지 않을 수 있기 때문이다. 단순히 처벌이나 보상을 받는 상황을 상상하면서 복종을 실행했을 뿐이지 상황을 바라보는 마음이나 시각이라는 근본적 부분을 바꾼 것은 아닐 수도 있기 때문이다. 따라서 상대편이 복종을 제대로 하는지 치밀하고 지속적으로 관리해야 한다. 이에는 당연히 많은 시간이나 비용이 들게 되며, 인간을 가축이나 기계와 같은 존재로서 보는 시각과 다르지 않다. 가축은 처벌이나 보상을 통해서 충분히 길들일 수 있다. 또 기계도 고장 나면 조여주고 평소에는 기름칠을 잘해 주고 잘 닦아주면 정상적으로 잘 놀아간다.

그러나 인간은 가축(家畜)이나 기계(機械)와는 다른 점이 있다. 바로 좋은 인간관계를 통해 정서적이고 심리적인 만족감을 채우려고 노력하며 인간성이 존중받기를 원하는 존재이다. 이러한 인간 본연의 욕구를 충족시키면서 남에게 영향을 미치는 방법이 바로 설득이다. 즉 설득은 신뢰감과 존중으로 구성되는 좋은 인간관계를 토대로 상대편이 자발적으로 마음과 태도를 바꾸도록 유도하는 것이다.

결국 설득의 방법으로서 위협과 약속은 반드시 교육적이어야 한다. 위협과 약속이 단지 엄포나 육도의 기능 등 비교육적으로 적용된다면 효과적인 설득 효과를 거둘 수 없다. 즉 상대방을 설득할 때, 상배방의 마음을 움직여서 공감, 동감 등을 자아내어 소기의 효과를 거둘 수 있다. 설득은 우격다짐이나 위협이 아니라 이해와 공감에서 출발하여야 한다.

제4절 설득의 방법

사람을 설득한다는 것은 예삿일이 아니다. 그것을 원만히 해 나가는 사람이야말로 대인관계에서 성공할 수 있다. 효과적인 설득의 심리과정을 살펴보면 다음과 같다.

① 논쟁을 피하라.

② 인간성과 잠재의식에 기반을 두어라.

한편, 효과적인 설득을 위하여 다음 사항을 유의할 필요가 있다.

① 상대방에게 그의 의견을 말하게 하라.

② 상대방의 잘못을 지적하지 마라.

③ 자기의 의견을 부드럽고 또 확실하게 말하라.

④ 자기의 의견을 제3자를 통해 말하게 하라.

⑤ 상대방이 우선 합의할 수 있는 화제를 찾도록 하라.

⑥ 상대방에게 새로운 생각이 떠오르게 하라.

⑦ 상대방의 면목을 세워주라.

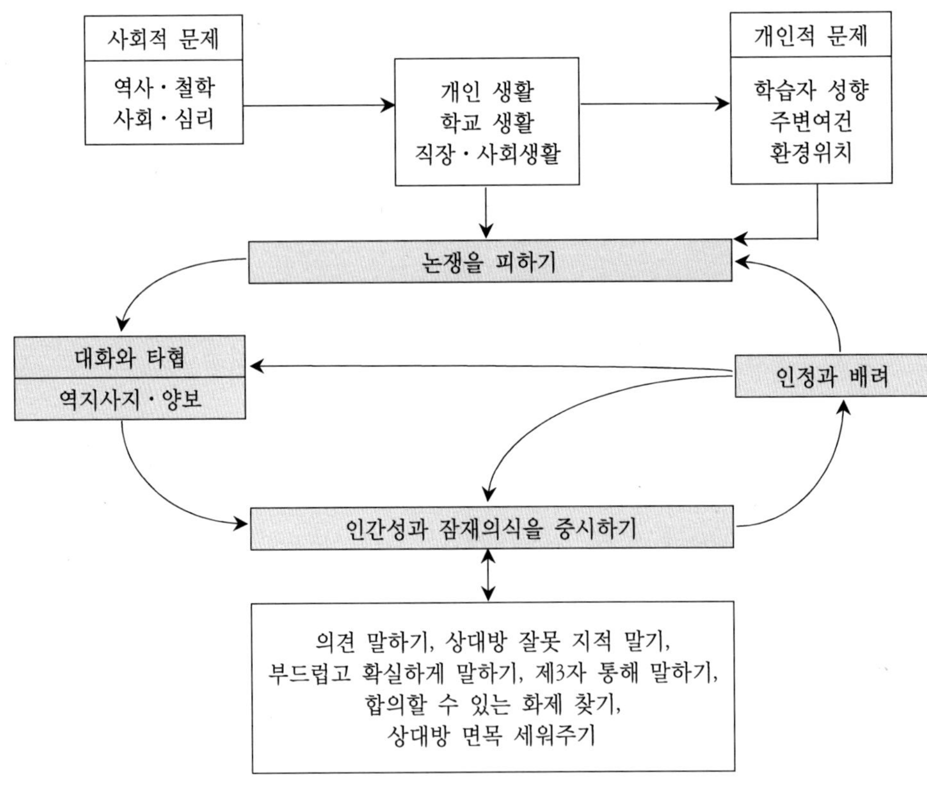

[그림 3-1-3] 설득의 요소와 과정

제1절 의사결정(意思決定)의 개념과 유형

1. 의사결정의 개념

모든 의사결정자의 활동은 의사결정을 통해 이루어진다. 의사결정은 조직의 심장이요 행정의 과정이기도 하다. 조직체의 운영에 있어서 어떠한 결정을 내린다는 것은 조직의 목표 성취에 있어서 가장 결정적인 요인이라 할 수 있다. 그래서 사이먼(Simon)은 의사결정을 행정의 핵심적인 요인으로 보았다. 학교의 관리자는 각자의 위치에서 수많은 결정을 하게 된다. 결정은 여러 대안에서 선택하는 것이며, 우리가 행하는 수많은 선택은 어떤 목적에 비추어서 행해진다. 그러므로 의사결정의 기본적인 성격은 어떤 목적을 달성하기 위해서 두 개 이상의 대안 중에서 하나를 선택하는 것이다.

이러한 의사결정을 버나드(Barnard)는 조직이 목표달성을 위해 여러 대안 중에서 최적의 것을 선택하는 논리적 과정이라고 하였으며, 그리피스(Griffiths)는 의사결정을 심사숙고한 후에 도달한 결론이라고 하였다. 여러 학자들의 견해를 종합하면, 의사결정이란 조직의 목표를 달성하기 위해 여러 행동대안 중에서 최종의 대안을 선택하는 과정이라고 할 수 있다.

2. 의사결정 유형

효율적인 의사결정을 할 수 있느냐 없느냐 하는 문제는 개인의 능력에 달려 있다. 그러나 많은 사람들이 효율적인 의사결정을 하는 데 있어서 주요 요소를 단순하게 생각하고 경험이나 직관에 따라 행동에 옮길 때, 예기치 못한 결과를 낳는 예가 빈번하다.

의사결정자는 늘 의사결정 상황 속에 있으면서도 자신이 내리는 의사결정이 어떠한 유형인지 고려하지 않는다. 그러나 행정상의 의사결정이 모두 같은 유형이 아니기 때문에 그 의사결정의 성격을 분석해 볼 필요가 있으며, 이는 행정상의 의사결정을 이해하는 데 도움이 될 것이다. 그리피스(Griffiths)는 조직 위계상 의사결정의 원인이 누구에게 있느냐에 따라 중재적 결정, 상고적 결정, 그리고 창조적 결정의 세 유형으로 분류했다.

1) 중재적 결정(仲裁的 決定)

조직구성원들이 그들의 상부로부터 특별 안건에 대해 의사결정을 내리라는 요청이나 지시를 받으면 중재적 결정을 하게 된다. 중재적 결정은 조직구성원 스스로가 주도하는 것이 아니라 조직 위계질서 내에서 상부에 의해 위임되어 지는 것이다.

예를 들면, 교육과학기술부에서 학생과 교사와의 관계에 관한 교육정책을 "모든 학생들은 교사와 학교행정가를 존경해야 하고 그에 따라 행동해야 한다."로 정한 후, 각 학교 행정가들에게 그 학교의 실정에 맞게 이 정책을 적용, 실시하도록 지시한다. 이 예처럼, 교육과학기술부에서는 학생과 교사에 관한 일반적인 정책을 결정하고 하부 기관인 각 학교의 행정가들에게 그 학교 실정에 알맞게 적용하도록 위임한다. 제1차 결정에 이어 제2차 결정은 상부에서 위임받은 행정가들이 내리기 때문에 이러한 결정을 중재적 결정이라 하며, 가장 빈번히 일어날 수 있는 의사결정의 유형으로써 교장들이 내리는 결정의 75%가 중재적 결정에 속한다. 중재적 결정은 관례적으로 결정되어지지만 상부에서 요청받은 결정에 관하여 불확실하여 당황할 때도 있고, 학교행정가가 극단적으로 상반된 가치로 결정을 내릴 경우도 있다. 한편으로는 행정가가 내린 가치가 상부에 의해 거절당하는 예가 행정상에 종종 나타난다. 중재적 결정은 그 성격상 흡족한 것은 아니지만, 그렇다고 이런 결정방식을 무시할 수도 없다. 중재적 결정을 사용할 때에는 교장, 교감 등 행정가들이 자신의 자율성을 최대한 살리면서, 중재적 결정의 범위를 최대한 줄여야 나머지 두 가지 결정 유형인 상고적 결정과 창조적 결정에 대해 적절한 태도를 취할 수 있다.

2) 상고적 결정(上告的 決定)

상고적 결정은 하급자가 행정가에게 문제를 돌려서 행정가의 뜻에 맡기는 것이다. 불확실한 문제를 어떻게 하면 확실한 문제로 다룰 수 있겠느냐를 검토할 때에 상고적 결정이 사용된다. 예를 들면 학생들에게 예절법을 가르친다고 할 때, 학교장은 교육청에 어떤 기준으로 학생들을 지도할 것인가를 물어볼 수 있을 것이다. 이와 같이 자기가 확실하게 결정할 수 없는 내용을 상급자에게 물어서 결정하는 것을 상고적 결정이라 한다.

상고적 결정은 둘 혹은 그 이상의 하급자들 사이에 결정을 내리지 못하고 분쟁이 생길 때에도 사용할 수 있다. 분쟁은 하급자들 사이에 성격이 다르다든지 책임 전가의 문제가 있을 때에 생길 수 있다. 아무리 심한 분쟁이 생길 때라도 상고적 결정을 사용하면 개인과 개인, 집단과 집단들 사이의 분쟁을 조정하고 해결할 수 있다. 상고적 결정은 그 성격상 위임될 수 있는 성질의 것이 아니고, 무한정 연기될 수도 없는 것이기 때문에 학교나 교육청 안에서 단체정신과 단결심을 고양시킬 수 있다는 장점이 있다.

3) 창조적 결정(創造的 決定)

창조적 결정은 중재적 결정이나 상고적 결정과는 달리 교육활동의 중요한 원동력이 되며 새로운 교육과정 수행에도 적용된다. 창조적 결정의 주요 기준은 학교 행정가의 결정이 창조적인가 혹은 미래지향적인 교육인가 등 두 가지이다.

분명한 것은, 창조적 결정은 쉽게 이루어지지 않는다는 것이다. 행정가들이 창조적 결정을 사용하는 경우는 10% 미만이라도 할 정도로 어려움을 나타내는 것이다. 이러한 결정은 행정가의 통찰력, 상상력, 비전, 용기가 요구된다. 교육에 있어서 창조적 결정만큼 중요한 것은 없다.

제2절 의사결정의 과정

의사결정 과정은 개인의 사적인 일에서부터 작은 모임, 큰 집단에 이르기까지 어떠한 상황에서도 일어난다. 행정가가 개인적으로 의사결정을 내린다는 것은 결정과정에서 역 기능적 측면이 있다는 것을 의미한다. 이러한 상황에서 행정가의 역할은 의사결정을 내리는 것이 아니라 의사결정과정을 최적 수준에서 수행하도록 조정하는 것이다. 개인이나 집단이 의사결정을 효율적으로 하기 위해서는 의사결정과정을 필히 이해하여야 한다.

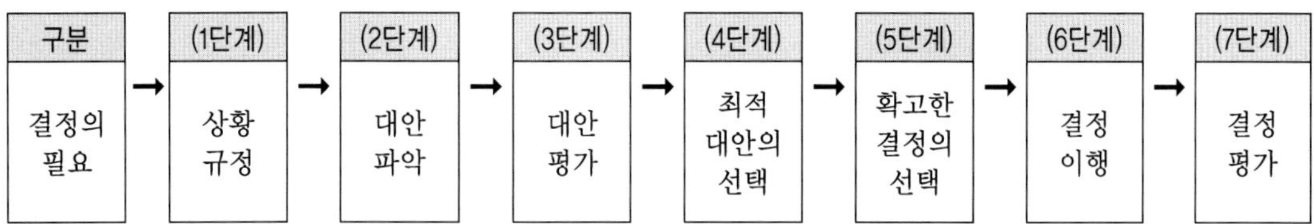

[그림 3-2-1] 의사결정의 주요단계

1. 상황 규정

결정해야 할 문제에 직면했을 때, 첫 단계로 결정에 필요한 상황을 규정할 수 있어야 한다. 버나드(Barnard)는 상황규정의 중요성을 언급하면서 "훌륭한 행정가의 의사결정은 적절치 않은 문제에 대해서 조급하게 결정 내리지 않으며 효율적으로 수행되기 어려운 의사결정은 하지 않고 다른 사람이 내려야 할 결정을 대신 내리지 않는 것"이라고 하였다.

효과적인 결정을 내리기 위해서는 우선 의사 결정이 요구되는 상황과 문제, 질문에 대한 이해가 필요하다. 일반적으로 행정가는 문제에 처음 접했을 때 충분한 자료가 부족하며 문제를 이해하는 시간을 필요로 하는 위치에 있다. 이러한 맥락에서 행정가는 부적절한 정보나 다른 사람에 의해 이미 이루어진 상황규정에 지나지게 빠른 반응을 보일 필요가 없다.

만일 빠르게 결정을 내려야 할 상황이라면, 아래와 같은 질문에 대해 생각해 봄으로써 결정의 범위, 특성이 상황에 맞는지 우선 진단해 보아야 한다.

첫째, 상황에 관하여 무엇을 알고 무엇을 모르고 있는가? 결정하기 전에 명확히 해야 할 요소들은 무엇인가?

둘째, 상황에 대한 부가적인 정보나 다양한 인식을 제공할 수 있는 인적 자원은 있는가?

셋째, 누가 이 결정에 영향을 받을 것인가?

넷째, 문제나 질문이 얼마나 심각하며 얼마나 빠르게 결정이 이루어져야 하는가?

때로는 행정가가 빠른 결정을 내리도록 강요당하는 상황도 있다. 이 상황에서 행정가는 부족한 정보와 시간에 쫓기기 마련이나, 비효율적인 결정을 감소시키기 위해 장기적인 계획 속에서 필요한 조건들을 충분히 조사하고 분석하는 것이 필요하다.

2. 대안 파악

　문제의 상황을 규정한 후에는 문제에 대한 대안을 인지하여야 한다. 경험이 부족한 의사결정자는 두 가지 대안만 있다고 확신하는 경향이 있다. 예를 들면, 학부모가 제기한 문제를 처리해야 하는 상황에 직면한 교장은 학부모의 제안을 거절하거나, 받아들이는 두 가지 대안만 있다고 생각할지 모른다. 그러나 상황을 좀 더 깊이 고려해 본다면, 두 가지 대안을 넘어 제3, 제4의 대안이 있을 수 있다. 더 많은 정보를 입수할 때까지 학부모가 제기한 사안에 대한 결정을 연기할 수도 있고, 반대 제안을 함으로써 학부모의 요구와 관심을 식혀 더 나은 상황으로 이끈다거나, 학부모의 제안에 대해 전혀 반응을 보이지 않음으로써 학부모가 더 이상 행동하지 않을 수도 있다. 분명한 것은 대안파악에 있어 양자택일의 경향은 피해야 한다는 것이다. 계속적으로 문제를 검토하거나 두 가지 이상의 대안을 통해 결정을 내리는 것이 유리하다. 결과적으로 두 가지 대안의 종합이나 또는 그것을 넘어선 새로운 접근에 도달하는 과정 속에서 세밀한 분석, 상상력, 그리고 창조성이 있는 대안 선택이 이루어지게 된다.

3. 대안평가

　행정가가 다양한 대안을 실현하는 데 있어서 적절한 평가 없이 의사결정을 하게 되면, 예기치 못한 결과에 직면하게 된다. 즉 예상 밖의 결과를 얻을 수 있고, 의사결정 이행에 필요한 능력이나 자원을 가지지 못하는 경우도 있고, 혹은 의사결정 이행을 위해 요구된 범위가 본래의 추정한 범위보다 넓을 수 있다. 따라서 결정을 내리는 데 있어서 내재된 가정을 충분히 고려하지 않고 행동했거나, 비판적인 검토를 거치지 않았기 때문에 유래되는 행정가의 실수는 예기치 못한 결과를 초래하게 된다. 이보다도 더 위험한 것은 각 대안의 핵심 되는 부분을 예비실험 없이 결정해버리는 일이다.

　행정가는 결과를 확신할 수는 없어도 가능한 결과를 예견하는 것이 필요하다. "만일 내가 A를 선택한다면, 아마도 결과 1이 발생할 것이고, 2는 일어나지 않을 것이다. 한편 B를 선택한다면 1은 일어나지 않아도 2와 3은 일어날 수가 있을 것이다." 등의 사고과정을 거쳐야 한다. 대안을 평가할 때 다음의 두 가지 요소를 고려해야만 한다.

　첫째, 자신을 포함한 행동수행에 참여하게 될 개인과 집단의 능력을 평가해 보아야 한다. "과연 이러한 대안을 수행함에 있어서 어느 정도의 능력, 자원, 영향력, 권력, 그리고 자격을 갖추고 있는가?" 자문해 보아야 한다. 예를 들어 개별화 교수 프로그램을 실시하려 한다고 하자. 이 계획을 추진하려는 결정을 내리기 전에 우선 기술적인 지식, 새로운 변혁을 소개하는 기술 즉, 새로운 프로그램에 필요한 자원을 획득할 수 있는 능력, 이 결정들을 성공적으로 수행하기 위해 필요한 능력과 영향력 등이 갖추어져 있는지 검토해 보아야 한다. 물론 개개인의 능력, 자원, 개인적 영향력을 객관적으로 평가하기란 어려운 일이지만, 행동수행 가능성의 정확한 평가를 위해 꼭 요구되는 조건들이다. 왜냐하면 효율적인 결정수행은 행정가보다도 결정수행을 직접 담당하는 사람들의 능력이나 기지에 달려 있기 때문이다. 흔히 행정가들은 교사, 학생, 혹은 집단들이 결정수행에 필요한 기술, 지식, 능력 등을 지녔다고 쉽게 가정하고 행동에 옮긴다. 그러나 실제로 위에 제시한 필수적인 요소들이 결여되어 있다면, 이에 관련된 사람들은 쉽게 갈등에 빠지게 된다. 그러므로 행정가는 결정을 수행하는데 관련된 사람들의 능력, 저력의 정도를 평가하여야 한다.

둘째, 결정 수행에 가장 직접적인 영향을 받게 될 사람들의 대안에 대한 수용형태를 평가해 보아야 한다. 행정적 결정이 만족스럽지 못하다고 생각되어지면, 수행단계에서 협동을 필요로 하는 사람들로부터 저항을 받게 된다. 따라서 행정가는 대안이 개인이나 집단에 어떠한 영향을 줄 것인가를 인지하여야 한다. 대안에 대해 지지해 줄 사람이 얼마나 되는가? 지지하는 사람들이 지속적으로 확고하게 지원할 것인가? 개인 혹은 집단이 대안을 거절하거나 반대하는 이유는 무엇인가? 결정을 바꿀 만큼 충분하니 영향력이나 힘을 발휘할 개인이나 집단이 존재하는가? 존재한다면, 행정가가 그들의 태도를 변화시킬 능력이 있는가? 이러한 질문을 통하여 대안에 가장 영향받을 사람들의 수용태도를 평가할 수 있다.

각 대안에 대한 개인이나 집단의 반응을 평가하기 위해서는 위에 제시한 내용을 수시로 고려하면서 판단해야 한다. 때로는 그들의 반응을 예측해 보기 위해 운을 떼어 볼 필요도 있다. 그러나 이미 내려진 결정에 대해서는 객관적으로 철저한 평가를 가해서는 안 된다. 또한 설사 결정에 의해 영향받을 사람들이 결정에 대해 역행적인 반응을 보일지라도 그들의 태도나 감정을 무시해서는 안 된다. 그들의 태도와 감정이 행정가의 행정적 결정을 좌우하는 데에 주요 역할을 하기 때문에 조심스럽게 이들의 태도와 감정을 이해할 필요가 있다.

이와 같이 논의된 요소들이 대안의 가능성을 결정하는 데 있어 중요한 역할을 하지만, 의사결정 과정에 무의식적으로 내재해 있는 다른 변인들도 고려해야 한다. 개개인의 의사결정은 문제의 상황이나 문제에 관계된 집단구성원들의 선입견에 영향을 받는 경우가 많다. 어떠한 방법으로든지 행정가가 편견에 사로잡혀 대안, 지각 등의 적절한 사실들을 고려하지 않는다면 상황의 실제를 왜곡시킬 우려가 있다. 문제상황을 좀 더 객관적으로 분석할 수 있는 경우도 편견에 의해 판이하게 다른 결정을 내리게 되므로 개인의 편견이 결정에 영향력을 미치지 않도록 해야 한다.

4. 최적 대안의 선택

행정가가 위에 제시한 지침에 따라 행하여 왔다면, 가장 효율적인 대안은 드러나기 마련이다. 그러나 그렇지 않았을 경우에는 처음으로 돌아가 다시 상황규정에서부터 자신의 예측을 재검토하고 단계별로 추적해 보아야 한다. 대안에 대한 객관적인 진단, 평가, 그리고 예측을 통해서만 다른 사람들에게 상처를 입히지 않고 가장 훌륭한 행동과정에 이르게 된다.

5. 의사결정 이행(履行)

의사결정이 내려지면 의사결정 사항이 자동적으로 혹은 자발적으로 이행될 것이라 여겨지지만 이러한 결정의 이행을 위해서는 오히려 더 심혈을 기울여야 한다. 결정을 이행하는 데 가장 중요한 요소는 결정에 영향받을 사람들의 수용 또는 인정을 확보하는 것이 필요한데, 수요, 인정을 받는 데는 몇 가지 요인들이 있다.

그중의 하나가 행정가가 조직 내에서 전개되는 문제나 질문에 대해 결정자로서의 지위를 합법적으로 인정받는 것이다. 행정가가 결정을 인정받기 위해서는 자신이 자인하는 합법성이 아니라 다른 사람들이 인정하는 합법성이 필요하다. 행정가가 개인적으로 옳다고 여기는 결정을 다른 사람들도 모두 따른다고 예측할 수는 없기 때문에, 결정의 지지도를 확고히 하기 위해서는 교사, 학부모, 학생, 그리고 그의 결정의 합법성에 관련된 다른 집단들의 인정이 필요하다.

의사결정자로서의 권한을 소지한 행정가의 결정을 인정할 수 없다고 생각하는 사람들이라도, 그들이 다른 결정으로 변화시킬 만한 능력이 없을 때에는 행정가의 결정을 받아들일 수밖에 없다. 예를 들면, 학교 신문사인 학보사 담당교사가 교장은 신문 발행을 검열할 권리가 없다고 생각하더라도 담당교사 자신이 교장의 생각을 저지할 능력이 없다고 느껴지면 할 수 없이 교장이 신문이 발행되기 전에 내용을 검열하도록 하는 수밖에 없다. 그러나 담당교사가 학생회나 교사협의회로부터 지원을 얻을 수 있다면, 교장의 결정에 저항하거나 수행하는 데 있어서 타협할 수 있을 것이다.

행정가는 결정이 부정적인 반작용에 직면하게 될 때에, 자신의 결정을 포기하거나 수정해야 한다. 그러나 자신의 결정 사항을 계속 실행하고자 한다면, 그 결정에 영향을 미치게 될 사람들의 태도를 변화시켜야만 하고, 이를 위해서는 부정적인 태도에 대한 원인을 아는 것이 필요한데, 그 원인은 다음과 같다.

① 행정가에 대해서 개인적인 감정이 있거나 의사결정의 방법에 대한 불만을 갖고 있다.

② 의사결정방법에 대해 잘못 이해하고 있다.

③ 결정을 수행하는 사람들이 기술이나 자격 면에서 자신이 부적절하다고 생각하고 있다.

④ 결정사항이 개개인에게 이익보다는 불이익이 더 많이 야기될 것이라고 생각하고 있다.

⑤ 결정사항이 불리한 영향을 끼치지 않을 거라고 인정하면서도 그 결정의 장점에 솔직히 동의하지 않은 본성이 있다.

6. 이행 단계

결정사항을 진행시킬 상황에서 결정을 인정받거나, 인정받지 않았더라도 진행에 필요한 자원, 인원을 확보해야 하며 개개인이 무엇을 해야 하는지를 지시해야 한다. 이를 위해서는 풍부한 자원, 많은 인원, 프로그램 재교육, 시간 변인, 역할의 재규정 등이 포함된 계획을 세우고 이행해야 한다. 결정이행의 내용은 여러 용어로 그 단계가 정의되어질 수 있지만, 기본적 내용은 다음과 같다.

① 계획(Planning): 설정한 목적을 이루는 데 필요한 일과 방법에 대해 포괄적인 윤곽을 잡는다.

② 조직(Organizing): 구체적 목표를 위해 배열, 규정, 조정된 일을 통해 형식적인 구조를 형성한다.

③ 인사(Staffing): 조직 내의 상황에 알맞게 인적 자원을 선택하여 훈련시키고 유지시킨다.

④ 지시(Command): 의사결정을 하고 순서를 정하고 지시한다.

⑤ 조정(Coordination): 계획에 맞추어 행동할 수 있게 일의 다양한 부분을 상호 관련지어 조정한다.

⑥ 보고(Reporting): 행정가가 기록문, 조사, 그리고 열람을 통해 자신과 조직구성원의 관리를 알린다.

⑦ 예산(Budgeting): 재정을 계획하고 회계 및 관리한다.

⑧ 평가(Evaluation): 형성평가와 총괄평가를 실시한다.

이와 같은 단계는 행정가의 모든 활동 국면에 기초적인 것으로, 이 활동의 적용은 결정이행에 가장 적절하고 유용하리라고 생각된다.

제3절 의사결정의 모형

일반적으로 모형이란 실제 세계에 있는 특정한 객체, 상황, 또는 과정 등의 일면을 추상화한 것으로 그 실체에 대한 단순화된 설명이다. 즉, 모형은 실체를 모방하거나 추상화 시켜놓은 것으로, 기본요소가 완전히 구체화되어 있지 않은 실체를 보는 우리의 관점을 단순화시켜주려는 것이다. 사물이나 현상에 대한 인식은 모형을 통해 명료해질 수 있다. 따라서 의사결정에서는 의사결정현상을 인식하는 데 도움이 되는 모형의 고찰이 중요하다. 이러한 모형들은 의사결정을 따르는 합리적 사고의 양식과 절차를 모의하기 위해 계획된 것으로 의사결정에 대한 접근방법에 따라 여러 가지로 분류할 수 있으나, 의사결정에 작용하는 합리성 정도에 따라 합리적 모형, 만족화모형, 점증적 모형, 혼합모형 그리고 최적모형으로 나누어 살펴보고자 한다.

1. 합리성 모형: 이상적 규범적 접근

합리성 모형(rationality model)은 인간과 조직의 합리성, 지식과 정보의 포괄적 이상을 전제하였던 고전적 조직이론학자들이 추구한 의사결정모형이다. 이 모형의 특징이나 전제는 다음과 같다.

첫째, 의사결정자는 의사결정의 처음부터 목표를 가지고 있다.

둘째, 이 목표를 달성하기 위하여 사용할 수 있는 여러 가지 대안들과 그 대안을 택했을 때 나타난 결과들에 대해서도 의사결정자는 알고 있다.

셋째, 위의 여러 가지 대안들을 비교하고 그중에서 어떤 것이 좋은가를 결정해 주는 어떤 법칙이 존재한다고 믿는다.

넷째, 의사결정자는 언제나 목표달성의 극대화를 위하여 자기가 내세운 목표를 최대한으로 달성해야 한다고 생각되는 최선의 대안만을 선택한다.

이 모형은 대부분의 의사결정자가 실제로 어떤 기능을 하는가를 보기보다는 하나의 이상적인 모형이다. 실제로 의사결정자들은 모든 관련정보들을 모두 확보할 수 없으며, 모든 가능한 대안과 결과의 예측은 사실상 불가능하다. 이 모형이 비현실적인 또 다른 중요한 이유는 이 모형이 많은 의사결정자들이 실제로 소유하기 어려운 수준의 지적 능력, 합리성, 지식 등을 전제하고 있기 때문이다. 결국, 합리적 모형은 실제 일선 행정가들이 사용하기에는 현실성과 실효성이 결여되어 있다.

2. 만족화 모형: 기술적 실증적 접근

만족화모형(satisfying model)은 제한적 합리화 모형이라고 하기도 하며, 이를 최초로 소개한 사람은 사이몬(Simon)이다. 이 모형은 행동과학적 접근으로 의사결정자의 사회적, 심리적 측면을 중요시하는 현실적인 것이다. 사이먼(Simon)은 의사결정의 객관적인 상황보다는 오히려 주관적인 입장에 서서 의사결정자가 어떻게 행동하는가를 중요시한다. 즉, 실증적으로 조사되니 의사결정자의 비합리성을 반영하고 있다. 이것은 인간이 완전히 합리적인 결정을 할 수 없고 단지 몇 개의 대안과 대안의 선택결과도 일부만을 예상할 수 있으며, 현실에서는 대안을 탐색할 충분한 시간이 주어지지 않는다는 것을 인정한다. 이러한 현실적인 제약 때문에 만족스러운 대안에 머무를 수밖에 없다. 따라서 일단 만족할 수 있는 정도의 일정수준을 정해놓고 대안을 탐색해가면서 어떤 대안이 이 수준을 넘을 때 대안을 선택하고 탐색을 멈추는 방법을 많이 사용한다. 이러한 모형을 만족화모형이라고 한다.

그러나 만족모형은 많은 대안들 중에서 가장 효율적인 대안을 찾는다는 것이 그리 쉬운 일은 아니며, 선택한 대안의 만족정도에 대한 한계영역 설정 역시 문제점으로 나타나고 있다.

3. 점증적 모형 : 현실적 경험적 접근법

점증적 모형(incremental model)은 린드블롬(Lindblom)에 의하여 제시된 현실적이고 정치적인 모형이다. 그는 의사결정에서 선택되는 대안은 기존의 의사결정에 근거하여 점진적으로 수행해 나가는 것이므로 의사결정의 과정에서 대안의 선택과 분석의 범위는 큰 제약을 받으며, 따라서 의사결정은 부분적이고 순차적으로 진행된다고 보았기 때문에 그의 모형을 점진적 모형이라고도 한다.

이 모형의 특징을 살펴보면 다음과 같다.

첫째, 의사결정자는 모든 대안을 종합적으로 검토하고 평가하기보다는 기존의 의사결정보다 약간 향상된 의사결정에만 관심을 가진다.

둘째, 의사결정자는 비교적 한정된 수의 대안만을 평가한다.

셋째, 각 대안에 대해서도 한정된 수의 중요한 결과만을 평가한다.

넷째, 의사결정자는 당면한 문제를 끊임없이 재정의한다.

다섯째, 하나의 올바른 해결안이 없으면, 연속적으로 분석하고 평가하는 것을 통하여 당면한 문제를 계속 검토한다.

이러한 점증적 모형은 보수주의에 빠지기 쉬운 결함이 있으나, 개방적이고 정치활동이 활발한 사회에서는 현실적으로 예외적인 경우를 제외한다면 적용범위가 클 수 있다. 그러나 의사결정자에 대한 여러 방면으로부터의 압력이 약해서 결정자 자신의 판단이 크게 작용할 가능성이 많은 사회에서는 그 적용 가능성이 희박하다고 할 수 있다.

결국 의사결정의 점증적 모형은 의사결정자가 대안을 선택하고 실행할 때, 현실적 여건과 상황을 고려하여 점진적으로 개선해 나아가는 데 초점을 맞춘다.

4. 혼합모형: 합리성 모형과 점증적 모형의 혼합모형

혼합모형(mixed scanning model)은 에치오니(Etzioni)에 의해 개발된 것이다. 에치오니(Etzioni)는 합리성 모형의 지나친 이상주의(理想主義)와 점증적 모형의 과도한 보수주의(保守主義)를 비판하고, 이 양자를 절충한 혼합모형을 제시하였다. 합리성 모형은 의사결정자가 환경, 상황을 완전히 장악하고 지배하는 것을 전제로 하는 데 반하여, 점증적 모형에서는 의사결정자가 환경, 상황에 압도당하는 것을 의미한다. 그러나 혼합모형은 이 두 입장을 절충하여 우선 기본적인 방향의 설정과 같은 것은 합리성의 방법을 택하지만 설정된 후의 특정한 문제에 대한 결정은 점증적 모형의 입장을 취하는 것이 현실적이라는 입장이다. 합리적 접근방법은 넓은 영역을 빠짐없이 면밀하게 탐색하고, 점증적 접근방법은 처음부터 좁은 영역에만 주의를 한정하려는 데 비해, 혼합적 접근방법은 넓은 영역을 개괄적으로 살펴보고, 문제가 될 만한 좁은 영역을 골라서 다시 집중적으로 검토한다는 것이다.

그러나 혼합모형은 새로운 모형이라기보다는 두 개의 대립적인 극단의 모형을 절충한 것에 지나지 않는다는 비판이 있고, 현실적으로 볼 때 '의사결정에서 혼합모형이 제시하는 방법을 순서적으로 얼마나 따를 수 있겠는가'라는 문제가 있다.

5. 최적모형: 만족화 모형과 점증적 모형을 혼합한 모형

최적모형(optimal model)은 만족화 모형이나 점증적 모형과 같은 보수적인 의사결정모형에 대한 비판으로 드로어(Dror)가 제시한 모형이다. 최적이란 의사결정과정에 있어서 모든 것이 고려되었다는 점에서 가장 좋음을 뜻한다. 그러나 그것은 진정한 최량(최상)을 의미하는 것이 아니라 어떤 주어진 목표에 도움이 되는 가장 적합한 상태를 뜻한다. 특히 비정형적인 결정은 합리성만을 고려해서는 이루어질 수 없는 것이므로 불가피하게 적극적인 요인으로 초 합리적인 것, 즉 직관, 판단, 창의 등의 잠재의식이 개입되기 마련이다.

따라서 최적모형은 단순히 현실적으로 이루어지는 결정만을 고려하는 것이 아니라, 언제나 이상을 깆고 가능성의 영역을 개척하기 위한 의사결정의 방법으로서 결정이 이루어진 후에 피드백을 계속 제시하면서 최적의 수준에 이르게 하려는 방법이라고 할 수 있다. 최상의 의사결정은 결정자의 주관성을 배제할 수 없으며 직관에 의해 이루어진다. 이를 두고 흔히 '감(感)을 잡는다'라고 한다. 감 혹은 육감은 합리성을 초월하면서도 합리성을 바탕으로 한다. 합리성이 단편적이라면 육감·직관은 종합적이다.

제4절 의사결정에의 참여

의사결정자는 의사결정과정을 최적수준에서 이루어지도록 조정하는 조정자이다. 따라서 실제 의사결정이 수행되는 과정에는 행정가뿐만 아니라 다른 조직구성원들의 참여가 이루어진다. 의사결정 과정에서 행정가 외에 조직 구성원들이 참여해야 하는 이유는 다음과 같다.

첫째, 결정에 관련될 수 있는 관점과 의견이 다양해진다.

둘째, 학교조직 내에 존재하는 유용한 전문 지식과 문제 해결 기술을 보다 잘 이용하게 된다.

셋째, 행정가가 여러 사람의 의견을 존중한다는 점을 소속된 구성원들에게 보여줌으로써 사기를 고취시키고 직업적인 긍지와 일에 대한 만족감을 부여할 수 있다.

넷째, 결정에 참여했던 사람들이 그 결정에 대해 더 깊이 이해하고 성공리에 마치도록 전념하기 때문에 그 결정의 수용과 이행을 촉진시킬 수 있다.

다섯째, 우리 사회의 민주적 원리로써 학교와 같은 공적 기관에 영향을 받는 사람들은 그들 자신이 어떠한 의견을 지녔는가를 표명할 수 있는 기회를 가질 수 있다.

행정가는 특별한 결정을 내리기 위해 자신만이 책임져야 하는 상황이라 하더라도 최선의 결정에 도달하기 위해서는 다른 사람을 참여시키는 것이 바람직하다. 그러나 행정가가 결정에 대해 이미 선택이 이루어졌다면 결정과정에 다른 사람을 참여시켜서는 안 된다. 다시 말해서 행정가는 다른 사람을 참여시키기 전에 결정에 대해 가능한 생각들을 모두 반드시 고려하여야 한다. 가능한 생각들을 고려하는 데 있어서도 융통성 있고 열린 마음으로 대처하지 않는다면 차라리 결정과정에서 다른 사람을 참여시키지 않는 것이 더 좋을 것이다. 조직 구성원들을 전혀 의사결정에 영향을 끼치지 못하는 상황에 참여토록 격려하는 것은 참여시키지 않고 내리는 결정보다 더 손상이 클 것이다.

1. 의사결정 참여에 영향을 주는 변인들

행정가가 의사결정에 다른 사람들을 참여시킬 것인가의 여부를 결정하는 데 가장 중요한 요소는 의사결정에 다른 사람들을 참여시키는 것에 대한 행정가 자신의 태도이다. 맥그리거(McGregor)는 이론 X와 이론 Y에서 제시하고 있는 인간관이 행정가의 행동에 영향을 준다고 믿었다. 의사결정에 적용되는 이 두 가지 이론의 주요 특성은 아래와 같다.

1) 이론 X: 인간의 부정적 면 지적

① 인간은 선천적으로 일하기 싫어하며 될 수 있는 한 일을 피하려고 한다.

② 일하기 싫어하는 인간의 특성 때문에, 대부분 사람들은 조직 목적을 위해 적절한 노력을 하도록 강요받고, 통제받아야 하고, 지시받아야 하며 위협받아야 한다.

③ 인간은 지시받기를 원하고 있으며 책임을 회피하고 비교적 적은 야망을 품고 있으며 무엇보다도 안전을 원한다.

④ 인간은 새로운 것에 대한 진보와 발전을 회피하고, 구태의연한 관행, 관습, 답습 등에 매몰되는 경향이 있다.

2) 이론 Y: 인간의 긍정적 면 지적

① 외부적 통제와 처벌, 위협이 조직 목적을 달성하기 위한 단순한 수단만은 아니다. 인간은 자기에게 맡겨진 일을 수행하면서 자기 감독과 자기통제를 연습한다.

② 인간은 적절한 조건 아래서 책임을 받아들일 뿐만이 아니라 추구하는 것을 배운다. 책임 회피, 야망의 결핍, 그리고 안전을 강조하는 것은 인간의 타고난 성격이 아니라 일반적으로 경험의 결과에서 온다.

③ 조직의 문제를 해결함에 있어서 비교적 높은 수준의 상상력, 창의력 및 창조성을 발휘하는 능력은 집단에 크게 기여한다.

'이론 X 행정가'와 '이론 Y 행정가'의 사람에 대한 태도는 현저하게 다르다는 것을 알 수 있다. 학교 내의 의사결정에서도 이 두 가지의 태도에 따라 다른 사람들을 참여시킬 것인가의 여부가 결정된다.

의사결정과정에서 행정가가 다른 사람을 참여시킬 것인가의 여부에 영향을 미치는 또 다른 주요요소는 행정가가 의사결정을 위해 상부로부터 받은 내용을 조직 내에서 어느 정도의 자율성을 가지고 해결하느냐이다. 의사결정에 있어서 행정가에게 주어진 자율이 크면 클수록 더 많은 사람들을 참여시키게 된다. 이는 상부로부터의 행정가의 자율과 독립은 행정적 결정에 다른 사람을 참여시키기 위한 필수조건이다.

행정가가 조직 내에서 합리적인 자율을 가지고 있고, 다른 사람을 참여시키는 것이 최선의 결정에 도움을 준다고 믿는다면, 행정가는 의사결정에서 언제 다른 사람을 참여시킬 것인가? 누구를 참여시킬 것인가? 어느 수준에서 어떻게 참여시킬 것인가? 하는 세 가지 기본적인 질문을 고려해야 한다.

2. 참여적 의사결정모형

참여적 의사결정에 관한 실천적 연구는 브리지스(Bridges)에 의해 이루어졌다. 브리지스(Bridges)는 첫째, 행정가가 교사들을 의사결정에 참여시켜 그들이 수용영역 내에 위치하게 되면 이러한 참여는 덜 효과적이 될 것이고, 둘째, 행정가가 교사들을 의사결정에 참여시켜 그들이 분명하게 수용영역 외에 위치하게 되면 이러한 참여는 보다 더 효과적일 것이라고 하였다. 여기서 행정가에게 문제가 되는 것은 어떤 결정이 영역 내에 속하고 어떤 결정이 영역 외에 속하느냐를 결정하는 것이다.

수용영역에 관한 유용한 조작적 개념에 있어 브리지스(Bridges)는 구성원들이 수용영역 내에 분명히 속하는 문제를 증명하기 위한 두 가지 검증을 제안하였다. 그 하나는 관련성검증이고, 다른 하나는 전문성검증이다. 여기에 오웬(Owens)은 관할권 검증을 추가하여 제시하였다. 이를 자세히 살펴보면 다음과 같다.

① 관련성 검증(test of relevance): 구성원들이 의사결정에 있어서 높은 개인적 이해관계를 가지고 있는가의 문제이다. 만일 그들이 의사결정에 개인적 이해관계를 가지고 있다면 참여에 대한 관심이

항상 높을 것이나, 그렇지 않다면 구성원들은 지도자의 지시를 잘 받아들일 것이다.

② 전문성 검증(test of expertise): 구성원들이 문제를 해결하는 데 공헌할 수 있는 능력의 범위를 의미한다. 구성원들이 문제를 해결하는 데 공헌가능성을 가지고 있는가, 그들은 문제를 해결하는 데 전문적 지식을 가지고 있는가 등이 의사결정에의 공헌 가능성을 결정한다.

③ 관할권 검증(test of jurisdiction): 구성원들이 의사결정을 하는 데 있어서 어느 정도의 결정 권한을 가지고 있는가를 다루는 것이다. 조직 내의 구성원들은 의사결정에서 한정된 권한을 가지고 있기 때문에 구성원들은 의사결정내용에 대해 이해관계를 가지고 있고, 전문적 지식을 가지고 있다하더라고 결정의 권한이 없으면 의사결정을 할 수 없다. 구성원들이 통제력을 행사할 수 없는 의사결정에 참여를 허용하는 것은 전혀 참여를 허용하지 않는 만큼이나 손해를 가져올 수 있다.

행정가는 이 세 가지 참여준거에 의거하여 구성원의 의사결정 참여여부를 결정한다. 만일 구성원이 의사결정에 높은 관련성과 전문성을 가지고 있다면 그 의사결정은 수용 영역 외에 속하므로 행정가는 구성원을 의사결정에 참여시켜야 한다. 반대로 그 문제에 관련성과 전문성이 없으면 그 의사결정은 수용영역 내에 속하므로 의사결정에의 참여를 피해야 한다. 그 밖에 의사결정의 내용이 구성원의 수용권 주변에 놓이게 되면 행정가는 구성원에게 의사결정 참여를 제한된 범위 내에서 허용해야 할 것이다.

행정가들이 구성원들을 의사결정과정에 참여시키기로 결정한 후에도 어떻게 의사결정을 할 것인가의 문제가 남는다. 이에 대해 지금까지 많은 방법들이 제시되었다. 그 중에서 브룸과 예튼(Vroom & Yetton)이 제시한 의사결정 방법을 살펴보면 다음과 같다. 이들은 일방적인 결정에서 참여적인 결정에 이르기까지의 연계성을 따라 설명될 수 있는 5가지의 의사결정방법을 제시하였다. 이러한 의사결정방법은 두 가지 전제적 의사결정방법(AⅠ과 AⅡ), 두 가지 자문적 의사결정 방법(CⅠ과 CⅡ), 그리고 집단적 의사결정방법(GⅡ)이다.

① AⅠ(전제적 모형Ⅰ: autocraticⅠ): 일방적인 방법으로 행정가가 혼자서 가지고 있는 정보를 활용하여 의사결정을 한다.

② AⅡ(전제적 모형Ⅱ: autocraticⅡ): 행정가가 구성원으로부터 필요한 정보를 수집하여 혼자서 의사결정을 한다.

③ CⅠ(자문적 모형Ⅰ: consultativeⅠ): 행정가가 관련된 구성원들과 개별적으로 의견을 교환하고 그들의 의견과 제안을 구한다. 그러고 나서 의사결정을 한다. 의사결정을 할 때 구성원들의 영향을 반영할 수도 있고 그렇지 않을 수도 있다.

④ CⅡ(자문적 모형Ⅱ: consultativeⅡ): 행정가가 구성원들과 토론을 통해서 그들의 집단과 의견을 얻기 위해 집단적으로 의견을 교환한다. 그러고 나서 의사결정을 한다. 그러나 의사결정에 구성원들의 영향을 반영할 수도 있고 그렇지 않을 수도 있다.

⑤ GⅠ(집단 모형Ⅱ: groupⅡ): 참여적 방법으로 행정가가 집단과 더불어 문제와 상황을 함께 협의하고 집단적으로 의사결정을 한다. 모든 구성원은 어떤 의사결정을 할 때 합일점에 도달하기 위해서 협의하고 평가를 시도하는 등 동등한 입장에서 참여한다.

행정가는 의사결정을 하는 데 있어서 이상의 5가지 의사결정방법을 적절히 활용할 수 있다. 만약 의사결정을 함에 있어서 전체구성원들의 완전한 합의가 필수적일 때에는 행정가가 집단의사결정방법(GⅡ)을 사용하는 것이 바람직할 것이다. 그러나 이 방법은 시간과 노력과 경비가 다른 어떤 방법보다도 많이 요구된다. 자문적 의사결정방법(CⅠ과 CⅡ)은 결정의 질과 구성원의 지지를 필요로 할 때보다 유용할 것이다. 그리고 의사결정에 있어 단지 결정의 질만이 문제가 될 때에는 전제적 의사결정(AⅡ)이 보다 효과적일 것이다. 따라서 행정가는 의사결정 상황에 상응하는 적절한 의사결정방법을 선택해야 할 것이다.

3. 참여적 의사결정 과정도

호이와 미스켈(Hoy & Miskel)은 참여적 의사결정 모형으로서 의사결정의 질을 제고하는 측면으로 정보, 신뢰, 비구조화된 문제와 조직행원의 의사결정 수용측면적으로 수용, 갈등, 공평성, 수용 우선순위를 고려하여 일곱 가지의 질문에 스스로 답함으로써 적절한 의사 결정의 방법과 다른 사람의 참여문제를 고려하였다.

브룸과 예튼(Vroom & Yetton)은 행정가들이 이 모형에 따라 행동을 한 것이 매우 성공적이었다는 연구결과를 제시하고 있다. 그러나 이 모형은 수용영역에 의한 모형보다 복잡하기 때문에, 일반적인 문제에는 수용영역에 의한 모형으로 접근하고, 사안이 중요하고 시간적 여유가 있다면 이 모형을 사용할 것을 조언하고 있다. 그러나 이 모형은 의사결정을 할 때 구성원들이 언제, 어떻게, 어느 정도 참여해야 하는가를 결정해 주고 있다는 데 의의가 크다.

사실, 학교경영 특히 학교의 의사결정에 다른 사람을 어떻게 참여시켜야 할 것인가 하는 문제는 복잡한 것이다. 어떠한 수준에서 참여시켜야 하는가의 공식은 없어도, 타당한 가정을 내세울 수는 있어야 하기 때문이다. 행정가는 의사결정을 할 때 자신의 태도와 행정가의 직속상관의 태도, 그리고 여러 사람들의 기대에 의존한다는 연구가 있다. 이 연구에서는 행정가 자신의 태도가 의사결정에 다른 사람을 참여시킬 것인가를 결정하는 데 결정적인 요소라는 점을 지적하고 있다.

행정가는 보다 더 의미 있는 참여에 대해 깊이 고려해 보아야 한다. 학교 행정가를 위한 과제는 참여를 통해 만족을 얻고 싶어 하는 집단의 폭을 넓히고 그들을 통해 학교의사결정 개선에 기여할 수 있도록 격려해야 한다는 것이다. 또한 구성원들의 의사결정 참여수준은 의사결정해야 할 문제의 성격과 상황, 교사들의 관심 및 이해정도와 의사결정에의 기여 가능성 등이 종합적으로 고려되어야 한다.

참여적 의사결정 모형은 의사결정의 절차와 단계에서 의사결정 참여자들의 역할과 기능을 수행하는 것이다. 참여적 의사결정의 전형적인 방법은 의사결정자와 참여자들과의 회의를 통한 협의와 토론이다.

의사결정을 위한 협의와 토론에서는 의사결정자와 참여자들의 격의없고 진솔한 친화감을 바탕으로 한 대화가 중요하다. 의사결정자와 참여자들의 회의에서는 상대방에 대한 배려와 관용의 자세로 상호 협의를 진행하여야 한다. 상호 감정이입의 입장에서 서로를 배려하고 보듬어주어야 한다.

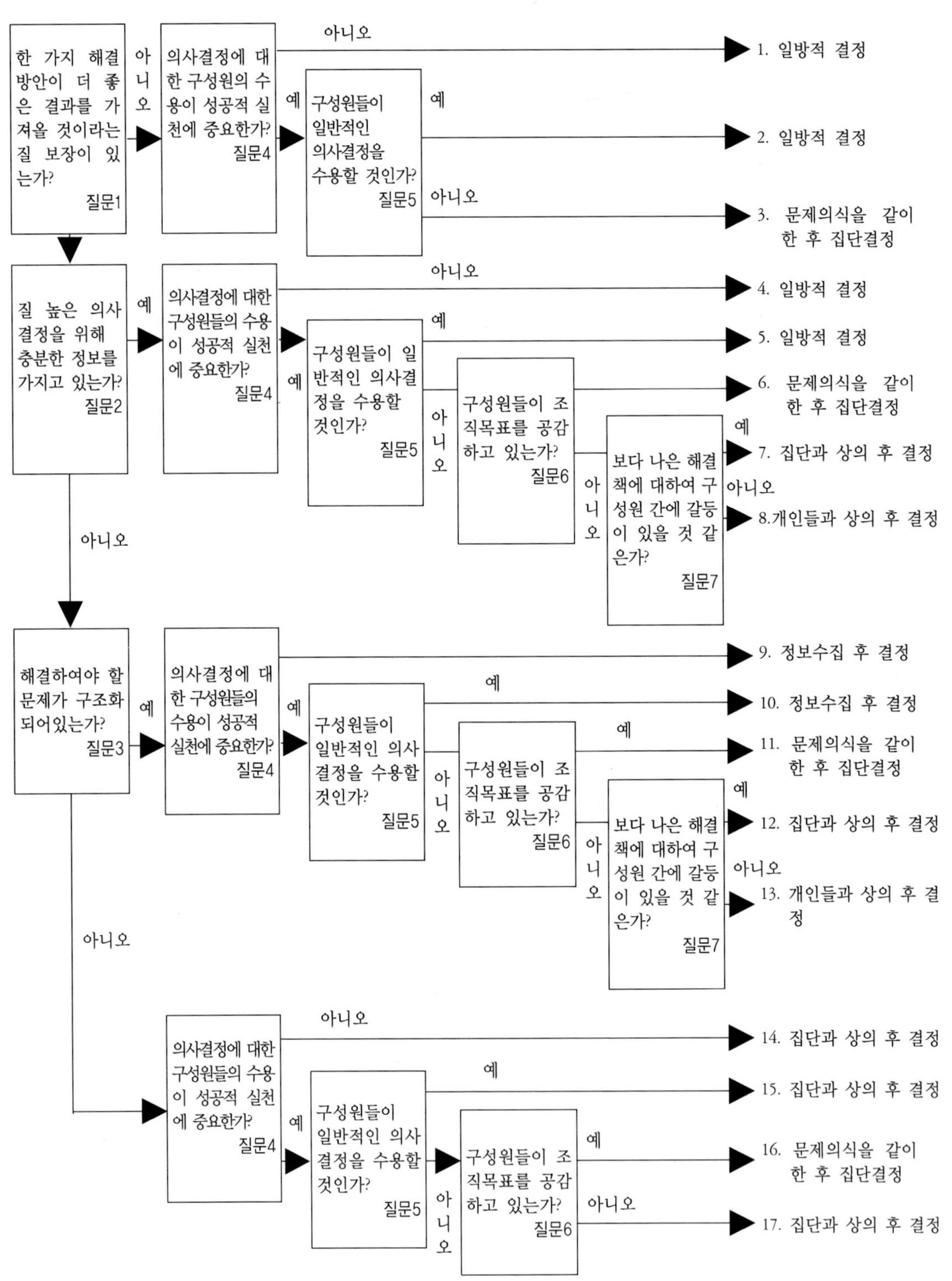

[그림 3-2-2] 의사결정의 참여적 모형 과정

4. 참여적 의사결정 패러다임

이 모형은 의사결정의 참여자가 의사결정의 절차와 각각의 단계에서 그들의 역할과 기능을 수행해야 한다는 것으로 오웬(Owen)에 의해 제시된 것이다. 행정가는 구성원들이 어떤 방법으로 의사결정에 참여하며, 그들의 역할과 기능이 무엇인가를 알아야 할 뿐만 아니라 언제 적시에 참여해야 하는가를 알아야 한다. 그러므로 의사결정의 단계와 순서를 알아야 그 단계마다 그들이 해야 할 역할과 기능을 미리 준비할 수 있다.

오웬(Owen)의 패러다임은 시간차원과 행위차원으로 되어 있다. 시간차원은 의사결정의 절차를 각 단계마다 순서적으로 나열했으며, 행위차원은 누가 의사결정에 있어서 각각의 필요한 역할과 기능을 수행할 것인가의 선택이 주어지도록 되어 있다.

시간차원의 의사결정의 절차는 브리지(Bridges)가 제시한 의사결정의 4단계인 ① 문제의 정의, ② 가능한 대안의 설정, ③ 각 대안에 대한 결과의 예측, ④ 최선 대안의 선택으로 구성되어 있다. 여기에서는 행정가가 어느 한 단계 모든 단계에 설쳐 구성원을 참여시킬 수도 있고 시키지 않을 수도 있음을 나타낸다. 다시 말하면, 행정가가 의사결정에 필요한 정보를 입수하든지 하지 않든지 또는 알고 있으면 선택은 명백하게 된다. 즉, 그 정보는 사용되거나 무시될 수 있다.

만일 의사결정이 정보에 근거하여 실행된다면 행정가는 자신이 문제를 정의하거나, 또는 구성원에게 정보를 주어 정의하도록 요청하여 논리적으로 의사결정 절차를 진행해 나갈 것이다. 그 후부터 의사결정의 과정은 의사결정자들이 원하는 어떠한 참여의 조합형태도 포함할 것이다. 다시 말하면 행정가가 각각의 단계를 혼자서 운영할 수도 있고 구성원들의 참여에 따른 여러 조합을 이용할 수도 있다. 여기서 명심해야 할 것은 행정가가 참여의 주도권을 독점해서는 안 된다는 것이다. 왜냐하면 참여적 의사결정이란 모든 구성원들이 의사결정과정에 솔선하여 접근하는 수단이기 때문이다.

5. 의사결정에의 참여형태

결정을 요구하는 문제나 상황에 대하여 가장 전형적인 방법은 행정가와 참여자들과의 회의를 통한 토론이다. 토론은 행정가의 생각을 격려해주고, 다른 사람들의 반대 의견을 알아보는 데 도움이 될 수 있다. 그러나 이 방법의 문제점은 행정가가 각기 다른 생각과 의도를 지닌 참여자들에게 진실한 감정이나 생각을 표현하기 힘들다는 것이다. 그래서 참여자들의 자유로운 의사표현과 창조적인 결정이 어렵게 된다. 게다가 어떤 개인이나 인물이 토론을 좌지우지할 수도 있으며 사회적 연고관계가 일의 성취보다도 더 중요하게 취급되어지기도 한다. 이러한 불가피한 문제를 보완하기 위한 세 가지 참여방법을 들 수 있다.

① 델파이 기법(Delphi Technique): 이 기술은 의사결정을 돕기 위한 판단, 반응, 의견을 일반화시켜 보는 과정으로 주요 단계는 다음과 같다.
  ○ 1단계: 참여자들이 반응하기를 원하는 문제, 결정되어야 할 사항 또는 질문을 규정한다.
  ○ 2단계: 의사결정과정에서 가치 있는 의견, 판단, 또는 전문 지식을 가진 개인이나 단체를 파악한다.
  ○ 3단계: 일반적으로 2단계를 바탕으로 작성된 질문지를 통해, 개인이나 단체의 답을 요구한다.

○ 4단계: 질문지의 결과를 요약하고, 요약된 결과를 참여자들에게 알리고, 결과가 참여자들의 최초의 응답과 어떠한 차이나 변화가 있는지를 자세히 검토한다. 이 마지막 단계는 합의에 이를 때까지 되풀이된다.

델파이 기법(Delphi Technique)은 의사결정과정에 많은 사람을 참여시키는 데 뛰어나다는 장점을 가진 방법이다. 질문에 대한 반응을 작성하는 단계에서는 충분히 생각하고 구체적이고도 높은 수준의 의견을 제시할 수 있고, 응답 시에 응답자를 익명으로 하고 격리시키는 것은 계급적 요소나 상관의 응답에 대한 영향을 최소화할 수 있다. 델파이 기법(Delphi Technique)의 단점은 결정과정에서 서로 간의 상호작용에 대한 기회결핍에 대한 소외감 내지 불참의 기분을 느끼게 하며, 주어진 질문에 대해 말로 반응할 기회가 없으므로 문제 해석이나 의사전달상에 충분한 반응을 보일 수 없다는 것이다. 그리고 반응결과의 요약에서 상반되는 문제나 갈등이 있는 문제를 깊이 다룰 수가 없다. 이러한 델파이 기법(Delphi Technique)의 단점을 가능한 한 최소로 줄이기 위해 고안된 방법이 두 번째 방법인 명목상 그룹 기법(Nominal Group Technique)이다.

② 명목상 그룹 기법(Nominal Group Technique): 이 기술은 델 버그(Andre. L. Delberg)와 밴더 벤(Andrew H. Vande ven)에 의해 개발되어 다양한 집단에 적용되었다. 명목상의 그룹 기법(NGT)의 주요 단계는 다음과 같다.

제1단계: 참여자들에 의해 제기된 의문점, 문제점 또는 과제를 말이나 글로써 제시한다.

제2단계: 의문점, 문제점 또는 과제에 대해 시간을 갖고 생각한 것을 개개인에게 배부된 쪽지에 적는다(예: 10분간만 생각하여 쪽지에 적읍시다). 이때에는 누구와도 의견을 나누어서는 안 된다.

제3단계: 모든 참여자들이 각자의 쪽지에 적은 자신들의 의견을 하나씩 돌아가며 제시하고, 제시된 의견은 철판이나, 누구나 볼 수 있는 큰 종이에 기록해 나간다(이 단계에서 중요한 것은 의견을 기록할 때 어떠한 평가도 비판도 해서는 안 된다).

제4단계: 모든 의견이 기록될 때까지 차례로 돌아가며 의견을 제시하다.

제5단계: 기록된 의견에 대해 간단히 설명하고 각 문항에 순서를 매긴 후 문항순서에 따라 의견의 명료성, 합리성을 검토한다.

제6단계: 참여자들이 의견에 대해 선호하는 순서를 정하거나 몇 가지 의견을 선택하는 방법을 통해 개인적 의견을 집계하여 공동의 결과를 산술적으로 산출해 낸다.

NGT는 전체 진행과정에 있어서 까다로울 것 같지만, 일단 실시하여 보면 아주 간단하고 각 단계마다 많은 좋은 경험을 얻게 된다. 처음 단계에서는 상호작용을 금함으로써 각자의 생각을 충분히 표현할 수 있고 후반 단계에서는 모든 사람들이 참여하여 의견을 나누고 평가할 수 있다. NGT에도 단점이 있을 수 있으나 집단토의나 델파이 기법(Delphi Technique)접근보다 더 높은 질의 의견을 산출해 내는 효과적인 방법이라고 할 수 있다.

③ 힘-장 분석(Force-Field Analysis): 레빈(Lewin)은 상보적 이론과 장이론을 적용하여 힘-장 분석을 제시하였다. 이것은 인간이 새로운 변화를 시도할 때나 어떤 사안에 대한 의사결정을 할 때 충동력(driving forces)과 제지력(restraining forces)이 동시에 작용한다는 것이다. 이 두 힘을 하나의 장(field)으로

보고 분석해야 정확한 진단이 가능해진다. 레빈은 충동력과 제지력 사이에 다양한 귀속 정도를 만들어 모형화하였다. 즉 가운데 선을 중심으로 하여 한쪽은 충동력 정도를 1부터 시작하여 가장 강한 힘을 4로 설정하고, 제지력은 가장 약한 -1에서 가장 강한 -4호 정한다. 그리면 두 힘의 강세를 정확하게 분석할 수 있게 된다. 여기서 레빈은 서로 상반되는 두 힘의 균형을 중요시하였다.

의사결정자는 여러 사람들이 참여하는 참여형태를 결정할 때, 의사결정과정에서 행정가 자신의 역할이 무엇인가를 동세에 생각해 보아야 한다. 예를 들면 의사결정과정에서 단순히 최초의 상황을 제시하고, 나중에 집단의 최종 결정을 받아들이는 역할만을 할 수 있고, 결정에 따르는 인적자원으로서의 역할을 할 수도 있다.

제5절 의사결정의 제약 요소

일반적으로 의사결정과정은 논리적이고 합리적이어서 그 과정을 따르면 바람직한 의사결정을 할 수 있으리라 생각되지만, 그 외의 상황적 요소와 개인적 변수의 통제 여부에 따라 의사결정이 성공 여부는 결정된다. 부정적인 영향을 최대한도로 줄이려 한다면 상황적 제약요소와 개인적인 변수를 고려해야만 한다.

1. 상황적 제약요소

모든 의사결정자들은, 설사 가장 훌륭한 여건에 있는 행정가라 할지라도 상황적 제한을 갖게 되기 마련이다. 상황적 제약들은 다양하지만 가장 전형적인 것은 아래와 같다.

① 의사결정에 소요되는 시간의 양
② 특별한 대안을 수행하는 데 필요한 대책들의 이용 정도
③ 의사결정을 하는 데에 가능한 정보의 양
④ 대안과 잠재적인 결과를 포함한 상황의 애매모호성
⑤ 의사결정에 주어진 조직의 자율성 정도
⑥ 다른 사람들의 의사결정과정과 궁극적인 결정에 대한 기대의 정도
⑦ 상황에 따른 긴장의 정도

이러한 요소들은 의사결정자에게 중요한 상황적 제약요소이며, 대안에 대한 최후의 결정이나 집행에 커다란 영향을 미친다. 제약요소는 행정가에 따라 부정적일 수도 있고 아닐 수도 있다. 예를 들면, 어떤 행정가에게는 특별한 결정을 내리는 데 있어 주어진 시간, 자원, 정보가 충분하리라 생각되어지나 또 다른 행정가에게는 부족하게 생각되어질 수 있다. 외부 집단으로부터 다른 결정을 내리라는 긴장과 억압을 별 의미 없이 받아들이는 행정가가 있는가 하면 긴장과 억압이 행정가를 깊이 괴롭히는 경우도 있다. 즉, 똑같은 상황에서도 개인의 특성과 능력에 따라 차이를 보인다.

행정가가 그들의 잠재적인 제약요소를 인지하는 데에도 개별적인 차이가 있다. 어떤 행정가가 관

련된 집단으로부터 일주일 내로 빠른 결정을 내리라고 강한 압박을 받았다고 하자. 똑같은 상황이 또 다른 행정가에게도 주어졌을 때 후자의 행정가는 전자의 행정가가 느낀 압박과는 다르게 한 달 혹은 그 이상의 기간 동안에 결정을 내릴 계획을 세운다. 사실 이 두 종류의 행정가가 모두 관련된 집단의 기대를 잘못 인식하고 제대로 일을 수행하지 못하였을지도 모른다. 그러나 행정가는 잠재적인 제약요소를 우선 점검해야 하며, 실제 문제의 정도를 합리적으로 확인하기 위한 타당성을 평가해 보아야 한다. 의사결정에 따르는 상황적 제약요소의 영향에 대하여 토론하고, 이를 수정하기 위해 잠재적인 요소들을 비판적으로 분석하여 확인해야 한다.

의사결정을 위한 시간의 활용문제는 실질적인 주요 제약요소이다. 흔히 행정가들은 심사숙고해서 결정해야 할 문제들을 정규적인 보고로 끝내버리지만, 이러한 문제가 자주 행하여진다면 의사결정에 있어 심각한 영향을 끼칠 수 있다. 효율적인 의사결정을 위해서 빠른 결정을 내려야 하는 상황이 있는 반면, 신중하고 사려 깊게 오랜 시간을 할애할 경우에는 행정가가 그의 생활의 전반적인 시간계획과 함께 무엇부터 먼저 수행할 것인가에 대한 순서 등을 깊이 생각해 볼 필요가 있다.

실제적으로는 행정가가 여러 상황의 제약요소들을 제거 또는 수정할 수 없지만, 효율적인 의사결정을 위해서는 이러한 제약요소들의 특성과 원인을 분석하고 의사결정에 영향을 미치지 않도록 감소시켜야 할 것이다.

2. 개인적인 변수

의사결정과정에서 상황적 제약요소 이외에 최종의 의사결정에 영향을 끼칠 수 있는 것은 개인적 변수이다. 이는 아래의 <표 3-2-1>에서 나타난 개인적인 생각과 태도 또는 가치관의 방향을 통해 더 잘 설명되어질 수 있다.

<표 3-2-1> 개인적인 변수

개인적인 생각들	태도의 종류나 가치
1. "나는 이 대안을 추진하는 데 있어 위험부담을 생각하게 된다."	위험소재
2. "최 선생님이 추천하는 것이라면 나는 그것이 좋은 결정이라고 생각한다."	다른 사람에 대한 태도
3. "나는 수행평가와 같은 현실과 동떨어진 혁신적 교육방법이 좋은 것인지 의문이다."	교육철학
4. "이 결정은 교육자가 해야 될 상황이다."	지위에 관련
5. "우리가 이 대안을 받아들이기로 했다면, 더 이상 이 영역에 대한 추측을 해서는 될 것이다."	권위조정에 관련

물론 이 다섯 가지 예는 행정가가 내릴 결정에 영향을 미치는 광범위한 가치와 태도들이다. 립햄과 호이(Lipham & Hoeh)는 가치(value)에 대해 다음과 같이 언급하고 있다.

"…가치라는 것은 지각적인 화면과 같아서 주어진 문제에 대한 자각과 정보에 영향을 주며, 가능한 대안을 선택하는 데 필수적이다. 그리고 가치는 어떤 것이 더 높은 목적으로 추구되어야 하고 반응되어야 하는지에 대한 기준이 될 수 있다…"

일반적으로 행정가들이 의사결정을 하는 데 있어서 가치나 태도의 영향을 피할 수 없기 때문에 가치의 윤리적 본성은 반드시 고려되어야 한다.

가치나 태도의 영향에 관한 또 하나의 문제는, 가치나 태도가 의사결정과정에 어느 정도의 영향을 미치는가의 문제이다. 예를 들어 행정가의 태도로서, <표 3-2-1>과 같은 경우, "박 선생님이 추천하는 것이라면, 나는 그것이 좋은 결정이라고 생각한다"라는 행정가가 최 교사에 대해 매우 긍정적인 태도 내지 편견을 갖고 있음을 알 수 있다. 이러한 상황에서는 최 교사의 추천과 반대되는 의견이나, 최 교사의 추천을 객관적으로 평가해 본다는 것은 매우 어려운 일이 될 것이다. 결국 이 행정가는 의사결정과정의 여러 단계를 충분히 거치지 못하거나 가능한 모든 대안들을 확인하거나 평가해 볼 수 없게 된다. 물론 이러한 결정이 반드시 나쁘다고는 볼 수 없다. 빠른 기간 내에 결정을 해야 할 때에 사용 되어질 수 있는 방법이기 때문이다. 그러나 대부분의 잘못된 결정을 주로 빠른 결정과 의사결정자의 편견에서 나온다. 행정가는 항상 자신의 가치와 태도 그리고 이들이 미치는 영향을 명확히 알아서 객관적인 입장을 취해야 하고 이런 것들로부터 생기는 역기능을 줄이기 위해 노력해야 한다.

행정가가 적당한 참여자와 참여방법을 선택하였다 하더라도 고려해야 하는 또 다른 요소들이 있다. 참여행위가 참여자 자신과 행정가의 상호 만족한 결과를 초래할 것인지, 오히려 다른 사람을 참여시킨 결정이 행정가 혼자서 내린 결정보다 나은 것인지를 숙고할 필요가 있다. 이는 의사결정과정에 다른 사람을 참여시켜 결정을 내리는 일이 얼마나 복잡하고 어려운 일인가를 의미한다. 개개 참여자들의 상황적 변수가 증가하기 때문에 행정가 혼자서 결정하는 경우보다 더 높고 깊은 능력이 요구된다. 다른 사람을 참여시키는 데 성공하기 위해서는 집단의 역동성, 상호작용기술을 습득해야만 한다. 행정가는 참여자에게 충분한 훈련과 결정에 필요한 정보를 정확하게 제공할 필요가 있다. 흔히 행정가들은 교사, 학생, 학부모를 의사결정과정에 참여시키는 일을 시도하였지만, 실제적인 도움의 결과를 얻지 못하였다고 낙담과 실망을 한다. 이러한 문제는 행정가가 참여자에게 충분한 정보와 참여하는 데 필요한 기술을 제공하지 못한 데 원인이 있다.

마지막으로, 참여자에게 그들이 참여하게 된 이유와 참여 목적, 참여 권한 및 범위를 확실히 이해시킬 필요가 있다. 참여자들이 참여 목적, 범위, 권한에 동의하지 않은 상태에서 참여하게 되면 진행상에 어려움을 겪게 된다. 만약에 참여한 사람들이 결정을 내리는 것이 아닌, 다민 조언만을 위한 위원회라면, 행정가는 처음부터 이 사실을 참여자들에게 알려야 한다. 또한 참여자에게 보상을 제공하여야 한다. 그들의 참여가 결정에 커다란 도움이 된다는 사실을 보여주어야 끝까지 열정적으로 참여하게 되며, 행정가가 참여자들의 시간과 노력을 당연한 것으로 생각해서는 일의 성과를 기대할 수 없다.

제6절 의사결정의 유용성

브룸과 예튼(V.H.Vroom & P.W.Yetton)은 리더십과 의사결정 연구에서 구성원들의 참여 정도에 따라 분석 모형인 규범이론(Normative theory)을 제시하고 있다. 이 모형은 먼저 의사결정 과정에서 구성원들의 참여 정도를 다섯 가지로 나누고, 각 상황에서 의사결정에 가장 적절한 기준을 파악한 다음에 구성원들의 참여 수준을 결정할 수 있는 문제의 성격을 규명한다. 그 후에 리더가 실행 가능한 대안 중에서 최종적인 선택을 할 수 있도록 규칙을 제시하는 것이다.

브룸과 예튼(V.H.Vroom & P.W.Yetton)의 모형은 리더의 의사결정 행동이 의사결정의 질과 구성원 수용에 어떠한 영향을 미치는가에 대한 분석에 그 이론적 근거를 두고 있다.

브룸과 예튼(V.H.Vroom & P.W.Yetton)은 리더가 활용 가능한 다섯 가지 의사결정 모형을 제시하고 이는 리더가 혼자서 결정하는 전제적 스타일에서부터 완전 참여에 이르기까지 다섯 등급으로 구분한 것이다. 따라서, 적절한 전략 선택은 의사결정 문제의 성격에 좌우되는 것으로 리더는 문제의 성격에 대한 진단을 전전 실행하고 상황 진단과 의사결정을 하여야 함을 나타내고 있다.

1. 의사결정의 질(質)

의사결정의 질은 집단 성과를 촉진하는 데 있어서 중요한 정도를 의미하는 것으로, 질이 높은 의사결정이란 여러 대안 중에서 가장 적절하고 유용한 대안을 선택하는 결정이다.

2. 구성원들의 수용도(受容度)

구성원들의 수용도란 구성원들이 의사결정 사항에 대해서 나타내 보이는 충성도 및 충실도를 나타내는 지표이다.

<표 3-2-2> 의사결정의 스타일과 핵심정의

의사결정 스타일	핵심 정의
A Ⅰ	활용 가능한 정보를 이용하여 지도자 자신이 문제를 해결하고 의사결정을 한다.
A Ⅱ	구성원들로부터 필요한 정보를 수집하여 혼자서 문제의 해결방안을 결정한다. 이 경우 지도자는 구성원들에게 문제가 무엇인지를 알려 줄 수도 있고 알려 주지 않을 수도 있다. 의사결정 시 구성원들의 역할은 필요한 정보를 제공하는 것이지 문제 해결의 대안을 창안하거나 평가하는 것은 아니다.
C Ⅰ	집단적이 아닌 개별적으로 종업원과 문제를 함께 공유하며 아이디어나 제안을 얻은 다음 지도자가 의사결정을 한다. 이때 지도자는 구성원들의 아이디어나 제안을 의사결정에 반영할 수도 있고 반영하지 않을 수도 있다.
C Ⅱ	구성원들과 집단적으로 문제를 토론하고 그들의 집단적인 아이디어와 제안을 받아보고 나서 지도자가 의사결정을 한다. 이 경우에도 집단의 아이디어나 제안이 의사결정에 반영될 수도 반영되지 않을 수도 있다.
G Ⅱ	구성원들과 집단적으로 문제를 토론하고 집단이 함께 참여하여 대안을 창안하고 평가하여 해결방안에 대한 의견의 일치에 도달하게 된다. 이때 지도자는 의장의 역할을 수행하며, 지도자 자신이 제안한 해결방안을 집단이 채택하도록 영향력을 행사하지 않는다. 그리고 전체 집단이 지지하는 어떤 해결방안이라도 기꺼이 받아들여 실행에 옮기겠다는 자세를 취한다.

제1절 인간행동과 의사소통(意思疏通)

1. 인간행동과 의사소통

일반적으로 조직체 내에서 효과적인 의사소통은 매우 중요하다. 그리피스(Griffith)는 "의사소통의 원리와 기술, 그것을 사용할 수 있는 지식이 없다면 현대 조직체를 경영할 수 없다"라고 했다. 구아리노(Guarino)도 "지도력 영역에서 의사소통보다 더 필수적인 능력은 없다"라고 지적했다. 행정가가 지도자로서 성공하기 위해서는 의사소통의 효과적인 기술을 개발 하여야만 한다.

사실, 인간이 사회적인 존재라고 할 때에 각 개인의 모든 행동은 사회적인 의미를 지니게 되며, 또한 필연적으로 타인과의 상호작용을 통해서 살아가게 된다. 그래서 인간은 사회생활의 수단으로서 각종 문화양식을 발달시키게 된다. 또한 인간과의 상호작용은 대인적 관계로 나타나며 문화적인 환경과 사회적 구조 가운데서 이루어진다. 이러한 대인관계를 통해서 각종 사회 현상이 나타나기 때문에 사회적 현상의 가장 기본적이고 가장 명백한 현상이 바로 공동생활을 위한 인간과 인간의 접촉에서 일어난다.

대인관계에서 일어나는 현상을 표현하는 기본개념이 바로 상호작용(interaction)의 개념이다. 상호행동은 쉽게 말하면 인간의 사회적인 행동을 말한다. 인간은 그의 공동생활에서 모두 다른 인간 혹은 다른 인간들의 행동을 받아들이고 또한 작용한다. 이렇게 주고받는 작용들은 상호반응적이고 상대적이다. 상호행동이란 인간의 공동생활의 이러한 기본적인 현상을 표현하는 개념이다. 즉 두 사람 혹은 그 이상의 사람들 사이에서 일어나는 행동과 이에 대한 반응 행동에서 나타나는 현상을 말한다.

인간은 상호 이해를 통해서 자신의 생각과 의사를 전달하고 타인에 대한 인식을 가질 수 있다.

의사소통이란 말은 현내에 들어와서 매우 광범위하게 사용되고 있으며 그 뜻도 매우 다양하게 받아들여지고 있다. 커뮤니케이션이란 의미의 다양성은 일반인에 있어서 뿐만 아니라 커뮤니케이션을 전문적으로 연구하고 있는 학자들의 관점에 따라서 커뮤니케이션은 여러 가지로 시정되고 있다.

뉴컴(Newcomb)은 의사소통을 의미의 전달(conveying of meaning)이라 하였고, 런드버그(Lundberg)는 신호와 기호를 사용한 상호작용(interaction by means of signs and symbols)이라 하였다. 또한 에어(Ayer)는 커뮤니케이션이란 전달되는 것(What is transferred)이나 그 수단(the means) 또는 그전 과정(the whole process)을 의미한다고 하였고, 베럴슨과 스타이너(Berelson and Steiener)는 커뮤니케이션이란 기호인 언어, 그림, 도형, 도표 등을 사용하여 정보, 사상, 감정, 기술학을 전달하는 행위나 과정을 뜻한다고 하였으며, 샤논과 위버(Shannon & Weaver)는 말하기를 넓은 의미에서 커뮤니케이션이란 말은 하나의 마음이 다른 마음에 영향을 미치는 또는 과정을 뜻하는 것으로, 수단으로는 언어뿐만 아니라 음악, 그림, 무용, 연극 등 모든 인간의 행동을 포함한다고 하였다.

의사소통학, 커뮤니케이션학이란 커뮤니케이션 현상을 과학적 방법으로 연구해서 커뮤니케이션 이론을 정립해 나가는 인문과학, 사화과학의 한 독립분야라 할 수 있다.

이 의사소통학, 커뮤니케이션학이 정확하게 언제, 어디서, 그리고 누구에 의해 시작되었는가를 규명하기란 그렇게 용이한 말이 아니다. 하지만 하나의 독립된 과학으로서의 커뮤니케이션학이 성립된 것은 최근의 일이라고 보는 것이 타당한 것 같다. 대중매체가 발달하기 전에 구두음어를 중심으로 한 의사소통 현상에 관한 학문적 관심과 연구는 이미 2,000여 년 전 그리스의 수사학(rhetoric)에서도 역력히 찾아볼 수 있다. 20세기에 들어서면서부터 신학문과 스피치학이 발전되기 시작하였으며, 1950년대에 와서는 현대 커뮤니케이션학을 성립시키게 되었다고 하겠다. 신학문과 스피치학이 하나의 커뮤니케이션학으로 발전하게 되기까지에는 이들 학계 내부의 학문적 사조에 변천도 있었지만, 그보다는 심리학 정치학, 사회심리학, 사회학 등 다른 학문 분야 학자들의 영향도 컸다고 하겠다. 서양에서는 고대로부터 커뮤니케이션 기능, 즉 말의 영향도 컸다고 하겠다. 서양에서는 고대로부터 커뮤니케이션 기능, 즉 말하기, 쓰기 등에 관한 연구와 교육이 중시되었다. 그리하여 20세기에 들어오면서 신학문과 스피치학의 성립을 보게 되었다.

2. 의사소통의 개념

본래 의사소통을 의미하는 커뮤니케이션(Communication)이란 말은 '공동' 또는 '공통성'을 뜻하는 라틴어 'communis'를 어원으로 하고 있으므로, 그 본래의 의미를 따져 본다면 일방적인 의사전달이 아니라 둘 이상의 사람들 사이에 서로 공통성을 만들어 내는 과정으로 볼 수 있다. 다시 말해서 의사소통은 "둘 이상의 사람들 사이에 의견, 정보, 감정 등의 교환을 통하여 공통적 이해를 이룩하고 수신자 측의 태도, 행동 등에 변화를 일으키게 하는 일련의 행동"이라고 할 수 있다.

의사소통(communication)은 라틴어의 commus, 즉 common에서 유래된 말이다. common이란 '공통'이나 '공유'의 뜻이며, 결국 의사소통이란 누군가와 공통의 것을 엮어 보려는 것으로 같이 이야기하기, 협의하기, 대담하기, 상담하기의 뜻을 지니고 있다. 또한 의사소통은 공동체(community)와도 그 어원이 같다. 의사소통이 잘 되어야 커뮤니티, 즉 공동체가 이루어지는 것이다. 의사소통 없이는 개인이나 사회는 한낱 추상적인 개념에 불과하다. 개인적 자아실현과 공동체의 목표를 실현하는 것은 의사소통을 통해서만 가능한 것이다.

이러한 의사소통에는 두 사람 또는 소수의 사람들의 얼굴을 맞대거나 또는 전화, 서신, 인터넷 등을 통한 상호 의사소통인 대인간 의사소통이 있고, 다수의 사람들이 구두언어 문서 또는 멀티미디어 등을 활용하는 의사소통의 형태도 있다. 전통적인 조직과 같이 그 구조가 일원적, 관료적인 사회에서는 단순히 조직의 계열에 따라 위에서 아래로 수직적인 의사소통만이 있어 왔다. 위로부터의 의사전달은 아래에 이르기까지 여러 중간 계층을 거쳐야 하는데, 어느 중간계층에서도 위로부터 내려오는 전달을 막거나 되돌려 올릴 수 없는, 마치 일방통행 길에서 절대로 되돌아갈 수 없고 한 방향으로만 갈 수 있는 일방통행식 의사소통(one way communication)만이 존재했다. 그러나 조직의 구조가 다원화되고 민주적 사회 속에서는 일방적인 지시나 명령이 아닌 조직구성원들 간의 합의를 요하게 되었다. 합의에 도달하는 것은 종래의 일방통행식 수직적 의사소통으로는 불가능하고, 쌍방적 의사소통(two way communication)을 통한 수평적 및 선회적 의사소통의 다양한 경로로서의 의사소통이 필요하게 되었다.

켄제비치(Kenzevich)는 의사소통을 첫째로 인간의 능력이나 기술매체를 사용하여 태도, 정보를 교환하는 것, 둘째로 아이디어를 교환하는 것, 셋째로 사상과 의견을 교환하는 것, 넷째로 사실, 생각, 느낌을 주고받는 과정이라고 정의하고, 더 단순하게는 전달자가 수신자에게 어떤 이미지를 전달하려고 노력하는 과정이라고 하였다. 의사소통이란 한 사람으로부터 다른 사람에게 의미가 전달되는 것이다. 즉, 의사소통은 전달자의 의사, 아이디어, 정보, 태도, 감정 등이 수신자에게 전달되는 과정이다. 의사소통은 단순히 내용의 전달이 아닌 의미의 전달로서 수신자에게 이해되어야 하는 의미의 전달과 이해의 과정이라 할 수 있다.

사람들 간의 정보와 지식을 서로 교환하기 위해 필수적인 의사소통을 정확히 파악하기 위해서는 의사소통이 의의 일방적 전달만을 의미하는 것이 아니라 소통을 통하여 비로소 소기의 성과를 올리는 것을 인식하여야 한다. 즉 의사소통은 상호 간의 공통적 이해가 중심이 되는 것이므로, 수용자 또는 상대방이 의사소통을 행한 사람의 메시지를 이해했을 때에 비로소 의사소통이 이루어졌다고 말할 수 있는 것이다. 따라서 의사소통의 문제는 인간관계에 있어서 가장 중요한 관심사 중의 하나라고 말할 수 있다.

버나드(C.I. Barnard)에 의하면 공통의 목적 달성을 위한 공헌으로써 상호의사를 전달할 사람들이 어떤 경우에 조직에서 생기게 된다. 의사전달은 어떤 의미에서는 조직관계 상 불가피한 것일 뿐만 아니라 전달의 통로는 조직의 형태를 규정하고 조직을 동적으로 만드는 과정이기도 하다. 이와 같이 조직이론은 바로 커뮤니케이션을 그 바탕으로 하여 이루어지고 있음을 의미하고 있다. 그렇다면 대체 커뮤니케이션이란 무엇인가? 간혹 우리들은 커뮤니케이션을 정의해서 "어떤 개인 또는 집단이 개인 또는 집단에 대해서 정보, 감정, 사상, 의견 등을 전달하고 그것들을 받아들이는 전 과정"이라고 했다. 그러므로 인간관계 관리에 있어서 커뮤니케이션이 중시되는 것은, 이것이 인간 상호 간의 일반적 이해 내지 동의를 얻기 위한 유일의 수단이 되기 때문이다.

그러므로 의사소통이란 인간과 인간 사이에 언어를 통해 상호 간에 공감이 성립되도록 하는 과정(process)이라고 할 수 있다. 우리들은 직장에서 상사나 동료 혹은 부하와의 사이에 작업상 커뮤니케이션이 이루어져 상호 간에 공감하게 된다면 직장의 팀워크(teamwork)는 높아지고 그로 인해 사기(morale)가 높아져 작업 능률이 향상될 것이다. 따라서 양호한 커뮤니케이션은 반드시 필요하지만, 이러한 양호한 커뮤니케이션을 직장 내에서 형성한다는 것은 결코 용이한 일은 아니다. 직장의 구성원은 일종의 사회적 경험과 사회적 지위를 토대로 한 개인의 집단이므로 동일한 언어를 이용하는 데도 정신적 태도에 있어서는 매우 다른 경우가 많다.

학자들의 커뮤니케이션에 대한 견해를 종합해 보면, 커뮤니케이션이란 인간이 기호를 사용하여 자신의 생각이나 메시지를 전달하고, 또한 타인의 것을 받아들임으로써 상호 공통된 의미를 수립하고 나아가서는 서로의 행동에 영향을 미치는 과정 및 행동이라고 하겠다.

21세기 세계화 시대의 인간관계론에서 분명한 사실은 의사소통(커뮤니케이션)이 인간관계의 핵심적 중심에 있다는 사실이다. 의사소통(커뮤니케이션)을 통해서 인간관계가 시작되고 다양한 사회생활의 인간 관련 상호작용이 활성화되고 있다.

제2절 의사소통의 방법

1. 구두(口頭) 의사소통

면담이나 지시 등과 같은 것이 보통 행해지고 있는 의사소통 수단이다. 이것은 다른 어느 방법보다도 간편하고 개성이 강하므로 포멀(formal)이나 인포멀(informal)에 보편적으로 사용되는 것이 특색이다.

그러나 이 오럴 커뮤니케이션(oral communication)은 페이퍼즈 커뮤니케이션(papers communication)보다도 정확을 기하기가 힘든 경우가 있는 결점이 있긴 하지만 대화를 통해 상대방의 반응이나 감정을 살필 수 있고, 그때그때 상대방에게 설득시킬 수 있으므로 유동성이 있다. 이런 의미에서 오럴 커뮤니케이션은 인간관계 관리 관점에서 본다면 오히려 효율적인 방법이다.

2. 문서(文書) 의사소통

문서 의사소통 방법은 공식 의사소통에서 많이 이용된다. 정규의 권한을 가진 사람이 그 권한을 바탕으로 하여 발생한 것을 공문서라 한다. 조직이 소규모인 경우에는 오럴 커뮤니케이션이 유효하겠지만, 대규모 조직에서는 전술한 바와 같이 정보가 필요한 부서에 흐를 때까지 왜곡되거나 혹은 흐름이 중단되든가 하여 정보의 전달에 정확성을 기할 확률이 줄어들었다. 각 구성원의 일상 업무는 무엇이며 타구성원과 관계는 어떠한가를 기본적으로 규정한 문서(papers)가 조직 규정이고 개개의 명령이 문서화 된 것을 공문 혹은 통달이라고 한다.

제3절 의사소통의 유형

조직에서 커뮤니케이션의 대표적인 것으로서 공식적 커뮤니케이션과 비공식적 커뮤니케이션을 들 수 있다.

1. 공식적 의사소통

공식적 의사소통(formal communication)은 공식적 조직 내에서 공식적인 커뮤니케이션의 경로(channel)와 수단을 통한 커뮤니케이션이 이루어지는 것을 말한다. 공식적 커뮤니케이션은 다시 ① 수직적 커뮤니케이션, ② 수평적 커뮤니케이션, ③ 대각적 커뮤니케이션으로 대별된다. 그리고 수직적 커뮤니케이션을 그 방향에 따라 하향식 커뮤니케이션과 상향식 커뮤니케이션으로 구별된다.

1) 상의하달식(上意下達式): 하향적 의사전달 체제(전통적, 폐쇄적)

하향식 커뮤니케이션(downward communication)은 지시적 커뮤니케이션이라고도 하며, 업무집행 과정상 상사의 방침, 지시 등이 부하에 전달되는 커뮤니케이션을 말한다.

2) 하의상달식(下意上達式): 상향적 의사전달 체제(현대적, 개방적)

상향식 커뮤니케이션(upward communication)은 부하의 제 의사 및 정보가 상위계층에 있는 상사에게 전달되는 커뮤니케이션을 말하며 보고, 면접, 제안제도 등의 수단이 사용된다. 상향식 커뮤니케이션은 부하가 상사에게 전달하는 정보의 선택적 여과로 말미암아 그 정확성이 크게 훼손될 가능성이 있다. 즉 상사에게 유리한 정보나 의사만을 전달하고 상사를 불쾌하게 할 것은 생략해 버리는 것이다. 이렇게 되면 진정한 상향적 커뮤니케이션이 이루어질 수 없는 것이다.

3) 수평적 의사전달 체제: 상호작용적·협동적 의사전달 체제

수평적 커뮤니케이션(horizontal communication)은 조직에서 위계 수준이 같은 구성원 또는 부서 간에 이루어지는 커뮤니케이션으로서 조직 내의 동일 계층에 있는 제 단위 간의 활동을 조정하고 협조를 촉진하는 데 도움을 주는 것이다. 이에는 회의, 위원회 등이 있다.

4) 대각적 의사전달 체제: 사행적 의사전달 체제, 다방향적 의사전달 체제

대각적 커뮤니케이션(diagonal communication)은 조직구조상 집단을 달리하고 사람들 간의 커뮤니케이션의 형태로서 사행적 커뮤니케이션이라고도 한다. 라인부문과 스탭 부문 간의 커뮤니케이션을 대표적인 예로 들 수 있다.

2. 비공식적 의사소통

비공식적 의사소통(informal communication)은 비공식적 경로를 통하여 비공식적으로 이루어지는 커뮤니케이션을 말한다. 비공식적 커뮤니케이션의 주된 경로를 이루고 있는 것은 조직 내부의 접촉에 의하여 형성되는 비공식적 조직의 인간관계이다.
데이비스(K. Davis)는 비공식적 커뮤니케이션이 소문의 형태로 포도넝쿨처럼 이루어지기 때문에 그레이프바인(grape vine)으로 표현하고 있다. 그레이프바인은 수평적일 때가 많으나 때로는 계층의 위계를 넘어 이루어지기도 한다. 그리고 그레이프바인에서의 연결은 공식적 커뮤니케이션과는 달리 친구관계나 위치상 가까운 상태에서 흔히 이루어진다.

제4절 의사소통의 원칙과 네트워크(Network)

1. 의사소통의 일반 원칙

레드필드(C.E. Redfield)는 커뮤니케이션의 일반원칙으로서 다음과 같은 일곱 가지를 들고 있다.

1) 명료성

이상적인 커뮤니케이션은 발신자가 그 의도하는 바를 말하고, 그가 말하는 의미를 수신자가 정확하게 이해하여야 한다. 그러기 위해서는 간결한 문장과 평이한 용어를 사용하여야 한다. 그리고 의사소통되는 내용의 구조가 체계화되어야 한다. 또한 내용표현에 있어서 각 어구의 정확성을 기하여야 한다.

2) 일관성

커뮤니케이션의 일관성(consistency)이 있어야 하며, 처음의 명령과 나중의 명령이 모순되어서는 안 된다. 즉 전달내용의 전후가 일관되어야 한다는 것이다.

3) 적기적시성

커뮤니케이션은 너무 이르거나 너무 늦게 해서는 안 되며, 알맞은 시기를 택하여 행하여야 한다.

4) 분포성

커뮤니케이션은 발신자로부터 명확하게 수신자에게 전해져야 한다. 전달되지 않은 커뮤니케이션이나 다른 사람에게 전달된 정보는 아무 소용이 없거나 경로관리상 혼란을 가져올 뿐이다. 수신자가 누가 될 것인가를 확실히 정하면 사용할 커뮤니케이션 수단도 달라진다.

5) 적량성

커뮤니케이션은 적정량(adequacy)을 기하여야 하며, 너무 많은 경우나 너무 적은 경우에는 수신자의 이해를 장해한다.

6) 적응성과 통일성

적응성(adaptability)이란 커뮤니케이션의 융통성, 개별성, 현실 적응성 등을 말하며, 통일성(uniformity)이란 각 커뮤니케이션이 전체로서 통일된 정책의 표현이 되게 하는 것이다. 관리자는 이 적응성과 통일성을 잘 조화시키기 위하여 노력하여야 한다.

7) 관심과 수용

커뮤니케이션은 수신자의 관심(interest)과 그것을 받아들일 수 있는 능력과 자세의 가능성이 있을 때에 비로소 능률적으로 이루어질 수 있다. 여하튼 커뮤니케이션은 적극적으로 반응을 얻는 데 그 목적이 있는 것이다.

2. 의사소통의 네트워크(Network)

커뮤니케이션 네트워크라 함은 "조직 구성원들 간에 이루어지고 있는 반복적이며 재현적인 상호작용의 패턴"을 말한다. 따라서 네트워크란 개인과 조직 사이의 중간 크기에서 매개하는 묶음(grouping)이라 할 수 있다. 개방체제이론이 도입되면서 조직커뮤니케이션 연구의 성격은 분석단위로서의 개인들에 초점을 맞추는 단자론적 접근방법에서 ① 커뮤니케이션 관계를 구성하는 두 개 또는 그 밖의 다른 상관적 단위들을 주로 연구하는 쪽으로, ② 그리고 때로는 커뮤니케이션 네트워크 분석을 포함하는 보다 체계적 차원의 관심으로 분석단위를 이동시켰다. 그러므로 네트워크를 분석하기 위해서는 그 네트워크를 구성하고 있는 성원들의 범위와 그 성원들 간의 연관성을 먼저 검토하여야 한다.

네트워크 분석은 일단의 사람들 간에 존재하는 실제적이고 잠재적인 관계유형을 동시에 검토해야 하기 때문에 분석대상이 되는 성원의 한계는 명백히 규정되어야 한다. 그리고 네트워크의 연관성(linkage)과 관련해서는 그 연관성의 대칭성(symmetry), 강도(strength), 상호관계(interrelation) 등 세 가지 차원에서 검토할 필요가 있다. 조직성원들은 각기 연관성의 수는 다르다 할지라도 다른 성원들과의 잠재적인 커뮤니케이션 연관성을 지니고 있으며, 그것은 대칭적이거나 아니면 비대칭적이다. 대칭적 연관성은 두 사람이 서로 상대방에 대해 똑같이 정보를 주고받으며 이를 공유하는 경우와 같이 동등한 바탕 위에서 상호작용할 때 발생한다. 이에 비해 비대칭적 연관성은 한쪽은 정보를 구하고, 또 한쪽은 정보를 제공하는 경우와 같이 비 동등성이 있는 경우에 나타난다.

두 번째 차원인 연관성의 강도는 상호작용의 빈도가 높거나 상호작용 기간이 긴 커뮤니케이션 연관성을 그렇지 않은 커뮤니케이션 연관성과 구별하기 위해서 사용되는 개념이다.

셋째로, 상호관계 개념은 두 사람 간에 이루어지고 있는 의견의 합치도 문제를 다루는 연관성의 본질에 관한 특성이다. 가령 상호작용 당사자 중 한쪽은 "그들 서로가 의사소통하고 있다"라고 보고하는 데 반하여, 다른 한쪽은 "그렇지 않다"라고 보고하는 수도 있고, 다 같이 인정하고 있는 수도 있다.

즉 계층이 낮을수록 사람들은 상위계층 성원들과의 업무접촉 관계를 과장 보고(over-report)하는 경향이 있고, 반면에 상위계층 성원들은 하위계층 성원들과의 연관성을 과소보고(under-report)하는 경향이 있다. 네트워크 분석에서 수백 명이나 수천 명이 네트워크에 관련된 성원으로 포함될 때에는 그들 모든 성원 간에 존재하는 커뮤니케이션 연관성을 다 파악하기란 거의 불가능하다. 그러므로 연구자들은 정보의 손실이나 변질을 최소화한다는 전제 하에서 네트워크 관련 성원을 단순화시키거나 감축시켜 그들의 연관성을 파악하지 않으면 안 되며, 그러기 위해서는 명백한 운영규칙이 있어야 한다.

제5절 의사소통의 장애요인과 효과

1. 의사소통의 장애요인

1) 언어상의 장애

의사전달의 장애 중 가장 심각한 것이 바로 언어상의 장애이다. 언어는 점점 분화되어 난해해지고 있을 뿐만 아니라, 전문용어의 사용, 슬랭(slang), 약어의 등장으로 한층 더 의사전달을 곤란하게 하고 있다.

2) 전문주의의 편견

의사결정의 전문화는 현대 조직의 하나의 필연성이지만, 전문 스태프가 그의 전문 직능에 속하는 좁은 고정관념을 가지고 조직의 전체 목적을 잘못 관찰했을 경우, 올바른 커뮤니케이션이 이루어지지 않고 중도에서 생략, 왜곡 등과 같은 장애현상이 일어난다.

3) 계층적 지위상의 차

계층적 조직구조에서 상, 하의 관계는 커뮤니케이션을 장애하는 중요한 요인의 하나이다. 하급자는 상급자가 듣기 좋아하는 정보만 제공하고 싫어하는 것은 보고하기 꺼린다. 이러한 경향을 하의상달에서뿐만 아니라 상의하달에서도 나타난다.

4) 지리적 거리

지리적인 차는 커뮤니케이션의 기술의 발달에 의해 어느 정도 극복할 수 있다. 그러나 그로 인해 의사결정이 더욱 전문화되고 중앙 집권화를 가능하게 할 조짐도 나타난다.

5) 발안자의 자기옹호

발안자의 개인적인 입장이 곤란하게 될 경우 이것을 생략하거나 왜곡하는 경향이 있다.

6) 다른 직무에의 압박

정상적인 직무수행 상황에 있는 사람은 일에 밀리어 바쁘기 때문에 눈앞에 닥친 일부터 먼저 다루게 되고, 다른 사람과의 의사전달을 하는 데는 소홀하게 되는 수가 있다.

이상에서 본 바와 같이 조직에 있어서 의사소통(커뮤니케이션)은 인체에 있어서 신경조직과 마찬가지로 중요한 것이므로, 이것이 불완전한 결과를 초래하게 되면 조진 전체가 파괴되는 결과를 가져온다. 따라서 커뮤니케이션의 장애요인을 제거하는 데 주의를 기울여야 한다.

2. 의사소통의 주요 효과

1) 개인에 대한 효과

커뮤니케이션 효과에 대한 개념과 주의가 다양하지만, 커뮤니케이션 효과란 대체로 커뮤니케이션 행동의 결과라고 하겠다. 그러나 엄밀히 말해서 커뮤니케이션의 효과란 의도적 및 비의도적인 모든 커뮤니케이션 행위의 필연적 및 자연적 결과라고 하겠다. 따라서 커뮤니케이션 효과에는 커뮤니케이션의 의도적인 행동의 산물인 현재적 효과는 물론 비의도적인 잠재적 효과와 사회에 바람직한 정(순)기능적인 긍정적 효과 및 그렇지 못한 역기능적인 부정적 효과도 모두 포함시킬 수 있을 것이다. 그리고 효과의 종류도 그 분류 기준에 따라 여러 가지로 나누어지고 있다. 하지만 궁극적인 효과를 중심으로 기능론적 입장에서 분류하되, 그 대상에 따라 수용자 개개인에 대한 효과와 사회에 대한 효과로 크게 구분할 수 있다.

개인에 대한 커뮤니케이션 효과란 주로 수용자 개개인의 입장에서 본 커뮤니게이션의 정기능과 역기능을 말한다. 이러한 효과에는 정보습득, 태도변용 및 외적 행동에 대한 효과로 구분할 수 있다.

(1) 정보습득의 효과

정보습득이란 사실적인 커뮤니케이션 내용의 수용을 말하는 것으로 좁은 의미의 학습을 말한다.

(2) 태도변화의 효과

수용자들은 매스미디어를 통하여 새로운 정보나 지식을 습득할 뿐만 아니라 자신들의 태도를 변용하고 있다. 예컨대, 어떤 사물이나 사건에 대한 신문이나 방송 등의 논설이나 논평을 읽거나 듣고서 그것에 대한 자기들의 기존 태도를 강화 또는 변화시키거나 아니면 새로운 태도를 형성하고 있다.

(3) 외적 행동변화의 효과

매스미디어는 또한 수용자의 외적 행동에도 직접적으로 영향을 미치고 있다. 수용자가 커뮤니케이션을 통하여 태도를 변용시킨다면 그 결과로서 행동도 따라서 변화한다는 것을 말할 필요도 없다. 행동변화라는 말에는 두 가지 뜻이 있는데, 광의로는 태도변용의 결과로서 야기되는 수용자의 모든 행동의 변화를 뜻한다. 그러나 협의로는 매스미디어에 의한 직접적이고 물리적인 신체적 행동변화를 뜻한다.

2) 사회에 대한 효과

커뮤니케이션의 개인적 효과가 대체로 미시적 관점에서 커뮤니케이션이 수용자에게 미치는 직접적인 영향을 살펴보는 것이라면 커뮤니케이션의 사회적 효과란 거시적 입장에서 커뮤니케이션의 사회적 기능을 다루는 것이라고 하겠다. 따라서 사회적 효과의 분석방법도 대체로 자연히 인문주의적 경향을 띠고 있다. 사회에 대한 커뮤니케이션의 효과도 여러 가지로 나누어 볼 수 있으나, 여기서는 커뮤니케이션 효과의 분류체계에 따라 사회체제 일반에 대한 효과, 경제에 대한 효과, 정치에 대한 효과, 문화에 대한 효과, 그리고 사회 문제로 나누어 살펴보면 다음과 같다.

(1) 사회체제 일반에 대한 효과

매스 커뮤니케이션의 대 사회적 효과란 문자 그대로 커뮤니케이션이 사회제도, 사회조직 및 집단, 사회변화, 사회화 과정, 사회적 규범 등에 미치는 영향을 말한다.

(2) 경제에 대한 효과

커뮤니케이션은 경제 발전에 가장 큰 영향을 미치고 있는 것으로 생각된다.

(3) 정치에 대한 효과

커뮤니케이션은 정치에 대해서도 크나큰 영향을 미치고 있는데, 특히 수세기에 들어와서 세계의 많은 시민들은 매스 커뮤니케이션이 갖는 정치적 힘에 많은 관심을 갖게 되었다. 커뮤니케이션은 여론을 조성하고 정치권력을 합법화하며 권력의 유지와 신장에도 영향을 미치는가 하면 그 반대로 정권을 위협하는 요인이 되기도 한다.

(4) 문화에 대한 효과

커뮤니케이션은 문화를 창조 육성하며, 문화를 교류시키고, 문화를 보전하며, 공동문화를 유지시킨다. 또한 문화의 표준화에도 영향을 미치고 있다.

(5) 기타 사회 문제에 대한 효과

커뮤니케이션은 사회에 변혁을 가져오는가 하면 기술문명을 발전시키며 회사의 근대화를 촉진한다. 특히 우리 사회에서 문제가 되고 있는 가족계획이라든가, 농촌의 근대화 등에 미치는 효과는 상당히 크다.

3. 의사소통 장애의 극복과 효과적 의사소통의 원칙

효과적인 의사사통을 위해서는 우선 의사소통의 인간화가 전제되어야 하는데, 이는 상호 신뢰적 분위기의 조성, 이해적인 경청(감정이입적 청취 혹은 역지사지적 청취), 명확한 피드백의 장려라는 세 가지 조건을 충족시켜야 한다. 이러한 조건이 충족된 것을 전제로 다음과 같은 원칙을 경지 하면서 의사 소통을 해야 한다.

① 의사소통은 청자의 눈높이 수준에서 이루어져야 한다.

② 화자(話者)는 말하기 전에 자기 생각을 명료하게 정리해야 한다.

③ 의사소통의 참된 목표가 무엇인지 확실히 해야 한다.

④ 의사소통의 기본 내용뿐만 아니라 환경, 배경 등 기타 부수효과에 대해서도 배려해야 한다.

⑤ 의사소통은 일관성이 있어야 한다. 즉 처음과 나중의 메시지가 서로 상충되어서는 안 된다.

⑥ 의사소통은 적정량을 기해야 한다. 메시지가 너무 많거나 너무 적은 경우에는 수용자의 이해를 방해한다.

⑦ 의사소통은 너무 빠르게 하거나 너무 더디게 해서도 안 되며 시의 적절하게 행해져야 한다.

⑧ 전달자(화자)는 청자의 관심을 넓히고, 그로 하여금 메시지를 받아들일 수 있는 수용성을 넓혀야 한다.

⑨ 전달자는 의사소통을 지원하는 행동을 해야 한다.

⑩ 전달자는 청자를 납득시키려 할 뿐만 아니라, 또한 이를 이해하려고 하는 좋은 청자가 되어야 한다.

또한, 커뮤니케이션의 문제와 장애를 극복하기 위한 지침은 다음과 같다. 조직 내의 커뮤니케이션 상의 문제점은 항상 존재한다. 몇몇 장애는 생각과 행동 사이에 발생한다. 메시지의 종류가 장애의 정도에 영향을 미친다. 관례적이거나 분명치 않은 메시지들은 전달하기가 가장 쉬운 것이다. 장애는 메시지가 복잡하거나 감성적으로 자극하거나 또한 험담을 할 때 복잡해진다.

감정적으로 자극하는 메시지는 돈이나 두 사람 간의 관계에 관한 주제에 뒤따라온다. 수신자의 감정을 자극하는 메시지는 전형적인 수신의 방법을 조금 바꿔볼 필요가 있다. 이 훈련을 위해서는 '다음에 당신은 레스토랑을 방문하여 디저트 먼저 주문하고 앙트레(생선요리와 로스트 사이에 나오는 것)를 그다음에 주문하여 보라. 종업원은 아마도 당신의 주문이 일반적인 순서에서 빗나갔기 때문에 디저트에 대한 주문은 받지 않을 것이다.' 등의 화법을 적용해 볼 수 있다.

일반적인 조직 내에서 종종 일어나는 의사소통 상의 문제를 극복하기 위한 전략과 전술로서 장애물 극복 요령은 다음과 같다.

① 수신자를 이해하라.

② 패러다임이 다름에 대해 토론하라.

③ 방어적 커뮤니케이션을 최소화하라.
④ 다양한 방법을 사용하라.
⑤ 언어적, 비 언어적 피드백을 사용하라.
⑥ 긍정적인 태도를 보여주라.
⑦ 설득력 있는 커뮤니케이션을 사용하라.
⑧ 경청하라.
⑨ 신경에 거슬리는 대화에 대비하라.
⑩ 초 커뮤니케이션(시선, 동작, 태도 등에 의한 커뮤니케이션)에도 신경을 써라.
⑪ 커뮤니케이션의 방식에는 성(gender)의 차이가 있음을 인정하라.

제6절 의사소통의 전달자

행정가는 특수한 상황이나 문제, 사선에 대해 여러 가지 방법으로 다양한 사람들에게 의사를 전달해야 한다. 의사전달자로서의 행정가는 효과적인 의사소통을 위해 다음의 기본적인 측면을 고려하여야 한다.

첫째, 메시지 목적의 명료함
둘째, 메시지 수신자의 특성
셋째, 메시지 전달자의 능력
넷째, 메시지의 내용
다섯째, 메시지 전달을 위한 적절한 매체의 선택
여섯째, 메시지에 대한 피드백

1. 메시지의 전달

1) 메시지 목적의 명료함

개인이나 집단에 성공적으로 메시지를 전달하기 위해 행정가는 먼저 의사전달이 정보를 얻기 위한 것인가, 문제를 제기하는 것인가, 확인해 보아야 하는 것인가, 격려를 해야 하는 것인가, 해명해야 하는 것인가, 또는 다른 목표를 성취해야 하는 것인가 등과 같은 의사전달 목표에 대해 주의 깊게 생각해 보아야 한다. 행정가는 그가 이루려 하는 의사전달이 무엇인지에 대한 일반적인 생각과 함께 구체적인 목표의 본질을 확인해 봄으로써 더 나은 입장에서 의사소통의 내용을 결정하고 그에 알맞은 의사소통 수단을 사용하게 될 것이다.

메시지의 구체적인 목표가 규정되고 명료화된 후에 행정가는 그가 바라는 목적이 성취될 수 있는 것인지를 평가하여야 한다. 평가의 근본문제는 목적의 합리성과 주위환경에 대한 고려이다. 예를 들면, 학부모의 요구를 거절하기로 결정한 행정가가 그의 결정을 학부모에게 알리는 동시에 더 이상의 요구나 행동을 단념시키는 두 가지 목적을 자연스럽게 달성하기 위해서는 어떤 메시지가 효과적인가를 가정해 보아야 한다. 그의 결정을 학부모에게 알리는 첫 번째 목적은 어려움이 없이 달성될지 모르나 두 번째의 목적인 학부모들이 더 이상 행동하지 못하도록 설득하는 것은 주위 환경을 고려해 볼 때에 잘되지 않을 수도 있다. 이때 의사소통의 전달목표가 합리적인가를 검토해 보는 것이 필요하다. 이러한 검토는 목적이 규정된 후 실시되어져야 하고 다시 메시지가 구성될 때에도 반복되어져야 한다.

2) 메시지 수신자의 특성

모든 메시지는 받는 사람의 특징과 상황을 고려해야 한다. 이 두 요소에 따라서 메시지가 성공적으로 전달될 수도 있고, 그렇지 않을 수도 있다. 받는 사람의 특징이나 상황과 관련하여 효과적인 의사소통에 장애가 되는 요소는 다음과 같다.

① 관심의 부족: 행정가는 자신이 보내는 메시지가 대단히 중요하다고 생각하여 받는 사람들도 그럴 것이라고 믿고 있으나, 메시지 수신자의 관심 여부에 따라 보내는 사람의 태도, 내용, 메시지의 적용이 달라져야 한다.

② 지식의 부족: 의사소통에는 전문용어, 사상, 지식을 요하는 이해력이 포함되는데, 수신자가 이에 대한 능력이 부족하면 행정가가 전하려는 메시지를 이해하지 못하게 된다.

③ 수신자의 편견: 메시지의 내용은 수신자의 지각과 가치를 통해 여과되어진다. 어떤 경우에는 지각과 가치에 따라 잘못 해석되기도 하고, 메시지의 목적이 왜곡되기도 한다. 대부분의 사람들은 자신의 가치와 태도에 일치되는 메시지는 쉽게 받아들이고 불일치하는 메시지는 피하려고 한다. 메시지의 잘못된 해석이나 회피를 완전하게 배제시킬 수 없다 하더라도 그 가능성을 줄이기 위해 행정가는 수신자의 성질이나 특징을 주의 깊게 고려해야만 한다.

④ 사회적 장애: 수신자와 보내는 사람 간의 문화 수준, 지위, 성, 나이의 차이는 의사소통의 장애가 된다. 예를 들면, 체육교사와 과학교사, 여교사와 남교사, 경험이 많은 교사와 신임 교사들 간에는 같은 메시지라도 전혀 다르게 이해할 수 있기 때문에 행정가는 주어진 상황 속의 사회적인 치이들을 고려해야 한다.

⑤ 상황 자체: 주위가 산만하거나 전달할 내용이 많고, 주의 깊게 메시지를 읽어 볼 시간이 없는 상황도 효과적인 의사소통에 장애가 된다. 이러한 장애들을 완전히 극복하기는 어려우나 행정가는 그의 메시지가 받아들여질 수 있는 가능한 상황으로 만들어야 한다.

이상에서 제시한 장애들을 효과적으로 최소화하기 위해 행정가는 메시지를 받는 사람의 성격과 그것이 받아들여질 상황의 본질에 대해 생각해 보아야 한다. 즉, 어떠한 종류의 개인이나 집단이 메시지를 받을 것인가? 메시지의 주제나 생각에 관련된 지식, 배경은 무엇인가? 관련된 주제나 생각에 대한 그들의 태도는 어떠한가? 생각의 전달자로서 나에 대한 그들의 태도는 어떠한가? 받아들이는 사람이 정확히 이해하고 행동되어질 가능성을 감소시키거나 방해하는 상황의 특성은 무엇인가? 등을 자신에게 물어보아야 한다. 결국 의사전달자로서 행정가의 성공은 수신자와 의사소통과정의 모든 측면을 고려한 그의 지식에 달려 있다.

3) 메시지 전달자의 능력

의사전달자로서 행정가의 성공은 그의 메시지를 받는 사람들에게 전문가로서 인정받는 것과 그의 지위에 대한 합법적 권위에 달려 있다. 행정가가 의사소통하고자 하는 영역에서 필수 불가결한 자격이나 능력이 없고, 조직 내에서 인정받지 못한다면 다른 사람들이 그의 메시지에 관심을 기울이지 않을 것이다. 행정가에 대한 편견이나 행동을 변화시킬 수 있는 요소는 조직 내에서 행정가의 지위에 대한 인식과 여러 상황에 대한 그의 전문적인 지식에 대한 수신자의 평가에 달려 있다. 이러한 요소들 외에도 행정가 스스로 의사전달자로서 자신을 이해하고 아는 것이 중요하다. 일대일로 접촉할 것인가, 집단으로 접촉할 것인가, 말로 할 것인가, 글로 쓸 것인가 등과 같이 성취하고자 하는 특별한 상황과 목표들을 행정가의 표현 방법에 따라 결정되므로 자신의 개인적 강점과 약점을 분석하고 이해하는 것이 필요하다. 상황에 알맞은 메시지의 전달 매체를 고려하여 선택하되 자시 자신의 가정과 한계점을 고려하여 결정하여야 한다.

4) 메시지의 내용

사람들은 행정가의 메시지를 신중하게 고려하고 행정가의 말들을 자세히 검토하기 때문에, 메시지 내용의 선택과 조직은 주의 깊게 구성되어야 한다. 행정가는 청중들이 원하는 특별한 목적이나 원하는 방향을 파악하고 그 목적을 이루기 위해 활용하고자 하는 전달 수단의 성질을 고려해야 한다.

예를 들면, 교장이 교사들에게 새로운 교수법을 권유할 때 가장 설득력 있게 전달할 수 있는 생각, 사실, 질문의 형태를 잘 구성해야 한다. 메시지를 구성할 때에 새로운 개혁에 대한 교사들의 현재 태도와 제안된 변화에 대한 교사들의 지식이나 이해, 그리고 의사전달자로서의 교장에 대한 그들의 태도를 고려하여 메시지 내용을 충분히 전달할 수 있는 매체를 선택해야 한다. 전달의 최대 효과를 얻기 위하여 행정가는 그의 메시지 내용을 조직하고 선택한 것을 '내용이 명확한가, 원하는 목적을 성취하기에 알맞은 용어를 선택했는가, 메시지를 받는 사람이 어떻게 받아들일 것인가, 사용되어질 용어의 특징이 받는 사람에게 효과적일까, 생각이나 용어가 받아들이는 사람에게 의도적이지 않으면서도 감동을 줄 수 있는가, 내가 주장하고 있는 것은 무엇인가'에 따라 비판적으로 살펴보아야 한다. 다른 개인이나 집단을 설득하기 위한 메시지 내용을 구성하기 위하여 행정가는, 적절한 행동을 제시하기 전에 메시지의 목적과 수신의 관심을 자극하고 수신자들이 많은 관심을 두는 내용을 먼저 제시하며 다른 맥락의 내용을 제시하기 전에 반대 의견을 고려해야 한다.

사람들이 제시하는 정보에 대하여 감정적인 선입견으로 반대할 경우, 메시지의 내용 자체만으로 그들의 태도를 바꿀 수 없다는 것을 깨달아야 한다. 따라서 준비된 메시지에서 의도하는 것과 관계없이 메시지가 어떻게 받아들여지고, 어떻게 받아들여져야 하는가의 관점에서 주제나 용어를 신중히 아는 것이 중요하며, 의사소통 상황에서 청중의 반응에 대하여 즉각적인 반응을 보일 필요가 있다.

5) 메시지 전달을 위한 적절한 매체의 선택

준비된 메시지를 전달하는 데 있어서 행정가는 메시지를 가장 효과적으로 전달할 수 있는 매체를 신중히 선택해야 한다. 행정가들은 메시지를 전달할 때, 하나 혹은 두 개의 수단밖에 생각하지 않는다. 의사소통의 가능한 매체는 아래와 같다.

〈표 3-3-1〉 의사전달의 수단

쓰 기	면 담	음성전자 - 영상
• 노트 • 편지 • 메모 • 지역사회 신문 • 학교요람 등	• 개인면담 • 작은 집단 면담 • 큰 집단 면담 • 사회적 기능 등	• 전화 • P.A system • OHP나 실물화상기 • 라디오 • TV, 원격영상 • 비디오 등

이와 같이 의사전달의 수단은 폭넓고 다양하므로 행정가는 자신의 상황에 적합한 매체를 결정한 후 메시지전달에 적합한 활용 방법을 선택하여야 한다. 그러나 최적의 의사전달 수단을 선택하고도 행정가는 자신에게 적합하고 다양한 매체의 강점과 약점을 수시로 분석해야 한다. 의사소통 매체의 가장 적합한 선택은 메시지의 내용, 그것을 받아들이는 청중, 전달자의 목표, 의사소통자로서의 자신의 개인적 강점과 약점들을 고려하여 활용할 때에 효과적인 결과를 기대할 수 있다.

더불어 행정가 자신도 자신이 깨닫거나 깨닫지 못하거나 간에 한 개인으로서 의사전달 수단의 한 형태라는 사실을 인식할 필요가 있으며, 행정가의 얼굴 표정, 몸짓, 옷차림, 목소리의 높낮이 등과 같은 비언어적 수단을 통하여 놀라움, 두려움, 화냄, 실망, 슬픔, 행복 등을 전할 수 있다. 비언어적 수단을 통하여 전달되는 메시지가 우리가 전달하고자 하는 메시지와 일치한다면, 비언어적 방법이 의사소통에 도움이 될 수 있다. 그러나 언어적 메시지와 비언어적 메시지가 서로 대조를 이룬다면 궁극적으로 문제를 유발하게 된다. 만약에 행정가가 평소에 좋아하지 않는 학부모에게 협조를 구하여 일하고 싶었을 때, 얼굴 표정과 목소리와 같이 비언어적 표현이 자신도 모르게 도움을 구하는 내용과는 달리 부정적인 표현으로 보인다면 본래의 메시지는 반대로 왜곡되어 전해질 수밖에 없다. 물론 언제, 어떻게 비언어적으로 의사소통이 유지되는지를 알거나 자신의 비언어적 메시지를 조절한다는 것이 쉬운 일은 아니다. 그러나 이러한 미묘한 의사소통 수단을 이해하여 언어와 비언어적 메시지 사이의 차이에서 인식하여 발생하는 문제점을 최소화해야 한다.

6) 메시지에 대한 피드백

의사소통은 행정가가 메시지를 보내는 과정만으로 효과가 있을 것이라고 쉽게 간주해서는 안 된다. 의사소통이 효과적이기 위해서는 의사소통자들에 의해 의도되어진 방법과 행동을 이해할 필요가 있다. 의사소통이 효과적인가를 확인하기 위해서 행정가는 반응에 대한 피드백을 찾거나 의사전달을 받는 사람에게 메시지에 대한 반응을 요구할 필요가 있다. 이러한 피드백이 없다면 행정가는 그의 의사소통이 그가 원하는 목표대로 달성되기를 기대할 수 없고 또한 그의 의사소통 결과로서 일어날 어떠한 문제에 대해서도 모르게 될 수 있다.

그러나 메시지를 받는 사람들은 항상 그에 대한 피드백을 제공하는 것이 아니기 때문에, 의사소통에 대한 반응을 기다리고만 있을 수 없다. 따라서 메시지를 수정하거나 그의 의사소통 효율성을 판단하기 위한 정확한 자료를 얻기 위해 수신자들이 그의 의사소통에 대한 피드백을 하도록 힘써야 한다.

2. 의사소통에서의 수신자

우리는 의사소통과정에서 의사전달자로서 뿐만 아니라 메시지를 받는 수신자가 되기도 한다. 행정가의 경우 학교 조직에서 중요한 위치에 있기 때문에 학생, 교사, 학부모 그리고 그와 연결되는 다른 개인들로부터 글이나 말로 표현된 여러 종류의 메시지를 받고 있다.

행정가가 메시지를 받는 사람으로서 할 수 있는 가장 중요한 역할 중의 하나는 듣는 것이다. 메시지전달의 많은 경우에 말로써 전해지기 때문에 정확하게 잘 들어야 전달되어진 사실이 타당성 있게 이해할 수 있다. 행정가가 잘 듣지 않는다면 누군가가 말한 것을 완전히 이해하지 못할 가능성이 있거나 심각하게는 '잘 듣지 못하는 사람' 또는 '관심이 없는 사람' 이라는 평판을 듣게 되어 결국 사람들을 그들 자신의 생각을 행정가에게 표현하는 것을 꺼려하게 될 것이다. 반면 위의 제시한 것과 반대의 입장을 보여주는 행정가는 잘 들어주는 사람으로 인정받게 될 것이다.

〈표 3-3-2〉 의사소통에서 듣는 습관(태도)

피해야 할 태도	개발해야 할 태도
• 듣는 척하는 태도 • 더 넓은 의미를 고려하지 않고 사실에만 집중함 • 신체적 표현에만 관심을 두고 중요한 내용을 그냥 지나침 • 주의가 산만함 • 관심 없는 내용을 잊어버림 • 내용이 어렵다는 이유로 회피함	• 외부의 주의 산만한 것을 제거함 • 다른 사람이 말하는 것에 대해 집중함 • 상대방의 의도를 명확히 알려는 적극적인 자세를 가짐 • 상황에 따라 비판적인 표현은 필요하나 지나치게 냉소적인 태도 지양함 • 상대방의 메시지에 즉각적인 반응을 보임

듣는 태도는 선천적이거나 저절로 되는 것이 아니라 개발되고 신장되어야 하는 기술이다. 행정가는 다른 사람이 전달하고자 하는 것에 신경 쓰고 관심을 가지는 태도를 지녀야 한다. 이것은 말뿐만 아니라 비언어적으로도 전달되므로 진실한 느낌으로 받아들여야 한다. 효과적인 듣기는 또한 잘못을 지적하는 나쁜 태도를 피하고 좋은 태도를 개발하는 것이다.

말과 글로 메시지를 받는 자로서의 행정가는 모든 메시지를 아래의 질문을 통해 검토해야 한다.

① 메시지가 왜 보내졌는가? 진술되거나 함축되어진 목적이 무엇인가? 보낸 사람이 성취하고자 하는 것은 무엇인가?

② 메시지에 대한 실제적인 기준은 무엇인가? 어떤 진술이 사실에 입각한 것이고, 어떤 것이 의견

이고 추측인가?

③ 메시지에 꼭 필요한 정보 중 누락된 것은 무엇인가? 대답하지 못한 질문은 무엇인가? 추가된 질문은 무엇인가?

④ 메시지가 행정가에게 주고자 하는 의미는 무엇인가? 행정가의 역할에 대해서 보내는 사람의 기대는 무엇이며, 조직의 안팎에서 기대하는 것은 무엇인가?

일반적으로 행정가는 받은 메시지가 사실, 인식, 의견, 추측이 포함된 것임에도 불구하고 그 메시지의 사실을 확인해 보지 않는다. 그러나 행정가는 우선 그가 받은 메시지를 사실에 입각하여 분석하고 내용을 확인한 후에 반응을 해야 한다.

또한 행정가는 메시지를 보낸 사람의 성격과 행정가에게 기대하는 행동이 무엇인가 통찰력 있게 살펴보아야 한다. 모든 메시지는 보내는 목적이 있으며, 행정가가 특별하게 반응할 것이라는 기대로 전달되지만, 메시지의 목적이나 보낸 사람의 기대 그리고 문제에 대한 느낌이 명확하게 진술되지 않을 수도 있다는 사실을 깨달아야 한다. 그러므로 행정가는 메시지 이면에 있는 진정한 목적과 그의 행동에 대한 실제적인 기대의 실마리를 찾기 위해서 사실과 이면에 담긴 뜻을 함께 알아차리기 위해 각 메시지를 주의 깊게 검토해야 한다.

행정가는 행정가라는 지위로 인해 그를 비판하는 메시지보다는 개인적인 환심을 사려는 목적을 가진 아랫사람들로부터 칭찬의 메시지를 더 많이 받을 수 있다. 따라서 행정가는 그가 제안했거나 이미 정해진 행동에 대하여 아랫사람들로부터 정확한 정보를 얻기가 어려울 수 있다. 그러나 행정가는 항상 합리적인 정보가 필요하기 때문에 이러한 문제를 가장 중요시해야 한다. 이러한 난점을 극복하기 위해서 아랫사람들이 마음 놓고 이야기할 수 있도록 격려해 준다면 비록 메시지가 비판적이거나 혹은 그들의 메시지가 완전히 정직하지 않더라도 의사소통에 가장 최적의 상황을 유지할 수 있을 것이다.

3. 의사소통에서의 탐구자

행정가는 단지 의사소통을 주고받는 행동에서만 그쳐서는 안 된다. 다른 사람들로부터 나오는 생각, 인식, 사실들을 솔선해서 찾아야만 한다. 사실 행정가도 의사결정을 위해 필요한 모든 정보를 전달받았을 것이라고 가정하거나 그에게 전달된 메시지가 확실하고 타당성 있고 완전하다고 생각하는 경우는 실제로 없다. 때로는 중요한 정보가 행정가에게 보내지지 않으며, 그 이유는 행정가가 별관심이 없을 거라고 생각하거나 혹은 그 내용으로 인하여 행정가와의 친밀한 관계가 불리해지는 것을 두려워하기 때문이다.

의사소통의 이러한 장애를 없애기 위해 행정가는 함께 일하는 집단의 의견과 태도를 알기 위한 계속적인 노력을 해야 한다. 행정가는 다른 사람에게 그의 메시지를 전달한 후에 그것이 어떻게 받아들여졌는가에 대한 정확하고 완전한 피드백을 얻어야 한다. 단지 그에 대한 결정이나 희망, 감정, 지시, 행동의 표현뿐만 아니라 그의 메시지가 정확하게 이해되어 졌는지, 또 원하는 대로 되었는지를 알 필요가 있다. 예를 들면, 교사들에게 메모나 직원회의를 통해 '공공연설제도'에 관한 메시지를 전하였다고 하자. 여기서 고려할 문제는 이 메시지가 전해졌는가가 아니라 행정가가 원하는 대로 이루어졌는가 이다. 만일 그 대답이 부정적이라면 행정가 메시지를 성공적으로 전달되지 못하였다는 것이다. 따라서 의사소통 탐구자로서의 행정가는 정확히 이해되었는지, 희망했던 결과를 얻었는지의 두 가지 차원에서 피드백을 얻을 필요가 있다.

행정가는 학교조직 전반에서 정확하고 완전한 의사소통을 해야 할 필요가 있다. 조직에서 이루어지는 대부분의 의사소통, 특히 공식적인 의사소통에서는 하부에서 상부로 전달되는 상향식으로 수평적 의사소통은 거의 없다. 그러나 행정가는 모든 개개인이나 집단에 있어 상향식이나 수평적 의사소통이 필요함을 인식하고, 이러한 종류의 의사소통을 위한 가능한 모든 방법을 개발해야 한다. 또한 행정가는 의사소통을 격려하여 구성원들로부터 존경이나 신임을 받아야 한다. 의사소통에 있어 불안을 느끼거나 그들의 메시지가 중요하게 받아들여지지 않을 것이라고 느낀다면 많은 사람들은 의사소통을 지속하려 하지 않을 것이다.

특히 반대하거나 일치하지 않는 메시지를 가진 사람에게는 정보의 개방이 폐쇄적이기 때문에 행정가가 그의 직무의 모든 영역을 효과적으로 수행하기 위해 필요한 종류의 피드백을 얻으려면 정보자원을 확장해야만 할 것이다. 많은 행정가들이 '정보개방정책'이라고 자주 선언하지만 그 문이 모든 사람에게 진실로 열려져 있다고 생각하지 않으며, 특히 반대하거나 일치하지 않는 메시지를 가진 사람들에게는 더욱 그렇다는 것을 깨달아야 한다. 결국 행정가와의 관계가 위협적이지 않은 특별한 개인들만의 정보를 제한적으로 받게 된다. 행정가는 같은 편의 사람들로부터 받는 정보, 추천, 평가 반응의 상황을 신중하게 다루어야 하며, 동일한 견해보다는 다양한 의견으로 문제 상황을 다른 차원으로 인식하는 정보자원을 개발하여야 한다. 특히 정반대의 가치와 목적을 지는 지역사회 인사, 학생, 학부모 그리고 다른 전문인으로부터 나온 생각이나 의견을 민감하게 인식하고 탐구할 필요가 있다. 결국 행정가로서 그의 최대 관심은 여러 종류의 사람들로부터 적극적으로 의사소통을 탐구하는 사람이 되는 것이다.

제7절 의사소통 전략

1. 개인의 의사소통 유형

의사소통능력은 대인간관계와 조직의 효과성을 좌우하는 중요한 요인이다. 대부분의 사람들은 자신의 독특한 의사소통 유형을 가진다. 따라서 자신의 독특한 의사소통유형을 분석하여 장점을 발전시키고 단점을 보완하는 것은 의사소통능력의 향상에 기여하게 된다. 개인의 의사소통유형에 관하여 리스와 브랜트(Reece & Brandt)는 독단성의 정도와 사교성의 정도라는 개념을 통해 주도형, 배려형, 감정형, 사려형 등으로 분류하여 제시하였다.

독단성(dominance)은 책임을 맡으려는 태도를 과시하는 경향으로 정의된다. 독단성이 낮은 사람은 협조적이고 남을 적극적으로 돕는 경향이 있으며, 또 자기주장이 약하고 타인에 의해서 쉽게 통제당하는 경향이 있다.

사교성(sociability)은 자기감정을 통제하거나 표현하려는 경향으로 볼 수 있다. 사교성이 낮은 사람은 자신의 느낌을 통제하려는 경향이 있으며, 보수적이고 공식적인 인간관계를 유지한다. 한편 사교성이 높은 사람은 자신의 느낌을 자유롭게 표현하며 개방적이고 말을 많이 한다.

독 단 성	고 ⇧ ⇩ 저	주도형(Director style)	감정형(emotive style)
		사려형(reflective style)	배려형(Supportive style)
		저 ⇦	⇨ 고
		사 교 성	

[그림 3-3-1] 개인의 의사소통 유형

① 주도형: 주도형(Divect style)은 높은 독단성과 낮은 사교성을 가지며, 솔직하고 엄격하며 독단적이고 단호하다. 주도형의 사람은 진지한 태도를 나타내며, 이로 인하여 사무적이고 재미없는 인상을 주기도 한다. 또한 단호한 표정과 결단력 있는 음색으로 강력한 의견을 제시하며, 따뜻하게 보살펴 주는 태도를 보이지 않고, 냉담한 격식을 차린다.

② 배려형: 배려형(supportive style)은 낮은 독단성과 높은 사교성을 가지며, 민감하고 참을성이 있어 좋은 경청자가 된다. 주의를 기울여 경청하고 권력의 사용을 절제하며, 오히려 친절하게 설득하며 온정을 표시한다. 사려 깊고 신중하게 의사결정을 하며, 의사표현을 한다.

③ 감정형: 감정형(emotive style)은 높은 독단성과 높은 사교성을 가지며, 열정적이고 솔직 담백하게 의사소통을 하는 유형이다. 감정형의 사람은 말이 빠르고 정열적인 제스처와 함께 자신 의견을 표현한다. 또한 감정형은 상대방의 이름을 부르고, 사적인 이야기를 하는 등 격식을 좋아하지 않으며, 자신의 의견을 극적으로 표현하면서도 설득력 있게 표현한다.

④ 사려형: 사려형(reflective style)은 낮은 독단성과 낮은 사교성을 가지며, 조용히 혼자 있기를 좋아하고, 의사결정을 쉽게 하지 않는다. 그리고 격식을 차리고 신중한 태도로 의견을 제시하며, 서두르지 않고 계산된 의견을 개진하며 감정통제를 잘한다. 또한 침착하고 어떤 일에 몰두하며, 초연해서 친해지기가 어렵다. 한편, 질서정연한 작업환경을 좋아하고 회의 시 안건을 숙고하며, 세부적인 것까지 검토하여 처처히 결정을 내린다.

이상과 같은 의사소통 유형에서 가장 좋은 유형이 별도로 존재하는 것이 아니라 각기 유형별로 독특한 강점을 가진다. 그러나 이러한 강점이 과장되면 문제가 발생한다. 예를 들면, 감정형이 너무 지나치면 쉽게 흥분하고 진지하지 않게 보일 수 있는 반면, 너무 엄격한 주도형은 남들에게 밀어붙이는 형으로 비칠 수도 있다. 또 과도한 사려형은 소심하게 보일 수 있는 반면, 지나친 배려형은 우유부단하게 비쳐질 수 있다.

2. 조해리 창

대안관계의 유형을 설명하는 이론으로 조해리 창(Johari Window)은 조셉 루프트(Joseph Luft)와 해리

잉햄(Harry Ingham)에 의하여 개발된 데서 연유하여 이들의 이름의 첫 글자를 합하여 Johari라 했다. 조해리 창은 자아개방(self-disclosure)과 피드백이란 두 개념을 명료화하기 위해 개발된 개념이다. 자아 개방이란 자신의 입장을 명확히 밝히고, 자기 자신을 남에게 보여줌으로써 타인이 자신을 알 수 있도 록 하는 행위로서 다른 사람과 감정과 정보를 공유할 수 있을 만큼 신뢰 수준이 높을 때 가능하게 된다. 또 피드백은 타인이 우리를 개방적이고 수용적이라고 지각하고 이해할 때 일어난다. 그러면 타 인들은 우리에 대한 생각과 느낌을 말해주고, 그것이 그들에게 어떤 영향을 갖는지 말해준다.

타인이 아는 부분	공개적 부분	맹목적 부분
타인이 모르는 부분	비공개적 부분	미지적 부분
	자신이 아는 부분	자신이 모르는 부분

[그림 3-3-2] 조해리 창(Johari's Window)

조해리 창은 창틀의 크기와 형태가 고정된 것이 아니라 상호신뢰 수준과 자아개방, 피드백의 교 환 정도에 따라 유동적으로 결정된다고 본다. 조해리 창에 의하면 인간은 자신에 대한 정보가 자신 에게 잘 알려진 부분도 있고 자신에게 알려지지 않은 부분도 있다. 마찬가지로 다른 사람에게 잘 알 려진 부분이 있고 다른 사람에게 알려져 있지 않은 부분도 있다. 이들의 결합 관계에서 공개적 부 분, 맹목적 부분, 비공개 부분, 그리고 미지적 부분의 4개 영역이 생기게 된다. 이 창의 4개 영역을 간략히 설명하면 다음과 같다.

① 공개적 부분: 이 영역은 자기 자신에 대하여 본인은 물론이고 다른 사람에게도 잘 알려진 부 분이다. 그러므로 서로 잘 알고 상호작용하기 때문에 일반적으로 개방적이고, 효과적인 의사소통이 가능해진다. 물론 성숙한 인간관계 등을 통하여 이 부분의 넓이를 넓혀 나가면 보다 효과적인 의사 소통이 이루어진다.

② 맹목적 부분: 이 영역은 자기 자신에 대하여 타인은 알고 있으나 자신은 모르는 부분이다. 그 러므로 타인들로부터 피드백을 받지 못할 때에는 이 부분이 넓어져 의사소통에서 자신의 주장을 내 세우고 타인의 의견을 불신하고 비판하며 수용하려 들지 않는다. 따라서 효과적인 의사소통이 이루 어지지 않는다.

③ 비공개적 부분: 이 영역은 자기 자신에 대해 자신은 알고 있으나 다른 사람은 모르는 부분이 다. 이와 같은 경우에는 타인이 어떻게 반응할지 몰라 자기의 감정과 태도를 비밀에 부치고 타인에 게 방어적인 태도를 취하게 된다. 그러므로 의사소통에서 자신의 의견이나 감정을 표출하지 않고 타 인으로부터 정보를 얻으려는 경향이 커진다. 그렇게 함으로써 비공개적 부분이 더 넓어진다.

④ 미지적 부분: 이 영역은 자신과 타인이 모두 모르는 부분이다. 이러한 경우에는 자신에 대한 견해를 표출하지도 않을 것이며 또한 타인으로부터 피드백을 받지도 못할 것이다. 이러한 상태가 계 속되면 미지적 부분의 넓이가 더 커질 것이다. 이러한 상황에서는 정상적인 의사소통이 이루어지기

어렵고 자기 폐쇄적 형태로 이어질 가능성이 크다.

효과적인 의사소통을 위해서는 고정된 자신의 조해리 창에서 벗어나 창의 크기와 형태를 변화시키는 노력이 필요하다. 새로운 창틀로 변화하기 위해서는 피드백과 자아개방의 과정이 필요하다. 피드백은 상대방이 알려져 있지 않을 사실을 알려주는 것으로 이 피드백이 효과가 있으려면 상대방이 자발적으로 이야기를 해주고, 이야기를 듣는 사람 또한 그 이야기를 받아들이려는 태도를 가져야 한다. 피드백을 받지 못하면 눈먼 사람이 되고 조해리 창에서 맹목적 부분이 확대되는 것이다. 또 하나의 과정으로 자아개방은 자신이 느끼는 감정을 상대방에게 알리는 것이다. 의사소통 과정에서 피드백과 자아개방이 동시에 일어나면 흥미로운 현상이 생긴다. 즉 조해리 창의 공개부분이 맹목적 부분과 비공개적 부분으로 확장될 뿐만 아니라 지금까지 잠재되어 있어서 아무에게도 알려지지 않았던 미지의 부분이 의식 수준으로 나타나고 공개 영역으로 떠오르게 된다.

제8절 의사소통의 실제

사실 일상 생활에서 완전하고 정확한 의사소통은 매우 힘들다. 어느 조직에서나 지도자와 조직 구성원들 간의 효과적인 의사소통은 조직의 성과에 매우 중요한 영향을 미친다. 다만 의사소통 이론을 바탕으로 의사소통의 실제에서는 다음과 같은 점을 고려하여야 한다.

첫째, 의사소통은 시간과 장소 불문으로 존재한다. 의사소통은 어느 곳에나 존재한다. 의사소통은 자신도 모르는 사이에 소리 없이 자동적으로 일어나기 때문에 자신이 의사소통하고 있다는 사실을 알아차리지 못하므로 의사소통은 어느 곳에나 존재한다.

둘째, 의사소통은 지속성과 연속성을 유지한다. 의사소통은 지속적이다. 의사소통은 과거로부터 와서 미래로 계속 진행된다. 거기에는 분명한 시작과 끝이 없다. 그것은 삶의 한 부분으로서 환경이 변화함에 따라 계속 변화한다. 의사소통적인 요구는 결코 고정적인 것이 아니어서 과거의 경험과 미래에 대한 기대를 노대로 한다.

셋째, 의사소통은 의미의 공유와 교호 활동이다. 즉 상대방의 의미가 자신의 의미와 유사하기를 바라면서 상대에게 자극이나 실마리를 주어 상대가 그것에 의미를 할당하게 함으로써 의미를 공유하려는 시도이다.

넷째, 의사소통은 예측 가능성을 보유하고 있다. 의사소통은 예측 가능하다. 최근의 학자들은 의사소통 과정 동안 사람 내적으로 어떤 일들이 일어나는가에 초점을 맞추어 오고 있다. 어떤 자료 제공자로부터 어떤 메시지가 주어져 어떤 청중에게 도달되었을 때 어떤 일이 일어나는가를 일반적으로 예측할 수 있다는 것이 밝혀졌다.

결국 의사소통은 '닭과 달걀'의 과정이다. 그리고 의사소통은 동등한 관계나 상하 관계에서 이루어진다. 모든 조직에서 두루 이루어진다. 우리 생활의 전반적 활동이 곧 의사소통의 과정이라고 할 수 있다.

제4장 갈등(葛藤)과 해결 방안

제1절 갈등(葛藤)의 개념과 정의

일반적으로 갈등(葛藤)이란 특정 개인이나 집단이 추구하려는 목표가 타인이나 타 집단 간에 의해 부정적인 영향을 받았거나 받을 것이라고 지각하는 과정으로 정의되고 있다. 따라서 갈등은 개인 또는 집단 간 상반된 이해관계, 상반된 이해관계의 인식, 상대방이 자신의 이해관계를 방해한다는 지각, 그리고 실제로 방해하는 행동 등을 포함하고 있다.

갈등은 인간의 역사만큼이나 오랜 역사를 지녔고, 조직 생활에서 피할 수 없는 현상이다. 갈등을 어떻게 해결하느냐에 따라 긍정적·부정적 혹은 양면적인 결과로 이끌 수 있는데, 갈등 연구에서는 학교조직 상황에서 발생할 수 있는 갈등과 관련된 문제를 검토하기 위해 갈등의 개념, 갈등의 원인과 유형을 살펴본 후, 교사가 경험하는 갈등의 유형과 원인을 고찰하는 것이 중요하다.

사람들은 사회 속에서 여러 사람들과 어울려 살아간다. 때로 사람들 사이에는 서로 간의 의견 차이나 태도 차이로 인해 마찰이나 갈등이 생기기도 한다. 이러한 갈등을 건설적으로 잘 다루는 것은 효과적인 대인관계 기술을 계발하는 데 도움이 된다. 갈등이랑 두 사람 혹은 보다 많은 사람들이 가진 행동이나 신념, 동기 또는 목표가 서로 양립할 수 없을 때 생기는 긴장이나 좌절, 분노 등을 말한다. 서로의 차이는 실제로 존재하는 것일 수도 있고, 한쪽 또는 양자의 오해에서 생긴 것일 수도 있다.

갈등은 우리의 일상생활 속에서 언제나 일어난다. 그러나 대부분이 사람들은 갈등은 불필요한 것으로 어떤 대가를 치르더라도 피해야 한다고 믿고 있다. 만약 갈등이 우리에게 전혀 소용없는 것이라면 갈등은 오래전부터 우리의 상호작용에서 사라졌을 것이다. 다른 사람과 어울리다 보면 자신이 원하는, 원하지 않든 기분 나쁜 일을 겪게 된다.

사람들은 각자 다른 사람들과의 의견 차이로 인해 발생하는 분쟁을 어떻게 하면 건설적으로 해결할 수 있는가라는 과제를 안고 있다. 이러한 과제를 해결하기 위해서는 표면적으로 드러난 갈등이라는 주제에 국한하지 말고 대인관계에 대한 깊이 있는 분석을 해야 한다. 최근 한 친구가 남편과 비디오 대여점에서 그날 저녁에 볼 비디오를 선택하면서 논쟁을 벌였다고 이야기하였다. 그들의 논쟁은 "어떤 비디오테이프를 빌릴 것인가" 하는 것이었다. 그 일로 그들은 다투었고 냉전상태를 유지하고 있었다. 이 이야기를 들은 다른 한 친구는 "그런 상황이었으면 동전을 던지지 그랬어"라고 말했다. 그러자 그 친구는 "그것은 아무 효과가 없어. 그는 항상 자기 방식대로 하려고 해. 나도 이제는 더 이상 양보하지 않을 거야"라고 즉시 대답했다.

이 대화는 사람들 간의 논쟁에서 발생하는 중요한 한 가지 특징을 암시해 준다. 즉, 특정 사건에 초점을 맞추는 것은 갈들을 부분적으로만 이해하게 한다는 것이다. 그 친구 부부가 서로 논쟁을 벌이고 다툰 것은 어떤 비디오테이프를 빌릴 것인가의 문제가 아니었다. 대인관계에서의 갈등은 대개

한 가지 이상의 사건을 포함하고 있고 갈등이 일어난 배경에는 여러 가지 요인들이 있다. 겉으로 드러난 표면적인 갈등에만 초점을 두어서는 안 된다. 갈등을 효과적으로 다루기 위해서는 현재의 갈등을 일으킨 직접적인 요인과 갈등이 일어나는 데 영향을 미친 근본적인 요인들을 구분하는 것이 중요하다.

갈등은 여러 원인과 형태가 존재하며 상황에 따라 변화하기 때문에 이를 한 마디로 정의하기는 어려운 일이다. 그러나 연구자들 사이에서는 갈등이 불안, 좌절, 긴장, 스트레스 등의 단어와 맥락에서 논의되고 있다. 갈등은 조직과 집단 내의 관계 속에서 발생하는 반면, 스트레스는 개인 내부에서 발생하는 것이라 할 수 있다. 1980년대 이후의 많은 연구는 갈등이라는 용어보다는 스트레스에 대한 연구가 지배적인 경향이다. 이는 모든 학문의 연구방향이 거시적인 차원보다는, 전문화, 세분화되는 추세에 따라 조직 사회의 갈등 연구보다는 구성원 개개인들의 스트레스 차원이 부각되고 있기 때문이다.

갈등에 대한 관점은 시대의 변천에 따라 다르다. 즉 전통적 관점, 행동과학적 관점, 그리고 상호작용적 관점으로 분류할 수 있다.

첫째, 전통적 갈등관(1890년대~1940년대 중반)은 갈등을 의사소통의 왜곡, 개방성과 신뢰성의 결여, 욕구불만 등에서 생기는 역기능의 결과로 보았다. 과학적 관리론에 따르면 통제와 조직의 구조화에 의해 갈등은 피할 수 있고, 모든 갈등상태는 역기능적인 것으로 제거되어야 한다고 생각했으며, 인간관계론 역시 갈등을 제거되어야 하는 병리적 현상으로서 원인보다는 그 역기능을 수정하면 되는 것으로 생각했다.

둘째, 행동과학적 갈등관(1940년대 후반~1970년대 중반)은 갈등을 모든 조직에 자연적으로 존재하는 것으로 보았다. 조직은 그 성질상 내재적인 갈등을 안고 있고, 이는 나쁜 것이 아니라 오히려 조직의 효과성에 기여할 수 있는 긍정적, 사회적 기능을 가지고 있으므로 수용해야 한다고 했다. 그러나 행동과학적 접근법은 갈등의 긍정적인 측면을 외면하고 갈등 해결 기법을 개발하는 데에만 치중하였다.

셋째, 최근에 대두된 상호작용적 갈등관은 갈등을 변화와 혁신의 계기로 본다. 즉, 변화란 불만을 개선하려는 욕구에서, 그리고 창의적 대안의 개발에서 오는 것으로서 결코 우연적인 것이 아니므로 조직 내에서의 갈등은 조직의 변화의 혁신이 적극적인 추진력이라고 본다. 갈등이 없는 조직은 변화와 개혁의 필요에 민감하지 못한 경향을 보이므로 이는 궁극적으로 조직에 이롭다고 주장한다.

조직 내의 복잡한 대인관계는 매일매일의 생활 속에서 갈등을 피할 수 없게 만든다. 이 같은 갈등생성의 불가피성에도 불구하고, 우리는 갈등은 나쁜 것이라고 사람들 간에 갈등이 없으면 좋은 관계라고 믿기 때문에 이를 피해야만 한다는 생각을 가지고 있다. 그러나 갈등이 없다는 것이 곧 건강한 관계를 의미하는 것은 아니며, 다소간의 의견차는 사실상 창의적인 사고와 진정한 혁신을 위해 어느 정도 필요한 것이다. 이와 같이 갈등은 때에 따라 매우 가치 있는 요소가 될 수 있으므로 이를 부정적인 현상으로만 간주할 필요는 없다.

그러면 이와 같은 갈등의 개념적 정이는 매우 다양하다. 갈등 현상을 어떠한 측면에서 보느냐, 그리고 그 범위를 어떻게 설정하느냐에 따라 그 의미는 달라진다.

레빈(Lewin)은 갈등이란 "사람과 대상의 수의성과의 관계에서 발생하는 장의 역학구조이며, 강도가 거의 비슷한 장의 역학적 대립", 즉 "두 개 이상의 행동목표를 선택할 때 거의 같은 장의 힘이 대립된 상태"라고 정의했다. 데우치(Deutsch)는 갈등이란 "서로 양립될 수 없는 여러 활동들이 발생할 때 나타나는 현상"이라고 하였다. 토마스(Thomas)는 갈등이란 "상대방이 욕구불만을 경험하고 있거나 혹은 좌절한 가능성이 있는 것을 지각할 때 나타나는 과정"이라고 정의했다. 즉, 갈등을 양 당사자의 지각, 감정, 행동, 그리고 결과를 포함하는 과정으로 보면, 상대방이 욕구불만을 가지고 있다는 것을 지각하게 될 때 시작되는 과정으로 규정하고 있다. 한편 리커트(Likert)는 갈등이란 "자신들이 선호하는 결과를 얻기 위해서 상대방이 그것을 얻지 못하도록 방해하는 노력"이라고 정의하고 있으며, 로빈스(Robbins)는 갈등이란 "목적을 달성하고 이익을 계속적으로 추구함에 있어서 B에게 좌절을 초래하는 방해 행동을 취함으로써 B의 노력을 상쇄하기 위해 A에 의해 의도적으로 이루어지고 있는 노력의 과정"이라고 정의했다. 그가 제시한 정의에는 지각, 반대 입장, 자원의 희소성, 방해 등의 개념이 포함되어 있으며, 더 나아가서 의도적인 결심에 의해 행해진 내재적·외현적 행동이 가정되어 있다.

이와 같이 갈등의 정의가 다양한 이유는 갈등이 표면화되지 않고 의도만 있어도 갈등으로 보여야 하는지, 또는 갈등이 행동으로 나타난 것을 말하는지, 그렇지 않으면 행동의 결과를 의미하는지에 관한 문제가 존재하기 때문이다. 폰디(Pondy)는 갈등은 "행동으로 표출된 때만 있는 것이 아니라 표면화되지 않고 잠재적으로 존재할 수도 있으며 때로는 행동화되지 않을 수도 있다"라고 보고, 갈등과정을 중심으로 다음과 같이 분류하여 정의하였다.

① 잠재적 갈등단계(latent-conflict stage): 갈등이 일어날 수 있는 상황 또는 자원의 제약 등을 들 수 있다.
② 지각된 갈등단계(perceived conflict stage): 갈등상황을 지각하는 단계로서 아직 갈등상태를 심각하게 느끼고 있지 않은 상태이다.
③ 느껴진 갈등단계(felt-conflict stage): 정서적 단계(affective stage)로 긴장감, 적게 심을 가진 상태이다.
④ 표면적 갈등단계(manifest conflict stage): 갈등의 감정이 현실로 표면화되어 행동으로 나타난 상태이다.
⑤ 갈등의 여파단계(conflict aftermath stage): 갈등관리의 결과 잠재적 갈등이 더욱 심각해진 상황이나 조건이다.

이들은 서로 무관한 것이 아니라 일련의 상호관계에 의하여 연속되니 것이라고 보고 있으나, 갈등은 크게 잠재적 갈등과 표면적 갈등으로 구분될 수 있다.

1. 갈등에 관한 학자들의 의견

① 리터러(J.Literer): 대립·다툼·적대감이 발생하는 행동의 한 형태
② 토마스(K.Thomas): 관심사의 좌절 지각에서 생기는 과정
③ 로빈스(S.Robins): 의도적으로 좌절을 초래하는 방해 행동
④ 마일즈(R.Miles): 행동·기대로부터 방해를 받을 때 표현되는 조건
⑤ 그린버그 & 배런: 부정적 행동의 지각에서 발생하는 조직 행동

2. 갈등에 관한 정의의 공통점

① 첫째, 갈등은 당사자에 의하여 지각되어야 한다.
② 둘째, 갈등은 갈등 요인이 존재하여야 한다.
③ 셋째, 갈등 상황에는 둘 이상의 당사자들이 존재한다.
④ 넷째, 갈등은 불일치에서 오는 심리적 대립감과 대립적 행동을 내포하는 동태적 과정이다.
⑤ 다섯째, 갈등은 조직을 위해 유익한 것일 수도 해로운 것일 수도 있다.
⑥ 결론, 갈등은 행동 주체 간의 대립적 혹은 적대적 상호 작용으로 행동 주체들이 지각하는 행동 과정이라 정의할 수 있다.

제2절 갈등의 기능

1. 갈등의 기능

갈등의 기능을 순기능과 역기능으로 나누어 살펴보면 다음과 같다.

1) 갈등의 일반적 기능

① 초기 경보장치로서의 기능

갈등은 대인관계에 문제가 있다는 경고신호이다. "상황이 기적적으로 호전될 것이다"라는 잘못된 믿음으로 문제들이 무시되거나 또는 미루어져서는 안 된다. 대인관계에서의 갈등은 저절로 해소되는 경우가 거의 없다.

② 내적 압력을 방출시키는 밸브로서의 기능

인간관계에서 긴장이 발생하고 한 개인이 이를 계속 갖고 있으면 그 분노가 역기능적인 작용을 한다. 그러므로 내적 긴장을 약간 분출하는 것은 필요하다. 그러나 좌절이나 분노를 단순히 방출하는 것은 관계에 도움이 되지 않는다. 오히려 나쁜 결과를 초래할 때가 많다

③ 논쟁을 다룰 수 있게 방출하는 기능

논쟁이 격해져서 받아들일 수 없는 수준의 긴장을 유발하면, 일반적으로 사람들은 그것을 해소하기를 원한다. 그것은 공개되고 양측은 수용할 수 있는 해결책을 찾는다.

④ 현재의 물리적·심리적 장애를 살펴보게 하는 기능

사람들로 하여금 새로운 시도를 하게 만든다. 갈등은 대인관계에서의 문제를 다시 살펴보게 하고 토론하게 만든다. 때로 부부는 "누구의 일이 보다 중요한가"에 대해 논쟁하곤 한다. 어느 날 그들은 이러한 문제에 대해 논쟁을 하는 데 피곤해졌고 그것에 대해 무엇인가를 하기로 결심했다. 그들은 지금은 가정 일을 아내가 하고 있지만 아내가 일이 바쁜 경우 남편이 교대하기로 하였다.

2) 갈등의 순기능

① 갈등은 관계자들로 하여금 조직이나 개인의 문제점에 대하여 관심을 갖게 하는 계기가 되어 변화를 초래하게 할 수 있다.
② 갈등이 합리적으로 해결되면 쇄신, 변동, 발전, 재통합의 계기가 될 수 있다.
③ 갈등은 조직이나 개인에게 창의성, 진취성, 적응성, 융통성을 향상시킬 수 있다.
④ 갈등은 구성원들의 다양한 심리적 요구를 충족시킬 수 있다.
⑤ 갈등은 조직 내의 갈등을 관리하고 방지하는 방법을 학습하는 기회를 제공할 수 있다.

3) 갈등의 역기능

① 갈등해결에 노력하는 동안은 성과나 목표달성에 매진할 수 없으므로 개인이나 조직에 부정적 결과를 준다.
② 갈등은 조직의 안정성, 조화성, 통일성을 깨뜨릴 수 있다.
③ 갈등은 조직이나 개인의 창의성이나 진취성을 손실시킬 수 있다.
④ 갈등은 개인에게 심리적으로 부담이나 스트레스를 주어 심리적·생리적 증상에 영향을 미칠 수 있다.
⑤ 갈등이 지속되면서 집단 응집성을 이완시킬 수 있다.
⑥ 갈등으로 인해 구성원들은 조직 내의 작은 문제에만 집착하게 되어 환경을 무시할 수 있다.

이와 같이 갈등은 개인이나 조직 내에서 순기능과 역기능을 동시에 지니고 있으므로 이를 완전히 없애는 것보다는 통합적으로 해결하는 것이 바람직하다고 할 수 있다.

2. 갈등의 영향

조직에서 갈등이 미치는 영향은 다양하게 나타날 수 있다. 빈번하고 강력한 갈등은 조직구성원들의 행동에 파괴적인 영향을 미친다. 흔히 갈등과 연관하여 나타나는 적대감으로 인하여 생기는 소외, 냉담, 무관심과 같은 심리적 퇴행은 조직의 기능수행에 민감한 영향을 미친다. 결근이나 근무태만·전직과 같은 행동이나 노골적인 공격 행동도 갈등상황에서 나타날 수 있는 역기능적 측면이다.

갈등에 관한 비효과적 관리, 예컨대 공격에 대한 강력한 처벌이나 타협은 계약 조건을 수행한다
는 명목하에서 지나치게 강한 참여나 교사와 행정가들 간의 적대적 관계를 나타나게 함으로써 학교
풍토와 조직 건강을 악화시킨다.

반면에 갈등의 효과적인 관리, 예컨대 갈등을 해결하여야 할 문제점으로 보고 조직 생활의 협동
적 본질을 강조하는 것은 이를 순기능적으로 이끌어 조직건강을 증진시킨다.

이와 같이 갈등 자체는 좋은 것도 나쁜 것도 아닌 가치중립적인 것이다. 갈등이 어떤 방식에 의
해서 다루어지느냐에 따라 조직과 그 구성원들의 행동에 미치는 영향도 달라질 수 있다. 따라서 학
교에서의 갈등의 순기능적 또는 역기능적 결과는 조직건강, 적응성 그리고 안정성이라는 측면에서
이해되어야 한다. 갈등을 창조적인 측면으로 이끌기 위해서는 구성원들에게 동기유발 계기를 마련해
주고, 참여적 지도성을 행사함으로써 구성원들로 하여금 과업을 수행하는 데 보다 효과적인 방법을
찾아내게 하여 마침내 조직의 기능을 강화시키는 데 기여한다.

3. 갈등의 원인과 유형

1) 갈등의 원인

갈등 원인은 갈등을 유발시킬 수 있는 요인, 요소, 조건이다. 물론 이러한 원인이 있다고 해서 언
제나 갈등이 진행되는 것은 아니다. 갈등 원인은 행동 주체에 의해 지각되지 않을 수도 있고, 구체
적인 갈등 관계가 형성되기 전에 소멸될 수도 있다. 갈등은 관점들이 서로 불일치하였을 때 발생하
고, 둘 이상의 행동자가 서로 양립할 수는 없는 목적들을 수행 방법으로 관리되어야 한다. 갈등의
당사자들은 상대방의 목표를 부정함으로써 이를 겪지만 각기 다른 목표가 상호작용할 수 있음을 분
명히 인식할 때는 모든 목표들일 양립할 수 있다.

사람들은 많은 공식적, 비공식적 의사소통에 참여한다. 그러나 이것이 갈등을 감소시키고 조직을
효율적으로 운영하려는 방편임에도 불구하고 이들은 형식에 그치는 빈번한 의사소통 과정에서, 혹은
실제적이 의사소통의 단절에서 많은 갈등을 겪게 된다. 조직구조의 효율성을 기하기 위해 조직사회
에서는 각 개인의 지위에 합당한 힘을 분배하고 이를 행사하게 한다. 따라서 적당한 정도의 권력행
사는 공식 또는 비공식 조직에서 협조를 유도하며 갈등을 감소시킨다. 그러나 이것이 모호하거나 남
용되어 상대방의 요구를 적절히 조절하지 못했을 때 갈등을 유발하는 원인이 된다.

모든 조직사회에는 그들 특유의 풍토를 조성한다. 그리고 조직의 이러한 풍토는 그 조직 구성원
에 영향을 미친다. 일반적으로 건강한 조직 풍토는 조직과업의 효과적인 성취를 촉진시켜 줄 수 있
다. 그러나 바람직하지 못한 조직 풍토는 그 조직 구성원들의 행동을 제한하는 구실을 한다. 질투와
시기로 인한 구성원들 간의 관계유지 어려움, 패쇄적 상호의존적 분위기, 교직에 대한 사회적 통념
은 갈등의 한 요인으로 작용한다.

2) 갈등의 유형

오웬(Owen)은 갈등의 유형을 내부적인 것과 상호적인 것으로 분류하였다. 그리고 내부적인 것을 개인 내부적 갈등(intrapersonal conflict), 집단 내부적 갈등(intragroup conflict)으로, 상호적인 것을 개인 간 갈등(interpersonal conflict), 집단 간 갈등(intergroup conflict), 국가 간 갈등(international conflict)으로 분류하였다.

게첼스와 구바(Getzels & Guba)는 갈등의 대상을 개인으로 보고, 갈등의 유형을 세분화하였다. 즉 이들은 개인이 지적하는 갈등의 유형을 문화적 가치와 제도적 기대 간의 갈등, 역할기대와 인성 간의 갈등, 역할 지각의 차이에서 오는 갈등으로 구분하고, 이것을 해결하는 방법으로 조직의 기대가 우선하는 방법, 개인의 욕구가 강조되는 방법, 그리고 이 두 가지 방안이 조화되는 방법을 제안하였다.

오웬(Owen)이나 게첼스와 구바(Getzels & Guba)와는 달리 한센(Hanson)은 갈등의 유형을 좀 더 세분화하여 형식적 갈등(formal conflict)과 비형식적 갈등(informal conflict)으로 제시하였다. 그리고 형식적 갈등을 역할 내 갈등(intrarole conflict), 역할 간 갈등(interrole conflict), 부분 내 갈등(intradepartmental conflict), 부분 간 갈등(interdepartmental conflict), 조직 내 갈등(intraorganizational conflict), 조직-환경 갈등(organization-environment conflict)으로, 비형식적 갈등을 개인 내 갈등(intragroup conflict), 개인 간 갈등(interpersonal conflict), 단체 간 갈등(intergroup conflict), 비공식적 체제 간 갈등(interinformal system conflict) 등으로 분류하였다.

한 역할 내에서 다양한 요소들이 동시에, 그리고 합법적으로 어려운 요구를 한다면 그것은 역할 내의 갈등으로 볼 수 있고, 한 개인이 여러 다른 역할을 수행하는 가운데에서 갈등이 발생한다면 이것은 역할 간의 갈등이라 볼 수 있다. 또 같은 공식적 전문 단체의 구성원들 사이에서 갈등이 발생하였다면 부분 내 갈등이라 할 수 있고, 둘 이상의 공식적 단체에서 갈등이 발생하였다면 이것은 부분 간의 갈등이라 할 수 있다. 한 조직 내에서 감당하기 어려운 문제가 발생할 때 이를 조직 내 갈등이라 할 수 있고, 외부로부터 오는 갈등, 즉 교육체제 외부로부터의 요구, 압력, 기대 등에서 발생하는 갈등은 조직-환경 갈등이라고 할 수 있다.

교사가 자신의 목표, 흥미, 갈등, 능력과 맞지 않는 과중한 업무 등으로 갈등을 경험하고 있다면, 이것은 개인 내 갈등이며, 교사와 교사, 혹은 교사와 행정가 사이에 갈등이 발생하였다면 이것은 개인 간의 갈등이라 할 수 있다. 한 집단 내에서 교사들이 한 직위를 향해 승진하려고 하고 다양한 구성원들이 서로 다른 후보자를 지지한다면 이들 간에는 집단내의 갈등이 존재한다고 할 수 있고, 비공식적인 집단과 집단 사이에서 갈등이 존재할 수 있다. 그리고 더 나아가서 조직 내에 존재하는 비공식적, 묵시적 체제 간에 갈등이 발생하였다면 이는 비공식적 체제 간의 갈등인 것이다.

〈표 3-4-1〉 학자별 갈등의 유형

학자	오웬(Owen)	게첼스와 구바(Getzels & Guba)	한센(Hanson)
갈등의 유형	개인 내부적 갈등, 집단 내부적 갈등, 개인 간 갈등, 집단 간 갈등, 국가 간 갈등	가치와 기대 간 갈등 역할기대와 인성 간 갈등 역할 지각 갈등	형식적 갈등 비형식적 갈등

4. 개인 내 및 개인 간 갈등의 원인과 유형

1) 개인 내 갈등

① 개인 내 갈등(intra-individual conflict): 욕구불만, 양립되는 목표선택의 곤란, 대안 선택의 어려움 등에서 올 수 있다. 양립되는 목표 선택의 어려움에서 오는 갈등에 관한 연구에서 레윈(Lewin)은 수의성 개념을 도입하여 그 유형을 다음과 같이 분류하였다.

② 접근-접근 갈등(approach-approach conflict): 거의 동등한 힘을 가진 두 개 이상의 긍정적인 목표가 있어 이 중 어느 하나를 선택해야 할 때 나타나는 갈등상태이다. 이러한 갈등의 평형상태(equilibrium)는 일시적인 평형상태를 이룰 뿐 안정적이지 못하다. 예를 들면 학생이 집에서 시험공부도 하고 싶고 영화 구경도 가고 싶을 때 경험하는 갈등이다. 이러한 갈등상태에서는 상대적으로 쉬운 것을 선택하게 되어 있으므로 조직에 미치는 영향을 적은 편이다.

③ 회피-회피 갈등(avoidance-avoidance conflict): 거의 동등한 힘을 지닌 두 개의 부정적인 목표가 있어 이의 선택 사이에서 일어나는 갈등상태이다. 즉, 둘 다 하기 싫지 않은 목표 가운데서 어느 하나를 선택해야만 할 때 생기는 갈등으로 갈등의 형성 상태가 비교적 안정적이다. 이때에는 한 가지 목표를 선택하거나 목표를 모두 다 포기하거나 기피할 수도 있다. 예를 들면 학생이 학교가기도 싫고 그렇다고 학교를 안 가자니 꾸지람을 받을 경우에 해당한다. 목표를 포기하거나 기피한다고 해도 갈들이 완전히 해소되지 않는다는 점에서 개인과 조직에 미치는 영향이 크다

④ 접근-회피 갈등(approach-avoidance conflict): 긍정적인 목표와 부정적인 목표가 동시에 제시될 때 느끼는 갈등상태이다. 이 경우 갈등의 평형상태가 비교적 지속적이다. 예를 들면 대학은 가고 싶은데 공부는 하기 싫은 경우나, 보수는 많이 받고 싶은데 힘든 일은 하기 싫은 경우에 느끼는 갈등상태이다. 이러한 갈등상태에서는 개인의 정신건강뿐만 아니라 조직의 분위기 까지 흐리게 할 수도 있다.

⑤ 이중접근-회피갈등(double approach-avoidance conflict): 두 개 이상의 긍정적 목표와 부정적 목표가 동시에 존재할 때 느끼는 갈등상태이다. 여기서는 갈등의 평형 상태가 안정적이며 그 해결방법이 어렵고 복잡하다. 예를 들면 한 학생이 대학을 선택하는 데 있어서 S대학은 어렵지만 마음에 있고, H대학은 무난하지만 별로 마음에 차지 않는 경우에 경험하는 갈등이다.

2) 개인 간 갈등

개인 간 갈등(inter-individual conflict)은 두 사람 이상이 동일한 문제에 대해서 불일치할 때 생기는 갈등으로 대부분 이해관계에 기인한다.

개인 간의 갈등에는 실제적 갈등과 감정적 갈등이 있다. 실제적 갈등에는 정책이나 관습에 대한

의견 불일치, 자율에 대한 경쟁, 역할에 대한 상이한 개념들이 있고, 감정적 갈등에는 불화, 불신, 원망, 거절 등이 있는데, 일반적으로 실질적 갈등이 감정적 갈등으로 발전하는 경우가 많다. 개인 간 갈등을 계층에 의하여 구분하면 수평적 갈등과 수직적 갈등이 있는데, 동료와의 갈등을 수평적 갈등으로, 한 개인을 중심으로 상급자와 하급자간의 갈등을 수직적 갈등으로 구분할 수 있다.

　학교조직 내에서 개인 간 갈등은 교장과 교사, 교사 상호 간 그리고 교사와 학생, 학생 상호 간의 대인관계에서 가치관, 인성 등으로 인한 의견의 불일치 등에서 일어나는 경우가 많다. 개인 간 갈등은 주로 대인관계에서 갈등이 일어나기 때문에 대인관계에 대한 이해가 중요하다. 이러한 대인관계의 유형을 설명하는 이론에는 조해리 창이 있다. 이 이론은 대인관계 기술을 개선하는 방향, 지도성과 성격의 관계를 분석하거나 갈등의 원인을 설명하는 이론이다.

5. 조직 갈등의 원인과 유형

1) 조직 갈등의 원인

　로빈스(Robbins)는 조직갈등의 구조적 원인으로 과업상의 상호의존성, 과업의 일방적 의존성, 고도의 수평적 분화, 낮은 공식화, 한정된 자원의 공용, 평가기준과 보상체제의 차이, 참여적 의사결정, 구성원들의 이질성, 지위의 불일치, 역할 불만, 의사소통의 왜곡 등을 들고 있다.

　여기서 학교조직 현장을 중심으로 그 원인을 고찰하면 다음과 같다.

① 목표의 차이: 학교조직 내에 많은 목표가 있어 이것이 서로 상충되어 긴장을 일으킨다. 특히 행정가와 교사 간, 각 부서 간에 상이한 목표, 제한된 자원에 대한 상호의존성, 근무 평정 등의 경쟁적인 보상체계, 개인 간의 목표 차이 그리고 주관적으로 해석되는 학교조직 목표 등에 기인해서 일어나는 갈등이다.

② 이해관계의 차이: 행정가와 교사 간, 각 부서 간에 많은 이해관계가 대립하는 경우에 생긴다. 학교 교육활동의 우선순위, 한정된 인적·물적 자원의 공동사용 및 분배, 교육과정 시간계획, 담임배정 등 교육조직의 문제, 교육과정 운영과 이의 지원활동인 인사관리, 재무관리, 시설관리, 사무관리 등에 있어서 의견이 달라 갈등을 일으키는 경우가 있다.

③ 인지 및 태도의 차이: 행정가와 교사 간의 그리고 각 부서 간의 사실에 대한 인지 및 태도가 다르기 때문에 갈등이 생긴다. 각 개인은 생활 배경과 지식, 경험이 다르기 때문에 인성, 가치관, 이념, 동기 등이 다를 수밖에 없다. 그러므로 사상을 제각기 다르게 해석하고 이에 대한 태도도 각기 달리 나타난다. 특히 교직 연령과 경험의 차이에서 오는 인식의 차이는 크다. 그러므로 젊은 교사들의 비판적 사고를 행정가가 어떻게 수용하느냐가 중요한 문제이다.

④ 의시소통의 부족: 갈등은 상호 간에 의사소통이 원활하지 못하거나 왜곡되고 방해를 받는 경우에 발생할 수 있다. 행정가와 교사 간 그리고 각 부서 간의 의사소통은 일방적이 아니라 쌍방적이어야 한다.

⑤ 상호기대의 차이: 상호역할기대가 충족되지 못할 경우 갈등이 생긴다. 행정가와 교사 및 각 부서는 각기 역할이 있으며 상호 간에 그 역할에 대한 기대를 하게 되는데 이것에 차이가 나게 되면 갈등이 생기게 된다.

⑥ 과업상의 상호의존성: 조직 내에서 두 부서가 각각의 목표를 달성하는 데 있어서 상호 간의 협조와 정보의 제공, 동조 및 협력 행위 등 조직에서는 상호 의존성이 있게 마련이다. 이러한 관계에서 한 개인이나 부서의 과업이 다른 개인이나 부서의 성과에 의해서 좌우될 때 갈등의 가능성은 커진다.

⑦ 조직의 분화와 전문화: 조직의 구조적 분화와 전문화가 심해질수록 복잡성과 분포성이 켜져 거기에 비례하여 갈등이 커진다. 이것은 부서 간의 목표, 과업, 환경 등이 다르고 각기 전문적이기 때문에 자신의 입장에서 모든 것을 주장하므로 갈등이 커질 수밖에 없다. 그러므로 고도의 수평적 분화가 된 조직에는 조정관리기능을 담당할 부서가 있어야 한다.

⑧ 자원의 부족: 부족한 자원에 대한 경쟁이 개인이나 부서 간의 과업 수행에서 갈등을 유발시키는 원인이 된다. 즉, 한정된 예산, 물리적 공간이나 시설, 행정지원 등에 대한 경쟁이 심화될 때 갈등이 생긴다. 이와 같은 것은 다른 부서의 요구가 충족되면 자기 부서의 요구가 배제된다고 구성원들이 지각할 때 갈등은 더욱 커진다. 다른 사람이 얻은 것은 자신의 희생에서 나온 것이라는 제로 섬(zero-sum)의 상황을 각 부서들이 자각하게 되면 조직의 효과성을 감소시키는 부서간의 갈등, 세력구축, 자원의 독점 등의 기타 행위를 예상할 수 있다.

⑨ 역할모호성: 조직 내에서 한 개인이나 부서가 역할을 수행함에 있어 목표나 과업이 명료하지 못하여 역할에 대한 갈등이 생길 수 있다. 이 경우 개인 간에는 서로 역할을 전가시키는 사태가, 부서 간에는 영역이나 관활권의 분쟁사태가 발생한다.

2) 조직 갈등의 유형

① 계층적 갈등(hierarchical conflict): 조직 계층 간에 발생하는 수직적 갈등이다. 예를 들면 최고 관리층과 중간 관리층 그리고 시무 관리층간의 갈등으로, 이는 주로 상위 부서가 하위 부서에 지나치게 통제력을 발휘하는 과정에서 발생하게 된다.

② 기능적 갈등(fuctional conflict): 조직 계층의 동일 수준의 부서 간에 발생하는 수평적 갈등이다. 이와 같은 갈등은 각 부서가 추진하는 과업과 기능 및 환경에 따라 다르고, 각기 타부서보다 자기 부서에 더 많은 관심을 보이는 데서 발생한다.

③ 계선 – 막료(참모) 갈등(line-staff conflict): 조직의 전형적인 갈등으로 계선-막료 양측이 상대방의 업무를 이해하지 못하거나 영역을 침범할 때 발생한다.

④ 공식 대 비공식조진 간의 갈등(formal-informal organization conflict): 공식조직과 비공식조직 간의 갈등으로, 과업과 기능수행에 대한 비공식조직의 규범과 공식조직의 규범이 양립할 수 없을 때 발생한다.

6. 학교에서의 갈등 유형

학교에서 교사들이 경험하는 갈등은 교육 행정가, 교육 정책가, 학부모 등 많은 사람에게 매우 관심 있는 문제이다. 왜냐하면 교사들의 갈등은 교사 자신들 뿐 아니라 교수활동 안팎에서 학생들에게 영향을 미치기 때문이다. 여러 연구에 의하면 극도의 갈등에 시달리고 있는 교사들의 경우 학생들의 학문적 성장에 도움을 줄 수 없을 뿐만 아니라 이로 말미암아 학생들은 낮은 자긍심을 갖게 된다고 보고하여 교사 갈등의 심각성과 중대성을 제시하고 있다.

1) 교사가 경험하는 갈등의 원인

갈등 경험의 의미 있는 진술로 구성된 의미(formulating meaning)인 55개 문장으로부터 교사가 경험하는 갈등의 원인을 30개의 문장, 8개의 범주화(Clusters of theme)로 재조직하면 <표 3-4-2>와 같다.

〈표 3-4-2〉 갈등 경험의 원인과 관련된 내용의 범주화

Ⅰ. 교육관
  1. 교사 자신의 직접에 대한 소신과 보람에 회의적이다
  2. 촌지에 대한 뚜렷한 가치관 수립이 미약하다.

Ⅱ. 의사소통
  1. 대인 간 의사소통 기술이 부족하다.
  2. 수직적 의사소통이 지배적이다.

Ⅲ. 권력행사
  1. 교장, 교감, 선배 교사들의 바람직한 의견을 행정적인 권한으로 차단한다.
  2. 학부모가 학교 문제에 간섭한다.
  3. 행정가들이 교사들에게 자기 성장의 기회를 제공하지 않는다.

Ⅳ. 근무여건
  1. 교재를 위한 예산 지원이 부족하다.
  2. 교사의 휴식 공간이 없다.
  3. 과다한 업무를 부과한다.

Ⅴ. 각종 제도
  1. 근거리 원칙, 순환근무제도 등 인사제도가 합리적으로 이루어지지 않는다.
  2. 장학제도가 제대로 시행되지 않고 있다.
  3. 교사 평가 방법이 객관적이지 않다.

Ⅵ. 교직, 사회적 풍토
  1. 학연과 지연이 만연하고, 촌지나 아부가 성행한다.
  2. 교사 사이에서 비협조적이고 부정적이다.
  3. 장학지도는 형식적이다.
  4. 성차이로 인한 다툼이 존재한다.
  5. 전교조 교사와 일반 교사 간의 견해 차이가 있다.

Ⅶ. 학생지도
  1. 학생들과 친해지기 어렵고, 교사가 아동에게 예기치 않은 상처를 준다.

2. 튀는 애들은 힘들고, 부담스러우며, 자율을 주기 어렵다.
3. 학생들의 잘못을 교사 탓으로 돌려 정당화한다.
4. 학생들이 변화될 때까지의 기간이 길고, 체벌의 기능, 사용 여부에 대한 고민한다.
5. 현행의 도덕 교육만으로 도덕심을 길러 주기 어렵다.
6. 교사 자신의 편견에 따른 학생 평가가 있다.
7. 성교육에 대한 지식이 부족하다.

Ⅷ. 역할기대
1. 여교사는 가정일로 말미암아 자기 계발과 승진이 어렵다.
2. 학생들은 교사에 대한 불만이나 충고를 말하고, 다른 교사의 교육방식을 선호한다.
3. 학부모는 교사가 자신의 아동을 특별히 지도하기를 바란다.
4. 교사들 간에 복장에 관한 견해 차이가 있다.
5. 교감은 교장과 교사 간의 교량 역할을 제대로 수행하지 못한다.

위의 내용을 좀 더 구체적으로 고찰하면 다음과 같다.

첫째, 교사가 경험하는 갈등의 원인 중 하나인 '교육관'은 교사가 교직에 대해 가지는 가치나 철학 등을 의미한다. 즉 이것은 자신의 직업으로 말미암은 개인의 내적 갈등이 주원인이 될 수 있다. 자신의 직업에 대한 확신의 부족, 교직 사회에서 아직도 만연되고 있는 촌지에 대한 뚜렷한 가치관의 미확립, 아동지도, 체벌 등에서 무시할 수 없는 촌지의 영향력에 대한 교사 자신의 괴로움, 기대에 훨씬 못 미치는 교직의 보람 등의 교사들이 경험하는 갈등의 원인이다.

둘째, '의사소통'에서의 갈등은 나와 타인과의 관계 혹은 자신의 의견을 표출하는 과정에서 발생한다. 교사가 행정가와 의견을 교환한다기보다는 교사들이 행정가들의 의견을 무조건으로 수용하는 경향이 지배적이라는 것이 교사들이 지각하는 갈등의 한 원인이다. 일부 교사들이 소극적, 폐쇄적인 성향으로 말미암은 의사소통의 부재 혹은 부족은 교사 간에 갈등을 일으키고, 의사소통의 기회부족 역시 교사와 학부모 간에 갈등을 일으키는 요인 중 하나로 나타난다.

셋째, '권력행사'로 인한 갈등은 브라케(Blake)가 공교육에서 집단적 교섭이 행해지는 동안에 가장 많이 사용되는 것에서 비롯된다고 한 것과 같이 공적, 사적인 힘을 이용하여 필요 이상으로 간섭을 하려는 사람과 그것을 받아들이려 하지 않는 사람 간의 마찰로 인해 발생하는 것이라 할 수 있다. 교사들은 자신들의 의견이 아무 이유 없이 교장, 교감 혹은 행정가들의 힘에 의해 차단되는 것에서 갈등을 느끼며, 업무와는 상관없는 필요 이상의 간섭, 즉 대학원 진학, 교원 노조 활동, 교사 모임의 관여에서 갈등을 느끼게 된다.

넷째, '근무여건'이 갈등의 요인으로 작용하는 것은 교사라는 직무를 수행하는 데 있어서 환경이 중요한 요소로 영향을 미치고 있음을 의미한다. 교사들은 특히 교사 경력이 짧은 교사들의 경우 교사 일 인당 처리해야 할 업무량을 갈등의 주요인으로 지각하고 있으며, 학습 효과를 높일 수 있는 교재 지원의 미비, 업무에 지친 교사들이 편히 쉴 수 있는 공간 부족 또한 교사들이 느끼는 갈등의 한 원인이 된다.

2) 갈등을 유발하는 요인

(1) 가치의 차이

가치란 사람들의 행동 이면에 있는 중요하고 확고한 신념을 말한다. 사람들은 미(美)나 독립성, 절제, 평등, 또 다른 것들을 가치 있다고 생각할 수 있다. 그것들은 이상적이고 바람직한 특성을 나타내기 때문에 대부분의 사람들이 가치 있는 것으로 보이는 행동을 하려고 노력한다.

사람들 간에 서로 유사한 가치를 가진 것은 그 사람들이 관계를 형성하게 만드는 요인들 중의 하나이다. 그러나 사람들 간의 가치가 서로 다르면, 갈등이 일어날 수 있다. 토마스 고든(Tomas Gordon)은 사람들 간의 서로 다른 가치들이 인간관계에서 긴장, 좌절 또는 분노를 발생시키는 데 이를 가치충돌이라고 설명하였다. 예를 들어, 10대 청소년들이 스스로 독립적이고 자율적으로 행동하고 싶어한다. 그러나 그의 부모는 행동을 통제하고 지시하려고 한다. 이러한 갈등은 외출 시의 허락인 언제 숙제를 다 할 것인지에 대한 논쟁으로 표출될 수 있다.

(2) 기대가 어긋나는 것

사람들은 다른 사람이 어떻게 행동해야 하는지에 대한 기대를 갖고 있다. 이 같은 기대가 어긋났을 때 갈등이 발생한다. 한 친구가 그의 여자 친구와 다투었다고 말했다. 그들이 다툰 이유는 친구가 그녀에게 말하지 않고 미팅을 했기 때문이었다. 사람들은 그들이 상대방에 대해 기대하는 바를 말하지 않는 경우가 많다. 그래서 어떻게 행동해야 하는지에 대한 암묵적인 가정들이 어긋날 때가 많다. 이런 경우 사람들은 갈등과 분노를 느끼고 자신이 이용당했다거나 배신을 당했다고 느낀다. 그들은 "내 친구가 내가 원하는 것을 알아야 하고 어떤 일에 대해 내가 어떻게 생각하는지 알아야 한다"라고 말한다.

(3) 힘의 통제 및 권위를 더 가지려고 하는 것

인간관계에서 누가 지배적이고 높은 위치에 있는지에 대하여 가끔 의견의 불일치가 발생한다. 이 때 사람들은 '지배서열'을 유지하거나 새로운 순서를 만들려고 노력한다. 어떤 부부는 집안의 쓰레기를 누가 밖으로 갖다 버려야 하는지에 대해 다투었다. 그들은 격주로 순번을 정하거나 동전을 던져 정하는 것 등으로 문제를 해결하려고 했다. 그러나 그러한 방법은 문제를 해결해 주지 않는다. 그들은 자신이 쓰레기를 버리는 사람이 되는 것을 원치 않았다. 각자는 그 일을 자신의 품위를 떨어뜨리는 것으로 보았다. 이러한 갈등은 부부 중 누구도 내려서려고 하지 않는 결혼생활에서의 주도권 다툼 같은 것이다. 쓰레기를 처리하는 일은 신분이 낮은 사람이 하는 일이다.

(4) 목표와 목표를 달성하기 위한 방법, 그리고 어떻게 자원을 할당할 것인가에 대한 불일치

이와 같은 전형이 발생하는 것은 다음과 같은 세 가지 상황이 있다.

첫째, 사람들이 어떤 목표를 추가할 것인가에 대해 항상 일치하는 것은 아니다. 한 사람은 가능한 한 빨리 결혼식을 준비하려 하고 반면 다른 사람은 단순히 동거를 계속하려 한다. 사업 동반자들은 어떤 신제품과 서비스를 개발해야 하는가에 대해 의견이 불일치할 수 있다.

둘째, 목표를 달성하기 위한 방법에서 의견이 일치하지 않을 수 있다. 두 명의 이사가 신상품을 광고하는 방법에 대해 논쟁하였다. 한 사람은 TV광고를 원했고 반면 다른 사람은 라디오나 신문광고를 선호했다. 교수와 대학원생은 아동 학대에 관한 연구에서 정보수집 방법에 대한 의견이 달랐다. 학생은 질문지를 선호하고, 교수는 인터뷰가 더욱 좋을 것이라고 생각했다.

셋째, 어떻게 자원을 할당할 것인가에 대해 의견이 불일치할 수 있다. 예를 들어, 결혼한 부부들은 다른 어떤 문제보다 돈 문제로 자주 다툰다. 그 논쟁은 대개 각자 얼마나 돈을 가져야 하는가보다 돈이 어떻게 쓰여야 하는가에 관한 것이다.

(5) 역할의 차이

사람들은 일상생활에서 여러 가지 역할을 맡고 있다. 대학교의 교수는 남편과 아버지, 교원 혹은 테니스 클럽의 회장 등의 역할을 수행한다. 역할은 다른 사람과의 관계를 구성하고 어떻게 행동할 것인가에 대한 지침을 제시하여 준다. 특정 상황에서 자신이 어떤 역할을 해야 할지 불확실한 상태에서 결정을 해야 하는 경우 역할 갈등이 발생한다. 역할갈등은 주로 세 가지 방법으로 일어난다.

첫째, 사람들은 한 가지 이상의 역할을 가지고 있다. 회사에서 늦게까지 남아 일을 열심히 하면 집에 가서 아이들과 놀아줄 시간이 없다. 직장에 더 많은 시간을 투자할 것인지 혹은 가정에 보다 충실할 것인지에 고민하게 되면 역할갈등이 발생한다.

둘째, 다른 사람들이 자신에게 어떻게 행동해야 하는지에 대해 의견이 불일치하는 경우가 있다. 어린 자녀가 밖에서 친구와 싸우고 집에 왔다. 그의 아버지는 친구와 사이좋게 지내라고 말하면서 서로 화해하라고 했다. 그의 어머니는 당장 가서 그 친구와 잘잘못을 따지라고 했다. 옆에 있던 그의 삼촌은 화해하기 전에 얼마간 서로 냉각기를 가지라고 했다. 이 경우 그 소년은 역할갈등을 겪게 된다.

셋째, 어떤 사람들은 자신에게 주어진 역할대로 행동을 하지 않는다. 그들은 사람들이 통상적으로 생각하는 방식대로 역할을 정의하지 않는다. 학생이 교수에게 기말시험을 어떤 방식으로 보자고 이야기하거나 또는 축구선수가 감독에게 공격의 형태에 관한 조언을 한다면 교수와 감독은 역할갈등이 발생한다. 학생과 선수는 그들의 역할을 교수나 감독과는 다르게 정의하기 때문에 이러한 현상이 발생하는 것이다.

(6) 경계와 영역의 침범

지구 상의 모든 생명체는 자신의 경계나 영역을 방어하려고 한다. 그러한 경계는 심리적인 것일 수 있다. 사람들은 자신들의 사적이고 개인적인 공간영역을 침범하려는 사람에게 화를 낸다. 어머니가 아들의 책상을 정리하거나 남편이 자신의 물건을 부엌에 갖다 놓으면 사람들 간에 서로 갈등이 발생한다.

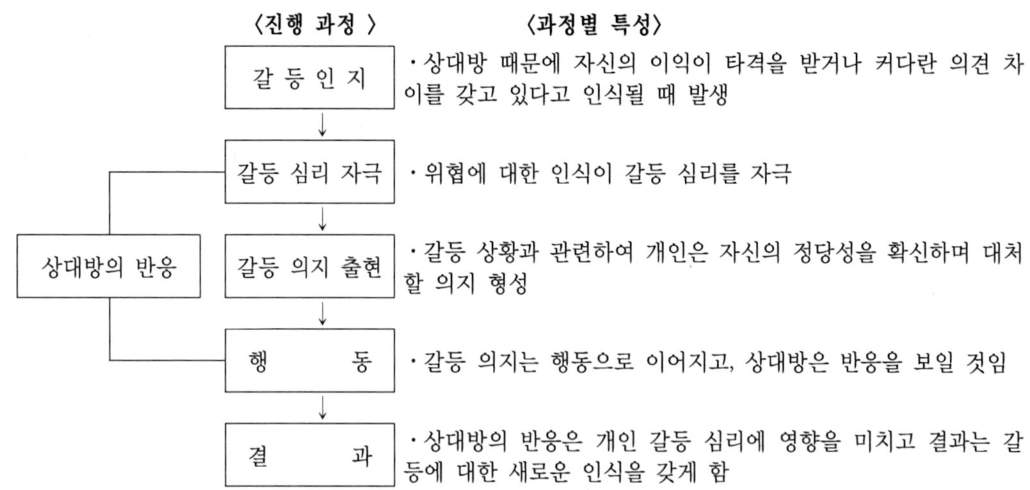

[그림 3-4-1] 갈등(葛藤)의 진행 과정

제3절 갈등의 해소 전략

1. **예방**: "적절한 시기의 한 번의 바느질이 아홉번의 일을 절약한다"

자동차 안전관리 프로그램은 자동차의 오일이나 냉각수, 타이어 압력, 그리고 다른 부분들을 정기적으로 점검하고 유지하게 하여 주요한 문제가 발생하지 않도록 하여준다. 이와 유사한 논리가 사람 간의 논쟁에도 적용될 수 있다. 브레트(Jeanne Brett) 등은 사람들이 간과하는 경우가 많지만 갈등해소 전략으로 예방이 중요하다고 하였다. 그녀는 문제를 발생시키는 조건들을 구분하고 그것들이 중요한 문제로 폭발하기 전에 관리하는 것이 좋다고 한다. 그녀는 사전에 분쟁을 일으킬 수 있는 문제들을 토론하고, 발생한 분쟁으로부터 배우려고 노력하라고 충고한다. 미래에 자신에게 도움이 될 수 있는 일련의 '학습된 교훈'이 어떤 갈등으로부터 만들어질 수 있다.

ABCD(Always Before Consult Deciding: 결정하기 전에 항상 조언을 구하라)에 따라 '시간을 절약하기 위해' 혹은 '누구도 관심을 갖지 않을 것이기 때문에 문제를 자신만이 다루어야 한다고 생각하는 유혹을 피하라.'라는 점을 유념하여 갈등해소에 의사소통과 공감을 공유하여야 한다.

문제를 제한하고 남을 비난하지 말라. 누군가와 일할 때, 일이 어느 정도 잘못될 수 있다. 이때 다른 사람과 논쟁하려고 하지 말고 발생한 문제들을 해결하고 노력하라.

방어적인 행동을 피하고 자신에게 비판적인 사람에게 무엇이 옳은가에 대해 물어보라. 다른 사람이 자신을 칭찬하지 않을 때 사람들은 방어적이기 쉽다. 또한 다른 사람이 말하는 것을 깎아내리거나 무시하기 쉽다. 그렇게 되면 미래에 도움이 될 수 있는 어떤 것을 놓치기 쉽다. 문제가 자신의 손안에 있을 때 이를 날려 보내지 말고 무엇인가를 배울 수 있는 기회를 만들어라.

열까지 혹은 천까지 세어라. 가능하다면, 논쟁이 발생하려고 할 때 즉각 반응하지 마라. 먼저 기본적인 자신의 충동이나 감정으로부터 한 걸음 물러서라. 그 문제에 관해 생각할 시간을 갖기 위해 그 상황으로부터 심리적으로나 물리적으로 자신을 물러나게 하라. 이 시간을 자책하는 것으로 보내지 말고 건설적으로 반응을 준비하는 시간이 되도록 하라.

다른 사람과 함께 일하는 시간을 가져라. 어떻게 하면 과제를 완성하고, 무엇이 잘 되게 하며, 무엇이 잘못되게 하는지, 그리고 미래에 자신이 달라지는 데 필요한 것은 무엇인가를 다른 사람과 이야기하라. 주의를 기울인다면, 이 같은 토론을 통해 자신이 다룰 수 있는 논점을 규명할 수 있을 것이다.

당황하지 마라. 자신이 하고자 하는 것에 초점을 맞추어라. 이 상황에서 자신이 진정으로 원하는 것이 무엇인가? 그리고 내가 그것을 하기 위해 가장 건설적인 방향은 무엇인가 하고 자신에게 물어라.

2. 초기 행동: "갈등의 싹을 없애라"

논쟁이 발생하는 것을 미리 예방하여 논쟁이 일어나지 않도록 하는 것은 항상 가능한 것이 아니다. 그러나 논쟁이 발생하면 의학적 질병의 경우와 같이 그것을 빨리 탐지하고 관리하면, 다루는 것이 더 용이해진다. 그런 때로 갈등이 인식되지만 사람들은 논쟁이 폭발하도록 허용한다. 주전자의 물이 끓듯이 논쟁이 시작되면 계속적으로 뜨겁게 달아오른다. 시간이 흐르면서 논쟁의 초점은 단순한 행동 차이에서 원리 혹은 가치의 문제가 되는 특정상황으로 옮겨간다. 자신들의 가치가 개입되고 원리를 따지게 되면 갈등은 해결하기가 더욱 어려워진다.

3. 통제: "골목에서 누가 가장 힘이 센(强)가를 결정하라"

통제는 힘에 근거해서 논쟁을 해결하려는 것이며 승패를 거려 논쟁을 해결하려는 것이다. 이 전략에서는 강한 사람이 다른 사람에게 자신의 해결책을 지시한다. 표면적으로는 이 같은 전략을 구사하면 논쟁을 빠르고 쉽게 해결한 것처럼 보인다. 그렇지만 실제는 그렇지 않다. 대개 한쪽이 우위를 차지하려고 하면 다른 한쪽은 그것에 대해 저항한다. 언어적이고 신체적인 싸움이 일어날 수도 있으며 한쪽이 이길 때까지 갈등은 계속된다.

한 쪽이 해결할 수 있는 위치나 결과적으로 힘의 우위를 차지하는 위치 혹은 기진맥진한 위치에 있다고 하더라도 논쟁이 완전히 해결되는 것은 아니다. 힘의 우위를 차지하지 못한 사람들이 승복하지 않을 수도 있다. 그들은 "다음 기회를 기다린다"라고 하거나 "네가 나에게 어떻게 했었는지 잊지 않겠다"라고 한다. 얼마 동안 그들은 그들에게 일어났던 일들을 후회하고 승자가 참지 못하게 하려고 수동적인 혹은 공격적 행동을 보인다. 이 같은 전략을 받게 되는 쪽에서는 상대가 갈등을 다룰 만한 능력이 없다고 보게 된다. 따라서 그들은 부적절하거나 비효과적이고 생각되는 행동을 쉽게 포기하지 못한다.

갈등에 대해 승패적 전략을 사용하는 것은 부분적으로 정보의 부족 때문이며 문제를 해결할 수 있는 다른 방식을 모르기 때문이다. 또한 그것은 어떤 차이를 해소하는 데 경제적 방법을 선호하는 요인 때문이다. 사람들의 대부분은 상대편을 이겨 쓰러뜨리는 것이 목표가 되는 게임을 점점 더 즐기고 있다. 새로운 매체들은 전쟁, 스트라이크, 비우호적으로 협동을 깨는 일들에 대한 보고로 가득 차 있으며 차이를 줄이는 데 승패적 접근을 사용한 다른 예들로 가득 차 있다. 이 같은 분위기 속에서 사람들은 다른 방식으로 논쟁자와 문제에 접근하려는 경험도 없으며 다른 방식을 거의 가져본 적도 없다.

4. 화해: "약간의 진정한 용기를 보여라"

오스굳(Charls Osgood)은 보복적이기보다는 화해적인 방법으로 갈등을 다루는 접근법을 제안하였다. 그는 이 접근법이 서로를 이용하는 것을 감소시키고, 그것이 필요한 결정을 명시화시킬 수 있을 만큼 대단하다고 믿었다(GRIT; Graduated and Reciprocated Initiatives in Tension reduction). 이 과정은 대인 간 혹은 집단 간의 다양한 갈등에 적용되어 왔다.

GRIT과정을 적용하기 위해선 한쪽이 먼저 행동을 취하고 자신들의 의도가 긴장완화라는 것을 알려야 한다. 그러면 상대 쪽에서도 호의적인 행위로 화답을 준다. 이런 겸손한 시작은 상대방으로 하여금 상호작용을 위한 새로운 장을 열게 만든다. 따라서 이 과정을 선도하는 쪽에서는 호의적인 행위를 하는 것이 중요하다. GRIT는 본질적으로 "나는 당신의 가려운 곳을 긁어 주었다. 이제는 당신이 긁어 줄 차례다"라는 전략이다. 일반적으로 다른 사람의 가려운 곳을 긁어주게 되면 사람들이나 집단은 상대방에 대한 그들의 부정적 태도와 감정을 완화시킨다. GRIT방식은 한쪽이 다른 상대방에 대해 우호적인 인상을 갖고 있을 때 가장 효과가 나타난다. 또한 양쪽 모두 '이제 싸움은 그만두고 우리의 상반된 입장을 풀어나갈 때다'라고 생각할 때 효과가 가장 좋다.

이러한 기술은 긴장상승과 적대감의 지속이 갈등해결을 방해한다는 전제를 기본으로 한다. 또한 이것은 무조건적인 협력은 너무나 어리석고 한쪽이 다른 쪽을 이용하도록 할 수도 있다는 것을 가정한다. GRIT전략의 사용은 각자 가진 적대감의 수준과 부정적 감정을 줄이고, 서로에 대해 신뢰감을 갖게 하며, 궁극적으로 그 감정들을 거꾸로 돌려놓는다.

5. 권한: "게임의 규칙에 의해 경기하자"

권리에 기초한 전략은 공유된 기대, 정책, 규칙, 표준운용 절차, 선례와 같은 것에 의존한다. 예를 들어, 판사는 이혼하려는 부부가 각자 얼마만큼의 재산분할권을 가지는가를 판단하기 위해 법적 판례와 법의 조항들을 사용한다. 또한 어떤 운동경기에서 심판은 코치 또는 선수들 간의 분쟁을 조정하기 위해 운동경기의 공식적인 규칙을 적용한다.

권리에 기초한 전략이 공식적인 방법으로만 사용되어야 할 필요는 없다. 일상의 많은 인간관계에서 이전의 합의된 기대는 분쟁해결을 돕는 한 기분으로 이용될 수 있다. 두 사람이 누가 방 청소를 할 것인가로 다투는 경우 그들이 이전에 합의한 순번제를 상기시키면서 갈등을 해결할 수 있다. 이러한 기대가 분쟁을 해결하는 데 적용되기 위해서는 몇 가지 조건이 지켜져야 한다.

첫째, 각 당사자들이 반드시 기대와 정책, 절차, 선례 그리고 분쟁에 적용할 수 있는 규칙을 알고 있어야 한다.

둘째, 누군가가 예전에 그런 기준이 사용되었다고 주장해야 한다. 분쟁에 관계된 한 개 또는 그 이상의 당사자가 그런 주장을 받아들여야 하고 또는 결정권을 가진 사람이 적용 가능한 기준을 사용하도록 명령 또는 지시를 내려야 한다.

셋째, 그 기준은 한 쪽으로 치우치지 않게 그리고 공정하게 문제에 적용되어야 한다.

6. 타협: "서로가 한 발짝씩 물러서자"

타협을 하기 위해서는 두 가지 극단적 상황 사이에 조금은 수용할 수 있는 완충적 토대가 형성될 때까지 각 당사자가 함께 노력해야 한다. 이것은 두 당사자가 양쪽의 중간에서 만난다는 것 또는 두 가지 상황 가운데 서로가 받아들일 수 있는 또 다른 점에서 만난다는 것을 의미한다. 일반적으로 이 것은 돈, 모든 종류의 자원 또는 어떤 것을 하는 방법에 대한 시비 등과 관련된 분쟁에 잘 적용된 다. 이러한 경우 양쪽 모두 교착상태를 피하거나 종지부를 찍기 위해 서로가 수용할 수 있는 양보점 을 내놓는다.

타협안은 어떤 사람이 바랐던 만큼 좋지는 않더라도 그들이 받았던 만큼의 나쁜 것은 아닌 해결 책이어야 한다. 어떤 사람들은 타협하는 것이 '포기하는 것' 또는 '체면 깎이는 것'으로 비친다고 생 각한다. 사람들은 '실패'라는 강박관념에 메어 있기 때문에 보다 창의적인 해결책을 제시하지 못하고 타협하는 방법을 택한다. 즉, 들은 문제에 매달리는 데 염증을 내게 되고, 이에 따라 해결을 위한 시 간은 부족해지며 그들의 열망은 줄어든다. 또 그들은 분쟁악화를 두려워한다.

7. 상호이득: "하나를 위한 모두, 그리고 모두를 위한 하나"

상호이득은 양쪽이 그들의 욕구를 충족시키고 이익을 가져다주는 해결책을 찾기 위해 함께 노력 하는 것을 말한다. 이것은 마찰해소의 상호이득전략 또는 승승(Win-Win)접근법이라 불린다. 또 딸이 냉장고에 들어 있는 하나의 레몬을 갖고 다투고 있었다. 서로 레몬을 차지하기 위해 논쟁이 벌어졌 다. 이러한 논쟁이 계속된다면 두 딸은 자기의 입장을 고수하고 '승패(Win-lose)' 방법(한 명은 레몬을 갖고 한 명은 레몬을 갖지 못하는)으로 논쟁을 해결하려 할 것이다. 이 방법은 서로에 대해 나쁜 감 정을 갖게 만들며 경쟁으로 인한 부작용을 초래할 것이다. 이 레몬문제는 한 사람이 매우 간단하지 만 결정적인 질문을 던짐으로써 해결되었다. 즉, "도대체 왜 너는 레몬을 가지려 하지?" 다른 한 사 람이 그 이유를 말했을 때 그들은 서로 다른 욕구를 가지고 있음을 확인했다. 한 명은 디저트 용도 의 껍질을 원하고 있는 반면 다른 한명은 아이스티 용도의 즙이 필요했었다. 그들의 욕구를 충족시 키는 해결책은 대화가 그들의 입장을 방어하는 데에서 상대방의 관심을 알아보는 것으로 옮겨갔을 때 제시될 수 있었다.

상호이득전략에서는 상대방의 이득과 자신의 이득을 통합하기 위해 노력하는 것이 중요하다. 이 것은 타협을 하는 것과 조금은 다르다. 타협은 레몬을 반으로 나누는 것과 유사하다. 즉, 한 사람은 문제를 해결하기 위해 레몬의 반을 상대방에게 포기해야 한다. 상호 이득법은 레몬을 나누지 않고도 사람들이 해결책을 발견하도록 도와준다.

제4절 갈등의 관리 방안

1. 의사소통 개선 방안

조직 갈등의 관리 방안으로 대표적인 것이 의사소통 방안이다. 의사소통의 방해 요소와 그에 따 른 개선 방안을 알아본다.

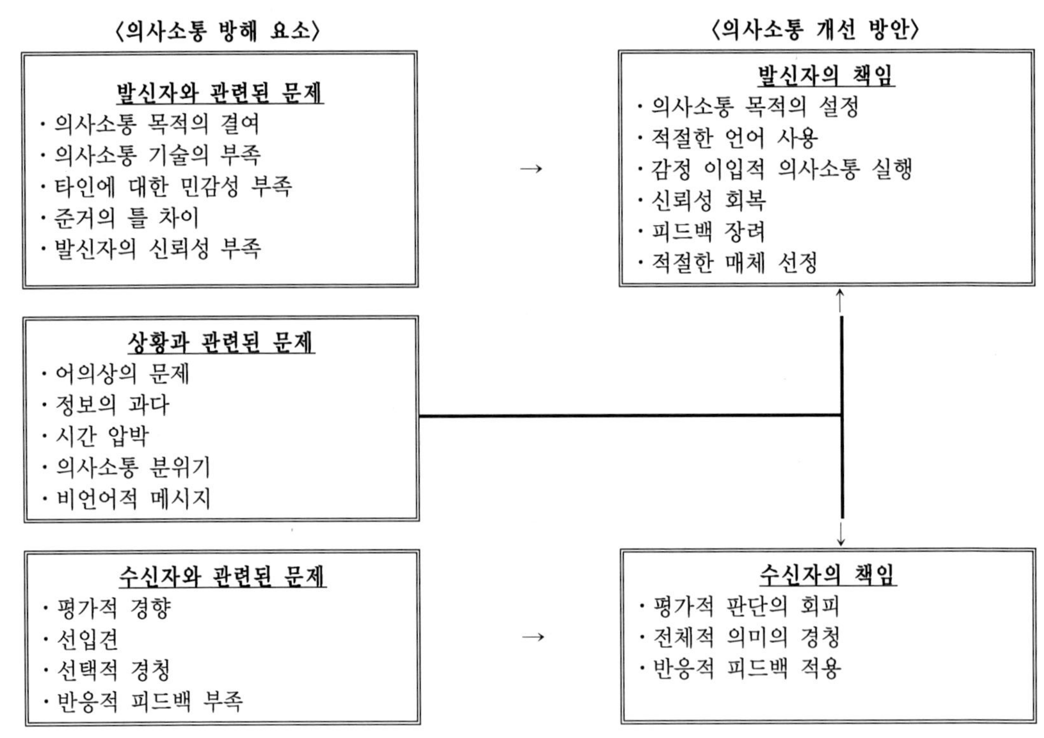

[그림 3-4-2] 의사소통과 갈등 관리

2. 타인의 의견 비판하기

〈표 3-4-3〉 타인의 비판: 건설적 비판과 파괴적 비판

건설적 비판	파괴적 비판
<A> 상대방의 자존심을 보호해가면서 사려 깊게 비판함.	<a> 빈정거리며 신랄하고 가혹하게 비판함.
<B> 위협적 요소가 없음.	<b> 위협적 요소를 포함함.
<C> 비판받을 일이 발생한 후 가능하면 빠른 시간 내에 비판이 가해짐.	<c> 이유도 없이 한참 뒤에 비판이 시작됨.
<D> 잘못을 내적 요인에 귀인하지 않음.	<d> 잘못을 상대방의 내적 원인으로 돌림.
<E> 구체적으로 잘못된 부분에 대해서만 비판함.	<e> 모든 것을 싸잡아 비판함.
<F> 사람 자체가 아니라 그의 행동에 초점을 둠.	<f> 사람 자체에 대한 비판
<G> 상대방이 개선할 수 있도록 돕는 것이 목적	<g> 상대방에 대한 지배와 복수 심리를 충족시킬 목적
<H> 개선을 위한 구체적 제안을 함.	<h> 개선을 위한 제안이 없음.

3. 사랑의 말하기: 덕담(德談)하기

〈표 3-4-4〉 사랑의 말하기

사랑의 말	사랑이 없는 말
<A> 내가 당신에게 상처가 되는 일을 했나 보지요?	<a> 도대체 무슨 일이야? 왜 늘 그렇게 찌푸리고 있어?
<B> 내가 당신을 화나게 만들었어요. 기분 나쁜 말을 해서 미안해요	<b> 내가 뭐라고 했는데요? 당신은 언제나 그렇게 민감해요.
<C> 당신 말에 일리가 있어요. 듣고 보니 내가 잘못했어요.	<c> 나는 당신 못지않게 생각이 깊어요.
<D> 앞으로 우리 관리를 잘해 봅시다	<d> 나는 당신 못지않게 잘하고 있어요!
<E> 저의 부주의 때문이었어요.	<e> 난 잘못이 없어요. 난 늘 잘해 왔어요.

4. 논쟁에 대처하기

1) 서로 의견이 다르다는 사실을 기꺼이 환영한다.
2) 맨 처음에 본능적으로 떠오르는 느낌을 믿지 않는다.
3) 당신의 기분을 조절한다.
4) 먼저 귀를 기울인다.
5) 의견의 일치를 이루는 부분을 찾도록 한다.
6) 솔직한 행동을 한다.

7) 상대방의 생각을 다시 한 번 심사숙고하여 신중히 검토하겠다는 약속을 한다.

8) 상대방이 관심을 가져 주는 것에 대해 충심으로 감사한다.

9) 문제를 철저하게 생각할 수 있는 시간을 갖기 위해 당신의 행동을 뒤로 미룬다.

5. 갈등 요인 분석 및 대처 방안

1) 요인 분석 모델

| [I] 공공 영역
나와 타인이 서로에 대해 잘 알고 있는 영역으로 대인 관계에 갈등의 소지가 없는 영역 | [Ⅲ] 맹목 영역
나는 정보를 개방했지만 타인은 반응을 보이지 않는 경우로 갈등의 소지가 큰 영역 | 타인이 아는 부분 |
| [Ⅱ] 사적 영역
나는 타인에 대해 많이 알지만 타인은 나에 대해 모르는 경우로서 대인 관계에 있어서 갈등이 야기될 잠재성이 있는 영역 | [Ⅳ] 미지 영역
나와 타인 모두가 모르는 영역이므로 대인 관계에 있어서 갈등의 소지가 가장 큰 영역 | 타인이 모르는 부분 |

내가 아는 부분　내가 모르는 부분

자기 노출

피드백(타인의 자기 노출)

[그림 3-4-3] 요인 분석 모델

2) 대처 방안

가) 대인 관계에 있어서 자신을 타인에게 노출시키고 또한 타인으로부터 피드백을 받아 공공 영역을 늘려 나가야 한다.

나) 개인 간 갈등의 소지가 줄어들게 되고, 함께 의사 결정을 내려야 하는 경우에도 공감대를 이루어 나아가야 한다.

다) 마찰을 줄이고 문제 해결을 신속하고 정확하게 하도록 노력한다.

〈표 3-4-4〉 체크리스트: 갈등 관리 유형 찾기

> <안내> 다음 질문에 대하여 생각하시는 대로 답하여 주시기 바랍니다. 응답을 하신 후에는 유형별 점수의 합계를 내십시오. 갈등 관리 유형 중 점수가 제일 높은 것이 귀하의 갈등 관리 유형을 대표한다고 할 수 있습니다.

1) 갈등 관리 유형 설문지

설 문 문 항	1	2	3	4	5
1. 나는 내 주장의 장점을 설명하기 위해 동료들과 논쟁한다.					
2. 나는 타협을 이루기 위해서 동료들과 협상한다.					
3. 나는 동료들의 기대에 부응하고자 노력한다.					
4. 나는 주어진 문제에 대해 모두가 찬성할만한 해결책을 찾기 위해 동료들과 함께 노력하곤 한다.					
5. 나는 내 주장을 관철시키기 위해 강력한 자세를 취한다.					
6. 나는 갈등으로 물의를 빚고 싶지 않기 때문에 동료들에게 대해 느끼는 갈등을 혼자서 삭인다.					
7. 나는 나의 해결 방안을 관철시키기 위해서 끝까지 노력한다.					
8. 나는 타협을 위해서 서로 주고받는(give and take) 전략을 사용한다.					
9. 나는 동료들과 문제를 함께 해결하기 위해 정확한 정보를 교환한다.					
10. 나는 동료들과 다른 의견을 가지고 있다 해도 이를 공개 토의하지 않는다.					
11. 나는 동료들의 의견을 적극 수용한다.					
12. 문제 해결의 최선책을 찾기 위해서 나는 모든 문제들을 털어놓고 얘기하는 성향이다.					
13. 나는 문제 해결에 진전이 없을 때 중간자적 대안을 제시한다.					
14. 나는 동료들의 의견을 따르려는 성향이 있다.					
15. 나는 동료와의 의견 대립을 피하기 위해서 내가 동료들의 의견에 반대하더라도 이를 그냥 묻어 둔다.					

2) 갈등 관리 유형 평가

유 형	종합형	배려형	지배형	회피형	타협형
항목점수	4.	3.	1.	6.	2.
	9.	11.	5.	10.	8.
	12.	14.	7.	15.	13
	계	계	계	계	계

※ 유형별 해당 번호의 평정점을 기록하고, 그 점수의 합계를 산출한다. 그 합계가 가장 높은 유형이 갈등 관리 유형을 대표한다고 할 수 있다.

제5장 인간존중과 행복

제1절 인간과 행복

인간은 누구나 행복한 삶을 원한다. 그러나 행복의 조건이 무엇인가에 대해서는 서로 의견을 달리한다. 가장 인기 있는 조건은 외재적인 것들, 예컨대 재산, 권력, 명예, 친구 등이다. 이러한 것들은 우리에게 행복할 기회를 주고 즐거움을 제공한다는 점에서 아주 매력적이다. 그러나 모두가 원하는 것이어서 경쟁이 불가피하다. 제한된 외재적 선을 향한 경쟁은 인간성을 파괴하기 쉬우며 또한 외재적 선에 따른 행복은 부서지기 쉽다. 외재적 선에 과도하게 의존한 사람들은 행복의 불안정성을 절감한다.

따라서 행복의 조건으로 내재적인 선을 생각할 수 있다. 지적, 도덕적 덕은 대표적인 내재적 선이다. 이러한 덕은 획득하기 어려운 것이지만 한 번 획득하면 비교적 지속적인 힘을 발휘한다. 이것들은 외부에서 달려드는 불운과 환경의 영향을 감내하도록 해 준다. 아리스토텔레스는 이 덕을 통하여 행복할 수 있다는 것을 논증하려 하였다. 그가 강조한 지적, 도덕적 덕의 획득은 교육의 일반적인 목적일 뿐만 아니라 철학적인 삶의 목표이기도 하다.

제2절 인간존중과 행복

21세기 세계화 시대에도 여러 가지 범죄, 부도덕, 일탈(逸脫) 현상 등이 공동체 안에서 연일 일어난다. 이러한 것이 일어나는 데는 여러 가지 원인과 이유가 있으며 그중에는 서로를 존중하는 행위와 태도의 결여도 포함되어 있다. 자신과 타인에 대해 존중의 신념이나 감정을 갖지 못한 사람은 무슨 짓이든 감행한다. 거만과 교만의 반대편에 서 있는 굴종과 비겁은 모두 자존심의 결여에서 비롯된다고 할 수 있다.

우리는 모든 사람 또는 대부분의 사람이 존중되어야 한다는 말을 자주 듣는다. 이러한 주장은 흔히 '인간존중의 원리'라고 불린다. 누가 뭐래도 세상에서 가장 아름다운 존재는 인간(사람)이다.

사람을 존중해야 한다는 주장은 널리 알려져 있지만 실제로는 존중이 결여된 인간관계를 쉽게 볼 수 있다. 그것은 도덕원리의 하나인 인간존중의 원리가 잘 지켜지지 않기 때문이다. 사람들은 부도덕하게 행동하는 사람을 보고 자제시키려고 자주 이렇게 말한다. "너는 자존심도 없냐?", "자기를 존중하는 사람이 그런 짓을 하다니!" 등 이런 말을 하는 사람은 상대방의 인격을 비판하는 셈이다. 이러한 말을 듣고도 같은 행동을 반복하면 우리는 그 사람이 자존심을 상실한 것으로 간주한다. 자존심을 상실한 사람은 수치를 모르고 타인을 존중하지도 못한다.

인간존중사상이 받아들여진다 하더라도 언제 존중이 요구되고, 존중이 무엇을 요구하고, 왜 존중되어야 하는지에 대해서 사람들은 의견을 달리한다. 자기 자신과 인간 일반에 대한 존중을 제대로 하기 위해서는 존중의 개념을 명료하게 이해해야 한다.

1. 인간존중의 어의(語義)

옥스퍼드 영어사전(OED)은 이 어휘들의 미묘한 차이를 설명하고 있다. 자존심은 일종의 자기 사랑으로서 사람이나 지위의 위엄에 대해 적절히 고려하는 것으로, 자부심은 자기 자신에 대해 호의적인 평가를 하는 것으로, 자만심은 자신의 성취나 지위를 뽐내는 것이라고 하였다.

존중은 언제나 하나의 '보는 것(seeing)'이다. 존중은 어떤 것을 바라보는 데서 생긴다. 사람은 이 말을 다양한 대상과 관련시켜 사용한다. 즉, 인간, 재능, 성취, 인격, 법률, 권위, 사회적 지위, 의견, 강력한 힘, 자연 등을 염두에 두고 허용한다. 존중이란 어떤 전망 속에서 어떤 것(어떤 사람)의 가치나 중요성을 인정하는 것이다.

존중은 대상에 임의로 가치를 부여하는 것이 아니라, 대상이 이미 지니고 있는 가치를 인정하는 것이다. 이것이 바로 존중이라는 말에 객관적 논리를 부여한다고 할 수 있다. 존중은 도덕적 의미로 사용된다. 이 말은 한 사람이 다른 사람과의 관계를 설명할 때 주로 사용되는데, 내가 어떤 사람을 존중한다는 말은 그에게 명예 경의, 존경을 표시하는 것을 의미한다. 이러한 반응을 내가 보이는 것은 그가 그런 대우를 받을 만한 가치를 획득했기 때문이다.

사람들은 누구나 자기를 평가하며 살아간다. 그래서 자아와 관련을 갖게 되었으며 '자존심', '자부심', '자만심' 등의 낱말이 생겨났다. 자기평가는 이성적 활동인 동시에 수많은 정서와도 관련된다. 수치심, 죄의식, 겸손 등의 정서가 바로 여기에 속한다. 이러한 정서는 긍정적인 것도 있고 부정적인 것도 있다. 자기 평가는 두 가지 차원에서 이루어진다. 하나는 자신을 인간으로 보고 평가하는 것이며, 다른 하나는 각자의 역할 수행을 보고 평가하는 것이다. 이 두 영역에서 모두 높이 평가되는 사람도 있고 어느 한 영역에서만 높이 평가받는 경우도 있다.

자존심과 자부심은 인간의 복리 차원에서 서로 다르게 작용한다. 자신과 타인의 최소한의 인정 표준을 충족시킴으로써 스스로 존중할 만한 가치가 있음을 발견하는 것은, 자기 평가하는 사람의 심리적인 건강에 기본적이다. 그러나 자존심과는 달리 자부심은 언제나 인간의 복리에 기여하는 것이 아니다. 자부심은 때때로 스스로를 터무니없이 높이 평가하여 자신은 물론 타인의 냉소를 자아낸다. 자존심은 자부심의 근거가 되지만 그 반대는 성립되지 않는다. 이러한 점에서도 존중과 자랑은 구별된다고 할 수 있다.

2. 인간존중의 개념

인간으로서든 특수한 역할을 수행하는 사람으로서든, 자신의 가치에 대해 적절한 의미를 부여할 때 스스로를 존중한다고 말할 수 있다.

피터스(Peters)의 인간존중 개념은 칸트적이다. 그는 칸트의 인간관, 즉 자율적이고 합리적인 존재를 그대로 수용하였다. 피터스는 인간은 자신의 운명을 결정하는 존재이며, 이런 결단과 행위는 상호 존중되어야 한다고 생각하였다. 어떤 사람이 자기 자신과 다른 사람을 인간으로 생각한다면, 그것은 인간을 자율적인 존재로 보는 일반적 규범을 승인하는 사회에 입문하였다고 보아야 한다. 자신과 타자를 인간으로 인식할 때 그의 인간성은 비로소 발달한다.

롤스(Rawls)는 칸트와 달리 자존심을 의무로 보지 않고 자격이나 권리라고 생각하였다. 그는 정의의 정신이 사회의 모든 구성원에게 자존심을 갖도록 요구한다고 생각하였다. 그는 자존심은 선택하는 것이 아니라 개인이 반드시 가져야 하는 가장 큰 의미의 사회적 선이라고 생각하였다. 이러한 시각에서 그는 존중 개념을 자존심과 관련하여 고찰하였다.

우리는 자존심(self-respect 또는 self-esteem)이 두 가지 측면을 갖는 것으로 해석할 수 있다. 첫째, 개인이 자신의 가치에 대한 의식, 즉 자신이 생각하는 선의 개념과 자신의 인생계획이 실현할 만한 가치가 있다는 확고한 신념을 포함한다, 둘째, 자신의 힘이 닿는 한, 자신의 의도를 성취할 능력이 있다고 확신하는 것을 포함한다.

롤스는 자존심은 자신의 인생계획이 추구할 만한 가치가 있다고 생각하는 사람이 갖는 것이라고 보았다. 그는 자존심은 사람이 가져야 할 기본적인 선으로서, 공동체는 이 선이 실현되도록 해야 한다고 역설하였다. 그는 자존심이 결여될 경우 여러 부작용이 발생한다고 행각하였다. 자존심이 결여된 사람은 어떤 것에서 추구할 만한 가치를 발견하지 못하고, 가치를 발견하더라도 추구하려는 의지가 없다. 모든 욕구와 활동이 공허해지고 무관심과 냉소주의에 빠지게 된다는 것이다.

롤스는 자존심과 수치심은 불가분의 관계를 가진다고 말하였다. 그는 수치심을 갖는 것은 자존심을 지키기 위한 자기 방어라고 생각하였다.

우리는 어떤 사람이 자존심에 상처를 입거나 자부심에 충격을 받았을 때 갖는 감정이 수치심이라고 규정할 수 있다. 수치심은 좋아하던 선의 상실이므로 고통스럽다. 수치심과 후회는 서로 다른 것으로서 이 점이 주목되어야 한다. …후회는 선이라고 생각되는 것의 상실 또는 부재로 일어나는 일반적인 감정인 데 비해, 수치는 특수한 종류의 선인 자존심에 대한 충격으로 일어난 정서다.

롤스가 자존심을 기본적인 선으로 간주한 것은 이러한 바탕이 있어야 다른 사회적 가치가 실현될 수 있다고 믿었기 때문이다.

존중은 분명 가치어에 속하지만, 여러 특성을 가지고 있는 복잡한 개념이다. 존중은 감정, 신념, 행동양식, 행동의 기질, 태도 등의 형태를 취한다. 존중은 인간, 표준 제도를 향한 느낌이라는 의미에서 감정이다. 그리고 대상이 가치 있다고 믿는다는 점에서 신념이기도 하다.

이상의 논의를 통하여 존중이라는 말속에는 적어도 다음과 같은 의미가 있어야 한다고 할 수 있다. 존중이란 어떤 사람이 타인의 욕구, 의도, 의지 등을 고려하는 기질과 타인에 대해 동정적인 태도를 가진다는 것을 의미한다. 또한 자신의 독자적인 관점에서 문제 상황을 바라보는 능력을 갖춘다는 것이며, 타인을 대체할 수 없는 존재로 인식한다는 것을 의미한다.

존중이라는 말을 인간과 관련시킬 때 인간존중, 자기존중, 타자존중 등으로 나타난다. 이러한 말은 서로 관련되어 있으며 그 자체로서 깊게 논의되어야 할 주제다.

3. 인간존중과 참다운 행복

인간이 존중되지 않는 사회적 환경에서는 행복한 삶을 기대할 수 없다. 인간을 무시하는 행위인 거만, 교만 굴종, 경멸들이 지배하는 공동체와 인간을 존중하는 행위인 사랑, 우정, 배려 등이 지배하는 공동체를 비교할 때, 행복과 불행이 극명하게 드러난다.

인종, 종교, 학력, 성별, 사회적 계층 등에 따른 차별은 개인을 불행하게 할 뿐만 아니라 공동체도 불행하게 만든다. 사람은 겉으로 경멸하는 행위를 하지 않고도 타인을 멸시할 수 있다. 이런 행위가 있는 곳에서는 건전한 인간관계가 성립될 수 없다.

인간존중의 원리는 행복의 조건을 획득할 수 있도록 해 줄 뿐만 아니라, 제힘을 발휘하도록 도와줄 수 있다. 인간이 존중되는 분위기에서 지적, 도덕적, 덕과 외적 선을 더 잘 획득할 수 있기 때문이다. 인간존중은 선택사항이 아니라 의무다. 왜냐하면 사람은 누구나 행복을 갈구하며, 타자로부터 존중받기를 원하기 때문이다.

인간은 타인존중과 자존심을 달성하지 않고는 행복할 수 없다. 타인을 존중하지 않는 행위, 즉 거만, 몰염치, 경멸 등은 타인의 행복을 방해한다. 이에 비해 타인을 존중하는 사람은 타인의 행복을 빌며 배려한다. 타인이 행복하도록 노력할 뿐만 아니라, 실제로 그 상태에 도달했을 때 함께 즐거워한다. 타인의 불행과 불운을 보고 좋아하는 사람은 미성숙한 사람이라고 할 수 있다. 인간존중원리의 토대는 자기 존중이다. 자존심이 결여된 사람은 무관심과 냉소주의에 빠지기 쉽다. 그런 사람을 행복하다고 생각하지 않는다. 자존심을 결여한 행위, 즉 비굴, 자기를 비난하는 행위, 자기배반, 자기도취 등은 모두 불행으로 인도한다.

자기를 존중하는 사람은 행복의 조건을 얻기 위해, 그리고 인간으로서의 위엄을 갖기 위해 자기교육을 계속할 것이다. 그는 그러한 능력의 발달이 행복을 가져온다고 믿기 때문이다.

제3절 인간관계와 행복한 삶

인간은 누구나 바람직한 인간관계를 추구하며 행복한 삶을 갈구한다. 인생의 목표와 덕목이 재산·부(富), 명예, 건강, 지위 등 어느 하나만이 충족되어서는 행복하지 않다.

진정한 행복은 바람직한 인간관계의 형성에서 비롯된다. 바람직한 인간관계를 영위하고 자신의 일에 보람을 느끼고 열성적으로 종사하는 것이 중요하다. 아울러 자신에 대한 자아 정체성, 자아 존중하고 타인에 대해 관용하고 배려하여야 한다.

인생이라는 긴 여정에서 '작은 것이 아름답다'는 말처럼 자신의 작고 적은 직분에 충실하고, 역지사지의 입장에서 상호작용을 하는 타인을 보듬어 주고 감싸 주는 삶이 아름다운 것이다. 그런 의미에서 보면 진정한 인간관계와 행복한 삶은 자기 자신의 마음과 생각 속에 있는 것이다.

탐구 문제

1. 인간관계에서 대화와 설득이 중요한 이유에 대해서 설명해 보시오.

2. 인간관계의 대화에서 달변보다 경청이 중요한 이유에 대해서 간단히 기술(記述)하시오.

3. 사회생활의 소통(疏通)에서 대화와 설득의 기본적 태도에 대해서 기술(記述)하시오.

4. 설득과정의 요소와 6가지 원칙에 대해서 간단히 설명해 보시오.

5. 인간관계의 대화에서 효과적인 설득의 가치와 방법에 대해서 논하시오.

6. 의사결정의 유형을 열거하고 간단히 설명해 보시오.

7. 의사결정의 과정을 열거하고 각각의 과정에 대해서 간단히 기술(記述)하시오.

8. 의사소통의 방법으로서 구두(口頭)커뮤니케이션과 문서(文書)커뮤니케이션의 특징에 대해서 설명해 보시오.

9. 인간관계에서 갈등의 요인과 효과적인 해결 방안에 대해서 논하시오.

10. 인간관계에서 인간존중과 행복이 중요한 이유에 대해서 설명해 보시오.

제**4**부

윤리(倫理)와 공공 생활

제1장 가족(家族) 및 부자간의 인간관계
제2장 직장생활과 인간관계
제3장 사회생활과 법(法)
제4장 공공 덕목으로서의 법교육
제5장 정보통신윤리 교육

[제4부 학습과 탐구의 개관]

제4부에서는 사회 구성원인 인간이 준수해야 할 각종 윤리(倫理)와 공공 생활에 대해서 심층적으로 이해하고 파악하고 탐구한다. 이를 위하여 가족 및 부자간의 인간관계, 직장생활과 인간관계, 사회생활과 법, 공공 덕목으로서의 법교육, 정보통신윤리 교육 등에 대해서 학습한다. 특히 인간의 사회적 활동 공간이 가정, 직장, 사회 등에서의 활동을 중심으로 한 공공 윤리의 중요성과 준수 태도 함양에 초점을 두고 있다. 특히 세계화·지식정보화 시대를 맞아 민주시민교육, 정보통신교육의 중요성과 새로운 접근법 등에 대해서도 심층적으로 접근하고 연구한다.

제4부: 윤리(倫理)와 공공 생활

☺ **학습 목표**

1. 가족 간의 인간관계와 부자(모녀)간의 인간관계에 대해서 이해한다.
2. 바람직한 직장생활과 인간관계에 대해서 심층적으로 이해한다.
3. 인간의 사회생활과 관련된 기초적 법 개념과 법의 실제에 대해서 탐구한다.
4. 공공 덕목으로서의 법교육의 기초와 방법 등에 관해서 탐구한다.
5. 정보통신의 중요성과 정보통신윤리교육에 관해서 이해한다.

▶ **주요 개념**

1. 가족, 가족의 기능, 가족체계, 애착(愛着), 부모의 양육 태도, 부모 준비, 예비 부모
2. 직장, 직업, 직장의 기능, 직장생활의 적응, 직장 부적응, 하의상달, 상의하달
3. 법, 법과 생활, 법의 개념, 법의 권리, 법적 개념, 법 관련 기관, 법의 원리와 가치
4. 법교육, 법규범, 법교육의 목표, 헌법 원리, 기본권 보장, 법 질서, 국법 체계
5. 정보통신기술, 정보통신윤리, 정보통신윤리교육, 정보통신윤리교육의 목표, 정보통신윤리교육의 기본원칙, 정보통신윤리교육의 방향

※ 동료를 존중하라. 그들을 공정하게 대하여라. 그리고 그 우정을 오래도록 기쁘게 받아들여라.
  (Bradley: 미국 NBA 농구 선수, 미국 전 대통령 후보)

제1장 가족(家族) 및 부자간의 인간관계

제1절 가족(家族)에 대한 이해

1. 가족의 정의

우리나라 민법에서는 동일한 호적 내에 있는 친척, 즉 호주의 배우자, 혈족과 그 배우자, 기타 본법의 규정에 의하여 그 가에 입적한 자는 가족이 된다고 규정하고 있다. 사회학자인 퇴니스(Tonnis)는 가족을 공동사회 내의 집단으로 보고, 쿨리(Cooley)는 제1차적 집단 내에 가족을 포함하여 대면적 접촉과 '우리(We)' 감정이 강한 집단으로 보고 있다.

전통적 가족의 정의를 살펴보면, 김두헌은 "친애의 정으로서 접근하기 쉽게 되어 있는 일정한 범위의 혈통 관계자의 집단으로서, 한집에 거주하며, 의식과 기타 일상생활을 공동으로 하고 재산을 공동으로 수용하는 집단"이라고 말하였고, 머독(Murdock)은 "가족은 사회적으로 인정받는 성적 관계를 유지하는 최소한 두 명의 성인남녀와 한 명 이상의 자녀를 포함한다"라고 규정하였다. 이는 핵가족을 대표하는 것으로 설명할 수 있다. 프랑스의 인류학자이며 구조주의 방법론자인 레비 스트라우스(Levi Strauss)는 "결혼에 의해 형성되고, 부부와 그들의 결혼에 의해 출생한 자녀들로 구성되지만 다른 근친자가 포함될 수 있으며, 가족구성원 등 법적 유대, 경제적·종교적 그리고 그 외 다른 권리와 의무, 성적권리와 금기, 애정, 존경 등 다양한 심리적 감정으로 결합된 것"으로 정의하였고, 이는 확대가족을 중심으로 한 정의로 설명할 수 있다. 최경석 등은 가족은 "혼인, 혈연 및 입양을 통해서 이루어진 관계자들의 집단이며, 이들은 의식주의 해결을 공동으로 정서적·정신적 유대와 공동체적 생활방식을 갖는 집단이다"라고 협의의 개념으로 설명하였다.

현대적 가족의 정의를 살펴보면, 이효재는 "일상적인 생활을 공동으로 영위하는 부부와 자녀들, 그들의 친척, 입양이나 기타 관계로 연대의식을 지닌 공동체집단"이라 하였고, 미국사회복지사협회(NASW)에서는 "자신들 스스로가 가족으로 생각하면서 전형적인 가족 임무를 수행하는 2인 이상의 사람들"이라고 규정하였다.

이치러(Eichler)는 "가족은 한 명 혹은 그 이상의 자녀를 포함하거나 포함하지 않을 수 있으며(예; 무자녀 부부), 이 자녀가 혼인관계에서 태어날 수도 있고 그렇지 않을 수도 있는(예; 입양아동 혹은 배우자가 전혼에서 낳은 자녀) 사회집단이다. 이들은 같은 거주지에 살 수도 있고 그렇지 않을 수도 있다(예; 주말부부). 이들 성인들은 성적으로 동거할 수 있고 그렇지 않을 수도 있으며 이 관계는 애정, 매력, 경건성, 경외감 같은 사회적으로 패턴화된 감정을 포함하고 있을 수도 있고 그렇지 않을 수도 있다"라고 정의하였다.

미국의 정신의학자이며 가족치료의 권위자인 애커맨(Ackerman)은 가족을 역동적인 관계에서 이해하고 있다. 즉 "가족이란 성장과 경험, 그 상호충족의 성공과 실패의 경험의 단위이며, 또한 질병과 건강의 기본단위이다. 가족은 내·외로부터 받은 각종의 영향에 미묘하게 적응하는 유연성을 가진 하나의 단위인 것이다."라고 하여 가족을 하나의 유기체적 단위로 보고 어떤 문제의 발생을 가족 중의 개인에게 국한시키지 않고 가족 전체의 상호작용과 역동성에 찾고 있다.

2. 가족의 기능

한국 가족의 기능의 변화를 살펴보는 것은 의미있는 일이다. 한국여성사회연구소(2002)에 따르면 경제공동체기능에서 생산기능 상실·약화, 소비기능강화로, 성행위와 출산통제기능에서 성과 출산통제기능 약화로, 부부간의 성생활기능 강화에서 자녀양육과 사회화기능으로, 자녀양육기능 강화, 국가와 공유에서 사회화기능 왜곡, 성차별적 사회화로, 정서적 유대 및 여가기능에서 정서적 유대 및 여가기능 강화로, 사회보장기능에서 기능왜곡(핵가족 책임론)과 사회보장기능 국가와 공유로, 지위계승(계급 재생산기능)에서 지위계승기능 강화로, 가사노동에서 가사노동의 사회화·상품화·기계화로 변화양상을 살펴볼 수 있다.

현대가족이 기능으로 스트롱과 디바우트(Strong & Devault)는 가족의 기능을 네 가지로 제시하였다. 첫째, 친밀한 관계의 근원을 제공한다. 둘째, 경제적 협조의 단위로서 기능한다. 셋째, 자녀를 출산하고 그들을 사회화시킨다. 넷째, 가족구성원에게 지위와 사회적 역할을 할당한다. 특히 한국에서는 부부간의 애정적인 유대를 기반으로 한 성적인 질서유지의 기능, 문화전달의 매개체로서 자녀의 가치관 확립을 위한 사회화와 교육의 기능, 그리고 경제적 협력자로서의 가족, 특히 건전한 소비주체로서의 가족기능을 강조하고 있다.

머독(Murdock)은 보편적인 가족의 기능을 자녀출산, 사회화, 경제적 협조, 성적 욕구충족이라 하였다. 또 스타크(Stark)는 가족의 정서적 기능을 특별히 강조하였다.

우리나라 가족에 초점을 둔 가족기능으로는 성 및 애정의 기능, 자녀출산과 양육의 기능, 경제의 기능, 교육의 기능, 보호의 기능, 휴식 및 오락의 기능, 종교의 기능 등이 포함된다. 이들의 분석대로 어느 사회에서나 가족은 사회구성원이 될 자녀를 출산하는 제도이고, 전반적인 사회생활에 필요한 역할, 성별 사회화, 의사소통 능력, 가치관 등을 학습시키며, 경제적 능력이 있는 사람이 일을 하여 경제적 능력이 적거나 없는 식구들과 살아가고, 안정된 관계 속에서 합법적으로 성적 욕구를 충족하게 하며, 인정, 소속, 애정에 대한 욕구를 충족시키는 기능을 한다.

또한 21세기 세계화 시대인 오늘날, 세계적인 현상으로 가족의 구조가 가구 규모의 축소 및 1인 가구의 증가, 세대별 구성 및 가족형태의 변화, 이혼 및 재혼가족의 증가로 변화하고 있다.

이러한 가족의 구조적 변화 및 기능적 변화는 가족폭력의 증가로 야기되고 있다.

가족보호기능에 있어서 가족가치관의 변화와 가족보호기능에 있어서의 가족복지의 과제가 남아 있다. 가족가치관의 변화를 살펴보면 가장에 대한 가치관의 변화, 현모양처에 대한 가치관의 변화, 효도에 대한 가치관의 변화를 설명할 수 있고, 가족보호기능에 있어서의 가족복지의 과제를 살펴보면, 여성과 아동 및 노인의 권리가 모두 인정되는 가족복지, 여성과 아동 및 노인의 동등한 권리를 인정하는 가치관의 변화, 보다 평등한 보호기능 역할 분담 등으로 설명할 수 있다.

3. 가족의 유형

가족의 유형 고찰에서 이미 존재하고 있으나 가족으로 인식되지 않고 있는 형태로는 여러 가지가 있을 수 있으나 일반적으로 독신가족, 자발적 무자녀 가족, 동거가족, 집단가족, 동성가족, 확대가족, 노인가족, 재혼가족 등을 들 수 있다.

1) 독신가족

일정한 나이가 되면 모두 결혼을 해야 한다는 사회적 통념을 거부하고 자신의 가치관과 인생의 목적에 부합되는 자유로운 생활을 원하는 집단이라 할 수 있다. 자발적이기도 하고 비자발적이기도 하며, 일시적이기도 하고 항구적이기도 하지만 현재는 가족이라는 굴레에 얽매이지 않으면서 자기발전에 또는 일시적으로 독신 상태에 있는 경우에는 독신가족에 자신을 동일시하지 않을 수도 있으므로, 한시적으로나 장기적으로 독신생활을 가족의 적극적인 대안으로 보고 자발적으로 결혼을 하지 않고 있는 사람들의 경우를 독신가족으로 보는 것이 타당하다. 결혼생활은 남성에게는 물론, 특히 여성에게 많은 부담을 지우고 있으므로 자아 성장의 욕구가 강한 사람의 경우에는 결혼을 거부하거나 포기하게 된다. 일반적으로 여성 독신자들의 교육수준, 직업, 사회적 지위, 정신건강 등은 남성 독신자보다 높다고 하는데, 이것은 여성의 경우 자발적 독신자가 많은 반면 남성의 경우 비자발적 독신자가 많다고 할 수 있다. 현재 독신생활자들은 핵가족의 신화 속에서 양면성을 가지고 있다. 개인적 자유와 성취감이 기혼자보다 강하고, 가족에 대한 구속 없이 다양한 인간관계가 가능하지만, 독신자를 예외로서 또는 사회적 이탈자로서 바라보는 사회인식으로 인한 합법성의 결여, 사회적 동의와 지지의 부족, 제도권 중심의 생활에서 오는 심리적 불안정감 등이 부정적 요소로 작용하고 있다. 요즈음은 독신자가 증가하면서 독신자끼리 사이버 모임, 동우회, 정기적 회합 등이 늘어가고 있어 소수집단이 가진 박탈감을 극복하려는 사회적 움직임이 점점 더 강하게 나타나고 있다.

2) 자발적 무자녀 가족

자발적 무자녀 가족은 부부 두 사람의 동의하에 자녀를 가지지 않겠다고 자발적으로 결정한 경우이다. 성인이 되어 결혼하면 자녀 출산은 필수적인 것이고, 자녀가 없는 경우를 비정상으로 인식하였으나, 이제 자녀출산도 부부의 선택으로 바뀔 수 있는 것을 의미한다. 지금까지의 전통사회에서 자식은 생산을 위한 노동력을 의미했고 노후보장을 의미하였으며, 가문을 잇는다는 혈연의 강한 의식이 자리 잡고 있었다. 그러나 이제는 생산 활동의 경제구조도 변화되었고 사회보장제도도 강화되었으므로, 실용적 이유로 인한 자녀의 필요성은 감소되었다. 무자녀를 결정하는 사람들에 대한 사회적 편견은 이러한 부부는 이기적이고 반사회적이고 비도덕적이라고 생각한다. 그러나 이들에 대한 미국에서의 조사를 보면, "자녀양육부담에서 벗어나고 자기발전과 자유로운 생활을 확보하기 위해서"가 무자녀 이유의 가장 많은 비율을 차지하고 있다. 한국에서도 점점 자발적 무자녀 가족이 늘어가고 있으므로, 이들을 비정상적으로 보거나 사회적 책임감이 결여된 사람들로 보는 편견보다는 각자의 선택 영역으로 존중해 주는 인식이 필요하다.

3) 동거가족

동거가족은 공식적인 결혼을 하지 않고 가족을 형성하는 것이므로, 기존의 전통적인 가치관으로 본다면 비도덕적이라 할 수 있으며, 여성에 대한 혼전순결 개념이 아직도 지배적인 한국에서 보자면 더욱 그러하다. 그러나 동거자들은 전통적인 결혼과는 다른 태도나 가치관을 가지고 있다. 서구에서 조사된 동거의 이유를 살펴보면 첫째, 일시적으로 우연적인 동거, 둘째, 애정적이고 지속적인 동기, 셋째, 결혼에 대한 시험으로서, 넷째, 결혼에 대한 일시적인 동거 또는 항구적인 대안으로서 등을 들고 있다. 요즈음 한국에서도 나타나고 있는 일시적인 동거나, 성적 욕구의 해결과 경제적인 이유 등으로 인한 동거 형태와는 달리 결혼생활의 대안으로 생각하는 동거가족에 대해서는 대안가족으로서의 진지한 접근이 필요하다.

4) 집단가족

집단가족은 공동체 정신의 구현을 목적으로 인위적으로 만든 코뮌(commune)을 말하는데 개별가족이 독립적으로 존재하면서 생활의 많은 부분을 구성원 간에 공동으로 이루어 나가는 것을 뜻한다. 남녀의 역할 구분이 없으며, 자녀를 공동으로 양육한다. 핵가족형태를 지양하고 지역 공동체에 그 가치를 둠으로써, 가사노동이 사회화되어 있고, 여성의 자율권과 지위는 높은 편이다. 이스라엘의 키부츠(Kibbutz)와 같은 형태를 예로 들 수 있으나, 이에 대한 사회적 평가는 다양하다. 사회 전체의 분위기가 경쟁적이고 개인주의적이기 때문에 이러한 집단가족이 가진 원래의 목적에 부합되는 방향으로 관철하기가 어려운 점도 있으나, 육아·탁아를 공동으로 해결하자는 움직임이 한국에서도 점점 많아져 가고 있는 것을 보면, 이러한 집단 가족형태가 한국 상황에서 아주 동떨어진 별개의 형태는 아니라고 할 수 있다.

5) 동성애 가족

동성애는 최근까지도 비정상적이고 병리적인 현상으로 인식되어 왔으나 개성과 자유의 존중, 진보적이고 자유주의적인 사회적 분위기, 그리고 여성운동 등으로 인하여 점진적으로 사회에서 수용되고 있다. 최근에는 네덜란드를 중심으로 벨기에, 독일 등 유럽 여러 나라에서 동성결혼을 합법적으로 인정하고 있으며 자녀 입양에 대해서도 점차 허용적인 방향으로 가고 있다. 1973년 이후 미국 정신병학회는 동성애를 더 이상 정신질환으로 간주하지 않을 것을 결정하였고, 동성애자들의 자연스러운 성적 경향으로 동성애를 받아들이려고 하였다. 우리나라에서도 이제 점점 동성애자들이 자신의 정체성을 표명하며 밝히고 있고, 그들의 권리를 조금씩 주장하고 있다. 외국의 경우로 보아 한국에도 적지 않은 동성애자들이 있고 곧 결혼도 합법적으로 요구할 것으로 보인다.

6) 확대가족

　확대가족은 한 집에서 여러 세대가 사는 가족을 일컫는다. 즉 확대가족은 핵가족이 종적 혹은 횡적으로 연결되어 형성되며, 자녀가 결혼한 후에도 부모와 동거하는 가족형태이다. 종적으로 확대된 직계가족(stem family)은 장남이 본가에 남아 부모를 모시면서 가계를 계승하고 차남부터 분가하는 가족형태이다. 횡적으로 확대된 방계가족은 같은 세대의 형제들이 결혼한 후에 부모와 다 같이 동거하는 가족형태이다. 전통적으로 우리나라에서는 가부장제도에 근거한 확대 가족이 이상적인 가족형태였으나 핵가족의 증가와 반비례로 확대가족은 우리나라에서 점점 감소하고 있다. 그러나 우리나라의 경우 전통적인 부계 친족제도의 영향이 아직까지 강해 구조상으로는 핵가족의 형태라 하더라도, 특히 장남가족의 경우 가계계승의 직계가족 의심이 강하게 남아 있어 정서적으로는 3세대 가족체계라고 볼 수 있다.

　현대사회에서 확대가족이 개인에게 미치는 영향은 전통적으로 이상적이라고 여겼던 것처럼 바람직하다고만 볼 수는 없을 것이다. 마찬가지로 핵가족이 현대사회에 가장 적합한 가족형태라고는 하지만 핵가족의 기능으로 인간의 모든 욕구충족이 충분하지 못한 것이 현실이다. 핵가족의 기능이 욕구를 충족시키기에 미흡하다 해서 전통적인 확대가족 형태를 취하기에는 현대사회의 제 여건을 감안할 때 어려움이 많기 때문에 나온 개념이 수정 확대가족이다. 수정 확대가족은 비록 지리적으로 떨어져 살고 자율적이지만 핵가족 외의 친족관계를 중요하게 여기며 유지하고자 하는 친족관계를 말한다.

7) 노인가족

　산업화에 의한 사회구조와 가치관의 변화에서 비롯된 핵가족화 경향은 노인만으로 구성된 가족의 증가를 가져오게 되었다. 전반적인 노인인구의 급증과 자녀와의 동거를 원하지 않는 노인 및 부모와의 동거를 원치 않는 자녀의 증가로 노인가족이 늘어나는 것이다. 노인의 자녀와의 별거 선호율은 점점 높아지고 있어, 앞으로 노인가족은 점점 늘 것으로 전망되고 있다. 새로운 노인 상으로 떠오른 통크(TONK)족은 'Two Only No Kids(자녀 없이 두 부부만 생활)'의 야어로 자식이 있으나 자식의 효심에 의존하지 않고 취미, 운동, 여행 등으로 부부만의 생활을 즐겁게 보내는 노부부를 일컫는다(《동아일보》 1993.9.20). 통크족 노인가족의 출현은 다른 사회적 변화와 함께 고소득, 고학력, 건강을 지닌 젊은 노인이 늘어나는 추세에 기인한다.

　노인가족의 등장이 최근의 추세이기 때문에 아직까지 노인가족이 가족 구성원 개인에게 미치는 영향에 관해서는 뚜렷하게 일관된 결과가 없다. 한편에서는 정서적 가족주의가 대두되면서 자녀들이 이룬 핵가족에 포함되지 않는 노인들이 자녀와 자녀의 가족들로부터 정서적으로 소외될 가능성이 크다는 추정이 나오고 있다. 통크족 노인이라는 신조어가 나오듯, 노인가족이 더 긍정적인 생활만족을 한다는 연구결과도 있으나, 이는 건강하고, 경제력도 있고, 떨어져 사는 자녀가족과의 관계가 소원하지 않을 경우에 한정될 것이다. 전반적으로는 아직 독신 노인가구나 노인 부부 가족은 저소득일 뿐만 아니라 여러 가지 측면에서의 자원부족으로 어려운 생활을 하고 있다.

8) 재혼가족

재혼가족은 가장 복잡한 가족형태를 이룬다. 이전 결혼에서는 자녀가 없는 사람들이 재혼하는 경우는 구조적으로 일반적인 핵가족과 차이가 없다. 그러나 일반적으로 재혼가족에는 자녀가 포함된다. 나스(Nass)는 복잡한 재혼가족의 예를 다음과 같이 묘사했다. "자녀를 가진 이혼녀가 역시 이혼한 남자와 결혼하여 현재 남편이 전처에게서 낳은 자녀들을 데리고 오면 많은 새로운 관계가 생긴다. 새 남편과 아내, 아내와 남편의 자녀, 남편과 아내의 자녀, 적어도 가끔 함께 살아야 하는 이복형제 및 이부형제, 남편과 아내의 전 남편, 아내와 남편의 전 아내, 새 부부와 양쪽의 새 인척, 새 부부의 부모와 의붓 손자녀들, 재혼부부 사에서 낳은 자녀와 다른 모든 사람들과의 관계가 생긴다."

재혼가족의 부부는 계부모로서의 기능, 자녀 양육관, 금전관리에 대한 계획을 미리 고려해야 한다. 이러한 영역들에서 재혼한 부부와 그 자녀들이 가치의 차이를 좁히지 못하면 일상생활이 어렵게 된다. 재혼가족은 갈등을 일으키는 많은 요구와 제한된 자원이라는 어려운 상황을 낳기 쉽다. 예를 들면, 떨어져 사는 이전 결혼에서 낳은 자녀가 있는 부모는 일정한 수입범위 내에서 그 자녀에 대한 경제적 지원과 현재의 가족을 위한 경제적 안정의 균형을 취해야 한다. 재혼한 부부는 초혼부부보다 결혼 생활을 부적절하게 느낀다는 연구결과는 이 부적당한 느낌의 이유를 역할의 복잡성으로 설명하고 있다.

4. 가족체계의 특성

로즈(Rhodes)는 체계로서의 가족의 특성을 네 가지로 설명하고 있다. 첫째, 가족구성원은 가족 내에서 상호의존 상태에 있는 다양한 위치를 가진다. 위치, 지위, 행동, 혹은 한 구성원의 역할에서의 변화는 다른 구성원들의 행동 변화를 가져온다. 둘째, 가족과 가족 외부체계를 구분하는 경계의 두께는 그 엄격함과 침투성의 정도에 따라 다양하다. 셋째, 가족은 시간이 지나면서 반복되는 상호작용 패턴을 나타내는 적응과 균형을 추구하는 단위이다. 넷째, 가족은 더 큰 사회체계를 대표하는 외부체계의 요구 그리고 가족구성원들의 내적 욕구와 요구를 모두 충족시켜야 하는 과업 수행 단위이다. 개인적 욕구와 사회적 욕구 간의 상호성이 가족구성원의 사회화인 것이다.

부정적인 부모		지지적인 부모	
⇧	⇧	⇧	⇧
낮은 자존감	비행자녀	자긍심	건전한 자녀
↓	↓	↓	↓
역기능적인 가족		기능적인 가족	

[그림 4-1-1] 체계론적 관점에서의 가족 기본원칙

가족체계의 특성은 보편적 측면에 관한 것이므로, 우리나라 가족이 지니는 독특한 면들을 추가해서 가족의 특성을 이해하는 것이 필요하다.

우리나라의 가족구조상 변화는 다음과 같이 정리해 볼 수 있다. 첫째, 가족규모의 축소 및 단순화이다. 둘째는 가족주기의 변화이다. 셋째, 친족관계의 변화이다. 친족 범위가 축소되고 친족 간의 유대가 약화되는 동시에 전통적인 부계제로부터 양계제로 변화해 가는 것을 볼 수 있다. 그러나 우리나라의 양계제적 속성은 서구의 양계제와는 구별되어야 한다. 넷째, 부부간의 성역할 분업구조의 변화이다.

제2절 부모와 자식 간의 인간관계

인간이 태어나서 처음으로 만나는 사람은 부모이다. 즉, 부모와 자식 간의 인간관계는 모든 대인관계의 출발점이다. 부모와 가정이 인간관계 형성의 요람으로서 중요한 이유이기도 하다.

대인관계의 기초는 생후 초기부터 시작된다. 그것은 한 인간으로 태어나 생후부터 맺는 부모(양육자)와의 관계에서부터 비롯된다고 해도 과언이 아니다. 즉, 부모(양육자)와 어떠한 관계를 맺고, 어떠한 경험을 하였느냐는 성장과정에서 맺는 대인관계에 많은 영향을 주게 될 것이다. 파케(Parke)와 브리엘(Buriel)은 부모가 자녀에게 미치는 세 가지 영향에 대해 언급하였다. 다시 말해, 부모는 자녀와 상호작용하는 파트너이고, 직접적인 교사와 같은 역할을 수행하며, 자녀의 성장을 돕고 촉진시키는 기회를 제공하는 역할을 하며 자녀의 발달은 돕는다. 부모가 이러한 역할을 잘 수행했을 때 자녀와의 상호작용에서 자녀를 충족시키고 대인관계의 기초가 되는 사회성을 길러준다.

1. 부모와 자녀 관계의 출발: 애착(愛着)

애착은 생후 초기부터 영아(嬰兒)가 양육자 (주로 어머니)와의 관계를 연결하는 사랑의 끈이라고 표현할 수 있다. 이는 친밀한 정서적 유대, 사랑, 신뢰감 등으로 생후 초기에서 3년간이 중요한 발달적 시기를 지닌다. 양육자가 영아의 욕구에 민감하게 반응하고, 욕구를 충족시켜주며, 이러한 과정이 일관적으로 진행되었을 때 영아는 양육자에게 신뢰를 지니게 된다. 영아와 양육자는 서로에게 사랑의 메시지를 주고받으며, 기쁨과 행복을 느끼고 신뢰를 바탕으로 한 사랑에 빠지게 된다. 이러한 경험을 한 영아는 유아기 아동기를 거치면서 주 양육자와의 애착은 타인과의 관계에서 중요한 밑거름이 되고 이를 통해 사회성이 발달하고 건강한 대인관계를 경험하게 된다. 영아기와 유아기에 부모와 안정적 애착을 형성한 아이들은 불안정한 애착을 형성한 아이들보다 더 높은 사회적, 성격적 능력을 보이고, 성인기에 이르러서는 신뢰감과 심리적 안정감을 토대로 대인관계를 양적이고 질적으로 발전시키게 된다. 애착의 형성과정은 크게 정신분석이론, 사회학습이론, 인지발달이론, 동물행동이론 등의 네 가지로 분류할 수 있다.

1) 정신분석이론

정신분석이론에서 프로이트(Freud)는 어머니가 영아에게 수유를 함으로써 빨기와 같은 구강 성적 자극에 대한 만족감이라는 본능적 욕구를 충족시키게 된다고 하였다. 이러한 활동으로 어머니는 영아의 애정의 대상이 되어 정서적 관계를 유지한다. 에릭슨(Erikson)에 따르면 영아의 수유욕구를 비롯한 기본적 욕구를 충족시켜 주는 일은 영아기의 안정된 애착관계 형성뿐만 아니라 더 나아가서 세상 전반에 대한 신뢰감을 심어준다. 정신분석 학파들은 애착이라는 개념을 사용하지는 않았으나 영아의 생리적 욕구를 조절하는 어머니의 역할이 긍정적인 애착을 형성하는 데 바탕이 된다고 피력하여 이후 어머니 자녀관계에 대한 연구를 자극하였다.

2) 학습이론

학습이론자들은 애착행동을 학습경험의 축적이라 보았다. 즉, 어머니는 수유를 통해 아기의 배고픔을 해결해 주며, 수유하는 동안의 신체접촉을 통해 청각적 또는 촉각적 만족을 제공해 준다. 이런 과정을 통해 영아는 어머니와 즐거운 감정을 연결시키고, 어머니는 이차적 강화인이 된다. 즉, 영아는 즐거운 경험을 반복하고 축적하기 위해 어머니의 관심을 끌고 가까이 있기 위해서 미소를 짓거나, 울기, 옹알이를 하는 등의 행동을 하게 된다.

3) 인지발달이론

인지발달이론에서는 영아의 지적 발달이 선행되어야 특정 인물에 대한 애착을 형성할 수 있다고 하였다. 애착이 형성되는 시기가 대상영속성 개념이 획득되는 7~9개월경으로 영아들은 이때 처음으로 애착 현상을 보인다. 즉, 대상영속성 개념이 획득되어야 애착이 형성된다는 의미이다. 왜냐하면 영아가 애착대상이 시야에서 사라지면 더 이상 존재하지 않는다고 믿는다면, 그 사람과의 애착관계를 형성하기가 어렵기 때문이다.

4) 동물행동학적 이론

동물 행동학자인 보울비(Bowlby)에 따르면 애착발달은 생존유지 및 보호를 위한 본능적인 반응의 결과로서 이미 생래적으로 계획되어 있다고 한다. 인간은 엄마의 젖꼭지를 빨거나, 자신의 상황이 불편할 때 도움을 요청하기 위해 울거나, 기분 좋은 신호를 알리기 위해 미소를 보내며, 옹알이나 모방행동을 보이며 애정을 보여주는 애착행동을 한다. 어머니 또한 영아와의 접촉과 욕구만족을 위한 행동을 실천하며 만족감을 느낀다. 이러한 모자간의 사회적 상호작용을 통해 애착이 발달한다.

2. 애착유형과 대인관계 특성

아이가 생후 7~8개월이 되면 부모에 대한 애착행동을 보이게 되는데 애착이란 어머니와 같은 정서적 안정을 제공하는 사람과 맺은 정서적 유대(emotional bonds)를 말한다. 부모가 자리에서 떠나고 낯선 사람이 나타나면 두려움과 불안으로 부모를 찾는데, 이는 어린 자녀가 부모를 자신들의 안전한 신체적 기반으로 삼는다는 의미를 보여주는 것이다. 발달적으로도 영아기에 최초의 안정된 애착 관계를 경험한다는 것은, 성장 후의 안정성, 자신감, 신뢰감, 협동심 및 타인을 도우려는 태도가 발달된다는 것이다.

어머니가 어린 자녀의 요구에 민감한 반응을 보이고, 신체적 접촉을 충분히 하며, 적절히 자녀가 혼자 노는 것도 허용하는 부모의 아이들이 안정적 애착을 형성할 가능성이 크다. 아동들은 부모가 있을 때 편안하게 느끼고 부모가 자리를 뜨면 두려워하며 부모가 돌아오면 행복해한다. 이를 안정적 애착이라 하는데 보통 60~70%가 이에 속한다. 성장 후 인간관계에서 상호신뢰를 바탕으로 안정된 대인관계를 형성하는 것이 특징이다.

어머니가 양육에 있어 지속성이 부족하고, 어린 자녀의 반응에 무감각하며, 비교적 신체적 접촉이 적고, 화가 나 있거나 초조하며, 거부하듯이 아동을 다룰 때 회피 애착이 형성될 가능성이 크다고 한다. 전체에서 약 15~20%가 이에 속하고 부모에게서 떨어진 다음에 다시 돌아오면 부모를 회피한다. 이들은 성장하여 인간관계가 소원하고 대인관계에서 정서적 유대가 약하며 능동적으로 관계의 주체가 되지 못할 우려가 있다.

양육태도에서 일관성이 부족하고 영아의 요구에 무감각하게 반응하며, 영아를 다루는 방식이 어색한 어머니들, 또는 어머니가 기분이 좋을 때는 너무 잘해주다가도 자신의 기본이 좋지 않으면 무관심한 어머니들의 아이들이 저항적 애착을 형성할 가능성이 크다. 이러한 가정의 아이들은 부모에게 매달리는 행동과 저항하는 생동을 번갈아가며 보인다. 이들은 대인관계에서 긍정적, 부정적, 양가적인 태도를 보이며, 관계가 불안정하다.

아이가 부모를 대하는 행동을 예측할 수 없는 혼란형 애착은 어떤 때는 저항적 애착유형의 패턴을 보이다가 어떤 때는 회피적 애착유형을 보여준다. 또한 그들은 부모 근처에 있을 때 냉담하거나 차분함을 보이면서 갈등을 나타낸다. 예후는 앞의 각 애착 유형에 대한 대인관계 특성이 혼재한나는 것이 특징이다.

어릴 적 양육자와 어떠한 애착을 형성했느냐는 성장 후 대인관계에서 여러 특성을 보여준다. 안정애착을 형성한 사람은 성장 후 상호신뢰를 바탕으로 안정된 대인관계를 형성한다. 이와는 달리 회피애착을 형성한 사람은 인간관계가 소원하고 정서적 유대가 약하며, 소극적, 회피적 성향을 보여 대인관계에서 관계의 주체가 되지 못한다. 저항적 애착을 형성한 사람은 주위 사람들에 대래 긍정적 부정적 양가적인 태도를 보이며, 관계가 불안정하다. 마지막으로 혼란 애착을 형성한 사람은 애착유형들에 대한 대인관계 특성이 혼재되어 나타난다.

〈표 4-1-1〉 아동의 애착 유형에 따른 행동 변화

구 분	안정애착 (65%)	회피애착 (20%)	저항애착 (10~15%)	혼란애착 (5~10%)
낯선 상황에서의 반응	주위를 탐색하기 위해 어머니로부터 쉽게 떨어진다.	반응을 별로 보이지 않는다.	불안해하고, 탐색을 별로 하지 않는다.	반응을 별로 보이지 않거나 불안해한다.
어머니와의 분리	어떤 방법으로든 능동적으로 위안을 찾고 다시 탐색 과정으로 나아간다.	보채거나 울지 않고 잘 논다.	심한 분리불안을 보인다.	심한 분리불안을 보이거나 전혀 관심이 없다.
어머니의 복귀	반갑게 맞이하며, 쉽게 편안해진다.	무시하거나 회피한다. 어머니와의 관계에서 친밀감을 추구하지 않으며, 낯선 사람과 어머니에게 비슷한 반응을 보인다.	어머니와 접촉하려고 시도는 하지만, 안아주어도 어머니로부터 안정감을 얻지 못하고 분노를 보이면서 내려달라고 소리를 지르거나 어머니를 밀어내는 양면성을 보인다.	얼어붙은 표정으로 어머니에게 접근하거나 어머니가 안아줘도 먼 곳을 쳐다본다.
성장 후 대인 관계 특성	인간관계에서 상호 신뢰를 바탕으로 안정된 대인관계를 형성	인간관계가 소원하고 대인관계에서 정서적 유대가 약하고 능동적으로 관계의 주체가 되지 못한다.	대인관계에서 긍정적 부정적 양가적인 태도를 보이며, 관계가 불안정하다.	앞의 각 애착 유형에 대한 대인관계 특성이 혼재

애착은 부모와 아기 모두가 발달하게 되는데 사랑스럽고 값진 존재라는 느낌을 형성하는데 기초가 되며, 애착을 통해서 사람들 간의 관계에 대한 모델링이 된다. 부모들이 아기의 욕구를 충족시켜 줄 때 수용적이고 민감성 있게 대하는 경우 안정적이다. 부모들이 아기의 욕구를 충족시켜 주어야 할 때 없거나 아기 돌보는데 관여하지 않으며 강제적이거나 통제적으로 아기를 대하고 겁에 질려 있거나 정신적 외상이 있을 때 비안정적이다.

3. 부모의 양육태도와 자녀의 대인관계

부모의 양육태도에 자녀의 신체, 인지, 정서 등 전반적인 발달에 가장 큰 영향을 미치는 요인 가운데 하나이다. 나아가, 보모의 양육태도는 자녀의 대인관계 형성에도 상당한 영향을 미친다고 한다. <표 4-1-2>는 부모의 양육 유형과 자녀의 사회적 행동특성을 요약한 표이다.

〈표 4-1-2〉 부모의 유형과 자녀의 사회적 행동

부모의 유형	부모의 교육 특성	자녀의 사회적 행동
권위적 부모	애정적, 반응적이고 자녀와 항상 대화를 가진다. 자녀의 독립심을 격려하고 훈육 시 논리적 설명을 이용한다.	책임감, 자신감, 사회성이 높다.
권위주의적 부모	엄격한 통제와 설정해 놓은 규칙을 따르도록 강요한다. 훈육 시 체벌을 사용하고 논리적 설명을 하지 않는다.	비효율적 대인관계, 복종적, 사회성 부족, 의존적, 반항적 성격 등이 있다.
허용적 부모	애정적, 반응적이나 자녀에 대한 통제가 거의 없다. 훈육 시 일관성이 없다.	자신감이 있고 적응을 잘하는 편이나, 규율을 무시하고 제멋대로 행동한다.
무관심 부모	애정이 없고, 냉담하고, 엄격하지도 않으며, 무관심하다	독립심이 없고 자기 통제력이 부족하다. 문제행동을 많이 보인다.

1) 권위적 부모

부모의 자녀 양육 태도 중 가장 이상적인 것은 권위적 부모이다. 이러한 부모는 자녀를 양육함에 있어 애정적, 반응적이고, 자녀와 항상 대화를 갖는 사람이다. 자녀가 말을 듣지 않거나 꾸중을 해야 할 상황에서 부모는 논리적으로 설명하고 자녀의 독립심을 격려하는 태도를 보인다. 또한, 집안의 일의 역할을 나누어 자녀를 참여시키고, 주어진 일의 책임을 부과하며 도움이 필요한 경우 도와준다. 자녀가 지켜야 할 규칙을 말해주고, 합의된 규칙을 지키지 않았을 때에 생기게 되는 결과에 대해서 함께 이야기한다. 따라서 이러한 부모에게서 자란 아동들은 책임감 있고, 자신감 있는 생동을 하며, 사회성이 높아서 친구관계를 잘하여 결과적으로 좋은 대인관계의 밑거름이 된다.

2) 권위주의적 부모

권위주의적인 부모는 자녀를 양육하는 과정에서 통제를 많이 하고 엄격하고 경직된 규칙에 자녀가 무조건적으로 따르도록 하며, 자녀에게 설명이나 설득보다는 강압적이고 명령적인 방식으로 행동을 제한한다. 예를 들면, 부모가 자녀의 입을 옷을 알려준다거나 자녀에게 자주 화를 내고 고함을 치는 모습을 보이고 부모의 입장만 내세우는 등의 행동을 한다. 따라서 이러한 부모에게서 자란 아동은 타인에게 지나치게 복종적이거나 의존적이며 반대로 반항적인 성향을 보이기도 한다. 사회성이 부족하여 결국은 대인관계가 비효율적인 방식으로 흐른다고 볼 수 있다. 권위주의적인 가족 내에서 자람 아이들은 기가 죽어 있거나 스스로 포기를 잘하며, 반항적이다. 이러한 반항은 십 대에 일어나는데 부모와 맞서 싸우기에 충분한 힘이 생기는 시기이기 때문이다. 권위주의적 부모는 자녀의 일에 관여하여 확고한 입장을 지키려는 의지를 가지고 있는데 너무 지나치다는 점에서 문제가 된다.

3) 허용적인 부모

허용적인 부모는 자녀를 양육하는 과정에서 애정적이고 반응적으로 대하나, 통제가 거의 없고 지나치게 허용적으로 대하는 특징이 있다. 이러한 부모는 자녀들이 제멋대로 하도록 너무 많이 허용하는 데 문제가 있다. 가정 내 질서와 규율이 없으며, 자녀에게 적절한 제한 없는 자유가 허용된다. 이들은 아동을 애정적으로 대할 때와 꾸중할 때 양육방식에 있어 일관성이 부족하다. 즉, 자녀가 하고 싶다면 언제든지 하도록 하고, 학교숙제, 자녀의 친구관계, 학교생활에서 일어난 일 등을 부모가 대신해 주려고 한다. 또한, 자녀가 화를 내거나 슬퍼하는 것을 두려워하여 자녀의 요구를 다 들어준다. 따라서 이러한 부모에게서 자란 아동들은 부모로부터 받은 애정을 바탕으로 자신감이 있고, 적응을 잘하는 편이나 규율을 무시하고 제멋대로 행동하는 경향이 있다. 이런 자녀들은 후에 안정감 및 소속감을 느끼지 못하여 대인관계에서도 협력하는 법을 배우지 못하여 다른 사람과 함께 생활하는 데 어려움을 가지고 있다. 인간 관계가 지나치게 자기 자신 위주로 고착될 우려가 있다.

4) 무관심한 부모

무관심한 부모는 아동에게 애정이 없고, 냉담하고, 관심이 없다. 이들 부모는 자녀에게 통제적인 상황에서조차도 엄격하지 않아 아동의 교육에 치명적인 악영향을 미친다.

무관심한 부모 아래서 자란 아동들은 애정을 바탕으로 새로운 세상으로 나아가며 독립심을 획득하지 못하여 독립심이 없고, 자기 통제력도 부족하다. 이들은 부모의 기본적인 관심 끌기에 고착되어 삶의 목표가 사람으로부터 관심을 받는 것에 집착하는 미해결된 욕구를 지니고 살아가게 된다. 아동들은 부정적 관심 끌기와 같은 부적응적인 행동패턴을 보이는 등 많은 문제 행동을 보인다.

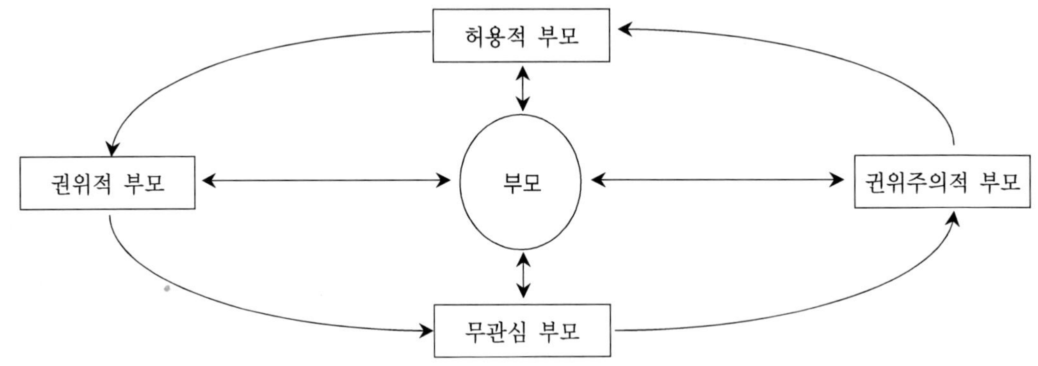

[그림 4-1-2] 부모의 유형과 상호작용 형태

제3절 부모와 자녀 관계의 갈등

부모와 자녀 간의 관계는 자녀의 연령에 따라서 달라지는데, 특히 자녀가 청소년기에 들어서면 이전 시기보다 많은 변화가 따르게 된다. 청소년기의 부모-자녀관계의 특징은 여러 가지로 혼재해 있다. 자녀가 연령이 증가하면서 발달특성에 따른 특징을 보이고 이에 대해 적절히 대처하지 못하는 부모는 갈등을 일으키기도 한다. 또한 자녀의 발달에 적절한 관계를 유지하고 발전시켜 나가지 못하면 자녀와의 관계가 순조롭지 못하고, 이는 결국 자녀의 발달에 긍정적이지 못한 영향을 미치게 된다.

1. 세대 차 및 학업문제

일반적으로 대부분의 부모와 자녀 간의 연령 차이는 20~30년의 차이가 있다. 이러한 시간적 차이는 각기 다른 세대를 살아오며 가치관, 사고방식, 행동양식, 생활패턴, 감정표현, 선호도, 언어유형 등 다양한 영역을 달리 경험했다는 의미이다. 이로 인해 부모와 자녀 간에 마찰과 갈등이 생기지만 서로의 입장이 되어보고 이해하고 존중해주는 역할이 필요하다.

학업문제에 따라 부모와 갈등을 느끼게 되는데 학교 공부를 잘하느냐, 못하느냐, 공부를 열심히 하느냐에 따른 학업과 관련된 문제들이 부모와의 갈등을 일으키는 주된 내용이 된다. 가정에서 자녀의 학업적 성취가 부모들의 자녀양육과 자녀에 대한 기대에서 차지하는 비중에 크다는 것을 알 수 있다. 또한 공부를 못하고 소위 말하는 좋은 대학의 진학을 하지 못하거나 직장에 가지 못하게 되면 부모에게 죄송한 마음을 갖게 되면서 학업에 대한 스트레스를 받게 된다.

2. 독립과 보호의 갈등

우리에게 교훈적으로 다가오는 90세 노인이 60세가 넘은 자식에게 회사 출근 시에 '찻길을 조심하라'라고 한다는 이야기는 부모에게 '아무리 나이가 많아도 자식은 자식이다'라는 의미를 보여준다. 그러나 이러한 마음이 지나치면 자녀를 과보호하게 되고, 자녀는 자신이 충분히 성장하지 못한 채, 또 심리적 독립을 얻지도 못한다. 자녀가 성장하면서 부모로부터 독립하여 세상 밖으로 나가려는 것은 중요한 발달과업이므로 부모는 자녀를 적당한 거리에서 지원을 해주고 자녀가 스스로 사회적 역할을 하도록 도와주는 것이 바람직하다. 자녀의 입장에서도 부모에게 의존하고 보호받는 것에 익숙해져 스스로 일을 처리하는 의지가 없다면, 이러한 태도는 자신의 삶에 큰 장애가 된다는 사실을 명심해야 한다.

3. 애정표현 방식

자녀의 연령이 증가하면서 부모 자녀관계의 애정표현 방식이 변화되어야 한다. 영아기에는 신체적 접촉이 주가 되었다면 유아기는 놀이 친구로서, 적당한 신체적 표현과 언어적 표현 방식을 쓰고, 아동기에 접어들면서는 이전에 어린 자녀에게 행해 왔던 애정표현 방식은 아동들을 더 퇴행하게 하는 것이다. 이때는 학습 지원자나, 교사, 친구의 역할도 함께 병행하며, 사회적 전달 메시지와 같은 것을 이용하여 애정을 표현하고, 그러한 상호작용이 다른 친구관계에 모델링이 되도록 하여야 한다. 청소년기에 접어들어서는 갑자기 변한 자녀의 신체와 행동에 부모들은 애정표현을 중단하는 경우가 많다. 그러나 방식이 연령에 맞게 변화하는 것이 중요하나 그 애정은 변함이 없다는 사실을 항상 염두에 두어야 한다.

4. 의사소통 방식

많은 부모들이 자녀에게 명령, 충고, 회유, 심문, 관심 돌리기, 심리분석하기, 비판하기, 빈정대기, 도덕적 판단, 해결사 역할을 하면서 의사소통을 저해하는 방식을 사용하고 있다. 부모가 자녀의 생각과 감정을 무시하고 오직 그 상황만 통제하려고 하는데 초점이 맞춰져 있다. 이러한 대화는 역효과를 초래하기 쉽다. 사람들은 자신이 슬플 때 같이 슬픔을 느껴주는 사람이 되어주기를 원한다. 하지만 부모들의 실수 중의 하나가 자녀의 문제를 해결하려고 한다. 이러한 대화 방식은 자녀와 부모 간의 대화의 통로를 단절하고 나아가 자녀가 다른 친구관계에서 유사한 의사소통을 하게 됨으로써 또래 관계도 저하시킨다. 그런 방식보다 부모가 온정적으로 경청해주고, 지지해주며, 격려하며, 자녀가 자신의 힘으로 효율적인 해결책을 찾도록 도와주는 것이다. 긍정적 의사소통 방식을 사용하면, 자녀가 부모를 동반자나 상담자로 생각하고, 보다 원활한 관계를 가지게 될 것이다.

제4절 부모와 자녀 간의 갈등 해소방안

1. 적극적 경청

세계화 시대라고 하는 오늘날에는 부모와 자식 간의 대화가 단절되어 갖가지 사회 문제가 많이 발생하고 있다.

적극적 경청은 자녀가 문제를 소유했을 경우 부모가 자녀를 돕기 위해 사용하는 기술로 침묵이나 조용히 듣는 수동적 경청과는 달리 자녀들로부터 들은 이야기 내용을 이해하고 피드백하는 진지한 대화의 방법이다. 다시 말해, 자녀의 이야기를 비판이나 판단 없이 그대로 수용하고 자녀의 감정을 진심으로 이해하고자 노력하는 태도로 경청한 후 다시 자녀에게 전달하여 적극적이고 진지하게 의사소통에 참여하는 것을 말한다. 이는 부모가 자녀의 표현 뒤에 감추어진 의미와 느낌을 파악하여 반영해주고 확인해 주는 언어적 반응이 중요하다. 이때 평가, 의견, 충고, 분석, 질문 등은 되도록 하지 말아야 한다. 일반적으로 적극적 경청은 여러 가지 장점을 지니고 있다.

① 문제가 되는 감정의 정화작용 촉진: 부정적인 감정을 두려워하지 않도록 도와준다.
② 부모와 자녀 사이의 온정적인 관계 증진: 자녀 스스로가 문제를 해결할 수 있도록 격려하고 자녀가 부모의 생각과 견해를 더 잘 경청하도록 한다.
③ 자녀가 자신의 문제를 분석하고 해결책을 찾도록 격려하여 독립심을 길러준다.

2. 나-전달법(I-message)

나-전달법은 자녀의 행동으로 인해 부모가 좌절이나 갈등이 생겨 문제가 될 때 부모가 느끼는 감정과 경험을 표현하는 의사소통 방법이다. 즉, 자녀의 행동을 보고 부모가 기분이 나빠 자녀 행동을 수용할 수 없을 때 보모의 생각이나 느낌을 진실 되게 표현하는 의사소통기술로 보모-자녀관계 증진에 효과적이다. 나-전달법은 자녀 행동에 대한 부모의 느낌을 설명하기 때문에 자녀를 탓하지 않는다. 부모 자신의 해결방안을 자녀들에게 제시, 투입하는 식의 너-전달법(You-message)은 자녀에게 잘못이 있다고 탓하는 비난의 의미가 전해지기 때문에 의사전달은 되어도 부모의 감정이 전달되지 않는다.

부모가 나-전달법을 사용할 때에는 부모를 괴롭히는 자녀의 문제행동 상황과 그 행동의 결과에 대한 부모의 느낌과 보모에게 미치는 구체적 영향에 대해 간결하게 서술해 주어야 한다.

나-전달법의 3요소는 다음과 같다.
① 제1요소: 네가 ~하면(자녀 행동의 간략한 서술)
② 제2요소: 나는 ~라고 느낀다(결과적으로 경험하는 나의 감정 서술)
③ 제3요소: 왜냐하면 ~(그 행동이 나에게 미치는 구체적인 결과와 영향 서술)

3. 무승부법

적극적 경청이나 나-전달법을 활용하고도 문제가 해결되지 않고 사녀가 자신의 방식대로 행동하려고 할 때 활용할 수 있는 방법으로 어느 한 편이 지고 다른 한편이 이기는 문제 해결 방법이 아닌 양편이 함께 타협하거나 논의해서 문제를 해결할 수 있는 방안을 강구해 가는 방법이다. 즉, 제3의 방법인 무승부 법은 부모와 자녀의 욕구가 동시에 만족할 수 있는 해결책으로서 다음과 같은 6단계로 구성되어 있다.

1) 1단계: 갈등확인 단계

부모와 자녀 간의 갈등 요인이 무엇인지를 함께 확인하고 분명하게 밝힌다. 제2단계로 옮기기 전에 모두가 문제의 정의를 같은 의미로 받아들였는지 확인한다.

2) 2단계: 해결책의 가능성 타진과 검토하기

확인된 문제를 어떻게 해결한 것인지 여러 각도에서 검토한다. 이때 자녀의 해결책에 대한 평가나 비판은 피하고 반영적 경청을 사용하고 가능한 재검토를 위해 모든 해결책을 기록해 두는 것이 좋다. 일반적으로 합리적이고 실행 가능한 해결책을 많이 제시하거나 한 가지 해결책이 다른 것들보다 더 낫다는 것이 확실해졌을 때 제3단계로 옮겨가도 된다.

3) 3단계: 가능성 있는 해결책의 평가하기

가능성이 있는 여러 형태의 해결책을 평가한다. 부모와 자녀는 각자가 수용할 수 있고 수용할 수 없는 방법에 대해 솔직하게 표현해서 수용하지 못하는 방법을 제거하고 나면 대부분 좋다고 행각하는 한두 가지의 방법이 남게 되고 이때 결함은 없는지, 실천 가능한지의 여부, 모두에게 공평한 해결책인지를 생각하는 단계이다.

4) 4단계: 최상의 해결책 결정하기

결정된 최상의 해결방법을 수행할 구체적인 방법을 결정한다. 이때 명심해야 할 것은 서로 참여하여 결정한 방법이기 때문에 지켜야 할 책임이 각자에게 있다는 것을 주지시켜야 한다. 자녀에게 해결방안을 강요하거나 설득하려는 것은 좋지 않다. 나중에 부모가 동의했던 그 결정에 반대하여 오해가 생기는 것을 방지해 그 해결책을 적어 놓는다.

5) 5단계: 결정된 해결책을 시행하기

결정된 해결방법을 어떻게 수행할 것인지 구체적인 방법을 결정한다. 누가, 언제, 무엇을 행동하는지 등의 이야기를 하는 것이 필요하다. 가장 바람직한 태도는 '만약 그 결정이 이행되지 않는다면' 하고 결과를 의심하기보다는 충실하게 수행할 것이라고 믿는 것이다. 그러나 만일 나중에 자녀가 합의된 것을 이행하지 못하면 나-메시지를 사용한다.

6) 6단계: 후속 평가하기

선택되어 시행된 방법과 선택한 일이 올바른지 평가하는 단계로 문제점이 발견되면 합의하여 결정하는 과정을 반복한다.

제5절 미래의 부모와 자녀 관계 준비

1. 예비 부모의 자세

현대 사회는 부모기, 비부모기라는 표현을 쓴다. 내가 아이의 부모가 될 것인가, 아니면 그렇지 않을지를 선택할 수 있는 때가 온 것이다. 과거 6남매, 7남매 시절에 비하면 생소한 이야기지만, 분명히 사회는 바뀌었고 그에 맞는 인식전환도 필요하다. 반드시 부모기를 거쳐야 하는 것은 아니지만 부모가 된다는 것은 한 인간으로서 살아가는 과정에서 직장이나 학교에서 경험할 수 없는 역할 경험을 통해 자아를 성장시키는 데 중요한 기회가 될 것이다. 일단 부모기를 선택한 젊은이들은 부모의 역할에 최선을 다해 임해야 한다.

2. 부모 되기 준비: 발달 단계에 따른 부모 역할

1) 영·유아기의 부모 역할

(1) 생후 초기 경험

생후 초기 경험은 신생아기와 영아기를 거치면서 생명과 관련이 되는 생리적 욕구와 안전의 욕구를 충족하기 위해 매우 중요하다. 이 시기에 어머니와의 친밀한 신체적 접촉은 아이에게 신체적 성장을 촉진하고 심리적 안정감을 제공한다. 또한 아이가 배고픔이나, 배설, 수면과 관련된 생리적인 욕구를 부모에게 전달하면 부모는 그 신호를 민감하게 알아차리고 잘 반응해주어 아이는 자신의 욕구를 충족시켜주는 사람에게 안정된 애착형성을 갖게 된다.

이러한 애착형성이 잘 되었을 때 아이는 두려움과 불안함을 줄이고 다른 한편으로 자신의 욕구에 충실하게 반응하며 세상을 탐험함으로써 아이는 자신의 세계를 만들어 나가고 구축한다. 이는 성장 후 부모로부터 심리적 독립을 능동적으로 하여 사회에 잘 기능하는 성인이 되는데 영향을 미친다.

(2) 보살핌적 양육(배려형 양육)

유아기의 부모는 적절한 보살핌적 양육자의 역할을 한다. 보살핌적(돌봄) 양육이란 세상에 관심을 가지고 나아가려는 유아에게 부모가 애정과 관심을 가지고 보호하며 발달을 촉진하는 역할을 하는 것이다. 유아의 건강한 발달을 위해서는 가정의 정서적 분위기, 부부간의 애정적인 관계 등도 간과해서는 안 될 것이다. 유아기의 중요한 양육 과제는 자율감과 주도성을 손상시키지 않고서 아동이 자신의 행동에 책임을 지고 한계를 정하는 방법을 알게 하는 것이다. 이를 위해서는 부모가 아이에게 꾸준한 관심을 가지고 일관성 있는 훈육을 수행하여야 한다.

(3) 좋은 모델링 제공

유아기는 동일시가 일어나는 시기로 그 대상은 주로 부모가 된다. 아동 자신에게 보여주는 행동

뿐만 아니라 부모가 서로에게 하는 행동과 이웃, 학교, 교사 등 다른 타인에게 하는 행동도 자녀에게 모델링이 된다. 부모가 일방적으로 꾸중이나 지시보다 일상생활에서 좋은 태도와 행동을 직접 보여주는 것이 무엇보다도 중요하다.

(4) 긍정적 자아상 심어 주기

아동이 자신이 사랑받는 존재이고 소중한 존재라는 인식을 형성할 수 있는 경험을 갖게 되면 긍정적 자아상이 생긴다. 이는 성장 후 자신감과 긍정적인 대인관계의 중요한 요소가 된다. 반면 적대적이고 방임적인 양육을 받는다면 버림받고 소외된 무가치한 사람으로 인식되어 부정적인 자아상이 형성되어 자신은 사회에서 무엇이든 할 수 없고, 타인과의 관계에서도 중요하지 않다고 인식되어 행동을 철회하거나, 위축되거나, 관계를 회복하는 데 어색하게 된다.

아동이 자신을 역량이 있는 존재로 지각하면 환경에 적극적으로 참여하여 자신의 과업과 대인관계에서도 보다 능동적이 될 것이다. 부모의 지나친 간섭이나 통제는 반복된 좌절감과 실패를 주어 대인관계에서 수동적이고 위축된 성격을 형성하기 쉽다. 그러므로 부모는 자녀가 하는 일에 인내심을 가지고 격려적인 태도를 갖도록 노력해야 한다.

(5) 사회적 관계 발달 촉진

일반적으로 0~3세 애착발달 시기가 지나고 4, 5, 6세가 되면 아동은 자신의 영역을 활발히 확대하고자 한다. 즉, 부모로부터 또래 관계에 에너지를 쏟으면서 친구를 대단히 좋아하고, 또래들과 노는 것에 재미를 느낀다. 많은 어머니들이 사회성 발달을 위해 어린이집이나 놀이방에 보내는데, 이런 집단생활로 접어들기 전에 3~4명의 소그룹 또래활동을 시작해 볼 필요가 있다. 작은 집단 내에서 또래와 함께하는 경험을 하고, 사회적 기술을 배움으로써, 보다 큰 집단에서 여러 성향의 아이들과 만나 잘 적응하는 데 도움이 될 것이다. 즉, 또래 관계에서 질적 상호작용 경험이 기초가 되어야 이후의 사회성 발달을 성공적으로 이끌 수 있다. 예를 들어, "이렇게 하면 친구들이 기뻐했다", "다른 애들이 나한테 이렇게 대하니까 슬펐다", "이렇게 하니까 싸움이 일어났다"라는 등의 관계를 몸으로써 체험하게 된다. 이런 경험이 사회관계의 기초가 되는 것이고, 이것은 어른이 말로써 가르칠 수 없는 것이다. 다행히 아동들은 특별한 장해가 없는 한 자진해서 친구들 틈에 끼어서 유쾌하고 즐거운 경험을 체험하고 성장의 양식이 될 만한 것을 배운다.

(6) 풍부한 환경적 경험 제공

유아기는 인지 발달에 있어 기본 토대를 이루는 시기이다. 즉, 유아기의 인지는 환경과 경험을 통해서 발달된다. 그러므로 다양한 경험을 시켜줄 수 있도록 노력해야 한다. 유아기에 학습할 기회를 많이 주고 재료를 제공해 주면 유아기 동안 습득하여야 할 지적, 정서적, 사회적 능력을 발달시킬 수 있는 기초를 마련하게 된다. 학습경험 못지않게 부모와의 긍정적인 관계가 중요하다. 유아기의 교육은 아동의 주도성과 자유로운 탐색을 촉진시키는 것이며, 이러한 활동을 통해 유아기 긍정적인 자아개념과 자아존중감을 갖도록 하는 것이다. 장난감이 아동의 놀이를 위한 도구인 반면 놀이는 유아기의 학습이 일어나게 하는 중요한 매개체이다. 부모는 아동의 호기심을 자극하고 학습 경험을 확장하기 위하여 환경을 구성해 주는 어머니는 아동의 자유를 허용하고 탐색적 활동을 격려하며 온정적이고 수용적인 태도로 가장 중요한 학습 경험을 제공할 것이다.

2) 아동기의 부모 역할

부모들이 초등학생 아이와 보내는 시간은 유아기의 반으로 줄어들고 신체적 애정 표현도 줄어들지만 부모들은 이전과 같은 양육 자체를 즐기고 아이들을 돌보며 양육을 중시한다. 또한, 자녀가 본격적으로 사회생활을 시작하게 되는 시기이므로, 새로운 환경에 잘 적응할 수 있도록 세상에 대한 여러 가지 호기심을 느끼고 표현할 수 있도록 도와주어야 한다. 따라서 부모는 이 시기에 다음과 같은 노력들을 기울여야 한다.

첫째, 자녀들이 새로운 활동을 하는 것을 어느 정도 거리를 두고 감시하고 지도하자.

둘째, 자녀들이 있을 때 따뜻하고 수용적이지만 분명한 태도로 아이들과 상호작용하자.

셋째, 자녀들이 자신의 행동을 통제하고 새로운 기술을 발달시키는 능력 강화시키자.

넷째, 자녀들이 학교 과제와 생활을 잘 수행하도록 가정환경을 구조화하자.

다섯째, 학교생활, 운동 팀, 조직화된 활동과 같은 집 밖에서의 활동에 대해 아이들의 응원자 역할을 하자.

여섯째, 자녀들의 새로운 기술과 긍정적 자아정체를 발달시킬 수 있는 기회를 제공하자.

일곱째, 학교와 지역사회 조직에 적극적으로 참여하여 아이들에게 긍정적인 환경을 제공하자.

3) 청소년기의 부모 역할

사춘기에 이르면 아동들은 부모·형제보다 친밀한 친구로 구성된 또래집단과 더 많은 시간을 보내게 된다. 이러한 또래집단은 사춘기 아동들이 그들의 가치관을 표현하도록 허용하고 그들이 가족에서 벗어나 정체감을 형성하기 시작함에 따라 새로운 역할들을 시도하는 것을 허용해 줄 뿐만 아니라, 또한 이성 관계를 형성하기 위한 기회를 만들어 준다. 사춘기에 성인과의 동일시를 그만두고 또래집단과 강하게 동일시하는 것은 보편적인 현상이다. 신체적으로 어리게 보여도 진정한 아동은 아니며 대부분 성적으로 아직 미숙하기 때문에 청소년도 아니다. 부모는 자녀의 자기 지시적인 행동을 수용하기 어렵고, 자녀는 도움을 받지 않고 부모와 또래의 기대 모두를 만족시키려고 노력한다. 이 시기의 부모 역할은 격려자와 상담자 사이에서 왔다 갔다 한다. 또래집단에 집중하고 있어서 또래로부터 거부당하면 자아개념에 위험을 받을 수 있다.

따라서 스텐버그(Steinberg)는 청소년기에 주요한 부모 역할을 아래의 내용과 같이 제시하였다.

첫째, 부모라는 역할 외에 진솔하고 만족스러운 관심을 갖자.

둘째, 정서적인 면에서 아이들과 관계를 끊이지 말자.

셋째, 사춘기와 사춘기 아이들의 변화에 대한 긍정적인 시각을 받아들이도록 하자.

넷째, 자신의 감정을 배우자나 친구들, 필요한 경우 전문적인 상담가와 논의하는 것을 두려워하지 말자.

제1절 바람직한 직장생활

인간은 누구나 일생 동안 한 가정에 소속되어 가정생활을 하는 동시에 직장에도 소속되어 직업생활을 한다. 가정이 정신적 안식처라면 직장은 가정생활을 유지 존속시키는 경제적인 터전을 마련해 줄 뿐만 아니라 인간생활의 활동 무대로 자기실현의 장인 곳이다. 그러므로 직장에서의 맡은 업무를 수행하는 일과 상·하·동료 간의 인간관계는 서로 밀접한 상관관계가 있음은 물론이고 한 사람의 행복과도 직결되기 때문에 직장에서의 인간관계는 매우 중요하다. 역사적으로 산업의 현대화는 경영의 합리화를 위해 인간관계에 관심을 갖지 않을 수 없었다. 현대 사회는 물적 자원 관리보다는 인적 자원 관리가 더욱 중요한 관건이기 때문에 인간관계론이 더욱 중시된다.

일반적으로 취업을 하려는 사람이 여러 가지 준비과정을 거쳐 자신이 원하는 직장에 들어갈 수 있게 되었다고 해서 모든 준비가 끝난 것은 아니다. 사람들은 취직을 하고 자신이 원하는 일을 하게 되어도 여전히 염려를 하게 된다. '이 일은 정말 나에게 맞는가?', '내가 과연 이 일을 잘해낼 수 있을까?'를 끊임없이 떠오르는 질문들에 대한 확실한 보장이나 성공을 하기 위한 지름길은 없다. 그러나 분명한 것은 자신의 잠재력을 알아내고 개발하기 위해서는 진로 상에서의 시행착오를 거치면서 열심히 일하는 것 외에는 방법이 없다는 것이다.

1. 직업과 직장의 기능

우리가 직업 및 직장을 갖는 것은 생계를 위한 임금(급여)을 받기 위한 수단일 뿐만 아니라 우리의 생활에서 다양한 의미를 갖고 있다. 특히 직업과 직장의 기능은 크게 경제적인 기능과 사회적인 기능 등 두 가지로 대별할 수 있다.

1) 경제적인 기능

직업은 일차적으로 임금(급여)을 받기 위한 수단적 활동이다. 인간은 성인이 되어 가장으로서 스스로의 생계를 책임지는 위치에 있다. 전업주부가 자신의 일을 제대로 인정받지 못하는 것도 고정적 수입이 없다는 이유이기도 하다.

하지만, 사람들이 어느 정도 만족할 만한 부(富를) 축적한 이후에도 근로(일, 직업적 근무 등)를 계속하는 것은 반드시 돈만이 직업·직장 근무의 유일한 목적만이 아니라는 반증이다.

2) 사회적인 기능

사실 직장·직업은 임금(급여)을 받기 위한 수단일 뿐만 아니라, 다양한 사회적 기능을 갖고 있다.

첫째, 사람은 직장·직업을 통해서 정체감을 확인한다. 직장·직업은 자아(自我)의 일부분으로서 자신의 정체감을 구성하는 중요한 요소이다. 이렇게 직장·직업은 자아의 일부분으로서 자신의 사고와 위치 및 역할을 제고하는 기능을 한다.

특히, 한국에서는 집단주의 문화에 속해 있어서 서구인보다 자신이 소속한 직장·직업에 대한여 강한 자아 정체감을 갖고 있다. 직업적으로 성공한 사람일수록 다시 그 직업을 선택하겠다고 이야기하는 경향이 강하며, 가장이 얼마나 인정받는 직장·직업을 가졌는가에 따라 가족들의 위상도 큰 영향을 받는다.

둘째, 직장·직업은 성취 욕구를 만족시킨다. 매슬로우(Maslow)의 요구위계이론에서 알 수 있듯이 인간이 무엇인가를 성취하는 것은 기본적인 동기이며, 삶에 중요한 의미를 부여한다.

셋째, 직장·직업은 높은 사회적 지위를 얻어 인정받고 싶은 욕구를 채워준다. 한국에서는 예로부터 열심히 공부하여 출세하는 것이 큰 효도라고 생각하여 왔다. 다만 직업과 직장이 즐겁고 보람 있는 근무처가 되려면 자신이 좋아하고 적성에 맞아야 하며, 출세의 수단화되는 것을 지양(止揚)하여야 할 것이다.

2. 직장생활에 임하는 자세

직장에서 원하는 것은 유능한 사람을 얻어서, 그들이 자신의 업무를 이해하고 책임 있게 잘 감당할 수 있도록 훈련시키고, 그들을 통하여 이익을 얻는 것이다. 그렇다면 직장에서 원하는 유능한 사람이란 어떤 조건들을 갖춘 사람들을 말하는 것일까? 우리가 유능한 사람으로 인정받기 위해서는 어떤 자세로 직장생활을 시작해야 할까?

유능한 사람이 갖추어야 할 조건 중 가장 먼저 생각해 볼 수 있는 것은 그 사람이 갖추고 있는 능력과 기술일 것이다. 자신이 담당해야 할 과업에 대한 지식과 기술은 일차적으로 필요한 조건이 된다. 직장생활을 유능하게 해내기 위해서 필요한 자세와 태도들을 먼저 생각해 보면 다음과 같다.

직장생활에 임하는 태도 중 하나는 적극적이고 주도적인 태도이다. 주도성이란 스스로 자발성을 갖고 다른 사람의 지속적인 감독이 없어도 기대 이상으로 일을 해낼 수 있는 자질을 말한다. 다른 사람의 지시에만 의존하여 수동적으로 일할 것이 아니라, 자신에게 맡겨진 일에 전념하면서도 나름대로 특별한 다른 활동을 통하여 직장과 전체 직원들의 작업조건을 개선할 수 있는 방법을 모색하여 회사에 기여하겠다는 각오가 필요하다.

직장에 채용되었다는 것은 이제부터 어떤 팀의 일원이 된다는 것을 의미한다. 직업 장면에서 개인은 개인으로서 자신에게 맡긴 업무를 수행하면서 전체 조직의 어떤 목적을 달성하는데 기여하게 된다. 그러므로 직장 내 동료들과 협동하고 조화를 이루려는 태도가 필요하다.

회사에 대한 충성심(애사심) 역시 성공적인 직장생활에 필요한 요건이다. 충성심은 말로만 나타나는 것이 아니다. 만일 어떤 사람이 자기 회사에 대한 긍지를 갖지 못하고 자기 회사의 생산품들을 하찮은 것으로 여긴다면, 이것은 자신이 인식하든 인식하지 못하든 간에 충성심이 없다는 것을 나타 내는 것이다. 이렇게 되면 그 사람 자신이 그 회사에서 계속 일하는 것에 대해 회의를 느끼게 될 것이 분명하다. 또한 회사의 정보를 누설하는 것은 그것이 의도적인 것이든 부주의한 것이든 간에 충성심의 윤리적인 문제와 관련이 있다.

또한 깔끔하고 단정한 용모와 행동을 갖추는 것도 중요하다. 직원들의 외모는 기업의 이미지를 반영하는 것이므로 청결하고 단정한 복장을 하는 것이 좋다. 또한 업무의 성격과 장소에 따라 적합한 복장을 갖추는 것이 중요하다.

성공적인 직장생활을 위하여 여러 가지 바람직한 직장 생활의 태도들을 갖추는 것도 중요하지만, 건강 역시 소홀히 할 수 없다. 우리나라 40대 남성 사망률이 세계 최고라는 사실은, 우리나라 성인의 대부분이 직장생활에 모든 정력과 시간을 빼앗기고 자신을 돌볼 시간을 확보하지 못하므로 생산성이 왕성할 40대에 과로로 인한 사망이 많다는 것을 보여 준다. 그러므로 평소에 규칙적인 생활과 운동을 통해 체력을 기르는 것이 중요하다. 또한 직업생활에서 겪는 스트레스는 몸과 정신의 질병을 가져올 수 있으므로 스트레스를 다룰 수 있는 방법들을 찾는 것이 중요하다.

3. 대인관계 기술

대부분의 직장생활은 다른 사람들과의 관계 속에서 이루어진다. 직장에서 상대해야 하는 사람들은 상사나 동료, 후배, 그리고 고객 등 무수히 많다. 그런 속에서 대인관계를 잘하지 못하면 여러 가지 불이익을 당할 수 있다. 따돌림을 당하게 되면 그것 자체로 괴로울 뿐 아니라 다른 사람과의 사귐을 통해 얻을 수 있는 정보들을 놓치게 된다. 그러므로 성공적인 직장생활을 위해서는 우리가 다른 사람에게 호감을 줄 수 있어야 하고, 자신의 뜻을 분명히 전달하고 상대방의 말을 정확히 알아듣는 의사소통의 기술이 있어야 한다.

효과적인 의사소통은 양방적인 과정이다. 즉 효과적인 의사소통을 위해서는 정확히 말하고 잘 듣기 위한 노력이 필요하다. 다음의 내용은 의사소통을 원만히 하기 위한 방법들이다.

1) 감정이입(感情移入)을 하라

자신이 상대방의 입장에서 생각하고, 상대방에게 자신의 온정과 이해를 전달하는 능력은 대인관계에서 매우 중요하다. 감정이입을 한다는 것은 상대방의 관점에서 세상을 보려고 시도하는 것이다. 모든 사람들이 똑같이 경험하고 느낀다는 것은 있을 수 없는 일이다. 그러나 감정이입을 통해서 상대방의 감정과 경험들을 자신의 경험 속에 재창조할 수 있다면, 다른 사람들을 보다 더 이해할 수 있고 그러한 이해는 사람들과의 관계를 강화시키게 된다.

2) 선입견(先入見)을 배제하라

서로 간의 차이점들이 의사소통을 방해할 것이라고 생각하지 말고, 자발적으로 마음을 개방한 상태에서 상대의 이야기를 듣는 것이 중요하다. 왜냐하면, 사람은 누구나 다른 사람의 이야기를 들을 때 자신이 가지고 있는 가설, 개인적인 가치, 신념, 흥미 등이 판단에 영향을 미치기 때문이다. 그러므로 다른 사람의 이야기를 들을 때는 최대한 선입견을 배제하고 듣도록 노력해야 한다.

3) 피드백(feedback)을 교환하라

의사소통이 잘 이루어지고 있다고 느껴지더라도 자신이 상대방의 이야기를 잘 이해하고 있는지 확인하는 것은 중요하다. "제가 당신의 이야기를 잘 이해했는지 모르겠네요."라고 하면서 상대방이 말하고자 했던 내용을 자신의 말로 정리하여 자신이 이해한 것을 피드백을 할 수 있다. 이러한 피드백의 교환이 중요한 이유는 이렇게 함으로써 양자는 모두 공통된 이해를 가질 수 있게 되며, 자신의 의도가 정확하게 전달되었는지 상대방의 메시지를 정확하게 파악했는지를 확인할 수 있기 때문이다. 특히, 회의나 토론석상에서 이야기가 겉돌거나 서로 다른 이야기를 하고 있는 것처럼 느껴질 때는 토론의 주제에 대해 상대방이 이해하고 있는 바와 자신이 이해하는 바가 일치하는지 확인하는 것이 중요하다.

4) 경청(傾聽)하라

경청이란 단순히 상대의 말뿐 아니라 그 사람의 사상과 감정까지를 들을 수 있는 '마음의 귀'를 작동시키는 적극적인 행동이다. 사람들은 누구나 자신의 말에 상대방이 즉각적인 반응을 보여주고, 잘 듣고 있음을 나타내 주길 기대한다. 그러므로 상대방의 이야기를 잘 듣는 것으로 끝낼 것이 아니라 "내가 당신의 이야기를 잘 듣고 있습니다."라는 나의 반응을 언어적·비언어적인 방법으로 표현하는 것이 중요하다.

5) 권력과 조작에 의한 전달을 피하라

때때로 사람들은 자신의 지위를 이용하여 자신이 원하는 방식으로 권력을 사용하고 싶어 한다. 즉 자신의 높은 지위를 이용하여 다른 사람들의 의견을 조정하고 싶어 할 수 있다. 지위가 높다는 것은 책임이 많아진다는 것을 의미하며, 동시에 많은 권위를 가지게 됨을 의미한다. 그러나 중요한 것은 그 권위의 권력을 어떻게 사용하는가 하는 것이다. 권위를 가진 사람은 자신의 권력과 지위를 이용하여 강제적으로 자신의 의사를 전달하는 대신 다른 사람들이 최선의 결정을 내릴 수 있도록 도와줄 수 있을 것이다. 또한 권력이 많다고 하여 모든 일의 해결책과 최선의 방책을 알고 있지는 않다는 점을 인정하는 것도 중요하다.

6) 일대일로 의사소통(意思疏通)하라

일대일의 관계에서는 이해와 존중이 포함된다. 다수의 사람들을 동시에 대하더라도 각각의 개인적 특성과 차이를 이해하고 인정하며, '나는 당신의 현재 모습을 수용하고 존중한다'라고 할 수 있어야 한다. 다른 사람을 진정으로 이해하려고 노력하는 사람은 서로 간에 일치하든 그렇지 못하든 간에 언어적인 또는 비언어적인 방식으로 수용과 이해의 감정을 전달하고자 한다. 이런 사람들은 서로 간의 일치를 지나치게 강조하거나 기대하지 않으므로 상대방에 대해 수용적이다.

7) 타인의 의견을 수용하기 위해 노력하라

수용한다는 것은 타인과 타인의 견해에 대해 존중하고 배려하는 것, 타인의 장점을 인정하고 강화시켜주는 것 등을 포함한다. 조건 없이 타인을 수용하려는 태도는 의사소통을 원활하게 한다. 사람들은 누구나 실수를 하게 되는데, 수용적인 분위기 속에는 그런 실수에 대한 책망, 거절, 비난, 비웃음 같은 냉랭한 판단적 태도들은 없다. 조건 없이 수용된다는 것은 내가 그 사람에게 나의 관심사를 자유롭게 말할 수 있고, 그 사람은 그 관심사를 기꺼이 듣고 토론할 수 있을 만큼 나를 존중한다는 것을 믿을 수 있게 된다는 것이다.

8) 자기 자신과 상대방을 신뢰하라.

의사소통이 어려운 경우에라도 자신과 상대방을 신뢰하라. 상대방의 욕구에 대하여 개방적으로 대하는 것이 중요한데, 이것은 때로 내가 상대방에 의해 거절될 수가 있다는 것과 같은 모험을 포함하기도 하고, 바로 이 시점으로부터 상대방과 내가 더 깊고 의미 있는 관계를 이룰 수 있다는 가능성을 포함하기도 한다. 때로 상대방에게 인정받지 못하거나 비웃음을 살지도 모른다는 생각 때문에 자신의 생각을 숨기거나 불분명한 문제를 규명하는 것을 어려워하기도 한다. 그러나 내가 먼저 자발적이고 신뢰로운 사람이 된다면 상대방도 나에게 그런 모습으로 대하게 될 것이다.

결국 직장에서의 대인관계는 일반적으로 피상적인 수준에서 큰 마찰 없이 이루어지면 되는 것이지만, 경쟁 사회에서 '친구'와 '적'을 구분할 수 있는 판단력은 매우 중요하다. 그것은 상대방과의 관계에서 얼마만큼 나를 노출할 것인지 범위를 정하는 것과 관련이 있다. 그러므로 가능한 많은 사람들을 대하고, 책을 통하여 직·간접적인 경험을 쌓음으로써 사람을 보는 안목을 키우는 것이 중요하다.

<표 4-2-1> 흥미 유형 및 성격 특성별 적합한 직업

흥미 유형	성격 특성	적합한 직업
① 실제적 유형 (realistic)	남성적·솔직·성실·검소·지구력이 강하고, 말이 적으며 고집이 세고, 직선적이며 단순하다.	기술자, 항공기 조종사, 정비사, 엔지니어, 전기 기사, 기계 기사, 운동선수 등
② 탐구적 유형 (investigative)	논리적이고 분석적이며 지적 호기심이 많으며, 비판적이고 내성적이며 신중하고 수줍어한다.	과학자, 생물학자, 화학자, 물리학자, 지질학자, 의료 기술자, 의사 등
③ 예술적 유형 (artistic)	상상력이 풍부하고 감수성이 강하며 자유분방하고 독창적이지만, 비협동적이다.	예술가, 음악가, 무대 감독, 작가, 배우, 탤런트, 소설가, 시인, 미술가, 무용가, 디자이너 등

④ 사회적 유형 (social)	사람들을 좋아하며 어울리기를 좋아하며, 친절하고 이해심이 많다. 특히 봉사적이고 이상주의적이다.	교육자, 사회복지가, 간호사, 유치원 교사, 종교인, 상담자, 임상치료사 등
⑤ 기업적 유형 (enterprising)	지배적이고 통솔력과 지도력이 있으며 말을 잘하고 설득적이며 경쟁적이다. 아울러, 매사 외향적이고 낙관적이며 열성적이다.	경영인, 기업가, 판사, 영업 사원, 보험설계사, 관리자, 연출가 등
⑥ 관습적 유형 (conventional)	정확하고 빈틈이 없으며 조심성이 있고 세밀하고 계획적이다. 변화를 좋아하지 않고 완고하며 책임감이 강하다.	공인회계사, 경제분석가, 은행원, 세무사, 프로그래머, 감사원, 사서(司書), 법무사 등

제2절 직장(직업) 선택의 기준

1. 부모의 기대

사람이 직업을 선택하는 것은 인생에서 아주 중요한 일이다. 이러한 중요한 결정은 특정한 시기에 갑작스럽게 이루어지는 것이 아니라, 오랜 기간에 거쳐서 서서히 이루어진다. 직업 선택에는 부모의 기대와 본인의 가치관 등 많은 요인들이 영향을 미친다.

부모는 자녀의 직업 선택에 대해 나름대로 소망을 갖고 있기 때문에 직접적·간접적 영향을 미친다. 즉 부모는 자녀가 어릴 때부터 판사나 의사 등이 되라고 권장하기도 하고, 대학 진학 시에 학과를 선택하는 데에도 결정적 영향력을 행사한다. 이렇게 부모가 자녀의 직업 선택에 관여하게 되면 부모의 기대에 따라 선택한 직업에 자녀들이 흥미를 갖지 못하거나 적성에 맞지 않을 가능성이 크다. 따라서 부모는 자녀와 함께 부모의 기대와 자녀의 흥미나 적성 등을 적절하게 조화시킬 수 있는 직업을 선택할 수 있도록 배려하고 대화를 많이 하여야 한다.

2. 성차(性差)

21세기 현대 사회인 오늘날에는 남녀평등이 자연스럽게 받아들여지고 있지만, 아직도 남성인지 여성인지가 직업 선택에 영향을 미치는 경우가 많다.

일반적으로 여자아이가 커서 군인이나 조종사 등이 되겠다고 하거나, 남자아이가 커서 요리사, 간호사 등이 되겠다고 하면, 부모는 성 고정 관념에 근거하여 대체로 부정적 반응과 태도를 보이게 된다. 실제로 우리 사회에서는 특정한 일방의 성이 직업들이 존재하고 있으며, 그러한 직업을 가진 반대 성(性)의 사람들이 이상하게 바라보는 경향이 있다. 이러한 경향은 그러한 직업에 적성을 가진 많은 사람들에게 직업 선택의 기회를 가진 많은 사람들에게 직업 선택의 기회를 차단하는 문제를 가지고 있다. 최근 들어 남학생들이 대학의 간호학과 진학하고 여학생들이 항공학과 등에 진학하고 있는 비율이 증가하면서 이제 성차별은 점차 감소하는 추세이기도 하다.

3. 개인적 특성(가치관 등)

사람들은 자신이 가치 있게 여기는 일을 수행할 때, 보다 더 큰 만족을 느끼므로 직업을 선택할 때 자신이 인생에서 추구하는 가치를 분명하게 할 필요가 있다. 가치관은 성장 과정에서 부모와 가장 좋아하는 사람들의 행동을 내면화하여 형성되는데, 가치관의 유형은 사람마다, 문화마다 다양하지만 가장 일반적인 가치관의 유형은 대체로 이론형, 경제형, 심미형, 사회사업형, 정치형, 종교형 등으로 구분할 수 있다.

가치관은 내면적인 신념 체계여서 평소에 인식하기 어려우므로 자신의 가치관을 파악하기란 쉽지 않다. 그러나 가치관을 파악하기 위한 중요한 방법으로는 '나는 무엇을 할 때 가장 보람 있고 만족스러운가?' 등의 자문(自問)과 표준화 검사 등을 들 수 있다.

직업 선택에서 가장 중요하게 고려되고 있는 것은 적성(適性)으로 사람들은 누구나 나름대로 특정한 분야에 뛰어난 능력을 갖추고 있다고 본다. 지능지수(IQ)와 같은 일반 지능과는 달리 적성은 특정한 분야에서 발휘되는 지적 능력을 의미한다. 따라서 다양한 적성과 그에 적합한 직업군을 갖고 있다. 적성은 타고난 소질인 만큼 유전적 요인도 있지만 학습과 훈련 등을 통해서 계발할 수 있는 능력이다. 적성은 여러 검사 기관에서 개발된 표준화된 검사 방법을 통해서 검사할 수 있다.

〈표 4-2-2〉 가치관의 유형과 직업의 관련

가치관 유형	성격 특성	적합한 직업
① 이론형	사물의 진리를 탐구하고 연구하며, 가르치는 일에 보람과 긍지를 느낀다.	교사, 교수, 학자, 연구원(사), 과학자, 평론가, 수학자, 교육자 등 교육과 연구 관련 활동 종사 직업(직종)
② 경제형	재산(富) 형성에 큰 가치를 부여하며 돈을 버는 경제적 활동에 관심과 흥미를 많이 갖고 있다.	소도매상인, 유통업자, 중소기업인, 대기업인, 재벌, 무역업 종사 등 경제 활동 종사 직업(직종)
③ 심미형	아름다움의 추구에 가치를 부여하며, 미를 창조하는 활동을 다른 어떤 일보다도 중요하게 여긴다.	음악가, 화가, 무용가, 소설가, 시인, 예술평론가 등 예술 분야 종사 직업(직종)
④ 사회사업형	고통 받는 사람들의 삶 지원에 관심이 많으며 이들을 위해 돕고 봉사하는 일에 높은 가치를 부여한다.	사회사업가, 상담교사, 재활상담원, 의사, 간호사 등 사회봉사 활동 종사 직업(직종)
⑤ 정치형	국가 및 사회 발전 등에 관심이 많으며 권력을 취득하여 자신의 영향력을 행사하는 일에 큰 가치를 둔다.	정당인, 정치가, 국회의원, 지방의회 의원, 장관, 차관, 행정 관료 등 정치, 행정 관련 종사 직업(직종)
⑥ 종교형	인생의 궁극적 의미를 추구하며 절대자의 숭배나 자기 초월적 수행 등에 최고의 가치를 부여한다.	목사, 전도사, 승려(스님), 신부, 수녀 등 종교 관련 종사 직업(직종)

제3절 직장생활의 적응

1. 직장생활의 적응과 부적응

1) 환경적응과 직무만족

개인의 직장적응과 직무만족을 실현하기 위해서는 어떤 요인을 중요시해야 하는가? 개인의 성격 (personality)·연령·교육수준·직종 등에 따라 다르기 때문에 동기부여(motivation)과정을 복잡하게 한다. 연령요인으로 볼 때 장년층들은 사회적으로 자발적인 적응이 가능한 지위를 확보하고 있고, 과업 자체의 복잡성과 다양성에서 오는 역할 모호성에 대하여 비교적 잘 적용하며 젊은 연령층에서도 적응도와 직무만족이 높은 이유는 과제성이 큰 직무가 부여되는 일이 드물고 이에 대한 호기심이 높기 때문이다. 중년층의 경우에는 자발적 적응이 못 되고 조직적인 지위가 명령을 받는 위계에 있어 강제적응을 해야 할 경우도 있기 때문에 때로는 좌절을 느낄 때가 있으며, 도전 의욕이 큰 데 비하여 도전할 만한 의욕을 갖게 할 대상이 못되어 욕구 실현이나 보상은 충분치 못할 경우가 많다.

오늘날 직장인의 태도 연구를 위한 사기 조사와 직무만족 조사가 빈번하게 이루어지는 것은 생산성과 직접적인 관계가 있기 때문이다. 그러나 직무만족과 생산성과의 관계에 대하여 반대되는 의견을 제시하는 사람도 있다. 마치 사이먼(Simon)은 종래의 정설을 깨고 불만족 생산성의 새로운 가설을 제기하고 "쥐들은 배가 부르면 행동하지 않는다"라는 심리적 원리에 입각하여 인간의 현실적 불만이 혁신을 일으키는 동인이라고 보고 있다. 리커트(Likert)도 "직장인의 높은 사기가 반드시 높은 생산성을 실현하는 것은 아니고 오히려 낮은 사기 하에서도 높은 생산성은 기대할 수 있다"라고 설명하고 있다. 그러나 근본적으로는 직무 만족이 높은 생산성을 실현할 수 있다는 데에 보다 일반화된 견해를 보이고 있기 때문에 직장인이 직무 만족을 실현할 수 있는 방안을 경영상 다각적인 측면에서 추구하여야 할 것이다.

2) 직장적응의 외적 조건과 직무만족

일반적으로 직장인들이 준수해야 할 직장적응의 외적 조건을 종합·요약하여 제시하면 다음과 같다.
① 의사결정자(상사)의 리더십 스타일(leadership style)과 관리 패턴
② 직무의 특성(job characteristic)과 장래성 있는 직무에의 욕구
③ 물적 작업 환경의 정비와 안정 보장, 작업장의 민주적인 참가
④ 소외, 건강과 안정, 공평의 원칙
⑤ 능력의 활용과 육성을 꾀하기 위한 기회의 제공
⑥ 생활 수준의 확보를 위한 노동과 보수
⑦ 노동의 의미, 노동의 만족 및 자아의 욕구충족 등이다.

3) 직장생활의 적응성

창조성은 개인·가정·회사·사회 등 어느 곳에서나 실현되어야 하며, 특히 현대 기업은 창조적인 인재들을 많이 확보하지 않으면 기업경쟁에서 패배할 수밖에 없다. 자본주의 사회는 자유경쟁이란 제품의 가격은 떨어뜨리고 제품의 품질은 향상시키는 가격과 품질의 경쟁이다. 더욱이 가격을 떨어뜨리면서도 이윤은 줄지 않아야 한다. 그렇게 하려면 혁신력과 신장력·통합력을 기르지 않으면 안 된다. 혁신력·신장력·통합력 등은 눈에 보이지도 않고 기업의 결산 보고서에도 나타나지 않지만, 금전적 재산을 훨씬 웃도는 정열과 창조정신이다.

우리는 무엇이고 사람에게 가르쳐 줄 수 있으나 생각하는 것만은 가르쳐 줄 수가 없다. 스스로 생각하지 않으면 안 되기 때문이다. 그러므로 직장인은 자신을 위해서 뿐 아니라 회사를 위해서 생각할 수 있는 사람, 이것이야말로 가장 가치 있는 재산이라고 할 수 있다. 현대사회의 특징은 한마디로 산업사회라 한다면, 그것은 기업이 국민의 의·식·주의 문화를 이끌고 생활의 활력소와 유향과 멋을 창조하며 시민사회의 의식구조와 변혁을 통해 결국은 생활의 질을 향상시킴으로써 최상의 인간다운 생활을 보장하는 것이라 할 수 있다.

2. 직장 부적응

1) 직장 부적응의 요인

자신에게 부여된 일(직무) 자체가 적성에 맞지 않거나 본인의 경험이나 습득된 기술이나 능력에 부합되지 않아 실패를 야기함으로써 근무 의욕이 저하되고 그 일을 할당한 상사에 대하여 불만을 갖게 되는 경우, 또는 직무의 성질, 직업의 질, 보수 등이 동열에 있는 다른 직원들과의 상대적 비교 평가에서 자신이 열세하다고 판단되는 경우 불만을 갖게 되고, 행동은 현실적으로 목표 지향적이지만 성취감이나 달성감을 전혀 느끼지 못하게 되는 상황을 말한다. 특히 보수에 있어서 가장 예민한 관심을 기울이며 입사 연월일 등 조건이 동일함에도 불구하고 약간의 차이라도 있을 경우 상사나 동료에 대한 강한 반감을 갖게 된다.

2) 상·하·동료 간 및 부하 간의 요인

직장 부적응에 의한 불만요인 중 가장 문제가 되는 것이 주위의 인간에 대한 조화를 이루지 못하는 데에서 오는 경우이다. 주위의 사람이란 자기의 상사와 동료, 부하를 말한다.

근무실적과 직장사기가 낮은 집단에서는 많은 불만 중에서 상사에 대한 불만이 가장 많다. 부하직원에 대한 상사의 존재는 커다란 압력의 원천으로 생각된다. 그러나 상사는 부하에게 동기를 부여하기도 하고 상담의 대상이 되기도 하며 자기들의 권리를 대변해 주는 일종의 보호자로 인식되기도 한다. 따라서 상사가 보는 부하와 부하가 보는 상사 간의 역할과 기대 사이의 간극인 갭(Gap)이 클수록 상호 불만은 커진다.

상사, 즉 리더와 부하와의 관계는 상호 간의 직접적인 관계뿐만 아니라 리더가 동료 리더들, 그리고 상위계층과 얼마나 좋은 관계를 맺고 있느냐에 따라서 많은 영향을 받는다. 즉 리더가 같은 수준의 동료 리더들에게 큰 영향력을 발휘할 수 있고, 상위계층으로부터도 신임을 받아서 그들로부터 많은 지원을 받을 수 있다면 리더와 부하 간의 관계는 양호할 것이며 따라서 리더의 효과는 물론 집단의 성과도 높아질 것이다.

많은 직무가 협동성과 사회성의 연쇄 속에서 수행되기 때문에 상·하·동료들 사이에 각자의 역할과 상호 편익성에 관한 인지를 조정하면서 부적응과 그에 따른 불평·불만을 최소한으로 줄여나가는 일이 매우 중요하다. 리더는 부하에게 적성에 알맞은 역할을 배분하고 부단히 동기부여를 통해 직장사기와 생산성 향상에 노력해야 한다.

동료 상호 간에 있어서는 동료의 존재는 매우 큰 의미를 갖고 있으므로 그들 때문에 인간 욕구의 좌절상태의 가능성이 크며, 이의 영향을 받은 인간의 행동 양상은 다양하게 나타난다. 먼저, 개인적인 특성으로서 기능과 능력 부족에서 오는 것이 가장 심각하게 받아들여지며, 두 번째로, 통제하기 어려운 것은 외적인 힘에 의해 야기되는 상황이다. 가령 교통체증에 의해 발을 동동 굴러야 하는 상황 따위를 말한다. 세 번째로, 우리 주변의 사회적 구조 또한 욕구좌절의 또 다른 원천이 될 수 있다. 예를 들면, 상사의 지나친 재촉, 서두름, 경직된 시간계획, 실적에 대한 정당한 피드백이 없는 경우 등을 말한다. 네 번째는, 사생활과 관련하여 자기 동료와 비교하여 우리의 일상생활에 있어서 아주 현실적인 부분을 차지하는 사치품이 필수품으로 인식되면서 자가용, 최신의 각종 가전제품 등이 없다고 하는 경우에 해당된다.

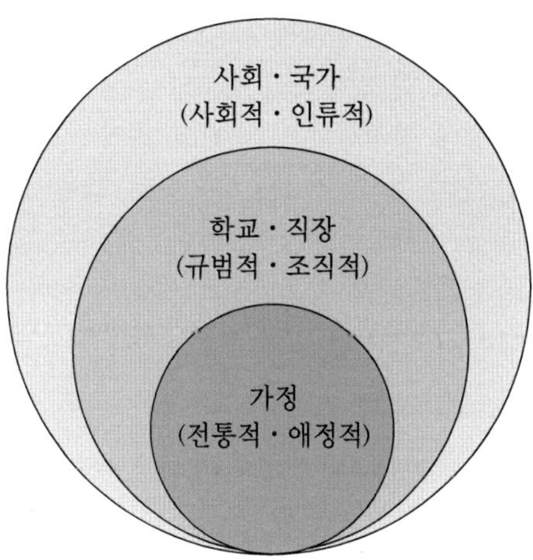

[그림 4-2-1] 가정·학교·사회·국가의 범위

제4절 보람 있는 직장생활

직장에 있어서의 개인은 고립된 실체가 아니라 다른 사람과 인간관계를 맺고 있는 전체적인 개인이다. 다시 말해서 인간관계적 존재인 것이다. 바로 여기에 직장의 상·하·동료 간에 인간관계를 규율하는 공동체 규범이 존재하게 된다.

1. 조직(직장)과 구성원(조직원)의 공동 발전

직장은 조직과 사람이 있는 생활공간이다. 조직의 유효성은 인간에 의하여 좌우되고 인간의 자아실현은 조직을 통하여 이루어진다. 즉 조직은 사람을 필요로 하고 사람은 조직을 필요로 한다. 따라서 훌륭한 조직을 원한다면 훌륭한 사람이 있어야 하고, 그의 고차적인 욕구실현은 훌륭한 조직만이 그것을 보장할 수 있다.

2. 상호 이해의 폭 공유

오늘날 교통통신과 매스컴의 발달은 지역의 경계선을 무너뜨리고 지역집단으로서의 지역사회의 파괴는 주민의 인간관계마저 변화시키고 있다. 지난날 지역공동사회에서의 주민과 교제는 일상적으로 주민들 서로가 잘 알고 있는 전인적인 관계였다. 그러던 것이 오늘날 대도시에서의 상호 무관심한 도시적 인간관계는 업무를 매개로 한 일면적인 접촉밖에는 할 수 없게 되었다. 이러한 상황 속에서 상호 간의 이해는 많은 어려움에 봉착한다. 그러므로 직장에서는 상실되어 가는 대인적 기능을 의도적으로 되살리지 않으면 안 된다. 따라서 상·하·동료 간에 성격이나 능력, 특기, 흥미, 관심, 취미, 가치관 등 개성에 대한 것을 비롯하여 장점이나 단점을 있는 그대로 파악하고, 그것을 이해하면서 접촉함으로써 생동감 있는 인간관계를 맺어가도록 하여야 한다.

3. 인격존중과 자아실현

우리나라 사회구조는 종적(縱的) 사회라고 불릴 정도로 상·하의 계층의식이 강하다. 사실 직책에는 상·하가 있지만 인격은 평등한 것이다. 인격적인 평등은 상대방의 존재가치를 무조건 받아들이고 개성을 인정하면서 자유스러운 의사표현이 이루어질 수 있게 한다. 또한 인격존중이 이루어져야 만이 진정한 인간 간의 화합이 이루어질 수 있고, 인간 개인의 자아실현에 진정한 가치를 가질 수 있다.

4. 신뢰와 친화감(Rapport) 형성

사람 '人'자가 두 사람이 의지하고 있는 형상을 말하고 있듯이 사람은 서로 의존하고 살아간다. 직장에 있어서 서로 간의 신뢰는 안정감을 조성하며 인간관계의 '시멘트'같은 역할을 한다. 사회심리학자 레이톤(Alexander Leighton)은 "집단의 사기란 공동목적을 추구하기 위한 시종 끈기 있게 잡아당기는 인간집단의 행동 용량"이라고 개념을 정의하면서 그것은,
① 집단의 목적에 대한 신뢰감
② 집단의 지도자에 대한 신뢰감
③ 집단의 타 성원에 대한 신뢰감
④ 집단의 능률에 대한 신뢰감에 의존되는 것이라고 하였다.

일반적으로 집단목표에 대한 신뢰감을 알아보면 다음과 같은 이념을 지녀야 한다. 즉 집단의 목표는 조직의 상위목표와 하위목표의 목적·수단의 연쇄구조상의 한 점으로 표식이 됨은 당연하지만, 최상의 목표는 인류복지증진에 공헌하는 도덕성을 지녀야 하며 그 정신이 상·하의 조직목표를 관통하고 있어야 한다는 것이다. 이러한 목표를 조직이 가질 때 조직구성원은 사명감을 갖게 된다. 조직의 목표가 어느 개인의 부질 없는 야망을 충족시키는 것이라면 그런 것에 헌신을 요구한다는 것 자체가 도덕의 타락을 자초하는 행위가 된다.

5. 합의와 협력

조직이라는 것이 본래 개인 혼자서 이룩할 수 없는 일을 여러 사람의 협력이라는 행위를 통하여 달성하기 위하여 만들어진 것이므로, 집단의 공동합의에 의하여 결정된 목표는 각자의 역할분담을 통하여 차질 없이 이루어져야 한다. 여기서 협력은 집단의 일원으로서의 의무의 실행이지 개개인의 선택사항이 아니라는 것에 특히 유의하여야 한다. 또한 집단성원 간의 협력은 일을 위한 협력뿐만 아니라 인간석인 협력이 이루어져야만 진정으로 성취될 수가 있다.

6. 상부상조와 호혜의 정신

직장인들은 서로 돕고 살아야 한다. 자기의 이해득실에 따른 약삭빠른 개인은 어려운 일을 당할 때 도움을 받지 못한다. 직장의 동료가 어려운 일을 당했을 때 자발적으로 도움의 손길을 뻗쳐야 한다. 또한 기쁜 일이 있을 때는 같이 기뻐해 주는 마음가짐을 지녀야 한다. 고통은 나눌수록 적어지고, 기쁨은 나눌수록 많아진다. 동료의 일이 자기의 일이라는 동일체 의식이야말로 자신과 직장의 동료와의 정신적인 화합의 첩경이라고 할 수 있다.

7. 선의의 경쟁

현대를 살아가는 사람들은 어느 누구도 경쟁을 피할 수 없다. 그러나 이러한 경쟁이 공정치 못하거나 불공정한 수단에 의해서 이루어져서는 안 된다. 즉 공정한 수단에 의한 페어플레이 정신을 발휘해야만 진정한 선의의 경쟁이 이루어질 수 있다. 선의의 경쟁은 자기 자신을 발전시키는 원동력이 될 뿐만 아니라, 유능한 집단형성의 지름길이 된다고 할 수 있다. 상사는 선의의 경쟁이 정착되게 하려는 자세, 부하는 성의의 경쟁을 통한 자아발전을 기하려는 자세가 조직의 발전에 중요한 영향을 미칠 것이다.

8. 건설적 비평과 비판 수용

자기의 단점을 지적받는다는 것은 고통스러운 일일지도 모른다. 그러나 그것을 올바로 받아들이면 자기는 그만큼 성장한다는 것을 깨달아야 한다. 비평을 받는 사람은 그 비평을 자신의 말로 되풀이하여 비평자가 자기를 주목하였기 때문에 자신의 단점에 대하여 비평을 하였다고 생각하고 감사히 받아들이는 마음을 가져야 한다. 또한, 비평자에게는 자기에게 도움이 되는 특별한 시사를 해 줄 수 있도록 비평에 대하여 적극적이고 수용적인 자세를 취하고, 혹시 비평이 도움이 되지 않더라도 질문하는 것이 그 나름대로의 효과를 주는 것이므로 질문을 간단하게 하고 상대방의 이야기를 많이 듣는 것이 좋다.

물론, 직장 생활에서 구성원 간의 조직과 개인 및 상대방에 대한 험담(險談), 폄훼(貶毀) 등은 조직건강을 크게 해치므로 절대적으로 삼가야 한다.

9. 공적(업적)과 성과의 공유: 팀워크(Team Work)

집단이 이룩한 공적을 독차지한다거나 아랫사람의 공로를 가로채는 일이 있어서는 안 된다. 오래 전의 이야기지만 미국의 유나이티드 에어라인스 회사에서는 정부로부터 항공안전에 대한 표창이 수여되었을 때, 사장이 그 공적을 혼자서 독차지하지 않았다. 그는 "항공안전이란 것은 팀워크에 달린 것이니까"라고 하면서 팀의 대표자로서 파일럿 1명, 정비사 1명, 스튜어디스 1명에게 그 상을 받게 했다. 이 일이 있은 뒤에 회사 전 직원의 자존심이 몇 배로 향상되었다고 한다. 집단정신은 집단구성원 간의 단결과 이해의 폭을 넓힐 수 있으므로 집단의 생산성 향상을 기할 수 있다.

10. 인재 발굴과 지원

인간성의 가장 깊은 원리는 칭찬을 받고자 하는 욕구라고 앞서 말한 바 있다. 적절한 칭찬은 사람을 분발시키고 또 그를 발전시키는 힘을 갖고 있다. 사실 부하를 키울 수 있느냐 없느냐의 여부에 따라서 그 인간의 지도성이 평가된다. 미국의 철강왕 카네기는 생전에 45명의 백만장자를 길러 낸 인물이다. 일인지배형, 즉 원맨쇼를 하는 사람은 아랫사람을 기르지 못하고 반감을 불러일으키거나 무기력한 조직을 만들어 낸다. 또한 부하의 결점만을 찾으면 소극적 생각만 심어주게 된다.

11. 조직(직장)의 과업(목표) 달성

어느 집단에서든지 자기의 임무에 전력투구하는 집단원의 모습이야말로 가장 아름다운 모습이라고 할 수 있다. 일에 전념한다는 것은 집단이 목적하는 바와 가장 근접한 결과를 산출할 수 있도록 노력하는 집단원의 일에 대한 적극적인 대응자세라고 할 수 있다. 따라서 가장 근접한 결과는 가자 훌륭하게 이루기 위해서는 집단원 각자는 자신의 분야에서 최고라는 전문가 의식을 가질 수 있도록 최신의 전문지식과 최신의 기술을 습득하여야 할 것이다.

자신이 근무하는 조직(직장)은 자기 자신에게 보람과 만족감을 부여한다. 또한 자아 정체성과 자아 존중감을 실현하는 곳이다. 그러므로 늘 최선을 다해서 근무해야 한다.

12. 공정하고 객관적인 업무 처리

인간사회의 모든 행위에는 순리와 질서가 있듯이 조직구성원이 조직의 직무를 수행하는 데 있어서는 반드시 공정하고 정직한 직무수행이 조직생존의 관건이라고 할 수 있다. 즉 조직의 내·외의 업무처리에 있어서 내적으로는 공정한 인사·합리적인 의사결정, 외적으로는 민원처리의 공정성·업무처리의 공개성을 조직의 모든 분야에서 시행하고 시민이나 고객의 만족감을 증진시켜야 한다.

제5절 직장에서의 상·하·동료 간 화목(和睦)

1. 동료들과의 유대

① 혼자 잘난 체하지 말라.
② 당신에 대한 동료의 평가 여하에 따라 당신이 성공할 수도 있고, 또 실패할 수도 있다는 것을 유념하라.
③ 상급자인 척 하는 태도를 갖지 말라. 상급자가 되기를 원한다면, 제1차적 자격요건은 동료와 더불어 사이좋게 지낼 수 있어야 한다. 왜냐하면, 관리자는 여러 사람의 노력을 통하여 성과를 올리는 사람이기 때문이다.
④ 신입 직원을 친절하게 지도하며 나쁜 습관이 싹트지 않게 하라.
⑤ 선임자의 지도에 고마움을 표시해 주어야 한다.

⑥ 자기의 담당직무를 도저히 훌륭하게 수행할 수 없다면 다른 직무로 옮겨가도록 자원하라.

⑦ 자기의 직분을 다하여야 한다(자기에게 맡겨진 직분을 약간 상회할 정도로 끝나는 것이 좋다).

2. 상사로부터의 신임(信任)

① 상사는 일의 결과에 대하여 책임을 지는 사람이라는 것을 유념하라(만일 그가 성과를 못 올린다면 그의 직책은 상실한다).

② 상사가 바라는 것 중에서 가장 중요한 것은 자기의 직책을 수행하는 데 필요한 조력이다.

③ 상사는 말하지 않아도 스스로 일하는 사람을 좋아한다.

④ 상사에게 동료의 험담을 해서는 안 된다.

⑤ 상사에게 많은 문젯거리를 넘기지 말고, 잘 생각한 뒤 기발한 해결책을 제안하는 것이 좋다.

⑥ 상사는 변명을 듣기를 원하지 않는다. 그것은 일반적으로 상사가 변명을 듣기를 원하지 않기 때문이다.

⑦ 항상 예스 맨(Yes Man)이 되어서는 안 된다. 상사의 평소 습성이나 사고방식을 잘 파악해서 그것을 활용하여 좋은 건의를 받아들이도록 하라.

⑧ 상사의 시간과 정력을 낭비하지 말도록 하라.

⑨ 고객을 즐겁게 하라, 그것이 상사를 즐겁게 하는 것이 된다.

3. 부하로부터의 존경(尊敬)

① 도덕적으로 올바른 습관을 길들여라.

② 관리자는 타인의 노력을 통하여 조직의 목표를 달성하는 사람임을 명심하라.

③ 부하직원 각자를 개성을 가진 사람으로 대우하라. 그도 중요한 인간이라는 것을 깨닫게 하라.

④ 명령보다는 제의를 하거나 의뢰하는 것이 좋다.

⑤ 질책하기 전에 사정을 들어보는 것이 좋다.

⑥ 남 앞에서 꾸중을 하는 것을 삼가야 한다.

⑦ 개선안을 환영하라.

⑧ 이유를 분명히 밝힘으로써 사정의 변화에 의하여 영향을 받는 사람을 사전에 납득시켜야 한다.

⑨ 부하 직원에게 현상을 인식시키고 개선의 길을 열어 놓아야 한다.

⑩ 사람을 신나게 할 수 있는 가장 좋은 방법은 질책보다는 좋은 행위를 칭찬하는 것이다.

⑪ 약속을 지켜라.

인간은 다른 자원과 달리 무한한 가능성을 갖고 있다. 능력개발이 잘 되고 적극적 동기가 부여되며 또 규율이 잘 서 있는 직장은 무엇과도 바꿀 수 없는 커다란 자산이다. 어느 직무건 직무를 담당함에 있어서 일취월장하는 과학기술이나 전문지식의 발전에 뒤떨어지지 않고 그가 섬기는 고객에게 최고의 서비스를 제공하기 위하여 항시 자기 자신을 최첨단화하는 자세가 필요하다.

마지막으로, 포천(Fourtune)지에 소개한 현대 경영자의 10대 인화조건을 제시하면 다음과 같다.

① 아무리 측근이라 하더라도 그에게 흠(약점)을 잡히지 마라.
② 사생활을 공생활에 연결시키지 마라.
③ 조직 속에 소외층이 생기는가에 민감하라.
④ 이용가치가 있는 사람이라 하여 드러나게 편애하지 마라.
⑤ 어느 일부의 결점으로 그 사람의 전인간적인 평가를 내리지 마라.
⑥ 학벌, 향벌, 혈벌, 규벌, 권벌 등을 초월하고 뿌리내리지 못하게 하라. 즉 연(緣)을 끊어라.
⑦ 아랫사람의 장점을 하나씩을 찾아내어 그것을 알아주고 역할을 인정해주는 대 인색하지 마라.
⑧ 자신의 단점이나 인간적인 허점을 허심탄회하게 인정해 보여라.
⑨ 아랫사람의 취미생활을 보장하고 조장해 주어라.
⑩ 일의 직무한계를 선으로 자르지 말고 역으로 폭을 주어 재량과 창의력을 발휘하게 하라.

제6절 직장 부적응 문제(사례)

국내 대기업의 한 계열사 인사담당자는 최근 '사원 어머니 면담'이라는 황당한 경험을 했다. "뽑아만 주면 열심히 하겠다"라던 이공계 석사출신 남성 신입사원 한 명이 연수를 마치고 지방으로 발령이 나자 그 어머니가 인사부장 면담을 요청한 것이다.

아들의 우울증 진단서를 들고 회사로 찾아온 어머니는 "우리 아이에게 지방근무를 시킬 수는 없다"라며 울먹였다. 그러나 발령은 철회되지 않았고 이 신입사원은 얼마 후 회사를 그만뒀다.

인사담당자는 "요즘 같은 풍토라면 어머니가 찾아오는 게 놀랄 일도 아니다"라며 한숨을 쉬었다. "어떻게든 입사시험에 붙으려고 학점을 따고 어학시험을 통과하는 데 집중하느라 도통 옆 사람도 안 돌아보고, 세상살이에도 관심을 안 둬서 그런지……. 일선에 배치해 놓고 나면 어떻게 기본적인 조직 적응능력도 없는 사람들을 신입사원으로 뽑았느냐고 원망 듣는 게 한두 번이 아닙니다."

국내 기업들은 지난 10년간 술곧 "신입사원의 전공에 대한 지식괴 외국어 구사 능력이 부족하다"라며 현장성이 떨어지는 대학교육에 불만을 토로해 왔다. 각 대학은 이에 따라 일정 어학실력을 갖추지 못하면 졸업을 시키지 않는 강제제도까지 만들어가며 전공지식과 외국어 능력을 길러 주는 데 초점을 맞춰왔다. 그러나 최근 신입사원을 맞아들이는 기업들은 새로운 고민에 빠졌다. 신입사원들의 전공에 대한 이해나 외국어 구사 능력은 뛰어나지만 조직의 일원으로서 부적응증이 심하다는 것이다. 전문가들은 이를 1980년대에 태어나 컴퓨터와 같이 자라고 2000년 이후 대학에 입학해 취업준비에 매달려온 이른바 '0080세대'가 본격적으로 사회에 진출하면서 빚어지는 현상이라고 분석한다.

한 제약회사의 4년 차 영업사원 박모 씨는 지난해 말 신입사원을 대상으로 한 워크숍에서 강사로 나서 "주말에 문을 여는 병원이 있으면 일요일이라도 찾아가 계약을 성사시켜야 한다"라고 열변을 토하다가 한 신입사원의 질문에 말문이 막히고 말았다. "저, 선배님, 농담이시죠?"

2000년대 초반 학번인 이 회사의 신입사원들은 첫날부터 '힘들어서 못 하겠다', '그만두겠다'라는 불평을 서슴지 않았고, 결국 1년도 안 돼 입사자의 3분의 1이 그만뒀다.

　현장의 문제를 돌파해 내지 않고 '나 위주'의 사고를 하는 신입사원들에 대한 불만은 최근 한국직업능력개발원이 삼성, LG, SK, GS 등 유수 그룹 계열사 등 국내 532개 기업의 인사담당자들을 대상으로 조사한 결과에서도 확인된다. 동아일보가 입수한 이 보고서에서 인사담당자들은 4년제 대졸 신입사원의 직업 기초능력(10개 항목) 가운데 기대수준의 80% 이하인 항목으로 종합적 판단을 통해 창조적이고 논리적으로 문제를 해결하는 능력(77.5%), 조직 이해력(80%), 대인관계를 원만하게 유지하는 능력(80%) 등을 꼽았다. 반면, 외국어 능력(94.8%) 통계·확률·도표를 이해하는 수리능력(89.5%)은 기대수준에 거의 육박한 것으로 나타났다.

　전문가들은 '0080세대 직장인'들이 1980년대 패스트푸드, 컴퓨터와 함께 태어나 사회적으로 제약이 사라지고 경제적으로 풍요한 환경에서 성장했으며, 외환위기 이후 대학에 입학해 취직 전쟁을 준비하는 대학시절을 보내면서 자연스럽게 자기중심적이고 개인지향적인 성향을 갖게 됐다고 분석한다. 이런 세대가 취직을 하며 사회 전면에 나서기 시작한 2~3년 전부터 전통적인 기업조직 문화와 부딪치며 때로는 회사 내 심각한 세대 간 부조화를 낳고 있다는 것이다.

　연세대 심리학과 황상민 교수는 "풍요 속에서 고민 없이 원하는 것을 선택하던 이들에게 상사의 지시를 따르고 고객에게 머리를 숙여야 하는 회사는 낯선 세계"라며 기업들이 이 문제를 간과한다며 회사 내 세대 차는 점점 더 큰 조직문제로 대두될 것이라고 지적했다.

　반면, 합리적이고 실용적인 이들이 기업에 긍정적인 변화를 이끌 수 있다는 기대도 있다. 서울대 사회학과 이재열 교수는 "디지털 세대는 자기표현이 분명하고 개방적이기 때문에 단체문화를 강조하는 직장에는 적응하기 힘들어도 개인의 성과를 강조하는 기업에는 잘 적응하고 기업의 경쟁력 향상에 큰 도움을 줄 수 있다"라고 평가했다(동아일보, 2007. 2. 3).

제1절 기초적인 법의 이해

1. 법(法)과 생활

전통적으로 법은 국가 통치의 중요한 수단으로 여겨져 왔기 때문에 공법의 영역은 아주 오래전부터 중요성이 강조되어 왔다.

이에 비해 개인과 개인 사이의 관계를 규정한 법을 '사법(私法)'이라고 한다. 사법은 개인 간의 분쟁을 조정하고 피해를 규제하려는 법으로, 민법, 상법 등이 해당된다. 사법은 특히 개인의 자유와 권리를 중요시했던 근대 이후에 강조되었다.

사회법은 법의 역사에서 가장 늦게 나타났다. 근대 이후 개인의 경제 활동이 자유로워지면서 자본주의가 급속히 발전했지만, 경제가 성장함에 따라 빈부 격차, 노동자와 기업주의 대립 등 여러 가지 사회 문제가 발생하였다. 이러한 문제를 해결하기 위한 국가의 역할이 점차 커졌으며, 그 결과 사회·경제적으로 불리한 입장에 놓인 약자를 보호하려는 새로운 법들이 만들어졌는데, 그것이 사회법(社會法)이다.

사회법은 독일의 바이마르 헌법에서 국민의 생활권을 인간이 누려야 할 기본적인 권리로 선언하면서 본격적으로 등장하게 되었다. 사회법은 공법도 사법도 아닌 중간법으로서, 노동법, 사회보장법 등이 있다. 오늘날 대부분의 국가는 헌법에 국민의 자유뿐만 아니라 인간답게 살 수 있는 권리를 보장하고, 국민이 그것을 국가에 요구할 수 있는 권리를 기본권으로 인정하는 추세이므로 사회법의 중요성이 점차 커지고 있다.

다음은 법과 생활과 관련한 '사마리아인의 법'에 대한 논리의 법, 법의 논리에 대한 사례이다.

「추운 겨울날, 밤늦게 집으로 가던 '못 본 척' 씨는 자신의 집 앞에 걸인으로 보이는 노인이 쓰러져 있는 것을 발견하였습니다. 날씨가 많이 추워서 걸인이 동사할 수도 있다는 생각이 들었지만, 귀찮기도 하고 더럽다는 생각에 못 본 척 씨는 그냥 지나가 버렸습니다. 다음 날 아침, 못 본 척 씨는 그 노인이 동사(凍死)했다는 소식을 듣게 되었습니다. 못 본 척 씨는 법적 처벌을 받게 될까요?」

착한 사마리아 인의 법이라고 들어 보았을 것이다. 성서에, 강도를 만나 길에서 죽어 가는 사람을 많은 사람이 그냥 지나갔는데, 착한 사마리아 인 한 사람이 구해서 돌보아 준 이야기가 나온다. 착한 사마리아 인의 법이란, 어떤 사람이 생명이나 신체에 급박한 위험에 처한 사람을 우연히 발견하였을 때, 그 사람의 위험을 알고 또 쉽게 구조할 수 있었음에도 불구하고 방치했을 때에 방치한 사람을 처벌하는 법을 말한다. 구조 불이행이라는 비도덕적인 행위를 법으로 처벌하는 것으로, 법의 윤리화라고도 한다.

우리 법에는 착한 사마리아 인의 법의 적용되지 않는다. 우리 형법은, 도움을 필요로 하는 자를 보호할 법률상 또는 계약상 의무가 있는 자가 그를 보호하지 않아서 생명이나 신체에 위험을 가져올 경우에 유기죄로 처벌한다고 되어 있다. 이 말은 보호할 법률상 또는 계약상의 의무가 없는 자에게는 유기죄가 성립되지 않는다고 해석할 수 있다. 다만, 경범죄처벌법에는 자기가 관리하는 곳에 도움을 받아야 할 노인, 어린이, 장애인, 다친 사람, 또는 병든 사람이 있거나 시체, 또는 죽어서 태어난 태아가 있는 것을 알면서 이를 관계 공무원에게 신고하지 않은 사람에게는 10만 원 이하의 벌금이나 구류 또는 과료의 형을 부과한다는 규정을 둠으로써 적어도 장소 관리인의 지위에 있는 자에게는 신고의 의무를 과하고 있다.

착한 사마리아 인의 법은 우리 생활의 일부분이 도덕의 영역인지 법의 영역인지 논란이 될 수 있음을 보여 주는 하나의 예가 될 수 있다.

2. 법적 주요 개념

다음 대화 사례를 곰곰이 음미해 보는 것이 의미 있을 것이다.

"외삼촌, 법에 쓰이는 용어들은 왜 그렇게 어렵고 복잡한 건가요?"

"물론 그렇게 느껴질 수도 있지만, 가능한 한 정확하고 분명하게 구분하고 규정하려다 보니 어쩔 수 없는 부분도 있어."

"뭘 그렇게 꼬치꼬치 따지는 걸까요? 쉽게 이야기해도 의미는 다 통하지 않아요?"

"법은 사람들에게 워낙 큰 영향을 끼치니까, 가장 기본적인 원리와 개념부터 차근차근 쌓지 않으면 위험하겠지?"

1) 법의 효력

올바른 절차를 거쳐 제정된 법이 규범적으로 타당성을 지니고, 그 내용이 사회적 현실에도 합당하여 사회적 실효성을 지니게 될 경우, 그 법은 '효력'을 가지게 된다. 즉, 법이 실제로 사회에 영향력을 행사하게 되는 것인데, 아무리 법이 강제성을 가지고 있다고 하더라고, 그 효력은 여러 가지 조건에 의해 제한되어 있다.

(1) 시간적 효력

법은 제정된 때부터 그 법이 없어질 때까지만 효력을 가지며, 그 외의 시간에는 효력이 없다. 당연히 과거에 존재했던 법을 가지고 현재의 사건을 재판하는 일은 불가능하며, 새로운 법은 그 이전의 법보다 우선한다는 '신법(新法) 우선의 법칙'이 생겨났다. '신법 우선의 법칙'은 같은 내용을 다르게 규정하고 있다면 신법의 내용을 우선하여 적용한다는 원칙이다. 또, 모든 법률은 그 행위 당시를 규정하고 적용되며, 법이 생기기 이전의 행위에는 적용되지 않는다는 '법률 불소급의 원칙'도 있다.

만약 어떤 사람이 절도 행위를 했다면, 그런 범죄 행위를 한 당시에 적용되는 법에 따라 처벌을 받게 된다. 절도 후에 새로 생긴 형벌은 그 사람의 범죄 행위에 적용되지 않는 것이다.

(2) 사람과 장소에 관한 효력

"로마에 가면 로마의 법을 따라야 한다"라는 말이 있다. 그렇다면 우리나라를 여행하는 외국인이 물건을 훔쳤다면, 우리나라 법은 이 외국인에게 적용될까?

사람에 대한 효력 범위를 결정하는 법의 태도에는 속인주의(屬人主義)와 속지주의(屬地主義)가 있다. 속인주의는 우리나라든 외국이든 불문하고 한국 사람이라는 국적을 기준으로 모든 자국민에 대하여 법을 적용하는 원칙을 말한다. 그에 비하여 속지주의는 자국민, 타 국민을 불문하고 한국 내에만 있으면 모든 사람에게 법을 적용하는 원칙이다. 한국, 일본, 미국, 중국, 독일 등에 관계없이 모든 한국인에 대하여 대한민국의 법을 적용하는 것은 속인주의의 예이며, 국적에 관계없이 한국에 있는 한국인, 일본인, 미국인, 중국인, 독일인 등 모든 사람에 대하여 대한민국의 법을 적용하는 것은 속지주의의 예이다. 다만, 외국의 국가 원수, 외교 사절 등에 대해서는 치외법권(治外法權)이라 하여 속지주의 원칙을 적용하지 않고 있다.

우리나라는 대부분의 나라와 마찬가지로 속인주의와 속지주의를 병행 채택하고 있어, 우리나라에서 범죄를 저지른 외국인에 대해서도 속지주의에 따라 처벌하고 있다.

(3) 특별법 우선의 원칙

우리 법에는 통상적으로 적용되는 일반법이 있지만, 특정한 대상에 대해서는 다른 규정을 적용하도록 만들어 놓은 특별법이 있다. 예를 들어, 도둑질을 했으면 일반적으로 형법이 적용되지만, 흉기를 사용해서 사람을 상하게 하는 등 죄질이 나쁜 강도의 경우에는 '특별범죄 가중처벌 등에 관한 법률'이라는 특별한 법이 적용된다. 또, 군인들에게 적용되는 군형법이나 배를 타는 선원들에게 적용되는 선원법 등도 특별법에 해당된다. 즉, 특별법은 법 자체가 일반법보다 높거나 낮은 것이 아니라, 법 적용의 대상이나 적용되는 경우를 특정하여 만들어진 법이므로 일반법보다 우선하여 적용된다. 앞에서, 새로 생긴 법이 예전 법보다 우선적으로 적용된다고 했지만, 일반법이 새로 제정되었다 할지라도 특별법과는 다루는 대상이 다르므로 새로운 일반법보다 특별법이 우선하게 된다.

하지만, 특별법은 정해져 있는 것이라기보다는 상대적인 개념이다. 예를 들면, 민법에 포함되어 있는 상법은 좀 더 구체적으로 대상이 정해져 있으므로 민법에 대한 특별법으로 볼 수 있지만, 상법 내부의 보험업법은 상법보다 더 구체적인 내용을 담고 있으므로 상법이 일반법이 되고 보험업법이 특별법이 된다. 따라서 어떤 법이 특별법인지 외우는 것은 무의미하며, 중요한 것은 이렇게 일반법과 특별법이 동시에 적용될 경우 특별법이 우선적으로 적용된다는 원칙을 아는 것이다. 이것을 '특별법(特別法) 우선의 법칙'이라고 한다.

2) 법과 '권리'

(1) 권리와 의무: 법률관계(法律 關係)

우리는 주변 생활에서 '아파트 청약권'이나 '묵비권'과 같은 단어들을 자주 듣고 있다. 또, 신문이나 텔레비전에서 근로자들이 "권리를 보장하자!"라고 하면서 파업과 농성을 하는 모습도 자주 보았을 것이다. 이렇게 '권리'라고 하면 뉴스나 신문, 영화에서나 볼 수 있는 것으로 생각하기 쉽지만, 우리의 생활 속에는 보다 많은 권리가 있다. 정확히 표현하자면, 많은 법률관계가 있다고 할 수 있는데, 우리가 서점에서 문제집을 구입하거나, 가게에서 아르바이트를 하거나, 심지어 친구에게 노트를 빌리는 것도 법률관계의 일종이라고 할 수 있다.

법률관계는 권리와 의무를 발생시킨다. 서점에서 문제집을 구입하는 경우를 생각해 보면, 우리는 문제집을 구입하기 위해 돈을 지불한다. 만약 서점 주인이 문제집을 주지 않는다면, 우리는 당연히 "돈을 냈으니 문제집을 주셔야죠!"라는 말을 할 수 있을 것이다. 돈을 지불했기 때문에 우리는 서점 주인으로부터 문제집을 건네받을 권리가 생겼고, 반대로 서점 주인은 우리에게 문제집을 건네줄 의무가 생긴 것이다. 이렇듯 법률관계에서는 권리와 의무가 함께 생기는 것이 보통이지만, 세금처럼 일방적으로 의무만 있는 경우도 있고, 권리만 있는 경우도 있다.

(2) 권리의 법적인 힘

진정한 권리는 무엇인가에 대한 고찰이 필요하다. 권리가 무엇인지 정확하게는 모르더라도, 일반적으로 권리를 가진 사람은 상대방에게 무엇인가를 '요구'할 수 있다는 것을 알 수 있다. 권리는 이처럼 일정한 이익을 특정한 사람에게 보장해 주는 법적인 힘이다.

그렇다면 이러한 '힘(力)'은 누가 가질 수 있을까? 사람은 살아 있는 동안 법적인 힘을 가질 수 있다. 즉, 출생한 순간부터 사망할 때까지 권리를 가질 수 있다는 뜻이다. 이것을 '권리 능력'이라고 한다. 회사와 같은 법인의 경우에도 권리 능력을 가질 수 있는데, 여러 사람이 모여 있는 회사의 경우에는 회사의 대표가 회사의 이름으로 권리를 행사하게 된다. 또, 외국인에게도 내국인과 같은 것은 아니지만 일정한 권리 능력이 인정된다. 그들 또한 권리를 가질 수 있는 인간이기 때문이다.

권리가 일정한 이익을 보장해 주려면 이익이 나올 대상이 필요한데, 그 대상을 '권리의 객체'라고 한다. 만약 내가 가방을 소유하고 있다면, 그 가방에 대해서 나는 소유권이라는 권리를 가지게 된다. 이때, 이 소유권의 객체는 '가방'이 된다. 소유권은 내가 가진 가방에 대해 '소유'라는 이익을 법적으로 보장해 주는데, 만약 '가방'이 없다면 나의 '가방 소유권'은 없을 것이다. 그러므로 권리가 있으려면 '권리의 객체'가 필요하다.

(3) 내용에 따른 권리의 분류

자본주의 시장 경제 체제인 우리나라에서 가장 쉽게 볼 수 있는 권리 중의 하나는 '재산권'이다. 재산에는 부동산이나 물건뿐만 아니라 경제적 가치가 있는 모든 것이 포함된다. 예를 들면, 경제적 가치, 즉 이익으로 교환될 수 있는 것은 모두 재산권 행사의 대안이 될 수 있는 것이다. 그래서 예전에는 재산권이라고 하면 부동산이나 물건에 대한 권리만을 떠올렸지만, 요즘은 특허권, 저작권, 실용신안권, 상표권, 의장권 등과 같이 형태는 없지만 경제적 가치가 높은 권리도 있다.

또, 권리 중에는 권리의 주체와 매우 밀접한 것도 있다. 사람의 이름과 초상(얼굴)은 그 사람의 인격과 매우 밀접한 관계에 있다. 그런데 주인의 허락 없이 이름과 얼굴을 무단으로 사용한다면 어떻게 될까? 예를 들면, 중국에서 한국 연예인들의 사진, 브로마이드 등을 무단으로 판매하는 경우를 생각해 볼 수 있다. 내가 원하지 않는 곳에 내 이름이 쓰여 있고, 내 사진이 팔리고 있다면 어떻게 되겠는가? 당연히 인격이 침해당했다고 느낄 것이고, 경우에 따라서는 명예가 훼손될 우려도 있다. 이렇게 이름, 초상과 같이 권리의 주체와 분리할 수 없는 인격적 이익을 내용으로 하는 권리를 '인격권'이라고 한다.

권리는 가족 관계에서도 인정된다. '친권자, 후견인, 배우자'라는 단어 등은 가족 관계의 사람을 가리키지만, 법적 지위를 나타내기도 한다. 가족의 혈연관계에 의해 발생한 권리는 가족의 지위에 의해 자연스럽게 생겨나기 때문에, 물건을 파는 것처럼 다른 사람에게 넘겨줄 수 없다. 이러한 의미에서 "한 사람에게 속한다."라고 하여, 이를 '일신 전속권'이라고도 한다.

그 밖에 회사의 구성원인 사원이 가지는 권리인 '사원권'이 있다. 회사에 자금을 투자한 주주들이 가지는 권리인 '주주권'이 바로 대표적인 '사원권'이다. 주주들이 회사에 투자를 한 이유는 경제적 이득을 얻기 위한 것이다. 하지만, 동시에 사원의 권리 행사가 회사의 발전을 돕기도 한다. 회사 전체적으로 본다면 공익의 발전에도 기여를 하는 셈이다. 이러한 점에서 사원권은 사적인 이익과 공적인 이익 모두를 위한 권리라고 할 수 있다.

(4) 대상에 대한 영향력에 따른 권리의 분류

권리의 종류는 위와 같이 내용에 따라 나누는 것 외에도 '권리가 대상에 대해 얼마나 작용할 수 있는가?'를 기준으로 지배권, 청구권, 형성권, 항변권으로 나누기도 한다.

지배권은 말 그대로 권리의 대항을 직접적으로 지배하는 것을 말한다. 완전한 나의 지배하에 놓이게 되므로 다른 사람이 나의 권리를 침해할 경우 방해하지 말라고 직접적으로 말할 권리가 있으며, 권리 대상의 이익을 혼자서 차지할 수 있다. 예를 들어 컴퓨터를 가지고 있다고 한다면, 나는 컴퓨터에 대한 지배권을 가지고 있다. 컴퓨터를 완전하게 소유하고 사용할 권리를 가지고 있는 것이다. 그런데 누군가가 내 컴퓨터를 사용하고 있다면 나는 "내 컴퓨터인데요."라고 말하고 다시 사용할 권리가 있는 것이다.

청구권은 다른 사람에게 일정한 행위를 요구할 수 있는 권리를 말한다. 문제집을 구입할 때처럼 문제집 값을 지불한 이후에는 문제집을 건네 달라고 직접 청구할 수 있다. 청구권은 지배권과 조금 차이가 있다. 청구권은 상대방에게 일정한 행위를 요구하는 권리인 데 반하여, 지배권은 그 물건을 직접 지배하는 것을 내용으로 한다. 이 밖에도 "계약 파기야.", "돈이나 시계 중에서 시계를 줘. 그러면 빚을 갚은 것으로 할게"처럼 권리자의 의사 표시만으로 권리가 변동되는 경우가 있는데, 이러한 권리를 '형성권'이라고 한다.

상대방의 청구권 행사에 대해 얼울하다면, 가만히 있을 수 없을 것이다. 이런 경우, 상대방의 권리 행사를 막을 수 있는 권리가 '항변권'이다. 앞의 서점의 예에서, 문제집 값을 지불했는데도 서점 주인이 문제집을 넘겨주지 않는다면 문제집을 넘겨달라는 청구권을 행사할 수 있다. 학생의 청구권에 대해 서점 주인이 "학생이 1,000원을 덜 냈는데……"라고 한다면, 서점 주인은 문제집을 건네주지 않을 적법한 이유를 가지고 항변권을 행사한 것이라고 할 수 있다.

제2절 법적 개념(法的 槪念)

1. 법적 용어

1) 권리 능력

법 질서를 이해하고 법을 실제 생활에 적용하기 위해서는 먼저 법에서 규정하고 있는 기본 개념들을 잘 이해해야 한다. 그래야 법에서 어떻게 규정하고 있는지 정확히 알 수 있기 때문이다.

일정한 이익을 누리기 위하여 법이 인정하는 권리의 주체가 될 수 있는 지위나 자격을 권리 능력 또는 인격이라고 한다. 권리 능력은 보통 출생에서 사망에 이르는 동안 가지는 것으로 한다. 그런데 권리 능력은 단순히 권리·의무의 주체가 될 수 있는 가능성에 불과하고, 실제로 단독으로 권리를 취득하거나 의무를 부담하는 것은 아니다. 즉, 자기 행위의 의미와 결과에 대한 인식을 할 수 있고, 또한 그러한 책임을 부담할 수 있을 때 권리를 취득하는 법률 행위를 할 수 있게 된다.

2) 행위 능력

권리 능력을 갖추고 있다고 하여 모든 사람이 계약 등의 법률 행위를 하여 권리를 취득하거나 의무를 부담할 수 있는 것은 아니다. 권리 능력자가 그러한 행위를 할 수 있으려면 일정한 지적 수준에 이르러 있어야 한다. 그러한 정신적 내지 지적 능력을 의사 능력이라고 하는데, 의사 능력이 없는 자의 법률 행위는 무효가 된다. 이러한 의사 능력이 없는 자로는 정신병자, 만취자를 들 수 있다.

그런데 의사 능력 유무의 판단은 민법에 따로 규정되어 있지 않아 구체적인 행위와 관련하여 개별적으로 정할 수밖에 없다. 이렇게 되면, 의사 무능력자뿐만 아니라 거래 상대방에게 예기치 않은 손해를 줄 수 있게 된다.

그래서 외부에서도 쉽게 알도록 일정한 경우에 의사 능력이 없는 것으로 일률적으로 취급하는 제도가 행위 무능력자 제도이다. 즉, 의사 능력 유무를 묻지 않고 행위 무능력자라는 사실만으로 그 행위를 취소할 수 있게 한 것이다. 행위 무능력자라는 사실만으로 그 행위를 취소할 수 없게 한 것이다. 행위 무능력자에는 미성년자, 한정 치산자, 금치산자가 있다. 미성년자는 만 20세 미만자이고, 한정 치산자는 심신이 미약하거나 재산의 낭비로 자기나 가족들의 생활을 어렵게 할 염려가 있는 사람이며, 금치산자는 정신 기능의 장애로 재산을 관리할 능력이 전혀 없거나, 기타 법률 관계를 맺을 능력이 없다고 판단된 사람을 말한다.

3) 자연인과 법인

민법상 권리 능력이 있는 자는 자연인, 즉 사람과 사람의 집단인 사단 법인, 재산의 집단인 재단 법인이 있다. 그리고 사단 법인과 재단 법인을 통틀어 법인이라고 한다. 자연인은 우리가 보통 사람이라고 하는 생존 중인 사람을 말하는데, 출생에서 사망까지 자연인이라고 부른다. 그리고 법률 관계를 간단하게 하기 위해서 어떤 집단이나 재산을 사람처럼 취급하는 경우가 있는데, 사람들의 모임이나 어떤 사람이 내놓은 재산을 법인이라고 하여 법률에서 사람처럼 다루게 된다. 이때, 법인은 주로 재산 관계에서 사람처럼 다루어지는 것이고, 혼인이나 약혼 또는 유언처럼 실제로 자연인이 하는 행위는 하지 못한다.

4) 동산과 부동산

물건 중에서 토지와 건물을 부동산이라고 한다. 한자(漢字)로 풀어 보면 '움직이지 못하는 재산'이라고 할 수 있다. 부동산이 아닌 물건은 동산이라고 한다. 선박·자동차·항공기 등은 토지나 건물이 아니므로 동산이지만, 법률상 등록 등을 하게 하여 부동산처럼 다루고 있다. 동산 중에서 금전의 경우에는 보통의 물건처럼 물질적으로 사용되는 것이 아니라, 주고받는 일이 본래 용법이라는 점에서 동산에 관한 모든 규정이 적용되지 않는 특별한 동산으로 취급된다.

5) 고의와 과실

고의(故意)란 범죄 또는 불법 행위 상태 사실을 인식하고, 이러한 범죄 또는 불법 행위의 구성 요건을 실현하려는 의사이다. 민사상 손해 배상에서는 고의든 과실이든 배상을 하도록 하고 있으므로, 고의와 과실 간에 차이를 두지 않고 있다. 그렇지만 형법에서는 고의로 한 행위와 고의 없이 과실로 한 행위를 다르게 취급합니다.
과실(過失)이란, 법률적으로는 어떤 사실(결과)의 발생을 예견할 수 있었음에도 불구하고 부주의로 그것을 인식하지 못한 심리 상태를 의미한다. 즉, 고의와 함께 법률상 비난이 가능한 책임 조건을 말하는 것이다. 고의와 과실이 손해 배상 책임 요건 중의 하나라는 점에서 같이 취급되는 민법과 달리, 형법에서는 고의와 과실을 엄격하게 구별한다. 형법에서는 원칙적으로 고의로 범죄를 저지른 경우만 처벌하고, 과실은 법률에 특별한 규정이 있는 경우에 한해서만 형사 책임을 진다.

6) 무효와 취소

무효(無效)란 법률 행위에 일정한 흠(하자)이 있어서 당사자가 의도한 법률상의 효과가 처음부터 발생하지 않는 것을 말한다. 무효는 처음부터 끝까지 그러한 행위가 없었던 것과 같은 효과를 발생한다. 예를 들어 어떤 사람이 잠꼬대로 옆 사람에게 자신의 재산을 모두 주겠다고 말했을 때, 그 사람이 실제로 재산을 모두 옆 사람에게 줄 생각으로 한 말이라고는 생각할 수 없기 때문에 옆 사람이 나중에 재산을 모두 내놓으라고 주장하지 못한다.

취소(取消)란, 일단 유효하게 성립한 법률 행위의 효력을 일정한 사유를 근거로 하여 사후 행위 시로 소급하여 소멸하게 하는 의사 표시를 말한다. 원래 취소란, 예를 들면 미성년자가 법률 행위를 한 경우와 같이 법률 행위 당사자의 무능력, 의사 표시의 착오, 사기나 강박을 이유로 하여 그 법률 행위의 효력을 소급적으로 소멸시키는 것이다. 법률상에서는 이렇게 취소할 수 있는 능력이 있는 사람을 따로 정한다.

7) 기간

법률에서 기간(期間)은 일정한 시점에서 다른 시점까지의 시간적인 간격을 의미한다. 시간은 지금부터 1년, 1주간, 1시간 등과 같이 시간의 경과를 내용으로 하므로 일정한 시점을 나타내는 기일과는 다르다. 기간은 시효나 연령과 같이 법률상 여러 가지 효과가 주어지므로 민법에 일반적인 계산 방법을 정해 놓고 있다. 그러나 기간의 계산에 관하여 다른 계약이 있거나 특별 규정이 있으면 그것에 따르게 된다.

8) 시효(時效)

법률생활을 하다 보면 시효(時效)라는 말을 많이 접하게 된다. 시효란, 일정한 사실 상태가 일정한 기간 계속되는 경우에 이 사실 상태가 진실한 권리관계와 일치하느냐의 여부를 묻지 않고, 그것을 그대로 존중하여 권리관계로 인정하기 위한 제도를 말한다. 사법(私法)상으로 시효에는 일정 기간 동안 타인의 물건을 점유하는 자에게 그 물건에 관한 권리를 취득시키는 취득 시효, 일정 기간 동안 권리를 행사하지 않는 자에게 그 권리를 소멸시키는 소멸 시효가 있다. 또, 범죄를 저지른 자라도 일정 기간 동안 기소되지 않거나 범인으로 잡히지 않은 채 일정 기간이 지나면 형사 처벌을 받지 않을 수 있는데, 이를 공소 시효라고 한다. 예를 들어, 살인을 한 자라도 법률에 정해진 시간인 15년 동안 잡히지 않으면 더 이상 처벌을 하지 못하게 된다. 그런데 외국의 경우, 이 공소 시효는 제2차 세계 대전 당시 나치의 집단 학살과 같은 끔찍한 반인류적 범죄에 대해서는 적용되지 않는다고 정해진 경우도 있다.

제3절 법 관련 기관

1. 국회

국회는 법률을 만드는 일을 주로 하는 기관으로, '입법부'라고 부른다. 국회는 국회의원으로 구성되어 있는데, 현재 우리나라의 국회의원은 지역구와 비례 대표 의원을 합쳐 299명이다. 국회는 의장과 부의장, 교섭 단체와 위원회(상임 위원회와 특별 위원회)로 구성되어 있으며, 국회의원이 법을 만드는 것을 지원하기 위한 국회 사무처와 국회 도서관 등의 조직이 있다.

국회의 입법에 관한 권한으로는 헌법 개정의 제안, 개정안을 의결할 권한, 법률을 제정하고 개정할 권한, 조약을 체결하거나 비준에 동의할 권한 등이 있다. 국가 간에 조약이 맺어지면 국내법과 같은 효력을 지니므로, 조약도 국회의 입법에 관한 권한에 속한다. 그 외에 재정에 관한 권한과 국정에 관한 권한을 통하여 권력을 견제하는 역할도 한다.

국회는 국민의 의사를 모아서 법을 만들고, 또 권력을 견제하여 법질서를 지키는 중요한 기관이다.

2. 법원

우리 생활에서 '법' 하면 가장 먼저 떠오르는 기관인 법원은 법관들이 법을 적용하여 권리와 의무 관계를 확실히 정해 주고, 어떤 분쟁에 관하여 법에 어긋나는지 그렇지 않은지를 판단하는 기관이다. 따라서 법원의 가장 기본적인 기능은 공정한 재판이라고 할 수 있다.

법원은 대법원과 각급 법원으로 구성되어 있다. 대법원은 대법원장과 12인의 대법관으로 구성되어 있으며, 각급 병원은 고등 법원과 지방 법원 및 지원 이외에도, 특정한 종류의 사건에 한해 재판권을 가지는 특허 법원, 가정 법원, 행정 법원 등의 특수 법원과 군사 법원처럼 법관의 자격을 가지지 않은 자를 통해서 재판이 이루어지는 특별 법원이 있다.

특별한 경우를 제외하고는 모든 재판은 공개가 원칙이므로 누구나 재판을 방청할 수 있다. 법원을 찾아가 재판 과정을 보면, 책으로만 보던 법이 실제 사회에 어떻게 적용되고 영향력을 행사하는지를 직접 느껴 보는 좋은 기회가 될 것이다.

3. 헌법재판소

대통령에 대한 탄핵 심판과 '신행정수도건설을 위한 **특별조치법**' 위헌 판결로 주목을 받게 되었지만, 헌법재판소는 이미 여러 분야에서 중요한 판결을 통해 국민들의 권리와 법질서를 지키는 역할을 수행해 왔다. 우리나라 최고의 법인 헌법에 관한 분쟁을 사법적 절차에 따라 해결하는 기관인 헌법재판소의 결정은 최종적인 국가 의사로 확정되며, 헌법을 최종적으로 유권 해석하는 위치에 있다는 점에서 일반 법원과 다르다.

헌법재판소는 총 9명의 재판관으로 구성된다. 주요 임무로는 법원의 제청에 의한 위헌 법률 심판, 탄핵 심판, 정당 해산 심판, 국가 기관 및 자지 단체 간의 권한 쟁의 심판, 헌법 소원 심판 등을 맡고 있는데, 하나같이 정치적 파급 효과가 큰 분쟁들이다. 동성동본 금혼 규정 폐지, 호주제 폐지, 비례 대표 국회의원 선거 제도 위헌 판결, 군 제대자에 대한 가산점 폐지 등 헌법재판소의 판결은 우리 사회를 크게 변화시켜 왔으며, 앞으로도 그 중요성은 더 증가할 것으로 예상된다.

4. 법무부

법무부는 검찰, 인권 옹호, 교정, 보호 관찰, 소년 보호, 출입국 관리 등의 임무를 관할하는 기관이다. 교정 기관은 교도소, 구치소 등과 같이 죄를 지은 사람들을 수용, 관리하고 교육 및 작업 훈련 등 교정·교화 업무를 담당하는 곳이며, 보호 관찰 기관은 범죄인을 구금하는 대신 일정한 의무를 조건으로 자유로운 사회생활을 허용하면서 선도하여 건전한 사회 복귀를 촉진하고 재범을 방지하는 업무를 담당하는 부처이다.

소년 보호 교육 기관은 소년원과 소년 분류 심사원을 통칭하는 말이다. 소년원은 죄지은 청소년들을 벌주는 곳이라기보다는 비행을 저지른 청소년들에게 학교 수업이나 컴퓨터, 영어 회화 교육 등의 재교육을 제공하여 다시 사회에 적응할 수 있도록 돕는 곳이다. 소년 분류 심사원은 비행을 저지른 학생이 재판을 받기 전에 머무르면서 청소년 전문가들로부터 상담을 받고 비행의 원인을 알아보는 곳이다.

출입국 관리 기관은 공항이나 항구를 통해 출입국하는 내·외국인들을 심사하고, 외국인이 우리나라에 들어올 때 필요한 입국 사증(VISA)을 발급해주며, 국내에 체류하고 있는 외국인들을 보호, 관리하고 있다.

5. 검찰청

적정한 국가 형벌권 행사를 위해 각종 범죄를 수사하여 공소를 제기, 유지하고, 재판의 집행을 지휘하는 곳이 바로 검찰이다. 검사는 공익의 대표자로서 일반 사법 경찰관과 특별 사법 경찰관의 수사 과정을 지휘하여 모든 수사의 최종 책임자 역할을 한다. 검찰은 이렇게 수사를 통해 증거를 수집하고 범인을 체포한 후 범인을 기소할 것인지의 여부를 결정할 뿐만 아니라, 형사 재판의 원고로서 재판을 직접 수행한 후 재판 집행의 지휘까지 하므로 매우 중요한 법적 기관이다.

검찰청도 법원 조직에 맞추어 대검찰청, 고등 검찰청, 지방 검찰청 및 지청으로 구성되어 있으며, 대검찰청에는 검찰 사무를 총괄하는 검찰 총장이 있어 각급 검찰청의 모든 검사를 지휘, 감독한다.

검사가 피고인을 매섭게 다그치는 모습을 텔레비전을 통해 접하면서 무섭다는 느낌을 가지기 쉽지만, 반대로 그런 검사의 노력이 피해자와 일반 국민들을 보호하는 역할을 한다는 점을 생각해 보면 마음 한 구석이 든든한 것이다.

6. 경찰청

경찰은 국민의 생명, 신체 및 재산의 보호, 범죄 예방과 진압 및 수사, 그리고 교통 단속 등의 업무를 수행하여 공공질서가 유지되고 국민이 행복하게 생활할 수 있도록 도와주는 일을 하고 있다. 이러한 경찰 업무를 총괄하고 있는 기관이 경찰청이다.

경찰 조직은 중앙에 경찰청이 있고, 특별시, 광역시 및 도에 지방 경찰청이 있으며, 각 지방 경찰청 산하에 경찰서가 있다. 또 경찰서의 하부 기관으로 지구대와 일선 치안 센터가 있다. 예를 들어, 탑골 공원 옆의 치안 센터는 종로경찰서 소속이고, 종로경찰서는 다시 서울지방경찰청에 속해 있으며, 서울지방경찰청은 경찰청에 속해 있는 것이다.

7. 법제처

법률은 입법부에서 만들지만, 행정부의 각 부서가 필요로 하는 법률안이나 명령을 총괄하여 심사하는 역할은 행정부 소속인 법제처에서 맡는다. 법제처는 국무총리 산하의 행정 기관으로, 행정부에서 추진하는 모든 법령의 입법을 심사하고 법령에 대한 국민의 의견을 받아들여 법령을 개선해 주고 있다. 또, 잘못된 행정 처분에 대해 국민의 권리를 구제해 주는 행정 심판제도를 운영하고 있다. 국민들에게 법령을 알기 쉽게 홍보하고, 법령에 관련된 질의에 친절하게 답하는 것도 법제처의 업무이다.

8. 대한법률구조공단

대한법률구조공단은 경제적으로 어렵거나 법을 모르는 사람들에게 법률상담, 변호사나 공익 법무관의 소송 대리 및 형사 변호 등 법률 구조 업무를 하는 기관이다.

대한법률구조공단에서는 전 국민을 대상으로 법률문제 전반에 대하여 무료로 상담을 해주고 있다. 공단 사무실로 직접 찾아가거나 전화, 서신, 인터넷 등을 통해 상담할 수 있다. 상담을 실시한 결과 법률 구조가 필요하다고 인정되면 당사자 간의 화해, 조정이나 소송 대리를 해 주기도 하고, 형사 사건에 대해서는 변호를 해 준다. 여러분도 법률의 도움이 필요할 때에는 주저하지 말고 대한 법률 구조 공단의 문을 두드려 보는 것이 바람직하다.

제4절 법과 생활 관련 사례

1. 법조인 열전: 마니 풀리테와 피에트로 검사

「700만 리라의 헌금 봉투, 1992년 2월, 이탈리아 밀라노의 젊은 검사 안토니오 디 파에트로가 한 정치인의 집에서 찾아낸 부패의 물증이다. 밀라노의 한 청소 대행업체가 관급 공사를 따는 대가로 정치 자금을 제공해 오다, 힘에 부치자 비리 사실을 사법 당국에 폭로하면서 시작된 수사는 '마니 플리테(Mani Pulite-이탈리아어로 '깨끗한 손'이라는 뜻의 부정부패 추방 운동)'의 도화선이 되었다.」

안토니오 디 파에트로는 대표되는 이탈리아의 젊은 검사들이 '마니 플리테'를 선포하고 썩을 대로 썩은 정경 유착에 대대적인 수술을 가했다. 즉, 이탈리아 마피아와 정치인 간의 정경 유착 부패를 수사하기 시작한 것이다. 3천여 명의 고위 공직자와 국회의원, 기업인 등이 수사 대상이었고, 이 가운데 1,400여 명이 유죄 판결을 받았다. 이로 인해, 하나같이 부패한 현역 정치인은 물러났고, 정치 지형 자체가 바뀌었다. 이후, 마피아와 정경 유착의 고리를 끊기 위한 '마니플리테' 운동은 수사 기관 주도의 반부패 운동을 뜻하는 세계어가 되었다.

2. 논리의 법, 법의 논리: 법의 기본 원리

돌아가신 아버지로부터 땅 1천 평을 상속받은 '가혹해 씨'는 상속받은 땅을 측량하던 도중 근처에 있는 보육원건물이 자신의 땅을 1평 정도 침범하고 있다는 사실을 알게 되었다. 평소 인정사정없기로 유명한 '가혹해 씨'는 당장 건물을 철거하라고 소송을 걸었는데, 법원은 이 주장을 받아들일 것인가?

겨우 1평 정도 때문에 건물 자체를 철거하라고 하다니, 가혹해 씨는 이름 그대로 정말 가혹하다고 할 수 있다. 하지만 작은 땅이라도 주인이 가혹해 씨인 건 맞으니까 그 주장을 받아들여야 할 것 같기도 하고, 이런 경우 우리 법은 어떻게 해결하고 있을까?

우리 법에서는 '권리 남용 금지의 원칙'이라는 것이 있다. 권리 남용이란, 외형적으로는 권리 행사처럼 보이지만 실질적으로는 신의 성실의 원칙과 권리의 사회성에 반하기 때문에 권리의 본래 목적에서 벗어난 행위를 말한다. 따라서 권리가 남용되었을 경우 권리 행사의 효과가 발생하지 않으며, 권리 남용으로 타인에게 손해를 입힌 경우에는 손해 배상의 책임을 지게 된다.

아무리 주인이라고 하더라도 겨우 1평 때문에 건물을 철거하라고 하는 것은 사회의 일반적인 관념상 타당하지 않다고 보는 것이 우리 법의 입장이다. 특히 건물 철거는 그 비용으로 생각하더라도 사회적으로 큰 손실이 아닐 수 없다. 가혹해 씨의 가혹한 주장은 받아들여지지 않겠지만, 좀 더 타당한 방법으로 보육원 측에서 가혹해 씨의 손해를 배상해 줄 수 있는 쪽으로 이 사건을 해결해야 한다고 사료된다. 우리의 일반적인 상식에 어긋나는 것은 법 역시 허락하지 않는 것이 보통이다. 법은 우리와 그리 동떨어진 것이 아니라는 점을 명심해야 할 것이다.

3. 판결 사례 연구: 법관

다음 사례를 탐구해 보자. '반환도 씨'는 돌아가신 아버지로부터 경기도에 있는 땅 1만 평을 상속받아 현재 소유 중이다. 그런데 이 땅은 반환도 씨의 할아버지가 일제 강점기 때 식민 통치에 적극 협력하여 일본으로부터 훈장과 함께 그 보상으로 받은 것이었다. 반환도 씨의 아버지가 할아버지로부터 상속받은 것을 반환도 씨가 다시 아버지로부터 상속받은 것이었다.

그런데 반환도 씨는 얼마 전 언론 보도에서, 친일파가 일제 강점기에 친일의 대가로 취득한 재산을 환수하는 '친일반민족행위자재산환수법'을 만들겠다는 기사를 본 적이 있어, 혹시 자기가 아버지로부터 상속받은 땅도 앞으로 환수되는 것인지 고민이 되었다.

'내가 친일을 한 것도 아니고 단지 상속받은 것뿐인데, 옛날의 일을 지금에 와서 환수하겠다고 한다. 학교에서 배운 바에 의하면, 소급 입법에 의하여 재산권을 박탈하지 못하는 것으로 알고 있는데, 앞으로 이 법이 만들어지면 정말로 내가 상속받은 땅도 환수되는 것일까?'

[참고 자료: 나의 선택은?]

① 만약 '친일반민족행위자재산환수법'이 만들어져 이 법으로 반환도 씨가 아버지로부터 상속받은 재산을 환수한다면, 헌법 제13조 제2항에 규정된 '소급 입법에 의한 재산권 박탈 금지'에 위반되는 것이 아닐까?

헌법 제13조 제2항: 모든 국민은 소급 입법에 의하여 참정권의 제한을 받거나 재산권을 박탈당하지 아니한다.

〈헌법재판소의 결정 사례〉
  기존의 법에 의하여 형성되어 이미 굳어진 개인의 법적 지위를 사후 입법을 통하여 박탈하는 것 등을 내용으로 하는 진정 소급 입법은 개인의 신뢰 보호와 법적 안정성을 내용으로 하는 법치 국가 원리에 의하여 특단의 사정이 없는 한 헌법적으로 허용되지 아니하는 것이 원칙이고, 다만 일반적으로 과거의 상황에서 국민의 소급 입법을 예상할 수 있었거나, 법적 상태가 불확실하고 혼란스러워 보호할 만한 신뢰 이익이 적은 경우와 소급 입법에 의한 당사자의 손실이 없거나 아주 경미한 경우, 그리고 신뢰 보호의 요청에 우선하는 심히 중대한 공익상의 사유가 소급 입법을 정당화하는 경우 등에는 예외적으로 진정 소급 입법이 허용된다(97 헌마 76 등).

② '친일반민족행위자재산환수법'을 만들어 친일파 후손의 재산을 환수할 경우, 다음 사항들은 어떻게 될까?

ⓐ 친일파나 그 후손들이 이러한 행위를 예상할 수 있었다고 보아야 할까?

ⓑ 또, 친일파나 후손들의 신뢰는 보호할 만한 가치가 없거나 적다고 볼 수 있을까?

ⓒ 위 환수법의 적용 대상인 친일파나 후손에게 손실이 없거나 아주 경미하다고 볼 수 있을까?

ⓓ 신뢰 보호보다 우선하는 중대한 공익상의 사유로는 어떠한 것들을 들 수 있을까?

③ '친일반민족행위자재산환수법'이 만들어졌다고 가정할 경우, 위 법률이 헌법 제23조의 재산권 보장 조항, 헌법 제37조 제2항의 일반적 법률 유보 조항(헌법이 입법자에게 법률에 의하여 국민들의 일반적인 자유와 권리를 제한할 수 있도록 명시적인 규정을 두고 있는 것을 말함.)과 관련하여 재산권 제한 입법의 한계를 벗어난 것은 아닐까 한다.

헌법 제23조 ① 모든 국민의 재산권은 보장된다. 그 내용과 한계는 법률로 정한다.
② 재산권의 행사는 공공복리에 적합하도록 하여야 한다.
헌법 제37조 ②국민의 모든 자유와 권리는 국가 안전 보장, 질서 유지 또는 공공복리를 위하여 필요한 경우에 한하여 법률로써 제한할 수 있으며, 제한하는 경우 에도 자유와 권리의 본질적인 내용을 침해할 수 없다.

④ 국민의 자유와 권리를 제한하는 입법은 어떠한 조건을 갖추어야 할까?

<헌법재판소의 결정 사례>
  국가 작용 중 특히 입법 작용에 있어서의 과잉 입법 금지의 원칙이라 함은 국가가 국민의 기본권을 제한하는 내용의 입법 활동을 함에 있어서 준수하여야 할 기본 원칙 내지 입법 활동의 한계를 의미하는 것으로서, 국민의 기본권을 제한하려는 입법의 목적이 헌법 및 법률의 체제상 그 정당성이 인정되어야 하고(목적의 정당성), 그 목적의 달성을 위하여 그 방법이 효과적이고 적절하여야 하며(방법의 적절성), 입법권자가 선택한 기본권 제한의 조치가 입법 목적 달성을 위하여 설사 적절하다 할지라도 가능한 한 보다 완화된 형태나 방법을 모색함으로써 기본권의 제한은 필요한 최소한도에 그치도록 하여야 하며(피해의 최소성), 이 입법에 의하여 보호하려는 공익과 침해되는 사익을 비교 형량할 때 보호되는 공익이 더 커야 한다(법익의 균형성)는 법치 국가의 원리에서 당연히 파생되는 헌법상의 기본 원리의 하나인 비례의 원칙을 말하는 것이다. (92헌가8 등)

⑤ '친일반민족행위자재산환수법'이 이러한 재한 입법의 조건들을 갖추고 있다고 볼 수 있을까?

4. 세기의 재판: 로젠버그 재판

「1949년 9월, 한 보고서가 FBI(미연방 수사국) 에드거 후버 국장의 책상 위로 날아들었다. 원자 폭탄의 기밀이 외국으로 유출되었다는 내용이었다. 며칠 후, 트루먼 대통령은 소련에서 원자 폭탄 실험이 실시되었다는 사실을 발표하였다. 의회와 언론은 소련의 원자 폭탄 실험 성공이 누군가의 간첩 행위 때문에 가능했다고 몰아가기 시작하였다. 그렇게 빠른 시간 내에 소련이 핵무기를 만들 수 있다고는 생각할 수 없었기 때문이다.

미국의 비밀 정보 요원들은 오래전부터 국내에서 소련의 간첩 조직이 광범위하게 활동하고 있음을 예상했다. 그리하여 소련 영사관이 KGB(소련 안보 기관)에 보내는 보고 내용을 도청하여 맨해튼 계획에 참여했던 영국 원자력 연구소 소장인 클라우스 푸크스를 용의자로 지목했다. 푸크스는 소련을 위해 일했다고 자백하면서 미국인 해리 골드를 통해서 간첩 활동을 했다고 실토했다. 골드는 형사들에게 감형을 약속받고 다른 간첩의 이름을 댔다. 골드는 기억을 되살린 결과, 데이비드 그린글래스라는 군인으로부터 중요한 원자 폭탄 기밀을 받았다고 하였다. 당황한 데이비드는 공산당을 탈퇴했던 매형 줄리어스 로젠버그에게 모든 죄를 뒤집어씌웠다. 로젠버그는 체포되었다.

수사 당국과 언론에 의해 그는 전체 스파이망의 대부가 되었다. 그리고 뉴욕 대학 시절부터 로젠버그가 알고 지낸 공산주의자 소벌은 도망자 중 하나로 멕시코에서 잡혀 미국으로 이송되었다. FBI는 그를 이용하여 로젠버그의 자백을 받아 내려 하였으나, 소벌도 로젠버그의 간첩 혐의를 강력히 부정하였다. 그러자 그의 아내도 체포되었고, 혐의를 인정하도록 협력해 줄 것을 요구하였다. 하지만, 로젠버그는 끝내 죄를 부인하고 자신의 무죄를 주장하였다.

1951년 4월 6일, 뉴욕 연방 수사국에서 재판이 열렸다. 검찰은 확실한 증거를 확보하지 못했다. 증인들의 증언이 유일한 것이었다. 그들은 모두 형을 감면받기 위해 자수한 스파이들이었다. 증언의 신빙성에 아무도 의문을 제기하지 않았다. 1953년 4월 5일, 판결이 내려졌다. 로젠버그 부부는 최고

형인 전기의자에서의 사형을 선고받았다.

로젠버그의 변호사 에마누엘 블러크는 2년 동안 의뢰인들의 생명을 구하기 위해 노력했다. 아인슈타인, 피카소, 교황과 같은 인사들이 적극적으로 개입했지만, 상고, 청원, 사면 요구 등 어떠한 요청도 받아들여지지 않았다. 1953년 6월 19일, 특별 회의에서 대법원은 사형 집행 연기 요청을 했지만 기각당했다. 몇 시간 후, 로젠버그 부부는 사형당했다. 2001년 12월, 데이비드는 위증한 사실을 인정하였다. 미국 텔레비전 CBS와의 인터뷰에서 그는 자신의 아내와 아이를 구하기 위해 FBI와 협상하여 로젠버그 부부에게 불리한 증언을 했다고 자백했다.」

〈1953년 6월 19일 사형 당일 로젠버그 부부가 두 아들에게 보낸 마지막 편지〉
"물론 처음에는 우리 때문에 많이 슬퍼하겠지만, 너희들만 슬퍼하는 것이 아닐 것이다. 이것은 우리를 위로해 주고, 또 너희들을 위로해 주게 될 것이 틀림없다. 너희는 늘 엄마와 아빠가 아무런 죄가 없으며, 우리는 우리의 양심을 속일 수 없었다는 것을 기억하기 바란다."

제5절 법의 기본 원리와 가치

1. 법의 개념

정민이 삼촌은 노총각이다. 마음씨 착하고 성격도 좋은데, 왜 아직도 애인이 없는지 모르겠다. 아버지, 어머니도 저녁 식사를 하며 그런 이야기를 나누시다가, 삼촌이야말로 법 없이도 살 사람이라고 하셨다. 문득 정민이는 의문이 생겼다.

'그럼 세상 사람들이 착하기만 하다면 법은 없어도 되는 것일까?'

'반대로, 세상 사람들이 대부분 착하지 않기 때문에 법이 그렇게 중요한 것일까?'

'법이란 대체 무엇일까?'

1) 법의 존재

인간사회에서의 법은 공기(空氣)처럼 필수적인 것이다.
만약, 운동경기에 규칙이 없다면 어떻게 될까?

(1) 법은 왜 생겨났을까?

법이라는 단어를 들으면, 뉴스에서 보는 무서운 사건들, 벌을 받는 사람들, 그리고 딱딱하고 근엄하게 보이는 법원들을 먼저 떠올리는 사람들이 많을 것이다. 또, 어떤 사람들은 법적인 문제는 가까이하지 않는 것이 좋다고 말하기도 한다. 하지만, 법은 우리의 생활 자체를 구성하고 있으며, 숨쉬기 위해서는 공기가 꼭 필요하듯이 법이 없으면 살아가기 힘든 것이다. '법 없이도 살 사람'이라는 옛말의 의미는 그 사람이 그만큼 진실하고 성실하다는 뜻이겠지만, 그런 사람들로만 구성된 사회라 할지라도 법은 반드시 필요하다.

인간은 '사회'를 이루어 집단생활을 하고 있다. 무인도에서 혼자 산다면 규칙이 필요 없겠지만, 여러 사람이 함께 사는 곳에서는 크고 작은 분쟁이 발생할 수밖에 없다. 이것은 사람들이 특별히 악한 마음을 가지고 있기 때문이라기보다는 사람들의 욕구나 사고 방식이 서로 다르기 때문이다. 이런 문제들을 원만하게 해결하고, 또 문제의 발생 자체를 예방하려면 미리 규칙을 정해 놓아야 한다. 사회 구성원들의 합의에 따라 만들어져 강제성을 가진 이 규칙을 우리는 '법'이라고 부르고 있다. 따라서, 인간이 사회를 이루고 산 이래로 어느 사회든 법이 있다.

한편, 한 가지 더 생각해 보아야 할 것은, 모두 '법'이라는 이름으로 불리기는 해도 그 법들은 시간과 공간에 따라 항상 다른 모습을 가져왔다는 점이다. 조선시대의 법과 지금의 법이 같을 수 없고, 우리나라의 법과 미국의 법이 다른 것도 당연할 것이다. 법은 마냥 딱딱하고 무조건 따라야 하는 강제적인 것이 아니라 함께 사는 사람들의 공감과 합의에 따라 만들어지고 변화하는 것이다. 그러니 당연히 법을 만들고 법에 힘을 부여하는 법의 주인은 그 사회의 구성원들이다.

(2) 법은 일종의 규칙, 하지만 특별한 규칙

법은 일종의 규칙이며 사회 규범 중의 하나이다. 그렇다면 법은 다른 규범들과 어떻게 다른 것일까? 사회 규범은 크게 관습, 종교, 도덕, 그리고 법으로 분류한다. 이 규범들과 비교하면서 법의 특징을 살펴보면, 우선 관습은 어떤 행위가 오랜 세월 동안 반복되어 규범이 된 것으로, 결혼풍습, 장례 풍습, 같은 것이 포함된다. 결혼식의 일반적인 원칙이라든지, 장례는 3일장으로 한다든지 하는 것들이 모두 관습이라는 보이지 않는 규칙에 의한 것이라고 볼 수 있다.

각 종교에서 특별히 정해 놓은 교리나 계율도 사람들에게 규범의 역할을 할 수 있다. 법정에서 증인이 진실만을 말할 것을 선서하는 것이 바로 오랜 교회법 전통의 흔적이다. 과거에는 종교가 상당한 영향력을 지녔었지만, 요즘은 대부분의 국가에서 제한적인 역할만을 하고 있다.

〈표 4-3-1〉 법과 도덕의 비교

법(法)	도덕(道德)
정의의 실현	선의 실현
인간의 외면적 행위 규율(결과)	내면적 양심 동기중심(과정)
강제성	비강제성
양면성 (권리와 의무)	일면성 (의무의 성격이 강함)
타율성	자율성

현대 사회의 여러 가지 사회 규범 중에서 관습과 종교의 중요성은 크지 않다. 오히려 도덕과 법

이 사회 규범으로서의 역할을 많이 하고 있다. 그렇다면 도덕과 법은 어떠한 특징이 있으며, 어떤 기준으로 구분할 수 있을까? 도덕은 행동을 하게 된 마음가짐으로 판단한다. 그런데 항상 좋은 마음가짐을 가지라고 말할 수는 있지만, 선한 마음을 가지도록 강요할 수는 없다. 또, 마음가짐이 어떠했는가는 다른 사람이 판단할 수 없는 문제이다. 다른 사람의 마음을 알 수 있는 초능력이 있다면 선한 마음을 가졌는지 악한 마음을 가졌는지 분명히 판단할 수 있지만, 그럴 수 없는 것이 현실이다. 이렇게 도덕은 본인 스스로 지켜야 하는 것이다. 그래서 도덕은 자율적이고 비강제적인 성격을 가지고 있다. 그리고 도덕은 "거짓말을 하지 마라", "부모님을 공경하라" 등의 무엇을 하라고 하는 의무의 내용을 담는 것이 특징이다. 하지만 법은 도덕과는 다르다. 법은 도덕과 달리 처음부터 인간이 한 행동의 결과를 중시한다. 이것은 눈에 보이는 것이기 때문에 다른 사람들이 평가할 수도 있고 행동의 변화를 확인할 수도 있다. 법은 다른 사람들이 판단할 수 있고 그로 인해 비난할 수도 있기 때문에 타율적이며 강제적인 성격을 가지게 된다. 또, 법은 외적으로 보이는 행동을 규율하기 때문에 해야만 하는 행동과 할 수 있는 행동을 규정할 수 있다. 즉, 의무와 권리를 모두 규율할 수 있다. 무엇보다도 법은 강제성을 가진 유일한 규범이라는 특징이 있으며, 강제성은 구성원들의 합의를 통하여 사회 통합과 공통선의 실현을 위해서만 발휘될 수 있다.

(3) 법(法)과 법률(法律)의 차이

우리는 일상생활에서 법과 법률이라는 용어를 명확하게 구분하지 않고 사용하는 경우가 많다. 법이 무엇이며, 법률이 무엇인지 정확한 뜻을 잘 모르기 때문이다. 하지만 신기한 것은 은연중에 우리가 하는 말 속에 법과 법률에 대해 차이를 두고 있다는 사실이다. 소크라테스가 "악법도 법이다"라는 말을 했지, "악법률(악법)도 법률(법)이다."라는 말을 한 것은 아니다. 법이라는 단어를 법률로 바꾸니 뭔가 좀 어색한 감이 있다. 그리고 "법보다 주먹이 가깝다."라는 말은 들어 본 적이 있어도 "법률보다 주먹이 가깝다."라는 말은 들어 본 적이 없을 것이다. 그렇다면 법과 법률은 어떤 차이점이 있을까에 대해서 숙고해 보아야 한다.

어원을 통하여 '법'과 '법률'의 취지를 구분해 보면 다음과 같다. 라틴 어의 '유스(ius)'와 '렉스(lex)'는 구분되어 사용되었다. '유스'를 사용한 단어에는 'droit, recht' 등이 있는데, 이런 단어 들은 법을 의미하는 동시에 '정당한 것', '권리' 등을 의미하기도 했다. 즉, 단어에 윤리적인 의미가 포함되어 있었다. 그에 반해 '렉스'계열에 속한 단어로는 'law, ioi, Gesetz' 등이 있는데, 이들 단어의 뜻은 '정치 조직에 의해 제정되어 성문으로 만들어진 규칙'이다. 우리 국회에서는 법을 성문화하여 법전과 그 조문들을 만들고 있다. 그러니까 이 단어들은 윤리적 의미로는 사용되지 않고 통상 조문의 의미로 사용되는 것이다.

이렇게 보면, '법률'은 'law'처럼 국가기관에 의해 제정된 강제력 있는 규칙 자체를 가리키는 반면, '법'은 'recht'처럼 법률에 담겨야 할 원리, 이념, 윤리적 원칙 등을 포괄하고 있는 단어라고 볼 수 있다.

※ 유스와 렉스의 이해

　유스는 라틴어로 법을 의미한다. 이 말은 개별적인 권리(주관적 의미에서의 법)을 의미하는 동시에 법규범(객관적 의미에서의 법)을 의미하고 있다. 유스가 '법의'라는 소유격 형태로 바뀐 것이 유리스(juris)입니다. 알파벳 'i'가 반모음으로 쓰이는 경우, 중세 이후에는 'j'로 표기되었기 때문에 'jus' 또는 'juris'와 같이 철자가 변화하게 되었다. 영어에서 'juris'로 시작되는 많은 말이 여기에서 나온 것이다. 예를 들어 jurisprodence(법학, 법철학), jurisconsult(법학자) juridiction(재판권, 관할권), jurisdoctor(법학 박사), jurist(법률가), juristic (법률의) 등이 유스에서 파생된 단어이다. 유스의 형용사 형태는 유스투스(iustus, '올바른, 정당한'이라는 뜻)이고, 거기에서 추상명사인 유스티티아(iustitia 라틴어로 '정의'라는 뜻)가 나왔고, 그것이 오늘날 영어의 'justice'(정의, 正義)가 되었다. 그 밖에도 영어의 'just'(올바른) 및 'just'로 시작하는 말들이 여기에서 파생되었습니다. justify(정당화하다) justiciable(재판에 회부되어야 할), justness(올바름)들이 그 예이다.

　또, 라틴어에는 법률을 의미하는 렉스(lex)라는 말이 있다. 원래 이 말은 로마 시민들로 구성된 입법기관인 민회(지금의 국회에 상응하는)에서 제정한 법률을 의미하였지만, 점차 보다 일반적으로 법 또는 법률의 의미로 쓰이게 되었다. 그러나 이 단어는 권리라는 의미로는 쓰이지 않았고, 오직 객관적 의미에서의 법만을 의미하였다. 렉스로부터는 굉장히 많은 단어가 갈라져 나왔는데, 주로 렉스의 소유격형태(즉, '법의'라는 의미)인 레기스(legis)로부터 출발한다. legislation(입법), legislator(입법자), legislature(입법부) 등이 그렇고, legal(법률의) 역시 그렇다. 유럽 언어에서 렉스(lex)에 상응하는 말들은 각각 loi(프랑스어), Gesetz(독일어), ley(스페인어), legge(이탈리아어) 등이다. 이 말들은 모두 객관적 의미에서 법, 즉 법규범이나 법률만을 의미한다.

2) 국민을 보호하는 법

　법은 사회적 약자를 보호하는 중요한 수단이다. 몸이 불편한 사람들을 돕기 위해 장애인 보호법에는 어떠한 내용이 포함되어야 할까?

(1) 법은 힘센 보디가드(보호자, 방어자)

　법은 사회라는 공동체에서 함께 살아가기 위한 규칙의 역할을 한다. 이를 위해 법은 국민을 규제하고 때로는 처벌하기도 하지만. 규제와 처벌 자체가 법의 목적일 수는 없다. 법의 강제력은 궁극적으로는 국민들의 권리를 수호하기 위해 발휘되는 것이다. 만약 우리 사회에 법이 없다면, 모든 국민이 자유로워지는 것이 아니라, 권력과 부를 지닌 사람들만이 마음대로 생활하고 나머지 힘없는 사람들은 일상적으로 피해를 당할 수밖에 없을 것이다. 이렇게 보면 법이 보호하려는 대상은 국민 모두이며, 이는 특히 사회적 약속이라고 할 수 있을 것이다.

　여러 가지 범죄와 형벌의 종류가 나열되어 있는 형법은 언뜻 보기에는 무시무시한 위협처럼 느껴질 수도 있다. 하지만 반대로 생각해 보면, 이런 규정들은 국민을 보호하는 역할을 하게 된다. 예를 들면, 형법의 중요한 원리 중에 '죄형 법정주의'라는 것이 있다. 형법에 규정된 범죄만이 범죄에 해당하고 처벌을 받는다는 것이다. 만약 형법이 없다면 어떻게 될까? 일부 권력자나 국가 기관들이 마음대로 범죄를 정하고 형벌을 내릴지도 모른다. 단순히 반바지를 입었다는 죄로 교도소에 갈 수도 있고, 길에서 노래를 불렀다는 이유로 처벌을 받을 수도 있는 것이다. 또, 누구에게나 평등하게 형벌을 부과하는 것이 아니라 돈 있고 힘 있는 사람에게는 가벼운 처벌을, 돈 없고 힘없는 사람에게는 중한 형벌을 내릴 수도 있을 것이다. 이와 같이 법의 가장 중요한 기능 중의 하나는 바로 권력자나 국가기관의 자의적인 권력 행사로부터 국민을 보호하는 것이다.

(2) 사회적 약자(弱者)를 지키는 법

법은 국민 전체를 보호하지만, 특히 사회적 약자를 보호하는 중요한 수단으로 쓰이기도 한다. 예를 들면, 근대 초기에 국민 간의 경제적 불평등, 환경 불평등이 커지자 국가가 개입하며 이 문제를 해결해야 했다. 이에 대한 해결책으로 헌법에 규정된 국민의 권리를 법률로서 구체화시키고 구제 수단을 마련하게 되었는데, 이렇게 해서 등장한 법이 사회 보장법, 노동법 등의 각종 사회법이다. 이 외에도 청소년 보호법, 장애인복지법, 외국인근로자의 고용 등에 관한 법률 등 각종 법률에서는 사회적 약자를 보호하고, 그들의 권리가 침해되었을 때 구제받을 수 있는 방법을 제공하고 있다.

사회적 약자를 보호하기 위해 따로 법률이 제정되는 경우 외에도, 대부분의 법은 상대적으로 낮은 지위에 있는 자를 보호하는 경향이 있다. 예를 들면, 인터넷의 각종 사이트에 가입할 때 "약관(約款)에 동의합니다"라는 내용을 쉽게 볼 수 있는데, 여기서 '약관'은 같은 내용의 계약이 무수히 많이 일어나기 때문에 계약 내용을 미리 적어 놓은 약정서와 같은 것이다. 인터넷 사이트에 가입할 때뿐만 아니라, 휴대 전화를 구입할 때, 보험에 가입할 때, 은행에서 거래할 때에도 약관을 보게 되는데, 약관의 내용 중 소비자에게 지나치게 불리한 내용은 설령 소비자가 동의했다고 하더라도 무효가 될 수 있다. 이는 약관의 내용을 상대적으로 잘 모르는 소비자를 보호하기 위한 것이다.

이처럼 법은 사람들을 억압하는 것이 아니라 보호하는 역할을 하는 것이다. 그러니 법을 무섭다고 멀리하기보다는 잘 알고 슬기롭게 이용할 수 있어야 자신의 권리가 더 잘 보장될 수 있는 것이다.

3) 법과 법치주의

(1) 사람의 지배, 법의 지배

법은 우리의 생활을 규율하고 사회 질서를 유지시키기 때문에 현재 대부분의 사회는 '법에 의한 지배'라는 의미를 담고 있는 '법치주의'를 원칙으로 하고 있다. 과거의 많은 국가에서는 왕이나 귀족, 양반 등 일부 계층에 의해 정치적 결정과 지배가 이루어졌고, 이것을 '사람에 의한 지배'라는 의미로 '인치(人治)'라고 불렀다. 이러한 정치 체제 아래서는 언제나 자질을 갖춘 사람들이 지배 계층이 되리라는 보장이 없을 뿐만 아니라, 훌륭한 왕이 지배하는 국가라고 할지라도 그 나라의 주인은 왕이지 국민이 아니라는 점에서 국민의 권리는 충분히 보장받기 어려울 것이다.

이에 비해, 법치주의 국가의 '법'은 국회를 통해 만들어지며, 국회를 구성하는 국회의원들은 국민에 의해 뽑힌 사람이므로, 결국 간접적이지만 국민들이 법을 만들고 스스로 규율하는 것으로 볼 수 있다. 즉, '법치주의'란 '국민자치'의 또 다른 이름이다. 우리 헌법에서는 "국가 안전 보장, 질서 유지 또는 공공복리를 위하여 필요한 경우에만 법률로써 국민의 자유와 권리를 제한할 수 있다"라고 규정하고 있다.

예를 들어, 전쟁과 같이 국가의 안전이 위협받는 상황에서 공연 예술의 자유를 보장하라며 국가에 대해 대형음악 콘서트를 열게 해 달라고 한다면, 국가는 안보를 이유로 이 공연을 잠시 제한할 수 있다는 것이다. 제한을 할 때에도 한 마디로 명령하는 것이 아니라 법률에 정해져 있는 적절한 절차를 밟도록 하고 있다. 하지만, 이렇게 공익과 관련된 문제일지라도 자유와 권리의 본질적인 내용에 대해서는 절대 침해할 수 없다. 아무리 국가 안전과 질서유지 등 긴급한 상황이라도 인간의 존엄과 평등 양심의 자유 등은 인간으로서 절대 포기할 수 없는 기본적인 권리이다.

헌법 제37조 제2항
- 국민의 모든 자유와 권리는 국가 안전보장, 질서유지 또는 공공복리를 위하여 필요한 경우에 한하여 법률로써 제한할 수 있으며, 제한하는 경우에도 자유와 권리의 본질적인 내용을 침해할 수 없다-

(2) 법치주의의 조건

법치주의는 통치 권력을 제한하는 것뿐만 아니라 국가 권력이 국가 운영을 좀 더 쉽게 할 수 있도록 돕는 역할을 한다. 그러기 위해서는 우선 법의 모든 내용이 모든 국민에게 알려져야 한다. 또, 그 의미가 분명하고 모순이 없어야 국민들은 법에 순응할 것이다. 잘 모르는 법이나 내용이 애매한 법이 잘 비켜지기를 기대하는 것은 무리일 것이다.

하지만, 모든 국민이 법의 모든 내용을 안다는 것은 사실상 불가능하다. 따라서 가능한 한 법의 모든 내용을 안다는 것은 사실상 불가능하다. 따라서 가능한 한 법의 내용은 일반 국민들이 예상할 수 있는 상식적인 것이어야 한다. 또, 법이 실천 불가능한 것을 요구해서도 안 된다.

위의 내용들이 법치주의를 위한 법 내부의 조건이라고 한다면, 권력분립은 법치주의를 위한 외부적 조건이라고 할 수 있다. 사법부가 행정부나 입법부 등 다른 국가 권력으로부터 자유롭게 독립되어 사건을 판단하고 결정을 내릴 수 없다면, 법은 국민들을 보호하는 역할을 제대로 할 수 없을 것이다. 권력의 영향을 받아 어떤 사람에게는 관대한 판결을 내리고, 어떤 사람에게는 엄격하고 가혹한 판결을 내리는 등 법 적용의 차별이 생긴다면, 그 법은 사회 구성원들로부터 규칙으로서의 신뢰를 잃게 될 것이다. 법치주의는 이런 법 내외의 조건들을 지키기 위해 노력하고 싸워온 수많은 사람들에 의해 지켜지는 성벽과 같은 것이다. 그리고 그 성벽은 바로 우리를 둘러싸고 보호하는 역할을 하게 된다.

[확인해 보자]
1. '법치(法治)'와 '인치(人治)'의 개념을 설명하고 장단점을 이야기하여 보자.
2. 법치주의의 실현을 위한 내부적 조건과 외부적 조건은 무엇인가?

(3) 논리의 법, 법의 논리

'한성질 씨'는 과거에 한 술집에서 사소한 시비 끝에 다른 사람을 폭행한 사실이 인정되어 20만 원의 벌금형을 선고받았다. 어느 기업체의 입사 시험을 앞두고 있는 한성질 씨는 혹시 자신의 전과 사실이 드러나 채용에 지장이 있는 것은 아닐지 걱정하면서 그때 참지 못한 것을 후회하고 있다.

흔히 범죄를 저질러서 처벌을 받으면 호적에 빨간 줄이 그어졌다는 이야기를 많이 한다. 전과자를 기록해 두는 것은 이후 범죄를 예방하고 사회적 위험을 줄이기 위해서이지만, 한 번의 잘못으로 평생 범죄자로 낙인찍혀 고통을 겪으며 살아가야 한다는 것에는 선뜻 동의하기 어렵다.

우리 법에서는 수사 자료표에 의한 범죄 경력 조회는 법률에 의하여 범죄수사와 대통령령으로 정한 제한된 경우에만 할 수 있고, 이를 조회한 자는 취득한 정보를 함부로 누설하거나 용도 외에 사용할 수 없도록 엄격하게 관리하고 있다. 따라서, 한성질 씨는 벌금형을 받은 사실에 대해 그렇게 걱정할 필요가 없다.

법이라는 것이 잘못을 저지른 사람에 대해 그에 상응하는 처벌을 받는 것도 중요하지만, 그것이 도가 지나쳐서 그 사람이 정상적으로 사회에 복귀하는 것까지 가로막아서는 곤란하다. 국가는 범죄와 관련된 전과 정보를 철저하게 관리하여 개인에게 피해가 가지 않도록 해야 할 것이다. 그리고 한성질 씨는, 당장 범죄 경력이 입사에 영향을 주지는 않겠지만, 앞으로 절대 그런 잘못을 저지르지 말아야 할 것이다.

"법을 구체적인 현실에 적용하려면 해석하는 과정이 필요하다. 동일한 사건에 대해 상반된 판결이 내려지는 경우가 있는데, 그 이유는 무엇일까? 이러한 경우 어떤 문제가 발생할 수 있을까?"

4) 법은 암호?

(1) 법의 '해석' 이유

법에 대해 공부하다 보면 '해석'이라는 말을 자주 듣게 된다. '해석'이라는 단어는 영어나 프랑스어와 같은 외국어 또는 암호문 등과 같이 의미를 잘 알 수 없는 글을 쉽게 풀이하는 것을 의미한다. 그렇다면 법도 일종의 암호처럼 어렵고 복잡하기 때문에 머리를 싸매고 해석해야 한다는 뜻일까?

어떤 의미에서는 위의 말이 옳다. 하지만, 복잡한 것은 법이라기보다는 오히려 현실이다. 모든 상황에 대비하여 법을 만들려면 법의 목록은 무한정 길어지게 될 것이다. 그래서 법은 일반적이고 추상적으로 규정되어 있는데, 실제로 사건이 일어나서 이 규정들을 구체적인 현실에 적용하려면 그 법의 내용과 의미를 정확하게 확정할 필요가 있다. 즉, 추상적인 법 규범을 현실의 여러 상황에 융통성 있게 적용하기 위해 다시 생각하여 의미를 확정하는 과정을 '해석'이라고 한다.

법 해석이 처음 시작되던 시기에는 법 자체를 절대적이고 완전무결한 것으로 보았기 때문에 법조문 자체의 내용에 충실하게 해석하고 판단하려 했다. 법조문대로 판결이 이루어지니까 사람들은 법을 그대로 따르게 되고 법치주의가 강력하게 실현되었다는 장점은 있었지만, 사회적 상식과 동떨어진 엉뚱한 판결이 나오는 일도 많았다. 그래서 오늘날에는 법을 해석할 때에는 법조문뿐만 아니라 법이 추구하는 목적과 이념도 고려하고 있으며, 법규범과 현실 사회의 간격을 좁히기 위해 많은 법조인들과 법학자들이 노력하고 있다.

(2) 법 해석의 종류

법 해석에도 여러 종류가 있다. 만약, 법을 해석한 결과가 구속력을 가지고 있고 사람들에게 영향을 끼친다면, '권한을 가지고 있는 해석'이라는 의미로 '유권해석'이라고 부른다. 예를 들면, "모든 운전자는 안전띠를 매어야 한다"라는 법이 만들어졌는데, 실제로 단속을 하는 경찰이 오토바이 운전자의 경우에도 위와 같은 법의 적용을 받는지에 대하여, 오토바이의 경우에는 안전벨트가 없으므로 단속대상이 아닌 것으로 방침을 세운다면, 경찰이 법을 '해석'한 것이 된다. 그런데 이 해석은 실제로 자동차 운전자나 오토바이 운전자에게 영향을 끼치게 되므로 유권 해석에 포함될 수 있다.

유권 해석에는 입법 해석, 행정 해석, 사법 해석 등이 있다. 그러면 '유권 해석'의 반대는 권한이 없는 해석, 즉 '무권해석'이다. 물론 이렇게 부르기도 하지만, 구속력이 없이 해석하는 것은 주로 학문적 입장에서 법을 분석하고 파악하는 경우이기 때문에 '학리(學理) 해석'이라고 부르는 경우가 더 많다. 학리 해석은 학문적 접근을 통해 유권해석의 잘못을 지적할 수 있으므로, 비록 구속력이 없더라도 매우 중요한 의미를 지닌다. 학리 해석에는 크게 법조항 자체의 의미를 확정하는 '문리 해석'과 법 전체의 의미를 논리적으로 파악하는 '논리 해석'이 있다.

하지만, 모든 상황에 대응하는 법이 준비되어 있을 리 없으므로, 사건이 벌어졌을 때 마땅히 적용할 만한 규정이 없는 경우가 발생할 수 있다. 이런 경우에는 자동차가 고장 나면 급한 대로 비슷한 부품을 가져다 끼워 쓰는 것처럼 이 사건과 가장 유사한 사항에 관한 법령을 적용할 수 있는데, 이것을 '유추 해석'이라고 한다. 이렇게 되면 구체적으로 규정되지 않은 많은 상황에 대처할 수 있다는 장점이 있다. 그러나 자동차의 핵심적인 부품을 그런 식으로 메우면 오히려 더 큰 사고가 날 수 있는 것처럼, 사람들에게 커다란 영향을 끼칠 수 있는 영역에서는 절대로 유추 해석을 하지 못하도록 되어 있다. 대표적인 경우가 형법이다. 만약, 형법에 나와 있지도 않은 행위로 처벌된다면 국가의 형벌권으로부터 국민의 권리가 침해될 위험성이 크기 때문에 죄형 법정주의의 원칙에 따라 형법에서는 유추 해석을 엄격하게 금지하고 있다.

법 해석의 방법
① 유권 해석: 입법 해석, 행정 해석, 사법, 해석
② 학리 해석: 문리 해석, 논리해석, 축소해석, 반대해석, 물론해석, 유추해석, 보정해석 연혁해석 목적해석

2. 법의 종류

장래에 변호사가 되는 것인 꿈인 '현진'이는 법과 관련된 책을 하나 사 볼까 하고 변호사인 외삼촌과 함께 서점을 찾았다. 하지만 웬 법전이 그리 많을지, 책꽂이 여러 개를 가득 메운 법률서적에 현진이는 완전히 기가 질리고 말았다.
'과연 내가 나중에 이 법들을 다 공부할 수 있을까?'
현진이의 마음을 다 안다는 듯이, 외삼촌은 싱긋 웃으며 어깨를 툭 치셨다.
"복잡해 보이지만 하나만 알면 돼. 법은 언제나 사람을 위해 존재한다는 것. 알겠니?"

1) 현실의 법과 이상의 법

우리가 사는 사회의 구성원들이 합의하여 만들어진, 현재 존재하는 모든 법을 '실정법'이라고 한다. 일반적으로 우리가 '법'이라고 부를 때에는 '실정법'을 가리키는 경우가 많다. 하지만, 과연 '실정법'만이 법의 전부일까? 만약 그렇다면, 우리가 누리고 있는 모든 권리는 실정법에 의해 만들어지고 주어진 것이라고 보아야 할 것이다.

"모든 국민은 직업 선택의 자유를 가진다"라는 조항 덕분에 어떤 직업을 선택하든 제한을 받지 않으므로, 실정법에 의해 권리가 주어진다는 말은 당연한 것처럼 여겨질 수도 있을 것이다. 하지만, 반대로 생각해 볼 수도 있다. 만약 법에 직업 선택의 자유에 관한 조항이 없다면, 또는 심지어 "직업 선택의 자유가 인정되지 않는다"라는 조항이 법에 있다면, 우리는 직업을 선택할 권리가 없는 것일까? 나치스가 만든 법처럼 인종차별을 정당화하고 인간의 존엄성을 부정하는 법이 만들어진다면, 그 법에 따라야 하는 것일까? 그렇지는 않다. '실정법'이 어떻게 만들어져 있든 간에 인간이라면 누구나 보장받아야 할 가장 기본적인 권리는 부정될 수 없기 때문이다.

이렇게 시간과 공간에 상관없이 항상 타당성을 가지고 국가적 권위와 무관하게 존재하는 법을 '실정법'에 대비하여 '자연에 따라 옳은 법', '자연에 합당한 법'이라는 의미로 '자연법'이라고 부른다. '자연법'은 법이 법으로서 가야 하는 이정표이다. 그래서 만약 만들어진 법의 내용이 자연법에 합당하지 않으면, 그 법은 잘못된 법이며 비판받거나 저항의 대상이 될 수 있다고 생각하는 사람들도 있다. 하지만, '자연법'은 구체적이지 않을 뿐만 아니라 사람에 따라 조금씩 생각이 다를 수도 있어 강제력을 가지기가 어렵다. 따라서 '자연법'은 '실정법'으로 구현되어야 그 의미를 가진다고 하겠다.

결국, '자연법'과 '실정법'은 대립되는 개념이 아니라, 서로 검토하고 보완하며, 좀 더 나은 법으로 나아가기 위해 도움을 주는 관계임을 알 수 있다.

나치의 수권법

히틀러가 1933년 3월 24일에 공포한 '국민 및 국가의 위기 극복에 관한 법률'은 "라이히 법률은 라이히 헌법이 규정하고 있는 절차에 의하는 외에, 라이히 정부에 의해서도 의결될 수 있다 (제1조). 라이히 정부가 의결하는 법률에는 라이히 헌법과는 다른 규정을 둘 수 있다(제2조). 라이히 입법 사항에 관한 라이히 정부와 외국과의 조약에는 입법에 참여하는 기관의 동의를 필요로 하지 않는다(제3조)."라는 조항을 포함하고 있다. 의회의 동의 없이 정부가 법률을 제정하는 것이 가능하도록 만든 이 법은 '독재로 통하는 다리'라고 불리기도 했다. 이후 나치는 '창당금지법', '제국문화부설립법령', '편집인법', '영화법' 등을 제정하여 일당 독재를 강화해 나갔다.

2) 헌법과 민법, 형법

(1) 나라의 기틀, 헌법

집을 지으려면 먼저 터를 튼튼하게 다져야 한다. 튼튼한 기초 없이 지은 집은 아무리 화려하게 꾸며져 있어도 언젠가는 무너지게 되어있다. 국가도 마찬가지이다. 한 국가가 안정되게 운영되려면 국가를 구성하는 기본적인 법과 원칙이 잘 자리 잡아야 하는데, 이러한 역할을 하는 법 중에서 가장 근본이 되는 법이 '헌법'이다.

헌법은 다른 법들과 국가 기관들의 원칙이 잘 자리 잡을 수 있도록 하는 기초와 같은 역할을 한다. 예를 들면, 대통령의 강력한 권한은 헌법에 의해 주어진 것이며, 민법, 형법, 상법과 같은 법들도 모두 헌법의 원칙하에서 구체화된 것이다. 따라서 집터 바깥쪽에 기둥을 세울 수 없는 것처럼, 국가의 운영과 모든 법의 제정은 헌법의 테두리 안에서 이루어집니다. 이렇게 헌법은 다른 법들에 앞서 판단의 기준이 된다는 점에서 최상위 법으로 불리기도 한다.

헌법에는 크게 두 가지 내용이 담겨 있다. 하나는 국가의 통치조직과 통치 작용의 원리를 정하는 것이고, 다른 하나는 국민의 기본권을 보장하는 것이다. 앞에서 말한 대통령이나 국회, 사법부 등 모든 국가 기관은 헌법 규정에 의거하여 만들어지고 운영된다. 또, 자유권, 평등권을 비롯한 국민의 권리와 의무도 헌법 조항들에 의해 규정되고 보호된다.

하지만, 헌법 역시 국민들의 합의에 의해 만들어진다는 것이 중요하다. 우리나라의 경우, 국민 투표라는 직접 민주주의적 과정을 통해 확정되는 헌법은, 국민의 나라의 주인이라는 사실을 가장 분명하게 보여주는 증거로, 시대와 사회적 상황의 변화에 따라 국가의 운영이 능동적으로 변화해 나갈 수 있게 하며, 국민 전체의 공감대를 형성하여 국가 사회를 통합시키는 역할을 하기도 한다. 헌법이 바로 선 나라가 민주주의를 바르게 실현하는 나라라고 해도 과언이 아닐 것이다.

(2) 개인들 간의 문제는 민법을 통해 해결

민법의 사안들, 즉 국가 기관이 아닌 사람들 간의 권리관계에 관한 사항을 법으로 만들어 둔 것을 말하며, 권리관계에 문제가 생기면 민법에 따라 해결한다. 즉, 민법을 공공의 질서와 관련된 문제가 아닌, 개인들 간의 다툼을 해결할 때에 적용되는 법이다.

민법은 근대에 발전하기 시작하였는데, 사인들 간의 권리관계 문제는 개인주의, 자유주의에 따라 국가나 다른 사람의 간섭 없이 자유롭게 이루어지도록 하였다. 모든 사람은 자유롭고 평등하게 태어났으므로 자기가 원하는 대로 권리관계를 형성할 수 있다는 것이다. 쉽게 말해서, 내가 사고 싶은 것을 사고, 먹고 싶은 것을 먹고, 결혼하고 싶은 사람과 결혼하고, 살고 싶은 집에서 사는 것을 어떻게 해결하는가를 정한 것이 민법의 원래 정신이다.

그래서 근대 민법에는 '사유재산권 존중주의', '사적 자치의 원칙', '과실책임의 원칙' 등이 중요한 원칙으로 자리 잡았다. '사유 재산권 존중주의'는 각 개인의 사유 재산에 대한 절대적인 지배를 인정하고 국가나 다른 사람은 그 재산에 대하여 간섭하지 못한다는 것이다. '사적 자치의 원칙'은 개인이 자기의 법률관계를 자기의 자유로운 의사에 따라 형성할 수 있다는 것이다. '과실 책임의 원칙'은 개인이 다른 사람에게 준 손해에 대해서는 그 행위가 위법하고, 동시에 고의나 과실에 의한 경우에만 책임을 진다는 것이다.

그런데 21세기에 들어서면서 이러한 개인주의적인 근대 민법의 원칙에 수정이 가해지게 되었다. 경제력이 다른 사람들 간에 계약을 하면 경제력이 우월한 사람이 보다 유리한 계약 내용을 강요하는 일이 생겼기 때문이다. 예를 들어, 어떤 공장주가 과도한 노동을 시키면서 형편없이 낮은 임금을 주더라도, 직장을 잃을 것을 두려워하는 근로자들은 부당한 계약에 동의할 수밖에 없거나, 거대 기업의 횡포에 소비자들의 권리가 침해되는 상황 등이 발생하였다. 산업 사회가 발전하면서 이러한 일이 많이 발생하자 이에 대한 대책이 필요하게 되었다. 그래서 21세기 현대 사회에서는 사회적인 형평의 원칙이 강조되고 있다.

재산권 행사에는 공공복리에 적합하게 하고, 권리와 의무의 이행을 신의에 좇아 성실하게 하도록 한다는 신의 성실의 원칙, 권리를 남용하지 못한다는 권리 남용의 금지와 같은 사회적 수정 원리가 적용된다.

그러한 기본 원리 아래 민법은 개인들의 사적인 재산 관계와 가족 관계에 관하여 정하고 있다. 재산 관계와 관련된 내용에는 재산권의 종류와 계약의 종류 및 내용, 위반 시의 효과, 타인에게 미친 손해에 대한 배상 등이 있다. 가족관계에 관해서는 약혼, 혼인, 친족 , 유언, 상속과 같은 문제들을 다룬다.

> 부동산 거래는 개인들의 권리관계문제를 다루는 영역이다. 정부가 부동산 대책을 통해 개인의 재산권 행사를 제한하는 것은 타당할까?

(3) 공공질서의 수호자, 형법

형법은 어떤 행위가 범죄이며, 범죄를 저지른 경우에 어떠한 처벌을 받는지에 관하여 정해 둔 법이다. 도덕적으로 비난받을 행위라 할지라도 그것이 법률에 범죄로 규정되지 않는 한 범죄가 되지 않는다. 그러므로 어떤 행위가 범죄가 되는지, 또 그러한 범죄를 저지른 경우에 어떤 형벌을 받는지 명확하게 법률로 정해야 한다. 이것을 '죄형 법정주의'라고 한다. 그래서 법률이 정확하게 없으면 범죄도 없고 형벌도 없다는 말이 있다. 형법은 이러한 부분을 명확하게 규정해 놓은 법이다.

형법은 이런 규정들을 통하여 사람들의 이익을 보호하고 법질서를 유지한다. 또, 일반 국민에 대하여 형법에 규정되어 있는 범죄 이외에는 어떤 행위를 하더라도 범죄자로서 처벌하지 않겠다고 보장하며, 범죄인에 개해서도 형법에서 정하고 있는 형벌의 범위 안에서만 처벌하겠다고 보장하는 역할을 한다.

그러나 만약에 자신이 어떤 행위를 저질렀을 때, 당시에는 없었던 법이 나중에 생겨서 처벌을 받게 된다면 이런 보장은 무의미해질 것이다. 따라서 형법은 그것이 정해진 시점 이전의 행위에 소급해서 적용할 수 없도록 되어 있다. 이것을 '법률 불소급의 원칙'이라고 합니다. 또, 법규가 명확하지 않아서 해석하는 사람 마음대로 처벌할 가능성도 있기 때문에, 형법은 범죄의 구성 요건과 법적 결과를 명확하게 규정하는 '명확성의 원칙'을 지켜야 하고, '유추 해석'은 엄격하게 금지된다. 이러한 엄격한 규정들은 형법이 사람들에게 미치는 영향력이 크다는 것을 반증하는 것이다.

[확인해 봅시다]
1. 헌법의 내용과 역할을 설명하여 보자. 헌법이 다른 법들보다 우선시되는 이유는 무엇일까?
2. 근대 민법의 3대 원칙과 현대에 수정된 원칙을 비교하여 보자. 그런 차이는 왜 발생하게 되었을까?
3. 형법의 '죄형 법정주의' 원칙이 가지는 의미를 설명하여 보자. 이 원칙은 무엇이며, 왜 이런 원칙이 필요할까?

3) 또 다른 구분

(1) 성문법과 불문법

2005년, 행정 수도 이전을 위한 '신행정 수도건설을 위한 특별조치법'이 헌법재판소에서 위헌으로 결정된 사례가 있었다. 위헌 결정을 내린 근거는 관습법이었다. 그 결정으로 인하여 관습법이 무엇인지에 대하여 많은 사람이 관심을 가지게 되었는데, 관습법은 법전이 따로 없는 불문법의 일종이다. 이렇게 법은 존재하는 형식에 따라 성문법과 불문법으로 나눌 수 있다. 성문법은 입법기관에서 일정한 절차를 거쳐 조문 형식으로 제정한 법으로, 국가에서 최고의 지위를 가지는 헌법, 국회에서 일정한 절차를 거쳐 대통령이 공포한 법률, 법으로부터 권한을 받은 기관이 만든 명령, 그리고 자치법규와 국제조약 등이 성문법이라고 할 수 있다. 우리나라에는 현재 약 4천여 개의 조문화된 법령이 있다.

한편, 영미법계 국가들처럼, 문서화된 법이 아니라 대헌장, 권리장전 등과같이 역사적인 합의 또는 타협이 헌법으로 통용되는 경우가 있는데, 이것을 '불문법'이라고 한다. 관습법과 판례법이 여기에 포함된다.

관습법은 한 사회에서 그 구성원들에 의하여 장기간 반복적으로 행하여짐으로써 형성된 규칙이다.

그리고 법원의 판결이 계속 쌓여서 만들어진 법을 판례법이라고 한다. 영국의 법원에서는 어떤 분쟁 사건에 대하여 한번 판결이 내려지면 동일한 성격을 지닌 다른 사건들도 그 판결에 따라 결정을 내려야 한다. 즉, 판결이 곧 법과 같은 성격을 지니게 되는 것이다.

우리나라도 민법 제1조에서 "민사에 관하여 법률에 규정이 없으면 관습법에 의하고, 관습법이 없으면 조리에 의한다"라는 규정을 통해 불문법의 효력을 인정하고 있다. 왜냐하면, 성문법만으로는 인간의 구체적인 생활 모두를 규정할 수 없기 때문이다.

우리나라, 일본, 독일, 프랑스와 같은 국가들을 거의 성문법주의를 취하고 있고, 영국, 미국, 오스트레일리아와 같은 국가들은 거의 불문법주의를 취하고 있지만, 근대에는 불문법주의 국가들에서도 성문법이 급격하게 증가하고 있다.

〈표 4-3-2〉 불문법과 성문법의 비교

구분	불문법	성문법
의미	문서화되어 있지 않은 법	일정한 입법절차에 따라 조문의 형식으로 제정된 법
종류	관습법, 판례, 조리	헌법, 법률, 명령, 조례, 규칙 및 조문

(2) 실체법과 절차법

법은 내용에 따라 실체법과 절차법으로 분류할 수도 있다. 실체법은 국민의 권리와 의무의 내용, 발생, 변경, 소멸 등을 대상으로 하는 법으로, 민법, 형법, 상법 등이 이에 포함된다. 예를 들면, 민법 제5조는 "미성년자가 법률행위를 할 때에는 법정 대리인의 동의를 얻어야 한다"라고 규정하고 있다. 이것은 미성년자가 법률행위를 하려면 그 전제 조건으로 부모나 후견인 등 법정대리인의 허락이 있어야만 한다는 것을 밝힌 것이다. 즉, 미성년자의 권리와 의무의 발생에 대해 규정한 것이므로, 이런 내용은 실체법적 조항으로 볼 수 있다.

이와 달리, 절차법은 실체법에 의해 발생된 권리와 의무를 실현하기 위한 법이다. 우리의 권리가 침해되거나 부당한 의무를 지게 될 때, 이를 시정하기 위한 방법으로 재판을 생각해 볼 수 있다. 이러한 재판을 공정하게 진행하기 위하여 소송의 절차와 재판의 과정을 규정해 놓은 것이 절차법이다. 개인 간의 분쟁으로 인한 재판을 다루는 민사 소송법, 범죄와 관련한 재판을 다루는 형사 소송법, 행정 기관과의 분쟁으로 인한 재판을 다루는 행정 소송법 등은 모두 절차법의 일종이다.

(3) 공법·사법 그리고 사회법

법은 우리의 생활영역을 국가와 국민 사이에서 일어나는 영역, 개인과 개인 사이에서 일어나는 영역으로 나누어 보고 있다. 이렇게 나뉜 국민의 생활영역을 바탕으로 각각의 영역에 맞는 법을 적용하는데, 이 중에서 국가나 공공 단체 등이 공권력을 행사하는 것에 대해 자세히 규정한 법을 '공법'이라고 한다. 공법에는 헌법, 행정법, 형법, 형사소송법, 민사소송법 등이 있다.

제1절 법교육의 기저

1. 법교육의 기초

민주국가에서 법치국가적인 이상을 실현하기 위해서는 법교육을 통한 기초적인 법적 소양과 준법 의식을 갖춘 유능하고 책임 있는 민주시민을 육성해야 할 필요성은 민주주의와 법치주의를 지향하는 사회의 당연한 요청이다. 최근에 법교육의 필요성과 중요성이 강조되고 있고, 법교육의 목적, 내용, 방법 등에 대한 연구가 활발히 이루어지고 있는 것은 고무적인 현상이다.

그러나 그동안의 교육 현실은 이러한 당위론적인 요청을 충실히 반영하지는 못해 온 것이 현실이다. 그동안 학교에서는 법교육을 실시해왔지만 교육 당국과 학교의 법교육에 대한 경시, 교육내용의 진부성, 교수법과 수업전략의 미비성 등으로 인하여 학생들은 법과 법교육을 딱딱하고 재미없는 것으로 인식하고, 학교현장에서는 중요하고 필수적인 과목으로 대우받지 못하고 있다.

최근에 법교육의 필요성과 중요성이 강조되고 있고, 법교육의 목적, 내용, 방법 등에 대한 연구가 활발히 이루어지고 있는 것은 고무적인 현상이다. 아울러, 최근에서부터 법교육 관련 논의를 종합적으로 검토하여 법교육 개선 방안을 모색하는 것은 의미 있는 일이다.

법이 개인의 권익보호와 정의실현 및 사회질서 유지를 위한 기초라는 순수한 국민의식이 자리 잡지 못한 것은 우리의 전통문화와 관련이 깊다.

사실 한국의 전통적인 법문화는 유교주의적 전통 아래 '법'보다 '예'를 중시하였으며, 법은 곧 형법과 같은 것으로 여겨 통치 수단으로 인식되어 왔다. 형불사대부 예불하서인(刑不士大夫 禮不下庶人)이라고 하여 법이나 형벌은 군자와 사대부 등에게는 관계가 없으며, 예는 서인이 알 바가 아니라 하여 법이 선택적으로 적용되었음을 알 수 있다. 법은 처벌과 통치를 위한 수단으로서 일반 서민들에게는 두려움의 대상이었으며, 피해야 할 껄끄러운 것이었다.

부정적 법의식을 표현하는 말들로 '법 없이도 살 수 있는 사람, 법보다 주먹이 가깝다, 유전무죄 무전유죄(有錢無罪 無錢有罪), 이현령비현령(耳懸鈴鼻懸鈴)' 등의 말 등은 이제는 오늘날 법적 소양이 민주시민성의 핵심적 자질이 되어가고 있는 현실에서 적절치 않은 말이다. 특히 법을 지키면 손해본다는 관행적 의식은 오늘날 법을 기본적 인권 보장과 사회정의 실현, 공공복리의 증진을 위한 강력한 사회 규범으로 적용해 나가야 하는 법치사회 실현에 큰 걸림돌이 되고 있는 것이다.

일반적으로 법학(法學)은 법 현상을 고찰 대상으로 하는 법률학이라고도 한다. 좁은 의미의 법학은 헌법, 행정법, 민법, 형법, 상법, 민사소송법, 형사소송법, 노동법, 국제법 등 실정법을 객관적으로 해석하여 체계적인 원리를 인식하는 학문이며, 넓은 의미의 법학은 법해석학 이외에 법철학, 법사회학, 법사학(法史學), 비교법학 등을 포함하며 나아가 법정책학, 법논리학, 법심리학, 법인류학 등을 포함시키기도 한다.

법학은 일반적으로 다음과 같이 네 가지로 분류할 수 있다.

① 실용법학과 이론법학으로 나눌 수 있다. 실용법학은 재판이나 행정사무에의 적용을 전제로 하여 성립한 법학으로서 구체적으로는 법해석학을 의미한다. 이론법학은 법의 적용을 위한 것이 아니고, 법 이론적 인식을 목적으로 하는 제 과학(諸 科學)을 의미한다.

② 법규범학과 법사실학으로 나눌 수 있다. 연구 대상이 법규범인 법해석학, 법논리학 등을 법규범학이라고 하고, 법에 관계되는 사실을 대상으로 하는 법사학(法史學), 법사회학 등을 법사실학이라고 한다.

③ 법해석학과 법정책학으로 구분할 수 있다. 해석론의 범위 내에서 법의 해석을 논하는 것이 법해석학이고, 그 범위를 넘어서 있어야 할 법을 논하는 것이 법정책학이다.

④ 일반법학과 기초법학으로 구분할 수 있다. 일반법학은 특정의 법질서, 법영역에 한정되지 않고 법질서 일반에 관한 보편적인 문제를 대상으로 하는 학문이고, 기초법학은 최근에서부터 사용된 개념으로 법학의 기초적 측면에 초점을 맞추는 법학이다.

사회규범 가운데 국가적인 강제로 실현되는 규범인 법(法)은 규범으로서 법칙(法則)과 구별된다. 법칙은 어떠한 사실적 존재(存在)를 의미하는 데 비하여, 규범은 마땅히 있어야 할 당위(當爲)를 의미한다. 가령, 사람이 죽는다는 것은 사실을 나타내는 자연법칙이지만, 사람을 죽여서는 안 된다는 것은 사실을 말하는 자연법칙이 아니라 당위를 의미한다.

법칙은 사람이 만드는 것이 아니라, 인간이 어떠한 목적을 달성하기 위하여 만들어 낸 것이다. 인간은 다만 자연법칙에만 따르지 않고 따로 규범을 만들어 그 규범을 지킴으로써 다른 동물들과 달리 사회생활을 영위하고 문화를 창조 계승하여 왔다. 규범은 오로지 인간에게만 있는 것이고 동물에게는 없다. 규범을 만드는 것은 어떠한 목적을 이룩하기 위한 것인데, 가령 사람을 죽여서는 안 된다는 규범은 인간이 생명을 존중하고 사회질서를 유지하기 위해서 만든 것이다. 어떠한 사회규범이 국가적 강제에 의하여 지켜지는 경우에 그 사회규범을 곧 법이라고 하는 것이다.

2. 법교육과 민주주의

민주시민교육을 "민주주의의 이념과 원리를 이해하고 그에 따라 행동하고 참여하는 데 관련된 지식, 기능, 가치·태도를 육성하기 위한 교육적 노력"으로 이해하고, 정치교육을 "정치공동체(국가사회)의 유지·발전을 위한 교육적 노력"으로 정의한다면, 여기서 말하는 '민주주의의 이념과 원리'를 구현하고, '정치공동체의 유지·발전'을 위한 노력의 대부분은 국가사회의 법질서 속에서 이루어지므로 민주시민교육, 정치교육의 상당 부분은 법교육을 통해 이루어질 수 있을 것이다.

민주시민교육으로서 법교육은 법현상을 이해하고 일상의 법적 문제나 쟁점을 합법적으로 판단하고 행동할 수 있는 능력을 갖추며 이를 바탕으로 궁극적으로는 '준법의식을 갖춘 책임 있는 민주시민'을 양성하는 것을 목표로 한다.

3. 법교육의 의미와 필요성

일반적으로 법교육의 의미, 필요성 등을 구분하여 논의하면 다음과 같다.

1) 법교육의 의미

(1) 법교육이란 법률전문가 양성을 위한 법학교육(Legal Education)과는 달리 청소년 또는 성인 일반을 대상으로 법의 형성과정, 법제도와 그것들이 기초를 두고 있는 원리와 가치에 관한 지식과 기능을 제공하는 교육을 의미한다.

(2) 법교육은 미국의 법 관련 교육(Law-Related Education)에서 유래한 용어로서 청소년 또는 일반 성인들의 법적 시민 자질을 함양시키기 위하여 이루어지는 다양한 유형의 교육활동 전반을 포괄적으로 지칭하고 있다.

(3) 따라서 법교육은 지식 전달 위주의 교육이 아닌 법과 규칙의 배경이 되는 가치관이나 사법 제도의 기능이나 의의를 경험하고 생각하는 것을 중요하게 여기는 참여 위주의 교육, 사고력 중심의 교육이라는 특징을 가지고 있다.

법교육과 법학교육은 다음과 같이 구별할 수 있다.

〈표 4-4-1〉 법교육과 법학교육의 구별

법교육(Law-Related Education)	법학교육(Legal Education)
법질서에 대한 신뢰와 자부심을 가지고 법을 적극적으로 이용하여 자신과 타인의 권리를 보호하려는 가치관과 태도를 양성	법학이라는 학문 활동을 통한 법률전문가로서의 지식 획득
가치·태도의 측면을 강조	지식의 측면을 강조
준법교육에 대해 우호적이어야	준법교육에 대해 중립적일 수도 있음
교육의 자유의 영역	학문의 자유의 영역
가치 지향적	가치 중립적
법치주의는 자유민주주의 질서에 우호적이라고 해석	법치주의와 자유민주주의의 관계에 대해 중립적으로 해석할 수도 있음

한국의 법교육지원법 [제정 2008.3.28 법률 제8992]은 법교육의 정의에 대해서 다음과 같이 규정하고 있다.

제2조(정의) 이 법에서 사용하는 용어의 뜻은 다음과 같다.

① "법교육"이란 청소년 및 일반 국민에게 법에 관한 지식과 기능, 법의 형성과정, 법의 체계, 법의 원리 및 가치 등의 제공을 통하여 민주시민으로서 필요한 법적 이해능력, 합리적 사고능력, 긍정적 참여의식, 질서의식, 헌법적 가치관 등의 함양함을 목적으로 하는 법과 관련된 일체의 교육을 말한다.

② "학교 법교육"이란 「초·중등교육법」 제2조 및 「고등교육법」 제2조에 따른 학교에서 교육과정

의 일환으로 행하는 모든 법교육을 말한다.

③ "사회 법교육"이란 법교육 관련 단체와 「평생교육법」 제2조제2호에 따른 평생교육기관 등에서 행하는 모든 법교육을 말한다.

2) 법교육의 필요성

(1) 실용적 법교육을 통한 불필요한 법적 분쟁의 예방

① 고소·소송 등 법적 분쟁이 빈발하여 사법비용이 과다하게 지출되고 그 부담을 고스란히 국민들이 떠맡아야 하는 상황이 발생하고 있다.

※ 우리나라의 고소·고발사건은 2003년 기준 62만 5천여 건(총 191만 건의 약 33.6%, 그중 고소사건 기소율은 19.4%)으로서, 연평균 1만 2천여 건에 불과한 일본에 비하여 약 52배에 달함

② 실제로 계약서만 제대로 작성하여도 형사고소, 각종 소송 등 상당수의 분쟁을 사전에 방지할 수 있으며, 이로 인한 사회적 비용 경감과 효율성 제고에 큰 효과가 있을 것으로 예상되고 있다.

③ 법은 어렵고 권위적이라는 부정적 인식을 개선하여, 실용적 계약문화와 긍정적인 국민 법 의식의 정착이 필요하다.

※2005년 법무부 법의식 조사에 의하면, 조사대상의 86.8%가 "법이 어렵다"고 응답하였으며, 82.2%가 "법은 권위적이다"라고 응답하였다.

④ 체계적 교육을 통해 국민의 법률적 소양을 배양하고, 올바른 계약문화를 정착시켜 불필요한 법적 분쟁을 예방하기 위하여 법교육의 필요성이 높아지고 있다.

(2) 학교폭력 등 청소년 비행에 근본적인 대책 마련 필요

① 급격한 사회 변동과 경제 성장으로 인한 가치관의 혼란, 인간관계의 부조화 등으로 인해 발생하는 청소년 비행 또는 범죄에 대하여 교육 현장에서의 적절한 대처가 미흡하다.

② 학교에서 법교육 프로그램을 통하여 건전한 가치관과 태도, 합리적 사고능력과 문제 해결 능력 등을 함양시킴으로써 비행과 범죄의 예방이 절실하다.

※ 미국의 '법 교육 프로그램'에 관한 각종 보고서는 법 교육이 청소년 폭력과 기타 비행을 감소시키는 예방적 기능을 하는 것으로 분석하고 있음

제2절 법교육의 개념과 목표

1. 법교육의 개념

일반적으로 법교육의 의의는 법과 교육의 복합적 구성요소를 결합한 합리적인 법교육의 정립에

있다. 법교육지원법에서는 법교육의 의의를 다음과 같이 정의하고 있다. "'법교육'이란 청소년 및 일반 국민에게 법에 관한 지식과 기능, 법의 형성과정, 법의 체계, 법의 원리 및 가치 등의 제공을 통하여 민주시민으로서 필요한 법적 이해능력, 합리적 사고능력, 긍정적 참여의식, 질서의식, 헌법적 가치관 등을 함양함을 목적으로 하는 법과 관련된 일체의 교육을 말한다"(제2조 제1호). 법교육은 학교 법교육과 사회 법교육을 포괄한다. "학교 법교육"이란 「초·중등교육법」 제2조 및 「고등교육법」 제2조에 따른 학교에서 교육과정의 일환으로 행하는 모든 법교육을 말한다(제2호). "사회 법교육"이란 법교육 관련 단체와 「평생교육법」 제2조 제2호에 따른 평생교육기관 등에서 행하는 모든 법교육을 말한다(제3호).

2. 법교육의 대상

법의 교육이라는 점에서 법교육의 대상은 학교 법교육과 사회 법교육의 두 가지 측면이 제기된다.

학교 법교육은 학교의 단계에 따라 대상이 달라져야 할 것이다. 학교 법교육은 초등학교에서의 법교육, 중학교에서의 법교육, 고등학교에서의 법교육, 대학에서의 법교육 등으로 나누어 볼 수 있다. 이들 법교육의 대상은 정규 과정의 학생들이다. 초등학교 학생을 대상으로 하는 법교육, 중학교 학생을 대상으로 하는 법교육, 고등학교 학생을 대상으로 하는 법교육, 대학교 학생을 대상으로 하는 법교육이 각기 그 목표와 방향이 달라져야 할 것이다.

학교 법교육에서는 원칙적으로 교육과정에 수용된 법교육이 중점을 이루게 된다. 즉 각 학교 단계별로 학생들의 수준에 적합한 법교육을 실시하여야 한다. 하지만 교과 과정의 한계 때문에 법교육이 어느 정도의 위치와 중요성을 가질 수 있을 것인지는 여전히 논란이 되고 있다. 국어, 영어, 수학으로 상징되는 전형적인 정규교과목 이외에도 사회적 수요에 따라 경제교육, 과학교육, 환경교육 등의 중요성이 배가되고 있는 실정이고 보면 법교육만을 특별히 강조하기도 어려운 게 현실이다. 하지만 각 단계별 교육현장에서 적어도 최소한의 법교육이 실시되어야 민주시민으로서의 건전한 사고의 함양과 더불어 법치국가의 기초를 마련할 수 있다. 고등학교 과정에서 본격화되는 법교육은 「법과 사회」다. 그런데 「법과 사회」 과목의 교과내용은 대학의 법학개론의 축소판이라 할 정도로 암기 위주의 교재 형태를 취하고 있기 때문에 근본적인 개편이 필요하다. 즉 법적 지식의 함양에만 그칠 것이 아니라 법의식의 제고가 필요한 것이다.

한국에서는 이제 대학에서의 법교육 또한 더욱 강화되어야 한다. 특히 법학전문대학원 제도가 도입되면서 전문대학원에서의 그야말로 고도의 법학교육뿐 아니라 법교육의 장도 동시에 마련함으로써 앞으로 법률전문가가 될 그들이 법교육의 선도적인 역할을 할 수 있는 계기를 마련해 주어야 한다.

법과대학이나 법학 유관학과에서의 법교육은 전반적으로 법학교육의 한 형태일 뿐 법교육의 장이 제대로 마련되지 못하고 있는 실정이다. 특히 교육대학교 사회교육과 심화과정과 사범대학 사회교육학과에서의 법교육과 법학교육은 바로 그 교육을 이수한 학생들이 학교 현장의 법교육을 담당할 것이기 때문에 이들에 대한 보다 체계적인 법교육과 법학교육이 필요하다. 또한 교육대학에서도 초등학교 교사들이 법교육의 직접 당사자로서 갖추어야 할 소양을 제고하는 방안도 적극적으로 검토되어야 한다. 이들에게 있어서는 법교육과 법학교육의 두 가지 측면을 동시에 아우를 수 있는 역량의 제고가 필요한 것이다.

물론 법학과 유관하지 않은 일반 대학생들도 장차 그들이 우리 사회의 지도적 위치에 이를 것이라는 점을 고려한다면 그들도 최소한 법에 대한 기본적인 인식과 이해를 할 수 있는 능력을 갖추어야 한다. 전통적인 법과대학 중심으로 개설된 법학개론의 형태로는 한계가 있다. 「법과 생활」 과목의 강좌도 보다 실천적인 내용을 더욱 보완, 수록하여야 할 것이다.

법교육이 정규교과 과정으로서 진행되는 것 못지않게 학생들의 법의 중요성에 관한 의식을 고취시켜 주는 각종 프로그램도 중요한 몫을 차지한다. 예컨대, 법과 관련된 논술경시대회, 모의재판경연대회와 같이 일부 학생들이 참여하는 프로그램 못지않게 법률가 초청 강연, 솔로몬 로 파크, 법교육진흥센터 등을 통하여 법교육의 저변을 확대하는 작업이 필요하다.

특히 오늘날 청소년의 성장이 매우 빨라지고 있는 현실에서 학령 전 아동들에 대한 법교육도 동시에 고려할 필요가 있다는 것이다. 유치원, 어린이집 등에서 이루어지고 있는 어린이들에 대한 교육은 전통적인 의미의 놀이형식을 가미한 법교육의 필요성을 생각해 볼 수 있다. 솔로몬 로 파크의 견학도 이들에게 좋은 교육의 기회의 장이 될 수 있을 것이다. 또한 어린이들 사이에 일어나는 다툼들이 실제로 법을 통하여 해결될 수 있다는 점을 부각시킬 필요가 있다. 감수성이 예민한 어린이들에게 그들이 가진 건전한 상식이 곧 법이라는 인식을 함양시킬 필요도 있다.

사회 법교육은 사회인을 대상으로 하는 법교육이라는 점에서 정규 학교 교과 과정에서 이루어지는 법교육과는 성격을 달리한다. 법교육지원법에서는 사회 법교육의 활성화를 위한 일련의 규정을 마련하고 있다. "국가 및 지방자치단체는 국민들의 법의식 함양을 위하여 법교육 관련 단체와 「평생교육법」 제2조 제2호에 따른 평생교육기관 등이 운영하는 법 관련 교육내용의 연구·개발 및 각종 법교육 활동과 이를 위한 시설·장비를 지원할 수 있다"(제9조 제1항). "국가 및 지방자치단체는 국가, 지방자치단체, 공공기관 등에서 운영하는 교양강좌, 문화강좌 등에 법교육 관련 교육과정을 개설할 수 있도록 지원할 수 있다"(제2항). "국가 및 지방자치단체는 장애인, 국민기초생활 수급자, 북한이탈주민, 외국인 등 특별한 배려가 필요한 교육적 취약계층을 보호·지원하는 각종 시설 및 단체의 법교육 관련 활동을 지원할 수 있다"(제3항). "교육시설의 경영자는 법교육 지원을 위하여 방과 후, 휴일 및 방학기간 동안 시설의 일부를 교육단체 등이 이용하게 할 수 있다"(제4항).

사회 법교육을 통한 법교육의 저변 확대가 충실하게 이행되어야만 법교육의 목표가 제대로 달성될 수 있다. 법교육지원법에서 명시하고 있는 교양강좌, 문화강좌 등을 통한 법교육의 중요성은 특별히 강조할 필요가 없을 것이다. 종래 교양강좌나 문화강좌는 생활 속의 편리함에서 비롯된 일련의 소위 일용할 양식이 중점을 이루고 있다. 꽃꽂이 강좌로 상징되는 문화나 교양 강좌는 단순한 즐거움 이상의 것이 될 수 없다. 법교육은 그야말로 민주시민의 일용할 양식이라는 점을 부각시켜야 할 것이다. 이 경우 다양한 프로그램이나 콘텐츠 개발이 필요하다. 법이 생활에 필수적이고 유용한 것이라는 것은 다 인식하고 있음에도 불구하고 재미가 없고 딱딱하다는 선입견을 불식시켜야 한다.

법의 일상화를 위해서는 일반 국민을 상대로 한 교육의 필요성이 제기된다. 이 경우 라디오나 텔레비전에서 법문제의 해결이나 언론에 보도되는 법과 관련된 사안에 대한 해설은 국민 일반에 대한 살아 있는 법교육의 장을 마련할 수 있을 것이다. 현재 각 언론매체별로 이와 관련된 프로그램이 단편적으로 진행되고 있는데 이를 보다 체계적으로 지도하고 선도할 프로그램의 개발이 필요하다.

또한 "장애인, 국민기초생활 수급자, 북한이탈주민, 외국인 등 특별한 배려가 필요한 교육적 취약계층을 보호·지원"하는 프로그램을 적극적으로 활용하여야 한다. 특히 북한이탈주민에 대한 법교육은 더욱 절실한 문제이다. 전혀 다른 법체계에서 살아온 그들에게 우리의 법과 제도의 우수성을 인식시킴으로써 건전한 시민으로 살아갈 수 있는 토대를 마련해 주어야 하는 것이다. 언제 이루어질지 모르는 남북통일의 시대에 대비하는 법교육 프로그램도 장기적으로 개발되어야 할 것이다.

법교육지원법에서 명시하고 있는 사회적 약자에 대한 법적 배려는 장애인, 국민기초생활 수급자, 외국인 등이다. 이들에 대해서는 특별한 법적 지원이 필요하다. 한국법률구조공단과 같은 공적 기구를 통한 법적 구조뿐만 아니라 법교육의 실질적 수혜를 받을 수 있는 배려가 필요하다.

특히 형사처벌과 관련된 수형자에 대한 법교육이 더욱 필요할 것이다. 법을 제대로 알지 못해서 저지른 범죄도 있을 것이고 법위반 사실을 알면서도 범죄를 저지를 수도 있겠지만 그 어떠한 경우에도 그들의 사회복귀를 위해서는 법의 존엄성과 준수를 위한 적극적인 프로그램을 개발함으로써 사회복귀의 효과를 거두는 것이 필요하다. 감수성이 예민한 청소년의 경우에 더욱 그러하다.

3. 법교육의 목적과 목표

법교육지원법에서 정의하고 있는 법교육의 의의에 비추어 본다면 법교육의 목표는 "법에 관한 지식과 기능, 법의 형성과정, 법의 체계, 법의 원리 및 가치 등의 제공"을 통하여 "민주시민으로서 필요한 법적 이해능력, 합리적 사고능력, 긍정적 참여의식, 질서의식, 헌법적 가치관 등을 함양함을 목적으로" 한다(제2조 제1호).

법교육은 법과 교육이라는 두 가지 인식의 제고를 통하여 소정의 목표를 달성할 수 있을 것이다. 즉 법교육은 교육 중에서도 법에 관한 교육이라는 사실이다. 따라서 법교육에 있어 어떠한 목표를 삼을 것인가는 다양한 논의가 가능하다.

첫째, 법을 가르치는 작업이다. 왜 법이 필요한가에서부터 법이 어떻게 형성되어 있는가를 일반인들이 쉽게 이해하고 접근할 수 있도록 법교육의 목표를 설계하여야 한다.

둘째, 법이 민주시민의 필수적 덕목이라는 인식이 제고되어야 한다. 법교육의 목표는 민주시민으로서의 건전한 양식의 함양에 있다. 특히 법교육은 법이 국민 생활의 일부로서 자리 잡게 하기 위한 것이다. 무엇보다도 그 기저에는 법이 국민 생활을 편하게 할 수 있다는 인식의 제고가 선행되어야 한다. 즉 "법은 가진 자의 전유물"이라든가, "무전유죄, 유전무죄"라는 식의 법 폄하적인 사고와 행태를 불식시킬 수 있는 교육이 이루어져야 한다. 또한 법을 지키면 불편한 것이 아니라 오히려 생활을 편리하게 한다는 인식도 제고되어야 한다.

특히 법교육은 학습자를 법률전문가로 키우려는 것이 아니라 학생과 일반 국민이 실체법과 절차법을 확실히 이해하도록 직접적이고도 의미 있는 교육적 경험을 제공함으로써 그들이 시민성(Citizenship)의 개선을 도모하는 데 있다.

법교육은 선량한 민주시민 양성이 궁극적 목적이다. 법적으로 선량한 시민을 양성하려면 법적 지식이나 소송법상의 능력, 즉 법적 소양을 갖추게 해야 할 뿐만 아니라, 그 바탕 위에서 윤리 도덕적으로 건전한 가치관과 사회생활에서의 민주적 태도의 함양, 나아가 법을 비롯한 제 사회 계약을 존중하는 자세를 함양하도록 교육하여야 한다. 법교육자는 법의 철학적 탐구를 비롯하여 실용적인 생활법에 이르기까지 다양한 프로그램의 개발과 활용 등에 관심을 기울여야 한다. 법교육을 통해서 법조인을 육성하려는 것이 아니라, 학생들을 교육시켜서 민주시민성을 함양하는 데 궁극적인 목적이 있는 것이다.

법적으로 선량한 민주시민을 육성하려면 법적 지식이나 소송법상의 능력, 즉 법적 소양을 갖추게 해야 할 뿐만 아니라, 그 바탕 위에서 윤리 도덕적으로 건전한 가치관과 사회생활에서의 민주적 태도의 함양, 나아가 법을 비롯한 제 사회 계약을 존중하는 자세를 구비하도록 교육하여야 한다. 일반적인 법교육의 목표를 도표로 나타내면 <표 4-4-2>과 같다.

〈표 4-4-2〉 법교육의 목표

법교육의 목표	법적 지식·행동영역	영역별 목표
지식 (인지적 측면)	법 현상의 이해 증진	·법현상을 이해 및 설명할 수 있어야 한다. ·법 관련 자료의 분석 및 추론 능력이 있어야 한다. ·법현상과 쟁점의 확인과 미래사회의 법문제 발전방향의 전망을 할 수 있어야 한다. ·법 윤리적·철학적·도덕적 기초를 이해할 수 있어야 한다. ·민주사회의 시민으로서 책임과 의무를 분석, 열거할 수 있다.
기능 (기능적 측면)	법적 사고력 및 문제 해결능력의 함양	·법 관련 자료의 분석 및 추론 능력이 있어야 한다. ·법적 쟁점 규명, 법적 가치·태도 등을 명료화하여야 한다. ·갈등 상황을 분석할 수 있어야 한다. ·가설을 설정하고 분석할 수 있어야 한다. ·원리를 종합하여 법과 사회에 유용하고 타당한 일반화를 도출한다.
가치·태도 (정의적 측면)	책임의식, 능동적 참여능력, 민주적 태도 형성	·법체계, 법질서에 대한 법감정의 긍정적인 인식 태도 변화를 추구하여야 한다. ·능동적 참여 능력 및 태도를 증진하여야 한다. ·자신의 가치에 대한 중요성을 인정하여야 한다. ·사회적 권위의 상징을 존중하는 태도를 가진다. ·각 개인에게는 자신의 권리가 있다는 신념을 나타낸다. ·사회적·정치적 결정이 이루어지는 과정을 이해하고 능력을 개발힌다. ·문제 해결에서 합리적 과정을 선택하는 능력을 발휘한다. ·자신의 행동에 책임을 가진다. ·소수의 의견을 존중하고 수용하는 태도를 가진다.

참고로 외국 사례로 미국 워싱턴주의 법교육 목적을 제시하면 다음과 같다.

① 헌법상 권리와 책임을 이해하고 미국의 가치를 명료화하는 대법원의 획기적 판결에 익숙해야 한다.

② 판례법상의 원칙과 보통법, 그것들의 기원과 수정 그리고 그것들이 침해되었을 경우의 심각함과 그 잠재적 가능성을 이해해야 한다.

③ 그들에게 적용되는 시민법(Civil Law) 즉 결혼과 이혼, 계약과 보험, 복지와 세금에 관한 법률 규정과 어디에서 그러한 영역에 대한 정보를 얻고 도움을 받을 수 있는지를 검토해야 한다.

④ 형사재판제도와 그것이 지방이나 주 혹은 정부 차원의 기관 그리고 그 제도에서 가능한 변화

와 그것들을 성취시키는 방법을 탐구해야 한다.

⑤ 보통법과 형사재판제도에 관한 그들의 지식과 태도에서 측정 가능한 변화를 나타내어야 하고 그럼으로써 동시대 사회의 법제도에 그들이 참여할 수 있도록 준비하여야 한다.

이론적으로는 도덕적 추론능력과 윤리적 분석능력을 체득하는 것, 법절차를 존중하고 법의 기능들을 이해하는 능력을 개발하는 것, 법에 관한 정보를 획득하는 데 목적이 있다.

한편, 우리나라 법교육지원법 [제정 2008.3.28 법률 제8992호]은 법교육지원법의 목적에 대해서 다음과 같이 규정하여 법교육의 목적을 간접적으로 규정하고 있다.

제1조(목적) 이 법은 법교육을 체계적으로 지원하고 수행하는 데 필요한 사항을 정함으로써 국민들로 하여금 자율과 조화에 바탕을 둔 합리적인 법의식을 함양하고 자유민주적 기본질서를 이해하는 건전한 민주시민을 육성하여 법치주의 구현에 이바지함을 목적으로 한다.

결국 법교육을 통하여 학생들에게 기대하는 효과는 다음과 같이 요약할 수 있다.

① 청소년과 국민에게 법과 제도를 확실히 이해할 수 있도록 직접적이고도 의미 있는 경험을 제공함으로써 건전한 시민성(Citizenship)을 함양시킬 수 있다.

② 법에 대한 이해의 증진, 법과 제도에 대한 태도 및 가치 명료화를 통하여 비판적 사고력과 문제 해결능력을 향상함으로써 법의식 선진화에 기여할 수 있다.

4. 법교육의 변천과 방향

1) 한국의 법교육 변천과정

우리의 법교육은 주로 초중등학교에서 사회과 교육의 한 영역으로 이루어져 왔다. 따라서 사회과 교육과정의 변천 속에서 법교육의 양상이 어떻게 변화해 왔는가를 개략적으로 살펴볼 필요가 있다.

사회과의 학습 영역 가운데 법 관련 내용은 사회과가 처음 도입된 교수요목기(1946~1954년)부터 제2차 교육과정기(1964~1974년)까지 헌법 내용을 중심으로 이루어졌다. 사회 구성원들의 기본적인 법의식을 함양하는 데 필요한 법의 기초 이론이나 일상생활과 직접적으로 연관되어 있는 생활법 관련 내용은 거의 다루어지지 않았다. 예를 들면 교수요목기 당시 고등학교 사회과는 공민, 지리, 역사의 3개 분과로 구분되어 교수되었으며, 이 가운데 고등학교 공민 영역은 제1학년의 정치편, 제2학년의 경제편, 제3학년의 윤리 철학편으로 구성되어 있었다. 이 가운데 법 영역은 제1학년의 정치편에서 다루어졌는데 당시 정치편의 법 관련 학습 주제는 민주정치, 국민의 의무, 국회, 정부, 국법, 법원, 지방자치 등 대부분의 법 영역 학습 주제가 헌법이었다. 그리고 제1차 교육과정기의 고등학교 사회과는 일반사회, 도덕, 국사, 세계사, 지리의 5개 과목으로 구성되어 있었으며, 이 가운데 교수요목기의 정치편에 해당하는 과목은 1학년의 '정치와 사회'였다. 이 당시 '정치와 사회'의 법 관련 학습 주제는 대한민국, 국민의 의무, 국회, 정부, 국법, 법원, 선거제도, 지방자치 등 여전히 법교육 영역은 헌법 교육 중심이었다. 또한 제2차 교육과정기의 고등학교 사회과는 일반사회, 정치경제, 도덕, 국사,

세계사, 지리Ⅰ, 지리Ⅱ의 7개 과목으로 되어 있었으며, 이 가운데 법교육 영역은 정치경제 과목에서 학습하도록 하였다. 이 당시 정치경제 교과목의 법 관련 주제는 우리나라의 헌법으로서 법교육의 학습 내용은 여전히 헌법 교육을 중심으로 구성되어 있었다.

법교육은 그 후 제3차 교육과정기(1975~1981년)에 들어오면서, 사회과의 학습 영역에 헌법뿐만 아니라 법 기초 이론과 사법 영역 기타 생활 주변의 여러 법 영역이 처음으로 포함되었다. 그리고 이러한 법교육 관련 내용이 모두 공통 필수과목의 내용으로 다루어짐으로써 법교육 영역이 크게 확대·강화되었다. 하지만 법교육은 제4차 교육과정(1982~1987년)이후 법 관련 내용 가운데 헌법교육 영역과 법 기초 이론 위주의 다른 법 영역이 다시 분리되었다. 법교육의 다양한 영역들은 때로는 일부가 필수과목에 포함되거나 반대로 선택과목으로 포함되는 등 변화를 거듭하면서 다시 위축되었다.

이와 같이 법 관련 교육 내용은 교육과정 속에서 제4차 이후 위축된 채 명맥을 유지해오다, 제7차 교육과정에 들어와 제6학년 사회에서 기초 수준의 헌법교육과 인권교육 내용이 설정되고 중학교 제2학년 단계인 제8학년 과정에서 법 관련 기초 이론이 국민공통교육과정에 포함되었다. 특히 제7차 교육과정에서는 생활법 교육을 지향하는 「법과 사회」과목이 신설되어 법교육이 독립적으로 시도될 수 있는 새로운 전기를 맞게 되었다. 현행 제7차 사회과 교육과정에 의하면 법 관련 내용은 국민 공통 기본 교육 과정 '사회' 교과목의 제6학년 과정에서 '2. 우리나라의 민주정치'단원으로, 8학년 단계에서는 '7. 사회생활과 법규범' 단원에서 부분적으로 다루어지고 있다. 이를 바탕으로, 고등학교 단계에서 선택 교육과정으로 신설된 심화 선택 과목인 '법과 사회'에서 집중적으로 다루어지고 있다. 하지만 법교육의 중요한 요소라 할 수 있는 헌법 교육의 내용인 '헌법의 이념과 원리', '국민의 권리와 의무', '통치기구' 등은 심화 선택 과목인 '정치'과목에서도 다루고 있다. 전체적으로 살펴볼 때, 제6학년 '사회'에서는 헌법 관련 내용을 주로 취급하고 있으며, 제8학년 '사회'는 기초적인 법의식을 양하고 법적 분쟁을 해결하기 위한 사법 체계와 절차에 관한 내용을 주로 다루고 있다. 그리고 심화선택과목 '법과 사회'는 생활법 교육을 지향하고 있다. 다만 헌법 내용은 다른 심화선택과목인 '정치'에서도 다루어지고 있다.

우리나라에서 법 교육은 주로 학교의 사회과교육의 한 영역으로서 설정되어 실시되어 왔다. 초·중등 학생을 대상으로 하는 법교육은 비록 법적 지식 위주의 내용이었지만, 학교의 사회과교육 이외에 학교 밖의 다른 영역에서는 법교육이 거의 이루어지지 못하였나. 사회과 교육이 민주시민의 지질 함양을 목적으로 하기 때문에 법 교육의 목적도 민주주의의 발전과 법치주의의 실현을 위해서 노력하는 민주시민으로서의 법적인 자질 함양에 초점이 맞추어져 왔다. 하지만 제6차 교육과정까지는 법교육 내용이 독립적인 교과로서 혹은 개별적인 프로그램으로서 제시되지 못하고 사회과교육과정상 '사회' 또는 '정치'과목의 한 단원으로 편성되어 교수-학습되었다. 다시 말하면 제6차 교육과정까지는 사회과에서 법교육영역이 독립적인 학습영역이라기보다는 정치 교육의 일부로 취급되어 왔다. 그런데 1997년에 제7차 교육과정이 교육부 고시로 성립되면서, 그 내용으로 고등학교 사회과 교육과정의 제11, 12학년 단계에서 다양한 심화 선택과목이 설정되면서 법교육 영역이 정치 교육으로부터 독립하여 '법과 사회'라는 독립된 사회과의 심화선택 과목으로 성립하였다.

2011학년도부터 연차적으로 전국의 초·중·고교에 적용되고 있는 '2009 개정 교육과정'도 사회자, 도덕과 등 교과와 창의적 체험활동 등에서 법교육이 강조되고 있다.

2) 법교육의 발전 방향

법교육의 대상과 목표에 따라 법교육의 방향이 달라져야 한다. 법교육은 법률전문가를 상대로 한 교육이 아닐뿐더러 그들에게 전문가의 길을 안내하는 것은 아니다. 따라서 민주시민으로서의 건전한 법적 기초 소양과 시민의식을 제고하는 데 그 일차적인 법교육의 방향이 설정되어야 한다. 특히 법적 기초 소양의 필요성은 국민의 사법참여가 일반화되고 있는 시점이어서 그 적실성이 요구된다. '국민의 형사재판 참여에 관한 법률'이 시행되면서 일반 국민 중에서 무작위로 배심원이 되기 때문에 그들이 법에 관한 전문적인 지식을 갖지는 않더라도 건전한 민주시민으로서 법에 대한 최소한의 이해가 필수적인 덕목이 될 것이기 때문이다.

다만 학교교육에서의 법교육이 민주시민의식의 제고에만 한정되는 것이 아니라 장차 법률가의 길을 걷고자 하는 학생들에게도 법의 중요성과 법의 기본원리를 터득하게 함으로써 그들의 장래를 설계하는 기초가 될 수 있는 길을 열어주어야 한다.

법교육의 과정에서 법에 대한 신뢰를 제고하는 작업 또한 소홀히 할 수 없다. 민주화 투쟁 과정에서 야기된 법에 대한 근본적인 불신 즉 법을 가진 자의 전유물로 이해하는 한 법교육은 그 소기의 목적하는 바를 달성할 수 없을 것이다.

또한 법교육이 단순히 법이론이나 법원리의 교육에 머무를 것이 아니라 준법교육의 중요성을 일깨워주는 역할을 동시에 수행해야 한다. 준법정신의 생활화, 내면화를 통하여 객관적으로 법에 대한 근본적인 인식을 제고하여야 하는 것이다.

제3절 법교육의 실태와 체제

1. 법교육의 현황

한국에서 그동안 헌법교육은 법과대학의 정규교과목이나 법 관련 학과인 정치외교학과, 행정학과, 경찰행정학과 등에서 단편적으로 이루어져 왔다. 즉 헌법교육은 대학의 정규교과목 이외에는 따로 교육이 실시되지 못하였다. 국가고시의 경우에도 사법시험에서는 정규교과목으로 정해져 있지만 행정고등고시에서는 헌법과목이 아예 빠져 버렸다. 국가의 정책을 주도할 고위 공직자들이 국가의 기본법인 헌법에 관한 학습이 전혀 없는 상태에서 공직에 취임한다는 사실은 매우 우려스러운 일이다. 이에 한국공법학회에서는 행정고등고시에서의 헌법과목의 부활을 요청하는 공식문서를 관계기관에 제출하였지만 아무런 응답이 없는 실정이다.

사법시험의 경우에도 고등고시 사법과 시절 이래 헌법과목이 필수과목으로 지정되어 있지만 그간 한국의 민주화되지 못한 현실에서는 시험 준비용 헌법학습으로 그쳐 버렸다. 법조인들은 사법시험 합격 이후에는 헌법을 학습할 필요가 전혀 없었다는 사실이다.

그런데 1987년 헌법체제의 전개에 따라 민주화가 급격하게 진행되는 과정에서 헌법적 쟁점이 분

출하고 이에 따라 새로 개설된 헌법재판소를 통한 사회적 갈등의 해결이 빈번해 지면서 헌법의 중
요성이 자리 잡게 되었고 그에 부응하여 헌법교육의 강화 필요성이 제기되고 있다. 그러나 아직까지
헌법은 다른 법과 마찬가지로 법조인의 전유물로 인식되고 있는 실정이다.

2. 법교육의 저변확대

민주공화국의 주인인 대한국민이 헌법을 제정하였다면 대한국민은 당연히 헌법의 기본적인 틀이
나 내용 정도는 이해하여야만 한다. 대한민국이라는 공동체의 기본법이자 최고법인 헌법에 대한 근
본적인 이해가 필수적인 덕목이 되어야 할 시점에 이른 것이다.

헌법교육은 이제 대학 특히 법과대학의 교과목으로만 머물 것이 아니라 모든 학교와 국민들이 헌
법교육의 대상이 되어야 한다. 실제로 미국에서는 헌법교육과 관련된 다양한 교재가 개발되어 있다.
우리도 금년부터 로스쿨 제도가 도입됨에 따라 대학원에서의 전문적인 헌법교육과 학부에서의 헌법
교육부터 분리되어야 하는 실정에 처해 있다. 그렇다면 대학에서의 헌법교육도 로스쿨 헌법교육, 학
부 법과대학의 헌법교육, 학부 비 법과대학의 헌법교육의 장이 따로 마련되어야 한다. 이를테면 서
울대학교에서 개설하고 있는 핵심교양과목으로서의 「민주시민과 헌법」 같은 교과목은 비 법과학생
들에게 가장 필요한 교과목이 되어야 할 것이다. 그에 따른 교재개발도 필수적이다.

초·중·고교 학생들을 상대로 한 법교육에 있어서도 그 우선순위는 민주시민으로서의 교육이라
는 점에 비추어 본다면 헌법교육이 자리 잡아야 한다. 이와 관련하여 그간 학교현장에서 헌법교육이
정치교육과 혼재되어 있고, 헌법교육과 헌법학교육의 차별성이 부각되지 못한 문제점이 지적되고 있
다. 헌법학교육이 아닌 헌법교육의 저변확대를 위해서는 헌법학교육과 차별화된 헌법교재의 개발,
핵심적이고 논쟁적인 사례 중심의 학습효과제고가 필요하다.

특히 초·중등학교에서의 법교육의 중심에 헌법교육이 자리 잡아야 할 것이다. 그것은 민주시민
교육에 있어서 사법적 법교육보다는 공법적 법교육이 우선되어야 한다는 시각의 필요성 때문이다.

고등학교 법과사회 과목의 주된 내용은 ① 법의 이념과 권리 의무, ② 개인 생활과 법, ③ 사회생
활과 법, ④ 국가 생활과 법, ⑤ 법 생활의 발전과 과제로 크게 분설할 수 있다. 사회생활과 법, 국
가 생활과 법에서 기본권 관련 주로 헌법적 논점들이 제시되고 있으나 이는 기본권 중심의 교육에
치중하고 그 또한 내용의 전달에 그치고 있는 실정이다. 민주시민으로서의 덕목인 헌법의 기본원리
에 관한 교육의 장이 제대로 마련되지 못하고 있는 반증이기도 하다. 그나마 기본권의 중요성에 대
한 인식이 제대로 자리 잡지 못하고 있다. 바로 그러한 이유로 기본권 교육에 대한 새로운 요구가
제기된다.

고등학교 교과 과정에서 등장하는 「법과 사회」과목의 교육에 있어서 생활법 중심의 사고보다는 오
히려 민주시민으로서의 법교육이 더 중요하다는 점을 간과해서는 안 될 것이다. 2002년 미선이·효순
이 사건으로 비롯된 이후 2008년 봄에 전개된 촛불집회에서 볼 수 있듯이 이제 성장 과정에 있는 학
생들이 단순히 피교육자로서 머무는 것이 아니라 직접 촛불의 점화자로 발전하고 있는데도 불구하고,
그들에 대한 국법질서의 기초인 헌법에서 비롯되는 민주시민교육이 제대로 작동되지 않을 경우 자신
의 표현이 가져올 사회적 함의를 제대로 이해할 수 없기 때문이다. 참여민주주의의 일상화에 따른 학

생들의 법의식 제고를 위해서는 헌법에 기초한 공법적 기초이론의 제공이 필수적일 것이다.

3. 법교육의 체제 정립

건전한 시민을 헌법교육의 대상으로 설정하여 그들이 헌법의 중요성을 통감할 수 있도록 하기 위해서는 헌법에 관한 기본원리 정도는 충실히 이해할 수 있도록 하여야 한다. 그런데 헌법교육의 방향 정립과 관련하여 특정한 헌법이론이나 헌법관에 따른 사고는 경계되어야 한다. 그 이유는 문명세계의 보편적인 헌법적 논의의 틀에서 헌법교육이 이루어져야 하며 특정한 세계관이나 특정한 이론에 천착한 헌법교육은 자칫 학생들을 경도된 사고의 틀에 잠겨 들게 할 우려가 있기 때문이다.

제4절 법교육의 내용 일반

1. 권력과 자유 조화의 학문으로서의 헌법

헌법 또는 헌법학(Constitutional Law, Droit constitutionnel, Verfassungsrecht)은 다른 실정법(학)과 마찬가지로 한국이나 동양의 전통적 법규범·법질서에서 유래하는 것이 아니라, 서양의 법질서·법체계를 이어받은(繼受) 것이다. 영어·독일어·불어 등에서 헌법이라는 용어의 사전적 의미는 구성·조직 등이므로 헌법(학)의 기본적 의미는 "국가의 조직과 구성에 관한 법"이라 할 수 있다. 여기서 조직과 구성은 한 국가체제의 조직과 구성을 지칭한다. 그러한 의미에서의 헌법개념은 근대한국에서 장정(章程), 국제(國制), 국헌(國憲) 등으로 표현되기도 하였다. 그런데 국가에 현존하는 모든 제도의 유지·관리는 정치권력을 통해서 국가 속에서 구현된다. 이에 국가와 그 속에서 구현되는 (정치)권력은 헌법학연구의 기본적인 출발점이기도 하다. 바로 그러한 의미에서 헌법학은 권력의 학문이다.

역사적으로 근대입헌주의 이전의 절대 군주시대에 있어서는 군주주권이었으므로, 국민은 단순히 군주의 충실한 신민(臣民)에 불과하였다. 절대권력을 향유하는 자의 말이 곧 법이 되는 시대에 국민의 자유와 권리는 제대로 보장될 수 없었다. 절대군주시대의 폐해를 통감한 몽테스키외는 '법의 정신'에서 "권력을 가진 자는 항시 그 권력을 남용하려 한다. 그는 그 권력의 한계에 이르기까지 이를 행사하려 한다"라고 하여 합리적인 권력통제의 필요성을 강조한 바 있다. 이러한 사상적 흐름은 18세기 말 미국과 프랑스에서 근대시민혁명의 성공을 통하여 "권력과 권력이 서로 차단하고 제어"할 수 있는 권력분립의 원리를 헌법규범으로 정립하기에 이르렀다. 1789년 프랑스혁명기에 천명된 '인간과 시민의 권리선언'(La déclaration des droits de l'homme et du citoyen) 제16조에서는 "권리의 보장이 확보되지 아니하고 권력의 분립이 규정되지 아니한 모든 사회는 헌법을 가진다고 할 수 없다"라고 규정하여, 권력분립의 원리가 국민의 자유와 권리를 확보하기 위한 불가결한 요소임을 분명히 하고 있다. 이에 따라 근대입헌주의 헌법 이래 모든 국민주권국가에서는 권력분립의 원리가 헌법상 권력

제도의 기본을 이루고 있다. 권력분립은 국가업무의 원활한 수행과 국민의 기본권 존중이라는 목표를 합리적으로 이룩할 수 있는 하나의 정치적 기술이며, '정치적 지혜'이다.

권력의 학문으로서의 헌법학은 같은 권력의 학문인 정치학과 밀접한 관련성이 있다. 사실 19세기 말 학문으로서의 헌법학이 정립되던 초기 단계에서는 (일반)국가학(théorie générale de l'État, Allgemeine Staatslehre)이라고 하여 정치학과 헌법학이 미분화된 상태에 있었다. 그러나 규범과학으로서의 헌법학은 20세기 초반에 이르러 차츰 사실과학으로서의 정치학과 분리되어 오늘날과 같은 이론적 · 체계적 기초를 정립하였다.

현실적으로 정치권력은 새로운 법과 제도를 창출하는 데 기본적이고 결정적인 역할을 한다. 그리고 한 사회에서 아직까지 법규범으로 전환되지 못한 사항에 대해 관습 등을 매개로 법규범으로서의 공인된 가치를 부여하거나, 법규범위반에 대한 제재조치를 가하기도 한다. 하지만 일단 법과 제도가 정립되면 이제 권력은 법과 제도로부터 연역되어야 하며 이에 순응하고 이를 존중하여야만 한다.

그런데 권력의 기술로서의 헌법학연구에 있어서 그 권력의 실존적 상황을 외면한다면 그것은 자칫 공리공론에 빠질 우려가 있다. 바로 그런 의미에서 규범과학으로서의 헌법학은 사실과학인 국가학 · 정치학 · 사회학 등 사회과학과의 직접적인 연계를 통해서 헌법학의 실천적 학문으로서의 성격을 강화시켜 나가야 한다. 헌법규범은 헌법현실과의 연계를 통하여 헌법규범의 현실적합성을 검증받아야만 한다. 이에 헌법규범론적인 논의 못지않게 헌정실제에 관한 논의와 연구는 인접 사회과학과 더불어 진행되어야 한다.

국가의 조직과 구성에 관한 권력의 학문으로서의 헌법학이라고 할 때 그것은 적어도 국가의 모습을 갖추고 있는 한 고대국가에서부터 어느 시대 어느 나라에서나 존재하여 왔다. 하지만 오늘날 학문으로서의 헌법학이라고 할 때에는 근대입헌주의 이래 정립되어 온 국민주권주의원리에 입각한 헌법과 헌법학을 지칭한다. 근대입헌주의는 곧 군주주권에서 국민주권으로의 전환을 의미하며, 여기에 주권자인 국민의 자유와 권리가 확보되지 아니한 헌법이란 상정할 수 없게 되었다.

1789년 프랑스혁명을 통하여 천명된 '인간과 시민의 권리선언'은 바로 억압과 굴종으로 점철된 구제도와 구시대를 청산하는 기념비적인 인권장전이라 아니할 수 없다. "모든 정치적 결합의 목적은 인간의 자연적이며 박탈할 수 없는 권리의 보장에 있다. 그 권리란 자유, 재산, 안전 및 압제에 대한 저항이다"(제2조). 프랑스 인권선언의 정신은 곧바로 혁명헌법으로 이어졌으며, 그 사상적 흐름은 근대입헌주의 헌법의 이념적 기초가 되었다. 이는 곧 권력에 의한 자유의 억압으로부터 인간의 자유를 향한 의지를 헌법이념으로 구현한 근대적 자유이념의 헌법적 수용을 의미한다. 그 자유의 주체는 바로 인간 개개인일 수밖에 없지만, 한편 그 인간은 또한 사회와 국가의 구성원이기도 하다. 여기에 인간의 권리와 시민의 권리라는 두 가지 측면이 동시에 제기된다. 그러나 그 자유의 근원은 어디까지나 인간의 천부인권적인 자유에 기초하고 있기 때문에 인간의 권리가 확보된 후에 비로소 시민의 권리도 보장될 수 있다. 이에 따라 권력의 학문으로서의 헌법학에 있어서 인간의 권리는 그 권력에 대한 소극적 · 방어적 · 항의적 성격의 자유일 수밖에 없었다.

근대입헌주의의 국민 주권주의적인 논리적 기초에서 인간의 자유는 최대한의 보장과 더불어 국가로부터의 자유를 의미하였다. 그러나 근대입헌주의의 정립과정에서 단순히 소극적 명제에 입각한 자유를 향한 의지는 이제 국가의 적극적 개입을 통한 실질적 자유의 확보라는 새로운 이데올로기의 정립으로 나아가게 되었다. 그것은 국가로부터 방임된 자유가 아니라 국가의 틀 속에서 보호받고 수호되는 자유를 의미한다. 여기에 인간의 천부인권적인 자유의 보장이라는 명제 아래에서 국민의 실질적 자유와 권리를 보장하기 위한 새로운 자유와 권리가 정립된다. 국가의 기능과 역할 또한 근대적 소극국가(야경국가)에서 현대적 사회복지국가로 전환되면서, 국민의 실질적 자유와 권리의 보장을 위한 사회적 기본권이 확대·강화될 수밖에 없다.

국가의 근본법 내지 기본법으로서의 헌법개념인 고유한 의미의 헌법으로부터, 국민주권주의와 국민의 자유와 권리의 보장원리에 기초한 근대입헌주의 헌법으로의 전환은 헌법학의 권력의 학문으로서의 특징과 자유의 학문으로서의 특징을 극명하게 보여 주고 있다. 주권자인 국민의 자유와 권리가 유지되고 보장되는 곳에서 권력은 권력자를 위한 권력이 아니라 국민을 위한 권력으로 자리 잡을 수 있다. 여기에 헌법학연구에 있어서 주권자인 국민의 자유와 권리보장이 강조되는 이유가 있다. 그러나 헌법학연구에 있어서 자유와 권리·인권 등의 개념에만 집착할 경우 그것은 자칫 사변적·철학적·담론적 수준에서의 논의에 그칠 가능성을 배제할 수 없다. 헌법학의 실천과학으로서의 성격을 외면할 수 없다면, 헌법학은 권력과 자유의 상호융합과 조화 속에서 국가 법질서의 근간으로서의 성격을 유지해 나가야 한다.

결국 근대입헌주의 이래 헌법 혹은 헌법학이라 함은 국민주권주의에 기초하여 국민의 자유와 권리가 보장되는 헌법과 헌법학을 의미하며, 여기에 권력의 학문으로서의 헌법학은 곧 권력의 민주화를 위한 학문을 의미한다. 이에 앙드레 오류의 표현대로 헌법은 "권력과 자유의 조화의 기술(la technique de la conciliation entre le pouvoir et la liberté)"로서의 성격을 분명히 드러낸다.

2. 대한민국 헌법의 이해

현대 헌법의 발전과정은 한편으로는 자연권론에 기초한 인간의 존엄과 가치를 강화하면서, 다른 한편 이를 국가생활에서 구현하기 위하여 법실증주의에 의하여 정립된 법의 단계구조론을 통해서 헌법의 우위를 제도화하여 이를 실질적으로 정립하는 데 있다. 사실 법실증주의는 법규범의 실질적 정당성을 담보하지 못하고 있다는 논리상의 한계에도 불구하고 규범의 체계화를 비교적 성공적으로 정립시킴으로써, 성문헌법의 우위를 확립한 위헌법률심사제도를 통하여 점차고 현대헌법의 정립에 결정적 기여를 한 바 있다. 여기에 헌법학의 이해에 있어서 그 사상적 뿌리인 근대자연법론에 기초하면서도 동시에 법실증주의의 이론과 제도를 동시에 포섭할 수 있는 지혜가 필요하게 된다. 특히 국가와 사회가 안정기에 접어들수록 근대자연법론적인 사상적 세계에서 풍미하던 폭군방벌론보다는 오히려 주어진 헌법과 제도의 안정성이 더욱 강조되기 마련이다.

한국 헌법의 이해에 있어서도 외국의 특정이론에 편향된 이해가 아니라 외국헌법이론의 일반적 이해에 기초하여 한국 헌법의 규범과 현실에 기초한 이론이 전개되어야 한다. 그간 권위주의시대를 거치는 동안에 만연했던 자연법론에 대한 향수로부터 벗어나, 이제 국가사회의 안정에 이은 헌법의 안정기에 접어들면서 헌법현실을 정확히 인식할 줄 아는 예지가 필요한 때이다. 바로 그런 의미에서 한국 헌법의 이해에 있어서는 근대입헌주의 헌법의 보편적 가치인 근대자연법론의 사상적 세계에 기초하면서도, 한국에서의 실존적 법규범과 법현실을 인식하고 이에 순응할 줄 아는 법적 실존주의

(existentialisme juridique)에 깊이 천착할 수 있어야 한다. 그렇게 함으로써 동시대에 구현하고자 하는 법이념과 법적 안정성은 상호 조화로운 발전을 기할 수 있다.

3. 헌법의 규범적 특성

1) 국법질서체계상 최고규범으로서의 헌법

헌법은 주권자인 국민의 합의에 기초한 국가의 조직과 구성 및 국민의 자유와 권리보장을 위한 최고의 규범체계이자 권리장전이다. 즉 "헌법은 국민적 합의에 의해 제정된 국민 생활의 최고 도덕규범이며 정치생활의 가치규범으로서 정치와 사회질서의 지침을 제공하고 있기 때문에 민주사회에서는 헌법의 규범을 준수하고 그 권위를 보존하는 것을 기본으로 한다." 따라서 "국가의 법질서는 헌법을 최고법규로 하여 그 가치질서에 의하여 지배되는 통일체를 형성하는 것이며 그러한 통일체 내에서 상위규범은 하위규범의 효력의 근거가 되는 동시에 해석근거가 되는 것"이다. 비록 한국 헌법에 헌법의 최고규범성을 명시한 규정은 없지만 경성헌법성(제128조~제130조)·대통령의 헌법존중의무와 헌법준수선서(제66조, 제69조)·위헌법률심사제(제107조 제1항, 제111조 제1항)·위헌명령심사제(제107조 제2항) 등은 헌법이 국법 질서상 최고의 규범임을 사실상 천명한 것이다.

2) 자유(기본권)의 장전으로서의 헌법

주권자인 국민의 자유와 권리(기본권)가 확보되지 아니한 헌법은 이미 자유의 장전으로서의 헌법을 포기한 것이나 다름없다. 이에 근대입헌주의 헌법은 국민의 자유와 권리를 헌법에서 명시적으로 보장하고 있다. 한국 헌법도 헌법전문 및 제2장 "국민의 권리와 의무"에서 대한국민의 자유와 권리를 보장하고 있다. 특히 헌법 제10조 후문에서는 "국가는 개인이 가지는 불가침의 기본적 인권을 확인하고 이를 보장할 의무를 진다"라고 하여 국가의 기본권보장의무를 규정하고 있다. 또한 헌법소원제도(제111조 제1항)는 권력통제와 권리보장을 위한 장전으로서의 성격을 더욱 분명히 하고 있다.

3) 정치제도를 설계하는 권력의 체계로서의 헌법

한 국가에서 권력체계의 설계는 곧 주권적 의지의 헌법적 반영이다. 국가권력의 기본 틀은 헌법을 통하여 조직되고(조직규범성), 그 조직은 상호 견제와 균형을 이루고 있어야 하며(권력통제규범성), 헌법의 수권에 따라 정치제도의 구체적인 모습이 드러난다(수권규범성).

헌법상 "입법권은 국회에 속한다"(제3장 국회, 제40조). 그리고 "행정권은 대통령을 수반으로 하는 정부에 속한다"(제4장 제1절 대통령, 제66조 제4항). 헌법상 정부의 제도로서는 대통령·국무총리와 국무위원·국무회의·행정 각부·감사원 등이 있다. "사법권은 법관으로 구성된 법원에 속한다"(제6장 제101조 제1항). "법원은 최고법원인 대법원과 각급법원으로 조직된다"(제2항). 제6장은 헌법재판소, 제7장은 선거관리, 제8장은 지방자치에 관하여 규정하고 있다. 이들 헌법기관의 조직에 관한 구체적인 내용은 법률로 정한다. 또한 입법·행정·사법이 각기 견제와 균형을 이룰 수 있도록 상호 간의 협력 및 견제(통제)장치를 헌법에 명시하고 있다.

4) 헌법보장을 위한 규범으로서의 헌법

헌법은 헌법 제정권자에 의한 헌법제정권력의 발동을 통하여 제정된다. 민정헌법은 주권자인 국민의 주권적 의사의 표현이다. 헌법은 전문에서 '대한민국'이 헌법을 제정하였음을 분명히 하고 있다. 그 헌법은 국민투표를 통해서만 개정될 수 있다(강한 경성헌법). 주권적 합의를 통한 헌법의 제정과 개정, 실정헌법규범을 준거로 한 위헌법률심사제의 도입은 최고규범으로서의 헌법의 실효성을 보장하고 있다. 그러나 법령 등 하위규범들과는 달리 현행헌법은 그 실효성을 확보하거나 그 내용을 직접 강제할 수 있는 강제집행제도가 없으므로 헌법의 자기보장규범성과 관련하여 문제가 제기되고 있다.

5) 통일된 가치체계로서의 헌법

헌법은 전문 및 각 개별조항 사이에 상호관련성이 없는 단순한 결합에 지나지 않는 것이 아니고 하나의 가치체계를 이루고 있으므로, 헌법의 전문 및 각 개별조항은 서로 밀접한 관련성이 있다. 그러므로 헌법규범이 갖는 특성으로서의 기본권보장규범성·권력제한규범성·수권적 조직규범성·헌법보장을 위한 헌법규범성은 각기 따로 떼어서 논의할 것이 아니라 전체적·통일적인 가치체계로서 이해되어야 한다.

4. 대한민국 헌법의 기본원리

"헌법의 기본원리는 헌법의 이념적 기초인 동시에 헌법을 지배하는 지도원리"이다. "대한민국의 주권을 가진 우리 국민들은 헌법을 제정하면서 국민적 합의로 대한민국의 정치적 존재형태와 기본적 가치질서에 관한 이념적 기초로서 헌법의 지도원리를 설정하였다. 이러한 헌법의 지도원리는 국가기관 및 국민이 준수하여야 할 최고의 가치규범이고, 헌법의 각 조항을 비롯한 모든 법령의 해석기준이며, 입법권의 범위와 한계 그리고 국가정책결정의 방향을 제시한다."

대한민국헌법은 제헌헌법 이래 근대입헌주의 헌법의 기본원리에 현대복지국가원리를 동시에 수용하고 있다. 우리 헌법의 기본원리를 논의하는 방향은 대체로 헌법의 기본 원리와 헌법의 기본질서를 구별하기도 하고 헌법의 기본이념과 기본원리 또는 헌법 질서의 기초라고 하여 같이 서술하기도 한다.

사실 대한민국헌법의 기본원리는 국민주권주의에 기초한 자유민주주의의 기본원리에 입각하여 헌법이 지향하고 있는 정치·경제·사회·문화의 모든 영역에 있어서 기본적 틀을 헌법에서 구현하고 있는 것으로 이해하여야 한다. 무릇 헌법이 가지는 정치적 설계의 측면을 무시할 수 없다면, 헌법의 기본질서도 바로 정치적 설계로서의 자유민주주의로부터 비롯된다. 자유민주주의는 헌법상 총강·기본권·정치제도론을 관류하는 기본원리이기도 하다.

경제·사회·문화 등의 기본원리는 헌법상 20세기적인 사회복지국가의 이념에 기초해 있다. 나아가서 우리 헌법은 지구촌시대에 있어서 고립적인 자세가 아니라 세계적 헌법 질서를 널리 수용하는 국제평화주의에 기초해 있다.

제5절 세계화 시대의 법의식 확립

1. 현대 헌법에서의 기본권보장

18세기 시민혁명 이후 인간의 자유와 권리보장을 향한 역사는 끊임없이 발전하여 왔다. 그동안 세계사의 발전과정에서 인간의 자유와 권리보장에 많은 도전이 있어 왔지만 그 도전은 새로운 응전을 통하여 뿌리칠 수 있었다.

첫째, 인간의 자유와 권리의 가장 고전적 주제인 인간의 육체적·신체적 안전 및 정신적 안전과 자유는 21세기 세계화 시대인 오늘날에도 그대로 타당한 원리임에 틀림없다. 그것은 곧 자연적이고 양도 불가능하며 신성불가침한 인간의 자유와 권리의 존엄과 가치보장의 원리이다.

둘째, 그간 18세기적인 상황에서 미처 예견하지 못하였던 산업사회의 진전에 따라 사회주의적인 기본권론이 제기되면서, 사회권(생존권)이 새로운 기본권으로서의 위상을 차지하고 있다. 최근에는 정보사회의 진전에 따라 사생활의 비밀과 자유·알 권리 등 새로운 권리가 헌법적 가치를 갖게 되었다.

셋째, 기본권의 실질적 보장은 국내문제에 그치는 것이 아니므로, 국제적 보장을 통하여 보다 실효성을 기할 수 있다. 이에 따라 인권의 국제적 보장은 더욱 강조되고 가속화되고 있다.

넷째, UNESCO의 제3세대 인권론에 의하면 연대권이 강조되고 있다. 즉 제1세대 인권(시민적·정치적 권리), 제2세대 인권(경제적·사회적·문화적 권리)을 거쳐 제3세대 인권의 중요성을 적시하고 있다. 그 구체적 내용으로는 개발권, 평화권, 의사소통권, 건강권, 환경권, 인도적 구조를 받을 수 있는 권리 등이 있다

2. 세계시민으로서의 법의식 확립

법교육의 그 기본에 자리 잡고 있는 주권자에 관한 논의는 그 자체가 바로 자유와 권력의 문제로 직결된다. 그런 의미에서 종래 헌법학연구에 있어서 기본권(자유)과 정치제도(통치기구)의 관계를 목적과 수단으로 구분하여 정치제도(통치기구)의 기본권 종속성 내지 지속성을 강조하여 왔다. 물론 이를 부정할 수는 없다고 하더라도, 그것은 자칫 헌법학의 본질적 성격에 관한 이해에 있어서 지나치게 기본권(자유와 권리) 중심적인 사고의 틀로 빠져 들어갈 위험이 있다. 그러므로 정치제도론의 연구에 있어서 지나치게 기본권 기속적인 논의의 틀로 한정하는 것은 바람직하지 않다.

헌법 제1조 제1항에서 "대한민국은 민주공화국이다"라고 하여 대한민국은 민주주의국가임과 동시

에 그것은 군주제가 아닌 공화국의 형태를 취하고 있음을 분명히 하고 있다. 나아가서 제2항에서는 "대한민국의 주권은 국민에게 있고, 모든 권력은 국민으로부터 나온다"라고 규정하여 대한민국에서 권력의 원천은 바로 국민에게 있음을 밝히고 있다. 그리하여 권력의 원천이요 주인인 국민의 자유와 권리가 보장되는 전제하에서(제2장 국민의 권리와 의무), 권력의 원천인 국민으로부터 비롯되는 모든 국가권력에 관한 합리적 체계를 제3장 이하에서 정립하고 있다. 이는 곧 국민적 정당성의 원천으로 부터 비롯되는 권력의 학문으로서의 정치제도론과 국민적 정당성이 제대로 확보될 수 있는 기초로서의 국민의 자유와 권리의 보장을 헌법상 명백히 한 것이기도 하다. 바로 그런 의미에서 국민주권주의는 대한민국헌법 전반을 관류하는 이념적 기초임과 동시에 규범적 기초로서, 공권력의 구성·행사·통제를 지배하는 우리 정치질서의 기본원리이다.

이제 국민주권주의에 기초하여 이를 구체적으로 구현하는 정치제도가 정립되어 있다. 국민의 주권적 의사를 대표하는 대의제는 국민적 정당성을 확보하는 기본원리이다. 주권적 의사표현의 정당성과 합법성을 담보하기 위한 선거제도는 민주주의원리에 입각하여야 한다. 대의제의 현실적 구현인 권력분립의 원리는 "권력에 의한 권력의 통제"를 위한 합리적 제도로 정립되어야만 한다. 그것은 의원내각제·대통령제·반대통령제(이원정부제) 등의 다양한 모습으로 헌법에 구현되어 있다. 헌법상 어떠한 정부형태를 채택할 것인가는 헌법제정이나 헌법 개정 과정에서 표출된 주권적 의사를 통하여 결정된다.

국민의 법의식에 대한 근본적인 성찰이 필요하다. 아직도 우리나라 국민의 법의식이나 준법의식은 미진한 상태이다. 이를 극복하기 위해서는 체계적인 법교육과 헌법교육의 구현을 통해서 이제 겨우 걸음마단계에 있는 법교육이 우리 시대의 새로운 화두로 정착되어야 할 것이다. 그간 국민주권주의와 민주주의에 대한 제대로 된 사고와 인식 및 교육을 실시할 수 있는 정도의 사회적 여건이나 환경이 성숙하지 못한 측면도 부인할 수 없다.

세계화 시대를 맞이하여 공공 덕목으로서의 법의식 확립과 법교육 활성화는 가정, 학교, 사회, 평생교육 등 전 교육공동체와 그 구성원 모두가 혼연일체가 되어 국민 교육의 방향으로 나아가야 한다는 점을 유념하여야 할 것이다.

제1절 정보통신기술의 이해

1. 정보통신기술의 기초

정보통신기술은 광의로는 의미가 담겨 있는 신호, 즉 정보를 상대방에게 전달하는 과정을 의미한다. 협의로는 지역과 거리에 관계없이 다수의 컴퓨터들이 서로 연결되어 필요한 정보를 교환하는 과정을 의미한다.

정보통신기술의 혁신에 따라 우리 사회는 자본과 노동의 투입에 의해 성장·발전되던 산업사회에서 지식·정보의 창출과 유통에 기초한 지식기반 사회로 변화하고 있다. 지식기반 사회에서의 경쟁 우위를 확보하기 위해서는 지식·정보의 창출과 활용을 위한 정보통신 기술개발이 매우 중요하며, 특히 이의 핵심이 되는 원천기술의 확보는 절대적이라고 할 수 있겠다. 이와 함께, 국민 복지의 향상이라는 측면의 복지서비스 제공은 정보 통신기술의 응용을 통해서만이 가능하며, 정보 통신분야의 원천기술 확보 정도는 향후 국가 경쟁력을 좌우할 수 있는 잣대가 될 것으로 예상된다.

현재까지 선진국은 오랜 역사 속에서 이루어진 과학적 경험을 기반으로 하여 원천기술을 창출하고 이를 새로운 상품과 서비스에 응용함으로써 새로운 가치를 창조하고 기술과 시장을 석권해 왔다. 이러한 흐름의 또 하나의 예로써 1990년대에 이르러 본격적으로 가시화 되어온 생명공학기술(Biotechnology)은 기술 선진국들의 관심을 집중시켰으며, 대규모의 투자를 통하여 미국 등은 최근에 인간의 유전자 염기서열을 밝히기 위한 인간게놈 프로젝트(Human Genome Project: HGP)의 완결을 선언하게 되었다. 이를 통하여 생체와 유전자 및 단백질 정보의 획득·저장·분석·검색을 아우르는 생물정보학(Bioinformatics)의 분야가 첨단 학문의 한 축으로써 급속도로 발전하고 있으며, 이와 함께 정보통신기술(Information Technology)을 이용한 원격진단 및 진료 등 의료복지 서비스의 첨단화가 이루어지고 있다. 이와 같이 앞으로 더욱 치열해질 것이 확실한 기술 및 시장의 선점을 위하여 바이오 정보통신 분야에 관한 원천기술의 개발과 이의 실용화, 그리고 신규시장 창출을 위한 연구가 절실히 요구되고 있다.

2. 정보통신기술의 발달

21세기에 우리가 접하게 될 가장 커다란 변화는 아마도 정보통신 기술의 발전과 그것에 의해 파생되는 새로운 사회적 변화일 것이다. 이미 저궤도 통신위성, 개인용 휴대전화, 가상현실, 멀티미디어 서비스, 근거리 통신망과 인터넷, 쌍방향 텔레비전 및 개별 신문, 신경망이나 인공지능 컴퓨터 등 다양한 분야에서 현재 놀라운 변화가 일어나고 있고, 이들 정보통신 분야의 발전은 21세기 초부터 우리의 생활을 새로운 정보화 사회로 이끌고 있다.

정보화 사회의 진행에 따라 나타나는 현상으로는 우선 미디어와 통신망의 통합을 들 수 있다. 즉 미래에는 과거에는 서로 다른 장르 내지 분야를 점유하고 있던 컴퓨터, 통신, 연예, 방송, 신문, 오락 등의 여러 표현 매체들이 서로 통합이 되어 나타날 것이다. 표현 매체의 통합은 서로 다른 맥락에서 발전하던 전화, 케이블 TV, 방송망, 무선통신망 등의 통합에 의해서 더욱 가속화될 것이다. 즉 컴퓨터, 전화, 팩시밀리, 텔레타이프라이터, 이동통신 등등의 수많은 통신망들을 하나로 통합하는 종합정보통신망의 시대가 현실적으로 다가오고 있다.

3. 정보통신기술의 정의

정보의 수집·가공·저장·검색·송신·수신 및 그 활용과 이에 관련되는 기기·기술· 기타 정보화를 촉진하기 위한 일련의 활동과 수단을 의미하며, 즉, 데이터 통신에서 컴퓨터에 의한 정보의 가공 및 처리 부분을 강조하면서 데이터, 음성, 화상, 영상뿐만 아니라 이들을 통합한 멀티미디어 정보까지 전달 및 처리하는 종합적인 기술이다.

4. 정보통신의 목적

첫째, 데이터 전송 거리와 지연을 극복하는 데 있다.
둘째, 다량의 정보를 신속하게 전송하는 데 있다.
셋째, 데이터의 에러 없는 전송에 있다.
넷째, 컴퓨터 자원의 공유 및 비용 절감에 있다.

5. 정보통신기술의 특징

1) 정보통신기술의 개념

일반적으로 정보통신기술이란 정보의 수집, 가공, 저장, 검색, 송신, 수신 등 정보 유통의 모든 과정에 사용되는 기술 수단을 총체적으로 표현한다. 그러나 대부분 "정보통신" 하면 컴퓨터, 인터넷을 떠올리고 있으며, 정보통신기술 역시 이들을 구현하는 개념으로 이해하고 있다. 따라서 정보통신기술은 반도체로 대표되는 소자(素子) 기술, 컴퓨터로 대표되는 정보처리기술, 광섬유 전송기술 등 통신기술이 합쳐진 것이며, 한마디로 하드웨어와 소프트웨어의 결합이라고 할 수 있다.

2) 정보통신기술의 비도덕적 유혹

(1) 속도

정보 통신 기술의 발달로 정보를 훔치거나 전달하는 일이 아주 빠르게 일어날 수 있고, 행위 순간의 탐지가 거의 불가능하다. 더구나 우리는 속도감에 매료되기 쉽다. 속도는 우리의 도덕 감각을 무디게 만드는 나름의 유혹이 되고 있다.

(2) 프라이버시와 익명성

컴퓨터 관련 기술의 발달은 가정이나 사무실에서 컴퓨터를 통한 비윤리적 행동을 익명으로 아무런 거리낌 없이 할 수 있게 만들고 있다. 여기에는 아무도 보지 않는 가운데 어떤 일을 해낼 수 있다는 일종의 흥분감마저 작용하고 있는 듯하다.

(3) 매체의 본질

오늘날 전자 매체는 원래의 정보를 제거하거나 훼손시키지 않고도 훔칠 수 있다. 우리가 다른 사람의 파일을 몰래 훔쳐보거나 전용하더라도, 그 파일은 전혀 손상되지 않은 채 남아 있다. 이러한 까닭에 위반자는 실제로 훔친 것이 아무것도 없으며, 피해자도 도난을 당한 것이 아무것도 없다는 생각을 갖도록 만든다.

(4) 심미적 매료감

일반적으로 사람들은 자신의 기술이나 기능을 이용하여 어려운 문제들을 해결했을 때, 어떤 성취감을 느낀다. 더구나 다른 지적인 사람들에 의해 만들어진 보안 장치들을 무력하게 만들고 다른 컴퓨터 체계에 처음으로 침투해 들어갔을 때 많은 사람들은 드디어 큰일을 해냈다는 그릇된 성취감을 갖기 쉽다.

(5) 최소 투자에 의한 최대 효과

감언이설에 의한 사기 행위를 시도하는 경우 예전처럼 수백 통의 전화를 걸거나 우편물을 발송할 필요가 없다. 인터넷에 간단한 사기 정보를 올려 두는 것만으로도 가능하기 때문이다.

(6) 국제적 범위

새로운 정보 통신 기술의 발달로 정보를 훔치거나 이윤을 얻기 위한 전 세계적 활동이 가능해졌다. 이렇듯 단기간에 전 세계에 영향을 미칠 수 있다는 것도 비도덕적 행동을 유발하는 유혹 요인이 되고 있다.

(7) 파괴력

정보통신 기술 오용의 파괴력은 엄청난 것이다. 가장 대표적인 경우가 바로 컴퓨터 바이러스이다. 컴퓨터 바이러스를 유포시키는 사람들은 그러한 파괴적 행위로부터 어떤 쾌감을 얻고 있다.

5. 정보 통신망의 종류

1) 근거리 통신망(LAN)

① 비교적 한정된 지역 내에서 전용 통신 회선으로 연결(빌딩, 공장, 학교, 구내 등)
② 통신비용과 설계 등의 제약이 적다.
③ 사용자가 자유롭게 이용할 수 있다.

2) 원거리 통신망(WAN)

몇 개의 근거리 통신망을 연결한 집합체로 전국 또는 세계적으로 정보기기들을 연결하여 사용.

3) 부가 가치 통신망(VAN)

① 서비스 업자가 통신업자로부터 통신설비를 빌려 와서 컴퓨터와 결합 후 연결.
② 같은 업종의 기업 간에 정보를 교환할 목적으로 사용(하이텔, 천리안 등).

4) 종합정보 통신망(ISDN)

모든 유통의 통신정보를 디지털화하여 하나의 망을 통해서 다양한 서비스를 제공.

5) 인트라넷(Intranet)

인터넷에 특별한 보안 기능을 부가한 전용 통신망으로 기관이나 기업의 업무 처리.

6) 초고속 정보 통신망

전국의 주요 도시와 공단, 공항, 지역 간을 연결하여 초고속으로 정보통신 서비스.

6. 정보화 사회에서의 정보통신기술 영향

   1) 정치·행정면: 행정 전산망 구축, 정치·행정의 투명성 제고, 각종 민원서류 등을 서비스, 신속 정확한 대민 서비스 제공

   2) 산업·경제면: 경제 활동의 자동화, 신용 경제 사회 촉진, 기술 개발 능력을 향상시켜 국제적인 경쟁력을 가짐 가장 유망한 성장 산업으로 새로운 고용 창출

   3) 사회복지면

① 의료 정보망 → 원격 진단 서비스와 병원 간 의료 정보 공유, 의료의 질 향상
② 교육 정보망 → 원격강의와 각종 교육 정보의 공유 서비스 제공

   4) 문화·예술면: 뉴스, 음악, 영화, 교양 등의 문화 정보를 원하는 시간에 서비스를 받을 수 있고, 자동 통역 및 번역을 통하여 세계 각국의 문화 예술을 접할 수 있음

7. 정보 통신 방식

   1) 단방향 통신

한쪽에서는 정보의 전송만 하고 다른 한쪽에서는 정보의 수신만 하는 방식

   2) 양방향 통신

양쪽 모두가 정보를 주고받을 수 있는 방식
① 반이중 통신: 한 쪽에서 정보를 전달할 때 다른 쪽은 받기만 함
② 전이중 통신: 정보가 양방향으로 동시에 전달

제2절 정보통신윤리의 중요성

1. 정보통신윤리의 개념과 기본원칙

1) 정보통신윤리의 개념

정보통신윤리를 한마디로 정의하는 것은 쉽지 않다. 그러나 정보통신윤리라는 것이 정보사회에서 특히 필요하고 요청되는 윤리라는 점에 대해서는 어느 정도 의견의 일치를 볼 수 있기 때문에 잠정적으로 정보통신 윤리를 '정보사회에서 야기되고 있는 윤리적 문제들을 해결하기 위한 규범 체계로 단순히 정보통신기기를 다루는 데 있어서 뿐만 아니라 정보사회를 살아가는 데 있어서 옳고 그름, 좋고 나쁨, 윤리적인 것과 비윤리적인 것을 올바르게 판단하여 행동하는 데 필요한 규범적인 기준 체계'로 정의할 수 있다.

2) 정보통신윤리의 성격

전통적으로 윤리는 앞으로 일어날 일을 예방하는 기능보다는 이미 일어난 일에 대한 도덕적 평가에 초점을 맞추어 왔으며, 그 결과 늘 시대 변화를 제대로 따라가지 못하는 심각한 지체 현상을 겪어 왔다. 또한, 윤리 규범의 절대성과 보편성을 강조하면서도 실제로는 국지적 성격의 윤리로 기능해 왔다. 이러한 현실을 고려할 때, 정보통신윤리는 다음과 같은 기능을 수행하는 윤리가 되어야만 한다.

첫째, 정보통신윤리는 처방 윤리(prescriptive ethics)로서 정보사회에서 우리가 해야 할 것과 해서는 안 되는 것을 분명하게 규정해 주어야 한다.

둘째, 정보통신윤리는 예방 윤리(preventive ethics)로서 향후 정보통신기술의 발전에 수반될 윤리적 문제들에 대해 사전에 숙고하고 예방하도록 도와주어야 한다.

셋째, 정보통신윤리는 변형 윤리(transformative ethics)로 정보화의 역기능, 특히 사이버 공간의 무질서와 혼돈에 대한 반응으로서 출현한 것이므로 인간의 경험이나 제도, 정책의 변형 필요성을 강조해야만 한다.

넷째, 정보통신윤리는 세계 윤리(global ethics)로 국지적 윤리가 아닌 세계적 보편적 윤리가 되어야만 한다.

3) 정보통신윤리의 목표

정보통신윤리는 정보사회에서 바람직한 인간으로 살아갈 수 있도록 다음과 같은 가치체계를 추구하는 것을 그 목표로 하고 있다.

이용 가치나 효율성에만 매달려 인간의 존엄성을 무시하는 경향이 나타나기 쉽다. 따라서 인간의 가치를 소중히 여기려는 자세가 필요하다. 정보는 인간을 위해서 존재하는 수단적인 것에 불과한 것임을 깨닫고, 그러한 정보가 인간다움을 유지하는 데 이용될 수 있도록 하는 분별력을 지닐 필요가 있다.

일반적인 정보통신윤리의 목표를 종합하면 다음과 같다.

첫째, 무엇보다도 중요한 자세는 인간 존중의 자세이다. 정보사회에서는 정보와 함께 하는 인간 존중의 필요가 있다

둘째, 사이버 공간을 실제 공간과 함께 인식하는 자세이다. 사이버 공간에만 살고 있는 사람은 아무도 없다. 다시 말하면 인터넷을 기반으로 한 사이버공간은 어떤 형태든지 실제공간의 모습을 반영한다. 또한 사이버 공간의 일들이 실제 공간에 큰 영향을 미친다. 사이버 공간은 나의 행위를 감쪽같이 숨겨 줄 수 있다는 생각이 다른 사람에게 피해를 줄 뿐만 아니라, 자신의 성격 내지는 생활방식을 망쳐버리게 되는 것이다.

셋째, 자율적으로 책임을 지려는 자세이다. 정보사회에서 우리 모두는 유익하고 건전한 정보의 제공자인 동시에 수혜자가 된다. 사이버 공간에서는 타율적인 규제는 정보의 창의성을 해칠 뿐만 아니라, 거의 불가능하다. 그러나 자율성만 강조되면, 음란외설과 같은 불건전 정보의 유통은 물론이거니와, 사생활침해, 명예훼손, 지적재산권의 침해, 무단광고 및 정보유출행위 등이 나타나게 된다. 그러므로 책임이 뒤따르게 된다. 정보사회에서는 너나할 것 없이 스스로 주인이 되어 능동적으로 행동하고, 자기가 한 일에 대해서는 책임지려는 자세가 필요하다.

넷째, 공동체를 중요시하는 자세이다. 사이버 공간은 시간과 공간을 초월하며, 풍부한 정보와 자유 토론장이기 때문에 개인의 이익보다는 전체 공동체를 중요시하는 자세가 중요하다. 사이버 공간은 다른 사람들과 직접적으로 만나지 않기 때문에 자신의 이익을 위해서 허위정보를 유통시키고, 기업과 개인 ID와 비밀번호를 도용하여 사회에 커다란 피해를 준 경우도 많다. 사이버 공간은 나와 너, 우리가 만들어 가는 공간, 지구촌 사용자들이 함께 사용하는 공간이므로 전체의 이익을 중시하는 공동체의식이 필요한 것이다.

4) 정보통신윤리의 기본 원칙

정보통신기술이 만들어낸 사이버 공간은 현실 세계와는 매우 다른 복잡한 특성을 가신 새로운 공간이므로, 추상적이고 복잡한 현상 속에서 우리가 규범적 판단을 내리는 데 도움이 되는 하나의 도덕적 척도나 나침반으로서의 역할을 수행할 수 있는 기본 원칙이 필요하다.

정보사회에서의 인간완성에 기여할 수 있는 네 가지 도덕적 원칙은 존중(respect), 책임(responsibility), 정의(justice), 해악금지(non-maleficence) 등이며, 현재 사이버 공간에서 나타나고 있는 비윤리적인 행동들은 대개가 이 네 가지 원칙에 위배되고 있다.

2. 정보통신윤리의 함양 방안

정보통신윤리 의식의 함양을 위해서는 분야별로 다양하게 이루어져야 한다. 학계에서는 깊이 있

는 연구를 통해서, 정부에서는 많은 지원과 행정을 통해서, 청소년관련 단체에서는 다양한 프로그램의 개발과 실천을 통해서, 학교와 가정에선 지속적인 교육과 실천을 통해서 이루어져야 한다. 이와 같은 분야별 노력은 상호 유기적으로 이루어져야 비로소 그 효과를 얻을 수 있다.

1) 정보통신윤리 조기교육

정보통신윤리교육 실시의 적당한 시기에 대한 각종 연구와 설문분석 결과는 초등학교부터, 또는 그 이전부터 실시하여야 한다는 정보통신윤리에 대한 조기교육시행의 필요성을 강력히 나타내고 있다. 이것은 무엇이든지 처음 배울 때 새로운 문명의 이기(利器)가 갖는 장·단점을 올바로 이해하고 그것을 올바로 이용하는 습관을 익히는 것이 매우 중요하다는 것을 의미하고 있다.

정보통신윤리교육은 학생들이 어릴 때부터 지속적이고 집중적으로 시행되어야 한다. 특히 주입식·교화식 교육에서 벗어나 상호 로의식·대화 발표식 교육 등을 통하여 내면화하여야 한다.

2) 가정에서의 정보통신윤리 교육

정보통신윤리 의식의 함양과 확산을 위해서는 가정교육이 매우 중요한 역할을 차지하고 있다. 대부분의 학부모들은 자신들이 컴퓨터에 대하여 잘 모른다는 이유로 정보 통신 기술의 역기능과 관련된 자녀와의 대화나 훈육에 매우 소극적인 양상을 보이고 있다. 그러나 부모들이 더 이상 방관자가 돼서는 안 되며 자녀들이 올바른 네티켓을 지닐 수 있도록 도와주어야 한다.

3) 정보통신윤리 교재와 프로그램의 개발

올바른 정보통신윤리 교육을 위한 도구로서 필요한 것이 바로 교육 대상별, 수준별로 잘 만들어진 정보통신윤리 교재와 프로그램이다. 다행히 최근에 교육과학기술부, 각 시·도교육청(교육지원청), 정보통신윤리위원회, 한국정보문화센터, 한국정보문화진흥원, 사이버문화연구소, 기타 청소년 교육 유관기관이나 각종 연구회에서 다수의 교재와 프로그램을 개발하여 제공하고 있으므로 관심만 있으면 이를 찾아 이용하는 데는 큰 문제가 없을 것으로 보인다.

4) 홍보 및 캠페인 활동의 강화

이제까지 학교에서는 정보의 유용성과 신기술을 중점적으로 가르쳐왔다. 그러나 이제는 불건전 정보가 사회에 끼치는 영향, 특히 청소년들에게 미치는 악영향에 관하여 정보통신 이용자들뿐만 아니라 일반 시민들이 올바로 인식할 수 있도록 교육과 홍보를 지속적으로 펼치는 것이 중요하다.

3. 정보통신윤리교육의 방법

1) 정보통신윤리 교육의 필요성과 가치관

이미 우리 생활 공간의 일부가 되어버린 사이버 공간에서 인간들은 실제 삶 속에서는 할 수 없는 다양한 의식과 행위들을 표출하고 있다. 이러한 행위들은 기존 사회의 질서와 가치관에 비추어 보면 긍정적인 것도 있고 부정적인 것도 있다.

정보화의 역기능에 대한 대응의 노력으로는 크게 세 가지로 나눌 수 있다. 첫 번째는 역기능 방지를 위한 법안을 입법하는 방법이고, 두 번째는 기술적인 대응으로 정보차단 시스템의 개발이나 정보보호 기반기술들이 있다. 세 번째는 윤리적인 대응으로, 다시 말하면 교육을 통해 올바른 가치관을 심어주는 것이다. 첫 번째와 두 번째의 대응방법들을 통하여, 정보화의 역기능 현상을 막아보려 했지만, 한계에 부딪히게 되고 결국 세 번째 방법, 교육적 방법이 대응책으로 부각되고 있다. 교육적 방법은 정보통신윤리 교육을 함으로써 정보사회를 살아가는 사회 구성원의 올바른 가치관과 행동양식을 습득해나가는 것이다.

교육적 방법을 통하여 추구해야 할 사이버 공간에서의 윤리적 기본 가치관은 새로이 생겨날 수도 있고, 현재의 것으로 대체될 수도 있을 것이다. 전자든 후자든 인간에게 득이 되는 편리한 공간이 되도록 만들어야 한다는 사실은 변함없을 것이며 우리는 학생들에게 어떤 기본 가치관을 제시해주어야 한다. 지금 당장 제시할 수 있는 가치관은 바로 배려와 책임이다. '배려'란, 다른 사람의 존재를 인정하고, 관심을 가지고 보살펴주는 것이다. '책임'이란 서로를 보살피고 배려해야 할 우리의 적극적인 임무와 의무를 강조하는 말이다.

2) 정보통신윤리 교육의 목적과 성격

정보통신윤리 교육은 정보화 역기능에 따른 피해를 줄이기 위한 교육적 방안의 하나로 정보사회를 살아가는 사회 구성원으로서 갖추어야 할 올바른 가치관과 행동양식을 심어주는 것을 교육의 목적으로 한다.

정보통신윤리 교육은 정보통신 기술을 사용하는 데 필요한 교육이라기보다 정보사회를 살아가는 데 필요한 인성함양 및 가치관 교육이기 때문에 학교에서 진행되고 있는 모든 교육 활동에서 함께 이루어져야만 하는 생활 교육이다. 또한 정보통신윤리 교육은 실천교육이다. 단지 정보통신윤리에 대한 지식을 전달하여 이성적으로만 옳고 그름을 인지하게 하는 교육이 아니라 실생활에 직접 적용하여 실천할 수 있도록 하는 데 목적을 두어야 한다.

3) 정보통신윤리 교육의 기본 원칙

정보사회가 인간의 존엄성이 고양되는 사회가 되기 위해서 지금 이 순간에 우리가 할 수 있는 가장 값싼 '교육적 투자'는 정보통신윤리교육이다. 그리고 그러한 투자가 빛을 발하기 위해서는 무엇보다도 정보통신윤리교육 자체가 기본 원칙에 입각하여 충실하게 실행되어야 한다. 이에 정보통신윤리교육이 견지해야 할 기본 원칙을 밝히면 다음과 같다.

첫째, 정보통신윤리교육은 기본 교육(basic education)이다. 교과 활동, 특별활동, 재량 활동, 창의적 체험활동, 잠재적 교육과정 등 학교 교육과정의 모든 측면에서 다루어져야 할 기본 교육이다.

둘째, 정보통신윤리교육은 균형교육(balanced education)이다. 정보통신윤리에 대하여 아는 것, 믿는 것, 행동하는 것의 조화를 추구하여야 하며, 정보통신윤리교육이 정보화의 긍정적인 측면과 부정적인 측면을 균형 있게 다루어야 한다.

셋째, 정보통신윤리교육은 공동체교육(education for community)이다. 공통의 이념과 활동을 같이 하는 사람들의 다양한 집합체의 한 일원으로서 올바르게 존재하는 방법을 동시에 가르쳐주는 교육이 되어야만 한다.

넷째, 정보통신윤리교육은 다문화교육(multicultural education)이다. 국경의 장벽이 없는 사이버 공간에서 서로 상이한 가치관과 생활방식을 수용하고 함께 어우러져 살기 위한 방법을 강구하도록 열린 마음을 지니게 하는 교육이 되어야 한다.

다섯째, 정보통신윤리교육은 정체성 교육(education for identity)이다. 정체성을 형성해야 할 중요한 시기에 놓여 있는 청소년들이 사이버 공간에서 사이버 공간과 현실 공간을 오가는 가운데 심각한 심리적 혼란을 극복하고 자신의 정체성을 발견함으로써 자아와 인성의 고결함(integrity)을 유지해 나가도록 도와줄 수 있어야 한다.

여섯째, 정보통신윤리교육은 테크놀로지에 바탕을 둔 교육이다. 우리가 가르치고 있는 그리고 앞으로 가르치게 될 학생들은 글자 그대로 하이퍼미디어 세대이다. 문자 세대인 우리와는 다른 가치관과 사고방식을 지니고 있다. 따라서 우리는 전통적인 교수·학습 방법의 타당성에 대하여 깊이 생각해 보아야만 한다.

4) 정보통신윤리 교육의 지도 방법

학생 활동 중심 교육이어야 한다. 요즘 학생들은 사이버 공간에서 단순한 관객이 아니라 자신들이 능동적으로 참여하는 것을 좋아하며, 이 공간에서 자기 나름의 독립적인 세계를 갖고자 한다. 또한 그들은 늘 새로움을 추구하고 남과는 다른 것 또는 차이가 있는 것을 좋아하고 변화와 혁신을 즐기는 경향이 있다.

따라서, 이러한 특성을 지닌 디지털 세대 학생들에게는 선형적 학습보다는 하이퍼미디어 학습이, 강의식 학습보다는 훨씬 효과가 있을 것이다.

제3절 미래 정보통신윤리 교육의 방향

세계화 시대인 21세기에는 미래 정보사회가 긍정적인 측면에서 전개되어 나가기 위해서는 청소년들도 이에 맞는 의식과 태도를 갖추어야 한다. 청소년들이 주역으로 살아갈 앞으로의 사회는 정보통신이 지금보다 훨씬 더 발달된 사회일 것이며, 정보가 우리 생활에서 다른 무엇보다도 중요한 자리를 차지할 것이기 때문이다. 따라서 정보사회에 잘 적응하고, 또 그것을 활용하여 새로운 문화를 창조해 낼 수 있는 능력을 갖추어 나간다면 바람직할 것이다. 다른 한편으로는 정보사회에서 생길 수 있는 갖가지 문제들에 적절하게 대처해 나갈 수 있는 윤리적 자세를 가다듬어야 할 것이다.

이에 따라 미래 사회의 주역인 청소년들은 미래 사회에서 가장 중요한 요소인 '정보'를 잘 활용하고 더 나아가 새롭고 창의적인 정보를 만들어 낼 수 있는 능력을 길러야 한다. 또한 정보의 질을 평가할 수 있는 능력, 정보의 우선순위를 결정할 수 있는 능력, 영상을 분석할 수 있는 능력을 길러야 하며, 특히 우리 청소년에게는 불건전 정보를 파악하고, 그것을 비판적으로 평가할 수 있는 능력이 필요하다.

정보통신 기술을 어떻게 활용하느냐의 문제는 그 사람의 윤리의식과 깊은 연관성을 가지고 있다. 정보화를 겪고 있는 우리 사회에서도 이미 경험한 바와 같이 정보화가 개인의 프라이버시 및 인권 침해 문제와 각종 컴퓨터 범죄 문제 등 비인간적이고 비윤리적인 문제들을 수반하고 있기 때문에 이러한 문제들을 해결하기 위해서는 정보 윤리 의식이 절실히 요청된다.

1. 정보통신과 사이버 공간(Cyber space)

오늘날은 급격한 변화와 함께 정보 사회가 대두되었다. 그야말로 사이버 시대라고 일컬어지고 있다. 사이버 시대가 도래하면서 인간관계의 양상은 매우 달라졌으며, 새로운 인간관계의 양식을 창출하게 되었다. 따라서 최근에는 인터넷 심리학이라는 새로운 학문이 등장할 만큼 사이버 매체는 우리 삶의 매우 깊숙한 곳에 자리하고 있다. 이러한 변화는 인간관계의 질과 양에 많은 변화를 가져오고 있다.

사이버(cyber)는 어떤 장치에 의해 존재하는 것을 실재 물리적 공간에서 벗어나 시청각으로만 접하는 전자 접촉을 의미하며, 컴퓨터를 통해 이루어지는 것을 대표하는 의미로 쓰이고 있다. 사이버 공간은 더 이상 우리의 생활과 별개의 자리에 있지 않다. 인터넷이 우리에게 미치는 영향은 매우 크며, 무엇보다도 개인의 정체성과 관련이 크다고 볼 수 있다. 스톤(Stone)과 투르클(Turkle) 등은 개인이 자신의 정체성을 드러내지 않는 상태에서 자신에게 억압되었던 생각이나 사상 등을 자유스럽게 표현할 수 있는 공간을 갖게 되었다고 하였다. 투르클(Turkle)은 익명성을 가지고 자신의 의사나 생각의 자유를 누리는 것은 대체적으로 긍정적인 측면을 가지고 있다고 주장한다. 즉, 인터넷 세상에는 개개인이 가지고 있는 고정관념에서 벗어나 좀 더 융통성과 유연성을 가질 수 있고, 평소의 남의 시선에 대한 의식에서 자유로워질 수 있다. 표현도 훨씬 자유로워진다. 따라서 사이버 공간에서는 낯선 사람들과의 만남조차도 매우 친밀감을 갖고 표현 또한 매우 쉽게 할 수 있다.

사이버 공간에서는 인간관계가 보다 빠르고 가깝게 맺어지는 반면에 익명성으로 인해서 발생하게 되는 인간의 공격성이 직접적으로 표현된다. 상대방에 대한 배려 없이 자신의 감정적인 노출이 매우 적극적으로 이루어지는 문제점이 두드러지게 증가하고 있다. 일반적으로 사이버 공간의 특성은 네 가지로 분류하여 다음과 같이 설명할 수 있다.

1) 익명성과 자기 표현성

사이버 공간상에서 개인의 이름은 ID로 표현된다. 이 ID는 때때로 닉네임(nickname)이라는 별명이 대신하여 이용될 수 있지만, ID는 일차적으로 사이버 공간에서의 이름이자 주소이기도 하다. 자신을 어떤 이미지로 만들 것인가의 문제는 바로 사이버 공간상의 교류의 일차적인 특성이기도 하다. 타인이 나를 알지 못할 것이며, 또 알 수 없다는 익명성은 결국 타인에 대해서 나 자신의 이미지를 내가 새롭게 만들 수 있다는 자유를 경험하게 한다.

(1) 머드 게임 속에서 창조된 인간관계

사이버 공간에서 한 개인이 자신의 다양한 특성을 표현하고 이것을 구체적으로 경험하게 되는 예가 바로 머드 게임이다. 머드(mud)라는 말은 '다수 사용자 영역(Multi-User Domains)' 또는 더 역사적으로 정확하게 이야기하면 'Multi-User Dungeons'에서 나왔는데, 1970년대 말부터 1980년대 미국의 고등학교와 대학교에서 선풍적인 인기를 끌었던 'Dungeons & Dragons'라는 환상 역할놀이 게임에 그 뿌리를 두고 있다. 머드 게임이 국내에 알려진 것은 1990년대 초 컴퓨터 관련 학생들 사이에 보급되다가 1993년 일반인을 위한 PC 통신상용 서비스로 등장하면서부터이며, <바람의 나라>, <쥬라기 공원>, <단군의 땅> 등 18개의 상용 서비스가 선보였다.

머드 게임의 특징은 인터넷 등 컴퓨터 통신망을 통해 개인이 돌아다닐 수 있는 사이버 공간상에서 이루어진다는 데 있다. 머드는 일종의 새로운 가상놀이공간에서의 게임이지만, 심리적인 측면에서 보면 참여자가 일종의 가상적 인간관계를 만들 수 있는 새로운 형태의 공동체이기도 하다. 게다가 문자로 그 내용을 나타낸다는 측면에서 새로운 형태의 집단 저작물이기도 하다. 머드게임의 참가자들은 머드 게임의 저작자이기도 하며 이 매체의 사용자이자 제작자이다. 사용자들은 이 게임에 참가하면서 단순히 내용을 만들 뿐 아니라, 새로운 사회적 관계나 사회적 상호작용 속에서 새로운 자신의 모습을 창조하는 경험을 하게 된다.

머드 게임은 다른 수백 명, 수천 명의 게이머들과 함께 사이버공간에서 서로 경쟁하고 협동하면서 자신이 꿈꾸어 왔던 새로운 자신의 모습을 만들거나 서로 힘을 합쳐 어떤 활동을 계속 한다. 이 게임의 진행은 비교적 간단하다. 예를 들어 내가 슈퍼맨이라는 이름의 어떤 역할을 하고 있을 때, 내가 '말했다'라고 문장을 만들면 모든 참가자들의 화면에는 '슈퍼맨이 말했다'라고 나타나게 된다. 물론 특정 사용자에게만 메시지를 보낼 수도 있다. 어떤 머드 게임은 아이콘(icon)으로 불리는 그림으로 각자의 모습을 나타내기도 한다.

머드 게임의 매력으로 가장 많이 지적되는 것은 현실세계에서 도저히 불가능한 창조적인 경험을 사이버 공간에서 할 수 있다는 것이다. 그러나 이 매력은 더 구체적으로 설명하면 실제 현실에서 표현하지 못하는 자신의 모습을 만들 수 있다는 것이다.

(2) 인간관계의 실험장

개인 자신의 모습을 사이버 공간에서 표현하는 경우는 머드에만 국한되지 않는다. 현실세계와 가장 유사하면서도 익명성을 누리는 만남으로 채팅이 있다. 채팅에 의한 교류는 교류방식이 현실의 모습을 띠면서 현실과는 또 다른 공간 속에서의 만남이 이루어진다는 데다 현실감이 있다.

채팅에서의 만남은 구체적인 만남 그 자체이지만 관계를 지속하고 중지하는 데에 심리적인 부담감이 없다. 그뿐 아니라 이런 교류에는 자신이 투자해야 한다는 심리적 부담이 없으면서 새로운 인간관계를 구체적으로 경험할 수 있다. 특히 채팅이란 컴퓨터 화면 상에서 나타나는 언어적 표현을 통해 이루어지기에 인간관계의 모습이 구체적인 실제 그대로 표현된다. 채팅의 참가자는 사이버 공간 속의 만남에서 이전에 자신이 경험했던 인간관계에서 자신이 억제해 왔던 욕구나 갈등을 표현하는 하나의 손쉬운 현실적 대안이 되는 경우로 발전하고 한다.

영화 「접속」은 채팅을 통해서 인간관계의 만남을 수정하고자 하는 사람들의 이야기를 다루고 있다. 컴퓨터라는 기계를 통해 만들어지는 공간속에 자신의 심리적 내용을 투사하는 과정을 보여 준다. 채팅의 경험은 현실 속에서 인정하지 못하거나 거부해야 했던 자신의 모습을 어떤 방식으로든 구체화해야 한다. 왜냐하면 채팅 과정에서 자신을 어떤 방식으로든 나타내야 하고, 이것은 막연히 느껴지는 자신이 아니라 타인에게 보이는 구체적인 모습을 만들어야 하기 때문이다.

현실에서의 만남이 아무 생각 없이 우연히 이루어지거나 고통스러운 모습으로 나타나야만 했다면, 가상적 세계에서의 만남은 자신에 대한 모습을 비교적 객관적으로 알고 시작하기 때문에 새로운 사람과의 만남이나 그들과의 관계에 대한 자기성찰이 가능해지게 된다. 즉, 인간관계의 형성과 진행, 그리고 그 변화 상태에 대해 비교적 객관적인 느낌을 가지면서 그 관계 속에 자신을 두는 경험을 할 수 있는 것이다.

2) 주관적 경험의 구체화

화면에 표현되는 내용은 그 자체로는 혼란스런 자신의 내적 상태를 반영하는 것이기도 하지만, 자신의 내적 자아를 위해 현실보다 훨씬 안전한 만남이기에 쉽게 빠져들게 된다. 이런 경우 채팅이 이루어지는 사이버 공간은 마치 대화하는 사람들의 내면적 속성이 거울처럼 그대로 비치는 곳이 된다. 즉, 화면 속의 글들은 사이버 공간에서 하나의 거울과 같은 모습을 띠면서 자아가 가진 혼란을 개별적인 상태로 전환시켜 준다. 예를 들면, 많은 청소년들은 사이버 공간의 채팅에서 음란행동이나 저속한 행동을 쉽게 저지르는 경우가 많다. 이것은 대부분의 경우 현실적으로 억압했던 자신의 모습을 사이버 공간상의 어떤 대상에게 퍼부어 놓는 상황이 된다.

채팅의 대화에는 자신이 타인에게 보여 주고 싶은 모습을 가능한 한 거칠게, 통제 불가능한 방식으로 나타내고자 하는 욕구가 작용한다. 특히 각각 다른 채팅 상대에게 동일한 방식으로 모습을 나타내지 않으려고 한다. 이처럼 자신의 모습을 가능한 한 예측할 수 없는 움직임으로 나타내려고 하는 것은 자신의 다양한 변신 모습 속에서 경험하는 우월감과 통제감의 환상 때문이다. 현실세계에서 폭주족들이 거리를 주름잡으려고 하면서 자신의 존재를 굉음이나 스피드로 나타내고자 하는 욕망이 있다면, 사이버 공간에서는 음란성이나 상대방에 대한 무제한적인 행동, 거친 표현 등으로 억제된 자신의 모습을 표현하게 되는 것이다. 마치 어린아이가 장난감이나 인형으로 놀이세계를 만들어 내듯이, 사이버 공간에서 구체적인 성격이나 역할을 통해 놀이세계를 만드는 것이다.

사이버 공간에서 나타나는 다양한 자기의 모습에 대한 흥미와 관심은 마치 나르시스의 경험과 같다. 나르시스의 경험이란 다른 사람들에게 보이는 자신의 모습을 사랑하게 되는 것이다. 사이버 공간에서 표현된 자신의 역할과 성격에 대한 매료는 바로 연못에 비친 자신의 모습에 대한 사랑과 같은 것이다. 우리는 상징적인 측면에서 문학이나 시, 그림을 통해 자신을 은유적으로 표현하기도 한다. 그러나 이제 컴퓨터를 사용하여 무엇을 지시할 수 있고, 이것은 '가상적 세계에서 자신이 얼마나 멍청한지 또는 얼마나 강력한 존재인지와 같은, 인정할 수 없는 자신의 모습도 알 수 있게 되었다'라고 표현할 수 있는 상황을 만든다. 이것이 바로 사이버 공간에서의 자신의 정체성 발견과정이며 복합 정체성의 창조과정이다.

3) 복합적 자기표현

사이버 공간에서 일어나는 인간관계의 경험을 통해 청소년들은 이제 단일적이고 고정된 자신이 아니라, 관계와 역할에 따라 다양한 모습으로 자신을 표현한다. 가상적 공동체 속에서 나타나는 정체성의 모습은 지속적이고 일관적인 것이 아니라 복합적이며 다차원적인 모습으로 나타난다. 개인의 정체성은 급격한 외부 환경의 변화 속에서 자신과 세상을 비교적 지속적이고 안정적으로 경험할 수 있게 하는 것이다. 이것은 독립적인 존재로서 자신을 나타내고자 하였던 인간이 변화하는 세상 속에서 안정적인 심리 상태를 유지할 수 있게 만든 적응 기제이기도 하다. 그러나 이런 자기적응 방식은 사이버 공간에서는 더 이상 적응적이지 않다. 개인을 특징짓는 자아의 단일적인 정체성이 해체된다는 것은 개인의 존재나 의식을 부정하거나 무시하는 것이 아니다. 단지 개인의 자기 정체성 개념이 사이버 공간에서 이루어지는 인간관계에 기초한 공동체를 특징짓는 집단의식 또는 가상 공동체 의식이라는 개념으로 지칭되는 것이다. 개인의 정체성은 일종의 가상 공동체 의식으로 변형되어 유지된다. 이것은 바로 사이버 공간이라는 새로운 사회 문화적 환경 속에서 현실세계와 사이버 공간의 연결고리를 갖추면서 일종의 통합적인 자기개념을 유지하려는 적응 기제를 보여준다. 이는 결국 사이버 공간이 관심에 따라 다양하게 표현되는 개별적 정체성을 통합해 주는 가상 공동체가 출현하는 환경을 제공해 줄 수 있기 때문에 가능한 것이다.

청소년 시기에 개인적·사회적 정체성을 형성함으로써 일관된 심리 세계와 자아의 모습을 가지는 것은 무엇보다도 중요한 발달 과업으로 받아들여졌다. 이런 주장은 근대 이후 '특정 개인은 비교적 고정된 정체성 개념이나 역할로 표현되어야 할 뿐 아니라 그럼으로써 안정적인 심리세계를 유지할 수 있다'라는 기본적인 가정과 부합하였다. 이런 이유로 우리는 개인 존재의 다양성을 필연적으로 개인의 정체성 혼란으로 해석하였다. 가상공간에서 경험하는 한 개인의 존재는 다양한 모습으로 서로에게 다가간다. 그 속에서 사람들은 자신의 본질적인 모습을 찾음으로써 타인관계를 만들고 유지하는 것이 아니라, 공간 속에서 주어진 공통적인 역할과 관심사를 통해 새로운 동질성을 발견한다. 가상공간에서의 공동체 의식의 출현은 결국 다양성 속에서 자신의 정체성을 찾고자 하는 현실세계의 우리의 모습이다.

사이버 공간에서의 복합 정체성의 형성이란 자유롭게 자신의 정체성을 표현할 수 있는 상황을 의미한다. 이것은 인간의 사고 능력의 확장을 의미할 뿐 아니라 사고 수단의 확장을 의미한다. 사이버 공간에서 자신이 상상하는 어떤 존재나 특성으로 또는 어떤 사회적 관계를 만들고 경험함으로써, 현실세계의 경험이나 학습 정도에 의해 우리가 땜질하듯이 만들어 내는 사고나 개념의 제한으로부터는 벗어날 수 있을 것이다. 그럼에도 불구하고 이런 복합 정체성의 경험이 아무런 대가 없이 우리에게 자유를 제공하는 것은 아니다.

복합 정체성을 경험함으로써 현실세계에서의 정체성의 혼미와 유사한 적응상의 문제가 생길 가능성이 있다. 머드 게임에 빠진 사람이 느낄 수 있는 중독증이나 지나친 자기통제 의식은 사이버 공간에서 경험할 수 있는 정체감 혼미의 한 예가 될 것이다. 이런 현상은 물론 현실적인 인간관계보다는 사이버 공간에서 경험하게 되는 인간관계가 더 직접적이고 진지하게 다가온다는 새로운 역설을 경험하는 과정에서도 예견된다. 가상 공동체 의식은 표면적인 실체를 있는 그대로 받아들일 때 청소년들이 경험할 혼란과 상실의 경험을 상쇄하는 역할을 한다. 이런 기능을 하는 가상 공동체 의식이 구체적으로 표현되는 예는 아마도 네티즌이라는 개념일 것이다.

4) 가상 공동체의 경험

(1) 개인적 정체성의 표현과 가상 공동체

사이버 공간에서 청소년들은 자신을 다양한 정체성으로 표현하고 자신의 모습이 각기 독립적으로 다른 개체와 만나는 현상을 경험한다. 이런 경험을 통해 개인은 자신의 정체성이 사이버 공간에서 만남이 이루어지는 상황에서의 역할이나 성격 특성으로 달라지는 것을 알게 된다. 구체적인 역할과 맥락 속에서 나타나는 자신의 다양한 모습을 주워 모으는 과정에서 청소년들은 추상적인 새로운 자신의 모습을 경험한다. 이것은 자기가 신이 되어 스스로 창조한 생명체의 운명이나 행동을 조절하는 느낌을 통해 초자연적인 힘이 자기에게 생긴다고 믿는 것과 같다. 그러면서 구체적인 현실 속에서 그 모습의 특성을 그려 나가는 것이다. 이런 측면에서 가상공간에서의 개인의 정체성 개념은 고정적이라기보다는 끊임없이 확장되고 변화하며, 또 새롭게 창조되는 정체성이다.

가상 공동체에서 출현하는 새로운 정체성은 현실에서처럼 제한되고 결정적인 속성을 띠는 것이 아니라 가변적이면서 실재하는 모습이다. 특히 변화의 양상이나 속도가 현실과는 비교할 수 없는 정도로 진전된다. 그뿐 아니라 이 변화의 경로를 규정하거나 인도하는 특정 기준이나 내용이 존재하지 않는다. 이런 특성은 특정 개인이 자신의 모습을 규정하게 되는 사회적 정체성이동에 따라, 그리고 서로서로 어떤 공통점을 찾느냐에 따라 달라진다. 인터넷상에 있는 수없는 뉴스 그룹이나 관심 집단 또는 동호회의 형성, 자신의 정체성을 나타내는 홈페이지, 채팅은 가상공간에서 각 개인이 자신의 모습을 새롭게 정의하고, 타인과의 관계 속에서 새로운 정체성을 형성하는 가상 공동체의 표현이다.

사이버 공간을 새로운 사회환경이라고 할 때, 이 환경 속에서 개인의 정체성이 구체적으로 표현되는 방식은 동아리, 즉 모임이다. 모임이 개인의 정체성을 나타낸다는 의미는 그 모임 자체가 참가하는 사람들의 특정 성격이나 역할을 대표하기 때문이다. 이 모임은 한 참가자의 입장에서 자신을 새롭게 표현할 수 있는 정체성을 제공한다. 그뿐 아니라 참가자들 모두에게는 이 모임이 하나의 공동체로 작용하기도 한다. 개인의 정체성이 사이버 공간에서는 '모임' 이라는 가상으로 나타나는 것이다. 모임이라는 사이버 공간 속의 동아리는 심지어 지역 특성을 가진 중·고교 동문회, 특정 연예인 팬클럽 등 다양한 주제와 참여자로 이루어져 있다. 그리고 이런 모임들은 관심 분야가 상당히 세분화되어 있기도 하다.

(2) 가상 공동체의 형성과 특성

사이버 공간에서의 공동체 발달은 참가자 모두를 포용하는 공동체를 만든다는 생각보다 개인적 정체성의 표현에 기초한 공동체를 말한다. 그럼에도 사이버 공간의 공동체는 현실세계의 공동체의 속성을 너무도 많이 내포하고 있다. 따라서 사이버 공간의 공동체에도 일반 사회 속의 질투와 싸움, 배타적 관계가 항상 존재한다. 특히 현실세계의 윤리 의식이나 사회규범 또는 사회적 질서에 부합하는 행위가 동일하게 존재한다. 그리고 현실세계의 타인에 대한 차별이나 배타성, 심지어 폭력적인 행위가 사이버 공간에도 엄연히 존재한다.

현실과 달리 사이버 공간에서는 자신의 정체성에 대한 변신과 파괴, 그리고 새로운 정체성의 창조가 가능하다. 이것은 개인이 자신의 모습에 대해 지속적인 특성을 유지하지 않고 변화시키려는 속성을 더욱 부각시킨다. 사이버공간에서는 개인적 정체성의 유지라는 개념도 상실되어 개인의 정체성의 개념으로 폐쇄되고 제한되었던 인간 자아의 모습이 다양한 정체성으로 구체화 된다. 이런 경우, 경험을 통해 형성되는 심리적 결과는 결국 새로운 사회적 관계나 표현양식, 그리고 새로운 가상 공동체 의식을 학습하는 것이다.

2. 사이버 공간에서의 억제 해제 효과

사이버 공간에서의 억제 해제 효과로 인간관계의 실제 상황에서는 상상할 수 없는 일들이 발생한다.

첫째, 생활에서의 상호 간의 상호작용이 감소되는 현상이 일어난다. 인터넷에서 시간을 보내는 만큼 실제 생활에서 사람들과 보내는 시간이 감소하는 것은 자명하다. 또한 인터넷 중독자들은 컴퓨터 앞에서 보내는 시간 때문에 인간관계와 사생활에 많은 어려움을 겪고 있다.

둘째, 인간관계가 쉽게 발전하고 소멸되는 현상이 생긴다. 억제 해제 효과로 인터넷에서 자신의 욕구를 좀 더 분명히 할 수 있다 보니 관계가 쉽게 가까워질 수 있지만, 자신을 노출할 만큼의 정서적인 인간관계 기술이 현실에서는 부족하기에 쉽게 뜨거워진 인간관계는 쉽게 식고 만다. 이러한 예는 인터넷 대화방에서 쉽게 섹스 파트너를 구하여 성관계만 맺고 헤어지는 현상과도 관계가 있다.

셋째, 인터넷은 새로운 계층을 만들어 내고 또한 새로운 형태의 차별을 가능하게 했다. 전통적으로는 인종, 학벌, 사회적인 지위를 가지고 타인을 평가하면서 차별적인 행동이 있었지만, 이제 인터넷에서는 자신의 정체성이 쉽게 사라지고 새로운 형태의 정체성을 형성하면서 자신들만의 특별한 집단을 형성하여 다른 집단에 대해서 우월감을 느끼고 차별적인 행동을 하는 것이 가능해졌다.

넷째, 자신의 비현실적이거나 비정상적인 욕구를 실현할 가능성이 높아지고 있다. 인터넷을 통해서 청소년 성매매의 대상을 구한다든가, 사제폭탄 제작에 대한 정보를 얻어서 사제폭탄에 대한 호기심을 해소한다든가 하는 것과 인터넷 성폭력, 자살 사이트 등의 설치 및 운영 등을 들 수 있다.

3. 사이버상의 대인관계

일반적인 생활에서 나타나는 적극적인 대인관계에서는 자기개방이 우선된다. 그런데 자기개방이라고 하면 실제 상황에서 경험함으로써 갖게 되는 감정, 생각, 원하는 바 등을 자연스럽게 노출하고 자신의 의견을 반영하거나 타인의 의사를 존중하는 것이다. 타인의 의사 존중은 나는 틀리고 너는 옳다는 관점이 아니라 '나도 옳고 너도 옳다'라는 입장의 차이에 근거하는 것이 바람직하다. 그러나 사이버상에서는 자신에게 솔직하고 적극적인 자기개방과 자기수용 및 타인의 수용이 이루어진다고 보기가 매우 어려운 것이 현실이다. 그리고 대인관계의 태도와 함께 의사소통의 유형에 따라서도 다양한 경험을 하게 된다. 그렇다면 사이버상에서의 인간관계는 적극적이라기보다는 매우 수동적이라고 볼 수 있다.

또한 현실 공간에는 사람들의 의견이나 감정의 표현을 조절하고 억제하게 만드는 다양한 장치가 발달되어 있다. 법률, 규범, 관행, 보복 등과 같은 외부적 장치는 물론이고 책임 의식, 체면 혹은 무의식적인 자기규제와 같은 내부적 장치도 있다. 그러나 사이버 공간에서는 일정한 한계가 있다.

그러한 억제 장치들이 힘을 잃는다. 따라서 사이버 공간에서는 네티즌들이 자기감정과 욕구에 충실하다. 즉, 다른 사람의 눈치를 보지 않으면서 자기감정에 따라서 움직여 과장된 행동이 나 표현이 많이 나타난다. 이를 뒷받침할 수 있는 다양한 연구 결과들을 통해서 알아보면 다음과 같다.

대부분의 연구에 따르면, 인터넷 중독의 위험군에 있는 대상들은 비위험군에 있는 대상들보다 사이버상에서 대인관계가 활발하게 이루어지고 있었다. 그리고 사이버상에서의 의사소통은 다양한 유형으로 이루어지고 있었는데 회유형이 가장 많았다. 회유형 의사소통의 특징은 자신의 감정이나 사고를 주장하기보다는 타인의 감정이나 사고가 중요하다고 여기고 긍정적인 반응을 보이는 것이다. 그리고 비난형 의사소통을 사용하는 사람들은 산만형 의사소통을 사용할 가능성이 컸다. 비난형, 산만형 의사소통을 사용하는 사람들의 경우에는 충동성이 높은 것으로 나타났다. 요약하면, 인터넷을 중독적으로 사용하는 위험군이 대인관계는 원만하나 더 충동적이며 의사소통도 산만하여 지나치게 합리적으로 상황만을 중요시하거나 지시적이고 명령적일 수 있다는 것이다.

또한 사이버 공간을 사용하는 두 집단, 즉 병리적 사용 집단과 정상적 사용 집단으로 분류된 집단을 대상으로 한 연구 결과에 따르면 병리적 사용 집단은 남성이, 정상적인 사용 집단은 여성이 너 많은 것으로 나타났다.

그리고 대인관계적인 서비스를 주로 이용하는 사람들이 병리적인 경향을 더 많이 보일 것이라는 연구 가설이 지지되었다. 대인관계적인 서비스는 채팅, 온라인 게임, 동호회 등과 이메일, 정보검색 서비스였다. 대인 관계적이라는 의미는 사이버 공간에서의 대인적인 교류를 의미한다. 채팅을 통해서 대화를 나누고, 온라인 게임을 통해서 타인과 경쟁을 하며, 동호회에서 같은 취미를 공유하는 것을 말하며, 이메일의 경우에는 대부분이 현실에서 아는 사람들과 의사소통을 하기 위해 사용되기 때문에 그 자체가 사이버 공간에서 대인 교류적 기능을 한다고 볼 수는 없다.

따라서 사이버 공간에 빠져드는 경향이 있는 사람들은 그 안에서는 사회적 지지를 충분히 지각하고 있지만 현실 생활에서는 낮은 수준으로 지각하고 있으며, 이로 인해 한 개인의 입장에서 지각하는 대인관계 지지의 수준이 건강한 사용자들에 비해서 낮다는 결론을 내릴 수 있다. 이 결과에 대해서는 두 가지 해석을 내릴 수 있는데, 하나는 사이버 공간에서 보내는 시간이 너무 많아 현실 생활에서 충분한 양의 대인관계를 유지하지 못하므로 대면적 상황에서만 얻을 수 있는 지지를 지각할수 없기 때문이다. 그러나 이 경우는 반드시 그 원인이 사이버 공간이 아니더라도 생길 수 있는 결과일 것이다. 사이버 공간이 아닌 어떤 다른 대상과 특별히 오랜 시간을 보낸다면 타인과 상호작용할 시간적 여유가 없을 것이다. 따라서 대인관계 지지를 지각하는 수준이 낮아질 수 있다. 다른 하나는 특별히 사이버 공간의 사용에 의한 것으로, 사이버 공간에서 제공하는 대인관계의 매력이 만족을 주어 그 안에서의 관계만으로 개인의 대인관계를 모두를 채워 버리기 때문이다.

가정과 학교 등 현실의 사회 구조와 인간관계에서 소외되어 무기력해진 청소년들은 기존 체제와 현실세계에 회의를 느끼기 쉬우며, 미래에 대한 기대수준과는 달리 사실상 미래가 비관적이라고 판단하거나 현실세계에서 미래지위에 대한 자아상이 불투명해지는 무의미감(sense of meaninglessness)을 느낄 때 정상적인 현실 생활과 인간관계에서 이탈되는 행동을 하기 쉽다. 특히 대면적인 접촉이 줄어들고 개별적인 성향이 더욱 확대되며 컴퓨터 등 대상물을 통한 가상세계 접촉이 늘어나는 인터넷 정보화 사회에서 현실의 인간소외 현상은 더욱 심각해질 가능성이 크다.

오늘날 컴퓨터와 초고속 인터넷의 보급, PC방의 번창은 청소년들이 인터넷 가상세계를 접하고 이에 몰입하기에 매우 용이한 상황과 환경으로 작용하고 있다. 또한 익명성이 보장되고 현실에서의 자기와는 다른 모습으로 자신을 드러내며, 인간관계에서 억제해 왔던 욕구나 갈등을 마음대로 드러낼수 있는 인터넷 사이버 세계만의 독특한 특성은 관계에 따른 사랑, 소속, 인정 등의 기본 욕구를 충족시키지 못하고 무력감, 무의미, 규범 상실, 사회적 고립 등의 소외를 경험하고 있는 현실에서 가상의 세계를 향한 도피와 인터넷 중독 등의 부적응적인 행동양식을 학습하게 하였다.

인터넷 중독은 그 경향이 클수록 현실에 대한 통제력이 떨어지고, 현실 사회의 여러 가지 사건이나 일들이 지니는 목적과 의미 파악 및 결과에 대한 예측 능력이 떨어지며, 주어진 목적 달성을 위해서 사회적으로 용인되지 않는 수단의 필요성을 더 많이 느끼고, 실제 사회적 관계에서 거리감을더 많이 갖게 되며, 사회에서 높이 평가하는 문화적 가치나 이상을 거부하거나 평가절하하는 성향이높고, 무엇보다도 현실에서 자신이 하고 있는 일에서 만족이나 보상을 얻지 못하는 정도가 크다는것을 시사한다고 볼 수 있다.

4. 사이버 시대의 인간 자세

사이버라는 문명의 이기의 주인은 인간이다. 이러한 문명의 이기는 인간의 부정적인 욕망이나 욕구를 충족하기 위한 수단으로 사용될 수도 있고, 인간 간의 상호작용을 증가시키는 긍정적인 수단이될 수도 있다. 긍정적인 수단으로 사용하기 위해서는 인간의 바람직한 자세가 요구된다.

(1) 사이버 공간은 인간의 만남을 위한 수단이 되어야지 목적이 되어서는 안 된다

인간의 만남을 사이버 공간으로 대치할 수는 없다. 아무리 사이버 공간이나 수단이 발달해도 인간이 만나서 즐기는 스킨십과 만남에서 얻는 정서적인 교감을 대치할 수는 없다. 사이버 공간으로의 도피나 중독은 인간은 사회적인 동물이라는 것에 대한 도전이 될 수 있다. 사이버 공간으로 빠져서 심한 경우에는 정신과적인 문제가 발생하게 된다.

(2) 문자적인 정보의 교환이 주는 제한점을 이해해야 한다

현재의 수준에서 인터넷의 정보는 주로 문자의 교환이다. 문자로 서로의 감정을 주고받을 때는 비언어적인 정보, 즉 얼굴 표정, 억양, 신체적인 반응 등이 생략되어 있어서 서로 간에 오해가 생길 여지가 많다. 그러나 우리가 정보를 교활할 때 비언어적인 정보가 차지하는 중요성은 70%, 언어적인 정보의 중요성은 20%로 보고 있는데, 작은 분자적인 정보에 의지해서 상호작용을 하고 결정을 내리는 것은 의사소통의 정확성에서 문제가 된다고 볼 수 있다. 어떤 특정한 언어의 해석도 여러 가지 의미가 있기에 서로 시간을 가지고 자세히 정보 교환을 하는 것이 중요하며, 사이버상의 문자적인 정보 교환의 제한점을 이해하고, 의미 있는 관계를 원한다면 상대방을 이해하려는 더 많은 노력이 필요하다.

(3) 수직적인 관계보다는 수평적인 관계에 더 관심을 두어야 한다

TV가 우리의 안방에서 주인공 역할을 하면서 가족 간의 수평적인 교류보다는 TV 화면을 보는 수직적인 관계로 전락하고 말았다. 더욱이 컴퓨터의 화면에 몰두하면서 인간의 교류가 단절되고 있다. 한 쪽으로 치우치면 중용을 잃게 마련이다. 디지털의 수직적인 공간과 인간 간의 수평적인 관계를 활성화하는 작업이 많이 이루어져야 한다. 만남에 의한 스킨십, 자연과의 만남에 의한 삶의 여유 등 인간 교류에 상대적으로 더 많은 시간을 보내야 한다.

(4) 사이버를 통한 저질 정보를 통제하여야 한다

악화(惡貨)가 양화(良貨)를 구축한다는 말이 있듯이 디지털 시대에 정보의 홍수 속에서 저질 정보가 유통되어 소비자들에게 피해를 주고 양질의 정보를 몰아내는 경우도 있다. 예를 들어, 인간의 원초적인 감각을 자극하는 정보를 담은 문학작품들은 대중성은 있지만 양질의 정보는 아니고 오히려 이러한 문학작품이나 정보는 우리의 영혼을 오염시키게 된다. 말초적인 지극과 쾌락을 추구하게 하는 사이버 정보의 범람은 원초적인 통제되지 않은 인간의 충동을 더 자극해서 인간의 저질화를 부채질할 가능성이 있다. 또한 이성적인 결정을 마비시키고 감정적인 쾌락적 결정을 하도록 이끄는 경향이 있다. 따라서 사이버상의 저질 정보의 제한과 추방 운동도 벌여 나가야 한다.

(5) 사이버의 정보 교환의 윤리 제정과 그에 대한 처벌 규정 등이 갖추어져야 한다

검증되지 않은 정보에 의한 선의의 피해자가 속출하는 것이 사이버 시대의 특징이다. 정보의 전파력을 감안한다면 누군가를 중상 비방하는 정보가 얼마든지 난무할 수 있다. 그리고 그 정보가 사실이 아닐 경우에 피해자는 엄청난 손실을 입는다. 사이버 공간이 인간에게 도움이 되도록 하기 위해서는 사이버 공간을 책임 있게 이용할 수 있는 윤리강령을 제정하여 이를 교육하고 실행에 옮겨야 할 것이다.

(6) 사이버 공간의 이용에 적극적인 예방책이 필요하다

사이버 공간은 어떤 의미로는 중립적인 공간이다. 사이버 공간 자체가 악이거나 선은 아니다. 이를 악용하는 사람에게 일방적으로 당할 것이 아니라 예방적이고 더 적극적인 활용이 필요하다. 예를 들어, 자살 사이트가 문제를 일으킨다면 자살 사이트를 폐쇄하는 데만 신경을 쓰지 말고, 자살 예방 사이트와 우울 환자들의 관심을 끌 수 있는 사이트를 개설해서 그들에게 다가가는 전략을 사용해야 한다.

(7) 개인의 프라이버시 침해에 대비해야 한다

컴퓨터 해커들에 대한 컴퓨터 내 개인 비밀 정보의 무방비는 어느 시대보다도 개인의 프라이버시를 위협하고 있다. 옛날에는 연애편지를 비밀리에 보관만 잘하면 자신의 프라이버시 공간에 간직할 수 있었지만, 이제 자신의 컴퓨터에 저장된 정보는 해커들에 의해 유출되고 악용될 소지가 많아지게 되었다. 이에 대한 대책, 법 제정, 기본적인 윤리 실천이 중요하다.

(8) 사이버 공간이 인간의 주인이 아니라, 인간이 사이버 공간의 주인이라는 의식 조장이 필요하다

사이버의 가상현실에서는 자신을 더 잘 드러낼 수 있을 뿐만 아니라 자신의 감정을 통제하기 어려운 측면도 있다. 인간의 기본적인 사회적 욕구, 친밀감, 스킨십, 상호작용은 변함이 없기에 이러한 것을 더욱 늘여 가고(증가), 다른 사람들의 사이버 공간을 존중해 주는 배려가 필요하다. 또한 사이버 공간에서보다는 인격적인 만남을 증가시켜야 한다.

<표 4-5-1> 한국형 인터넷 중독 자가진단 검사(K-척도)

번호		항목	전혀 그렇지 않다	때때로 그렇다	자주 그렇다	항상 그렇다
1	1	인터넷 사용으로 생활이 불규칙해졌다.	1	2	3	4
	2	인터넷 사용으로 건강이 이전보다 나빠진 것 같다.	1	2	3	4
	3	인터넷 사용으로 학교 성적이 떨어졌다.	1	2	3	4
	4	인터넷을 너무 사용해서 머리가 아프다.	1	2	3	4
	5	인터넷을 하다가 계획한 일들을 제대로 못 한 적이 있다.	1	2	3	4
	6	인터넷을 하느라 피곤해서 수업 시간에 잠을 자기도 한다.	1	2	3	4
	7	인터넷을 너무 사용해서 시력 등에 문제가 생겼다.	1	2	3	4
	8	다른 할 일이 많을 때에도 인터넷을 사용하게 된다.	1	2	3	4
	9	인터넷 사용으로 가족들과 마찰이 있다.	1	2	3	4
2	10	인터넷을 하지 않을 때에도 하고 있는 듯한 환상을 느낀 적이 있다.	1	2	3	4
	11	인터넷을 하지 않을 때에도 인터넷에서 나오는 소리가 들리고 인터넷을 하는 꿈을 꾼다.	1	2	3	4

			1	2	3	4
	12	인터넷 때문에 비도덕적인 행위를 저지르게 된다.	1	2	3	4
	13	인터넷을 하는 동안 나는 가장 자유롭다.	1	2	3	4
	14	인터넷을 하고 있으면 기분이 좋아지고 흥미진진해진다.	1	2	3	4
3	15	인터넷을 하는 동안 더 자신감이 생긴다.	1	2	3	4
	16	인터넷을 하고 있을 때 마음이 제일 편하다.	1	2	3	4
	17	인터넷을 하면 스트레스가 모두 해소되는 것 같다.	1	2	3	4
	18	인터넷이 없다면 내 인생에 재미있는 일이란 없다.	1	2	3	4
	19	인터넷을 하지 못하면 생활이 지루하고 재미가 없다.	1	2	3	4
	20	만약 인터넷을 할 수 없게 된다면 견디기 힘들 것이다.	1	2	3	4
	21	인터넷을 하지 못하면 안절부절못하고 초조해진다.	1	2	3	4
4	22	인터넷을 하지 않을 때에도 인터넷에 대한 생각이 자꾸 떠오른다.	1	2	3	4
	23	실생활에서 문제가 생기더라도 인터넷 사용을 그만두지 못한다.	1	2	3	4
	24	인터넷을 할 때 누군가 방해를 하면 짜증스럽고 화가 난다.	1	2	3	4
	25	인터넷에서 알게 된 사람들이 현실에서 아는 사람들보다 나에게 더 잘 해 준다.	1	2	3	4
	26	온라인에서 친구를 만들어 본 적이 있다.	1	2	3	4
5	27	오프라인에서보다 온라인에서 나를 인정해 주는 사람이 더 많다.	1	2	3	4
	28	실제 생활에서보다 인터넷에서 만난 사람들을 더 잘 이해하게 된다.	1	2	3	4
	29	실제 생활에서도 인터넷에서 하는 것처럼 해 보고 싶다.	1	2	3	4
	30	인터넷 사용 시간을 속이려고 한 적이 있다.	1	2	3	4
	31	인터넷을 하느라 수업에 빠진 적이 있다.	1	2	3	4
	32	부모님 몰래 인터넷을 한다.	1	2	3	4
6	33	인터넷 때문에 돈을 더 많이 쓰게 된다.	1	2	3	4
	34	인터넷에서 무엇을 했는지 숨기려고 한 적이 있다.	1	2	3	4
	35	인터넷에 빠져 있다가 다른 사람과의 약속을 잊긴 적이 있다.	1	2	3	4
	36	인터넷을 한번 시작하면 생각했던 것보다 오랜 시간을 하게 된다.	1	2	3	4
	37	인터넷을 하다가 그만두면 또 하고 싶다.	1	2	3	4
7	38	인터넷 사용 시간을 줄이려고 해 좋았지만 실패한다.	1	2	3	4
	39	인터넷 사용을 줄여야 한다는 생각이 끊임없이 들곤 한다.	1	2	3	4
	40	주위 사람들이 내가 인터넷을 너무 많이 한다고 지적한다.	1	2	3	4

5. 사이버 교육

1) 개방 사회의 구현

(1) 광범위한 평생교육 지향

대부분의 학교는 특정한 교육과정 속에, 특정한 연령의 학생들이, 특정 기간 동안 정형화된 상태에서 교육받는 형식으로 조직되어 있다. 예컨대 5~6세에 유치원에 가고 대학교를 18세에 간다든가 등으로 규정되어 있다. 따라서 만약에 학생들이 이 중에서 한 단계라도 놓치면 영원히 학교에 들어갈 기회를 놓치게 된다. 지금까지 성인들을 위한 학교는 거의 없었으며, 교육을 뜻하는 페다고지(pedagogy)의 어원이 paidos로서 '소년'을 뜻하는 그리스어에서 온 것을 보아도 알 수 있다.

그러나 이처럼 닫히고, 융통성 없는 학교형태는 지식사회의 요구와 빠른 속도로 발전해나가는 지식 자체의 기본성격과 맞지 않는다. 미래의 학교는 점차 사회 속에서 전 사회를 대상으로 존재함으로써 학습방법이나 학습의 과정이 바뀌는 것 이상으로 전격적인 변화를 가져오게 될 것이다. 학교라는 것은 물론 지속적으로 젊은이들을 가르칠 것이다. 그러나 학습이 평생학습 및 생애학습의 형태로 되면서 학교는 점차 젊은이들만의 것이 아닌 개방적인 시스템으로 존재되어야 될 것이다. 지식사회에서는 지식의 잠재성을 낭비할 수 있는 처지가 못 된다. 우리나라에서는 16세~18세 사이의 학생들 중에 상당수의 학생들이 고등 교육기관에 가지만 반면에 거의 같은 수의 학생들이 대학을 가지 못한다. 그들 중에서 여러 가지 형편상, 공부를 계속하고 싶거나 머리가 좋은데도 불구하고 대학을 가지 못하고 직장을 얻어야만 했던 학생들이 10년쯤 후에 다시 한 번 공부하고 싶은 소망을 가질 수 있다. 그들은 일반 학생들보다 훨씬 학습동기가 높기 때문에 그냥 모두 가니까 나도 대학을 가야 된다고 생각해서 가는 학생보다는 훨씬 더 학습을 잘할 수 있는 가능성이 크다.

그들의 잠재성이 살려질 수 있도록 교육은 열려야 한다. 또는 사람들에게 고등교육을 받을 수 있도록 문을 열어주어야 하는 또 다른 중요한 이유는 그들의 연령이라든가 기초 교육경험과 관계없이 사회적인 필요성에 의한 것이다. 지식 노동이 사회활동의 핵심을 이루게 될 지식사회에서는 서비스 노동자들도 원하면 언제나 지식 노동으로 옮아갈 수 있는 기회를 제공해 주어야 한다. 누구나가 원하는 대로 선택할 수 있는 융통성 있는 열린 교육 시스템을 만들어 주어야만 한다.

(2) 유비쿼터스(ubiquitous) 교육: 시간적·공간적 제한 해방

아직 우리의 사회는 이러한 형태로 조직되어 있지 못하다. 사실상 대부분의 나라에서는 아직 평생직장이란 이름하에 사람들을 처음 가졌던 일자리에 그냥 묶어놓는 식으로 조직되어 있다. 그러나 이미 지식의 급속한 증가로 기업의 수명이 짧아지고 일의 성격이 자주 바뀌어 직종의 변화와 새로운 직종의 탄생이 일상적이 되어버릴 미래 사회에서는 평생직장에의 안주는 불가능해질 것이다. 이미 미국에서는 한 사람이 일생동안 7~8회 이상 직장을 바꾸는 것으로 나타났다. 이 같은 잦은 직장 이동은 새로운 직장에서 요구하는 능력을 그때마다 새롭게 교육해야 할 필요성을 낳는다.

한편 이미 학교를 많이 다닌 사람들도 계속해서 학교를 다닐 필요를 느끼게 된다. 미국의 경우에는 성인들에게 교육의 기회를 제공해주는 제도가 일찍부터 있었다. 지난 20년 동안에 연령과는 관계 없이 모든 성인들이 고등학교 교육, 대학교 교육은 물론 이미 상당히 대학교육을 받은 사람들에게도 그 이상의 고급교육을 계속할 수 있는 기회를 제공해 왔다. 따라서 미국 사회에서는 의사나 변호사, 엔지니어나 최고 경영자들이 자신이 소속되어 있는 분야에서 뒤떨어지지 않기 위해 직장을 떠나지 않고도 다시 공부하는 사례가 드물지 않다. 이미 프랑스, 이탈리아, 독일, 영국, 스칸디나비아의 유럽 국가들도 그러한 관행이 기본화되어 있다. 이들 국가들은 모든 국민에게 끊임없이 경쟁력을 높여줌 으로써 다른 나라들보다 상당한 이점을 가지고 있다. 그러나 우리나라에서는 아직도 이러한 분야에 있는 사람들이 이미 자기가 상당히 충분한 지식을 갖추고 있고 또 학위도 이미 딴 분야에 다시 들 어가서 공부한다는 것은 그리 흔치 않다. 그들이 지속적으로 경쟁력을 유지하게 하려면 닫힌 형태의 교육방식이 아닌 새로운 방법이 강구되어야 할 것이다.

2). 학교와 교육의 역할 변화

(1) 일과 학습의 경계 변화

전통적인 사고방식으로는 '학교'란 배우는 곳이고, '일터'는 일하는 곳으로 구분하여 인식해 여겨왔 다. 그러나 요즘은 일과 학습의 경계가 불분명해지고 있다. 대학은 전일제로 근무하고 있는 성인들 이 계속적으로 공부할 수 있는 곳으로 변해가고 있다, 예컨대 며칠간의 대학 주최 세미나에 다닌다 든가 집중적으로 몇 달 동안 특정 프로그램에 참석한다든가 1~2년간 매주 2~3일 저녁 시간에 공 부를 해서 특수대학원 학위를 받는다거나 하는 경우가 여기에 해당된다.

한편, 일터는 성인들이 학습하는 중요한 장소로서 변모되어 가고 있다. 기업 교육이 전혀 새로운 것은 아니지만 신입사원뿐만 아니라 모든 사람들에게 교육기회가 넓어지고 있다. 우리나라의 여러 기업에서도 이미 사원들을 위한 대학, 대학원을 만들고 전문 교육을 하고 있는 곳이 여럿 생기고 있 다. 기업뿐 아니라 정부와 군 조직에서도 상당한 교육비를 투자하여 성인들을 훈련시키고 있다.

(2) 파트너십(Partnership)의 탄생

이제 교육이라는 것은 학교만의 전유물이 될 수는 없는 시대가 도래하고 있다. 교육이 학교만의 독점물이라기보다는 여러 파트너와의 공동책임이라고 할 수 있다. 따라서 미래에 중요하게 떠오를 교육 형태는 학교와 회사 및 기타 관련기관 간의 파트너십과 긴밀한 관련을 갖게 될 것이라고 말할 수 있다. 독일의 도제 프로그램을 보면 지난 150년간 이상을 자기네들의 젊은이들을 훈련시키기 위 해서 학교와 회사들이 함께 일해 온 것을 볼 수 있다.

미래에는 상당한 교육을 받은 사람들이나 혹은 어떠한 이유에 의해서든 일찍감치 학교교육을 끝 마친 모든 사람들에게 지속적인 고등교육의 기회를 제공해 주는 다양한 형태의 파트너십, 또는 인턴 십 같은 것이 형성됨으로써 학교와 다른 기관들이 함께 일하는 형태가 출현하게 될 것이다. 학교에 서는 직업을 가진 직업인들과 그들의 직장과의 제휴를 통해 얻는 현장에서의 자극이 필요하고 또 마찬가지로 직장과 그 직장에 다니는 사람들도 학교와의 제휴에서 상당한 자극을 받을 수 있으므로 상호 간에 도움이 될 수 있다. 이런 형태를 도와줄 수 있는 새로운 인프라가 요구된다.

3). 교육 패러다임의 변화

(1) 정보화 사회의 교육패러다임

현대는 정보화시대라고 한다. 이 현대 지식 정보화 사회는 이전 자본과 노동이 중심이 되던 산업시대와는 달리 정보와 지식이 이 시대의 대표자원이 되고 있다. 이렇듯 시대를 좌우하는 요인이 다를 때 각 시대가 추구하는 세계관이나 가치관 등의 패러다임이 변화할 수밖에 없다. 패러다임의 변화는 교육의 목적과 교육패러다임의 변화에 영향을 미친다.

산업화시대와 정보화시대의 패러다임의 변화내용을 살펴보면 <표 4-5-2>와 같다.

〈표 4-5-2〉 산업화시대와 정보화시대의 비교

산업화시대	정보화시대
*양적 성장과 효과, 효율성의 궁극적 목표를 위해 획일화, 동일성 등을 강조 - 중앙 통제적 교육과정과 완전학습개념이 교육적 패러다임으로 중시 - 교육의 주체이며, 정보의 제공자인 교사의 역할이 강조	*질적 성장과 고객의 요구만족이라는 전제하에 다양성과 창의성을 추구 - 개개 학습자의 요구와 특성에 대한 가치를 중시 - 학습자 중심의 학습, 학습자의 선택에 대한 중요성이 강조

(2) 정보화시대의 구성주의

사회와 교육은 밀접한 상호관계 속에서 서로 영향을 주고받으면서 변화해 가는 사회적 요구와 교육적 요구를 충족시켜 주는 방향으로 전환되어 왔다. 따라서 각각의 시대마다 그 시대를 대표하는 교육의 형태, 철학, 방향, 환경 등이 존재하였다. 농경시대에는 가정을 중심으로 도제관계의 형태를 빌린 교육이 이루어졌고, 산업시대에는 학교에서 집단학습의 형태를 띤 교육이 이루어졌다. 이제 정보화시대라는 이름으로 규정되는 요즘의 사회에서는 이런 사회와 교육 간의 상호 역동적 관계가 정보화시대가 지니는 정보의 홍수와 정보통신매체의 급격한 발달 등으로 인하여 다른 어느 때보다 극명하게 나타나고 있다. 그에 따라 지금껏 산업시대의 호황과 더불어 거의 300년간 지배적 이론과 접근방식으로서 확고부동한 위치를 차지하여 왔던 기존의 교육환경, 목표, 철학 등에 대해서도 새로운 시각과 접근이 필요하게 되었다. 이런 도전적 움직임은 교육 외에도 인문사회, 예술분야 등 사회 전반에 걸쳐 포스트모더니즘이라는 이름으로 일어나고 있다. 한 마디로 상대주의적 인식론의 전제하에 모든 역사, 문화, 사회현상에서의 중심과 주변, 혹은 주체와 객체의 자리바꿈을 시도하는 포스트모더니즘은 거의 유사한 성격에도 불구하고 각 분야에 따라 다른 용어를 사용하여 표현하고 있다. 특히 교육의 경우에는 "구성주의"(constructivism)라는 이름으로 일컬어지고 있다.

구성주의는 한마디로 앎의 이론(theory of knowing)이다. 다시 말해 knowing의 -ing진행형이 의미하듯이 이것은 지식이론(theory of knowledge)의 knowledge라는 단어와 구분하여 어떤 완료된 형태로서가 아니라 지속적으로 진행되어 나간다는 의미를 강조한다. 또는 구성주의를 "의미 만들기"(how to make meaning)혹은 "알아가기"(how to come to know) 이론이라고도 하는데, 이들 용어가 공통적으로 지니는 의미는 "진행형"이라는 점에 있다. 즉 구성주의는 어떤 완결된 형태와는 구성주의는 구분된다는 공통적 특징을 갖고 있다고 볼 수 있다.

그러한 의미에서 보면, 정보화시대의 교육은 구성주의를 토대로 전개되어야 한다. 과거의 지식과 교육이 객관주의를 바탕으로 하여 결과에만 초점을 맞추었다면, 세계화 시대의 교육은 구성주의를 기반으로 한 과정, 절차 등을 중시하는 개방적 교육을 지향하고 있다.

제4절 가상교육의 형태

기술공학의 발달 역시 교육패러다임의 변화와 유사한 방향으로 진행되고 있다. 주로 인쇄물, TV, 라디오, 그리고 CAI로 대표되던 시대의 원격교육의 경우는 주로 일방적 의사소통(one-way communication)방식이었다. 이후 컴퓨터 네트워크, 그리고 비디오 원격교육 시스템의 발달과 더불어, 쌍방 간 의사소통(two-way communication)방식을 도입하게 되었다. 이런 기술공학의 전달방식의 변화는 단지 기술적인 발달이라는 의미뿐만 아니라, 학습자 위주의 교육적 흐름과도 연관성이 있다. 즉 쌍방향의 의사소통이란 의미 자체에 벌써 학습자의 존재가 인식되고 그 중요성이 고려되고 있다는 사실이기 때문이다.

컴퓨터를 매개로 인간 사이에 발생하는 각종 의사소통을 하는 컴퓨터 매개 의사소통(Computer -Mediated Communication: CMC)을 이용한 학습은 매 중요하다. CMC는 정보의 교환뿐만 아니라 방대한 전자 데이터베이스에서의 정보인출 및 웹 사이트의 구성과 같은 다양한 방식의 정보조작을 포함하는 모든 종류의 컴퓨터 사용을 의미한다.

1. 컴퓨터 활용 교육

컴퓨터를 교육장면에 응용하는 방법 중에서 가장 오랜 역사를 가지고 있는 것이 바로 컴퓨터를 학습재료의 제공과 평가의 도구로 사용하는 방법이다, 컴퓨터를 통한 교수의 특징을 요약하면 다음과 같다.

첫째, 개인의 능력이나 사전지식 수준에 맞게 최적의 학습환경을 제시하므로 일대일 학습을 통한 개별적인 교수가 가능하다.

둘째, 학습결과에 대한 다양하고 즉각적인 피드백을 얻을 수 있다.

셋째, 다양한 감각 양식을 자극하도록 정보를 제공함으로써 현실감과 생동감을 증가시킨다.

넷째, 능동적인 상호작용이 가능하다.

다섯째, 학습자의 흥미와 동기를 유발시킬 수 있다.

1) 하이퍼미디어(Hypermedia)

하이퍼미디어란 사용자가 미리 조직화된 정보체계를 따라가는 전통적인 정보전달 체계를 사용하지 않고 사용자가 원하는 정보를 임의대로 선택해 나가는 방식의 정보전달수단이다. 하이퍼미디어에 관련된 정보 간의 연결망이 형성되어 있으므로 사용자가 원하면 더 자세하고 깊이 있는 정보로의 탐색이 가능하다. 학습자가 탐색할 정보의 선택권을 가지고 정보를 수집하고 재구성하는 과정을 통해 능동적인 정보처리가 가능하다.

2) 시뮬레이션(Simulation)

시뮬레이션은 정적인 화면에서 역동적인 시각자료로 제한된 경험에서 벗어나 다양한 여러 가지 경험을 가능하게 하는 기술이다. 시뮬레이션을 통해 학습에서는 실제상황과 유사한 환경을 도입함으로써 학습자가 여러 가지 상황을 직접 조절하고 통제하는 과정을 통해 이루어진다. 시뮬레이션은 자연과학 영역뿐만 아니라 인문사회과학 영역에서도 다양하게 적용될 수 있다. 예를 들어 인류학 시뮬레이션은 사용자로 하여금 특정문화권의 구성원 역할을 하게 함으로써 그 사회의 역사, 관습, 문화를 탐색하고 피드백을 받도록 구성할 수 있다.

3) 지능형 교수시스템(Intelligent Tutoring System: ITS)

인공지능을 이용한 지능형 교수시스템은 교사의 정보전달자로서의 역할을 대신하고 교수를 개인에게 최적화하는 일대일 교수를 가능하게 하는 것이 가장 큰 특징이다. 학습자의 사전지식 수준을 진단하여 개인의 지식수준에 맞는 학습목표를 설정하고 이에 알맞게 학습내용을 전달할 수 있다. 또 학습자의 수행수준을 지속적으로 평가하고 이에 대한 즉각적인 피드백이 가능하므로 학습자가 잘못 이해하고 있거나 이해하지 못하고 있는 영역에 대해 집중적인 학습을 제공하고 평가하는 것이 가능하다.

2. 원격교육

인터넷을 통한 원격교육은 시간적 공간적 제약에서 벗어난 양방향 상호작용을 가능하게 한다는 점에서 기존의 원격교육(예> 방송을 통한 원격교육)을 빠른 시간 내에 대치할 것이라는 견해가 지배적이다. 기존의 원격교육이 교사의 일방적 강의에 의해 이루어지는 데 반해 인터넷을 통한 원격교육에서는 동료와의 토론은 물론 교사와의 상호작용도 용이하다. 학생들은 컴퓨터를 통해 과제물을 제공받고 제출하므로 즉각적인 피드백을 받을 수 있을 뿐만 아니라 지역적으로 떨어져 있는 다른 학습자들과 공동으로 과제를 수행할 수도 있고 이를 통해 다른 문화권에 대한 이해도 증진시킬 수 있다.

1) 전자우편(Electronic Mail)

전자우편을 이용하면 국경을 초원하여 인터넷 주소를 가진 교사와 학생, 연구자들과 비싼 국제요금을 지불할 필요 없이 서로 편지를 주고받을 수 있으며, 전자우편을 통해 데이터베이스의 검색을 요청하여 그 자료를 받거나 전 세계의 뉴스를 받아볼 수도 있다. 인터넷폰이 일반화되면 국내전화요금으로 얼마든지 전 세계의 사람들과 대화를 할 수 있게 될 것이다. 사용자는 메일링 리스트를 작성하여 동일한 메시지를 다수의 수신자에게 보낼 수 있다.

2) 원격지 로그인(Telnet)

원격지 로그인을 사용하면 원격의 컴퓨터 사이에 쌍방적인 통신을 할 수 있다. 이 기능을 통해 전 세계의 컴퓨터를 자신의 컴퓨터처럼 사용할 수 있다. 예를 들면 메모리가 부족하거나 프로세스 형태 등의 제약으로 인해 자신의 컴퓨터에서 작업을 수행할 수 없을 때, 이 데이터와 프로그램을 사용가능한 다른 컴퓨터, 예를 들면 이화여자대학교의 컴퓨터나 미국 우주항공국의 컴퓨터에 전송시킨 후 자신의 컴퓨터에서 프로그램을 수행하는 것과 동일한 방법으로 수행할 수 있다. 이것을 다수의 사용자를 대상으로 하는 실시간 컨퍼런싱 시스템에 연결하거나 다른 정보 시스템에 연결되기 위한 게이트웨이(gateway)로 사용될 수 있다. 텔넷(Telnet)을 받아들이는 원격의 컴퓨터는 모든 사용자를 수용하도록 설정될 수도 있고 사용자 계정과 비밀번호를 입력할 때만 받아들이도록 설정될 수도 있다.

3) 파일 송수신 프로토콜(File transfer Protocol: FTP)

파일 송수신 프로토콜(FTP)을 통해 사용자는 원격의 컴퓨터에 파일을 보내거나 그 곳에서 파일을 가져올 수 있다. 원격지 로그인과 마찬가지로 FTP를 수용하는 컴퓨터는 모든 사용자를 수용할 수 있고 사용자 계정과 비밀번호를 입력하는 사용자만을 받아들일 수 있다. 파일 송수신 기능은 전 세계의 정보자원을 자신의 것으로 만들 수 있는 매우 중요한 기능으로 최신의 일기예보 및 인공위성 사진까지도 가져와 활용할 수 있다. 이 기능은 인터넷 상에 정보를 공유하기 위해 폭넓게 사용되고 있으며 현재 전 세계에 사용자 계정이 필요 없이 사용가능한 익명 FTP 서버가 약 3천 개에 이르고 있다.

4) 파일 검색(Gopher)

고퍼라는 탐색도구를 통하여 전 세계의 컴퓨터 및 데이터베이스로부터 자신이 원하는 정보를 검색할 수 있다. 사용자가 원하는 정보가 있는 곳의 주소나 경로를 알 필요 없이 메뉴선택을 통해 다른 고퍼, 문서 혹은 텔네트에 연결을 해준다. 거의 모든 터미널에서 쉽게 접속시켜 사용할 수 있는 단순한 인터페이스 즉 메뉴형식을 가지고 있기 때문에 고퍼는 고등교육기관의 정보시스템뿐 아니라 기타기관 및 기업체의 정보 시스템으로서 폭넓은 인기를 누리고 있다. 전 세계의 고퍼에 등록된 고퍼메뉴를 찾아주는 도구는 베로니카(Veronica)의 개발로 인해 고파상의 정보인출은 더욱 손쉽게 되었다.

5) 웹(World Wide Web: WWW)

웹은 하이퍼텍스트(hypertext)에 의해 연결되어 있는 정보를 읽고 인출하기 위한 시스템이다. 웹상에서 연결될 수 있는 것은 파일, 고퍼, 텔네트, FTP 사이트 혹은 USENET의 뉴스 그룹 등 거의 모든 인터넷 지원을 포함한다. 종전의 텍스트위주의 방식에서 벗어나 그래픽과 음성, 화상 자료를 제한 없이 사용할 수 있고 인터넷의 초보자도 쉽게 사용할 수 있기 때문에 인터넷상의 정보인출용으로 가장 빨리 성장하는 형태이다.

6) 토론 그룹(Listserves)

토론그룹 시스템은 사용자들에게 전자우편을 사용하여 토론에 참여하거나 정보를 입수하는 길을 제공한다. 토론 그룹의 가장 흔한 용도는 비동시성 컨퍼런싱을 위해 메일리스트를 만들어 주는 일이지만 정보인출 시스템으로도 사용되며 전자 학술지 및 신문과 같은 정보의 일방적인 브로드캐스팅을 손쉽게 해준다. 사용자는 토론 그룹 시스템의 인터넷주소로 전자우편을 보냄으로써 토론 그룹에 접속되는데 현재 토론 그룹의 수는 파악하기조차 어려울 정도이며 컴퓨터를 매개로 한 학문적 활동에 광범위하게 사용되고 있다.

7) 뉴스 그룹(USENET)

전자우편이 특정 송수신자 간의 정보를 교환하는 것에 비하여 뉴스 그룹은 세계 각국의 어느 누구나 그 정보에 접하여 자신의 의견을 제시하거나 도움을 구할 수 있게 해 준다. 뉴스 그룹은 비동시성 토론을 위한 시스템으로서 주제에 따라 몇 개의 상위 뉴스 그룹으로 나누어지고 다시 다수의 하위그룹으로 세분화되는 수직적인 계층구조를 이루는 그룹들로 이루어져 있다. 상위그룹과 하위그룹은 마침표(.)로 구분되어 있다.

예를 들어, 'soc. culture. indian. telgu' 등이라고 하는 뉴스 그룹은 사회문제 중 문화, 그중에서도 인도의 Telug 종족의 문화에 관한 토론을 위한 그룹이다. 뉴스 그룹 사용자는 뉴스 리더(newsreader)라는 프로그램을 사용하여 접속한다. 뉴스 그룹의 분야는 다양하여 과학, 컴퓨터, 오락, 사회 및 기타 주제에 관련된 영역에서 2,000개 이상이 있다.

3. 가상교육에서의 학습

컴퓨터를 이용한 탐구학습과 협력학습에서의 인지학습에 대한 기본 가정은 다음의 세 가지로 요약될 수 있다.

① **역동적 인지**(dynamic cognition): 인지 자체보다는 인지적 행위를 강조하는 기능적 체제로서의 인지를 말한다. 지식은 바로 행위라는 입장이다.

② **상황적 인지**(situated cognition): 우리가 학습하는 것은 특정상황에서의 행위방식이다. 학습은 상황과 맥락 의존적으로 발생하며, 그렇지 못할 경우 전이의 어려움이 발생한다.

③ **사회적으로 공유된 인지**(socially shared cognition): 인지는 사회적 현상이다. 우리의 지식, 경험, 언어 등은 고립된 형태로 획득되는 것이 아니라 사회적 상호작용을 통해 획득한다. 실제로 아동은 사회 문화적 맥락 안에서 타인과의 상호작용에 의해 지식을 획득한다.

1) 탐구학습(Exploratory Learning)

학습은 실제 행위를 통해 이루어진다. 탐구학습이란 교사의 설명을 일방적으로 듣는 과정을 통한 정보의 흡수나 수용과 같은 수동적인 정보처리보다는 학습자가 실제로 학습 환경의 적극적인 탐색을 통해 필요한 정보를 수집하고 스스로 재구성하도록 유도하는 학습이다. 학습자는 탐구학습을 통해 교사가 아닌 자신이 학습의 주도를 지니고 있으므로 스스로가 학습의 주체임을 느끼게 된다. 실제 문제 상황에서 다양한 탐구활동을 통해 획득된 지식은 오랫동안 기억되며 실생활에서의 문제 해결 시 전이가 용이하다.

인터넷에는 방대한 양의 자료가 제공되고 있고, 언제 어디서든지 누구와도 의사소통이 가능하므로 풍부한 학습 환경이 제공될 수 있다. 학습자는 원하는 자료를 검색, 수집하여 자신에게 의미 있는 형태의 자료로 통합하고 재구성할 수 있다. 뿐만 아니라 학습자는 수업동료나 담당교사 이외의 다른 학습자나 전문가에게 질문을 하거나, 자문을 구할 수도 있으며, 또한 토론도 가능하므로 광범위한 정보원에 노출되고 따라서 다양한 견해를 접할 수 있다. 학습자는 실제적인 과제의 수행을 통해 많은 것을 배울 수 있으며, 내재적 동기도 지속적으로 유지할 수 있으며, 보다 창의적이고 능동적인 학습과정에 몰입할 수 있다. 탐구학습에서 교사가 담당하는 역할은 탐구해야 할 과제의 내용을 다양화하고 구체화하여 체계적으로 제공하며, 이에 대한 구체적인 평가와 학습방향을 제시하여 학습자의 효율적 탐색과정을 유도해 냄으로써 학습자의 성취감과 학습동기를 증대시키는 데 있다고 할 수 있다.

2) 협력학습(Collaborative Learning)

사회적 구성주의를 주장한 비고츠키(Vygotsky)의 '근접발달구역(ZPD: Zone of Proximal Development)'에 따르면 지식은 사회적 상호작용에 의해 구성된다. 협력학습은 독자적인 문제 해결이나 과제 수행 시에 개인이 지니는 인지적 한계를 벗어나 공동의 참여와 역할분담 그리고 토론을 비롯한 다양한 형태의 상호작용을 통해 문제를 해결하고 과제를 수행하도록 유도한다. 또한 CMC를 사용하는 교육은 구성원 간의 다양한 관점을 접하게 하고, 상호작용을 통해 서로 다른 관점을 이해하게 하며 자신의 관점을 수정하고 재구성하게 하여 사고의 촉과 깊이를 넓히는 데 많은 도움을 준다.

협력학습에서는 구성원 간의 원활한 의사소통이 매우 중요한 역할을 하는데 CMC가 바로 이러한 역할을 담당한다. 가상공간에서는 구성원들 간의 친밀감이 증가되고 구성원들 간의 능동적인 상호작용으로 인한 협동이 증대되는 것으로 나타났다. 인터넷을 비롯한 CMC를 사용한 교육은 자유로운 의사소통을 통해 학습자갈의 공동체 의식이 형성되어 과제수행에 적극적이고 자발적인 참여의 유도가 가능하다.

가상스페이스에서의 또 다른 특징 중의 하나는 구성원 간의 평등적인 관계로 인한 자유로운 의사표현, 자발적인 참여, 능동적인 토론에 있다. 구성원들 간의 토론이나 의사소통은 물론이고 학생과 교사 간의 상호작용도 빈번하게 발생한다. 학생들은 교사에게 보다 자유롭게 질문할 수 있으며 교사 역시 선입견 없이 학생들과 의사소통할 수 있다. 또한 이러한 협력학습은 다른 지역이나 다른 나라의 학생과 공동으로 과제를 수행하는 것이 가능하므로 다른 지역이나 문화권의 이해에도 도움을 준다. 이를 위해서는 교수목표를 미리 정하지 않고 학습자의 흥미를 높이도록 과제를 선정하여야 하며 실제상황과 밀접한 관련이 있는 과제이어야 한다.

4. 가상교육의 사례

우리나라에서 가장 많은 학생을 보유한 학교는 다름 아닌 유니텔에 개설된 가상학교, 꾸러기 학교이다. 다음은 꾸러기 학교에 대한 내용을 나타낸 것이다.

PC통신 유니텔의 가상 학교인 '꾸러기 초등학교'는 지난 1997년 6월 1일 개교한 이래로 전교생이 5천여 명과 교사 17명에 이른다. 국내의 진짜 초등학교를 모두 통틀어도 재학생이 가장 많다. 학생들은 PC통신을 통해 '등교'해 친구도 사귀고, 공부도 하고 취미활동도 즐긴다.

꾸러기 초등학교의 바탕은 현재 1백여 초등학교에서 PC통신 천리안 등에 개설해 놓은 '온라인 학교'이다. 각 학교에서 온라인 학교를 담당하던 젊은 교사 13명이 온라인으로 학교 운영에 대해 의견을 나누다가 아예 '초등 온라인 통신학교 운영자 협회'를 만들었고, 이어 1997년 4월 "여러 온라인 학교를 모아 가상 초등학교를 만들면 교육 효과가 더 높을 것"이라는 데 의견을 모았다. 교사들은 당초 학생 한 명도 없이 '학교'문만 열어놓고 은근히 걱정했는데, 개교 한 달 만에 전국의 어린이 1천 5백여 명이 '입학'해 왔다.

전국 각지에서 모여든 어린이들은 컴퓨터 모니터를 통해 인사를 나누면서 금방 친해졌다. 학교의 교화인 해바라기, 교조 딱따구리, 교목 소나무도 모두 어린이들이 직접 게시판과 대화방을 통해 의견을 내고 토론을 거쳐 정한 것이다. 해바라기는 여럿이 모여 하나를 이루는 협동, 딱따구리는 컴퓨터 키보드 치는 소리, 소나무는 언제나 푸른 꿈을 안고 사는 어린이라는 뜻이다.

1998년 5월 열린 인터넷 홈페이지(netizen.att.co.kr/unikids)도 기획부터 제작까지 모두 어린이들 힘으로만 제작한 것이다. 교사들은 "개교 초기에는 게시판에 심한 장난을 치는 아이들도 있었지만, 어린이들 스스로 '너무 심한 장난은 곤란하다'는 이야기들이 나오면서 저절로 질서가 잡혔다"고 말했다.

꾸러기 초등학교의 자랑은 꾸러기 방송반과 꾸러기 신문이다. 꾸러기 방송은 기자와 앵커 등으로 역할을 나눈 방송반 어린이들이 꾸러기학교 친구들과 PC통신 게시판 등을 취재해 방송용 원고를 만들고, 매주 월요일 오후 8시 대화방을 통해 뉴스를 내보낸다. 서울의 앵커 어린이가 자신의 컴퓨터로 '다음 소식은 부산의 꾸러기친구들 이야기입니다'라고 치면 부산의 기자 어린이가 이어받아 '네, 여기는 부산입니다' 라는 식으로 진행하는 것이다. 다른 어린이들은 방송시각에 대화방에 들어가 뉴스를 자막으로 볼 수 있다. 신문반 어린이들도 직접 취재와 편집을 한 꾸러기 신문을 매달 1회씩 전교생과 교사들에게 전자우편으로 보낸다. 신문과 방송 모두 꾸러기 초등학교 친구들과 교사 소식, 연예인 이야기, PC통신 게시판 탐방기 등이 주요 내용이다.

꾸러기 초등학교는 매 학기마다 온라인 어린이회장 선거도 한다. 여름·겨울방학 때 꾸러기 초등학교 가입 3개월 이상 된 6학년 어린이 중에서 후보 입후보를 받으며, 게시판과 전자우편을 통해 선거운동을 벌인다. 입후보하려면 부모님과 5명의 지지자 의견이 있어야 한다. TV토론식인 '대화방 후보 합동 토론회'에서는 어린이회 운영 방안에 대한 논쟁도 벌어진다. 후보 등록 이후 선거운동 기간은 1주일. 현재 8월 19일부터 30일까지 2학기 어린이회장 선거 기간이다. 지난 2월 말의 98년 1학기 선거에서는 당시 전교생 2천 9백여 명 중 7백 28명이 투표에 참가했다.

공부방 게시판에는 교사들이 초등학교 교과 진도보다 1주일 먼저 교과 내용을 올려놓는다. 학생들은 이 자료로 예습을 하고 게시판이나 전자우편으로 질문을 할 수 있다. 그러나 교사들은 가상 초등학교에서 학습은 크게 중요하지 않다는 입장이다. 그보다는 전국 가지의 어린이들과 어울리면서 민주적인 대화와 토론 능력을 키우고 취미 활동을 즐기는 것이 중요하다는 이야기다.

아이들에게 단연 인기가 높은 게시판은 '꾸러기 취미방'이다. 처음에 1개로 시작한 게시판이 8월 말 현재 58개로 늘었다. 가요 팬클럽, 공부고민, 요리, 역사, 연극, 발명, 바둑, 이웃사랑, 패션 등 모든 게시판이 어린이들의 의견으로 개설됐다. 8월 말 현재 상담건수 5천7백 회를 넘긴 '고민 있어요!' 도 인기 자리이다. "아이들이 저를 따돌려요", "좋아하는 아이가 있어요", "영어 공부가 싫어요"라는 진지한 질문부터 "오빠가 컴퓨터 오락을 혼자만 해요"라는 귀여운 질문까지 모든 교사들이 빼놓지 않고 읽은 뒤 답변을 보낸다. 선생님에게 비공개 상담을 하는 게시판도 있다.

개교 이후 1년 3개월간 어린이와 선생님 모두 가장 감동적이었던 순간은 지난 2월 말의 '온라인 졸업식'이다. 이때 꾸러기 초등학교에서는 6학년생 130여 명과 후배 어린이 수십 명이 모여들었다. 12명이 정원인 대화방이 수십 개 만들어졌고, 아이들은 대화방마다 모여들어 채팅을 하면서 졸업 인사를 나누었다. 교사들은 쉴 새 없이 이 대화방, 저 대화방을 드나들며 어린이들을 축하했다. 비록 서로 얼굴은 볼 수 없었지만 "2시간 가까이 진행된 졸업식은 교사와 학생 모두 가슴이 뭉클한 순간이었다"라고 최경호 교사(안산 성포초)는 이야기했다. 유내훈 교사(안양 귀인초)도 컴퓨터 모니터 상에 뜨는 "선생님 사랑해요" "안녕히 계세요" 등의 인사를 보고 눈시울이 뜨거워졌다고 말했다. 최 교사는 "졸업생들이 지금도 친구와 교사들에게 전자우편을 보낸다."며 "아무래도 꾸러기 동창회를 만들어야 할 것 같다."며 웃었다.

선생님과 어린이들 모두 서로의 진짜 얼굴을 보고 싶어 한다. 그래서 한때 경기도 용인의 에버랜드에서 전체 모임을 가지려는 계획도 세웠지만, 워낙 많은 학생들이 전국에서 모이다가 혹시 안전사고라도 나지 않을까 우려해 마지막에 취소했다고 한다. 그러나 가까운 곳에 사는 어린이와 교사들이 만나는 모임은 가끔 있다고 한다. 꾸러기 초등학교 학생인 이재윤(12・경기 용인 토월초 6) 군은 "꾸러기 학교에 가면 전국의 친구들을 사귈 수 있어서 좋다"라며 "게시판에 글 쓴 것을 보고 온라인으로 친해진 친구들이 많다"라고 말했다. 박사랑(11・인천 동명초 6) 양은 "아이들이 차별하거나 따돌리지 않고 모두들 친하게 지낸다"라고 이야기 했다.

현재 유니텔측은 꾸러기 초등학교에 가입하려는 13세 이하 어린이들에게 무료 아이디를 만들어 주고 있으며, 게시판도 무료로 제공한다. 최 교사는 "앞으로 온라인 학교 교육으로 소외받는 학생들에게 자신감을 심어주고 개성 있는 아이들의 재능을 키워주고 싶다"라고 말했다(주간조선, 1998. 8. 26).

결론적으로 가상교육의 성공을 위해서는 다음 사항을 유념해야 할 것이다.

첫째, 학교는 기존의 전통식 학습방법과 최적으로 조화되는 효과적인 온라인 학습 활용모델을 개발하는 것이다. 이를 위해서는 인터넷(Internet)이나 월드 와이드 웹(www)에 대한 깊은 이해가 필요하다. 동시에 테크놀로지가 모든 교육적 문제의 해답이 아니라는 점과 네트워크를 교육에 활용하려면, 학교현장에서 쉽고도 의미 있는 활용방식에 관한 다양한 연구와 개발이 필요하다.

둘째, 학교 및 교육청(교육지원청), 대학 그리고 기타 민간 기업을 포함한 다른 교육 및 훈련의 동반자들을 연결하는 네트워크를 구축하여 운영하는 것이다. 전통적으로 학교나 대학의 전유물로만 여겨 교육의 사업 분야에 점차 다양한 교육내용 제공자들과의 협력이 요구된다. 따라서 대학이나 학교가 미래 사회에서 그 위상을 유지하기 위해서는 학생들의 요구 및 활용 가능한 테크놀로지의 발전에 재빨리 대응해야 한다. 나아가 민간 기업들과 적극적으로 산학협력 체제를 형성하는 개방정책으로 나가야 할 것이다.

셋째, 교육 및 학습은 지식의 전수가 아니라는 점이다. 텔레커뮤니케이션과 멀티미디어의 잠재성은 무한하지만 그 제한점을 인정하고, 직접적인 인간과 인간의 커뮤니케이션과의 상호작용기술을 보완해야할 것이다. 따라서 원격교육을 활용하는 기관들은 비공식적 온라인 학습방법 외에도 반드시 서로 얼굴을 볼 수 있는 동시적 교수전략을 함께 개발하여야 한다.

넷째, 정부는 정보의 빈익빈 부익부 현상을 막기 위해 모든 이가 정보화의 혜택을 받도록 정보망을 확충하고, 질 높은 소프트웨어의 개발을 위해 다양한 인간의 참여를 독려할 수 있어야 한다. 한편, 새로운 교육패러다임의 실현을 위해 교사교육에 꾸준히 투자해야 한다.

탐구 문제

1. 인간의 보금자리인 가족과 가정의 기능에 대해서 논하시오.

2. 가족의 유형을 열거하고 각각의 유형에 대해서 간단히 설명해 보시오.

3. 부모와 자식 간의 인간관계에서 특별히 관심을 기울여야 할 요소에 대해서 기술(記述)하시오.

4. 부모와 자식 간의 갈등의 요인과 그 해결방안에 설명해 보시오.

5. 직장(직업)의 주요 기능을 열거하고 구체적으로 설명해 보시오.

6. 인간관계와 대인관계의 기술에 대해서 구체적으로 설명해 보시오.

7. 직장생활의 적응과 부적응의 원인과 그 해결방안에 대해서 구체적으로 설명해 보시오.

8. 사회 규범으로서 법의 효력에 관해서 구체적으로 기술(記述)해 보시오.

9. 법 관련 기관을 열거하고 그 역할과 기능에 대해서 간단히 설명해 보시오.

10. 현대 사회에서 청소년을 비롯한 전 국민들에게 정보통신윤리교육이 더욱 필요한 이유에 대해서 설명하시오.

제 **5** 부

세계화 · 정보화 시대와 인간관계

제1장 세계화와 세계 시민 사회
제2장 세계화 · 정보화 시대의 민주 시민 교육의
　　　 방향
제3장 다문화 교육의 이해와 방향
제4장 세계화 시대의 환경과 녹색성장
제5장 세계화 시대의 영재 및 영재 교육

[제5부 학습과 탐구의 개관]
　제5부에서는 세계화 · 정보화 시대를 맞아 글로벌 세계 시민으로서 갖추어야 할 덕목과 가치 및 관심을 가져야 할 분야에 대해서 학습한다. 이를 위하여 세계화와 세계 시민 사회, 세계화 · 정보화 시대의 민주 시민 교육의 방향, 다문화 교육의 방향, 세계화 시대의 환경 녹색성장, 세계화 시대의 영재 및 영재 교육 등에 대해서 탐구한다. 이를 바탕으로 하여 세계화 · 정보화 시대에 적응하고 부합하는 바람직한 세계 시민으로서의 덕목과 자질 함양 등에 대해서 깊이 있게 탐구하고 실제적으로 접근하고 연구한다.

제5부: 세계화 · 정보화 시대와 인간관계

☺ **학습 목표**
1. 세계화와 세계시민사회의 개념과 특징에 대해서 이해한다.
2. 세계화 · 정보화 시대의 민주 시민 교육 방향에 대해서 탐구한다.
3. 세계화 · 정보화 시대의 다문화 사회를 이해하고, 다문화 교육에 대해서 탐구한다.
4. 세계화 시대의 환경과 녹색성장에 관해서 이해하고 탐구한다.
5. 세계화 시대의 영재 및 영재교육의 특징과 방향 등에 대해서 이해하고 탐구한다.

◩ **주요 개념**
1. 세계화, 세계시민사회, 세계시민교육, 세계화의 특징, 미래 사회, 지구촌, 세계화의 명제, 세계화의 차원, 세계화와 교육, 세계화의 키 워드(Key Word)
2. 민주시민교육, 민주시민교육의 목표, 민주시민교육의 개념과 기능, 민주시민교육의 교육과정과 접근법, 민주시민교육의 방향
3. 다문화, 다문화 교육, 다문화 이해 교육, 다문화 교육의 목표 및 내용, 다문화 교육정책, 각국의 다문화 교육, 다문화 교육 방안, 다문화 교육의 지향점
4. 환경, 녹색성장, 신재생에너지, 글로벌 환경, 교토의정서, 발리로드맵
5. 영재, 영재교육, 영재교육의 목적 및 현황, 영재의 특성, 영재교육진흥법, 영재 선발, 영재판별, 영재교육의 초점, 영재교육의 미션(mission) 및 비전(vision), 미래 영재교육의 방향

※ 성공의 비결은 없다. 그것은 준비와 노력, 그리고 겸허한 자세로 실패를 통해서 얻은 경험과 결과이다. (Powell: 전 미국 합참의장)

제1절 세계화의 메커니즘

1. 세계화의 진행

세계화가 본격적으로 확대되기 시작한 것은 우루과이 라운드 다자간 무역협상이 타결되어 세계무역기구(WTO) 체제가 출범되고, 이와 더불어 최첨단 정보통신기술이 발달된 1990년대 초부터라고 할 수 있다. 특히 미국 중심의 세계화는 그 목표에 있어 모든 규제를 없애고 세계경제를 통합하려는 것으로서, 미국의 막대한 금융자본과 서비스가 거리낌 없이 없이 국경을 넘나들 수 있도록 하였다. 하지만 여기에는 미국 중심의 경제기준과 관행뿐만 아니라 사고방식까지도 강요하는데 문제가 있다. 이러한 강요는 짧은 기간 내에 갑자기 이루어진 것은 아니고, 국제기구의 등장과 세계적인 통신망의 구축 시간의 세계표준화, 국제법, 시민의식 및 인권의 국제적인 공유 등이 실현되어 오면서 오랫동안 진행되어 온 결과이다.

이보다 더 직접적인 원인은 지난 30년 간 진행된 네 가지 양상의 심화에서 비롯되었다고 볼 수 있다.

첫째, 미국이 1970년대 이후 일본과 유럽의 도전에 직면하게 되자 생산기지를 해외로 이전시켜 고도의 기술집약적인 산업의 제공자로서, 해외 하청기업의 생산성과 효율성을 높여 주는 서비스 제공자로서 자신의 지위를 특화시킴으로써 국제적인 분업을 촉진시켜 전 세계의 생산량과 교역량이 급속히 증대된 점을 들 수 있다.

둘째, 급변하는 국제적 상황을 처리할 수 있는 컴퓨터와 정보체계가 금융의 세계화를 촉진시킬 수 있는 중요한 역할을 담당하게 됨으로써 다국적기업뿐 아니라 개인 혹은 특정집단의 투자가 전 세계적으로 엄청나게 늘있다는 점이다. 특히 특정국가이 경제발전을 도와주는 것이 아니라, 오히려 해약을 끼칠 수 있는 투기성 자본의 성격이 강한 헤지펀드라는 이름의 미국자본이 전 세계를 사냥터로 겨냥하여 유통하게 되었다.

셋째, 국제적인 방송매체 등의 영향으로 문화가 상이한 지역에서 소비자의 기호가 비슷해지는 동질화현상이 나타나 미국을 중심으로 한 다국적기업의 '세계적 상품'시장이 성장하게 되었다. 예를 들어, 미국의 할리우드 영화는 거의 전 세계를 점령하여 경쟁상대를 무력화시키면서 위성전파를 타고 전 세계에 거의 동시에 상영되고 잇다. 또한 코카콜라와 맥도널도 햄버거 등은 국가에 따라 약간의 차이는 잇지만 전 세계를 풍미하여 대중의 고유한 입맛을 바꾸어놓았다.

넷째, 금융과 산업의 활동범위를 세계적으로 넓혀주고 투자와 교역을 원활하게 해 주는 교통·통신의 신기술 개발이 가속화되고 있다는 점이다. 특히 인터넷 망의 구축은 그 이전 시대와는 전혀 다른 생활방식을 출현시키고 있다. 특히 인터넷 망의 구축은 그 이전시대와는 전혀 다른 생활방식을 출현시키고 있다. 편지와 전보에 의존하던 생활에서 전자우편과 팩스를 통해 의사소통이 급속히 집행되는 생활양식으로 바뀌게 된 것이다.

이러한 여러 가지 양상에 의환 자유시장경제의 세계화는 지식기반사회의 도래를 잉태하고 있었다고 할 수 있다.

2. 지식기반사회의 도래

일반적으로 지식기반사회가 도래할 수 있었던 사회적 배경으로는 냉전시대의 종언과 신자유주의 이념의 도래 및 세계화 현상을 들 수 있다. 이들 각 요인들은 지식기반사회와 함께 서로가 얽히고 상호영향을 주고받으면서 복합적인 관계를 맺고 있다. 예컨대, 과학기술의 발달은 시·공간을 압축시킴으로써 세계화 현상을 촉진시키고, 단일 경제시장을 형성하게 하는 데 직접적인 원인이 되었다. 또한 신자유주의는 지식의 경제적 부가가치의 정당성을 제공하였다. 세계화는 경제 및 문화의 세계화를 촉진시키고, 아울러 사회관계의 분권화, 다양화 등에 영향을 미치기도 하였다. 자식기반사회의 도래는 컴퓨터 통신의 발달이 직접적인 요인이지만, 양극화 이념의 종식, 세계화 현상, 신자유주의 같은 사회적 조건들이 성숙되었기 때문이다. 이러한 제 현상들이 유기적 관계를 맺음으로써 지식기반사회의 도래를 촉진시킨 것이다. '지식기반사회(knowledge based society)'라는 용어는 대체로 1990년대 후반에 이르러 빈번하게 사용되어 왔으며, 우리나라에서는 1998년부터 사용되기 시작하였다. 특히 피터 드러커(Peter Drucker)의 '지식기반사회'에 대한 정의를 중심으로 지식경영·지식경제라는 주제에 많은 관심을 두게 되면서 '지식기반사회'라는 용어가 새롭게 사용되어 지고 있다.

지식기반 사회는 과연 어떤 사회인가? '지식기반사회'란, 여러 가지의 단편적인 정보들이 그 자체가 자원으로 활용되고 상품적 가치를 지니기도 한다는 의미의 수준에서 벗어나, 조직되고 다듬어진 지식을 생산하고 사용하며, 교환하고 확산하고 재구성할 때, 거기서 창출되는 생산적 힘과 사회적 가치에 우리의 삶이 크게 의존하게 되는 사회를 말한다.

경영학자인 피터 드러커(Peter Drucker)는 「자본주의 이후의 사회(Post Capitalist Society)」에서 "새로운 경제사회에서 지식은 전통적인 생산요소인 노동력·자본·토지 등과 동일유의 자원일 뿐 아니라 유일하고도 의미 있는 자원"이며, 지식에 기초한 사회에서는 "지식을 갖춘 근로자(Knowledge Worker)"가 가장 우수한 자원이 될 것이라고 보았다. 미래학자인 앨빈 토플러(Alvin Toffler)도 지식은 최고급 권력의 원천이며, 앞으로 닥쳐올 권력이동의 핵심이라고 하면서 지식은 다른 여러 자원을 대체할 수 있는 궁극적 수단이라고 하였다.

독일의 델파이 보고서에서는 지식기반사회를 "공동의 목표에 대한 합의에 도달하고, 경제발전을 이룩하기 위한 전제조건으로서 그리고 개인의 사회적 행위와 사회에서의 지위 확보를 위한 전제조건으로서 '지식'이 점차 중심요소가 되어 가는 사회를 의미한다"라고 정의하였다. 이 정의에서는 지식기반사회는 노동과 자본, 원자재 등이 중요하던 자원집약적 사회가 아니라, '지식'이라는 새로운 생산요소가 경제적 진보를 결정하게 되는 사회라는 점을 시사하고 있다.

다만, 지식기반사회에서 탐구하는 지식은 일반적인 암기하고 기억하는 지식이 아니라 인간의 삶에서 활용할 수 있는 활성화된 구성주의적 지식이라는 점을 유념하여야 한다.

제2절 세계화의 개념

세계화는 1970년대 이후 세계자본주의 경제가 직면한 위기에 대한 전 지구적 범위에서의 대응의 산물이다. 물론 엄밀하게 말하자면, 그것은 과거완료형이 아니라 현재진행형 혹은 미래진행형이라고 말하는 것이 옳을 것이다. 그에 따라 세계적인 범주에서 현재 진행되고 있는 세계화에 대한 다양한 논의가 진행되고 있다.

세계화라는 용어가 세계인의 주목을 받게 된 것은 1980년대 중엽 하버드 대학의 포터(Michael E. Poter) 교수가 미국산업의 경쟁력에 관한 미 대통령 자문위원회 보고서에서 「세계화와 경제적 우위」라는 개념을 소개하면서 세계화(globalization)라는 용어를 사용한 데서 비롯되었다고 볼 수 있다. 또 다른 측면에서, 국제통화기금(IMF)은 세계화를 단순히 재화와 서비스 및 금융자본, 그리고 기술이 무제한으로 국경을 넘어 거래되는 양과 양상의 증대라고 정의하고 있는데, 세계화는 이러한 국제관계의 변화에 의해 지구 전체가 하나의 통합체로 구축되어 가는 과정에서 단일시장이 형성되며, 이러한 단일화된 세계시장에서는 하나의 공통된 규범, 즉 세계규범(global standard)이 광범위하게 적용되는 추세를 의미한다고 할 수 있다.

다시 말해서, 세계화란 각국 경제에 있어 더 이상 국경이라는 개념이 존재하지 않는 세계경제(borderless world economy)화를 의미한다. 국경 없는 세계경제란 일국의 경제활동, 즉 생산·판매·소비·저축 등이 어느 특정지역에서 벗어나 전 세계를 대상으로 이루어지는 것을 지칭하며, 국제간의 자본이동·무역거래·서비스·생산활동 등이 최적의 기회(optimum opportunity)를 제공하는 지역을 찾아 자유자재로 이동될 수 있다는 것을 의미한다.

1. 세계화와 국제화의 비교

1970년대 이후 과거 국제화 경제로부터 세계화 경제로 전환되었다는 점에 있어서는 어느 정도 의견의 일치를 보이고 있다. 이런 관점에 따르면 국제화(internationalization)가 국경을 초월한 경제활동의 지역적 확대를 의미한다면 세계화(globalization)는 이렇게 국제화된 경제활동에 기능적 통합요소가 추가되면서 세계경제가 단일 시장화되어 가는 현상을 의미한다고 볼 수 있다.

국제화는 18세기 고전주의 경제학을 창시했던 아담 스미스(Adam Smith)의 경제이론에서 그 기원을 찾을 수 있는데, 이들은 분업(division of labor)의 이익과 비교우위(comparative advantage)를 주장하면서 무역을 통해 각궁은 경제성장과 후생의 증대를 이룰 수 있다고 제시하였다. 이들 경제학자들의 주장은 국제화의 개념과 연결 지을 수 있다. 각국은 국제화에 의해 경제적 상호 의존관계가 증대될 수 있는데 경제적 상호 의존관계는 무역의 형태를 통해 형성될 수 있다. 일국의 경제에서 무역의 비중이 높으면 높을수록 해당 국가는 외국과의 의존관계가 심화되며, 이러한 과정이 국제화로서 이해될 수 있다.

국제화 시대에 세계경제는 무역을 통한 국제분업으로 연결될 수 있으며, 기업과 국가 간의 관계 기업이 국가 내에 포함된 형태를 띠고 있다는 점에서 이것이 국제화시대를 특징짓는 중요한 요소가 되고 있다. 즉, 기업은 정부의 보호와 통제를 받으면서 자국 내에서 부가가치를 창출하는 생산활동을 수행하며 생산을 자국 내에 한정시킴으로써 외국과는 무역을 통한 상업적인 관계만을 맺게 되는데, 그것은 국가를 매개로 한 간접적인 관계로 나타난다. 이러한 세계경제에서 제기될 수 있는 핵심적인 문제는 세계경제의 차원에서는 국제화의 규칙을 정하는 것이 되고, 일국의 차원에서는 자국경제의 이익을 극대화하기 위한 기업정책을 모색하는 것이 된다.

세계화를 지구 전체를 통합하는 과정으로 볼 때 국제화도 국제분업에 의하여 세계경제를 통합하는 것이며, 각국 경제를 상호 의존적으로 만들기 때문에 세계를 통합하는 기능을 한다고 할 수 있다. 이러한 측면에서 볼 때 세계화와 국제화의 차이는 세계 각국의 통합도(degree of integration)의 차이에서 파악될 수 있다.

또한 세계화와 국제화를 구분 짓는 근본적인 차이는 기업들의 다국적화에 따른 기업과 국가 간의 관계변화에서 찾을 수 있다. 현대의 기업들은 해외에 자회사를 설립하거나 외국기업과 전략적 제휴를 함으로써 재국 내에서만 생산하는 것이 아니라 최적의 생산지를 찾아 생산지를 세계 각지로 분산시키고 있다. 정보통신 및 교통수단의 비약적 발전이 이러한 생산기지의 다지역화에 크게 기여하고 있다고 할 수 있다. 기업들이 영업활동을 세계 각 지역으로 확장하게 되면 이들 기업들은 초국가적으로 독자적인 영역을 확보하게 된다. 즉 기업들이 자국정부의 전적인 통제로부터 독립성을 갖게 된다.

이처럼 기업이 초국가적인 실체로 등장하게 되면서 세계경제의 구조는 국가중심의 상포 의존형태에서 국가와 개별기업이 대등한 실체로서 공존하는 세계화 시대로 급속히 이행하게 되었다. 기업은 해외투자를 통한 현지생산, 국제적인 인수·합병(M&A), 그리고 전략적 제휴 등을 통하여 세계적인 사업네트워크를 구축하면서 생산 및 영업측면에서 세계화를 촉진시키게 되었고, 기업 간 글로벌 경쟁이 치열하게 전개되어지게 되었다. 사실 오늘날 국가의 경쟁력은 곧 세계적인 경쟁력을 갖춘 다국적 기업을 얼마나 많이 보유하고 있느냐에 달려 있다고 해도 과언이 아니다. 1990년대 이후 세계의 최강대국으로서 군림하고 있는 미국의 경쟁력도 온라인 및 오프라인에 있어서 세계 유수의 다국적 기업들인 GM, IBM, Intel, Microsoft, General Electric, Ford, Amazon, AOL, Cisco systems 등의 경쟁력에 의한 것이라고 볼 수 있다.

2. 세계화와 세계주의의 비교

세계화(globalization)와 세계주의(globalism)는 구별되어야 하는데 이들은 서로 그 의미가 상이하기 때문이다. 세계주의란 세계 각국의 시민들이 일체감을 갖고 조화 속에서 생존해 가기를 바라는 관념이다. 이러한 세계주의가 국제적인 조직체로 형성된 것이 국제연합(UN)이라고 할 수 있으며, UN은 전후 세계 각국의 갈등관계를 벗어나 세계평화의 정착을 이념으로 하고 있다는 점에서 세계주의를 잘 반영하고 있다고 볼 수 있다.

또한 1980년대 이후 무분별한 개발로 인해 지구환경이 급속도로 악화되면서 지구환경의 보존을 위해 활발한 활동을 전개하고 있는 환경주의자들이 '하나뿐인 지구'의 보존이라는 목표하에 내세우고 있는 지구 공동의 이념이나, 지속 가능한 개발을 표방하고 있는 것도 세계주의에 바탕을 두고 있는 것이라 할 수 있다. 우리가 자연환경을 보전하면서 평화를 추구하는 UN의 이상 하에서 전쟁·폭력·약탈·기아가 없는 인류가 평화롭게 살아가기를 바라는 생각은 곧 세계주의를 표방한 것이다.

일반적으로 세계주의는 지구 상의 모든 인류가 도덕적 가치와 평등의 기초하에서 상호 존중과 신뢰를 가지고 함께 살아가는 것을 가장 이상적인 목표로 삼고 있다. 세계주의를 경제적인 측면에서 살펴보면 생태계를 보전하고, 필요한 자원을 합리적으로 배분하며 경제적인 상호지원을 추구한다고 할 수 있다. 따라서 세계주의는 지구 상의 모든 인류의 일대일 선린적 우호관계를 긴밀화시킨다고 할 수 있다.

반면에 세계화는 각 경제주체로 하여금 이윤의 극대화·시장의 독점적 지배·경쟁대상의 제거 등을 이루기 위해 의사결정의 기준을 오직 효율성에만 두고 세계를 상대로 무제한의 경쟁을 하도록 부추긴다. 이러한 세계화의 추세로 초국적 기업들은 자신의 이익추구에만 몰두한 나머지 현지국의 주권을 침해하게 되고, 현지국의 문화를 잘 이해하지 못하여 현지인의 정서와 갈등을 일으키게 되는 활동을 하기도 하며, 거대 금융자본, 특히 단기투기성 자본이 투자수익을 좇아 시장과 장소를 가리지 않고 최적의 투자기회를 추구하여 다른 나라의 금융위기를 촉발시키고 있다.

물론 세계화가 모든 국가에 부정적인 면만을 초래하는 것은 아니지만, 그 부정적 영향을 받는 국가의 대부분이 개발도상국이나 저개발국가라는 데 사태의 심각성이 존재한다. 그 이유로는 세계화의 피해로 이들 국가들은 자력으로 그 상황을 벗어날 수가 없기 때문이다.

3. 세계화의 특징

일반적으로 세계화의 과정은 단선적이고 일면적인 과정이 아닌 중추적이고 복합적인 과정으로 이해될 수 있다. 즉 세계화는 다양한 영역 간·인종 간·지역 간에 상이한 전개과정 속에 진행된다. 이러한 다양한 전개과정 속에서 세계화의 특징은 다음 네 가지의 과정으로 파악해 볼 수 있다.

1) 사회의 정보화·지식화

정보기술부문의 비약적 발전은 자본·자원에 기초한 문명에서 지식·정보에 기초한 문명으로의 전환을 가속화시키고 있다. 이 지식기반문명에서 인간의 생활은 크게 변화한다. 고도의 정보통신 네트워크를 통해 사회의 모든 관계가 혁신되고 있다. 정보통신혁명은 시간과 공간을 결정적으로 압축시키고 있어서 모든 분야의 사람들을 국경을 초월하여 직접 연결시키고 서로 대화할 수 있게 만드는 쌍방향 통신시대를 가능하게 하고 있다. 따라서 우리 생활의 모든 부분이 정보화에 의해 변화되고 있다고 할 수 있다.

지식정보화사회에서는 정보통신부문의 기반 구축이 사회의 가장 중요한 인프라스트럭처가 된다. 국가 행정·기업경영·교육·환경·복지·문화, 그리고 개인 생활의 모든 영역에서 정보시스템의 구축이 필수적인 과제가 된다. 이에 따라 정보를 효율적이면서도 저렴하게 구입·생산·이용할 수 있는 지의 여부가 국가경쟁력의 척도가 되고 있다.

따라서, 국가경쟁력의 제고 및 장기발전전략은 새로운 사회간접자본으로서 정보통신 기반의 체계적 구축에 달려 있다고 볼 수 있다. 정보고속도로로 지칭되는 이러한 정보통신기반은 한 나라에만 국한되는 문제가 아니라, 지구촌 전 세계의 정보고속도로로 신속히 확장되어 지구촌 전체의 시간적·공간적 제한을 무너뜨릴 수 있는 전 세계가 함께 해결해야 될 과제로 부상되고 있다.

2) 경제·기술의 초국적화: 글로벌 무국경화

세계가 시장경제로 통합되면서 기업들의 초국적화가 급속도로 진행되고 있다. 세계경영체제를 구축한 기업들은 기업의 조직은 고도로 분화시켜 최적의 추자지역을 찾아 전 세계 곳곳으로 진출하고 있다. 따라서 세계화 시대의 기업들에게 중요한 것은 국적이 아니라 수익성·성장성·안정성 측면에서의 최적의 투자지역이 주목의 대상이 된다. 상품에 있어서도 무국적 상품이 대세를 이루며, 인력·정보·상품·자본이 최적의 조건을 찾아 전 세계 각국을 자유롭게 드나들고 있다. 과거에는 경제가 국제화한다고 하더라도 경제적 영토주권이 국가에 귀속되어 있었으나 세계화 시대에는 이러한 개념이 많이 희석되고 있다. 이러한 추세는 개별국민경제 상호 간의 상호 의존성과 통합성을 증대시키는 방향으로 진행시킨다.

예를 들면, EU·NAFTA·APEC 등이 지역적 수준의 상호 의존성과 통합을 지칭한다면 WTO는 범세계적인 수준에서의 상호 의존성을 나타낸다. 이러한 추세의 특징은 상호 의존성의 증대가 경쟁을 배제하는 것이 아니라 경쟁을 심화시키는 것이다. 이러한 경쟁의 심화는 기업에 한정되어 있지 않고, 정보·지방행정·교육·개인 등 거의 모든 분야에서 경쟁력을 자율적으로 제고시켜야 하는 시대가 되고 있다.

이러한 맥락에서 세계경제는 상호 의존과 무한 경쟁이라는 딜레마에 놓여 있는데 이에 따라 경쟁을 상호 의존의 틀과 조화시킬 수 있는 새로운 규칙의 제정이 필요하다. 실제로 무역과 투자의 자유로운 이동을 저해하는 각국의 장벽이 상당 부분 제거됨에 따라 경쟁의 게임규칙에 대한 경제주체들 간의 합의가 그 어느 때보다 중요하게 부각되고 잇다. 이러한 게임규칙은 제로섬이 아닌 포지티브섬의 원칙하에 설정되어야 한다는 데 세계 각국은 대체적으로 인식을 같이 하고 있다.

3) 지구환경의 중요성

지구 온난화, 오존층의 파괴, 대기 및 수질의 악화, 토양오염, 생물종의 감소, 지구의 허파구실을 하는 열대우림의 파괴, 그리고 이상기후의 만연 등이 지구환경의 위기를 심화시키고 있는 주요 요인들로 지적할 수 있다. 이러한 지구환경의 위기는 인류의 생존에 대한 자각과 환경파괴에 대한 경각심을 불러일으키고 있다.

그러나 이러한 환경위기의 극복은 일국 또는 일부 국가들의 노력만으로는 안 되며, 전 지구적 공동노력이 없이는 해결 불가능하다는 데 문제의 심각성이 있다. 즉 '환경적으로 건전하고 지속 가능한 발전'이 세계화 시대의 전 지구적 과제가 되고 있다. 이러한 과제를 달성하기 위해서는 각국의 생산시스템을 포함한 전반적인 경제시스템과 각자의 소비양식이 에너지를 효과적으로 소비하면서 환경친화적으로 전환되어야 한다. 이와 함께 지식정보문명의 성과를 환경문제의 해결에 폭넓게 이용하는 것이 중요한데, 예를 들면 공해를 유발하지 않는 깨끗한 기술, 녹색환경산업의 중요성이 부각되어야 하며, 각국은 이의 장려를 위해 노력을 기울여야 한다.

한편, 전 세계의 환경관련 상품제조와 관련한 국제기준의 강화 및 이러한 제품의 수요가 증대함에 따라 환경관련 산업의 부가가치는 점점 높아지고 있는데, 이에 따라 각국에서는 정보기술혁명의 성과를 환경 분야에 적용시키려는 노력이 광범위하게 이루어지고 있으며, 이 분야의 국제경쟁도 심화되고 있다. 그린라운드와 관련하여 환경이 새로운 국제경쟁의 무대가 되고 있다.

4) 문화의 중요성

세계화의 진전에 따라서 문화의 중요성이 더욱 크게 인식되고 있다. 근로시간의 단축에 따른 근로자의 여가시간이 증가하고, 자아실현에 대한 개인적인 욕구와 문화 활동에 대한 욕구가 확대되면서 문화는 개인적 삶의 부차적 영역이 아닌 중심적 영역이 되어 가고 있다. 즉 문화생활의 영위가 개인적 삶의 질을 결정하는 핵심적 요소가 되고 있다고 할 수 있다.

문화는 환경과 마찬가지로 국가의 새로운 고부가가치산업으로 변모하고 있다. 경제와 문화의 상호 연관성은 해가 갈수록 더욱 커지고 있으며, 대중매체·영상·음악·게임·디자인·문화적 유산 등을 포함한 문화산업은 국가의 경쟁력을 제고시키는 새로운 고부가가치 산업이 되고 있다. 이에 따라 지식정보문명에 부흥하는 문화 기반 구조를 효율적으로 구축하는 것이 국가의 중요한 과제가 되고 있다.

한편, 정보통신혁명의 진전 및 교통수단의 비약적인 발전으로 국제교류가 급속도로 증가되고 있어서 미국을 중심으로 한 선진국의 생활양식·욕구·가치·규범 등의 전파가 개발도상국·후진국들 시민들의 의식을 선진화시키는 등 긍정적인 측면도 있지만, 서구의 바람직하지 못한 저급문화가 이들 국가들의 청소년층들에게 금속도로 전파되고 있어서 부정적인 측면도 크다고 할 수 있다. 따라서 세계화는 이러한 이질적인 문화들을 서로 융합하면서 각 민족과 국가 또는 지역의 문화적 차이를 초월하는 통합적 기능을 하여야 된다.

이러한 맥락에서 세계문화란 단편적·획일적인 문화를 의미하는 것이 아니라, 다원적인 민족적·국지적 문화들의 조화가 이루어진 개방된 문화가 되어야 한다는 것이다. 즉, 세계화 시대에 세계문화, 특히 타문화에 대한 이해에 있어서 중요한 것은 자기 문화의 고유성에 대한 관심과 자긍심은 가지되 타문화에 대해서도 폐쇄적 태도에 빠지지 않고 열린 마음으로 이해할 수 있어야 한다는 점이다.

제3절 세계화와 지구촌의 미래

항해사가 어느 목적지를 찾아가려면 현 의치와 목표의 위치를 나타내는 정확한 지도가 필요하다. 지도가 없거나 있어도 잘 읽지 못하면 표류하여 목적지에 도달하지 못할 것이다. 만일 목적지에 이른다 하여도 많은 시행착오를 겪은 다음에나 가능할 것이다. 현 위치의 좌표를 읽기 위해서는 종좌표와 횡좌표, 즉 지금까지 걸어온 길과 주변 환경 속에서 본 자기의 위치를 정확하게 파악해야 한다. 그리고 자신이 가고자 하는 목표의 위치를 정확하게 예측해내는 혜안이 필요한 것이다.

세계화 시대인 21세기의 오늘날, 우리는 지구촌 곳곳에서 일어나고 있는 대변혁을 실감하고 있는데, 과거 50여 년간 지속되어 온 냉전질서의 붕괴, 첨단과학 기술의 발달, 지역경제권의 대두, 환경문제에 대한 관심 고조 등 변혁의 소용돌이가 휘몰아치고 있다는 것을 절실히 느낄 수 있다. 이러한 와중에 IMF 경제위기를 경험한 우리 사회는 21세기에 대한 막연한 불안감을 떨쳐 버리지 못하고 있다. 과연 21세기 이후 사회의 모습은 어떻게 전개될 것인가? 그리고 이러한 변화에 우리는 어떻게 대처해야 할 것인가 하는 것이 우리가 지닌 현 시점의 과제이다.

1. 대변혁의 시대: 제4 물결의 출현

메이나드(Herman Bryant Maynard) 2세와 메르텐스(Susan E. Mehrtens)는 「제4의 물결」이라는 저서에서 앨빈 토플러(Alvin Toffler)의 「제3의 물결」에서 소개된 변화의 물결이라는 개념을 채택하여, 21세기에 전개될 미래의 변화를 예견해 보이고 있다.

저자들은 한결같이 농업혁명인 제1 물결은 본질적으로 종식된 것으로 보고 더 이상 관심의 대상에서 제외되고 있다. 공업화에 부합하는 제2 물결은 이미 지구의 많은 부분을 덮었고 계속 확산되고 있으며, 새롭고 탈공업적인 제3 물결은 현대적 공업국들에서 강화되고 있다. 저자들은 제4 물결이 제3 물결의 뒤를 바짝 따라오는 것으로 보고 있다.

제2 물결은 물질주의와 인간 우월에 뿌리를 두고 있다. 이러한 인식으로부터 경쟁·자기보전·소비 등을 강조하는데, 그로 인해 오염·폐기물처리·범죄·가정폭력·국제 테러 등과 같은 현재의 문제들이 야기되고 있다. 제 물결은 균형과 재활용성에 대해 점증하는 관심을 보이고 있다. 제3 물결이 전개되면서 우리는 보전·삶의 존엄, 그리고 협력의 문제점들에 대해 더 민감해진다. 제 물결의 시기에 이르러서는 삶의 통합과 전체에 대한 책임이 우리 사회의 중심적 초점이 될 것이다. 모든 살아 있는 체계의 자기동일성 인식은 인간과 비인간 모두에게 자양분을 주고 각기 상호 작용의 새로운 방법들을 마련해 줄 것이다.

각 물결은 다음과 같이 요약되는 특유의 세계관을 갖고 있다.

① 제2 물결: 우리는 분리되어 있으며, 경쟁하지 않을 수 없다.

② 제3 물결: 우리는 연결되어 있으며, 협력하지 않을 수 없다.

③ 제4 물결: 우리는 하나이며, 공동창조를 선택한다.

이들 미래학 도서의 저자들은 저자들은 현재는 제2의 물결과 제3의 물결이 혼재해 있으며 이것이 의미하는 바는 두 개의 다른 세계관들, 즉 점차 구식이 되어가는 것과 실현되기 시작하고 있는 또 하나의 다른 것이 함께 존재하고 있다는 것을 뜻한다. 조만간 제3의 물결이라는 거스를 수 없는 힘이 사회의 변화로 이어질 것으로 보인다. 제4의 물결은 매우 매력적이지만 아직은 먼 미래이어서 위협적이지는 않지만, 지금 제3의 물결을 방해하고 있는 저항과 투쟁, 그리고 현재 제3의 물결을 저해하는 어려운 결정을 이겨냄으로써 가능해 질 것이다.

저자들은 이 같은 변화를 주도할 전 지구적 리더로서 기업의 역할에 주목하고 있다. 즉 기업은 생산·경쟁·이윤과 같은 것의 집중에서 벗어나 지구의 환경과 생태계를 보호하며, 사회의 요구나 필요에 봉사하고 가치를 창출해야 한다는 의식의 전환이 이루어지고 있다는 것이다. 또한 기업은 빠른 변화 속에서 살아남을 수 있으려면 노동자들의 창의성과 융통성을 길러 줄 수 있도록 학습하는 조직으로 변신하지 않으면 안 된다. 제3의 물결에서의 기업은 지구적 청지기로서 모든 국가와 생태계를 포함해 모두의 가치를 위해 최선의 해답을 주는 리더로서의 역할을 할 것이며, 여기에서 고객은 기업의 능력과 자원으로 요구나 필요를 해결할 수 있으며, 봉사하는 대상이 될 것이다.

2. 미래 사회와 경제적 대응과제

변화의 물결은 근본적으로 널리 펼쳐지는 변화의 성질을 가진다. 삶의 어느 부분도 그 영향을 받지 않고 홀로 존재할 수는 없다. 각각의 물결은 사람들이 주변세계를 어떻게 바라보며 경험할 것인가를 안내하는 독특한 세계관·가치관·철학 등을 나타낸다.

현재 우리나라는 제2의 물결과 제3의 물결이 혼재되어 있으나 점차 제2의 물결에서 제3의 물결로, 그리고 제3의 물결에서 제4의 물결로의 이행은 많은 고통스러운 혼란을 내포할 것이나 이에 따른 높은 보상도 또한 뒤따르게 될 것이다.

특히 미래에는 시대를 선도하는 리더로서의 역할을 기업이 할 것으로 보고 있음에도 불구하고, 현재 우리나라의 경우에는 기업을 보는 시각이 대단히 부정적이어서 이러한 시대의 흐름에 역행하지 않을까 크게 우려된다.

우리의 기업이 시대적 사명을 다하기 위해서는 세계화와 지식기반사회에 있어서의 국제경쟁력 강화에 역점을 두어야 할 뿐만 아니라, '지구적으로 생각하면서 동시에 지역적으로 행동함'으로써 세계 속에서의 지도자 역할을 할 수 있어야 할 것이다. 현재 비즈니스 분야에서 널리 확산된 인식은 지구상에서 경쟁을 하고 살아남는다는 것은 지역수준에서 적극적 참여가 필요하다는 것이다. 많은 공장들이 우리나라에서 외국으로 이전되었으며, 그 나라 국민들의 충성심을 북돋아 주고 있다. 한편 지역적으로 행동한다는 것은 공장이 설치된 지역사회에서 여러 가지 협조적 행동을 아끼지 않는다는 것이다. 이제 많은 사람들이 차츰 깨닫게 되는, 전체가 건전해야만 비즈니스들이 건전하게 성장·발달할 수 있다는 것이다. 전체 또는 총체에 봉사하기 위해 책임 있고 적극적인 행동을 취하는 것이 훌륭한 기업일 것이다.

2011년 한국과 미국에서 극심한 정치권의 갈등 속에 국회(의회) 의결이 통과된 한·미자유무역협정(FTA)도 결국 기업과 경제의 세계화의 일환이며, 이와 같은 개방적·역동적 경제 흐름은 더욱 세계적 트렌드(trend)로 가속화될 것이다.

3. 미래사회의 인간상과 세계시민성 교육

1) 미래사회에 요구되는 바람직한 인간상

"미래는 준비하는 자의 것이다"라는 말이 있다. 미래사회는 현재에 살고 있는 우리가 미래상을 설정하고 나갈 때 이루어진다. 미래상은 기대·희망·경외·이상 등으로 종교·윤리·정치·철학 등의 신조 또는 신념의 일종이라고 말할 수 있다. 어떤 문화나 문명이든 민족의 미래상이 결정적인 역할을 하고 있는 것은 틀림없다. 그래서 문화사는 미래상의 역사라고 하였다. 미래상은 한 문화와 독창성을 보여줄 뿐만 아니라 그 문화의 활력이고 기동력이 된다. 활력이 있는 미래상을 가진 민족은 마치 좋은 엔진을 장착하고 있는 기관차와 같은 것이다.

미래상이라는 것을 쉽게 이야기하면 '잘사는 사회'를 지칭하게 될 것이다. 그러면 잘산다는 것은 어떤 의미를 갖는 것인가? 경제성장에 가장 적극적인 의미가 있다면 물질의 부족으로부터 해방되고 풍요의 사회를 이룩했다는 데 있다. 우리나라도 30여 년간 경제성장을 이루어 왔다. 그 결과 모두가 균등하게 잘 살지는 못하지만 물질적으로 생명에 위협을 받는 절대빈곤에서는 벗어났다. 그러나 국민소득이 올라가면서 공해가 더 심해지고, 물도 사 먹어야 하고, 도로는 더욱 정체되고, 자녀교육이 더욱 힘들어진다면 잘 산다는 의미는 무엇인가? 잘 산다는 것의 시간적인 의미는 무엇이고, 공간적인 의미는 무엇인가? 또 잘 산다는 것의 주체적·인간적 의미는 무엇인가? 등에 대한 어려운 문제가 여전히 우리에게 남겨져 있다. 다만 현 시점에서 이야기할 수 있는 것은 잘 산다는 것이 오늘의 기준이 아니라 내일의 기준에서, 감성과 충동에서가 아니라 연대와 협동의 기준에서 파악되어야만 미래사회의 앞날이 밝을 것이라는 점이다.

2) 경제교육의 새로운 목표로서의 세계시민성

세계는 점점 축소되고 지구가 하나의 단일공동체로 되어 가고 있는 상황에서, 21세기를 슬기롭게 살아갈 수 있으려면 거기에 걸맞은 우리의 행동이 수반되어야 할 것이다. 그러나 우리 학생들의 세계 시민으로서의 자질은 극히 낮은 수준을 벗어나지 못하고 있는 것으로 평가되고 있다. 그렇다면 어디서부터 시작을 해야 할 것인가? 우리의 교육 특히 경제교육은 세계를 내다보는 미래상을 가지고 글로벌한 세계에서 과감하고 도전적인 삶을 살아갈 수 있는 젊은이를 길러 낼 수 있어야 할 것이다. 이처럼 사회의 국제화·글로벌화에 따라 경제교육에 있어서도 새로운 변화가 요구되고 있다. 즉, 국제사회에 공헌할 수 있는 세계시민성의 육성이라는 새로운 과제가 경제교육에 부가되고 있는 것이다. 세계 시민성의 육성이 무엇인가는 매우 논란의 여지가 많은 모호한 개념이지만, 이 글에서는 세계시민성 육성을 위한 경제교육은 세계시민으로서의 자질을 형성함과 동시에 각국의 국민성과 문화를 존중하고 이해를 촉진함으로써 세계를 향해 열린 마음을 지닌 민주시민을 육성하는 것을 목표로 하고 있는 것으로 규정짓고자 한다.

최근 '시민성에 관한 연구물들'은 빈곤, 하위계층, 여성문제, 국가정체성, 참여민주주의, 소수민족, 권위주의 정부, 초국가적인 발전, 환경문제 그리고 심지어는 지식인의 역할에 이르기까지 오늘날의 현안문제들이 시민성의 시각으로부터 효과적으로 분석될 수 있을 것으로 보고 있다.

물론, 그동안 학교 경제교육에서 시야를 세계적으로 넓히려는 노력이 없었던 것은 아니다. 예를 들면, 무역의 구조를 다루면서 자원 민족주의, 우루과이 라운드 협상, 협상에 따르는 혼란 등을 함께 학습하고 있지만, 이것들은 부분적으로 다루어지기 때문에 연결성이 약했다. 따라서 이미 과밀해진 학교 경제교육과정에 큰 부담을 주지 않으면서 시민성에 관한 최근의 연구결과와 학교 경제교육에 대한 연구결과를 반영할 수 있도록, 세계시민성 함양을 위한 교과로서의 경제교육의 내용과 방법에 대한 좀 더 폭넓은 논의가 전개되어야 할 것이다.

한편, 세계화와 더불어 '지구적 세계'의 중요한 요소로 등장한 것이 지구적 시민 사회 혹은 세계 시민 사회이다. 세계 시민 사회는 지방·국가·세계 수준에서 사회의 여러 다른 영역에서 활동하는 단체와 기구(협회·시민 운동 단체·비정부기구)의 총칭이다. 그들이 하는 작업과 활동의 목표는 개개인과 사회의 생활 조건을 개선하는 데 있다. 세계 시민 사회를 구성하는 많은 단체와 제도는 여러 가지 다양한 활동을 하고 있지만, 그중에서도 특히 생태 문제·남북 관계·인권 문제와 같은 특정한 영역에 중점적으로 관심이 집중되고 있다.

일상생활에서는 문화적으로 서로 다른 기구나 단체가 초국가적인 수준에서 혹은 지구적인 수준에서 효과적인 협력의 형태를 개발하고 유지한다는 일이 언제나 간단한 것은 아니다. 리우의 유엔 환경·개발 회의(1992)는 세계 시민 사회가 여전히 상당히 많이 흩어져 있고, 서로 조정이 잘 되지 않고 있으며, 내부적으로도 분열되어 있다는 것을 보여 주었다. 이를테면, 남과 북, 환경 보호자와 '하나의 세계'를 위한 활동가, 개혁주의자와 혁명주의자, 지방주의자와 세계주의자 사이에 간격이 있을 뿐만 아니라, 정부 추종자와 자율성을 요구하는 자 사이에도 거리가 있다.

이러한 문제에도 불구하고, 세계 시민 사회는 적어도 세 가지 근본적인 과제와 관련하여 중요한 역할을 수행하고 있다. 첫째, 그것은 스스로 개발되는 지구적 양심 혹은 도덕 의식의 기능을 떠맡고 있다. 물론 보편 종교와 그 산하 교회들을 그러한 도덕 의식의 담당자로 간주할 수 있다. 하지만 세계 시민 사회가 세계 인권 선언의 도덕적 원칙과 규칙의 가장 중요한 옹호자이다. 이러한 이해관계의 결사 없이는 세계적으로 정의를 대변하는 목소리는 거의 들리지 않는다. 지구적 규모에서 작용하는 시장은 어쨌든 이러한 목소리를 내지 않는다.

둘째, 시민사회는 지구적 필요·소망·목표를 함께 구성하고, 우리가 '사회적인 것에 대한 지구적 수요'라고 부를 수 있는 것을 위한 대변자 노릇을 한다. 여러 가지 측면에서 시민 사회는 인간 개발·자유·평등·평화·연대·정의의 물음에 대한 인류의 대변자 노릇을 한다. 많은 단체와 기구가 대변하는 이러한 수요는 사회 정의, 인간의 존엄성, 정치적 민주주의, 경제적 번영, 공동체 개발, 문화적 정체성과 자유에 대한 소망을 포괄한다. 그 수요는 실제적인 문제와 관심사에 집중된다. 이를테면, 기아와 식량 부족에 대한 세계적인 투쟁, 근로 생활, 가정, 공공 영역에서의 여성의 생활 조건 향상, 생태적 평형의 유지, 오존층 파괴에 대한 투쟁, 그리고 민족 간·국가 간 전쟁의 가능한 원인을 제거할 목적으로 이루어지는 각종 빈곤·사회적 배제·불관용의 철폐 등을 보기로 들 수 있다.

사실 국가 정부와 유엔에 압력을 가하여 리우 회의를 관철시킨 것도 다름 아닌 시민 사회였다. 사회적 수요의 존재는 지구적 사회 계약에 관한 명시적이고 구속력이 있는 협상의 토대로 작용한다.

리우 회의가 특기할 만한 역사적 성과인 까닭은 여기서 최초로 세계의 부와 복지에 대해서 협상이 벌어졌기 때문이다. 사실상 주요 주제는 세계 경제의 시속 가능한 개발을 위한 필요 조건을 어떻게 마련할 것인가 하는데 놓여 있었다. 한편으로 부유한 나라의 높은 생활 수준과 다른 한편으로 수십억의 가난한 나라 사람들이 봉착하고 있는 문제를 어떻게 조화시키고, 동시에 생물권에 위협을 가하지 않을 것인가가 핵심적인 문제였다.

셋째, 세계 시민 사회는 혁신적인 정치적 행동 방식에 대해서 지구적 활동 공간을 제공한다. 세계 시민 사회는 전적으로 더덕적인 판단을 내리는 것도 아니며, 필요와 소망의 정식화에만 국한되지 않는다. 여러 가지 다양한 행위 방식을 통해서 그것은 문제 해결에 직접적으로 기여하며, 새로운 제도적·정치적·사회적 접근 방안을 마련하기 위하여 기회를 활용한다. 오늘날 국제 무대에서 여전히 지배적인 행위자로 행세하는 각국 정부는 이제 종종 그 주위에서 활동하고, 지역적·국제적·지구적 네트워크를 가진 이른바 힘이 있는 단체들과 대결하거나 함께 논의하지 않으면 안 되게 되었다. 이 단체들은 종종 기업과 국가들 사이의 경쟁 관계를 제한할 것을 요구한다. 이러한 의미에서 그들은 각국 정부와 다국적 기업의 일방적인 이해관계 타산을 변화시킬 수 있다. 예를 들어 1999년 말 시애틀에서 개최된 세계 무역 기구(WTO) 3차 각료 회의(소위 '뉴 라운드' 또는 '밀레니엄 라운드')를 맞아 벌인 현상, 그리고 2000년 초 다보스(Davos) 세계 경제 포럼(WEF) 개최 현장에서 시위를 벌인 비정부 기구(NGO)의 저항 행동도 이런 맥락에서 파악할 수 있다.

제4절 세계화의 차원

현대 사회의 급격한 변동 과정을 특징짓는 개념은 여러 가지가 있겠지만, 대체로 세계화·정보화·다원화 등이 가장 많이 지적되고 있는 범주에 속할 것이다. 세계화라는 현상에 대해서도 의견이 분분하지만 여러 입장과 측면들을 종합해서 말한다면 대체로 의사소통(혹은 통신)·경제·사회·안전의 차원에서 특징을 지적하고, 각 차원에서 장단점을 언급할 수 있을 것이다. 의사 소통차원에서는 네트워크 세계의 출현을, 경제 차원에서는 세계 내부시장의 형성을 사회 차원에서는 지구촌으로서의 세계 현상을, 안전 차원에서는 위험 공동체로서의 세계가 등장하고 있다는 점을 지적할 수 있다. 이를 도식화하여 나타내면 <표 5-1-1>과 같다.

〈표 5-1-1〉 영역별 세계화의 차원

의사 소통	경제	사회	안전
'네트워크 세계'	'세계 내부 시장'	'지구촌으로서의 세계'	'위험 공동체로서의 세계'
주요 특징			
전자 및 원격 통신 기술의 혁신	무역장벽의 철폐, 자본의 이동성,	국민 국가와 국가적 자주성의 의미상실	지구적 위험 요인이 인류를 위협

	거래비용의 절감		
기회(+)와 위기(−)			
(+) 세계적 규모의 의사소통에 참여 (+) 국제적 접촉과 관계의 심화 (+) 세계에 대한 더 많은 지식; 　정보의 급속한 전파 (+) 편견의 축소 (−) 정보 엘리트의 발생 (−) 정보의 홍수	(+) 세계적인 규모에서의 일자리 창출 (+) 생산비의 절감 (−) 세계 시장에서의 경쟁 (−) 지역 및 부문별 일자리의 상실; 사회적 불안전 (−) 개도국 착취의 심화 (−) 연대 (의식)의 상실 (−) 환경 파괴	(+) 민주화 (+) 공동 소속감의 증가 ('하나의 세계') (+) 사회 집단의 지구적 활동 가능성 (−) 정체성과 향토의 상실 (−) 저항 운동으로서의 신(新)민족주의 (−) 정치적 결정에 대한 다국적 기업이나 기구의 영향력 증가; 통제 불가능성	(+) '하나의 세계'라는 인식 (+) 협동하지 않을 수 없음 (−) 문제의 복합성 (−) 개별 정부에 대한 무리한 요구 (−) 훼손은 부분적으로 비가역적임 (−) 책임의 위임 또는 전가

제5절 세계화의 명제

1. 세계화의 불가피성

　모사 전송(팩시밀리), 위성 통신, 세계적 데이터 흐름, WWW(World Wide Web), 전자 세계 주식 시장, 정보·상품·인간수송비의 놀랄 만한 절감, 이 모든 것은 경제적·기술적 과정의 세계적인 네트워크를 통해서 국민 경제에서 세계 경제로의 이행이 이제까지 없었던 빠른 속도로 진행된다는 것을 보여 주고 있다. 시장과 생산, 자본과 기술은 점점 더 많이 국경의 한계를 넘어서고 있으며, 무역뿐만 아니라 기업과 생산 그 자체도 점점 더 지구적으로, 세계적으로 되어가고 있다. 그리고 이제까지 알려지지 않았던 경쟁 관계가 인터넷을 통한 상품과 용역 제공을 통하여 나타나고 있으며, 이것은 투명성에 기여하면서도 때로는 기장을 교란시키는 작용도 한다. 이러한 혁명적인 전환을 중단하거나 뒤로 되돌리려고 한다면, 그것은 헛된 일이 될 것이다.

2. 세계화의 양면성

　혁명적인 세계 경제의 구조 변동은 이제 더 이상 간과할 수 없게 되었다. 노동 및 생산뿐만 아니라, 과학과 미디어도 점점 더 국가의 경계를 넘어서고 있다. 이러한 새로운 자유와 자유스러운 이동은 완전히 새로운 기회와 가능성을 창출하고 있지만, 다른 한편으로는 특히 이제까지의 국민 국가적 틀 속에서 이루어지던 경제·사회·환경 정책에 대해서는 완전히 새로운 난점도 마련하고 있다.

　세계화의 옹호자이며 추종자인 경제학자들과 경제 지도자들까지도 모든 긍정적인 결과 이외에 오늘날 많은 사람들을 불안하게 만드는 부정적인 결과를 부인하지 않고 있다. 이를테면, 개도국에서 값싼 노동력을 착취하고 있으며, 산업화되고 정치적으로 관리되는 농산물 수출의 부정적인 결과가 존재하고, 세계적 수준에서 활동하는 다국적 기업을 더 이상 통제할 수 없는 상태가 나타나고 있으며, 생태적인 문제와 조직 범죄가 세계적으로 파급되고 있다. 이러한 세계화의 양면적인 결과에 비추어 볼 때 예측과 평가가 매우 다르게 이루어진다는 것은 그리 놀랄 일도 아니다. 경쟁 관계의 강화라는 양상을 띤 세계화의 효과는 이렇게 장점과 단점을 갖고 있다. 이 중에서 어느 것이 장래에 지배적일 것인가를 예측하기는 참으로 어려운 일이다.

3. 세계화와 미래 예측

우리는 각종 통계와 경제 전망자료를 갖고 있지만, 세계화가 의도된 주요 효과뿐만 아니라 원치 않은 부수 효과의 측면에서 볼 때, 어떤 결과를 가져올 것인지를 오늘날 정확하게 예측하기란 거의 불가능하다. 그리고 그 예측이 더 장기적인 것이 될수록 위험은 더 커진다. '조건부의 사전(事前) 계산'이라는 의미에서의 장기적인 경제 예측은 물론 장기적인 기상 예보보다는 더 정확하다고 간주할 수 있겠지만, 그것도 전적으로 사회적·정치적 주변 조건이 변하지 않는다는 가정에 의존하고 있다. 경제 활동은 열린 과정으로서, 경제는 계속적인 인간 행위의 결과이지 일회적인 인간 설계의 결과가 아닌 것이다. 그래서 오늘날 어떤 나라가 어떤 경제 분야가 지속적으로 성공할 것인지 어떤 기업이 살아남을 것인지를 감히 정확하게 예측할 수 있는 경제학자는 없다. 세계화의 진행과 더불어 개별적인 결과를 물론 계산할 수는 있지만, 전체의 전개 과정을 예측할 수는 없다.

4. 세계화의 조정성

어느 정도의 예측 불가능성을 인정하더라도 세계화는 우리에게 갑자기 접근해 오는 폭풍우와 같은 자연 현상은 물론 아니다. '신의 섭리라는 보이지 않는 손'조차도 인간의 실패를 결코 배제할 수 없는 마당에, 사람들은 널리 퍼진 경제학자들의 도그마, 즉(세계 경제 위기 같은 것을 배제할 수도 없는) 이른바 '경쟁이라는 보이지 않는 손'에 대해서 회의를 가질 것이다. 어쨌든 자기 비판적인 경제학자들은 적어도 시장이 조정 수단으로서 실패한다면, 정치와 그것의 질서 유지 기능이 요구된다는 것에 동의한다. 물론 각국 정부와 국립 은행, 그리고 유럽 연합과 같은 경제 공동체는 여전히 상당한 행동의 자유 공간을 갖고 있다. 그리고 매일 수천억 달러 규모의 돈이 거래되는 세계 금융시장을 보기로 든다면, 금융 시장에 대한 국제적인 규제도 물론 요구할 수 있다. 하지만 문제는 시장이 합리적으로 반응하지 않고 오히려 '정서적으로' 반응한다는 데 있다. 따라서 이윤 추구에의 열망과 불안에 사로잡힌 이러한 시장의 속성과 관련하여 경제학자들도 불안에 사로잡힌 이러한 시장의 속성과 관련하여 경제학자들도 역시 보다 더 실제적인 제안을 할 필요가 있다. 그리고 이제까지 시장에 대한 규제는 상당 부분 '파국적인 사태'가 나타난 이후에 등장하는 경향이 있었다.

현재의 세계화 과정에서 최상의 기준으로서 이윤 추구, 그리고 그것 혼자만이 관철된다면, 발생할지도 모를 심각한 사회적 갈등과 위기에 대비해야 한다. 오늘날 자본의 힘이 세고 노조의 힘이 약하다고 해서 이런 가능성을 없는 것처럼 호도(糊濤)할 수는 없다. 왜냐하면 사회 전체가 19세기식의 자유주의나 순수 자본주의로의 복귀를 별 저항 없이 받아들일 것이라고 가정할 수는 없기 때문이다. 경제적인 긴장이 사회적 분열을 낳고 이것이 다시 정치적 갈등을 야기한다는 것은 이미 잘 알려진 사실이다.

이러한 모든 현상에도 불구하고 세계화는 자연과 같은 필연적인 과정이 아니라, 어디까지나 원칙적으로 그리고 어느 정도까지는 조정이 가능한 발전 과정이라는 것이다. 그리고 여기서는 경제의 문제만이 중요한 것이 아니라, 사회 전체적이고 정치적인 문제, 그리고 마지막으로 윤리적인 문제도 역시 중요한 것이다. 하지만 사업과 관련된 많은 의사 결정에서는 세계화 그 자체보다는 이윤 추구가 기업의 유일한 목적인가의 여부에 관한 질문이 더 중요한 것처럼 보인다. 그러나 경제적 세계화의 현상 그 자체는 윤리적인 측면에서의 세계화도 역시 중요하다는 것을 분명히 하고 있다. 서로 다른 지역에서 서로 모순적인 윤리적 규범과 질서가 통하는 그러한 세계가 어떻게 평화롭고 정의로울 수 있는가 하는 의문이 제기되는 것이다. 결국 모든 나라와 이익 집단, 노사(勞使)가 모두 지킬 수 있는 일정한 윤리적 가치·기본 태도·기준 등을 필요한 최소 수준에서 고려할 필요가 있다. 이 지구 상에서 어느 정도 평화로운 공동생활이 보장되기 위해서는 어떤 윤리적 기본 합의가 세계적으로 유효해야 할 것이다.

제6절 세계화와 민주화

금융시장과 자본의 흐름, 소비 시장, 정보 및 통신 인프라와 서비스 세계화 과정으로 인하여 경제적 행위의 한 수단 및 특정한 양식으로서의 경쟁의 의미는 하나의 이데올로기가 되었으며, 생존과 지배력 확보를 공세적으로 추구해야 할 목표가 되었다. 세계 시장에서의 경쟁력은 다국적 기업과 경제학자, 정치가 등 모든 위정자들의 관심사가 되었다. 특히 다국적 기업의 지구적 네트워크는 경제생활 모든 분야의 환경을 변화시키고 있다. 자동차·정보 통신·전자·화학·석유·항공 산업 등에서 다국적 기업들은 생산지를 다른 데로 옮겨 격렬한 경쟁을 벌이거나 전략적 제휴를 통해서 그들의 세계적 경쟁 능력을 제고시키려고 한다. 새로운 세계 경제는 전사(戰士)들에게 휴식과 동정을 베풀지 않는 경제 거인들의 싸움판과 비슷하다. 경제의 세계화는 세계적인 금융 및 산업 네트워크로 하여금 세계 노처의 수백만 사람들에 대하여 결정권과 권력을 행사할 수 있도록 하는 하나의 불가피한 발전 과정인 것처럼 보인다.

경제의 세계화는 이렇게 세계 신질서의 가장 중요한 측면이긴 하지만 어디까지나 하나의 측면에 불과하다. 세계화의 또 하나의 중요한 측면은 세계적인 규모에서 진행되고 있는 민주화 물결이다. 이 새로운 물결은 놀랍게도 금융 및 자본 시장의 세계화가 시작된 1970년대로 소급된다. 새로운 민주화의 물결은 포르투갈, 스페인, 그리스 등 유럽 남부에서 시작하여, 남아메리카를 거쳐 아시아 일부 나라에까지 영향을 미쳤으며, 최근에는 동구와 구(舊)소련 연방으로 옮겨갔다. 아프리카에서는 남아프리카 공화국의 인종 차별 정책(apartheid)이 종막을 고함으로써 민주화 과정에서 중요한 이정표를 제시하였다. 대개 각 나라나 지역에 특정한 요인들이 이러한 세계적인 민주화에 기여하였다. 이 역동적인 맥락에서는 서로 연결이 되어 있는 두 가지의 발전 경향이 중요한 역할을 수행하였으며, 지금도 수행하고 있다.

그 하나는 공식적인 비정부기구(NGO)와 비공식적인 네트워크의 출현인데, 이들은 인권 신장, 소수 집단 보호, 선거 감시, 경제분야에서의 자문, 민주주의 발전에 관심 있는 학자와 지식인 교류 등의 활동을 한다. 이 운동은 민주화에 기여를 하였다. 냉전 종식 이후 다시 활성화되었으며, 민주주의의 확산을 평화 확보의 수단으로 인식한 여러 지역 및 국제 기구들은 이 운동의 효율성을 더욱 강화시켰다.

두 번째의 발전 경향은 지구의 정보 체계와 통신 네트워크의 발생이다. 1970년대 텔레비전 및 통신 위성의 보급과 80년대 단파 라디오와 팩시밀리의 확산으로 인하여 권위적인 정권들은 국민들이 습득하고 교류하는 정보를 통제하는 데 점점 더 어려움을 겪게 되었다. 인터넷과 같은 지구적 통신망은 어떤 나라에 있는 사람들에게 다른 나라의 독재자들을 성공적으로 제거할 수 있다는 것을 보여주고, 또한 그러한 일을 어떻게 달성해야 할 것인지에 대해서도 알려 준다. 정보·통신 매체를 통한 세계화는 이미 우리에게 낯설지 않은 과정이 되었다. '지구촌'이라는 말은 이미 몇 십 년 전부터 사용되기 시작하였다. 오늘날에는 ('지상 문명'과 구별되는) '위성 문명', '세계적 데이터 고속 도로', '지구적 정보화 사회'라는 용어도 사용되고 있으며, 이런 것들은 모두 세기적인 큰 변동 과정을 가리키는 몇 가지 보기에 해당한다.

이런 변동이 문화들 사이의 평화로운 공존, 다시 말하면, 지방적·지역적 경제성을 강화하고, 새로운 '지구적 문명'으로 나아갈 수 있는 공존을 촉진할 것인지를 예측한다는 것은 어렵다. 그것은 거꾸로 비물질적인 체계와 용역에 기초한 세계적 규모와 문화적 지배로 나아갈지도 모른다. 그러한 문화적 지배는 코카콜라나 소니 제품에 기초한 힘보다 더 큰 것이 될 수도 있다. 정보·통신 기술상의 새로운 발전은 또 하나의 중요한 현상, 즉 세계 시민 사회의 발생에 기여하였다. 이 현상은 세계적인 규모에서의 새로운 민주화 물결과 관련이 있을 뿐만 아니라, 사회적 문제들과 도전의 급속한 증가, 그리고 이 문제들이 오늘날 세계의 수많은 사람들에게 공통으로 영향을 준다는 인식과도 관련이 있다. 이러한 인지에 대한 비록 평범하지만 특징적인 보기로는 우리는 모두 '지구라는 우주선'에서 살고 있으며, 하나의 '공통된 미래를 갖고 있다는 새로운 지구촌 의식을 들 수 있다.

세계화는 오늘날 환경 문제와 연결될 뿐만 아니라, 인구 증가, 대량 실업, 이주 운동, 조직 범죄의 확대, 핵무기 확산에 대한 불안, 민족적·종교적 갈등, 에이즈와 같은 새로운 질병의 확산과도 연결이 된다. 세계화는 또한 '가진 자'와 '가지지 못한 자' 사이에 큰 충돌이 일어날지 모른다는 불안도 야기하고 있다.

세계화와 민주화의 관계라는 맥락에서 이제 지구적 차원의 민주주의, 즉 글로벌 민주주의의 특징과 그것의 미래 전망에 관한 자료를 첨부한다.

몇 년 전 지구촌 사회를 떠들썩하게 한 광우병 파동은 무너지는 국격을 실감케 한 사건이었다. 국민 국가의 초국가적 연합체라고 할 수 있는 유럽 연합(EU)이 독자적인 행정 명령을 내려 영국산 쇠고기의 수출을 금지했다. EU 국가에 대한 수출뿐 아니라 다른 나라들에 대한 수출까지 금지했다. 행정 명령을 정부만 내릴 수 있었던 과거에는 상상조차 할 수 없었던 사건이다. 기존의 국제적(international) 차원이 아니라 상위 국가적(supranational) 차원이 현실적인 힘으로 나타난 것이다.

근대 이후 정치 활동이 주체는 국민 국가였다. 국민 국가의 영토 내에서 주권은 배타적인 것으로 인정받았고, 국민 국가의 영토 내에서 벌어지는 침해이자 외세(外勢)의 개입으로 인식돼 격렬한 저항을 불러일으켰다. 근대 민주주의는 바로 이러한 국민 국가적 경계 내에서 정치를 규정하는 제도이자 틀이었다.

그러나 미래사회에서는 국민 국가적 정치와 민주주의가 그 절대적 위치를 계속 지킬 수 없게 될 것이다. 전통적 국민 국가는 이제 더 이상 자족적인 정치 단위가 아니며, 국민 국가 간의 협상 영역에 불과했던 글로벌(global) 정치는 역으로 국민 국가적 정치에 영향을 미치는 상황이 되고 있다. 국가보다 초국가적 차원이 보다 실체화되고 있는 것이다.

이처럼 글로벌 정치와 민주주의가 실체화되는 데에는 여러 구조적 요인이 작용하기 때문이다. 국제 통상의 확대 및 금융 시장의 세계화, 정보 통신 기술의 발전에 의한 전 지구적 네트워크화, 글로벌 문화의 확산 등이 그렇다. 동시에 주체적인 측면에서 보면 다양한 초국가적 행위자가 증대한 것도 그 이유다. 영국의 사회학자 앤서니 기든스에 따르면, 20세기 초 국제적 정부 조직은 약 20개, 초국가적 비정부 기구는 1백80여 개였다. 그러나 20세기 말 국제적 정부 기구는 약 3백여 개, 초국가적 비정부기구는 약 5천여 개로 늘었다.

근대 민주주의가 한 나라 안의 다양한 정치 행위자의 활동을 규정하는 제도라면, 이제 새로운 행위자들을 전제로 한 새로운 규칙이 필요하게 되었다. 글로벌 민주주의에서 쟁점이 되는 영역은 바로 글로벌 민주주의와 글로벌 경제의 관계다. 자본 운동의 세계화로 인해 자본간 경쟁이 격화되고 있다. 이에 따라 국민 국가는 복지주의적 정책보다는 자본의 국제 경쟁력 강화를 위한 신(新)성장 노선을 강요받고 있다.

세계화가 신자유주의적 경향으로 흐르는 이유도 여기에 있다. 이러한 신자유주의적 세계화의 물결 속에서 과거 민중들의 투쟁과 노력을 통해 쟁취한 국민 국가 내의 사회 보장 기능과 경제 관리 기능은 파괴되고 점차 빈껍데기가 돼간다. 정치와 시장은 분리되고, 정책은 유권자들의 손을 떠나 세계 시장의 동요에 맡겨지게 된다. 신자유주의적 세계화가 민주주의의 '적(敵)'이라는 항변도 바로 이런 이유에서 제기되고 있다.

제7절 세계화와 지구촌의 과제

세계 사회는 경제·이념(이데올로기)·이주·환경 문제·의사소통 등이 서로 뒤섞인 역동적인 세상, 변혁적인 사회가 되었다. 이와 같은 '하나의 세계'는 다음과 같은 요인에 의해 규정되고 있다.

① 정치적, 경제적 측면의 불확실성(실업)과 기술적 측면의 불확실성(기술의 단명). 많은 비가역적인 상황이 나타날 가능성이 있다는 점에서 절박성이 있다.

② 미지의 것에 대한 반작용, 이것은 사회적 불관용, 민족주의, 과도한 경쟁과 같은 통제되지 못한 상황으로 나아갈 수 있다.

③ 새로운 행위자의 현존, 여기에는 비정부기구(NGO)의 느슨한 네트워크, 학문 공동체(환경 보호, 윤리 문제 등과 관련된), 미디어, 지구촌 운영을 위한 기구(G7, 유럽 연합, 유엔), 동남아의 새로운 경제 세력 등이 속한다.

④ 세계적 적응 과정의 곤란함에 대한 의식의 증가. 이러한 의식은 특히 교육·노동·복지·민족 관계·개발 및 관리와 같은 분야에서 커지고 있다.

협력적인 지구촌 운영에 있어서는 이와 같은 문제들에 대처하고, 일정한 공동의 진행 방향에 대해 의견의 일치를 보아야 한다. 여기서는 위험(핵무기로 인한 파국, 전통적인 무력갈등, 환경 재앙 등)을 피하는 일도 중요하지만, 동시에 세계 인류 전체를 위한 물질적·비물질적 부와 복지를 향상시키는 일도 목표로 삼아야 한다.

시민과 단체의 그러한 개입을 가능케 하기 위해서는 어떤 기본적인 원칙에 대해서, 상호 이해를 하고, 관련된 모든 당사자들의 자유로운 의사 결정에 기초한 새로운 지구촌 계약을 수립하는 것이 필요하다. 이들은 자신들 행위의 절박성을 의식해야 하지만, 동시에 적어도 한 세대의 장기적인 전망을 취해야 한다. 게다가 운영 방식의 수정은 명료한 우선순위의 설정을 요구한다.

일반적으로 효과적인 지구촌 운영에 도달하기 위해서는 다음과 같은 일련의 원칙에 유의할 필요가 있다.

① 우리가 이용하는 도구는 협동적인 성질의 것이어야 한다. 그것은 우리 행위의 효율성을 보장하기 위한 필요 조건이다. 경제적인 경쟁은 그 자체로서의 지구촌 사회에서의 인간 개발을 위해 충분하게 봉사할 수 없는 반면에, 협동적인 과정은 인간 실존 조건의 개선을 위한 도구이며, 인류의 장기적인 안전 및 개발을 위한 전제 조건일 뿐만 아니라, 민주화에도 역시 기여한다. 협력은 자원을 보다 더 잘 이용할 수 있도록 하며, 신뢰와 효율성을 확보할 수 있다.

② 지구촌 시민사회를 뒷받침해야 한다. 세계 시민 사회를 구성하는 여러 다른 기구와 사회단체들은 민주 운동을 위한 강력한 도구이다. 그들은 문제를 인지하도록 하며, 책임을 지도록 하고, 공공적인 의사 결정의 탐색을 정확하게 하고, 민주적 구조의 발생을 위한 본래적인 기초를 형성할 수 있다. 이 원칙은 새로운 행위자들의 활력을 인정하고, 책임을 공유해야 한다는 원칙을 존중한다.

③ 새로운 세계화 패러다임과 관련되는 지방 수준의 행위, 지방적인 행동 유형과 실험은 책임 원리의 결과로서 체계적으로 인정받아야 하며, 지구촌 수준에서 뒷받침되어야 한다. 이것은 바로 적합성의 원칙이다. 오늘날 시장에서는 다수의 사람들에게 직접적인 의미가 없는 필요, 재화와 용역이 우위를 차지하고 있는 반면에, 아직도 개발되지 않은 창의적인 기회의 장(場)은 많이 남아 있다. 지방적인 행동을 서로 네트워킹하기 위해서는 국제적인 대기업, 유엔 행정 기관, 지역 지구와 비정부 기구들이 아이디어가 풍부한 협력의 형태들을 개발해야 한다. 이제는 개혁적인 잠재력의 낭비를 그쳐야 할 시간인 것이다.

④ 우리가 생각하고 행위를 하는 데 있어서 문화적인 차이를 고려해야 한다. 많은 나라에서 관찰할 수 있는 것이지만, 이주민 문제에 따른 불만, 자민족 중심주의적인 수사(修辭)와 행동 유형, 세계 여러 대도시에서의 여러 다른 민족 집단 사이의 사회적 긴장, 종교 문제가 폭력적인 정치적 대결로 비화할 수 있는 위험성이 모든 것들은 새로운 지구적 사회가 명시적으로 문화적인 차이를 다루어야 한다는 것을 보여 주고 있다. 문화적인 다양성을 도전으로 파악하고, 서로 의사 소통하며, 경쟁하는 대신에 서로에게서 배우는 일이 중요한 것이다.

이러한 원칙에 의거하여 세계가 안고 있는 문제, 도전, 기회를 고려하는 방향 전환이 계획되어야 한다. 행위의 제안들은 공동의 노력으로 이해해야 한다. 왜냐하면 그것의 기초가 되는 가정은 지구촌 사회 그 자체와 특히 2020년대에 이 지구 상에 거주하게 될 80억 인구의 기본적인 필요와 소망을 만족시키는 일이 인류의 전망, 전력, 활동의 본래적인 준거점이기 때문이다. 네 가지의 지구촌 계약이 그러한 공동 노력의 중심에 놓여 있다. 지구촌 수준에서 인간과 사회 개발의 촉진은 적어도 다음 네 가지를 요구한다고 보아야 한다.

  ① 기본적인 필요와 소망의 충족
  ② 문화들 사이의 상호 인정과 유익한 교류
  ③ 지구촌 운영을 위한 도구의 창출
  ④ 생태적 자원의 보존

지구촌 계약을 관철시킨다는 것은 세계 사회를 위한 물질적, 비물질적 재화의 분배를 가능케 하는 원칙, 제도적 절차 방식, 재정적 기제와 그 밖의 실천을 인식하고 장려해야 한다는 것을 의미한다. 여기서는 특히 세계의 수많은 가난한 사람들의 기본적인 필요를 충족시키는 일이 중요하다. 각 지구촌 계약의 공통된 준거점은 인간적·사회적·경제적·생태적·정치적 관점에서 가능한 한 지속 가능한 방식으로, 세계의 부와 복지를 향상시키려는 목표이다. 결국 존재 또는 삶(민주주의 계약), 소유(기본필요계약), 공동생활(지구계약), 대화(문화 계약)는 우리가 지구촌 계약에 도달하고, 세계 경제의 협동적인 운영을 달성하기 위한 공동 노력의 기본이 되는 요소들이다.

세계화(Globalization)란, 사회적 관계 및 상호 작용이 세계적으로 맹렬하게 진행되면서, 이로 말미암아 아주 먼 곳에서 일어난 사건이 바로 이곳까지 영향을 미치고, 이곳에서 일어난 사건이 아주 먼 곳에 영향을 주는 것을 의미한다. 또한 세계화란 사회적 관계의 기준이나 규모를 재설정하는 것을 포함하는 것으로서 경제 활동 영역으로부터 안보 영역으로, 국가적인 것을 초월하여 국가, 대륙, 세계를 가로지르는 것으로 사회적 관계의 기준과 규모가 달라지는 것을 의미하며 구체적인 특징은 다음과 같다.

먼저 사회적 활동의 확장성이다. 이는 사회적, 정치적, 경제적 활동이 정치적 경계를 가로질러 확장되면서 한 지역의 사건, 의사 결정, 활동이 지구의 다른 곳의 개인이나 공동체에게도 중요한 의미를 갖게 되는 것을 의미한다. 가령 지구의 가장 빈곤한 시역에서의 내진이나 갈등이 지구의 다른 풍요로운 국가들로 비합법적 이민자들이나 망명처를 찾는 사람들의 물결을 증가시키는 것과 같다.

다음은 상호 연계성의 강화이다. 상호 연계성의 격화 혹은 강화는 거의 모든 사회적 존재와 생활, 경제적인 것으로부터 생태론적인 것까지, 마이크로소프트 회사의 활동으로부터 사스(SARS)와 같은 해로운 세균까지, 세계 무역의 증가로부터 대량 파괴 무기의 확산으로까지 모든 것들의 상호 연계성이 강화되고 크게 확산되는 것이다.

상호 작용과 과정의 가속화이다. 전 세계에 걸친 운송 및 커뮤니케이션의 진화와 같은 상호 작용과 과정의 가속화가 아이디어, 뉴스, 재화, 정보, 자본 및 기술이 전 세계적으로 움직이게 하고 있다.

이와 같은 전 세계에 걸친 상호 작용의 확장성, 격화, 가속화 등은 지역적인 것과 지구적인 것을 하나로 짜이게 한다. 즉 지역에서 일어난 사건은 커다란 지구적 결과를 초래하고 지구적 사건은 커다란 지역적 결과를 초래한다. 이와 함께 하나의 공유하는 사회적 공간으로서 세계에 대한 집단적

인식과 의식의 성정을 즉 지구적인 것 혹은 지구주의를 만들어 간다.

한편, 세계화의 특징으로 다음과 같은 것들을 들 수도 있다. ① 세계화는 지역적 정치적 '경계의 붕괴(deterritorialization)' 혹은 탈영토화와 연관되어 있다. 이는 사회적 활동이 참여자의 지역적 위치에 관계없이 일어나는 것을 의미한다. 지구적 사건들이 텔레커뮤니케이션, 컴퓨터, 시청각 자료 등을 통해서 동시적으로 또한 어떤 곳에서도 일어난다. ② 지역적 정치적 경계를 넘어서 '사회적 상호연계'(social interconnectedness)가 증가하는 것이다. 경계가 붕괴되어도 여전히 인간 활동의 대부분이 지역과 관련되어 있는 것이 아니라, 먼 지역의 사건이 다른 지역에 영향을 주는 점에서 상호 연계된다. ③ 세계화는 사회적 활동의 '속도와 회전율(speed and velocity)'의 증가와 관련되어 있다. 경계붕괴와 상호 연계가 공간과 관련된 것이라면 속도와 회전율은 시간에 관련된 것이라고 하겠다. ④ 세계화는 비교적 장기간에 걸친 과정이다(long-term process). 경계 붕괴, 연계 증가, 그리고 속도 증가(social acceleration) 현상이 현저하지만 모든 지역에 보편적인 것도 아니고 획일적인 것도 아니다. ⑤ 세계화는 '여러 갈래의(multi-pronged)' 과정으로 이해되어야 한다. 경계 붕괴, 상호 연계, 속도 증가 등은 서로 연관되어 있기는 하지만 어느 정도 자율성을 지니면서 전개되는 것이다.

요컨대 세계화는 지역적인 것, 국가적인 것들이 '지구적인 것'이 되는 현상이라고 말할 수 있다. 그것이 정치적인 사안이든, 경제적인 사안이든, 교육적인 사안이든 종전에는 일정한 지역이나 국가의 국내 문제였던 것이 세계화 시대에는 지구적 문제가 되는 것을 말한다. 그 원인이 무엇이고 문제와 해결 방안이 무엇인가 하는 것은 복잡하며 어느 정도나 지구적인 것이 되었느냐 하는 정도에 있어서도 천차만별이지만 세계화의 핵심 개념은 지구적인 것이 되는 과정이라고 할 수 있다.

제8절 세계화와 교육의 관계

1. 교육 분야 세계화

1) 교육 분야 세계화의 개념

세계화에 대한 일반적 논의와 관련시켜서 교육 분야 세계화는 다음과 같이 규정할 수 있다.

첫째, 교육 분야에서 국가 간 경계의 붕괴에 관한 것이다. 교육 분야의 경계붕괴는 세계 각국의 교육 프로그램의 내용과 운영 방법 등이 유사해지고 자격의 호환성이 증가되는 것으로 규정할 수 있다.

둘째, 교육 분야 상호 연계의 증가 현상이다. 교육 분야의 상호연계 증가는 학교를 비롯한 교육 연구기관들이 국경을 넘어 서로 연계되는 현상으로 볼 수 있다.

셋째, 속도 증가는 교육 분야 인적 교류, 정보 교환 등의 속도가 이전보다 훨씬 빨라지는 것을 의미한다.

넷째, 문화 경계의 붕괴는 의식과 문화가 각국 간에 활발한 교류를 통해서 새로운 문화가 창출되고 의식이 형성되는 것을 말한다.

다섯째, 세계교육체제의 관리 구조 변화이다. 각국의 교육 체제에 대한 권한이 국가 집중 체제로부터 국제 기구 쪽으로 상당히 옮겨가는 것을 의미한다. 갖가지 국제 기준 등의 적용을 통해서 국제 기구들의 권한이 강화된다.

2) 교육 분야 세계화 진행 정도의 측정

세계화 일반에 대해서는 그 진행 정도를 측정하고자 하는 지표가 개발되어 왔으나, 교육 분야에 있어서의 세계화 지표(globalization indicator in education)에 대한 분석은 아직 체계적이지 못하다. 그러나 세계화의 경우와 마찬가지로 교육 분야 세계화의 범위를 측정하기 위해서 지표 개발의 필요성은 크다. 이를 통해 객관적인 교육 분야 세계화 실태를 기반으로 하여 정책적 대응방안을 강구할 수 있을 것이다.

교육 분야 세계화를 측정하는 지표로는 사회 구성원이 가지고 있는 세계시민성의 여하, 교육제도의 개방성 정도, 그리고 교육 행위자들의 국제 교류 및 교육 활동과 물적 자원의 교류, 그리고 교육 프로그램의 국제 공인 및 호환 정도 등을 생각해 볼 수 있다. 세계 시민성을 나타내는 지표로서는 내국인 중 외국여행자 수, 자국 언어 능력 시험의 시행국가 수 등을 들 수 있다. 교육 제도의 개방성 지표로는 학교 설립 및 운영에 관한 국제적 규제 수준 여하, 자국 내 외국 학교 수 등을 들 수 있고, 인적 자원의 교류 지표로는 자국인의 해외 유학 실태, 자국으로의 외국 유학자 실태 등을 들 수 있다. 교육 물적 자원의 교류는 각종 교육 프로그램의 유통과 인터넷을 통한 해외 교육 서비스의 구입 등을 들 수 있다. 교육 프로그램 및 그 산출의 국제공인과 관련해서는 각급 교육기관의 국제교육 프로그램의 교류와 공인 등을 들 수 있다.

3) 교육 분야 세계화 관련 쟁점

교육 분야 세계화와 관련된 쟁점들은 세계화 일반의 쟁점과는 구별되는 교육 분야의 쟁점을 말한다. 즉 세계화의 일반적 현상이 아닌 교육 분야 세계화 현상과 관련하여 그 파급 효과나 문제점 그리고 전망 등에 관련된 쟁점들이 무엇인가 하는 것이다. 이러한 쟁점들은 교육 분야 세계화를 어떻게 보느냐 하는 이론적 관점에 따라 다르게 인식될 수 있을 것이다. 교육 분야 세계화에 대해서 세계화에 대한 경우와 마찬가지로 상이한 이론적 관점들이 있을 수 있다. 규범적 차원에서 찬반의 두 입장 즉 코스모폴리턴적 입장을 가진 사람들도 있고 지역주의적 입장을 가진 관점들도 있다. 또한 위에서 본 바와 같은 세계화 분석 관점들은 교육 분야 세계화의 경우에도 적용될 수 있다.

(1) 교육 분야에서 국가의 역할 문제

교육이 가진 정치적 측면과 관련된 쟁점이다. 교육 분야의 국제기구나 관리 기구의 역할 증대와 관련해서 국가의 역할이나 힘이 어떻게 변화하고 있느냐 하는 것이다. 국제기구들은 교육에서 국제 기준이나 표준을 설정하고 기타 여러 가지 방식을 통하여 각국의 교육을 통제하고 있다. 이러한 과정에서 우리 정부의 역할이 과연 얼마나 취약해졌는가 하는 것, 그리고 어떤 대책이 필요한가 하는 것이다.

국제기구들과의 교육적 협력을 이끌어내는 것이 중요하고 이를 위한 활동과 전략이 우리나라의 국익을 증진시키고 교육발전을 꾀하는 데 있어서 중요한 역할을 한다는 것이 일반적 관점이다. 그리하여 이와 같은 관점에서는 국제기구 참여의 활성화를 위한 전략의 수립과 행·재정적 지원, 전문가 양성 등이 중요한 과제가 된다. 이와 함께 국제기구들이 관할하고 규제해가는 교육의 틀 속에서 우리 정부의 권한이 어떻게 제한되어 가느냐 하는 것도 중요한 검토 과제라 할 수 있다. 교육 분야의 국제조약, OECD 등 국제기구의 결정, 권고 등과 우리 정부의 권한 및 법령 간의 갈등 등이 검토될 필요가 있다.

(2) 교육 분야 세계화와 각국 교육의 정체성 문제

교육의 정체성 문제는 교육이 가진 문화적 측면과 관련된 쟁점이다. 교육 분야에서 각국의 교육 이념이나 철학이 세계화에 따라 어떻게 영향을 받고 있느냐 하는 문제이다.

가령 우리나라 유아 교육은 36년간 일제가 행한 민족 문화 말살 정책과 이어서 광복 후 미국의 문물이 여과 없이 도입되는 가운데 미국의 영향 아래 변화 발전되었으며 우리 유아교육의 정체성이 문제될 만큼 외국 의존도가 지나치게 높다. 일제의 잔재와 미국식 교육의 도입은 유아교육뿐만 아니라 초·중등 교육과 고등 교육에서도 다르지 않다. 특히 법제를 살펴보면 일본의 법제와 유사한 부분 그리고 미국의 교육 제도와 유사한 부분이 매우 많음을 알 수 있다. 결국 한국 교육의 정체가 무엇이냐 하는 것은 심각하게 검토되어야 할 문제이다.

교육의 국제 교류 및 협력은 우리 교육의 정체성 변화에 영향을 줄 수 있다. 교육 국제 교류는 국내 인사의 해외 파견, 대학생 해외 연수, 외국인의 국내로의 유학과 연수, 대학의 학위 과정 공동 운영 등 교류 등을 포함하는 것으로 볼 수 있다. 여기다가 근래에는 정주 외국인의 증가와 국제 결혼의 증가 등으로 사회 구성원의 질적인 변화가 초래되면서 우리의 교육이 어떤 정체성을 가져야 하는지 하는 문제가 검토되어야 한다. 해외에 거주하는 우리의 동포에 대한 교육도 정체성 문제와 관련되어 있다. 2011년 현재 재외동포는 약 600만 명 정도이며, 조기에 외국으로 유학 가는 학생들, 해외 정주 한국인들, 국내로 들어오는 외국인 등 다양한 대상에 대한 교육이 중요하다.

외국의 사례들을 살펴보면 이들도 교육의 정체성을 재정립하기 위해서 노력하고 있음을 알 수 있다. 가령 일본 공교육의 경우를 보면 동질성 형성을 목적으로 했던 일본의 전통적인 공교육이 정주 외국인, 귀화 외국인, 국제결혼 증가 등으로 민족적, 문화적 이질화가 초래되면서 이에 대응하기 위해서 '다문화 공생 교육'을 공교육의 지향점으로 재정립하는 움직임을 보여주고 있다.

이와 같이 교육의 정체성 문제는 우리 교육의 정체성이 세계화의 가속화에 따라 어떻게 변화해왔으며 앞으로 어떤 문제가 초래될 것인가 하는 것은 중요한 쟁점이다.

(3) 교육 분야 세계화와 각국 공교육 체제의 기능

세계화에 따라 교육이 가진 경제적 측면 등 공교육의 성과와 기능이 어떻게 발휘되고 있느냐 하는 것이다. 가령 유학의 증가 등 교육 분야 세계화에 따라서 교육 체제의 목표로서 인적 자원의 개발 등에서 얼마나 성과를 거두었는가 하는 문제이다. 세계화에 따른 유학생의 증가와 교류 협력의 증가에 따라서 교육이 본래 수행해야 할 인적 자원의 개발과 산업 인력의 양성 측면에서 얼마나 기여하였는가에 대한 쟁점들은 자세하게 검토할 필요가 있다.

이와 함께 교육 분야 자체를 하나의 산업으로 보고 교역 대상으로 검토되면서 이와 관련된 쟁점이 부각되고 있다. 교육 서비스는 1991년 우루과이 라운드에서 서비스 산업에 포함되면서 국가 간 교역 협상의 대상으로 검토되기 시작되었고 시장 개방에 대한 문제가 쟁점화되었다. 1986년부터 시작된 우루과이 라운드는 수년간의 협상 끝에 1994년 발효된 '서비스 무역에 관한 일반협정(General Agreement on Trade in Services: GATS)을 통해 교육서비스가 국가 간 교역대상으로 인정되었다. 교육서비스 개방을 어떻게 할 것인가, 교육서비스 산업의 육성을 위해서 어떤 정책이 필요한가 등이 검토 과제이다.

(4) 교육 분야 세계화와 교육 불평등

교육이 가진 사회적 측면과 관련된 쟁점이다. 교육이 사회적으로 수행하는 기능 중에서 불평등의 초래가 세계화 가속화에 따라 어떻게 나타나는가 하는 것이다.

세계화에 따라서 설립과 경영의 필요성이 증대되는 외국어고등학교나 특목고 등과 교육 불평등의 관계가 검토 과제이다. 가령 국가 경쟁력 강화 정책의 일환으로 추진되었던 특수목적고등학교 등의 제도가 교육 불평등을 심화시킬 것이라는 점이다. 또한 세계화의 진전에 따라 부각되는 평생 교육의 확산도 교육 불평등을 확대하는 것일 수 있다. 가령 평생 학습이 학교 교육보다 더 학습자의 사회경제적 지위에 따라 차이가 날 수 있음을 볼 때 교육 불평등의 확산에 기여할 것이다. 세계화와 동전의 양면이라고 할 수 있는 지식 정보화 사회의 진척에 따라서도 교육 불평등이 초래될 수 있다. 가령 저소득층의 정보화 사회에서의 뒤처짐, 그리고 교육정보화 사업이 불평등이라는 역기능을 낳을 수 있다. 이와 같이 세계화의 가속화에 따라 교육 불평등이 어떤 양상으로 전개될 것인가 하는 것은 중요한 검토 과제이다.

(5) 세계화 시대 교육의 역할

이상의 요소가 교육체제 자체에 관한 쟁점들이었다면 세계화 시대 교육의 역할은 정치, 경제, 사회, 문화의 세계화와 관련하여 교육이 해야 할 역할이 무엇인가 하는 것이다.

경제적 관점에서 세계화 시대 교육의 역할을 다음과 정리될 수 있다. ① 교육은 생산성 제고를 통해서 경쟁이 극심한 지구촌 경제에서 경쟁력을 갖추게 할 수 있다. ② 교육은 국가 간 커뮤니케이션 능력을 제고하여 무역의 증대와 국제적 이동에 기여할 수 있다. ③ 교육은 편파적인 사고방식을 시정하고 사람들의 지식을 넓히고 시각을 넓게 하여 세계화에 기여한다. ④ 교육은 변화의 속도 즉 기술 진보의 속도와 같은 상황에 사람들을 적응시킬 수 있다. ⑤ 교육은 건강 의식을 제고하고 질병에 대한 인식을 제고한다. ⑥ 교육은 사회적 관용성과 사회적 안정성 제고에 기여한다. 이와 같이 교육은 경제 발전의 충분 조건은 아닐지라도 필요 조건으로 볼 수 있다.

　　지식정보화 시대의 개막으로 경제 사회 발전의 원동력이 자본에서 인적자원으로 바뀌는 상황, 한 나라가 지니고 있는 인적자본의 양과 질이 그 나라의 경쟁력은 물론 사회 구성원 각각의 삶의 질을 좌우하는 상황이며 교육은 인적자원 개발 및 인간 실현의 주춧돌이다. 정보화 세계화로 인한 경제, 사회의 심층적 구조변화로 개인 및 기업에게 끊임없는 전략적 대응 능력 및 자기주도 학습, 혁신 능력을 요구하며 국가의 안정적 성정과 발전의 관건은 지식과 기술의 원천인 인적 자원의 질적 수준에 좌우된다. 이러한 인적 자원의 개발과 함께 개발된 인적 자원을 효율적으로 활용하는 체제도 중요하다. 인적 자원의 활용은 교육의 역할이 아니고 고용 부문의 역할이라고도 할 수 있으나 인적 자원의 개발을 주도하는 교육의 입장에서는 개발된 인적 자원의 활용이 어떻게 되는가 하는 것이 매우 중요한 사안이며 쟁점이다.

제9절 세계화와 21세기 키워드(Key Word)

　　금세기는 변화와 혁신이 화두이다. 사실 밀레니엄의 전환까지 겹친 이번 세기말엔 그 강도가 어느 때보다 크다. 변화가 워낙 새롭고 다양하며 속도가 엄청난 데다, 인간 사회가 지금 나아가는 방향이 과연 옳은가에 대해서도 확신이 서있지 않기 때문이다.

　　이 같은 상황에서 21세계에 인류의 삶을 디자인할 주요 개념(키워드)들을 찾아 분석해 보는 것은 미래 전망의 유용한 방식이 될 것이다. 중앙일보 밀레니엄 기획팀이 '새로운 세기의 주역이 될' 국내의 젊은 인문·사회·자연 과학자 1백여 명을 면접 조사해 골라낸 개념들을 풀어보는 시리즈를 시작한다.

　　토머스 모어가 이상향을 '유토피아(utopia)'라 이름 붙인 것은 '아무 곳에도 존재하는 않는 곳'이란 뜻이었기 때문이다. 그러나 현실을 넘어 이상향을 추구하는 희망은 인간의 존재 이유 중 하나다. 그래서 인간은 항상 현실의 고통에서 벗어날 수 있는 이상향을 꿈꿔올 수밖에 없었다. 유토피아는 현실을 비판하고, 나아가 새로운 사회 발전의 모델을 제기하기 위한 개념이기도 하다. 모어가 유토피아를 쓴 것은 중세 말 암흑기를 비판하기 위한 잣대로 삼기 위한 것이다. 최초로 유토피아 개념을 체계적으로 저술한 플라톤의 '공화국' 역시 철인(哲人)이 지배하는 이상 사회를 제시한 것이다.

　　그러나 인류가 꿈꿔온 유토피아는 17세기 대탐험의 시대에 사라져 버렸다. 어느 곳에 있으리라고 막연히 기대했던 유토피아는 지구 구석구석을 뒤져본 결과 '없음'이 분명해졌다. 미련을 버리지 못한 인류가 믿었던 달나라나 바닷속의 이상향도 과학의 발전으로 사라져 버렸다. 지리적인 의미에서 유토피아로 가는 문이 영원히 닫혀 버린 상황에서 인류가 찾아낸 새로운 유토피아의 길은 '미래'다. 지리적·공간적으로 닫힌 개념을 시간이라는 새로운 차원으로 열어놓은 셈이다.

　　그러나 미래는 조지 오웰의 '1984'로 대표되듯 유토피아보다 '디스포피아(dystopia)'로 먼저 떠오른다. '터미네이터'라는 영화처럼 사이보그가 오웰의 빅 브라더를 대신할 수도 있고, '데몰리션맨'처럼 사악한 인간이 선량한 인간을 지배하는 부조리한 사회가 될 수도 있다. 이매뉴얼 월리스틴은 '유토피아학(學)(유토피스틱스)'이란 책에서 유토피아의 문을 열어가기 위한 노력으로 '현실에 대한 과학적 분석에 기초한 예측'의 중요성을 강조했다. 21세기는 20세기처럼 '민족', '계급'과 같은 몇 가지 거대 개념으로 설명될 수 없다. '나노 테크놀로지'처럼 미세한 단위 개념, '사이버 스페이스'처럼 무한정한 공간 개념이 모두 21세기의 키워드인 것이다. 생소하고 다양한 미래의 키워드 하나 하나 속에서 유토피아로 가는 길을 찾아야 할 것이다. 21세기 세계화 시대의 지향점은 뉴 - 유토피아이다.

새로운 세기는 과연 유토피아일까 아니면 거꾸로 선 유토피아, 즉 디스토피아일까, 면접 조사에 응한 학자들은 컴퓨터와 생명 공학, 그리고 생태 문제가 이 질문의 답을 결정하는 데 가장 큰 영향을 미칠 것이라고 전망했다. 그리고 현실적 유토피아에 접근하기 위해서는 국가 중심적 발전주의를 넘어서는 시민 참여 민주주의가 필요하다고 말했다. 컴퓨터 기술이 인간이 세계와 접촉하는 공간을 확대하는 핵심 수단이 되리라는 인공 지능을 개발할 것이며, 그것은 오락 등 일상생활뿐 아니라 노동 양식에도 엄청난 변화를 가져올 것으로 예견했다.

생명 공학의 발전은 지금까지 인류가 지녀온 기본 전제들을 흔들지 모른다는 우려도 적지 않았다. 생명체의 유전자 구조가 밝혀지고 생명 복제 기술이 더 발전하면 인간의 신성함과 생명의 유일함은 무의미하게 되리라는 것이다. 원래의 나와 복제된 '나'가 나란히, 혹은 비동시적으로 존재할 때, 나의 정체성은 어디서 찾아야 하는가. 이런 것들이 인간을 괴롭히는 철학적 질문이 될 것이다. '복제와 접합'이 인간 생명뿐 아니라 문화 전반에 중요한 양식이 될 것이라는 데에도 대부분 이의를 달지 않는다. 특히 컴퓨터의 발전은 이런 가능성을 활짝 열어줄 것으로 본다. 문명 간의 충돌이 접속 공간을 오히려 넓힘으로써 잡종(雜種) 문화가 형성되고, 순수성을 고집하는 기존의 문화는 소멸할 것이라는 전망이 나오는 것도 이런 이유에서다.

이 같은 변화들이 인간 존재의 '진정성'을 위협할 수 있다는 것은 이미 오래전에 지적된바 있다. 컴퓨터·생명 공학이 야기하는 위협을 다시금 생각해야 할 시점이라는 지적이 많은 것도 같은 맥락이다. 이런 이유로 개인의 일상적 생존권을 보호하고, 자율성을 확장하는 노력이 더 많이 전개될 것으로 전망됐다. 정치·사회적 권리에 국한됐던 '권리' 개념이 '생태권'으로 확장될 뿐 아니라, '공생체' 개념이 주요한 화두(話頭)로 등장하리라는 것이다. 그런 만큼 '성장'을 중심에 놓고 전개됐던 근대 경제학의 패러다임도 바뀔 것이다. 전통적 경제학의 주요 범주였던 생산·소비·수요·공급·이익·손실 등 대립항들 사이의 경계가 모호해지는 '블러(blur: 경계 파괴) 시대'가 올 것이며, 자연·사회·인간 등 인문·사회 과학의 주요 개념늘도 그 한계에 다다를 깃이리고 본다.

정치 패러다임의 변화도 많이 지적됐다. 시민의 일상적이고 자율적인 네트워크가 국가 중심의 정치권력 구조에 도전하는 새로운 힘으로 원천을 대두하면서 시민 참여 민주주의가 활성화된다. 다양한 종류의 네트워크는 '다양한 종(種)의 사회'를 만들어 낼 것이며, 이는 국격을 넘어서는 상호 의존성을 심화해 민주주의 역시 세계적 차원의 문제가 될 것이라는 얘기다. 그러나 이 같은 움직임을 억누르는 요인도 적지 않을 것으로 예상됐다. 정보 공학·유전자 공학 같은 첨단 기술을 장학한 소수가 나머지 다수를 사실상 지배하는 '기술 독재'가 그 대표적인 예다.

이 같은 요인과 경향들이 얽히고설키면서 과연 유토피아를 만들어 낼지, 아니면 디스토피아를 만들어낼지는 아무도 확언할 수 없다. 그것은 인간 개인과 집단들이 어떤 의지를 지니고 무엇을 선택하느냐에 달려 있다.

제1절 민주 시민 교육의 중요성(필요성)

우리가 사는 21세기 현대 사회는 지식기반사회, 지식정보화사회이다. 현재 우리는 변화무쌍한 사회적 변동 속에서 생활하고 있다. 과거에는 지식과 정보가 정태적으로 존재하였으나, 현대 사회에서는 상대적으로 보다 역동적이고, 동태적인 상태로 존재하고 있다. 이러한 사회 변동과 세계화·정보화 속에서 전 인류가 이념, 체제, 종교적 갈등을 극복하고 지구촌 시민으로 하나가 되고 있는 것이다.

민주 시민 교육은 동서고금을 막론하고 인류의 오랜 지향 가치이자 독특한 과제이다. 민주 시민 교육은 오랜 역사를 가진 교육의 핵심적 주제로 그 중요성을 갖고 있으며, 특히 많은 국가에서 21세기 세계화·정보화 시대, 지구촌 시대를 맞아 민주 시민 교육을 더욱 강조하고 있다(차경수, 2006).

민주 시민은 민주주의 이념과 가치 및 지식, 기능, 태도 등을 사회적 행동으로 연결시키는 사람이다(한면희, 2006). 그러므로 민주 시민은 개인적·주관적인 동시에 공적인 면을 갖고 있다. 따라서 민주 시민 교육은 이러한 민주 시민을 육성하기 위하여 민주적 제도와 이념 속에서 민주 시민의 자질과 태도 등을 종합적으로 교육하는 활동이다(전숙자, 2006).

민주 시민 교육의 목적은 개인으로서 올바른 선택을 할 수 있도록 안내하고, 집단에 의해 추구되는 도덕적인 삶의 질서를 갖춘 사회를 만들기 위한 것이다. 그리고 미래의 주인공인 학생들이 올바른 인간관계 속에서 민주주의에 대한 신념과 자긍심을 함양하고, 사회생활에 필요한 다양한 지식과 기능, 그리고 가치태도 등을 함양하도록 돕는 활동이다. 그러므로 세계화, 정보화, 개방화 시대에 부응하기 위해서도 합리적 사고를 바탕으로 적극적 참여 등을 비롯한 민주적 태도를 배양하는 것이 필요하다.

민주 시민 교육은 미래 사회의 주인공인 학생들이 경험을 통해서 알게 된 사실, 현상, 문제 등을 중심으로 사회를 파악하고, 사회 현상을 이해하고 관련시키는 준거로서 다양한, 지식, 기능, 가치·태도를 활용하는 것이다. 따라서, 학교 교육에서 민주 시민의 자질을 육성하고 바람직한 민주 시민 교육을 수행하기 위해서는 공동체 문제 해결 능력, 고등 사고 능력, 참여와 활동과 가치·태도 등을 연마해야 한다(전숙자, 2006).

최근 세계화·정보화 시대의 도래로 사람들의 의식 구조, 가치관, 생활 양식 등이 크게 변화하고 있다. 정보 통신 기술의 급격한 발달로 다원화된 사회에서 사회 문제 해결에 적극적으로 참여하는 등 전 세계를 향하여 능동적·합리적·창조적·개방적 태도로 접근하여야 한다.

최근에 민주 시민 교육에 대한 논의가 교육학 이론 분야와 교육 현장에서 활발하게 진행되고 있지만 실질적인 민주 시민 교육의 주체는 교육과정 전체라고 본다. 21세기를 맞아 교육이 주어진 제 역할을 다하여 인간 존엄성에 바탕을 둔 바람직한 민주 사회의 건설에 당당한 몫을 담당해야 할 때가 온 것이다(한면희, 2000). 이러한 점을 전제하고, 21세기 세계화·정보화 시대에 글로벌 지구촌 사회 구성원들의 새로운 자질과 태도 차원에서 바람직한 민주 시민 교육, 세계 시민 교육의 방향을 모색해보는 것은 매우 의의 있는 일이다.

제2절 민주 시민 교육의 목표

일반적으로 교육의 목표는 바람직한 민주 시민의 육성에 있다. 민주 시민은 세계화·정보화 시대를 주도할 자율적이고 창의적인 능력을 갖춘 사람이다(한면희, 2006). 민주 시민은 인간 존엄 사상에 근거한 현명한 의사결정을 내릴 수 있어야 한다. 현명한 의사결정은 정보 처리 기능(information processing skills), 가치, 태도, 사회 참여를 바탕으로 한다. 그러한 지식과 기능, 가치·태도는 사회과학의 영역에서 끌어내므로 민주 시민 교육의 모체가 된다(정세구, 1989).

도덕과, 사회과, 국민윤리과 및 특별활동·재량활동, 창의적 체험활동 영역 등은 민주 시민 교육과 불가분의 관계이므로 이와 같은 교과와 활동을 통해서 민주 시민 교육의 목표· 내용·방법·평가 등 일련의 과정을 풀어낼 수 있다. 민주 시민 교육의 목표는 일반적으로 개개인이 여러 상황 속에서 만나는 사회문제를 스스로 사고, 판단, 의사결정 할 수 있으며, 타인의 문제 해결 대안의 비판 능력과 해결책을 실행하기 위해 스스로 사회에 참여할 수 있는 태도의 양성에 있다고 보고 있다. 나아가 향상을 위한 계속적인 노력, 즉 모든 사람을 위해 생활의 질, 삶의 질을 향상시키는 것이 가능하다는 것을 근거로 한다(곽병선, 1993). 그러므로 민주 시민 교육은 개인의 권위에 대한 존중 및 개인의 전반적인 행복과 지적 능력의 개발을 포함한 사회의 발전을 의미한다.

교육의 일반 목표와도 일맥상통하는 민주 시민 교육은 자고로 많은 학자들에 의해 연구되어 왔다(김왕근, 1999). 미국의 경우 교육의 발전, 사회의 변화와 시대의 요구에 따라 1950년대에는 일반사회와 지리, 역사가 주체가 되어 세계 여러 나라의 모습, 정부의 형태, 본질을 소개하는 수준이었고, 1960년대에는 신사회과(New Social Studies)의 영향으로 사회과학의 여러 과목들도 시민 교육에 중요한 역할을 할 수 있다고 믿게 되었다. 이 시기에는 대학 교수들 중심으로 사회과학 학문의 구주를 중요시하고, 사회과학 개념의 형성 및 적용, 분석 능력을 강조하였다. 각 학문 영역에서 학생들이 꼭 알아야 할 가장 중요한 부분에 중점을 두어 사실, 개념, 일반화를 중심으로 사회 현실을 극복하기 위해 탐구 능력과 비판적 사고도 제시하고 있으나 사회과학과 역사의 지식이 중심적이었다. 대표적인 신사회과(New Social Studies) 민주 시민 교육의 주창자였던 팬톤(Fenton)은 민주 시민 교육을 위해 사회과학과 역사 지식, 탐구 기능을 겸비해야 한다고 강조하고 있다.

1970년대에 들어와 가치 교육과 도덕성 교육에 관한 이론이 논의되면서 시민 교육에도 가치 교육과 도덕성 교육이 포함되었다. 개인의 가치와 도덕성 수준의 향상을 민주 시민의 자질로 중요시했다. 탐구(inquiry)에서 가치의 통합 고려는 민주 시민 교육에서 학문 중심 관점의 적합성에 회의를 갖게 하였다. 왜냐하면 사회과학 탐구의 주요 목적은 사회의 과거, 현재, 미래에 대해 사실적으로 정확한 진술을 하게 도와주는 것이므로, 사회과학의 연구 범위에서 가치에 관한 질문은 체계적으로 논의되지 않고 배제될 수도 있기 때문이다. 사회과학 중심의 전통에서 가치는 자유, 평등, 객관성, 정직

등에 관심을 보이지 않아 가치에 관해 그들은 반성적이지 못하다는 지적도 있다(전숙자, 2006).

1970년대 말에 와서는 의사결정 과정과 쟁점 중심 모형으로 개념 획득보다는 문제 해결 과정을 중요시하였고, 1980년도 이후 통합적인 접근으로서 개념, 여러 사회 현상과 관련된 지식 및 문제 해결 기능, 의사결정, 정보 처리 능력 등도 중하다고 보고 있다. 그 외에도 파커(Parker)와 자로리멕(Jarolimek)은 사회 행동 접근법 모델을 제시하고 있는데, 민주 시민에게 문제 해결 능력을 기르기 위한 실제 문제 상황의 활용과 실천 능력 향상은 실천적인 교육을 통해서 가능하다는 것을 강조하고 있다. 그들의 교육 모형은 사회·정치적 행동, 지역 사회와 학교 계획, 지역 사회 연구, 자원 봉사 등 적극적인 입장을 취하고 있다. 앵글과 오초아(Engle & Ochoa)는 인문학을 민주 시민 교육과정에 포함시키고, 민주 시민 교육은 행복을 느끼고 행복을 만들어 갈 시민을 개발하는 것이라고 주장하고 있다.

사실, 민주 시민 교육에 대한 개념과 자질은 시대에 따라 변화하고 복잡해져 왔는데, 아직도 학자들 간에는 민주 시민이 갖추어야 할 자질에 대한 합의에 도달하지 못한 상황이다. 그러나 일반적으로 민주 시민 교육은 전통적 사고인 민주 시민으로서 갖추어야 할 자질에 대한 합의에 도달하지 못한 상황이다. 그러나 일반적으로 민주 시민 교육은 전통적 사고인 민주 시민으로서 갖추어야 할 자질과 덕목 중심에서 사고와 의사결정을 중시하는 경향으로의 변화를 볼 수 있다. 이런 관점에서 볼 때 교육 전반에 걸쳐서 민주 시민 교육의 중요성을 음미해 볼 수 있다.

제3절 민주 시민의 개념과 기능

민주 시민의 개념은 매우 다양하다. 민주 시민이란, 민주적 기본 가치와 이념을 내면화하고, 실행할 수 있는 사람으로 민주적 가치를 조화시켜 나아갈 수 있는 사람이다(전숙자, 2006). 민주 시민 교육에 관한 범국가적인 의견 일치는 없지만, 민주 시민의 기준은 일반적으로 지식, 기능, 가치·태도를 포함하며, 민주 시민을 위한 어떤 특정 접근법만이 받아들여질 수 없고, 민주 시민 교육 주제에 접근할 수 있는 효과적인 방법 중의 하나는 개인의 사회화와 더불어 학생들 스스로 사회를 올바르게 이해시키기 위한 인식의 틀을 형성하는 데 도와주는 것이라는 데는 의견의 일치를 보이고 있다(차경수, 1994).

미국사회과교육협의회(NCSS)에서 제시한 민주 시민의 자질은 식견을 갖춘 사람이고, 민주주의의 가치를 위해 헌신하는 사람이며, 민주 사회의 여러 과정과 절차에 익숙하고, 사회의 제 문제 해결에 적극적으로 참여할 수 있는 사람으로 규정하고 있다(Kaltsounis, 1989). 디네손(Dynneson, 1982)은 좋은 시민이란 다른 사람들의 복지에 관심을 갖고, 타인과의 관계에서 윤리적·도덕적이고, 생각, 대안, 의견, 환경에 대해 비판적으로 질문·도전할 수 있으며, 현명한 판단에 근거해 좋은 선택을 취할 수 있어야 한다고 규정하고 있다. 랜달(Randall, 1988)은 훌륭한 민주 시민은 현명한 의사결정을 할 수 있는 능력을 갖추고, 정보를 갖추고, 민주 사회의 의사결정 과정에 참여하고, 민주주의의 가치를 행하고, 사회·정치·경제 과정에 참여할 수 있고, 참여할 의무를 느끼는 사람이라고 규정하고 있다.

한국교육개발원(KEDI)이 설정한 민주 시민상은 현명하고 책임 있는 시민으로 그들이 갖추어야 할 시민 자질의 핵심 요소는 인간 존엄성의 인식, 기본 질서, 자유 사회의 절차, 합리적 의사결정 능력을 중시하고 참여와 과정을 통한 민주 시민의 자질을 내면화하는 데 초점을 두고 있다(곽병선, 1993).

많은 학자들이 민주 시민이 갖추어야 할 조건에 대해 언급하고 있는데, 미국사회과교육협의회(NCSS)에서는 민주 시민으로서 기능하기 위해서 다음과 같은 세 가지 조건이 만족되어야 한다고 보고 있다(Kaltsounis, 1989). 첫째, 민주 시민을 개념적으로 인식하고, 둘째, 민주 시민으로서 행하는 데 필요한 기능과 지식을 갖추어야 하고, 셋째, 어려움에 직면하는 경우가 있더라도 그 믿음에 따라 행동을 할 수 있어야 한다. 개인이 민주 시민을 인식하지 못한다면 그것에 따라서 행동할 수가 없다는 전제에서 민주 시민의 개념 인식을 강조하고 있다. 뉴만(Newman, 1977)은 민주 시민이 갖추어야 할 기능은 대화 능력, 자료 처리 능력, 정치·법적 의사결정 과정의 묘사, 논쟁적인 공공 이슈에 개인의 의견을 정당화할 수 있는 능력이라고 보았다. 앵글과 오초아(Engle & Ochoa, 1988)는 민주 시민이 갖추어야 할 요소로, 기본적인 지식, 민주주의 이상에 대한 서약, 기본적인 지적 기능(문제 평가 능력, 정보 선택 및 평가, 가치 평가, 문제 해결 능력 등), 정치적 기능(토표, 사회 참여 등)을 들고 있다. 아울러, 기본적인 능력으로서는 (1) 문제와 관련된 가치를 포함한 문제 평가 능력, (2) 비판적 사고 능력, (3) 문제 해결 능력, (4) 관심이 다른 사람의 이해 능력, (5) 올바른 선택과 이성적으로 판단할 수 있는 능력, (6) 정치적 영향력을 발휘할 수 있는 능력을 제시하고 있다.

민주 시민 교육이란 민주주의에 대한 중요성이 부재할 때는 불가능하다. 우리가 민주 시민이라고 말할 때는 그 사람이 사회에 존재하는 도덕적 규범과 민주 시민의 역할을 알고 있다는 것, 그 이상을 의미한다. 즉 개인에게는 민주 시민으로서 구체적인 상황에 어떻게 적용해야 하는지를 알 수 있는 기능과 그 원리에 따르는 행동이 요구된다. 지식은 계획과 의사결정 및 행동과정에 이용되지 않는 한 그 자체의 가치는 우연에 그칠 수 있다. 따라서 무엇보다 중요한 것은 민주 시민은 숙련되고 책임감 있는 의사결정을 할 수 있어야 한다고 볼 수 있다. 민주 시민 교육은 민주 시민 육성을 위하여 지식, 기능, 가치·태도 등을 종합적으로 가르치는 교육 활동이다(전숙자, 2006).

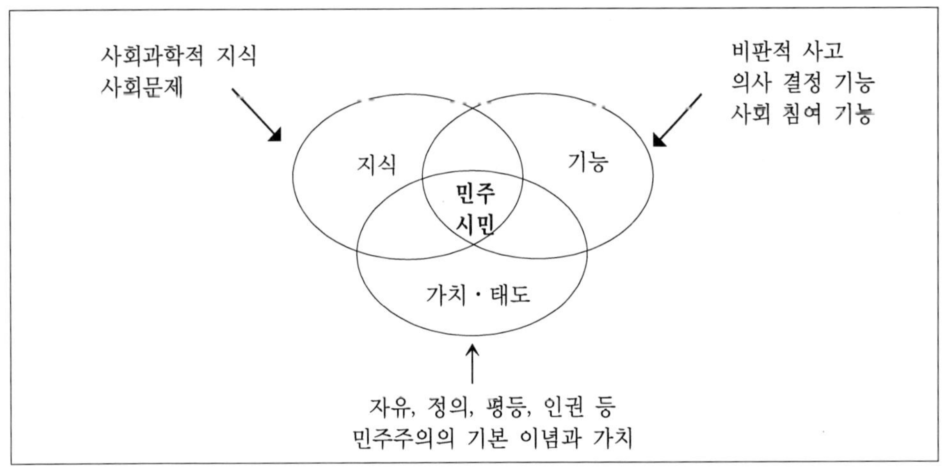

[그림 5-2-1] 민주 시민 교육의 구조도

제4절 한국의 민주 시민 교육 현실과 발전

전통적인 민주 시민 교육은 사회과학에 관한 지식, 기능, 태도에 역점을 두어 왔지만 적극적인 민주 시민으로서 갖추어야 할 능력을 소홀히 다룬 면도 없지는 않다. 더욱이 시민 교육의 중요성에도 불구하고 학교 현장에서는 입시 교육에 밀려 심각하게 받아들여지지 않아 제 기능을 다하지 못하는 실정이다. 세계화·정보화 사회에서는 산업 사회에서 요구하던 단순 기능공보다는 창의성과 도덕성을 갖춘 인간을 요구하는데, 기능적이고 기계적인 훈련과 교육을 받은 세대는 역동적으로 미래 사회에 적응하기 어려울 것이다. 만약 민주 시민 교육이 맹목적인 가치관의 답습이나 도덕성, 애국주의, 타인에 대한 정형화(Stereotype)를 강조하고 중요한 문제에 대한 직접 경험을 할 수 있는 기회를 주지 않는다면 사회의 변화에 역행해 오히려 장애 요소가 될 수도 있다(한면희, 2000).

한편, 한국의 민주 시민 교육 시발점은 1948년 민주 공화국을 표방한 대한민국의 수립 후로부터 시작되었다(전득주 외, 1992). 민주주의 표방은 국민 일반의 합의에 의했다기보다는 미국과 당시의 엘리트들에 의해 국가의 이념과 체제로 설정되었기 때문에 많은 논쟁이 있었다. 초기 민주 시민 교육의 특징은 국가 주도적으로 이뤄지고 민주주의와 조화를 꾀하려 했다. 따라서 추상적인 민주 시민 교육, 사회구성원의 개인적·사회적 삶과 연관이 적은 민주 시민 교육이었다(이돈희, 1992). 특히 한국에서는 6·25전쟁으로 반공 이데올로기와 안보를 강화함으로써 민주주의 사고를 전개하지 못하게 되고 반공 사상이 곧 민주주의 사상인 것처럼 왜곡, 정착되었다.

1960년대에는 민주 시민 교육의 중요성을 인식하는 학자가 적었고, 유신과 1970년대에도 국민정신 교육의 강호, 안보 교육의 강화의 그늘에 가려 민주 시민 교육에 관한 관심은 적었다. 1970년대 한국 교육이 민주 사회를 이룩하려는 국민을 길러야 한다는 신념이 없었다는 것은 아니다. 그러나 그 당시 강조된 민주 사회나 민주 시민이라는 개념은 특별한 의미로, 한국적 의미의 민주주의라든가, 국적 있는 교육, 국민윤리라는 개념과 연관되어 민주주의 사상과 이념이 사용되었다. 서구식 민주주의의 부적합성과 한국적 민주주의의 강조, 전통적인 민주 시민 교육에 관한 내용의 축소 등 이데올로기 비판 교육이 강조되었다. 국가 체제의 우월성, 국가에 대한 개인의 의무 강조, 권력에 대한 순응, 기존 질서에 대한 무비판적 수용 등 국민정신 교육 차원에서 행해져 수동적인 인간 육성 가능성이 높았다.

한국 교육과정 초기의 민주 시민 교육의 목표와 내용은 역사적으로 안정성을 유지하지 못했고 민주적인 가치와 태도를 한국의 전통 문화와 그 시대의 상황에 조화시키려는 경향을 볼 수 있다. 또한 국가적·사회적 차원에서만 논의되어 개인적인 차원에서의 민주 시민 교육이 소홀히 다루어지고 전체성, 통일성, 국가의 질서, 의무, 자기 책임, 준법 등이 많이 강조되었다. 그러나 이와 같은 분위기는 1980년대 중반 무렵부터 민주 시민 교육의 필요성 또는 그 중요성의 인식이 나타나면서 개인적인 차원에서도 논의되고, 이때부터 학교의 사회과 교육의 목표가 민주 시민의 양성에 있다는 주장이 나오기 시작하였다. 1990년대에는 민주 시민 교육이 보다 체계화된 시기로, 1989년 하반기부터 1993년까지 한국교육개발원이 주체가 되어 우리의 교육적 상황에 접근할 수 있는 현실적인 민주 시민 교육의 대안을 개발하여, 현재 초·중·고교의 학교 현장에서 도덕과 국민윤리과, 사회과 중심으로 사용되고 있다. 한국교육개발원에서 개발된 민주 시민 교육의 대안은 과거의 권위주의적 시민 교육에서 탈피하여 큰 변화를 보이고 있다. 결과보다는 절차와 과정을 우선시하고 그 과정, 즉 의사결정 과정, 문제 해결이 중심이 되고, 내용면에서도 개인적인 차원까지도 고려되어 자율성, 다양성, 주체적 인간 양성을 목표로 전개되고 있다(한국교육개발원, 2000).

<표 5-2-1> 교육과정 시대별 민주 시민 교육의 목표 및 발전과정

교육과정기(년)	민주 시민 교육 목표 및 발전 과정	비 고
교수요목기 (1946~1954)	사회생활에 성실 유능한 국민 육성	민주 시민 교육 발아
제1차 교육과정 (1963~1973)	민주 사회건설에 공헌할 수 있는 신념과 행동을 지닌 민주 시민 육성	민주 시민 교육 태동
제2차 교육과정 (1963~1973)	민주적인 생활을 실천하는 인간육성	
제3차 교육과정 (1973~1980)	국가 발전과 국민적 과제 해결에 적극 참여하는 국민으로서의 자질 육성	
제4차 교육과정 (1981~1987)	사회와 국가 발전에 기여할 수 있는 국민적 자질 육성	민주시민교육 강조
제5차 교육과정 (1987~1992)	사회와 국가 발전에 기여할 수 있는 국민적 자질 육성	민주시민교육 체계화
제6차 교육과정 (1992~1997)	개인과 사회, 국가 및 인류 발전에 기여할 수 있는 민주 시민으로서의 기본적 자질 함양	
제7차 교육과정 (1997~2007)	개인의 발전은 물론, 국가, 사회, 인류의 발전에 기여할 수 있는 민주 시민의 자질 육성	민주시민교육이 세계 시민교육으로 심화
2007년 개정 교육과정 (2009~2011)	세계화·정보화에 관한 시민적 자질, 지구촌 사회의 세계 시민으로서의 태도 함양	
2009 개정 교육과정 (2011~)	세계화·정보화 시대의 세계 시민적 자질 함양, 다문화 이해 교육, 자율성·다양성 교육 강조, 배려교육 강조	교육과정의 상시 개정 체제 도입 ※교육과정 상시 개정 체제 도입으로 '년' 자를 쓰지 않음

2000년대 들어와서는 세계화·정보화 시대의 민주화에 대한 시민적 요구로 한국은 물론 전 세계적으로 민주 시민 교육에 대한 관심이 더욱 고조, 강조되고 있다(한면희, 2006).

학교의 민주 시민 교육에 관한 의견을 조사한 연구(곽병선, 1993)에서 민주 시민 교육의 문제점으로 합리적인 비판 정신과 의사 결정 능력의 기회 제공 부족, 학교 풍토 및 입시 위주의 교육, 민주 시민 교육 목표의 불일치 등을 제시하고 있다. 특히 과거의 민주 시민 교육 내용은 맹목적 조건하에서, 학생들이 사고할 수 있는 기회를 제공하지 않고 무조건적 습관, 행동 형성을 강조해 왔다고 지적하고 있다. 그 외에도 지적되는 문제점을 살펴보면 경험의 제한, 교육체제의 제도적 문제점, 교사의 전문적 자질(이돈희, 1992), 정부 주도하의 관변 단체에 의한 국민정신 교육 차원에서의 실시, 민주 시민 교육의 획일화와 전제화, 연구의 방향과 내용이 교육학 중심으로서 사회과 교육과의 연계

부족, 성차별에 근거해 여학생과 남학생 간의 민주 시민 역할에 대한 기대 수준의 차를 들 수 있다. 전득주(1992)는 민주 시민 교육의 일관성 부족, 정치적 종속성, 교육내용의 방법과 계열화·다변화의 소홀, 제한된 교육 대상, 실천적 행위 습득의 소홀 등을 지적하고 있다.

<표 5-2-2> 교과별·영역별 민주 시민 교육의 접근법 비교(교육과정·교과)

구분 \ 교과영역	도덕·국민윤리과	사회과	창의적 체험활동
주안점	·가치 개념 중심 (Butts의 도덕적 가치, Lookwood의 민주주의의 기본적 가치) ·가치와 태도 중심으로 민주 시민의 도덕적 자질 형성에 중점 ·자질을 기르기 위해 덕목을 강조 ·지식 성장의 성과와 과정의 학습 보장 ·열린 인식 과정의 확보	·개념의 제시보다는 교과 교육의 목표·내용·방법 ·실천성 갖춘 현명한 의사결정 과정에 중점 ·비판적 사고, 의사결정, 문제 해결의 강조 ·사회과학의 지식, 기능, 가치, 태도, 사회 참여의 강조	·협동과 배려 중심 ·가정, 학교, 사회에서의 원만한 공동생활 영위
접근법	·토의, 토론, 역할 학습	·다양한 접근법의 강조와 구체적 내용 제시 (Newman의 접근법 Dynneson의 접근법 Parker 접근법 Engle & Ochoa교육과정)	·자율활동 ·동아리활동 ·봉사활동 ·진로활동
제한점	·민주 시민 교육의 내용 체계 불분명 ·내용은 규범적·원론적 서술	·내용 체계가 분명 ·일상생활 속에서 민주적 생활 방식을 터득할 수 있는 구체적 사례 제시	·교과와의 한계 불분명 ·자율적 민주 시민 태도가 중요

한국의 현행 교육과정의 민주 시민 교육의 실행에 있어 과제 중의 하나는 도덕과·국민윤리과 위주로 이루어져 사회과 등 다른 교과, 특별활동·재량활동 등의 활동과의 연계성 결여이다. 교육학 중심으로 이뤄지는 도덕과 에서의 민주 시민 교육과, 사회과학 중심의 사회과 교육, 학생 활동 중심의 특별활동·재량활동에서의 민주 시민 교육은 접근법에서 차이가 있다. 협의의 민주 시민 교육은 학교의 모든 교사들이 책임을 함께 한다. 그러나 우리의 현실은 도덕과·국민윤리과 중심으로 실행하는 실정이고, 사회과의 목적이 민주 시민의 양성임에도 불구하고 민주 시민 교육에 대한 관심이 크지 않다. 도덕과 위주의 민주 시민 교육은 절름발이식의 교육이 될 수 있으므로 도덕과, 사회과 및 특별활동·재량활동을 중심으로 교육과정의 활동영역이 연계된 통합적 접근이 필요하다.

특히, 2011학년도부터 적응되고 있는 '2009 개정 교육과정'의 창의적 체험활동 교육과정의 자율활동, 동아리활동, 봉사활동, 진로활동 등과 연계하여 21세기 세계화·정보화 시대의 민주 시민 교육이 창의적으로 이루어져야 한다.

제5절 민주 시민 교육의 교육과정과 접근법

1. 뉴만(Newman)의 접근법

뉴만(Newman)은 과거의 시민 교육이 모든 사람이 지켜야 할 의무, 투표 등 국가적 차원에 구성되어 민주주의 이론에 가장 중요한 요소인 비판적 사고와 참여, 사회 문제와 사고 능력을 소홀히 다루고 있다고 보았다. 뉴만(Newman)이 제시한 민주 시민 교육 접근법을 종합적으로 고찰하면 다음과 같다.

1) 사회과학 학습: 역사와 사회과학(Academic Approaches)

가장 많이 응용되고 있는 접근법으로 사실·개념·일반화를 중심으로 한다. 탐구 방법도 사용되고 전문 분야의 학자들에 의해 선택된 지식을 획득함으로써 시민 문제에 대해 지적인 판단을 할 수 있는 준비가 된다고 가정한다. 직접적으로 적극적인 시민 양성에 영향을 주기보다는 사회과학 학습을 통해 사실을 이해하고 사회의 본질적인 가치를 이해하는 데 제공되기 때문에 교과 과정이나 교사 교육에도 가장 많이 응용되고 있다.

2) 법과 관련된 교육(법교육, Law-Related Education)

법에 관련된 개념, 헌법에서 끌어낼 수 있는 논쟁, 청소년과 관련된 법, 법 집행상의 문제, 로비가 법에 미치는 영향, 특정 사례 연구를 이용하여 법 집행에 대한 이해 등을 통해 법을 이해하는 것을 강조하지만, 궁극적인 목적은 민주 사회의 법을 더 정의롭게 하는 것과 참여 시민이 갖추어야 할 법적·정치적·도덕적 지식의 이해 및 활용 등이다.

3) 사회 문제들(Social Problems)

현 사회가 직면하고 있는 다양한 사회 이슈, 가령 북한의 핵실험, 반기문 UN 사무총장 피선, 미국 선거의 민주당 압승, 도하아시안게임, 이라크 전쟁, 주택 가격 폭등, 대입 논술 붐, 환경 문제, 교통 문제, 인권 문제, 범죄, 인종 차별, 빈곤, 공해, 마약, 에너지 문제 등을 깊이 있게 다뤄 시민으로서 알아야 할 사회 문제에 대한 이해의 기회를 제공한다. 사회과학의 지식, 법과 관련된 지식이 사회 문제의 이해 및 문제 해결에 종합적으로 사용되는 것이 직접적인 목적이다.

4) 비판적 사고(Critical Thinking)

민주 시민은 지도자나 방송 매체에 대한 객관적인 판단 능력, 정확한 정보에 근거한 자율적인 결론 도달, 이성적으로 결론을 정당화할 수 있는 능력을 갖추어야 한다. 지식 획득보다는 결론에 도달하는 지적 과정에 중심을 두며 이것이 학생들의 권리를 보호해 주고 시민으로서의 관심과 흥미를 일으킬 수 있다. 비판적 사고 신장을 위해 개별적인 과목보다는 역사, 경제, 사회 문제 등을 중심으로 전 교과, 과목 및 특별활동·재량활동을 포함한 학교 교육과정 전반과 연계하여 지도하면 효과적이다.

5) 가치 명료화(Values Clarification)

사회 문제와 일상생활 문제의 발생 원인은 사실의 문제일 뿐 아니라 가치의 혼란이나 가치 판단과 관련되는 문제들이 많다. 현명한 문제 해결을 위해서 가치의 역할이 중요하므로 가치 명료화의 목적은 인간이 목적 지향성의 적극적이고 긍정적인 자세를 가져 학생들이 삶을 스스로 선택, 만족하며, 행동할 수 있게 도와주는 것이다. 사회 문제들과 연구 사례를 활용해 가치를 선택할 수 있는 기회를 제공함으로써 도덕과·국민윤리과·사회과 교육의 해설적이고 조작적인 한계를 어느 정도 극복할 수 있다.

6) 도덕성 개발(Moral Development)

헌법, UN헌장, 독립 선언서 등은 인지적으로 높은 도덕성의 발달 없이는 이해하기가 힘들다. 일반적으로 사회 계약, 평등, 자유, 정의 등을 강조하는 높은 도덕성은 낮은 도덕성보다는 윤리적, 인식적으로 더 많이 인정받고 있다. 학생의 반응에서 현실적이고 무판단적인 철학을 강조하는 가치 명료화와는 달리, 보다 더 좋고, 유익한 것을 추구하는 사고 과정이다. 도덕성 개발은 낮은 단계로부터 높은 단계로 끌어올리는 것을 목적으로 하며, 도덕 갈등 사태에서 사고 능력과 의견 마찰, 애매모호함 등을 해결하도록 도와준다.

7) 지역 사회 참여(Community Involvement)

민주 시민 교육은 실제 생활 세계의 경험과 사회생활의 참여에서 비롯된다. 지역 사회 참여 옹호자들은 학생에게 사회화 과정, 사회의 요구와 문제에 대한 관찰과 봉사자로서 사회단체에 봉사와 참여를 강조한다. 관찰과 적극적인 참여의 강조는 학습과 반성을 위한 대안으로서가 아니라 사회 현실 이해와 참여 기술을 유도할 것이라는 보장 아래 시도되었다.

8) 제도적 학교 개혁 방법(Institution School Reform)

교과 내용과 교육과정에서 민주 시민을 강조하더라도 학교 행정이 비민주적이고 불공평하며 비합리적이고, 비민주적인 교사가 있다면 시민 교육의 실행에 장애가 될 것이다. 학생이 자신의 권리와 책임을 갖게끔 개선되어야 그들 스스로 조직체 내에서 어려움을 해결하면서 사회에서 더 바람직한 시민이 되는 것을 연습할 수 있다. 학생은 권리와 책임을 갖은 시민이라는 것을 인식하면서 또한 권위와 조직에 복종하고 존경할 수 있어야 한다. 학교에서 민주 시민 교육은 교사와 학교, 학생들 간에 민주적으로 실행되어질 때 이뤄지고, 우리 사회도 지속적으로 민주주의가 번영될 것이다.

2. 디네손(Dynneson)과 그로스(Gross)의 접근법

디네손과 그로스(Dynneson & Gross, 1982)는 사회가 변화함에 따라 시민에게 사회의 논쟁·문제점을 이해하고 그런 문제를 분석할 수 있는 정보 처리 기능을 요구하고 나아가 시민 사회의 문제 해결에서 개인의 능력 발휘와 사회의 개선과 발전에 참여하고자 하는 욕구와 기꺼이 응하는 태도를 요구한다고 보고 있다. 따라서 민주 시민에 대한 개념도 사회의 상황 변화와 민주주의에 대한 이념에 대한 대비로서 학생들이 도덕적이고 윤리적인 행동을 바탕으로 민주적 방식의 삶을 영위할 수 있게 도와주는 것이다. 그러므로 학교에서의 경험은 미래 시민으로서의 기본적인 자질을 경험하는 데 중요하고, 따라서 학교는 시민 개발에 큰 기여를 한다고 보고 있다. 이들이 제시한 교육과정은 다음과 같다.

1) 신념, 사회화, 주입으로서의 시민성(Citizenship as Persuasion, Socialization, and Indoctrination)

미래의 주인공인 학생들이 사회와 문화에서 인지된 규범과 가치를 배울 필요가 있다는 가정에 근거한다. 학생들의 사회와의 일체감, 동호, 사회화와 학생들의 애국심 개발을 통해 사회의 규범과 가치를 유지함을 목적으로 한다.

2) 현 사회의 중요한 이슈와 사건을 다루는 시민성(Citizenship as Contemporary Issues and Current Events)

사회 문제에 관심이 있는 시민이 되기 위해서는 학생들이 이 시대의 이슈들을 탐구하고 참여해야 한다는 가정을 토대로 한다. 이 접근법의 목적은 학생들로 하여금 교실 밖의 사회를 경험하게 하고, 교실 활동으로서 지역 사회, 국가, 세계 문제에 참여를 격려하고, 토론 능력의 신장을 통해 변화하는 사회에 대비할 수 있게 하는 것이다. 이를 위해 신문, 잡지 등의 활용과 학생 토론을 강조하고 있다.

3) 역사, 사회, 지리 그리고 관련된 사회과학으로서의 시민성(Citizenship as the Study of History, Civics, Geography, and Related Social Sciences)

학생들이 지리, 역사, 정치, 경제, 환경 체계 등에 관한 실제 지식과 정보를 통해 좋은 시민이 될 수 있다는 가정에 근거한다. 이 접근법은 현재 중등 과정의 사회과 교육과정의 특성이라 볼 수 있다. 학생들에게 역사, 정치, 지리, 관련된 사회과학 기본적 지식을 제공하여 사회·인간·자연에 대한 전반적인 개관을 주고, 미래 사회의 시민으로서 갖추어야 할 기본 지식을 갖추게 하는 것이 목적이다.

4) 시민 참여와 시민 행동으로서의 시민성(Citizenship as Civic Participation and Civic Action)

훌륭한 민주 시민은 실제 성인 사회의 업무에 직접 참여할 수 있는 능력이 있다는 가정에 기초를 둔다. 이 접근법은 학생들에게 지역 사회를 교실로 이용하여 학습 현장을 확대할 수 있는 능력을 기대한다. 목적은 실제 사회 문제에서의 가치의 이해, 분쟁 해결을 통한 학생의 능력 개발, 프로그램의 계획 및 실행과정을 통한 학생 능력 개발, 책임감 등에 있다.

5) 과학적 사고로서의 시민성(Citizenship as Scientific Thinking)

학생들이 바람직한 시민으로서의 갖추어야 할 책임을 이해하기 위하여 지적 과정과 절차의 훈련 과정을 경험해야 한다는 것이다. 목적은 과학적 사고와 문제 해결 과정에 참여하여 사고 능력을 개발하고, 문제 및 정보를 평가하며, 과학적 사고 과정을 일상생활에 활용하도록 하는 것에 있다.

6) 법 절차로서의 시민성(Citizenship as a Jurisprudence/Legalistic Process)

전통적인 헌법과 법적 절차의 이해가 민주 사회의 성공적인 시민성의 기초적 토대가 된다는 가정에 근거한다. 목적은 법이 현 사회 체제의 유지에 기여함을 이해하고, 법 체제 안에서 활용할 수 있는 기능의 개발, 시민의 자유를 유지하기 위한 전통과 가치의 이해, 법질서의 유지 및 법의 보호에 있다.

7) 인류애적(人類愛的) 발전으로서의 시민성: 학생들의 전반적인 복지에 관한 관심 (Citizenship as Humanistic Development)

민주 시민성이 건강한 성장과 발전과 적응성을 토대로 한다는 가정에 기초를 둔다. 인류애적(人類愛的) 접근법은 사회과의 영역을 넘어 학교의 전반적인 활동을 포함한다고 볼 수 있다. 이 접근법의 목적은 학생의 요구를 수용하고, 사회성 개발, 조직 안에서의 협동적인 활동 기술의 습득, 학생의 교육적 목표의 달성, 자아 개발에 둔다.

8) 세계의 상호 의존에 대한 준비로서의 시민성(Citizenship as Preparation for Global Interdependence)

현대 사회에서 크게 증가하고 있는 세계적 빈곤, 상호 의존, 인류에 대한 책임을 소홀히 하는 경향이 있는 국가 중심적인 프로그램에 대한 관심의 증가를 반영한다. 사회·정치·경제·환경 문제에 대한 국제적 관심의 개발, 국제 사회의 상호 의존의 이해, 민주 사회의 원리들이 어떻게 가장 국지적인 사회 집단들로부터 전 세계의 국민들에 이르기까지 적용되는가를 이해하는 것이다.

3. 앵글과 오초아(Engle & Ochoa)의 민주 시민 교육과정 대안

앵글과 오초아(Engle & Ochoa, 1988)는 민주주의 학습이란 단순 지식이나 진실을 수동적으로 받아들이는 것이 아니라 문제 해결에 학생들이 직접적, 능동적으로 참여하는 것이라는 듀이의 사상을 따르고 있다. 민주 시민 교육을 위해서는 사회과가 전통적인 방식에서 벗어나 개방적이고 문제 중심적으로 다루어져야 한다고 보았다. 즉, 사회화와 반사회화의 균형적 조화, 사회과학의 활용과 한계를 통해 사회과학과 인문학의 활용을 강조하고, 반성적 의사결정의 중요성을 핵심으로 보고 있다. 교육과정의 핵심은 이러한 기본적인 지식을 바탕으로 학생들에게 신중하게 생각할 수 있는 기회를 제공하고 현명한 의사결정을 할 수 있게 배려해 주는 것이라고 여기고 다음과 같은 민주 시민 교육과정을 제안하고 있다.

1) 환경 연구(Environmental Studies)

환경학습은 인간과 환경과의 관계에서 나타는 문제들을 연구하는 과목으로서, 목적은 학생들에게 환경 문제들에서 파생되는 결과들의 이해, 환경의 중요성 및 환경 문제의 심각성을 인식하여 환경 문제 해결에 자발적으로 참여하여 현명하게 대처할 수 있도록 하는 데 있다. 지리는 환경에 대한 이해, 환경 문제를 해결하는 데 필요한 지리적 정보, 문제들에 관해 생각하는 데 필요한 자료의 제공에 중요한 역할을 수행하고 나아가 인류학·생태학·지질학·천문학·생물학 등과 연계시켜 다양한 환경 연구와 환경 학습을 할 수 있다.

2) 제도 연구(Institutional Studies)

제도 연구는 광범위한 사회 제도의 기원, 기능, 현재의 상황 제도와 관련된 문제점을 연구하여, 민주주의를 피상적으로 학습하는 것을 넘어서 제도와 이념들과 관련된 문제들을 근본적으로 이해한다. 사회 제도에 관한 연구는 (1) 기본 자유, 권리, 신념들을 표현할 수 있고 보호할 수 있는 제도들

(2) 경제 제도들 (3) 정치 제도들 (4) 타 국가와 우리의 관계를 분명히 해주는 제도들 (5) 가족, 종교적 집단들처럼 1차적으로 사적인 분야에 속하는 제도들을 다루고 있다. 제도 연구는 역사 학습과도 연계가 될 수 있는데 역사적 사건을 통해 사실의 암기보다는 사실적으로 알고 도덕적인 판단을 하게 도와준다. 이 과정에서 잡지·신문을 이용해 학생들에게 창의적인 상상을 통한 새로운 관점을 제공할 수 있다.

3) 문화 연구(Cultural Studies)

다른 문화에 대한 학습을 통해 다양한 문화에 대한 역사적 배경, 문화적 특징과 차이, 다양성, 고유성의 이해, 타 문화에 대한 존중을 이해하고, 문화적 차이에도 불구하고 어떻게 사람들은 유사한 인간성을 갖고, 문화적인 다양성이 어떻게 자국과 세계 사람들의 생화 여건을 향상, 변화시킬 수 있는지에 대한 연구를 포함한다. 인류학·사회학·역사학에서 얻은 자료들이 문화의 다양성에 대한 이해를 위해 유용하게 쓰일 수 있다. 최근 세계화·정보화 시대를 맞아 세계 각국의 상호 의존성이 증가하고, 오대양 육대주의 지구촌 가족들이 일일생활권 속에서 밀접한 연계 속에서 생활하는 가운데 다문화 이해 교육이 크게 강조되고 있다.

4) 사회 문제(Social Problems)

학생들에게 사회에 대한 관심과 미리 사회 문제를 다루어 봄으로써 문제들의 명백한 이해를 돕고, 문제들 간의 상호 관련성과 해결책에 대해 깊이 생각해 볼 수 있는 기회를 제공하는 데 목적이 있다. 아울러 사회적·경제적·환경적 문제들의 학습과 문제 해결을 통해 현명한 의사결정을 내리는 능력이 사회과 교육의 최고의 목표임을 인식해 사회과의 필요성, 중요성을 인식하게 한다.

5) 의사결정 문제(Problems in Decision Making)

의사결정 과정에서 고려되어야 할 사항들은 인식론적 측면, 의사소통 측면, 그리고 가치론적 측면으로, 이를 바탕으로 현명하게 결정되어져야 할 것이다. 사회과는 비판적 사고, 듣기, 읽기, 보기, 가치 판단의 기술을 발전시키는 데 관심을 가져야 함을 강조하고 있다.

6) 시민성 예비 훈련(Internship in Citizenship)

민주 시민성 예비 훈련은 유용한 공공 단체 또는 민간 기업에서 수련을 함으로써 사회에 대한 이해 및 사회 문제를 해결하는 과정에 대해 생각해 볼 수 있는 실질적인 경험을 제공해 준다. 관찰과 참여를 통해 미래 시민으로서의 사회생활에 미리 참여해 보는 것이다.

7) 선택 과목(Electives)

선택 과목의 목적은 학생들에게 사회과학자나 역사학자들의 지식 탐구 과정에 도달하는 방법과 과정을 깊이 있게 공부할 수 있는 기회를 제공하는 데 있다. 탐구의 결과보다는 과정을 중시하여 학생들에게 짧은 역사적 저술 활동, 사회학적 조사에의 참여, 인류학적 조사, 사건 보고서의 작성 등 실험적인 연구 방법에의 참여를 강조한다. 따라서 한국의 제7차 교육과정의 제11, 12학년인 고교 제2~3학년의 선택 중심 교육과정 운영에서 각별한 관심을 갖고 접근해야 할 것이다. 특히, 2011학년도부터 도입된 '2009 개정 교육과정'의 고교 제1~3학년 단계인 '선택교육과정'에서 관심을 갖고 지도해야 할 것이다.

8) 민주적 학교 환경(Democratic School Environment)

민주 시민 교육의 결실은 민주주의 학교 체제와 교사들의 지적인 공정함과 객관성에 의해 나타난다. 학교체제, 교사들의 가치관과 민주적 교수법, 학생들의 지도 등에서 교사는 지성과 이성을 추구하는 방법에 대한 신뢰와 존경심을 행동으로 나타내야 한다. 따라서 학교와 교사는 민주주의에 대한 존중의 가장 좋은 본보기가 될 수 있다.

제6절 민주 시민 교육의 종합적 고찰과 분석

뉴만(Newman, 1977)이 제시한 민주 시민 교육에 관한 접근법은 초기 민주 시민 교육의 기본적인 체계 틀을 마련했다고 볼 수 있다. 이전의 민주 시민 교육은 학문 중심, 정부의 법적·정치적 구조, 사회 문제, 비판적 사고와 탐구 방법, 그리고 민주주의 가치 중심으로 논의되어 왔다. 따라서 이전의 민주 시민 교육이 시민으로서의 의무와 책임 등 국가적 차원에서 구성되어 개인적 차원은 소홀히 다루고 있음을 지적하면서, 그 당시의 시민 교육의 주류였던 접근법에 도덕성 개발과 가치 명료화를 포함함으로써 개인의 자아 발견과 성숙, 그리고 사회의 관점을 함께 중요시하고 있다. 민주 시민 교육에 대한 문제점으로 무엇을 어떻게 가르쳐야 할지의 부적절한 교수법, 민주 시민 교육과 학습 목표에 대한 불일치, 부적합한 이론적 근거를 제시하면서, 바람직한 민주 시민 교육을 위해서는 종합적인 이론적 근거가 필요함을 강조하여 접근법을 제시하였다.

디네손(Dynneson, 1991)은 뉴만(Newman)의 민주 시민 교육의 모형 비교에서 민주 시민 교육은 사회의 상황과 민주주의에 대한 이념에 따라 변해야 한다고 지적하고, 공식적 교육 과정뿐만 아니라 비공식적 교육 과정을 통해 민주 시민 교육의 확대를 꾀했다. 공식적인 교육은 초·중등학교 과정을 통해 사회에 관한 일반적인 지식과 전문적인 지식을 경험함으로써 학생들이 공공 문제, 나아가 사회의 복지 문제들을 이해하고 시험, 결정, 참여할 수 있게 준비시키는 것이다. 비공식적인 교육은 학교 사회의 사회적 분위기에 의해 영향을 받고, 그러한 조직체 안에 교사, 교장, 관리자, 동료 그룹의 태도, 실행, 경향에 의해 결정된다. 학생들은 그룹 내의 환경에서 민주 시민의 실질적이고 현실적인 기본 틀을 경험하게 된다고 전제하고, 뉴만(Newman)이나 앵글과 오초아(Engle & Ochoa)가 제시했던 민주적인 학교 환경의 중요성을 따로 분리시키지 않았다. 내용 측면에서는 시민 교육의 접근을 공민 학습(civic learning)과 사회-시민 학습(socio-civic learning)으로 분류하고, 공민 학습으로서 보다는 사회-시민 학습을 강조하고, 사회과학 관점에서 시민 교육을 제시하여 사회과학의 역할을 중요시하고 있다. 공민 학습은 전통적인 시민 교육 학습으로 교육과정에서 정치와 법 중심의 학습을 강조하고 사회의 영향, 사회관계, 사회적 상호 관계를 소홀히 하여 기대만큼의 큰 효과를 내지 못한다고 지적하고 있다. 사회-시민 학습은 정치 중심보다는 사회·정치·경제적인 면을 포함하고 문화·사회관계, 다양한 성숙 단계에서 시민의 성장, 도덕적·윤리적 고려 등 실용적인 학습이 민주 시민 교육에 더욱 중요하다고 보고 있다.

앵글과 오초아(Engle & Ochoa, 1988)가 제시한 민주 시민 교육의 접근법에서의 특징은 지금까지의 관심이 개인, 이웃, 국가에서 다른 사회, 범세계적으로 시민 의식의 범위 확대가 이뤄진 점을 들 수 있고, 사회가 복잡해지고 사회 문제가 심각해지면서 다양하게 변화하는 사회에 필요한 사회화(Socialization)와 반사회화(Counter-Socialization)과정의 필요성을 내세우고 있다. 민주 시민 교육에 관한 총체적이고 종합적인 접근을 시도한 그들은 민주주의에 적합한 시민 교육은 사회화인 동시에 반사회화이기도 하다고 보고, 두 접근법은 서로 관련되면서도 별개인 것으로 보고 있다. 사회화는 사회의 과거 경험에 기초한 합리적인 전통과 가치 태도를 전달·보존하여 기존 사회 질서에 순응하도록 하지만, 개개인의 지능, 창조성, 사고의 독립성을 강조하지는 않는다. 반면에 반사회화는 독립적인 사고와 반성적 사고, 문제 해결을 위한 지적 능력 개발 등 개인의 책임 의식을 통해 능동적인 민주주의 생활을 하는 데 기여한다고 본다. 반사회화의 주요 목표는 권위에 대한 무조건적 수용보다는 학생들의 이성 개발 및 사회 비판 능력 신장에 두고 있는데, 이는 민주적인 시민성의 본질인 것이다. 그렇다고 사회화의 학습내용을 완전히 거부하는 것이 아니라 수업 방식이 다른 것이다. 전통적인 주제나 문제를 마치 고정된 일련의 사실로 가르치기보다는 개념화 문제에 대한 학생들의 인식과 사고 자극을 통해 수업과정에 참여시키는 데 초점을 맞추고 있다.

<표 5-2-3> 학자별 민주 시민 교육의 접근법 내용 요소

Newman(1977년)	Engle & Ochoa(1988년)	Dynneson(1991년)	Parker(1996)
-훈련방법(사회과학) -법과 관련된 교육 -비판적 사고 -가치 명료화 -도덕성 개발 -지역 사회에의 참여 방법 -제도적 학교 개혁 방법	-선택과목 -제도연구 -사회문제들 -의사결정 -시민성 예비훈련 -민주적 학교환경 -문화 연구 -환경 연구	-역사, 지리, 사회, 그리고 관련된 사회과학 학습으로서의 민주 시민성 -법 절차로서의 시민성 -사회의 주요 이슈와 사건을 다루는 시민성 -과학적 사고로서의 시민성 -시민 참여와 행동으로서의 시민성 -인류애적(人類愛) 발전으로서의 시민성 -세계의 상호 의존에 대한 준비로서의 시민성 -신념 사회화 주입으로서의 시민성	-강한 시민 -공동체 의식 -참여 -공동선

또한, 민주 시민 교육의 범위를 개인 생활에서의 민주 사회의 원리의 이상적 수행과, 나아가 어떻게 원리들이 국가와 전 세계 국민들에게 이르기까지 삶의 전면에 적용되는가를 이해시켜 국제시민교육의 영역까지 확대시켰다.

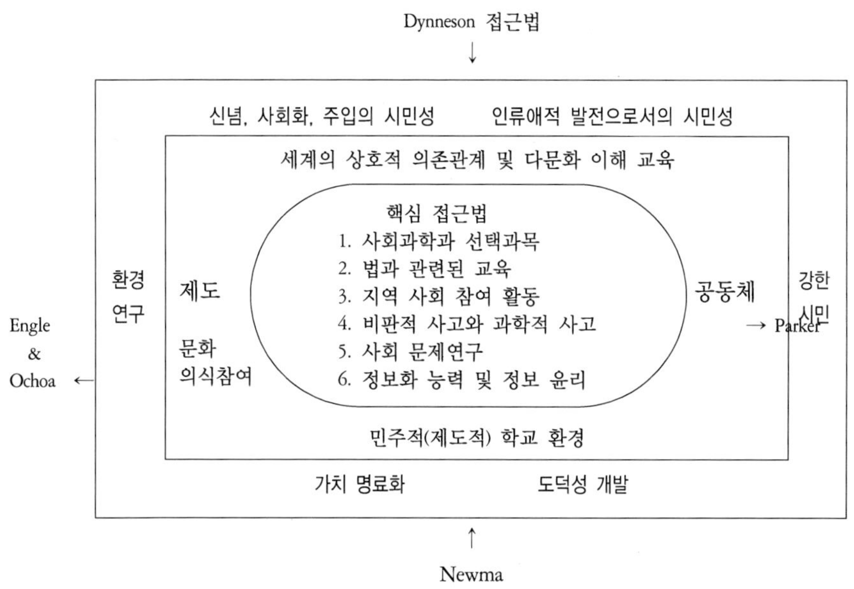

[그림 5-2-2] 민주 시민 교육의 종합적 접근법

이상과 같은 세 가지 접근법에 공동체 의식과 참여를 통한 강한 시민을 강조한 파커(Parker)의 접근법을 포함하여 네 가지 민주 시민 교육의 접근법을 종합해 보면 <표 5-2-3>과 같다. 공통적으로 제시되고 있는 핵심 방법들을 찾아보면 사회과학과 선택 과목들, 법과 관련된 교육, 지역 사회 참여 활동, 비판적 사고와 과학적 사고, 사회 문제 연구, 세계의 상호 의존에 대한 이해, 그리고 민주적 학교 환경 등을 들 수 있다.

이를 바탕으로 21세기에 적합한 세계화정보화 시대의 민주 시민 교육 종합적 접근법을 일목요연하게 도시화하여 제시해 보면 [그림 5-2-2]와 같다.

제7절 세계화·정보화 시대의 민주 시민 교육의 방향

현재의 학생들은 미래 사회의 주인공들이다. 따라서 전통적인 사회화 방식의 민주 시민 교육으로는 21세기에 필요한 시민 양성에 한계가 있음을 인지하고, 적극적인 시민 참여의 질을 향상시키고, 고급 사고력을 신장시켜 사회 문제 해결 및 사회 비판을 할 수 있는 민주 시민 양성 방안으로 전환되어야 할 것이다. 그러므로 세계화·정보화 시대의 민주 시민교육은 교육과정부터 달라져야 한다.

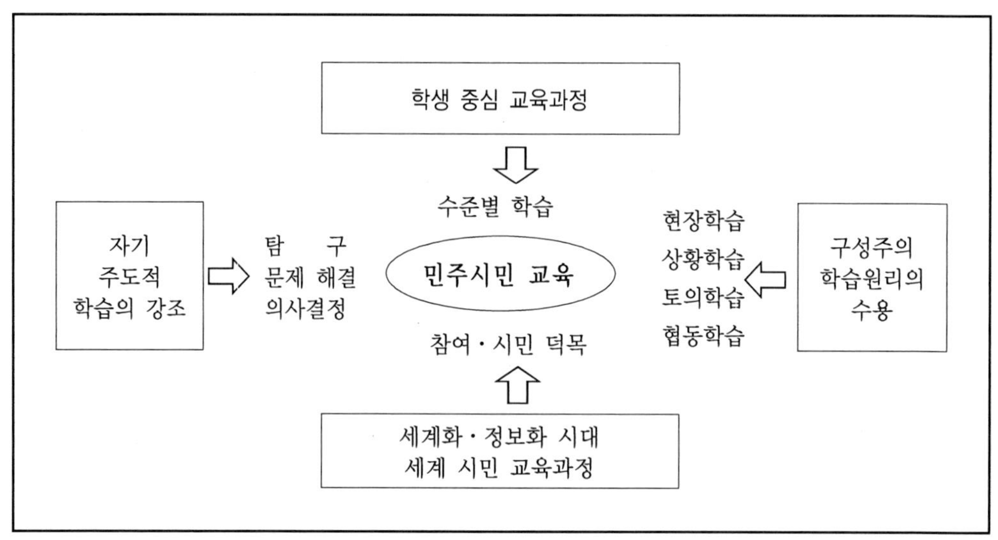

[그림 5-2-3] 세계화 · 정보화 시대의 민주 시민 교육의 기본 방향

즉, 세계화 · 정보화 시대의 민주 시민 교육은 바람직하고도 건전한 세계 시민을 육성한다는 입장에서 학생 중심 교육과정, 세계 시민 교육과정을 바탕으로 구성주의 학습 원리와 자기주도적 학습을 강조해야 한다. 아울러, 각종 활동에 학생들의 참여, 수준별 학습, 문제 해결 학습 등에 통합적인 중점을 두어야 할 것이다[그림 5-2-3].

1. 사회과학과 선택 과목 이수 충실

사회과학은 교과 교육 및 시민 교육에 근본적으로 필요한 내용을 제공하는 가장 체계적인 지식의 실체이다. 사회과학의 이러한 역할에 대해 많은 비판이 있었지만 사회과학의 학습이 예측 불가능한 미래에 대비해 가장 확실하게 사용할 수 있는 체계적인 지식의 실체로 아직도 초 · 중등 교육과정 개발이나 교육대학교, 사범대학의 교사 양성에서 필요한 지식, 사실, 개념, 원리를 제공하고 있다. 그러나 어떻게 시민 교육과 연계되고 어떻게 이용될 수 있는지에 대해 분명치 않은 실정이다. 지금까지 사회 과학에서 이용하던 수동적이고 암기 위주의 전통적인 방법을 넘어 지식의 과정과 절차 안에서 경험할 수 있게 배려되어야 할 것이다. 사회과학과 다양한 선택 과목을 통해 단순 사실의 기억이나 이해를 넘어 학습의 의미 파악으로 학생들의 내면 세계의 변화를 일으키고, 확대되어 가치관의 중요성의 재인식과 인간 교육으로 연결되어야 하겠다. 또한 현대와 미래 사회의 시민으로서 필수적인 역할, 즉 사회 구성원, 생산자, 소비자, 친구, 가족 구성원으로서 갖추어야 할 기본적인 지식과 기능, 가치, 태도를 인식시켜야 한다. 이를 위해 기본적인 사회과학 외에도, 자아 인식, 노동과 노동의 가치를 포함하는 직업 교육, 지구적 차원의 환경 교육, 세계 시민 교육 등은 도덕과 · 국민윤리과 · 사회과를 비롯한 국민공통기본교육과정(공통교육과정)의 전 교과와 특별활동 · 재량활동(창의적 체험활동) 등에서 두루 효율적으로 다루어져야 한다.

2. 법과 관련된 교육(법교육: 法教育)의 강화

현행 교육과정에서 법과 관련된 교육은 헌법과 정부의 구조와 기능에 중점을 두고 있으나, 민주 사회에서 시민이 갖는 책임과 권리는 법과 관련되는 분야에서 그 중요성을 도출해 낼 수 있다. 법, 경제, 정치, 사회, 문화 제도와 관련된 법을 다룸으로써 피상적인 학습보다는 그들이 갖는 문제점과 사례 연구를 포함한다. 아울러 학생들로 하여금 다양한 환경에서 어떻게 사회의 규칙, 권리, 책임이 만들어지는지 경험하게 하여, 이러한 것이 인간이 동등하게 살아갈 권리를 제공하고 맞물려 우리 스스로 사회에 책임이 있음을 깨닫게 도와준다. 개인이 정치적 결과에 영향을 미칠 수 있다는 믿음으로 민주 사회의 법을 더욱더 정의롭게 함으로써 민주주의의 중요한 역할자로서 민주주의 제도 개선에 필요한 자질 양성에 중점을 두어야 한다.

3. 지역 사회 참여 활동·봉사 활동 활성화

민주 시민 교육은 평생 교육의 차원에서 누구에게나 일상적인 생활 속에서까지 연장되어야 한다. 지역 사회의 참여로 학생들은 다른 사람들의 생각이나 입장의 이해, 이타주의적 행동, 자존심, 자기의 가치 발견, 사회의 부조리와 모순의 발견에 관한 이해를 높일 수 있고, 청년기의 반항기를 잠재울 수 있는 수단으로서의 가치도 높다고 본다. 봉사 활동 과정에서 자신의 감정을 통제할 수 있는 기능도 경험하고 사회에서의 나의 위치를 깨달음으로써 사람과 사람, 조직과 조직을 유연하게 엮을 수 있는 마음과 행동을 키울 수 있고, 자기와 남의 감정을 관리하며 환경에 적응할 수 있는 감정 지수도 개발할 수 있다. 봉사활동에 참여함으로써 배우는 실습적인 학습으로, 오늘의 구체적 현실을 다루기 때문에 학교에서 실시되는 어떤 교과보다도 장기적인 시민성 함양 개발에 효과를 낼 수 있다. 현재 시행되고 있는 봉사 활동도 사회과 교과목으로 넣는다면 가치평가에 도움이 될 수 있다고 본다. 봉사 활동 참여 시 봉사활동에 대한 정확한 개념 인식, 의미의 이해, 사회적 필요성, 개인적 필요성, 봉사 활동 지역의 선정에 대한 이해가 사전 교육으로 먼저 실시되고, 봉사 활동 일지 작성(일시, 장소, 구체직으로 봉사 활동 내역, 만난 사람들 등 포함), 체험 중 느낀 소감, 문제점, 앞으로의 계획을 포함한 보고서의 제출, 각자의 경험 발표, 토론하고 생각할 수 있는 그룹 토론의 기회 제공으로 그들 스스로가 미래의 시민으로서 해야 할 역할을 느낄 수 있게 한다.

4. 비판적 사고와 합리적 판단 신장

교육의 본질로서 민주 시민 교육이 제 기능을 충분히 발휘하기 위해서는 학생들이 사고할 수 있는 능력을 신장시켜 합리적인 의사결정의 기틀을 마련해야 할 것이다. 미래의 다양성과 창의성이 중시되는 사회에서 학생들이 개인으로나 사회인으로서 역할을 제대로 수행하려면 사고할 수 있는 기본적인 틀을 갖추어야 한다. 자유, 정의, 평등, 책임, 사생활 보호, 다양성의 원칙이 생활의 과정에서 일치하는가를 살필 수 있어야 하고, 수동적, 안정 체제에 대한 무비판적 수용보다는 적극적이고 비판적인 의식과 합리적 판단력을 갖추어야 한다. 또한 고도의 산업 사회에서는 논리적이고 분석적인 사고 이외에도 정서적이고 감각적인 사고, 상상력도 필요하다. 사고 능력은 비판적으로 읽고 쓰고 사고하는 과정이 연계되어야 더욱 효과적이므로 사회과의 과제를 활용해 스스로 논리적으로 생각할 수 있는 기회를 제공해 주는 것이 필요하다.

5. 사회 문제 연구 적극 참여

사회는 인간 삶의 장(場)이다. 인간과 인간이 상호 작용을 하면서 사회를 이루고 있는 것이다. 따라서 교육에서는 사회문제를 직접 다룸으로써 새로운 시각에서 사회 문제를 보고 나아가 다른 문제에도 관심을 갖게 될 것이다. 가치를 포함한 문제에 대한 해결책을 모색하면서 사실과 가치 판단, 상호 작용 기회를 제공할 수도 있고, 윤리적·도덕적 원리에 기반을 두어 무엇이 정당한가, 무엇이 더 바람직한가를 경험할 수 있다. 모든 사회 문제는 윤리적·도덕적 원리에 기반을 두어 무엇이 정당한가, 무엇이 더 바람직한가를 경험할 수 있다. 모든 사회 문제는 윤리적·도덕적 차원을 지나므로 이러한 차원을 논할 수 있는 학습이 단순한 사실을 다루는 학습만큼 중요하다고 볼 수 있다. 모든 사회 문제를 피상적으로 다루기보다는 학생들이 관심 있는 사회 문제를 심층 학습함으로써 관련된 지식, 자료 수집, 분석, 처리, 해석, 평가의 경험을 통해 다른 사회 문제를 어떻게 다루어야 하는지를 알게 한다. 이러한 분석을 위해서는 중학교 과정의 사회과 학습을 바탕으로 학생이 관련 교과에서 학습 내용을 서로 연계시키면서 종합적으로 사고할 수 있도록 고등학교 과정에서 실시되어야 할 것이다. 한국 사회를 이해하기 위해 각 과목별로 주요 주제를 제시해 보면, 정치·경제에서는 북한의 핵실험 문제, 인권 문제, 남북통일에 대한 문제, 북한의 식량 부족, 세계화 소비 문화, 일본 문화의 침투, 지리에서는 폐기물 처리장 문제, 환경 문제, 교통 문제, 독도 문제와 동북공정 등의 영토 문제, 사회·문화에서는 국제 결혼 증가, 다문화 이해, 개인주의, 집단 이기주의, 약물 남용, 청소년 문제, 전통 문화에 대한 인식 등을 들 수 있다.

6. 세계의 상호 의존 및 다문화 이해 교육 강화

세계의 다양한 지역의 학습을 통해 다양한 자연, 문화, 인간에 대한 이해를 돕고자 한다. 다원론적 시각에서 인간의 다양성, 특히 의견, 선호, 인종, 종교, 문화의 다양성에 대한 마음에서 진심으로 우러나는 이해와 존중을 할 수 있어야 한다. 지구 상의 다양한 사람과 신념이 바람직한 것이고, 다양성은 우월을 가늠하기 위한 것이 아니고 존엄한 것임을 인정하는 것이 필요하다. 따라서 인종·문화 간의 윤리적·도덕적·철학적 차이가 해결되어야 하며, 바람직한 민주 사회의 발전 과정으로 이해하여야 할 것이다. 이를 위해 지리 영역의 국제 이해 교육 차원에서 세계의 여러 지역에 대한 정치·경제·사회·문화·지리적 다양성을 종합적으로 다루어 지역과 인간에 대한 이해 및 상호 의존의 필요성을 경험하게 한다. 특히 지구촌 가족으로서 국제 결혼, 해외 유학 등이 급증하는 세계화 시대를 맞아 세계 각국의 종교와 문화의 다양성, 음식 문화, 놀이 문화, 가족 문화, 주택 문화, 화폐,

의상, 다양한 교통 통신 수단, 자원 이용, 자연에의 적응의 다양성 등. 범세계적 시각에서 세계 시민으로서 세계 여러 지역 간의 상호 의존을 이해하는 데 필요한 지식, 기능, 태도의 개발을 통해 세계와 민족에 대해 이해와 관심을 갖고 바라볼 수 있게 지도하여야 한다.

〈표 5-2-4〉 학교급별 민주 시민 교육의 내용 요소

내용 \ 학교급	사회과학과 선택과목	법과 관련된 교육 (법 교육)	지역 사회 참여 활동	비판적 사고와 합리적 판단	사회문제 연구	세계의 상호 의존 및 다문화 이해 교육	정보화 능력 및 정보윤리
초등학교	·통합적 접근 및 이해	·사회 구성원으로 나의 권리, 의무, 책임과 할 일에 대한 인식	·내가 참여하고 있는 지역 사회 단체나 집단	·나의특성, 장단점, 개성, 특기 ·가족 구성원으로서 자신의 위치와 역할	·사람들의 삶 ·주변에서 발생하는 일에 대한 관심	·다른 지역의 자신의 또래 모습 ·또래들의 의무, 책임	·기초적 정보 윤리 이해
중학교	·생산자로서 나의 노동과 노동의 의의 인식 ·소비자로서, 환경의 이용자로서, 시민으로서 나와 사회와의 관계 이해	·자신과 법과의 관계이해 ·생활 속의 법과 자신과의 관계이해	·내가 참여할 수 있는 지역 사회 단체나 조직 ·내가 봉사할 수 있는 집단과 활동 참여 방법의 모색	·자신과 남이 다른 점과 그 이유 ·자신이 가진 자부심 및 타인의 인정 ·부모의 나에 대한 기대와 자신의 기대 일치 정도	·나와 관련된 사회 문제 ·사회 문제의 해결책 모색 및 나의 역할	·다른 지역의 내 또래와 나의 차이점 ·나의 발전을 위해 그들의 모습 속에서 본 내 역할	·정보 교육 및 정보 윤리 준수 ·정보 신뢰분위기조성
고등학교	·사회의 공인으로서의 자신의 위치, 역할소명의 재확인	·법과 규범의 실행과정에 정의와 평등의 준수	·봉사 활동 참여시 진실한 행동 ·자신의 태도에 만족하는 정도 ·미래의 지역 사회인으로서의 자신의 모습 제시	·자신의 문제점에 대해 객관적 이해 ·나의 특성에 맞게 일관성 있게 행동하려는 노력 ·자신의 모습을 좋아하고, 자신에 대한 정체성	·자신이 우리 사회 문제의 주체임을 인식하기 (예: 이기주의, 개인주의, 청소년 문제)	·미래 사회와 자신의 미래 모습	·협동적 정보 공유, 교류 및 정보 창출 ·정보처리 능력 함양

7. 민주적 학교 환경 조성

전반적인 학교 구조나 학교생활은 학교의 공식적인 교육과정이나 학습 내용보다 더욱 민주 시민 교육에 더 영향을 미친다. 따라서 민주적 학교 환경을 전제로 할 때 더 바람직한 결과를 초래 할 것이다. 민주 시민 교육이 잠재 교육과정의 변화를 통해 개선될 수 있다고 믿는 사람들은 현 상태의 교육 체제하에서는 민주 시민을 양성하기가 힘들다고 본다. 학교 교사는 학원 강사와는 다르다. 교

사는 단순한 지식과 사실의 전달자가 아니라 인간을 교육하는 과제를 가지고 있고, 인간 교육은 학생들이 교육의 과정에서 자아를 발견하고 성장시켜 가는 것에 대한 이해와 신뢰, 격려를 통해 가능하다. 학생들은 교사 또는 급우와의 신뢰·애정을 바탕으로 한 경험을 통해 학습 및 개인 생활, 사회생활에 성취감을 느낄 수 있으므로 그러한 인간적이고 민주적인 분위기 조성이 필요하다.

8. 정보화 능력 및 정보 윤리 교육 강화

세계화·정보화 시대에 글로벌 지구촌 사회의 구성원으로서 민주 시민은 누구나 정보화 능력, 정보 윤리를 함양하여야 한다. 인간의 모든 활동과 생활이 정보에 의해 이루어지고 있는 현실에서 민주 시민 교육, 세계 시민 교육 차원에서 정보화 교육은 더욱 강조되어야 한다. 정보화가 더욱 심화·진전되면서 인간 사회의 몰 인격성, 인간 소외 현상, 극심한 이기주의 등을 극복할 수 있는 정보 윤리 교육이 더욱 강화되어야 할 것이다.

사실, 민주 시민의 교육의 여러 접근법들은 독립적으로 작용하기보다는 상호 의존적이며 서로 어우러져 민주 시민 육성의 훌륭한 체계(System)를 조직할 수 있는 것이다. 이러한 과정을 통해 사회에 대한 올바른 이해, 자기에 대한 인식, 문제 인식과 현명한 의사결정을 할 수 있는 민주 시민을 양성하는 것은 교육의 과제이고, 이 과제를 수행하는 민주 시민 교육은 모든 교사들의 연구와 노력에 성패가 달려 있는 것이다.

제8절 민주 시민 교육의 새로운 패러다임(Paradigm) 지향

일반적으로 동서고금을 막론하고 변하지 않는 교육의 목표는 민주 시민의 육성이다. 민주 시민의 자질은 지식, 기능, 가치·태도 측면을 기반으로 사회생활에 필요한 지식과 공동체 생활에서의 합리적인 문제 해결 능력을 길러, 국가, 사회, 개인의 발전에 기여할 수 있는 건전한 사회의식이라고 할 수 있다.

현대 교육은 이러한 민주 시민의 자질을 함양하기 위해 사회과학 전반에 관한 지식의 함양과 미래 사회에 적응할 수 있는 능력 및 가치·태도를 길러 주는데 초점을 맞추고 있다. 현대 민주 사회는 시민에게 사회의 논쟁, 문제점을 이해하고 그러한 문제를 분석할 수 있는 정보 처리 기능을 요구하며, 나아가 시민 사회의 문제 해결에서 개인의 능력 발휘, 사회의 개선, 발전에 참여하고자 하는 욕구와 기꺼이 응하는 태도를 요구한다. 따라서 훌륭한 민주 시민은 현명한 의사결정을 할 수 있는 능력을 바탕으로, 정보를 구유(具有)하고, 민주 사회의 의사결정 과정에 참여하고, 민주주의의 가치를 수행하고, 사회·정치·경제 과정에 참여할 수 있고, 참여 의무를 느끼는 사람이다.

그러한 민주 시민적 소양을 갖추는 것은 학교 교육에서 파생되는 학습 지도 이상임을 추측할 수 있다. 민주 시민 교육은 모든 교육과정과 학교에서 나타나는 학교 문화의 주요한 부분으로 실행에는 그 학교 사회의 문화와 숨겨진 교수 학습이 고려되어야 하므로 어느 사회에나 적용될 수 있는 모형

수립에는 한계가 있다. 교실 문화, 학교 문화 환경, 그리고 사회의 요구와 변화가 고려될 수 있는 민주 시민 교육의 실천은 그러한 학습 환경을 잘 아는 교사의 역량하에 교사와 학생, 학생과 학생 간의 상호 작용 속에서 근본적으로 다루어질 수 있다.

이와 같은 점을 바탕으로, 21세기 세계화·정보화 시대의 민주 시민 교육은 다음과 같은 방향으로 나아가야 할 것이다.

첫째, 사회과학과 선택 과목의 충실한 이수가 필수적이다. 민주 시민 교육의 장(場)은 사회이다. 사회생활은 인간들의 상호 작용으로 이루어진다. 이러한 사회 현상을 올바르게 이해하고 적극적으로 대처하기 위해서는 사회과학에 대한 이해를 돈독히 하고, 학생들의 관심과 흥미 및 요구에 부합하는 다양한 선택 과목을 내실 있게 이수해야 한다.

둘째, 법교육의 강화이다. 전통적으로 우리 교육에서 중요한 교육임에도 간과해 온 것이 바로 법 관련 교육이다. 법교육은 단순히 법 관련 지식과 내용을 이해하는 데 끝나지 않고, 사회생활을 영위하는 데 필요한 규칙, 권리, 책임, 질서, 공중도덕 등을 준수할 수 있는 가치와 태도를 함께 함양해야 한다.

셋째, 지역 사회 활동·봉사 활동의 적극 참여이다. 민주 시민 교육은 시공을 초월하는 종합 교육이다. 즉, 민주 시민 교육은 평생 교육적 관점으로 접근해야 하며, 학교, 고장, 지역, 국가, 세계로 깊이와 폭을 더해 가면서 민주적 사회생활에 적극 참여하고 활동해야 하는 것이다. 아울러 세계화·정보화 시대인 현대는 지구촌 인류가 어우러져 사는 사회이다. 따라서, 타인 등 사회 구성원들을 배려하고 봉사활동에 앞장서도록 내면화시켜야 한다.

넷째, 비판적 사고와 합리적 판단이 중요하다. 현대 사회에서는 문제 해결력, 탐구력, 탐구력, 창의력, 의사결정력, 메타 인지 등을 포함한 고급 사고력이 중요하다. 따라서, 민주 시민 교육에서는 이러한 고급 사고력을 바탕으로 비판적 사고와 합리적 판단을 신장시키는데 초점을 맞추어야 한다.

다섯째, 사회 문제 연구와 탐구에 적극적으로 참여하여야 한다. 사회는 인간이 모여 사는 생활과 활동의 장(場)이다. 따라서 사회는 다양한 사회 현상과 사회 문제가 발생하기 마련이다. 민주 시민 교육은 이러한 다원화된 사회 문제와 사회 현상에 대하여 탐구적으로 접근하는 데 중점을 두어야 한다.

여섯째, 세계의 상호 의존 및 다문화 이해 교육의 충실이다. 현대 세계화·정보화 시대는 국제 결혼이 급증하고 세계가 하나가 되어 지구촌을 이루고 있다. 따라서, 세계 각국의 국민, 민족들이 상호 이해와 배려의 태도를 가져야 하고, 문화 상대주의 입장에서 각국의 고유한 문화를 이해하고 배려하여야 한다.

일곱째, 민주적 학교 환경이 조성되어야 한다. 자고로, 학교는 민주주의의 실험실이다. 그러므로 민주 시민 교육을 위해서는 먼저 학교 조직이 민주적 분위기로 변화되어야 한다. 민주적 학교 분위기 속에서 민주 시민 교육의 싹이 터 자라서 튼실한 열매를 맺기 때문이다.

여덟째, 정보화 능력 향상 및 정보 윤리 교육을 강화해야 한다. 세계화·정보화 시대에 정보 관련 능력과 정보 윤리는 아무리 강조해도 지나치지 않는다. 전 세계가 네트워킹이 된 사이버 공간에 살고 있는 현대에는 정보 능력 신장과 정보 보호 및 정보 윤리 교육이 민주 시민 교육의 근간을 이룬다는 점을 명심하여야 한다.

결국, 과거처럼 구태의연한 획일적인 교육과정과 기계적인 지식 교육의 강조로는 자아실현이나 사회에 봉사, 공헌할 수 있는 민주 시민 육성을 효과적으로 할 수 없다. 미래 사회의 민주 시민 교육은 단순 사실의 기억이나 이해를 넘어 학습의 의미 파악으로 학생들의 내면 세계의 변화를 일으키고 더 나아가 가치관의 중요성의 재인식과 인간 교육으로 연결될 수 있도록 시도되어야 하겠다.

특히, 현재 도덕과, 국민윤리과, 사회과 중심으로 행해지고 있는 민주 시민 교육을 특별활동·재량활동을 포함한 교육과정의 전 영역까지 확대시켜야 한다. 아울러 민주 시민 교육이 교육과정 속에서 효과적으로 이뤄지기 위해서는 일선 학교의 교사들이 교육의 목표로서의 민주 시민 양성에 대한 인식과 민주 시민 교육의 중요성을 재인식해야 할 것이다.

일선 학교 현장 교사들에 의한 민주 시민 교육에 대한 본질적인 분석이 선행되어야, 비로소 학교의 민주 시민 교육이 단순히 교육과정에만 머무는 평면적·정태적 교육이 아닌 동태적·실천적인 교육이 될 수 있다. 우리 사회의 변화는 불가피한 요소이다. 그러므로 민주 시민 교육은 단순히 교실 중심, 국가 중심, 과거 중심으로는 제 기능을 다하기 힘들 것이다. 민주 시민 교육은 학생들이 어떻게 사고하고, 자신과 타인을 이해하고 공감할 수 있으며, 그들을 존중할 수 있고, 어떻게 사회적·개인적 삶을 살아야 하는가를, 하나의 고정된 틀이 아닌 다양한 상황 속에서 선택, 평가하면서 삶의 원리를 자율적으로 획득해 가도록 도와주고, 개인적·사회적으로 도덕적인 삶의 원리를 훌륭하게 할 수 있게 하여야 한다. 분명히 민주 시민 교육은 동서고금(東西古今)을 막론하고 모든 교육 활동의 변하지 않는 이상(理想)이자 지향점이라는 점을 간과해서는 안 될 것이다.[1]

---

1) 제5부 제2장 「세계화·정보화 시대의 민주 시민 교육 방향」은 충남대학교 교육연구소 「교육연구논총」 제20집(2006) 학회지에 수록된 저자의 논문 「세계화·정보화 시대의 바람직한 민주 시민 교육 방향 모색」을 일부 수정하여 재구성한 글이다.

제3장 다문화 교육의 이해와 방향

제1절 한국 사회와 다문화 교육

세계화 시대라고 일컬어지는 21세기는 정보 통신 기술과 대량 운송 기술의 발달로 전 세계가 하나의 생활공간으로 바뀌어 지구촌(global society)이라는 거대한 공동체를 이루며 다양한 문화를 접하며 살고 있다. 전 세계 지구촌이 하나의 커다란 공동체를 이루며 생활하는 울타리 없는 사회가 된 것이다. 정보 및 상품이 국경을 쉴 새 없이 넘나들게 되었고 우리들도 세계 여러 나라들을 쉽게 찾아가고 있다.

우리나라는 매우 급속한 속도로 다문화 사회로 진입·전개되고 있다. 이른바 외국인 100만 명 시대, 이주 노동자 40만여 명, 국제 결혼 비율이 전체의 13%, 새터민 유입의 급증 등으로 우리 사회는 급속도로 다문화 사회화되고 있다. 이제 우리나라는 세계 각국 사람들이 생활하는 터전이며 다양한 문화가 공존하는 현실을 외면할 수 없게 되었다. 그렇기 때문에 이제 우리나라는 바람직한 다문화 사회로 발전을 도모하기 위한 범국민적 노력을 전개하여야 한다. 즉, 이들을 포용하고 외국 문화와 우리 문화의 차이를 이해하며, 외국의 문화를 적극적으로 수용하려는 노력이 필요하게 되었다.

우리나라는 이미 민족, 언어, 문화, 생활 패턴 등이 다양해지고 복잡해진 것을 알 수 있다. 또한 100만 명이라는 숫자가 보여주듯 우리의 주변에서 피부색이나 다른 언어를 쓰는 사람들을 만나는 것은 특별한 일이 아니다. 다양한 나라로부터 우리나라로 들어온 다양한 사람들이 우리들의 이웃에 함께 살고 있다는 것은 더 이상 단일 민족 국가가 아닌 여러 피부색, 여러 가지 문화를 가진 여러 인종과 국적의 사람들이 어울려 함께 살고 있는 다문화 사회로 빠르게 변화하고 있음을 알 수 있다.

우리 사회가 다문화 사회로 진입함에 따라 각급 학교의 다문화 교육이 커다란 이슈(issue)가 되고 있다. 다문화 교육 대상자에 대한 내실 있는 교육이 교육 정책의 지향점이 되고 있다. 다문화 가정의 자녀는 우리나라 국적을 가진 국제결혼 가정의 자녀는 물론, 우리나라에 장·단기 거주하는 외국인 가정의 자녀, 불법체류자의 자녀까지도 포함한다. 아들은 모두 우리나라 학생들과 같이 동등한 교육을 받을 권리가 보장되어 있다. 그러나 각기 문화적 배경과 교육적 배경, 부모의 사회적, 경제적 여건, 아동의 한국 사회 적응 정도와 한국어 능력 등에 따라 교육의 성과를 보장하기는 어려운 실정이다. 또한 이들을 담당한 교사들이 다문화 가정 자녀와 그 주변의 학생, 가족들을 효과적으로 지원할 수 있는 역량을 함양하는 것이 급선무이다. 아울러 초·중·고교와 대학교 등 각급 학교에서 다문화 가정 학생(자녀)에 대한 다양한 지원과 함께 각 학교급별로 창의적이고 특색 있는 다문화 교육 구안, 적용에 각별한 관심을 갖고 노력하고 있다. 다문화 사회 및 다문화 교육에 대한 세계적인 관심이 고조되고 있는 즈음이다.

현재 정부와 여러 사회 단체에서 다문화 교육에 관심을 가지고 다양한 활동을 하고 있지만 다문화 교육과정과 교육내용이 무엇이어야 하는지에 대해서 진지한 고민이 필요하다. 현재 이루어지고 있는 다문화 교육 내용의 성격도 대체로 동화주의에 머물고 있다. 우리의 다문화 교육 연구가 초기

단계에 있으므로 국민 모두의 관심과 동참 속에서 관련 다문화 교육의 교육과정에 대한 분석적인 성찰과 종합적 진단이 이루어져야 하는 것이다.

이와 같은 바탕 위에서 세계화 시대라는 시대적 특성을 고려한 우리나라 다문화 교육의 바람직한 방향을 고찰하고 모색하여야 할 것이다. 세계적 모델의 모방(模倣), 전용(轉用)이 아니라 우리나라 현실에 적합한 '한국적 다문화 모델'의 창안(創案)을 위해 함께 고민하고 노력하여야 할 것이다.

제2절 한국의 다문화 사회 동향(Trend)

1. 세계화 시대와 한국 사회의 변동

1) 한국 사회의 변동과 다문화 사회화

우리가 살고 있는 지구촌은 세계화되고 있고 세계화는 지구촌을 빠르게 변화시키고 있다. 세계화의 가속화는 국가 간의 인적·물적 교류를 증대시킴으로써 개인과 사회 나아가 국가의 정체성과 미래가 과거와는 본질적으로 다른 새로운 양상으로 전개되고 있다. 따라서 단일 민족 문화를 중요시하던 한국인에게도 다문화주의적 입장에서 세계를 인식하고 세계의 모든 사람들과 더불어 공존할 수밖에 없는 새로운 가치관과 태도, 행동 양식을 요구하고 있다(최충옥, 2008). 전통과 외국 문화가 혼재, 통합되는 다문화 현상에 대한 대처가 필요하다.

이제 우리 주변에서 다양한 피부색과 외모를 가졌거나 언어나 억양이 다른 사람들을 발견하는 것은 어렵지 않다. 과거에는 체류 외국인과 그들 자녀의 수가 극히 제한적이어서 큰 사회적 문제가 되지 않았던 반면 오늘날의 한국 사회는 다문화 사회로서의 새로운 양상으로 전개되고 있음을 알 수 있다. 한국에 거주하는 외국인 수가 증가하고 다문화가정 자녀들의 취학률이 높아짐에 따라 우리 교육 현장에서도 다문화 교육의 필요성이 대두되어 2006년부터 다양한 유형의 다문화 교육 활동이 실시되고 있다. 하지만 다문화가정 학생들이 언어 능력과 학습의 부진 및 학교 부적응, 정체성 혼란 등을 경험하는 비율이 일반 학생들보다 상대적으로 높게 나타나고 있다(충청남도교육청, 2009).

글로벌시대의 사회 변화를 인정하고 전통적인 민족교육에서 벗어나 다인종 다문화 사회에서 다름의 이해와 차이의 극복은 물론 다문화가정 학부모와 자녀들을 다중언어를 구사하는 글로벌 인적자원으로 육성할 필요가 있다. 또한 문화적 개방성을 지향하여 우리와 다른 문화의 특수성을 이해 존중하고 비판적으로 수용할 수 있는 안목을 키워 우리의 문화가 역동적이고 창조적인 문화로 거듭날 수 있는 계기를 마련해야 할 것이다.

2) 다문화 사회의 특성

다문화 사회의 특성을 파악하기 위해서는 우선 문화에 대한 개념을 살펴볼 필요가 있다. 이는 다문화 사회가 일반적인 문화의 개념을 총체적으로 포함하고 있기 때문이다.

문화(culture)란 한마디로 그 시대 사람들의 일상화된 생활 방식과 생활 양식이다. 생존과 환경에 적응하기 위한 측면에서 볼 때 문화란 한 민족의 생활양식의 총체적 표현이라고 할 수 있으며, 공통된 생활양식으로 인해 다른 민족들과 구분되는 귀속감을 가지게 한다고 볼 수 있다. 문화란 고정된 것이 아니라 주위상황이나 환경으로 인해 변화되고 발전하는 것이다. 문화는 포괄적인 의미로 개인, 집단, 사회별로 독특한 생활양식을 구성한다. 이러한 것들이 모여서 국가와 집단의 전체적 이미지인 문화를 형성해 나간다.

따라서 같은 집단이라도 나름대로 분절되고 독특한 양상의 문화 형태들이 조합을 이루어 하나의 공동체를 이루고 있다. 이것은 모든 동일한 문화를 지니고 있다고 단정 지을 수 없는 근거를 마련해 준다. 이처럼 다양한 문화가 모여 조합을 이루며 구성된 사회를 다문화 사회라고 볼 수 있다(노선화, 2004).

결국 다문화 사회란 서로 다른 인종이 한 집단을 형성하여 독특한 문화를 서로 조합하여 함께 어울려 사는 사회라고 말할 수 있다. 다문화의 범위는 한 국가나 사회 내에 존재하는 종교·민족·인종·성별·사회계층·직업 등에 따른 다양성을 포함하는 것이다. 그리고 그것은 문화 간의 같음을 찾는 것이 아니라 다름을 이해하는 과정인 것이다.

2. 한국 사회의 다문화 사회화(Socialization)

1) 외국인 유입 증가

2007년 8월 단기 체류 외국인을 포함한 국내 체류 외국인이 사상 처음으로 100만 명을 돌파하여 1,000,254명에 이르고 있다. 이는 우리나라 총 인구 약 4,913만 명의 약 2%에 해당하는 것이다.

〈표 5-3-1〉 국내 체류 외국인의 변화 추이

(단위: 명)

연도	1955	1997	1999	2001	2003	2005	2006	2007	2008
외국인수	23,988	386,972	381,116	566,835	678,687	747,467	910,149	1,000,254	1,090,542

자료: 통계청. 국가통계포털, (www.kosis.kr).

<표 5-3-1>에 의하면 처음 인구통계가 작성되던 1955년 국내에 체류하던 전국의 외국인수가 2만여 명이던 것이 반세기가 지난 2008년 현재 외국인 100만 명 시대를 열었다. 2007년의 국내 체류 외국인이 2006년에 비해 9.9% 증가하였으며 1997년 38만 7천여 명이던 외국인 체류자수가 2007년에는 100만여 명으로 늘어났다. 10년 사이에 158%씩이나 증가한 것이다. 이는 우리사회가 다인종·다문화 사회로 나아가고 있음을 나타내는 지표라고 할 수 있다.

우리나라에 입국한 외국인 중에서 관광객 등 단기 체류자를 제외한 90일 이상 머물고 있는 장기체류 외국인 곧 등록 외국인의 수도 계속해서 증가하고 있다. 이를 표로 나타내면 <표 5-3- 2 >와 같다.

<표 5-3-2> 외국인 등록 인구 변화 추이

(단위: 명, %)

지역/구분	1995		2000		2005		2007		2008		
	사람 수 (명)	비율 (%)	사람 수	증감	사람 수	증감	사람 수	증감	사람 수	증감	%
서울특별시	45,072	36.4	61,920	37.3	129,660	109	229,072	76.6	255,207	11.4	2.2
부산광역시	9,092	7.3	15,886	74.7	19,547	23	27,662	41.5	31,499	13.8	0.9
대구광역시	7,388	6.0	13,959	88.9	14,530	4	19,409	33.5	19,877	2.4	0.8
인천광역시	9,059	7.3	16,552	82.7	31,683	91.4	45,464	43.4	48,521	6.7	1.8
광주광역시	1,501	1.2	3,303	200	6,361	92.5	10,016	57.4	11,923	19	0.8
대전광역시	3,351	2.7	4,904	46.3	7,897	61	12,177	54.1	14,056	15.4	0.9
울산광역시	-	-	3,936	·	7,457	89.4	12,804	71.7	14,472	13	1.3
경기도	22,044	17.8	60,670	175	155,942	157	234,030	50	256,827	9.7	2.3
강원도	1,512	1.2	4,354	187	7,989	83.4	11,994	50.1	12,892	7.4	0.9
충청북도	2,845	2.3	7,209	153	12,871	78.5	20,731	61	22,700	9.4	1.5
충청남도	2,985	2.4	8,630	189	19,849	130	30,553	53.9	35,254	15.3	1.7
전라북도	3,049	2.5	7,245	137	10,165	4	16,151	58.8	18,749	16	1.0
전라남도	1,244	1.0	4,015	222	9,260	130	15,126	63.3	19,690	30	1.0
경상북도	5,544	4.5	16,373	195	23,409	42.9	33,721	44	35,731	5.9	1.3
경상남도	8,637	7.0	14,261	165	26,679	87	42,389	58.8	51,707	21.9	1.6
제주도	558	0.5	955	71	2,178	128	4,130	89.6	4,902	18.6	0.9
전국	123,881	100	244,172	97.1	485,477	98.8	765,429	57.6	854,007	11.5	

※ 주: 2008년 두 번째 %는 그 지역의 내국인과 외국인을 모두 합친 수에 대한 외국인의 구성비임

<표 5-3-2>에서 1995년의 비율(%)은 전체 외국인 수에 대한 지역별 구성비를 나타낸 것이다. 이 표에 의하면 전국에서 가장 낮은 구성비를 보이는 제주도가 그 지역의 내국인과 외국인을 모두 합친 수에 대한 외국인의 구성비에서 더 높은 것으로 나타난 유일한 지역이다. 1995년도에 12만여 명이던 외국인 등록자 수가 2008년에는 85만여 명으로 13년 사이 거의 7배가 늘어났다. 2만 명 이상의 집단 거주를 하는 지자체의 수도 2005년 4곳에서 2008년 8곳으로 배로 증가하였다. 2008년 현재 지역별 거주 현황을 보면 경기와 서울이 가장 많고 그다음 경남, 인천, 경북, 충남, 대구의 순으로 나타났다. 경기와 서울이 전체 외국인 등록자 수의 60%에 해당하는 512,034명으로서 수도권 지역에 편중되어 거주하는 것을 알 수 있다.

2) 국제결혼 증가

최근 몇 년 사이에 국제결혼의 비율이 급증하여 우리나라 전체 결혼 비율의 10%를 상회하고 있다. 2006년 결혼 총 건수 332,752건 중 국제결혼이 39,690건으로 우리나라 결혼의 11.9%에 해당된다. 2005년도 13.6%에 비하면 다소 둔화된 것으로 보이나 2000년의 1만 2천여 건에 비해서는 3배 이상 증가한 것이다.

〈표 5-3-3〉 국제결혼 건수 변화 추이

(단위: 건, %)

년/구분	총 결혼 건수	국제결혼			외국인 아내		외국인 남편	
		결혼건수	비율(%)	증감(%)	결혼건수	증감(%)	결혼건수	증감(%)
2000	334,030	12,319	3.7	-	7,304	-	5,015	-
2001	320,063	15,234	4.8	23.6	10,006	36.9	5,228	4.2
2002	306,573	15,913	5.2	4.5	11,017	10.1	4,896	△6.4
2003	304,932	25,658	8.4	70.0	19,214	74.4	6,444	31.6
2004	310,944	35,447	11.4	38.1	25,594	33.2	9,853	52.9
2005	316,375	43,121	13.6	21.6	31,180	21.8	11,941	21.1
2006	332,752	39,690	11.9	△8.0	30,208	△3.2	9,482	△20.6
2007	345,592	38,491	11.1	△3.1	29,140	△3.6	9,351	△1.4
2008	327,715	36,204	11.0	△6.0	28,163	△3.4	8,041	△24.1

자료: 통계청. 국가통계포털, (www.kosis.kr).

<표 5-3-3>에서 나타난 국제결혼의 비율은 총 결혼 건수에 대한 국제결혼의 비를 나타낸 것이다. 이 표에 의하면 2000년도 총 결혼 건수의 3.7%인 12,319건이던 국제결혼 건수가 2004년을 기점으로 우리나라 결혼자의 10%대를 넘고 있다. 외국인 여자를 신부로 맞이한 경우가 남성에 비해 3배 이상을 차지하고 있다. 2008년 현재 국제결혼 건수는 총 결혼 건수의 11%인 36,204건이며 외국 여성과 결혼은 77.8%인 28,613건을 차지한다. 2005년을 기점으로 국제결혼이 줄어든 것을 볼 수 있다. 이러한 현상은 보건복지가족부(2005)의 실태조사에서 이주 여성의 31.0%는 지난 1년 동안 언어폭력을 경험했으며 26.5%는 신체적 폭력에 시달렸고 23.1%는 성적학대나 18.4%는 위협을 받고 있다고 한다. 이들의 과반수가 심각한 빈곤 문제에 직면해 있으며 여성결혼이민자의 23.6%는 실질적인 의료보장 체제의 혜택을 받지 못하고 있는 등 결혼이주여성들의 어려움이 나타나고, 국제결혼 가정의 이혼이 2002년 1,866건, 2004년 3,400건, 2006년에는 6,280건으로 증가하였다.

3) 다문화 가정 자녀 증가

(1) 국제결혼 가정 자녀

2000년 이후 증가세가 지속되고 있는 가운데 해가 갈수록 국제결혼이 늘어났다. 따라서 이들의 자녀가 학교에 입학하는 수도 증가하고 있다(교육과학기술부, 2008).

〈표 5-3-4〉 국제결혼 가정 자녀 변화 추이

(단위: 명, %)

년/구분	합계		초		중		고	
	사람수(명)	증감(%)	사람수(명)	증감(%)	사람수(명)	증감(%)	사람수(명)	증감(%)
2005	6,121		5,332		583		206	
2006	7,998	30.6	6,795	27.4	924	58.5	279	35.4
2007	13,445	68.1	11,444	68.4	1,588	71.9	413	48.0
2008	18,778	39.6	15,804	38.1	2,213	38.9	761	84.0

자료: 통계청. 국가통계포털, (www.kosis.kr).

<표 5-3-4>에 의하면 2008년 국제결혼가정 자녀는 모두 18,778명으로 2007년 대비 39.6% 증가하였다. 학교급별 비율은 초등학교 84.2%, 중학교 11.7%, 고등학교 4.1%로 초등학교 재학생 비율이 월등히 높다. 지역별 비율은 경기 20.7%, 서울 12%, 전남 10%, 경남 8.2%, 충남 7.9% 순이다. 부모의 국적별 비율은 일본 41.0%, 중국 22.3%, 필리핀 14.3% 순으로 나타났다.

(2) 외국인 근로자 가정 자녀

1987년 6,409명이 국내에 유입된 것을 시작으로 해마다 그 수가 꾸준히 증가하고 있는(안경식 외, 2008). 외국인 근로자 자녀의 취학을 보면 <표 5-3-5>와 같다(교육과학기술부, 2008).

〈표 5-3-5〉 외국인 근로자 가정 자녀 변화 추이

(단위: 명, %)

구 분	계		초		중		고	
	사람 수(명)	증감(%)	사람 수(명)	증감(%)	사람 수(명)	증감(%)	사람 수(명)	증감(%)
2005	1,574		995		352		227	
2006	1,391	△11.6	1,115	12.0	215	△39.0	61	△73.1
2007	1,209	△13.0	755	△32.3	391	81.9	63	3.3
2008	1,402	15.9	981	29.9	314	△19.7	107	69.8

자료: 통계청. 국가통계포털, (www.kosis.kr).

<표 5-3-5>에 의하면 외국인 근로자 가정 자녀가 2005년 1,574명이었는데 계속 줄어들다가 2008년 1,402명으로 늘어났다. 2007년 대비 15.9% 증가한 것이다. 학교급별 비율은 초등학교 70.0%, 중학교 22.4%, 고등학교 7.6%로 나타났다. 지역별 비율은 서울 38.2%, 경기 30.6%, 전북 8.0%, 경남 7.7% 순이다. 부모의 국적별 비율은 몽골 26.2%, 일본 22.0%, 중국 20.3% 순으로 나타났다. 상대적으로 아시아권 국가의 비율이 매우 높게 나타났다.

제3절 다문화 교육의 목표와 내용

1. 다문화 교육의 개념

일반적으로 문화는 공동체 생활을 유지해온 한 집단의 생활양식의 총체적 표현, 즉 특정 집단의 '삶의 존재 방식'을 의미한다. 이처럼 문화는 특정 집단의 삶을 표현하는 생활 양식이므로 다른 집단과는 서로 다른 귀속감을 가지면서 삶의 조건 변화에 따라 변화해 간다는 특징을 가진다. 따라서 각 집단은 살아가면서 서로 다른 문화와 만나고 부딪치면서 상호 간에 영향을 주게 되는 과정에서 또 다시 새로운 문화를 형성하게 되며 다문화가 생겨나게 된다.

다문화란 용어는 서로 다른 여러 가지 문화가 밀접한 관계를 맺는 가운데, 주 문화와 하위문화 간에 또는 하위문화 간에 상충하면서 발생하는 여러 유형의 문제를 조화롭게 극복하고자 하는 의도에서 생겨난 용어인 것이다(장영희, 1997).

다문화 교육 역시 이러한 맥락에서 이해될 수 있다. 즉 문화 간의 만남과 접촉이 빈번해지면 긍정적인 영향과 함께 상충되는 갈등과 문제가 야기될 수밖에 없으며, 이러한 갈등과 문제점을 극복하기 위하여 다문화 교육이 필요하게 되었다.

다문화 교육을 뱅크스(Banks, 1993)는 교육과정(curriculum)과 교육 제도의 재구성을 주요 골자로 하는 개혁운동으로 다양한 성별, 언어, 사회 계층, 인종 집단에 속한 사람들이 동등한 교육적 기회를 갖도록 하는 노력이라고 하였고, 미국 교육백과사전(1996)에서는 문화적, 인종적 사회적 집단들이 사회에 서로 다양하게 기여한다는 사실을 강조하고 이를 가르치는 교육과정을 채택, 실행하는 것이라고 정의하였다.

종합적으로 다문화 교육 개념은 다양성과 다원주의(pluralism)에 기초를 두고 있으며 자신이 속한 문화에 대한 긍정적인 정체성 확립을 기초로 서로 다른 집단들의 문화가 동등하게 가치로운 것으로 인식하는 지식·태도·가치교육인 동시에 자신의 문화와 다른 문화에 대한 편견을 없애고, 다양한 문화 집단의 사람들과 상호 이해 및 평등 관계를 중시하는 교육이다.

2. 다문화 교육의 필요성

전통적으로 우리나라는 단일 민족 국가를 강조하여 왔다. 우리나라가 다문화 사회로 변모하고 있음에도 불구하고 우리 국민의 단일 민족의식은 유별난 면이 많았다. '88 서울올림픽 때의 국민적 봉사 활동, 1990년대 말 국제통화기금(IMF) 금융위기 때 보여준 금 모으기 운동, 2002년 월드컵 때의 축구경기 '붉은 악마' 응원전 등이 그 사례이다. 또한 태안 기름 유출 사고 당시 자원 봉사자의 행렬이 끝없이 이어진 것 역시 우리의 민족적 에너지가 표현된 것이라고 볼 수 있다. 이처럼 단일 민족의식은 우리나라가 어려움에 처해 있을 때나 함께 뭉쳐야 하는 일이 있을 때 국민의 내재적 에너지를 결집시키는 긍정적 힘으로 작용하는 경우가 많았다.

하지만 오늘날 우리나라가 단일 민족국가라는 점에 자부심을 갖는 것이 긍정적인 의미만을 가지고 있는 것은 아니다. 단일 민족 의식은 민족적 에너지의 결집이라는 순기능과 동시에 배타적이고 폐쇄적인 역기능을 지니고 있다는 점을 알아야 한다.

전통적으로 단일 민족의식을 갖고 이는 한국인의 관점에서는 외국인과의 결혼에 대한 인식이 그리 곱지 않은데다가 국제결혼 중개업소와 같은 상업적 루트를 통한 성급한 국제결혼가정에서는 많은 문제를 발생시키고 있다.

이제 전통적인 맹목적 민족교육에서 벗어나 다인종 다문화 사회에서 다름의 이해와 차이의 극복을 통하여 다른 피부색, 다른 언어, 다른 종교를 가진 사람들과 더불어 살아갈 수 있는 자질과 능력을 갖춘 미래 세대를 길러 내기 위한 다문화 교육으로 발상의 변화를 꾀해야 한다. 한국어 능력 부족과 한국 문화 부적응으로 인한 사회적 편견과 정체성 혼란을 겪는 다문화가정 학생들에게 교육의 기회를 제공하여 학교교육 및 사회생활에서의 소외감과 이질감을 극복할 수 있도록 하고 다문화가정의 학부모 및 자녀들을 다언어를 구사하는 글로벌 인적자원으로 육성할 필요가 있다.

3. 다문화 교육의 목표와 내용

1) 다문화 교육의 목표

다문화 교육의 목표는 다문화 교육의 개념에 따라 여러 가지로 나타날 수 있다. 노선화(2004)는 다문화 교육의 목표는 다양한 사람들이 상호의존적인 세계에서 각기 스스로를 존중하는 태도를 갖게 하고 나아가 다른 사람들을 이해하고 수용하는 관계 속에서 긍정적인 개인적, 문화적 정체감을 갖도록 하는 것이다. 또한 공동체 일원으로서 역할을 담당할 수 있는 민주적인 시민의 자질 기르기, 다른 사람들에게 애정을 갖고 자신의 역할을 잘 수행할 수 있는 능력을 발달시키는 것이라고 한다.

켄달(Kendal, 1996)은 다문화 교육의 목표를 다섯 가지로 설명하고 있다. 첫째, 자신의 문화와 가치를 존중하듯이 자신과 다른 문화와 가치도 존중할 수 있게 가르친다. 둘째, 다문화 사회에서 성공적으로 살아갈 수 있는 태도와 능력을 기른다. 셋째, 인종주의에 의한 영향을 많이 받는 유색 인종의 아이들이 긍정적인 자아개념을 형성할 수 있도록 가르친다. 넷째, 문화적인 다양성과 인간으로서의 공통성을 긍정적으로 경험하도록 한다. 다섯째, 다문화 공동체 사회에서 특정 부분을 담당하고 있는 다양한 문화 집단을 경험한다.

뱅크스(Banks, 1993)는 다문화 교육의 목표를 다음과 같이 제시하였다. 첫째, 다른 문화의 시각에서 자신을 바라보며 자신을 더 잘 이해할 수 있게 하는 것이다. 둘째, 문화적, 인종적 대안 책을 시민들에게 제공하는 것이다. 셋째, 다문화 교육은 모든 학생들에게 그들 인종의 문화 주류 문화, 세계 다른 모든 문화권 안에서 생활하는 필요한 기술, 지식, 태도를 제공 하는 데 있다. 넷째 소수 인종 집단에 대한 고통과 편견을 줄이고 사회적 계층, 종교, 성별이 다양한 집단에 속한 사람들이 개인의 고유성을 확인하고 자부심을 갖도록 하는 것은 매우 중요하다(김선미·김영순, 2008).

이상의 내용을 종합해보면 다문화 교육의 목표는 다른 문화를 가진 사람들과 경험을 통해서 다른 문화에 대한 차이점을 인정하고 자기 스스로를 존중하는 태도를 가지며 나아가 다른 사람을 이해하고 긍정적인 자아 정체감을 갖도록 하며 사회의 편견이나 고정 관념에 대한 비판적 사고와 행동을 돕는 것이라고 할 수 있다.

2) 다문화 교육의 내용

다문화 교육에 대한 목표가 다양함에 따라 그에 따른 내용도 여러 학자들마다 약간의 차이가 난다. 양영자(2008)는 교육내용을 소수자 적응교육, 소수자 정체성 교육, 소수자 공동체 교육, 다수자 대상의 소수자 이해교육으로 분류하였다. 소수자 적응교육은 사회 통합을 위해 가장 보편적으로 행하는 교육으로 동화주의자(assimilationist)의 관점에 기초하여 주류 사회의 동화에 초점을 맞추는 것이다. 이것은 한국의 다문화 교육에서 가장 지배적인 교육유형으로 기초학습 능력, 한국 문화 정체성 함양, 한글 능력 향상, 한국 문화 이해의 심화 등이 교육의 주된 내용이 된다. 이주자들을 대상으로 하는 대부분의 다문화 교육은 이들이 살아가는데 의사소통의 어려움의 덜어주고 한국문화를 이해하여 적응을 잘할 수 있게 돕는 것을 당면과제로 설정하고 있다.

소수자 정체성 교육은 소수자들만의 고유한 특성을 지닌 것으로 인정하면서 교육하는 것을 말한다. 소수자들로 하여금 자신들의 문화적 정체성과 개인적 태도를 명확히 하며 자신들이 속한 문화와 문화 집단에 대해 긍정적인 태도를 가지게 하거나 자부심을 가지게 하는 것이다.

소수자 공동체 교육은 두 가지 측면에서 요구된다. 하나는 소수자들의 정서적 지지를 위한 정서적 지원망 확보에 도움을 줄 수 있다는 것이고 다른 하나는 소수 인종 문화 집단 간, 혹은 소수 집단 내에 갈등이 생길 때 요구되는 교육으로서 집단 간 이해를 도모하여 긴장과 갈등을 경감시키고 이들의 집단 간 사고의 지평을 확장시켜 주는 데 초점을 두는 교육이다.

〈표 5-3-6〉 다문화 교육의 교육과정의 내용

구 분(요소)	교육과정 주요의 내용
문　　화	각 문화 간의 유사점과 차이점의 특징 알기 각 문화에 대한 이해 및 존중심 기르기 문회 간 긍정적 태도 발달시키기
협　　력	다양한 사람들과 상호작용 및 협동 능력 증진하기
반 편 견	선입견, 편견, 고정관념에 비판적 문제 상황에 대처 능력 기르기
정체성 형성	긍정적 개념 기르기 정체감 및 집단 정체감 형성하기
평 등 성	국가, 민족, 성, 능력, 계층에 대한 긍정적 태도 가지기 인간이 평등하다는 가치 기르기
다 양 성	다양한 개인과 집단의 존재 인정하기 다양한 존중 마음 갖기

다수자 대상의 소수자 이해 교육은 다수자를 대상으로 소수자에 대한 차별과 편견의식을 극복하고자 하는데 초점을 맞추는 것이다. 다문화 교육을 인종, 계층, 성, 종교, 언어, 거주지 등의 다양성

을 존중하는 교육으로 보는 관점이다. 소수자에 대한 편견 제거와 차별철폐를 이루려면 다수자 대상의 소수자 이해교육을 통해 다수의 인식의 변화를 꾀할 수 있어야 한다.

교육과정 설계에서 주로 다루는 내용을 정정희(2006)는 6가지, 즉 문화, 협력, 편견, 정체성 형성, 다양성 등으로 제시하였다. 이것을 정리하면 <표 5-3-6>과 같다.

결국 다문화 교육의 내용은 여러 가지로 나누어지는데 중요한 것은 하나의 영역에만 치우치지 말고 여러 영역을 적절하게 분배하여 학생들이 골고루 학습할 수 있어야 한다. 통합 교육이 전제되어야 하는 것이다. 즉 다문화 교육의 내용은 문화에 대한 개념과 태도의 발달을 고려하여 특정 편견이나 고정관념을 가지지 않게 하고 다양성을 존중할 수 있게 여러 내용을 골고루 선정하여, 결국 궁극적으로 서로 더불어 살아가는 공동체의 구성원임을 알려주는 것이라고 할 수 있다.

4. 다문화 교육의 교육과정 모형

한국에서 다문화 교육 내용이 국가 교육과정에 반영된 직접적 계기는 2006년 교육인적자원부의 다문화 가정 자녀교육지원으로부터 비롯되었다고 할 수 있다. 그러나 이주자의 증가에 따라 우리나라기 다문화 시대로 이행하고 있다는 생각 아래 정부차원에서 다양한 관련 정책들을 수립해 가는 가운데 다문화 교육이 범교과 차원의 수용이라는 형태로 교육 과정상에 도입된 것이라고 할 수 있다. 2007년 2월 28일 자로 고시된 '2007년 개정 교육과정'에서는 35개의 범교과 학습 중 하나로 다문화 교육이라는 주제가 초·중등학교 교육과정 총론에 포함되었다(양영자, 2008). 다문화 교육과정은 서로 다른 문화적 배경을 가진 사람들을 포용하고 서로의 문화를 공유하며 그들에게 우리 문화를 올바르게 인식시키고 우리도 다른 나라의 문화에 대해 개방적이고 수용적인 태도를 가지도록 하기 위한 프로그램을 의미한다. 이렇게 볼 때 다문화 교육과정은 소수자만을 위한 프로그램이 되어서는 안되며 모든 학생들이 다문화 사회에서 사회를 이해하고 책임 있는 시민으로 살아가기 위해 지식, 가치·태도, 기능을 가지게 하는 것을 목표로 하는 다문화주의에 바탕을 두고 설계할 필요가 있다.

뱅크스(Banks, 2004)는 다문화 교육과정 개혁에 대한 4가지 수준별 접근, 즉 교육과정 설계 시 주류 교육과정에 삽입형 설계, 추가형 설계, 융합형 설계, 의사 결정을 통한 문제 해결형 설계로 활용될 수 있는 4단계의 기여적 접근, 부가적 접근, 변혁적 접근, 사회적 접근의 개혁 모델을 제시하였다.

다문화 교육은 특정 유형의 교육과정을 선택하여 그 유형에 맞추어 교육과정을 구성하고 운영하는 것이 아니다. 다문화 교육과정은 각 유형마다 기본적인 가정과 철학, 장점과 문제점을 지니며 사회적 배경을 달리하기도 한다. 그래서 각 지역이나 학교 또는 학급에서는 각기 다른 특성화된 다문화 교육과정을 편성할 수 있다.

한편, 세계 각국에서 교육 평등의 증진이라는 목표 아래 강조되고 있는 다문화 교육의 원리는 다음과 같은 점에 초점을 맞추고 있다.

첫째, 다문화 교육은 문화적 다원주의 이론을 원리로 삼고 있다. 모든 집단이 각기 고유의 문화를 보유할 수 있는 민주적 권리가 있음을 인정하며 평등, 사회 정의, 인간의 존엄선, 인권 등에 기반을 둔 사회를 추구한다.

둘째, 다문화 교육은 편견 및 차별의 종식과 사회적 정의 달성의 이념을 추구한다. 즉, 인종차별주의, 성차별주의 등과 같은 사회의 부정의(不正義)에 관심을 갖고 구조적 불평등 해소에 기여하기 위해 노력한다.

셋째, 다문화 교육은 교수·학습 과정에서 문화 그 자체를 강조한다. 문화는 특정 사회가 공유하는 신념, 가치, 세계관, 행위의 표준이다. 따라서 학생들이 가진 문화적 배경에 적합한 교수·학습 방법을 적용하여야 한다.

넷째, 다문화 교육은 모든 학생들을 위한 교육적 평등과 수월성을 지향(指向)한다. 학생들의 잠재력은 다양하며, 따라서 학생 각자의 차이를 존중하고 적절한 배려가 이루어져야 한다.

다문화 교육과정은 여러 소수 민족의 문화를 인정하고 타자의 관점에서 문화를 이해하는 교육을 목표로 한다. 자신이나 자국(自國)의 처지도 중요하지만, 다른 민족의 문화도 동등하게 가치롭고 소중하다는 인식이 전제되어야 하는 것이다. 그러므로 다문화 교육과정에서는 문화의 다양성을 인정하고, 개별적 존재를 가치롭게 여긴다. 다문화 교육과정에서 크게 부각되는 문제는 이중 언어 교육과 제2 언어로서의 한국어 교육, 소수 인종을 위한 다양한 교육 프로그램 개발, 그리고 일반인들을 대상으로 한 편견 및 선입견 해소 교육 프로그램 개발 등이다(한춘희, 2009).

다문화 교육의 궁극적인 관점은 평등, 자유, 참여 등과 같은 민주주의의 보편적 가치의 증진에 있다. 따라서 시민의 자유 및 사회적 자유의 증진을 위한 개혁과 참여를 중시하는 실천적인 노력을 강조한다. 다문화 교육은 각종 차별을 배격하고, 사회 정의를 위해 행동할 수 있는 통찰력과 기능을 갖춘 민주 시민의 육성을 추구하고 강조한다.

5. 다문화 교육 정책과 교육과정

1) 다문화 교육 정책과 비판

한국 사회에 세계화 사회를 맞이하여 문화적 다양성이 심화되면서 소수 집단의 사회 적응을 지원하고 이러한 다양성을 포용하는 사회 풍토 조성이 중요한 과제로 등장하고 있다. 교육 영역에서도 다문화 가정 자녀에게 보다 평등한 교육 기회를 보장하기 위한 다양한 대인들이 모색되고 있다.

한국의 다문화 교육 정책은 다문화 가정 자녀들의 적응을 돕는 한편, 타 문화에 대한 관용적인 태도를 함양하기 위해서는 성, 인종, 종교, 문화, 언어 등의 다양성을 수용하는 교육이 이루어져야 한다. 이를 위한 제도적인 노력이 활성화되고 있는 것은 매우 바람직한 현상이다. 다문화 가정에 대한 사회적 관심이 급증하면서 교육과학기술부는 '다문화 가정 자녀 교육 지원 대책'을 발표하였고, 각 시·도별로 다문화 교육 센터를 설립하여 세부 사업을 시행하도록 하였다. 뿐만 아니라, 다문화 가정 자녀 교육을 지원하기 위해 방과 후 학교 프로그램 개설, 대학생 멘토링(mentoring) 제도 도입, 교사와 또래 등과의 일대일 결연 사업 운영, 교원 연수 강화 등을 추진하고 있다. 기존의 우리나라 다문화 교육 정책은 다음과 같은 문제점을 요약하면 다음과 같다.

첫째, 그동안 정부의 사회 문화적 소수 집단에 대한 대응이 미비하였다. 사실 정부보다는 오히려 시민 단체들이 더 많은 노력과 관심을 기울여 왔다.

둘째, 정부 정책이 주로 사회적 취약 계층에 대한 지원책에 국한되어 왔다.

셋째, 다문화 사회에 대비하는 정책은 내국인에게도 필요한 것이지만, 현재의 정책들은 주로 외국인을 대상으로 하여 수립되고 시행되고 있다.

넷째, 정책이 주로 외국인 노동자나 이주 여성 및 국제 결혼 가정 자녀들의 한국 사회 적응 및 동화에 맞추고 있다. 즉 다문화 교육을 위한 정책들이 소수 집단을 대상으로 하여 그들의 적응 문제를 다루는데 초점을 맞추고 있다. 그러나 다양한 문화의 공존을 위해서는 소수 집단의 적응을 지원하는 것뿐만 아니라 기존 시민의 소수 문화에 대한 이해와 존중, 관용의 태도를 함양하는 것이 더불어 이루어져야 한다. 다문화 교육이 소수를 위한 교육이 아니라 모두를 위한 교육이라는 인식의 확립이 필요하다.

2) 다문화 교육과정 조직

한국 사회의 문화적 다양성을 반영하고 타 문화에 대한 이해와 존중 및 관용을 함양할 수 있는 교육과정 개발 움직임이 이루어지고 있다. 기존 교육과정 및 교과서에서는 다문화 사회에 적합하지 않은 민족적·문화적 배타성을 가지고 있다고 지적되고 있다.

이와 같은 교육과정의 문제점을 극복하기 위하여 제7차 교육과정에 이어 '2007년 개정 교육과정'에서는 과거 교육과정에서 강조되었던 단일민족주의 관점을 지양(止揚)하고 교과서에 다문화·인권 내용을 등을 강화하도록 하였다. 2007년 개정 교육과정에서는 다문화 교육이 범교과 주제로 강조되고 있으며, 세계시민교육과 지구촌 교육, 국제이해교육 등과 연계되어 중시되고 있다. 2011학년도부터 연차적으로 적용되는 '2009 개정 교육과정(미래형 교육과정)'에서도 다문화 교육을 중점적으로 강조하고 있다.

다문화 교육과정은 다문화 교육의 철학을 직접적으로 구현할 수 있는 가장 핵심적인 부분이다. 다문화 교육과정 연구자들은 기존 교육과정에서 문제시되는 부분을 찾아내어 개선하고, 소수 집단의 학생들에게도 평등한 교육 내용과 환경을 제공하고자 노력한다. 이를 위하여 학생들의 다양한 문화적 배경과 역사·언어·종교 등을 탐구하고 학습한다.

뱅크스(Banks)는 각급 학교 교육과정에 다문화적 내용을 통합하기 위한 구성 원리를 다음과 같은 네 단계로 분류하여 제시하였다.

첫째, 제1단계인 기여적 접근(The contributions approach)은 소수 집단들이 주로 사회에 기여한 점을 부각시켜서 그들의 자긍심을 길러주고자 한다. 이를 위해 소수 집단의 영웅, 명절, 축제 등과 같은 문화적 요소를 교육과정 속에 포함시킨다.

둘째, 제2단계인 부가적 접근법(The additive approach)은 교육과정의 기본적인 구조, 목표, 특성을 변화시키지 않으면서 소수 집단과 관련된 내용, 개념, 주제, 관점 등을 교육과정에 첨가하는 것이다. 보통 관련 단원이나 과목 등을 교육과정 내에 첨가하는 형태로 이루어진다.

셋째, 제3단계인 변혁적 접근법(The transformation approach)은 교육과정의 근본적인 목표, 구조, 관점의 변화가 수반된다. 제2단계인 부가적 접근법에서는 기존 교육과정의 체제를 그대로 유지하면서 다문화적 내용이 첨가되는 방식이라면, 제3단계인 변혁적 접근법에서는 전혀 새로운 관점에서 교육과정을 변혁하여 재구성한다.

넷째, 제4단계인 사회적 행동 접근법(The social action approach)은 제3단계인 변혁적 접근법의 요소에 덧붙여 실천과 행동의 문제를 강조한다. 수업 시간에 다루는 개념, 주제, 문제 등에 대하여 학생들이 스스로 결정하고 실천해 보도록 한다. 이 접근법의 주요 목적은 학생들의 비판 의식, 의사 결정력, 그리고 사회 변화를 추구하는 태도를 육성하는데 있다(차경수·모경환, 2009).

<표 5-3-7> 다문화 교육과정의 조직

교육과정 조직 방법	기본 방향	교육과정에 대한 인식
기여적 접근 (the contributions approach)	해당 집단의 영웅, 명절 등과 같은 구체적인 문화적 요소들을 활용한다.	기본 구조나 규준을 바꾸지는 않는다. 다수 집단의 관점에서 내용을 선택한다.
부가적 접근법 (The additive approach)	기존 교육과정을 크게 변화시키지 않고 소수 집단과 관련된 내용, 개념, 주제, 관점 등을 부가한다.	
변혁적 접근법 (the transformation approach)	교육과정 구조를 변화시켜서 다양한 집단의 관점에서 개념, 이슈, 사건 등을 조망해 보도록 한다.	기존 교육과정의 규준, 패러다임, 기본적인 가정을 변혁시킨다. 지식이 개관적인 실체가 아니라, 사회적 구성물임을 인식하도록 한다.
사회적 행동 접근법 (The social action approach)	중요한 이슈와 관련하여 의사결정을 내리고 실천해 보도록 한다.	

제4절 외국의 다문화 교육 동향 탐색

1. 영국의 다문화 교육

민주주의 종주국이라고 불리는 영국은 다문화 교육도 선진국이다. 오랫동안 다인종 다문화 사회를 형성해온 영국은 모든 집단과 시민들에게 무엇이든 모두 균일해야 한다는 입장과 다문화의 평화직 공존을 위해 차이를 인정하고 적절하게 배려해야 한다는 입장으로 나뉜다. 영국 정부는 다문화교육의 내용을 소수 민족을 위한 교육 기회를 배려하는 방향으로 추진하여 공교육체제에서도 소수인종에 속하거나 소수 종교를 믿는 학생들이 다른 학생들과 동일한 기회를 누릴 수 있도록 하고 있다. 소수 민족의 교육 기회에 관련한 연구들도 공교육을 통하여 영어에 서툰 초·중학생들에게 별도의 교육과정을 통한 지원의 필요성을 강조하고 문화적 차이와 학업 성취의 관계를 분석하여 쟁점화하기도 한다.

영국 교육부는 다문화 교육을 더욱 강조하기 위해서 2000년부터 초·중등 교육과정에 시민의식형성을 위한 내용을 포함시켰다. 이것은 학생들이 서로 다른 문화에 대한 이해를 하고 모두가 동등한 인간이라는 것을 공유하며 이를 바탕으로 사회 정의의 의미를 이해하기를 바라는 것이다. 이러한 변화는 이미 다인종, 다문화, 다종교, 다이념 사회가 형성된 상태에서 학교교육을 통한 격차 해소와 서로 간의 존중이 이루어지지 않으면 성인이 된 이후 공동체 시민의식의 결집이 매우 어렵다는 인식 때문에 시도된 것이다. 이 교육과정에는 인종 차별이나 따돌림과 같은 반사회적, 공격적 행동들을 하는 학생들을 변화시키는 훈련도 포함되어 있다.

2. 미국의 다문화 교육

연방 국가인 미국은 다양한 모습이 공존하는 역사적 배경으로 다문화 교육의 필요성을 다른 나라보다 일찍 인식하고 다문화 교육에 대한 논의가 활발하였다.

미국의 다문화 교육은 원주민 보호주의(nativism), 동화주의(assimilation), 용광로 이론(melting pot), 민족 연구와 집단 간 교육운동, 다문화 교육의 진화 등으로 발전하였다. 초기 영국 백인 청교도 문화의 이민자들은 그들 자신을 구 이민자로, 다른 지역 출신 이민자들을 신 이민자로 보았다. 이 시기의 학교는 미국화를 추구하였고 국가에 대한 맹목적 충성심과 외국인, 이민자 집단에 대한 불신을 장려 하였다. 백인 청교도문화와 새로 온 이민자들의 소수 민족 문화 간의 갈등을 해소하기 위하여 나타난 것이 동화주의 개념이다. 동화주의는 이민자들에게 그들 본래의 문화를 포기하고 미국의 주류 문화를 받아들이라는 것인데 유색인종에 대한 차별이나 편견은 사라지지 않았고 동화주의의 이념은 실현되지 않았다. 미국 사회의 이민자들이 늘어남에 따라 동화주의는 여러 나라의 문화를 용광로에 녹여 종합된 하나의 새로운 동질문화를 형성하려는 이상을 지닌 용광로 이론으로 대치되었다. 용광로 이론은 다양한 민족 문화가 미국 문명을 풍부하게 한다는 샐러드 보올(salad bowl) 개념으로 발전하였으나 대부분의 미국 정치, 경제, 교육의 지도자들은 이민자와 토착 민족 집단의 동화를 강조하였다. 초기 민족 연구(Ethnic Studies)는 아프리카계 미국인에 대한 지식을 개발하였고 2차 대전으로 사회변화와 인종적 폭동은 학교에서 인종 간의 이해를 증가시켰다. 집단 간 교육의 목적은 민족적, 인종적 편견과 오해를 줄이는 것이다.

21세기 미국 공교육 내에 지속적으로 존재하는 불평등의 문제를 다루기 위해 다문화 교육자들은 좀 더 평등한 교실과 학교를 만들 수 있는 방안으로 '문화에 부응하는(culturally responsive teaching) 교육학과 리더십'을 제시하였다. '문화에 부응하는 수업'은 학습의 도구로 학생들의 문화를 사용하고 사회의 규준, 가치, 윤리, 제도를 비판할 수 있도록 가르치는 것이다. '문화에 부응하는 리더십'은 학교 교육과정에 학생들의 가정 공동체의 역사, 가치, 문화적 지식을 결부시키는 것, 사회에 내재한 사회적 불평등을 개선하기 위해 학생과 교직원 모두 비판적인 의식을 개발하도록 하는 것, 다양한 공동체 출신의 학부모들에게 힘을 발휘할 수 있는 권력을 부여하는 것이다.

3. 일본의 다문화 교육

일본의 도쿄다문화공생센터는 사회적 소수자를 지원하기 위한 NGO 단체인데, 최근엔 이주민 자녀의 교육 지원 및 이주 여성의 자녀 양육 지원 사업에 진력하고 있다. 이 센터의 다문화 교육 정책과 실행은 일본 다문화 교육의 대표적 사례라고 할 수 있는데, 그 주요 내용을 요약하면 다음과 같다.

첫째, NGO 단체의 활동과 사업을 정부가 적극 장려, 지원하고 있다. 일본의 다문화 교육은 일본에 이주하여 살고 있는 외국인의 기본적 인권을 실현하기 위해서 생겨난 민간단체로서 최근에는 이

주민 자녀를 위한 교육 지원 사업과 이주 여성의 자녀 양육 지원 사업을 중점적으로 실행하고 있다.

둘째, 현재 학교에 다니고 있는 이주민 자녀를 위한 지원 사업을 실시하고 있다. '다문화 프리스쿨'처럼 각국 학교제도의 차이로 인해, 혹은 학업 중단 상황의 이주민 자녀를 위해 특수 학교를 운영하여 교과 지도 및 일본어 지도를 실시하고 있다. 또한 일본어 부족으로 학업을 따라가지 못하는 자녀들을 위해 야간에 특수 학급을 운영, 일본어 교육을 하고 있다.

셋째, 이주민 자녀들의 진학 및 진로 문제에 관심을 가지고 대처하고 있다. 일본에서 상급 학교로 진학하거나 진로를 결정하는데 애로를 겪고 있는 이주민 자녀 및 그 학부모를 대상으로 상담을 실시하거나, 다국 언어로 설명회를 개최하기도 한다.

넷째, 정부와 민간단체가 상호 협력하여 사업을 수행하며 효율성을 높이고 있다. 도쿄다문화공생센터가 수행하고 있는 많은 사업은 정부와의 협력을 통하여 이루어지고 있다. '다언어 진학 가이던스'는 도쿄교육위원회 및 고등학교 교사가 협력하여 이루어지는 사업이며, 일본다문화센터(JICA)와 교직원 조합 및 자원 봉사 단체 등 여러 지역사회와의 네트워크 구축을 통하여 이루어진다.

4. 캐나다의 다문화 교육

캐나다는 문화의 다양성과 시민의식(1940년~1963년)의 관점에서, 1940년대는 문화의 다양성과 시민 교육 분야는 세 가지 관련기관을 통해 발달했다. 1950년 초반에는 정부 정책이 "동화"에서 "통합"으로 바뀌었고 통합은 이민자들이 자신의 고유 전통은 유지하면서 주류 사회에 일부분이 되는 과정이다. 1950년대에서 1960년대에 걸쳐 가정, 학교, 학부모연합회에서는 집단 간의 이해를 도모하기 위한 프로그램을 개발하고 실행하였다. 이 당시의 모든 프로그램은 이민자들의 통합을 목표로 진행되었다. 정체성에 초점을 맞추는 시기(1963년~1970년대)에서 1960년대는 정체성의 이슈에 관심이 증대된 시기였다.

사회 정의와 교육(1980년대~1990년대)에서 다문화 교육에서 중점을 두는 사회정의는 반-인종차별 교육이라고 불리는 방법을 통해 잘 표현된다. 이것은 1980년대에 진행된 다문화 교육과 관련한 정책의 근간을 이루었다. 1980년대아 1990년대 동안 지방 관청과 교육청은 교육과정과 학습 자료를 검토하는 정책과 그 과정을 개발하였다. 이러한 정책의 중심에는 사회정의에 대한 논의뿐 아니라 이민자의 문화 통합, 문화적 인식과 관련한 시민정신이나 정체성과 같은 논의도 있다.

5. 프랑스의 다문화 교육

프랑스에서의 다문화 교육이란 "다민족, 다문화 사회에서 사회 정의의 문제와 국가 정체성의 문제를 해결하는 것을 목표로 하는 교육적 행동"(Frederique Berthiot, 2003)으로 정의하며, 다문화 교육이란 "다문화적 감수성으로 민주적 이상을 확인하고 인간과 삶의 복수성을 받아들이고 인지하는 것"(Frederique Berthiot, 2003)임을 강조한다. 문화 간 교육(Education interculturelle)으로 통용되며, 문화 간(interculturelle)의 접두어인 "inter"의 의미가 지니는 상호작용, 교류, 경계 허물기, 상호 호혜성이라는 개념에 착안한 것이다. 다문화 교육이 타 문화에 대한 이해를 넘어서 상호 호혜적 관계의 발견과 다름의 경계를 허물기 위한 과정을 제공해야 한다는 사회적 합의와 공감이 이 용어에 함축되어 있다.

실제 프랑스에서 다문화란 "문화적 다양성이 존재하는 상황"을 일컬으며 이러한 현실에 대한 인지와 태도를 학습하는 것은 "문화 간 교육(intercultural education)"으로 정의된다. 사회 안에서 문화적 복수성(이중성)을 수호하고 발전시키면서 다양한 이해관계에 초점을 맞추고 공동의 목적을 찾으면서 건설적인 방법으로 갈등을 해결하도록 도와주는 것을 목표로 하며, 다수자들을 위한 다문화 교육의 핵심을 제도적 편견과 상식을 넘어 전통적 사고 체계, 즉 편견과 상투성에 대해 문제를 제기할 수 있는 능력을 길러주는 것이다.

프랑스는 일찍이 다양성이 공존한 나라로, 1980년대 이후 상호 문화 교육 차원에서 다문화, 다언어의 구성원들과 완전한 통합체를 이루기 위한 노력을 기울이고 있다. 이를 위해 관용, 비인종 차별주의, 학문을 초월하는 접근방법 등에 역점을 두고 있다.

제5절 한국 다문화 교육의 실제

1. 한국의 다문화 교육 정책

2006년 8월 UN 인종차별철폐위원회(CERD)는 한국에 대하여 단일민족 국가 이미지를 극복해야 한다고 권고하였다. 이것은 우리나라가 단일 민족 체제로 어려서부터 주입된 반만년 역사의 단일 민족 국가라는 공교육과 타민족, 타문화에 대한 직·간접 경험의 부족과 혈통중심의 사회적 분위기에 의한 것이라고 볼 수 있다. 그러나 국제적으로 교류가 확대되고 국제결혼이 늘어남에 따라 다문화 가정의 자녀 수가 증가는 등 우리 사회에도 언어적, 문화적 배경이 다른 구성원의 비중이 증가하고 있는 상황에서 문제를 의식하지 않을 수 없게 되었다. 교육부의 정책 변화로 이어져 2003년 초·중등 교육법 시행령이 개정되면서 미등록 이주노동자일지라도 거주 확인만 되면 자녀가 입학할 수 있게 되었다(원은경, 2008).

정부는 2006년 4월 빈부격차차별위원회 주관으로 교육과학기술부, 법무부, 보건복지부, 여성가족부의 담당자 등이 참가한 가운데 '혼혈인 등 소수인종 사회통합대책'을 확대할 계획을 발표하였다. 이것은 시민권을 가진 혹은 곧 갖게 될 결혼 이주자와 그의 자녀에 초점을 맞추고 있다. 교육인적자원부(2006)는 '다문화 가정 자녀교육지원 대책'을 발표하여 주로 국제결혼자녀와 외국인 근로자 자녀의 교육 소외 방지책을 마련하여 다문화 가정지원을 위한 부처 간 협력 체계구축, 지역사회의 다문화 가정 지원 협력 체계를 구축하여 학교의 다문화 가정 자녀 지원 강화를 위해 방과 후 학교 프로그램 개설 지원, 다문화 가정 자녀 지원 강화를 위해 방과 후 학교 프로그램 개설 지원, 다문화 가정 자녀 지도 상담교사, 선배나 또래 친구와 1:1 결연, 학교 홈페이지를 활용한 교육자료 제공, 다문화 가정 자녀 교육을 위한 교사역량 강화, 현행 교과서에 포함되어 있는 민족적, 문화적 배타성 완화, 차기 교육과정 개정 시 다문화, 다인종 교육요소 반영, 대학생 멘토링 사업을 다문화 가정의 자녀에 확대 등 종합 대책을 마련하였다.

교육인적자원부(2007)는 '다문화 가정 자녀 교육지원 계획'을 발표하여 다문화 이해교육 강화를 위해 관련 교과(사회·도덕) 및 개정교육과정에 다문화 이해 존중, 편견극복, 관용을 위한 성취목표를 반영하였고 언어 및 문화 장벽 해소와 사회적 귀속감 및 다문화 감수성 증대를 목표로 중앙다문화 교육 지원센터와 시·도 다문화 교육센터를 중심으로 지속적이고 체계적인 교육 지원이 이루어지도록 학교를 중심으로 한 학교 교육력 제고와 다문화 이해교육을 강화하여 주기적 평가를 통한 사업 성과 제고, 지원 사업 모델 다양화 도모의 기본 방향을 제시하고 있다.

2007년 개정 교육과정 총론에서는 35개 범교과 학습주제 중 하나로 다문화 교육이라는 주제가 포함되어 있다(교육인적자원부, 2007). 또한, 교육과학기술부(2009)는 '다문화 가정 학생 교육 지원 계획'을 마련하여 '기관 간 연계 강화 및 학생 맞춤형 교육'이라는 기본 방향을 토대로 다문화 교육 기반 구축, 학교 중심의 맞춤형 교육 지원, 제도 개선 및 성과 확산이라는 추진과제를 제시하였다. 다문화 교육기반 구축을 위해 다문화 교육지원 관련 부처 및 교육청과의 협의 강화, 시·도별 '다문화 교육 지원협의회'구성·운영, 다문화 교육 지원을 위한 전문적인 연구·개발을 추진하였고 학교중심의 맞춤형 교육 지원을 위해 다문화 가정 학생의 한국어·학습능력 향상 지원, 다문화 가정 학생의 자아 정체성 확립 지원, 일반 학생들의 다문화 이해교육 지원, 교사 연수 및 학부모 연수를 통해 다문화 관련 이해교육을 실시하였으며 제도 개선 및 성과 확산을 위해 학교·지역별 다문화 교육 정책 중장기 방향을 연구 실시하였다. 2008년 2월에는 외국인 근로자 및 결혼이민자 지원 방안에 대해 행정자치부, 여성가족부, 노동부, 문화관광부, 국가청소년위원회, 보건 복지부처 합동으로 회의를 하였다. 2011학년도부터 전국의 초·중·고교에 적용되고 있는 범교과 주제는 38개로 3개 증가하였다.

교육과학기술부는 2009학년도 1학기부터 초등교원 양성대학에서 다문화 교육강좌를 개설할 수 있도록 초등 교원 양성 대학 다문화 교육 강좌를 개설토록 지침을 발표하였다. 다문화 교육 강좌 개설과 연계하여 교·사대생들을 활용한 멘토링 사업도 병행할 계획을 밝혔다. 이것은 2009학년도부터 교·사대생이 추가 이수해야 하는 교육 봉사활동 2학점과 연계하여 예비교사가 다문화 가정 학생의 멘토로 활동하도록 지원한다고 하였다(교육과학기술부 보도자료, 2009). 최근 논란이 되어 '미래형 교육과정'에서 명칭이 변경된 '2009년 개정 교육과정'에서도 시대 흐름에 따른 다문화 교육을 크게 강조하고 있다.

이상과 같이 우리나라에서는 다문화 사회에 접어들면서 사회 현상에 맞추어 빠르게 정부와 민간 단체들이 다문화 교육을 위해 노력하고 있음을 알 수 있다. 다문화 교육은 단기성 사업도 복지사업도 아니기 때문에 다문화 교육과 관련된 정책은 학교, 가정, 사회와 공조하여 실시되어야 한다.

2. 한국의 다문화 교육 접근 방향

현재 한국 내에서 부분적으로 행해지고 있는 다문화 교육은 대체로 동화주의적 관점에서 이루어진다고 할 수 있다. 다문화 교육의 대부분은 한글 교육, 한국 사회에서의 적응 교육에 할애되고 있기 때문이다. 그러나 궁극적으로 한국 사회에서 다문화 교육은 동화주의와 함께 문화적 다원성을 인정하는 다문화주의적 관점으로 이루어져야 한다. 동화주의에 입각한 다문화 교육 정책은 평등과 다양성의 인정이라는 민주주의적 이상에 위배되기 때문이다(김현덕, 2007).

다문화 교육은 다양한 문화적 차이를 지닌 학생들이 학교에서 평등한 성취 기회를 갖도록 교육의 구조를 바꾸기 위한 계속적 과정이다. 그러므로 다문화 교육은 인권적 측면과 사회 전체의 갈등을 해소하고 사회 통합을 이룸으로써 더욱 건강하고 새로운 문화 창조의 전기를 마련하려는 이상적인 목표를 향하는 것이 바람직하다(조영달, 2007).

다문화 교육의 방향과 아울러 다문화 교육의 대상이 누구인지 명확히 규정할 필요가 있다. 많은 사람들은 다문화 교육의 대상을 다문화가정의 자녀들에 한정시키는 경향이 있다. 사회적 약자인 다문화가정 학생의 교육을 지원하는 것은 다문화 교육의 핵심 사항임에는 틀림이 없다. 그러나 그들의 교육을 지원한다고 해서 진정한 의미의 다문화 교육이 이루어질 수는 없다. 우리의 다문화 교육은 대부분 이주자를 한국 사회에 적응시키는 측면에서 실행되었고, 이주자들의 문화를 이해하고 적응하려는 교육과 다문화에 대한 편견을 극복하는 교육에는 소홀했었다. 앞으로 우리 사회에 필요한 것은 소수자 보호를 위한 다문화 교육과 병행에서 다수자의 의식 변화를 유도하는 다문화 교육이 절실하다.

한국의 다문화 교육은 다음과 방향으로 전개되어야 한다. 사회의 다수자와 소수자를 모두 포함하는 방향, 다수자를 대상으로 소수 문화를 이해 포용하는 방향, 교육의 대상을 소수자로 하면서 그들의 사회 적응과 인권을 확보해주는 방향이다.

〈표 5-3-8〉 다문화 교육의 접근 방향

구 분	세부 요소	비고
다수자와 소수자 모두를 포함하는 다문화 교육(통합 교육)	다문화적 사회 현실을 이해하기 위한 지식을 제공한다.	
	평등과 정의의 가치에 대해 재확인한다.	
	함께 살기 위한 새로운 능력과 문화 상대주의적 태도의 발전을 위한 교육 기회를 제공한다.	
다수자를 위한 다문화 교육	상호의존적 세계 현실에 대한 이해를 증진시키고 이런 현실 속에서 통합적인 행동 양식을 북돋운다.	
	부정적 편견과 민족적 상투성을 극복해야 한다.	
	차이와 다양성에 대한 긍정적인 평가를 고무시킨다.	
	다문화 간 공통점을 찾고 강조한다.	
	다른 사회와 문화, 개인들의 시선에 긍정적인 태도 양식을 가진다.	
	사회적 연대의 원리와 시민의식에 기초한 행동 양식을 인지시킨다.	
소수자를 위한 다문화 교육	다수자를 위한 다문화 교육의 방향을 포함한다.	
	자신의 문화적 정체성을 잃지 않으면서 주류적 삶의 양식에 대한 배움을 포괄한다.	
	다문화가정과 학생의 다양한 배경을 인정하고 삶의 질 향상 및 인간의 존엄성을 유지한다.	

3. 다문화 교육과 교원(교사)의 역할

다문화 교육을 핵심적으로 수행하는 주체가 교사이므로 학교교육에서 다문화 교육이 성공하기 위해서는 무엇보다도 교사의 다문화적 능력이 요구된다.

다문화적 능력이란 교사가 가진 다문화에 대한 신념과 가치 및 태도, 다문화와 관련된 풍부한 지식과 다양한 수업기술을 의미하는 것으로, 인종과 문화적 편견타파, 세계적 관점 및 다양한 문화 집단과 관련된 지식, 민족 집단 간의 다양성 인정 등을 포함한다.

교사의 다문화적 능력 가운데서 무엇보다도 중요한 것이 다문화에 대한 인식이다. 교육과정을 이해하고 수업을 담당하는 교사가 다문화 교육에 대하여 어떻게 인식하고 있느냐에 따라 수업의 내용과 질이 달라질 수 있기 때문이다.

교육과정 속에 다문화 교육에 관한 내용이 포함되어 있다고 하더라도 교사가 그 중요성을 제대로 인식하지 못하고 형식적으로 가르친다면 다문화 교육은 성공하기 어렵다. 반면에 교사가 그 내용을 제대로 이해하고 정확하게 가르친다면 그 결과는 얼마든지 달라질 수 있다. 또한 다문화 교육에 대한 교사의 인식과 태도는 학생들의 태도와 의식에 직접적인 영향을 미친다는 점에서 교사의 역할은 중요하다. 이러한 점에서 교사는 다문화 교육을 성공적으로 수행하고, 학생들이 다문화에 대한 수용적인 태도를 발달시키는데 중요한 변인이 된다.

〈표 5-3-9〉 다문화 교육의 지도 방안(초점)

구분(영역)	지도 방안(초점)	비고
교과 교육 측면	국어과 지도는 학생의 의사소통 능력, 읽기와 쓰기 능력을 파악한 다음 입문단계와 교과 단계로 나누어 지도하고, 낱자의 구성 원리에서 낱말, 문장, 문단, 글의 순서로 지도하면서 계속적으로 어휘력을 길러줌.	
	수학과는 기초학습평가와 기본학습 진단평가로 학생의 수준을 파악하고 수와 연산, 도형, 측정 영역의 기초학습 지도 후에 해당 학년의 교과학습을 지도하고 학생에 따라 영역별 수준차가 있으면 부진한 영역이나 지도 내용은 전단계의 내용을 반복 지도.	
	도덕과와 사회과의 지도는 학생의 행동 관찰과 면담을 통해 수준을 파악하고, 개인, 학교, 사회, 국가생활의 지도는 주제별 통합 프로그램을 운영하며, 한국 문화 체험은 다문화가정 학생의 모국 문화와 연관 지워 토요 체험학습일 등을 이용하여 지도.	
	다문화가정 학생의 모국어와 문화를 유지하고, 신장시키기 위해서 부모의 도움을 통한 가정학습과 자율학습 시간을 이용한 부모와 외부 단체의 도움을 통한 지도를 모색.	교과 통합
생활 지도 측면	학교 생활에 필요한 모든 것과 기본생활습관 및 바른 인성 함양을 위해 반복 지도.	
	신체적, 정신적 건강과 결함, 운동 부족, 영양 상태, 위생 관념, 이 닦기, 목욕, 청결한 옷차림, 등 몸차림 때문에 다른 학생들에게 놀림을 당하지 않도록 세심하게 지도하고 성교육에도 관심과 배려를 함.	
	자신의 장래에 대해 탐색해 보도록 진로 지도를 하며, 성격 적성과 적응 문제 등 욕구불만의 진단과 해석, 습관 교정, 심리적 장애의 진단과 치료 및 정서교육에도 관심을 갖고 지도.	

| | 학급에 소속감을 갖고 성취 욕구를 만족시켜 주기 위해서는 학생이 할 수 있는 역할을 주고, 왜 해야 하는지, 어떻게 해야 하는지에 대해 상세히 설명. 학생의 수행 결과에 대해 조언을 해줌. | |
| | 대부분의 다문화가정 자녀는 주변의 친구나 지리, 문화 등이 낯설기 때문에 집안에서 주로 TV를 시청하거나, 컴퓨터 활용 등으로 여가를 보내는 경우가 많음. 교사는 대화를 통해 방과 후에 하는 일, 과제 수행, 여가생활 등을 수시 확인하여 여가를 즐길 수 있는 방법 및 장소, 친하게 지낼 수 있는 친구를 배려해 줌. | |

제6절 세계화 시대 한국 다문화 교육의 방향 탐색

1. 한국 다문화 교육의 문제점

한국 사회의 다문화 교육은 세계적인 지구촌(Global society) 요구에 알맞게 다양한 방향으로 전개되고 있으며 사회적 관심도 크게 증대되고 있다. 다만, 현재 한국 다문화 교육은 대부분 그들로 하여금 한국 사회에 적응할 수 있도록 돕기 위한 내용에 방법에 편중되어 있어서 아쉽다.

특히 다문화 가정의 2세들에게는 학교 교육에 적응하기 위한 방법만 우선 시 함으로써 가정 교육과 학교 교육의 차이에서 오는 혼돈으로 정체성 혼란을 경험하는 사례가 많다.

다문화 가정이 한국 사회에서 겪는 애로가 의사소통의 장애, 그들에 대한 사회적 편견과 고정 관념, 문화적 이질감에서 오는 갈등, 경제적 문제, 가정 폭력 및 여성 폭력, 정보 소외로 인한 사회적 활동 네트워크 형성과 사회 참여 기회의 상대적 박탈, 사법권 및 행정 기관에의 접근의 어려움, 그리고 자녀들의 양육과 교육 문제 등이다. 이로 인하여 사회 적응의 문제와 그 후 정착에 대한 어려움을 겪는다. 이들이 한국 사회의 구성원으로 자리 잡기 위해서는 정보를 획득하고 처리할 수 있는 교육을 통한 성장 문화 형성이 바탕이 되어야 한다. 즉 다문화 가정에 대한 체계적인 교육 프로그램이 필요하다.

외국인 근로자 가정의 경제적 소득이 낮고, 주거 환경이 열악함은 물론 가정의 교육 기능도 취약하여 또래 아이들에 비해 기초 학습 능력이 낮다. 또 배타적인 한국 사회의 특성이 외국인에 대한 지나친 편견과 차별로 나타나 외국인 자녀들의 조기 적응에 어려움을 겪고 있다. 학교장의 재량으로 이루어지는 일반 학교에서의 외국인 자녀 입학 기피, 통합 교육 거부, 학교 내의 집단 따돌림 등을 경험하고 있어서 한국에서 상대적 박탈감과 정서적 불안을 경험하고 있다.

아울러 사회적으로 인권과 관련하여 가장 큰 문제로 등장하고 있는 불법 체류자 자녀의 경우, 신분상의 불안으로 정규학교 입학을 기피하거나, 입학 후에도 학교생활 부적응·불안정으로 기초·기본 교육마저 제대로 이루어지지 못하고 있는 실정이다. 때문에 우리는 일본이 특별한 사정이 있는 불법 체류 외국인에 대해 재량으로 일본 체류를 인정하는 체류특별허가제도(법무부 재량 행위)를 운영하고 있는 점을 고려해야 할 것이다.

한국 사회는 이미 단일 민족 국가를 뛰어넘어 다문화 국가로서 사회 구성원 및 문화가 다양해지고 있다. 하지만, 이를 명확하게 인식하지 못하는 사회적 분위기와 편견으로 인해 이들의 존재를 부정하고 이방인으로 취급하는 배타성이 잠재되어 있는 게 사실이다. 이처럼 한국에 대한 다문화 공생의 진입 장벽은 자신의 모국을 떠나 한국을 제2의 터전으로 생각하고, 정착을 희망하는 그들에게는 큰 혼란과 불안함을 야기한다. 그러나 현실적으로 그들은 고향으로 돌아가기가 어렵다.

다문화 사회에서의 발전을 위해 해당하는 각 정부 부처뿐만 아니라 민간단체, 시민 단체들로 제시되는 문제점들을 해결하기 위해서 다양한 정책들을 제시하고 있다. 하지만, 충분한 수준과 여건에 이르지는 못하고 있다.

2012학년도에 교육과학기술부에서 제시한 다문화 가정 지원 정책 방향은 우리 사회가 우려하고 있는 다문화 교육의 문제점을 보완하기 위한 제도 마련에 고심하고 있음을 보여준다. 그러나 다른 주제들 또한 제기되는 사회적 문제들을 바르게 인식할 필요가 있다.

이와 같은 점을 전제하고 한국 다문화 교육의 구체적인 문제점을 요약하면 다음과 같다.

첫째, 다문화 교육에 대한 개념의 혼란이다. 다문화 교육이라고 하면, 한국에서는 외국인 근로자들이 한국의 문화를 배우고 제도를 따르게 하는 교육 장면을 떠오르게 된다. 즉 한국 문화 교육, 세계화 교육, 국제 이해 교육이 다문화 교육과 동일시되고 있다. 이같은 개념 혼란으로 인해 다문화라는 것에 이것저것 모두 담아 넣으려는 일종의 '잡화상식 교육'이 되고 있다.

둘째, 다문화 교육에 대한 철학의 부재 및 결여이다. 다문화 교육에 대한 철학이 정립되지 않은 상태에서 정부 부처, 지자체, 시민 단체들의 생색내기식 프로그램 남발과 유행처럼 번지고 있는 프로그램 나열이다. 자칫 다문화 교육 프로그램이 백화점식 프로그램 나열에 그칠 개연성이 많다. 또 일부 프로그램들은 경제적인 여유가 있고, 한국 정부로부터 인정을 받은 소수 일부로 한정되면서 그들만의 잔치로 끝나게 된다. 반면, 신분상의 불안을 겪고, 한국 적응에 어려움을 겪으면서 정체성의 혼란을 경험하는 이들에게는 상대적 박탈감을 갖게 해 사회 혼란을 가중시킬 수 있다.

셋째, 다문화 교육을 접한 자녀와 그렇지 못한 부모나 사회의 괴리감(乖離感)이다. 학교 교육이나 시민 단체, 종교 단체 등의 다양한 프로그램을 통해서 다문화 가정의 자녀들과 한국 가정의 자녀들이 또래 집단을 형성하고 놀이 문화를 형성하더라도 다문화 가정에 대한 충분한 이해 없이 일방적인 편견과 함께 교육의 기회를 접하지 못한 부모들을 자신의 자녀들을 다문화 가정 자녀들과 어울리지 못하게 함으로써 다문화 가정의 자녀들은 차별과 함께 소외감, 고립감을 경험하는 등 사회 부적응 요인으로 나타나고 있다.

넷째, 연구 기관 및 연구 인력의 준비 부족과 전문성을 갖춘 교사의 부족이다. 어떤 제도나 문화의 도입은 각 나라의 사회적·문화적 여건을 고려하여 무조건적인 수용이 아닌 정체성을 지니도록 하여야 한다. 하지만, 다문화 관련 전공 및 학문적 준비가 부족하다 보니, 다문화 관련 외국의 이론과 정책에 대한 국내 이식을 주저하지 않는다. 선진 국가들이 하는 다문화 정책이나 프로그램들이 한국 사회에 그대로 이식되어 진행되면서 문화적 충돌과 사회적 문제가 생기게 되고 그 속에서 내국인들은 소수 이민자들에 대한 편견을 갖게 되고, 타 문화에 대한 이질감을 극복하지 못하고 있다.

또 다문화 가정의 자녀들은 학교에 입학하여 일반 교육을 받는데, 교사들은 다문화 교육에 대한 교수 방법에 대해서 충분한 자질과 지식을 갖추고 있지 못하다. 교사양성교육기관에서도 다문화 교육에 대한 연구가 진행 중이지만, 실제적인 교육 내용이라기보다는 지식 전달 중심으로 이루어지고 있다. 또 교육이 실시되고 있는 현장에서는 교육과정 및 내용, 방법이 획일적으로 운영되고 있다. 그러나 입시 위주의 교육으로 인한 과도한 경쟁 중심의 사회적 풍토, 학교 여건 등과 함께 기본적으로 안일함에 빠져 획일적인 교육에서 벗어나려는 교사의 의식 및 태도의 변화 없이는 진정한 의미의 학생 중심 수업이 이루어질 수 없다. 그렇기 때문에 다문화 가정 자녀들이 학교에 입학해도 다문화 교육에 대한 지식을 갖추고 통합 교육을 해 줄 교사를 찾기란 어려운 실정이다. 즉, 자기 목소리 없는 다문화 담론(談論)이 재생산되고 있다.

다섯째, 다문화 교육의 창조적 상상력 결여이다. 다문화 교육은 서로 다른 문화, 차이의 문화가 상호작용을 통하여 새로운 창조의 문화로 이루어져야 한다. 그러나 한국의 다문화 교육은 다문화 가정의 교육 기회 보장, 한국 문화 익히기, 교육 복지의 충족 등을 통한 사회 적응 프로그램이다. 물론 정부, 지자체, 시민 단체, 종교 단체들은 그들의 인권 보호와 함께 사회 통합을 위해 다양한 프로그램을 개발하고자 노력 중이다. 하지만 민관의 연결망의 형성이 미흡하여 다각적인 변화가 요구되고 있다. 다문화 교육은 상상력의 활성화를 통하여 제3의 문화 창조로 이어지는 '문화적 사고'가 발생하여야 한다.

여섯째, 소수자만 다문화 교육의 대상자로 삼아 한글학교, 한국 문화 체험 등 한국 문화에 대한 일방적인 강요 교육 중심의 동화주의적, 자문화 중심의 입장이다. 다문화주의는 소수자가 자시의 문화에 대한 자존감을 갖고 다수 문화의 일부분으로 참여하는 것이다. 진정한 사회 통합은 상대주의적 관점에서 문화 간의 우열을 가르지 않고 상대 문화의 특수성을 인정하며 이루어가는 것이다. 그러나 우리 사회는 오랫동안 단일 민족 교육의 강조로 인하여 타 문화에 대한 거부 반응이 자리 잡고 있다. 그래서 한국에 들어와 있는 소수자들은 자신들의 문화와 습관을 버리고 한국인으로 변화하려고 노력하고 있다. 또 현재 정부의 사회 통합 정책은 정부가 원하는 국민 만들기에 초점이 맞추어져 있다. 그렇다 보니 현재 국내에서 진행되는 사회 통합 정책의 진정성이 망각된 채 동화주의적 경향으로 흐르고 있다.

다문화 교육은 공생이다. 즉, 한 문화를 일방적으로 강요하는 것이 아니라, 우리 문화를 이해시키면서 타 문화를 이해하는 관용과 배려의 정신이 필수적이다. 하지만, 다문화 가정을 한국 사회에 정착시키기 위한 다양한 프로그램과 한국 문화에 소수 이민자들의 참여를 유도하고 익히도록 일방적인 교육이 진행되고 있다.

일곱째, 사회적 비용 증대로 인하여 교육비 투자가 열악하다. 시장의 개방과 인력 이동의 확대 이후 나타난 불법 취업 및 불법 체류 상태의 외국인 노동자가 증가하면서 발생하는 사회적 문제 해결과 다문화 가정의 문화적 충돌에서 발생하는 문제들을 해결하기 위한 사회 제반의 제도 확충으로 사회 적응에 관련된 프로그램 개발 연구가 확대되고 있다. 그러면서 다문화 가정의 경제적 어려움은 2세들의 교육 기회를 제공하지 못하고 있고, 제도화된 교육에 적응하지 못하는 그들의 어려움을 해결할 수 있는 교육 환경 개선 지원 비용의 투자는 아직 열악한 형편이다.

여덟째, 획일적인 중앙집권적 교육의 문제이다. 정부에서 실시하는 다문화 교육 정책이 중심이 되어 지자체 및 각 단체들이 그 일환으로 다문화 교육을 실시하고 있어서 획일적인 교육이 이루어지고 있다. 그렇기 때문에 내용과 방법이 비슷하고 반복적으로 이루어지고 있어서 다문화 가정 자녀들이나 소수 이민자들이 제도 교육에 적응하지 못하고 있다. 그리고 수준도 향상되지 않아 실시되는 교육 제도들이 실효성을 잃고 있다.

세계화가 진행되면서 한국은 이제 세계 교류의 장이 되었다. 출산율은 세계 최저 수준을 기록하고 외국인 수는 점점 증가하고 있다. 이미 우리나라는 다민족·다문화가 공존하는 사회가 된 것이다. 하지만, 다문화 가정에게만 한국의 문화를 이해하도록 강요하는 다문화 교육 방식은 가난을 자녀들에게 물려주고 싶지 않아 소위 '코리안 드림'을 꿈꾸며 이주한 노동자들이나, 가난한 집안을 살리고자 한국 남자와 결혼한 동남아시아 국가 여성들이 한국 사회의 편견과 차별로 인해 사회에 적응하지 못하는 원인이 되고 있다. 하지만 이들은 조국으로 돌아가도 한국에서 익힌 사회문화적 습관과 조국 문화 사이에 충돌을 겪게 되고, 취업 문제, 거취 문제 등이 발생하기 때문에 조국으로도 쉽게 돌아가지 못한다. 즉, 한국 문화와 모국 문화 사이에서 갈등과 불안을 경험하는 소위 경계인의 위치에 놓이게 된다는 점을 유념하여야 한다.

2. 한국 다문화 교육의 개선 방향

우리 사회에서도 다문화 교육에 대한 다양한 노력들이 전개되고 있다. 이러한 노력들이 더욱 활발하게 전개되고 사회적 편견과 차별을 해소하기 위한 실질적인 효과가 나타나기 위해서는 학교 교육의 역할이 지대한 것이다. 따라서 21세기 세계화 시대의 한국 다문화 교육은 다음과 같은 방향으로 전개되어야 할 것이다.

첫째, 현재 한국의 다문화 교육은 관심과 노력은 지대한데, 체계적이지 못하기 때문에 보다 체계적이고 일관적인 방향으로 나아가야 한다. 다문화 교육의 중요성에 대해서는 국민 모두가 동의하고 있지만, 정부와 지방자치단체, 사회 단체, 학교 등에서 중구난방(衆口難防)식 다문화 교육이 이루어지고 있는데 이를 일관성, 통일성 차원에서 체계화할 필요가 있다.

둘째, 현대 한국 사회에 대한 다문화 가정의 특징 분석과 한국 문화 형성의 전통적 배경 및 현대 한국 사회의 특성에 알맞은 한국 다문화 교육 모델을 정립하고, 다양하게 수행하여야 한다. 따라서 맹목적으로 다른 나라의 다문화 교육 모델을 도입하여 그대로 적용하기보다는 우리나라 현실에 맞도록 재구성, 지역화하는 소위 '벤치마킹식' 적용이 요구된다.

셋째, 다문화 교육의 대상 단위를 개인에서 가족 단위로 확대하고 다문화 관계망을 형성하는 문제나 학교, 교육과정, 교과서 차원의 다문화적 고려, 다문화 교육의 정보화 등 문제들이 실질적으로 검토되고 효과적인 정책 집행이 이루어질 수 있을 것이다.

넷째, 공공 부문 및 학교와 민간의 다문화 교육 노력들을 체계적으로 지원하기 위해, 전문 인력의 양성과 종합적 관리를 위한 민관의 협력 기구와 다문화 교육 연구·연수 센터와 현직 교사들에 대한 재교육 제도가 필수적인 것으로 보인다.

다섯째, 획일적인 다문화 교육에서 벗어나야 한다. 다문화 교육에는 정형화된 교육 내용 및 교수법이 없다 다문화 교육 자체가 상상력을 바탕으로 하는 창조의 과정이다. 교육을 통하여 정형화된 결과물을 얻도록 하는 것은 틀에 붓고 찍어내는 '붕어빵식' 기계적인 교육이 될 수밖에 없다. 다문화 교육은 기존의 제품을 찍어내는 것이 아니라, 비교 우위를 논하지 않고 상대 문화의 우수성을 인정하고 자기 목소리를 가진 제3의 다양성을 창조해 내는 과정이다. 때문에 획일적인 교육을 통해서는 다양성이 공존하는 다문화 사회의 과제를 해결하기 곤란하다.

여섯째, 한국 문화만 강요하는 입장에서 벗어나 내국인들이 다문화 가정과 함께하면서 그들의 문화를 이해하고 한국 문화에 수용하여 새로운 문화를 형성하려는 태도가 필요하다. 그리고 다양한 교육의 장은 서로 연결되어 학점은행제 등을 통한 체계적인 교육을 통해서 수준을 향상시켜야 한다. 즉, 지역 주민, 행정가, 교육자, 학생, 교수, 기업인, 시민 단체 등 모두가 평생 교육 차원에서 지역 사회와 함께 다문화 교육에 접근해 나아가야 한다.

일곱째, 다문화 가정 자녀의 인권 보호 및 사회 통합을 위한 학교 내 프로그램을 개설하여 일반 학생 및 학부모들에게 다문화에 관한 체계적이고 정확한 정보를 제공해 주어야 할 것이다.

여덟째, 다문화 교육을 전적으로 외국인과 그 자녀에 국한하려는 경향이 있는데, 새터민과 그 자녀들에 대한 배려적인 다문화 교육이 필수적이다. 이는 같은 민족의 차원을 넘어서 통일 교육, 통일 대비 차원에서 긍정적으로 접근하여야 한다. 다문화 교육은 한반도 통일 이후를 길게 바라보고 차근차근 진행해 나아가야 한다.

사실 위로부터의 다문화 교육이 주를 이루는 한국 사회에서는 아래로부터의 다문화주의 운동도 중요하다. 특히 지역 사회에 기반을 둔 다문화 공간의 타 문화 간 소통의 확산, 다문화 시민권 운동의 확대를 위해서는 정부뿐만 아니라, 민간 기업과 시민 사회 등 다양한 주체들의 주도적인 역할과 파트너십(partnership)이 중요하다.

다문화주의는 국가와 시장의 경제적 필요성에서뿐만 아니라, 다름과 차이의 인정과 소통을 통해 시민 사회가 타자와 자신을 성찰하도록 하고, 인권을 문화적 영역까지 확대시키고 공동체를 보다 평등하고 조화롭고 다양하고 역동적으로 만드는 것이기 때문에 국가, 시장, 시민 사회가 모두 지향하는 정책 이념이 되는 것이다.

사실 한국 사회에서는 현재까지 다문화주의 정책 담론이 일방적으로 이방인들에게 우리 문화를 수용하고 익혀서 우리가 만들어 놓은 제도에 익숙해지길 바라고 있을 뿐 자신들의 변화에는 관대하지 못했다. 또한 관 주도 하향식 정책이었다면, 미래의 다문화 교육의 정책 입안과 실행은 민간 및 시민 사회의 다양한 연구와 이론들을 수용한 평등하고도 다양성이 존중되는 참여 민주주의 아래 추진되어야 할 것이다. 그리고 이와 같은 세계화 시대의 한국 다문화 교육은 교육공동체를 포함한 전 국민들의 관심과 배려, 그리고 동참이 필수적임을 유념해야 할 것이다.

제7절 다문화의 이해와 다문화 교육의 미래 지향점

최근 한국은 빠른 속도로 다문화 사회로 진입하고 있다. 이제 우리는 주변에서 외국인을 심심찮게 볼 수 있는 일상생활 속에서 살고 있다. 우리나라에서 다문화 가정이 늘어남에 따라 학교에서의 다문화 교육 방향에 대하여 모색하는 것은 매우 의의 있는 일이다.

세계화 시대에 바람직한 우리나라의 다문화 교육의 방향을 모색하는 데 목적이 있다. 따라서 다문화 교육에 대한 세계적인 흐름과 방법을 개관하고 우리나라의 다문화 교육에 대해서 고찰하는 것은 의의 있는 일이다. 우리 사회에서도 다문화 교육에 대한 다양한 노력들이 전개되고 있다. 이러한 노력들이 더욱 활발하게 전개되고 사회적 편견과 차별을 해소하기 위한 실질적인 효과가 나타나기 위해서는 학교 다문화 교육의 역할이 지대한 것이다. 따라서 21세기 세계화 시대의 한국 다문화 교육은 다음과 같은 방향으로 전개되어야 할 것이다.

첫째, 사실 현재 한국의 다문화 교육은 관심과 노력은 지대한데, 체계적이지 못하기 때문에 보다 체계적이고 일관적인 방향으로 나아가야 한다.

둘째, 현대 한국 사회에 대한 다문화 가정의 특징 분석과 한국 문화 형성의 전통적 배경 및 현대 한국 사회의 특성에 알맞은 한국 다문화 교육 모델을 정립하고, 다양하게 수행하여야 한다.

셋째, 다문화 교육의 대상 단위를 개인에서 가족 단위로 확대하고 다문화 관계망을 형성하는 문제나 학교, 교육과정, 교과서 차원의 다문화적 고려, 다문화 교육의 정보화 등 문제들이 실질적으로 검토되고 효과적인 정책 집행이 이루어질 수 있을 것이다.

넷째, 공공 부문 및 학교와 민간의 다문화 교육 노력들을 체계적으로 지원하기 위해, 전문 인력의 양성과 종합적 관리를 위한 민관의 협력 기구와 다문화 교육 연구·연수 센터와 현직 교사들에 대한 재교육 제도가 필수적인 것으로 보인다.

다섯째, 획일적인 다문화 교육에서 벗어나야 한다. 다문화 교육에는 정형화된 교육 내용 및 교수법이 없다. 다문화 교육 자체가 상상력을 바탕으로 하는 창조의 과정이다. 적어도 다문화 교육에서는 '붕어빵식', '다식판식'의 획일적 교육을 타파, 배격해야만 한다. 다문화 교육 역시 창의적인 교육을 지향하여야 한다.

여섯째, 한국 문화만 강요하는 입장에서 벗어나 내국인들이 다문화 가정과 함께하면서 그들의 문화를 이해하고 한국 문화에 수용하여 새로운 문화를 형성하려는 태도가 필요하다. 일곱째, 다문화 가정 자녀의 인권 보호 및 사회 통합을 위한 학교 내 프로그램을 개설하여 일반 학생 및 학부모들에게 다문화에 관한 체계적이고 정확한 정보를 제공해 주어야 할 것이다.

여덟째, 다문화 교육을 전적으로 외국인과 그 자녀에 국한하려는 경향이 있는데, 새터민과 그 자녀들에 대한 배려적인 다문화 교육이 필수적이다. 이는 같은 민족의 차원을 넘어서 통일 교육, 통일 대비 차원에서 긍정적으로 접근하여야 한다.

결국, 21세기 세계화 시대의 한국 다문화 교육은 교육공농체를 포함한 전 국민들의 관심과 배려, 그리고 동참 속에서 이루어져야 한다. 아울러 국내에 거주하는 국제 결혼, 외국인 근로자 증가 등으로 인한 다문화 교육 대상 학생들에게 '우리'라는 동질감을 느끼게 해주고 모든 교육과정과 교육 활동에 적극적으로 참여하도록 배려해 주어야 한다. 특히 세계화 시대의 한국 다문화 교육은 초·중·고교와 대학교 등 학교와 교원들만의 책임과 전유물이 절대 아니라는 점을 명심하고 수행하여야 할 것이다. 진정으로 바람직한 세계화 시대의 다문화 교육은 국민 모두가 참여하고, 교육공동체 모두가 한마음 한뜻으로 힘을 모아 함께 나아가는 '동반자의 길'에서 보다 더 알찬 성과를 기대할 수 있다는 점을 유념해야 할 것이다.[2]

---

2) 제5부 제3장 「다문화 교육의 이해와 방향」은 공주대학교 교육연구소 「교육연구」 제21집(2007) 학회지에 수록된 저자의 논문 「세계화 시대에 바람직한 한국의 다문화 교육 방안 모색」을 일부 수정하여 재구성한 글이다.

제1절 녹색성장(Green Growth)의 등장 배경

1. 자원 고갈과 기후 변화

현재 세계는 자원 고갈에 따른 절대적 자원 부족이라는 '자원 위기'와 온실가스 배출의 증가로 인한 기후 변화로 상징되는 '환경 위기'에 직면한 상태이다.

신흥 공업국의 경제 개발 및 세계 인구의 지속적인 증가는 에너지 자원 부족과 그에 따른 가격 상승이라는 악재를 만들어 내고 있다. 또한 전 지구적 규모의 기후 변화는 예측하기도 힘든 기상재해와 삶의 근간인 생태계를 파괴하는 피해를 유발하고 있다. 따라서 보다 윤택한 내일의 경제와 지구 환경을 위해 오늘날의 난관을 극복할 새로운 돌파구가 필요하다.

2. 선진국의 선택: '녹색성장'

세계화 시대인 현대 사회에서 자원고갈과 기후 변화 문제에서 완벽하게 자유로울 수 있는 국가는 없다. 이러한 문제에 대해 경제적 발전 단계에 따라 각국이 접근하는 방식에서 차이가 나타나고 있다, 선진국들은 자원이 효율적 이용과 환경오염을 최소화하는 녹색산업 및 녹색기술을 새로운 성장으로 동력화하는데 국력을 집중하고 있다. 특히, 유럽연합(EU) 등에서는 녹색기술 육성 및 환경 규제를 통해 자국 산업의 성장, 실업문제 해결 및 새로운 시장을 선점하려는 노력을 구체화하고 있다. 이는 기존의 '요소투입' 위주의 경제성장이 환경적인 측면뿐만 아니라 경제적으로도 한계에 도달했기 때문이다. 즉, 저탄소 경제로 변화하지 않으면 국제 온실가스 규제로 국가 경쟁력의 약화를 초래할 가능성이 크다는 결론이다. 이러한 세계적인 추세에 따라 저탄소·친환경이 새로운 성장을 이끌 전략산업이라는 인식이 확산되고 있다. 선진국들은 이러한 녹색성장을 바탕으로 개발도상국을 견제함과 동시에 새로운 시장을 창출하고 있다.

제2절 녹색성장의 개념: 녹색성장의 시대

1. 녹색성장(Green Growth)의 개념

녹색성장(Green Growth)란 환경과 경제가 상충된다는 고정관념에서 탈피하여, 환경과 경제의 새로운 조합을 통해 양지의 시너지를 극대화 하는 패러다임이다. 녹색성장의 핵심적인 개념은 경제성장과 환경 관리의 조화를 바탕으로 한 선(善)순환적 상생구조라 할 수 있다. 우선, 경제발전은 환경을 훼손하는 것이 아니라, 계획적인 환경관리 기법 등을 바탕으로 보다 더 건실한 환경 여건을 조성하는 데 도움을 준다. 그리고 이렇게 유지되고 관리된 환경은 새로운 경제성장의 동력을 제공함으로써 선순환 구조의 토대를 이루는 것이다. 결론적으로 녹색 성장은 기후 변화와 직접적인 관련성이 높은 '온실가스 배출'과 경제 활동에 불가피하게 수반되는 '환경오염'을 줄이는 동시에, 지속적인 성장을 추구하는 '지속가능성장'의 개념이다. 또한 녹색기술과 청정 에너지 기술개발을 통해 녹색성장의 동력을 찾고, 이러한 연관 산업의 발달을 통해 일자리를 창출한다는 새로운 국가발전의 패러다임이다. 친환경 에너지 개발과 사용은 세계적인 흐름인 것이다.

2. 녹색성장의 사례

하이테크 메카로 잘 알려진 실리콘밸리가 그린테크의 메카로 변신을 하고 있다. 실리콘 벨리에 불었던 닷컴의 열풍은 지나가고, 새로운 투자기회를 찾던 투자자들이 차세대 웹(web) 2.0이 아닌 바이오산업과 그린테크에 투자라는 것이 대세로 굳어졌다. 이는 투자자들이 차기 성장을 주도할 황금알을 낳는 거위가 그린테크 관련 시장이란 점을 간파하였기 때문이다. 2007년 실리콘벨리의 클린에너지 개발에 투입된 벤처캐피털의 자본은 11억 달러에 이르며 이는 2006년에 비해 94% 증가한 금액이다. 밴처캐피털 회사들은 클린에너지가 수년 내에 화석연료 에너지에 비해 저렴해질 것이라고 확신하며, 조만간 6조 달러에 달할 세계 에너지 시장을 지배하려는 목표를 세우고 있다.

자동차 메이커도 없던 이스라엘이 세계최초로 전기차를 상용화하겠다고 세계를 향해 선언하면서 그린카의 메카로 부상하고 있다. 정부가 나서서 전기차용 배터리 충전소 보급을 지원하고, 전기차에 대한 판매세를 획기적으로 낮추기로 했다, 이스라엘은 현재 78%가량인 자동차 판매세를 획기적으로 낮추기로 했다, 이스라엘은 현재 78% 가량인 자동차 판매세를 하이브리드카는 30%, 전기차는 10%로 인하하겠다는 친환경 정책을 실시할 예정이다. 이러한 지원을 통하여 이스라엘은 2011년 10만대 보급을 시작으로 가장 먼저 그린카 상용화 국가가 되려는 준비에 박차를 가하고 있다. 이스라엘에 이어 북유럽의 덴마크도 그린카 상용화 계획을 발표하였으며, 영국 등에서도 이러한 계획을 검토 중이다. 한편, 석유 소비의 69%를 교통부문에서 소비하고 있는 미국에서도 하와이를 시작으로 전기차 프로젝트를 채택할 것으로 전망되고 있다. 자동차 관련 기업 중 르노-닛산 등은 이미 그린카 프로젝트에 참여했으며, 하이브리드카 시장을 선도하고 있는 도요타도 전기차 시장에 진출하겠다고 발표하였다. 전기차는 향후 세계 자동차 시장의 변화를 주도할 핵심 아이템으로 부상하고 있다.

3. 대한민국의 선택: 미래의 녹색성장

우리나라는 세계 10대 에너지 소비국이다. 그런데 이 에너지의 97%를 해외수입에 의존하고 있다. 향후 온실가스 감축 의무가 부과될 경우, 우리나라 경제가 안게 될 부담은 더욱 늘어날 것으로 보인다. 기후 변화 문제가 심각해질수록 국제사회는 점차 각국의 탄소배출을 강하게 규제할 것이다, 따라서 이러한 규제를 피하면서 지속적인 성장을 추구할 수 있는 '저탄소 녹색성장'이 오늘날의 당면 과제를 헤쳐나갈 수 있는 원동력이 되고 있다. '저탄소·친환경 산업'이야말로 새로운 성장을 이끌어낼 '전략산업'이며, 삶의 질을 높이고 동시에 환경을 개선하는 효과를 가져다줄 것이다. 또한, 지구와 인류를 위한 '윤리적 패러다임'으로의 전환을 통해서 책임 있는 국제사회의 일원으로서 귀감이 될 수 있다.

4. 대한민국의 녹색성장의 비전

① 산업부문의 에너지 효율 향상: 현재 우리나라는 선진국에 비해 에너지 효율성이 낮은 국가로 평가 받고 있다, 주요국 에너지원 단위(TOE/천$; 2010년 불변 PPP 기준)를 살펴보면 우리나라는 0.23인 데 반하여, 영국(0.13), 일본(0.15), 독일(0.16) 등은 효율성이 높음을 알 수 있다. 따라서 에너지 다소비업체의 의무적 에너지 진단 실시, 최저소비 효율 기준 적용 확대 등 에너지 효율 제고를 위해 박차를 가하고 있다.

② 연구개발(R&D) 투자 확대로 선진국 수준의 녹색기술 확보: 우리나라는 선진국이 이미 개발을 하였거나 개발 중인 분야의 기술을 추격하는(Catch-up)방식을 지양하고, 혁신적 미래기술 선도 분야를 직접 육성할 계획이며, 우리의 강점 분야인 IT, BT, NT를 활용한 융합기술 개발을 추진 중이다.

③ 기후친화산업의 육성·보급과 수출 경쟁력 강화: 태양광, 풍력 등 유망분야 비중 확대를 통한 신재생 에너지 보급률을 획기적으로 제고할 것이다. 또한 LED 융합 산업으로 대표되는 에너지 효율 향상 산업 육성 프로그램을 준비 중이며 하이브리드자동차 및 연료전지자동차 양산으로 '세계 4대 그린카 생산국' 진입을 계획하고 있다.

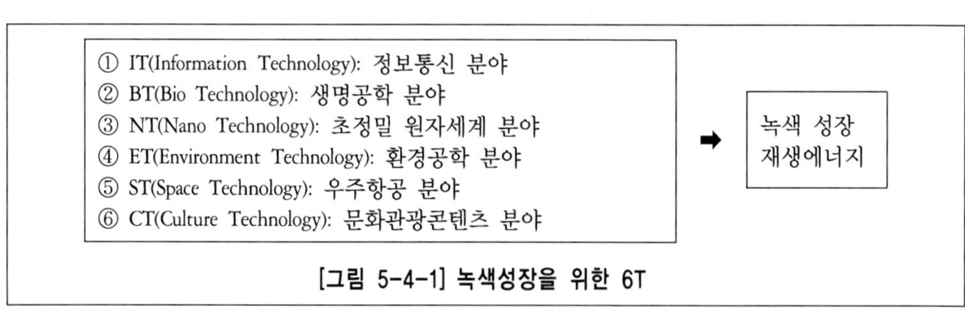

[그림 5-4-1] 녹색성장을 위한 6T

21세기 세계화·정보화 시대를 맞이하여 한국은 더욱 더 녹색성장을 위한 산업부문의 에너지 효율 향상, 연구개발, 기후친화산업의 육성 등에 노력하여야 한다. 특히 친환경적 에너지 개발과 무공해 대체 에너지 개발에 정책의 우선 순위를 두어야 한다.

이와 같은 녹색성장을 위한 정책적 토대 위에서 IT(정보통신 분야), BT(생명공학 분야), NT(초정밀 원자세계 분야), ET(환경공학 분야), ST(우주항공 분야), CT(문화관광콘텐츠 분야) 등 6T의 개발과 발전 및 활용에 노력하여야 한다.

제3절 신재생에너지

1. 자원 고갈과 기후 변화: 녹색성장 동력으로 떠오르고 있는 에너지

현재의 화석연료들의 채굴 가능 연수는 석유 약 40년, 천연가스 약 60년, 석탄 약 155년으로 전망하고 있다. 화석연료는 지역적으로 편재되어 있어 국지성과 희소성이라는 특성을 지니고 있다. 세계 전체 석유 자원의 약 2/3가 서남아시아 지역에 편중되어 있고, 천연가스 매장량도 70% 이상이 구소련 및 서남아시아 지역에 편중 되어 있다. 에너지를 수입에 의존한다는 것은 에너지 자원 확보와 경제적 측면에서도 부담을 주게 된다, 이에 지속 가능한 에너지가 필요하게 되었다.

2. 선진국의 사례

선진국에서는 신재생 에너지 개발에 적극적이다. 그 이유는 첫째, 고갈의 위험이 없고 환경문제를 일으키지 않는다는 점. 둘째, 자국의 에너지 자립도를 높이고 세계시장에서 주도권을 잡기 위해서이다, 비록 현재 높은 비용이 들더라도 수입에너지에 대한 의존보다는 오히려 기술개발이 더 생산적이라는 판단아래 꾸준히 투자하고 정책적으로 지원하고 있다, 정부 차원뿐만 아니라 석유나 석탄 관련 다국적 기업들도 화석에너지 산업이 지속가능하지 않다고 판단하여 태양광전지나 풍력 발전기 생산에 투자하고 있다.

3. 신재생에너지의 개념

신재생에너지는 화석에너지와 원자력에 대한 대체재란 의미로 사용되었다. 유럽에서는 과거 대체에너지를 신재생에너지로 불러왔으나 최근 재생에너지(Renewable Energy)라는 명칭으로 통일하여 사용하고 있다. 재생에너지에는 바이오, 태양광, 태양열, 소수력(10MW 이하), 파력, 풍력, 지열 등이 있다. 우리나라는 '신에너지 및 재생에너지이용·개발·보급촉진법'으로 개정하여 농법 제2조에 의서하여 「기존의 화석연료를 변환시켜 이용하거나 햇빛·물·지열·강수·생물유기체 등을 포함하는 재생 가능한 에너지를 변환시켜 이용하는 에너지」로 정의하고 있다. 신에너지에는 연료전지, 석탄액화·가스화, 수소에너지 등 3개 분야가 있다. 재생에너지에는 태양광, 태양열, 바이오, 풍력, 수력, 해양, 폐기물, 지열 등 8개 분야가 있다.

4. 신재생에너지의 특성

화석연료는 사용량이 증가함에 따라 이산화탄소, 메탄, 질소산화물, 탄화수소, 프레온과 같은 온실가스를 배출하지만 신재생에너지는 온실가스를 거의 배출하지 않고 열과 에너지를 생산할 수 있다. 또한 화석연료는 채굴 가능 연수가 있지만 신재생에너지는 무한·지속적인 에너지이다, 에너지 가격

면에서도 신재생에너지를 사용하면 원유, 석탄, 가스등의 수입을 줄일 수 있어 에너지의 해외 의존도를 줄일 수 있다. 그리고 신재생에너지를 개발하고 소비하는 데 드는 비용을 제외하고 남은 비용으로 그 나라에 많은 새로운 직업을 창출하며 경제성장의 효과를 가져올 수 있다.

5. 신재생에너지의 비전: 우리나라의 녹색 미래

1) 한국의 신재생에너지 개발

우리나라는 에너지를 덜 쓰면서도 건실한 성장을 이루며, 에너지를 쓰더라도 환경오염을 줄일 수 있고, 일자리와 성장 동력을 창출하며 에너지 위기가 있어도 에너지 자립 및 복지를 구현하고자 한다. 신재생 에너지는 국토여건이 제한되어 있고, 아직은 기술이 부족하고, 경제성이 낮아서 확대를 하는 데 어려움이 있다. 그러나 지속적인 기술 개발과 지원을 통하여 2030년에는 선진국의 수준까지 높일 계획이다.

2) 신재생에너지의 과제

한국은 앞으로 풍력, 조력·조류, 바이오 등 국내 국토여건이 좋은 분야는 다음과 같은 제도와 지원을 실시하여 수요를 창출할 계획이다.
첫째는 에너지 사업자의 신재생에너지 의무할당제(RPS)도입이다.
둘째는 공공건물에는 신재생에너지 사용의무 강화와 민간 건물에는 인센티브를 주어 신재생에너지 사용을 유도한다.
셋째는 신재생에너지 지원금을 확보하여 바이오디젤이나 바이오에탄올, 생활폐기물과 축산폐기물을 이용한 열병합 발전을 지원한다.
또한 수송용 바이오 가스 등 폐기물 자원화와 잠재력이 큰 해양에너지, 해조류, 해양미생물 등 바이오 연료 개발을 지원할 것이다.

제4절 글로벌(Global) 시대의 환경 문제

1. 환경의 위기

현재 세계는 기후 변화와 환경오염, 자원고갈 등이 지구 규모의 위기에 처해있다. 지구 온도가 1℃ 상승하면 17억 명이 물 부족에 시달리고, 알레르기 등 전염성 질환이 확산된다.
또한 32억 명이 물 부족으로 고통을 받고 해안지역 30% 이상이 해수면 상승으로 유실될 것이라고 한다. 물부족의 심화, 온실가스 배출로 인한 지구 기후 변화, 경작지의 사막화로 인한 식량위기 등 환경상황의 악화는 경제발전을 저해하는 원인이 될 뿐만 아니라 삶의 질을 떨어뜨리는 원인이 된다.

2. 녹색성장의 선행 조건

녹색성장은 발전을 지속하면서도 지구에 부담을 지우지 않는 범위에서 경제와 환경의 성장을 동시에 추구하는 지속가능한 발전의 개념에 그 근거를 두고 있다. 또한 환경 문제를 예방하고 환경친화적 성장에 이르는 모든 발전 단계가 녹색성장의 대상이 된다.

그렇기 때문에 녹색성장이 선행 조건은 환경오염을 줄이고, 온실가스 배출을 최소화하는 것이다. 이는 단순하게 에너지원의 변화와 신기술의 도입만으로 달성되는 것이 아니라 사회 시스템 전반과 개인의 삶과 관련된 문제이다. 왜냐하면 그 시대의 산업 시스템과 철학, 삶의 양식 변화가 에너지와 기술의 변화를 이끌어내는 원동력이기 때문이다.

3. 한국 녹색성장의 실천 과제

1) 생활 습관 전환(변화)

녹색 성장 사회를 이루기 위해서는 개인의 의식주를 비롯한 소비 활동이 변화되는 생활 혁명이 필요하다. 소비자가 제품을 선택할 때 만드는 과정에서 이산화탄소의 배출이 적고 환경오염을 시키지 않는 제품을 선택하여 소비한다면, 기업체는 원료 획득 과정에서부터 생산 공정, 완제품에 이르기까지 기존이 생산구조를 변화시키지 않을 수 없다. 이와 같이 소비자의 녹색 소비는 개인의 삶을 건강하게 만들어 줄 뿐만 아니라, 사회 전체를 건강하게 만드는 계기가 되는 것이다.

환경 친화적인 상품을 인증해 주거나, 저탄소 제품을 인증하는 에코라벨링이나 기업의 환경성을 소비자에게 공개하는 기업환경정보 공사 제도 등은 소비자의 현명한 실천을 위한 제도이다. 또한 개인의 일상생활 속에서도 습관을 바꾸어 녹색성장을 실천할 수 있다. 가까운 거리는 걷거나 자전거를 이용하고, 친환경적인 대중교통을 이용하는 등의 실천은 국가나 사회가 도시와 건축, 교통 시스템 등을 바꿀 수 있는 계기를 마련한다.

2) 녹색 생활 실천 교육 강화

많은 사람이 지구 환경의 미래를 걱정하며 녹색성장에 박차를 가하고 있지만, 정작 무엇을 어떻게 해야 하는지 모르는 경우가 많다.

개인의 생활 습관을 바꾸고, 환경 친화적 행동을 이끄는 것은 생명과 인류애에 기반을 둔 생태환경과 지속 가능한 발전에 대한 교육이다. 녹색기술을 연구·개발하는데 기초가 되는 과학 공학교육, 경제·사회 시스템의 녹색화를 이루는 데 중요한 경제 교육, 생태 문화의 중요성을 알고 삶 속에서 향유할 수 있도록 하는 문화 교육 등이 요구된다. 기후 변화와 환경오염 문제를 예방하고, 문제 해결을 위한 의사결정, 그리고 국제 사회의 협력과 참여를 독려하는 것 또한 교육의 힘으로 가능하다.

21세기 세계화 시대에 아주 중요한 교육 중의 하나가 녹색 환경 교육이라는 점을 염두에 두어야 할 것이다. 특히 녹색 환경 교육은 일상생활과 연계되어 실천되어야 한다는 점을 간과(看過)해서는 안 될 것이다.

[참고 자료]

● 교토의정서[京都議定書, Kyoto protocol]

　　교토프로토콜이라고도 한다. 지구 온난화 규제 및 방지의 국제협약인 기후변화협약의 구체적 이행 방안으로, 선진국의 온실가스 감축 목표치를 규정하였다. 1997년 12월 일본 교토에서 개최된 기후변화협약 제 3차 당사국총회에서 채택되었다.

　　의무이행 대상국은 오스트레일리아, 캐나다, 미국, 일본, 유럽연합(EU) 회원국 등 총 38개국이며 각국은 2008~2012년 사이에 온실가스 총 배출량을 1990년 수준보다 평균 5.2% 감축하여야한다, 각국의 감축 목표량은 -8~+10%로 차별화하였고, 1990년 이후의　토지 이용변화와 산림에 의한 온실가스 제거를 의무이행 당사국의 감축량에 포함하도록 하였다. 그 예로 유럽연합 -8%, 일본 -6%의 온실가스를 2012년까지 줄여야 한다.

　　감축 대상가스는 이산화탄소(CO_2), 메탄(CH_4), 아산화질소(N_2O), 불화탄소(PFC), 수소화불화탄소(HFC), 불화유황(SF6) 등의 여섯 가지이다. 당사국은 온실가스 감축을 위한 정책과 조치를 취해야 하며, 그 분야는 에너지효율향상, 온실가스의 흡수원 및 저장원 보호, 신·재생에너지 개발·연구 등도 포함된다.

　　한국은 제3차 당사국총회에서 기후변화협약상 개발도상국으로 분류되어 의무대상국에서 제외되었으나, 몇몇 선진국들은 감축목표 합의를 명분으로 한국·멕시코 등이 선진국과 같이 2008년부터 자발적인 의무 부담을 할 것을 요구하였고, 제4차 당사국총회 기간에 아르헨티나 카자흐스탄 등의 일부 개발도상국은 자발적으로 의무를 부담할 것을 선언하였다.

　　2013년~17년 의무대상국이 개발도상국에 집중되기 때문에 5월부터 개최되는 대상국 확대협의에서 한국도 동참을 요구받을 것으로 예상된다. 2002년 IEA(국제에너지기구)의 통계에 따르면 한국의 연간 이산화탄소 배출량은 2000년을 기준으로 했을 때 4억 3,400만 톤으로 세계 9위이며, 세계 전체 배출량의 1.8%를 차지한 것으로 나타났다. 더욱이 1990년 이후 배출량 증가가 85.4%로 나타나 세계 최고의 증가세를 기록하고 있기 때문에 의무대　상국으로 분류될 가능성이 크다. 미국은 전 세계 이산화탄소 배출량의 28%를 차지하고 있지만, 자국의 산업보호를 위해 2001년 3월 탈퇴하였다.

● 발리로드맵

　　교토의정서를 대체할 새로운 기후변화협약의 계획이나 일정의 구상도. 2007년 12월 3일부터 15일까지 인도네시아 발리에서 열린 제13차 유엔 기후변화협약 당사국 총회에서 '발리 로드맵'이 채택되었다. 발리 로드맵에 따르면 새 기후변화협약은 2년간의 협상을 거쳐 2009년 덴마크 코펜하겐 총회에서 결정, 2013년 발효된다. 온실가스의 감소는 선진국은 수치화된 목표 없이 '상당히 감축(Deep cuts)한다'는 목표로 설정되어 있으며, 개발도상국은 측정 가능하고 검증 가능한 방법으로의 감축을 촉구한다. 또한 발리로드맵은 열대우림의 개간을 줄이는 개도국에 인센티브를 제공하고 기후변화 대응 노력하는 개도국에 선진국 기술 이전한다는 등의 내용을 담고 있다. 발리로드맵으로 미국, 중국, 인도 등과 함께 한국도 2013년부터 온실가스 감축 대상국에 포함되었다.

　　이런 추세에 맞춰 우리나라도 기후변화협약에 대응하고자 1998년부터 임시 범정부대책기구를 구성해 대책 등을 수립·추진하고 있다. 이명박 정부 출범 이후에는 국무총리실에 기후변화대응을 위한 실무조직으로 기후변화대책기획단을 운영, 기후변화 대응 종합기본계획(2008~2012년, 5개년)을 수립했다. 종합기본계획은 온실가스와 환경오염을 줄이는 지속 가능한 성장으로서, 녹색기술과 청정에너지로 신성장동력과 일자리를 창출하는 신국가발전 패러다임으로 '저탄소녹색성장'의 개념을 정의했다. 또 기후친화산업을 신성장동력으로 육성, 국민의 삶의 질 제고와 환경 개선, 기후변화 대처를 위한 국제가회 노력을 선도한다는 등 3가지 목표를 설정했다.

제1절 영재교육의 개관

한국의 영재교육은 관련 법령을 마련한 후 국가 차원의 중장기 비전을 제시한 제1, 2차 영재교육진흥종합계획(2002, 2007) 및 수월성교육종합대책(2004)을 수립하면서 체계적인 모습으로 추진되고 있다. 짧은 역사에도 불구하고 영재교육은 영재교육기관 수, 영재교육대상자 수, 예산 금액 등에서 양적으로 획기적인 증대와 발전을 이루게 되었다. 이를 바탕으로 앞으로는 영재교육에 있어서 양적인 발전뿐만 아니라 질적인 성장을 함께 도모해야 한다. 또한 영재교육기관 및 영재교육관계자들은 어떤 학생을 어떻게 선발하여 이들에게 어떤 영재교육프로그램을 제공할 것인가에 대해서 함께 깊이 있는 고민을 할 필요가 있다.

제2절 영재교육의 이해

1. 영재교육의 목적 및 현황

1) 영재교육의 필요성 및 목적

영재교육의 필요성은 개인적인 측면과 사회·국가적인 측면으로 나누어서 생각해 볼 수 있다. 개인적인 측면으로 보면 영재 학생들은 다른 모든 개인들처럼 자기에게 맞는 교육을 받아 자신의 잠재력을 최대로 계발할 권리가 있다는 것이다. 현재의 학교교육 체제하에서 그 능력을 충분히 발휘하시 못하고 타고닌 잠재력을 사장 당할 우려가 있는 학생들을 위하여 우리 헌법 제31조에서 규정하고 있는 '국민의 교육기본권' 즉 '누구나', '능력에 따라', '균등하게 교육받을 권리'를 보장하기 위한 수단이 될 수 있다.

국가차원에서의 영재교육은 '한 사람의 영재가 수백만 명을 먹여 살린 수 있다'라는 이유, 즉 창의적인 인재의 육성·활용이 21세기 지식기반사회의 국가경쟁력을 좌우한다는 사실 때문에 필요하다.

이러한 개인적·국가적인 차원의 필요성에 따라서 영재교육의 목적은 영재들의 잠재력을 최대한 계발하여 그들의 자아실현의 욕구를 실현시켜 줌으로써 그 결과 우수인재를 통한 국가 경쟁력 강화를 함께 도모하는 데 있다.

2) 영재교육의 추진 경과

한국에서는 1995년 「5·31 교육개혁보고서」에서 영재교육의 필요성과 강화의 내용을 공식적으로 처음으로 언급한 이후, 2000년 「영재교육진흥법」이 제정·공포되고, 2002년 「영재교육진흥법시행령」 제정·공포하여 영재교육이 공교육 체제하에서 보다 체계적이고 종합적으로 이루어질 수 있는 토대를 마련하였다. 시행령 공포 이후 대학교 부설 과학영재교육센터를 과학영재교육원으로 개칭하게 되었다. 이후 대한민국 정부 수립 후 최초의 영재교육에 관한 정부 차원의 종합적인 대책인 「제1차 영재교육진흥종합계획('03~'07)」이 발표되었고, 이 계획에는 2007년까지 전체 학생의 약 0.5%가 영재교육을 받을 수 있도록 하였다. 2005년 12월 7일 「영재교육진흥법개정안」이 국회를 통과하면서 시행령 일부 개정안이 공포(영재교육대상자 선발권자를 교육감에서 영재교육기관장으로 변경 등) 되었다. 그리고 2007년에는 「제2차 영재교육진흥종합계획('08~'12)」이 발표되어 지난 2003~2007년 까지를 도입기로 본다면 2008~2012년까지를 발전기로 보고 2012년까지 전체 초·중·고교생의 1%(7만여 명)에게 영재교육기관별로 특성화된 영재교육을 제공할 것을 목표로 영재교육 정책을 추진하고 있다.

3) 영재교육진흥법의 이해

영재교육진흥법에 의하면 영재란 재능이 뛰어난 사람으로서 타고난 잠재력을 계발하기 위하여 특별한 교육을 필요로 하는 자로서 정의되며, 이러한 영재를 대상으로 각 개인의 능력과 소질에 맞는 교육내용과 방법으로 실시하는 교육을 영재교육이라 한다. 영재교육진흥법에 규정한 영재교육기관 단위학교나 지역공동으로 운영되는 영재학급, 교육청 또는 대학부설 형태로 운영되는 영재교육원, 그리고 영재학교이다. 영재학급과 영재교육원에서 제공하는 영재교육은 프로그램 형태로 제공되는 일종의 비정규 교육과정인 반면 영재학교의 영재교육은 정규 학교 교육과정이다. 현재 영재학교는 부산에 있는 한국과학영재학교가 유일하며, 2009년에 서울과학고등학교가 영재학교로 전환되었다. 영재학교의 특징은 영재교육진흥법에 적용을 받으며 학생 선발 및 교육과정이 대폭 자율화되었으며, 무학년 졸업학점제, 제1, 2학년 전원 R&E 프로그램 운영 등 과학영재들을 위한 차별화된 심화 프로그램을 제공하고자 한다.

또한, 영재교육진흥법에서는 ① 일반 지능, ② 특수 학문 적성, ③ 창의적 사고 능력, ④ 예술적 재능, ⑤ 신체적 재능, ⑥ 그 밖의 특별한 재능에 대하여 뛰어나거나 잠재력이 우수한 사람 중 영재교육기관의 교육영역 및 목적 등에 적합하다고 인정하는 자를 영재교육대상자로 선발할 수 있다고 명시하고 있다.

4) 한국 영재교육의 현황

2007년 현재 교육청(교육지원청) 산하에 408개의 영재학급과 216개의 영재교육원, 그리고 38개의 대학부설 영재교육원으로 총 663개의 기관에서 영재교육 프로그램을 제공하고 있다. 영재학교의 학생을 포함하여 2007년 현재 총 46,006명의 초·중·고 학생이 영재교육을 받고 있다. 전체 영재교육 대상자 중 초등학생이 48.6%, 중학생이 46.3%로 초·중등 학생이 약 94.9%로 대부분을 차지하였고, 고등학생은 약 5.1%에 불과하였다. 영재학급은 초등학생의 비율(17.4%)이 중학생(8.7%)보다 높았으며, 교육청 영재교육원은 중학생의 비율(27.8%)이 초등학생 비율(25.8%)보다 약간 높았으며, 대학 부설

과학영재교육원은 중학생의 비율(8.7%)이 초등학생 비율(5.4%) 보다 높았다.

분야별로는 과학 12,971명, 수학 11,334명, 수학·과학 통합 13,687명으로 이는 전체 영재교육대상자의 약 82%를 차치함으로써 우리나라 영재교육은 현재까지 과학과 수학 분야를 중심으로 이루어지고 있으나, 점차 발명, 언어, 예술, 인문사회 등과 같은 다양한 분야로 확대되어 이루어지고 있다. 우리나라 영재교육대상자의 비율은 전체 학생의 약 0.5%로 영재교육을 실시하고 있는 다른 나라들에 비해 아직 매우 적은 수치이다.

2. 영재의 특성과 선발

1) 영재의 지적·정의적 특성

(1) 영재의 지적 특성

영재들은 신장, 외모, 피부색, 인지능력, 언어능력, 흥미, 학습양식, 동기, 성격, 정신건강, 자아개념, 습관과 행동 등 여러 가지 측면에서 서로 다르다.

첫째, 조숙한 언어 및 사고력이다. 일부 영재는 생후 7개월경에 말을 시작한다. 영재 중에는 말을 늦게 시작하는 아동도 있지만 일단 말문이 트이면 급격히 언어 능력이 발달한다. 그러나 모든 영재들이 글을 빨리 읽는 것은 아니다. 예를 들어, 아인슈타인은 8세기 되어서야 비로소 글을 읽을 수 있었다고 한다. 또한 이들은 매우 이른 시기에 쓰기를 시작한다.

둘째, 영재들은 일반 학생들보다 사고가 빠르고 논리적이다. 이들은 호기심이 많고 학습에 대한 동기가 강해서 계속적으로 질문을 한다. 또한 이들은 질문 능력, 인과 관계 이해력, 수렴적인 문제해결력, 지구력, 통찰력 등이 뛰어나다.

셋째, 영재들의 높은 수학적 능력과 예술적 능력은 언어적, 개념적 능력과 더불어 조기에 나타난다. 특히 음악적 영재성은 1~2세에 나타나는데, 이것은 다른 기술보다 빠르다. 모차르트는 4세에 하피시코드 협주곡을 연주하였다.

넷째, 영재의 두드러진 득성 중의 하나는 동기가 높고 지구력(持久力)이 강하다는 것이다.

(2) 영재의 정의적 특성

첫째, 하나의 일치된 연구결과는 없지만, 매우 우수한 영재들에게서는 정서적인 문제로 정서적인 예민성과 과도한 흥분이 나타나기도 한다. 터만(Terman)의 연구에서는 영재들의 정신건강이 매우 양호한 것으로 나타났지만, 홀링워스(Hollingworth)는 잘 적응하지 못하는 영재들을 위하여 영재상담이 반드시 필요하다고 주장한다.

둘째, 영재들은 자신감이 높고 독립심이 강하다. 또한 이들은 높은 내적 책임감과 강한 책임감을 가지고 있으므로 스스로 높은 목표를 설정하여 그것을 성취하고자 노력한다.

셋째, 영재들은 구조화된 과제보다는 구조화되어 있지 않고 융통성이 요구되는 과제를 좋아하며, 학습에 직접적인 참여자가 되기를 좋아하며, 이들은 청각, 촉각, 시각, 운동 감각 등을 사용해서 학습하기를 좋아한다.

넷째, 대체적으로 영재들은 유머 감각이 뛰어나다.

다섯째, 영재들은 가치와 도덕적 문제에 매우 민감하다. 특히 영재들은 사회 문제에 많은 관심을 가진다.

2) 영재성의 개념적 정의

교육자들 사이에 영재학생들은 그들의 학습능력에 도전받기 위한 전문적인 교육과정이 필요하다는 것에 대해서는 일반적인 합의가 있을지라도, 영재성에 대한 하나의 합의된 정의가 없는 것이 사실이다. 실제 하나의 영재교육 시스템에서는 영재에 대한 개념적인 정의를 내린 후에만 영재성 선발 과정에서 사용할 수단과 절차를 체계적으로 선택할 수 있다. 예를 들어 영재성을 높은 지능, 창의성, 동기 그리고 리더십으로 구성된 것으로 정의하는 시스템이 이들 구성요소들 중에서 첫 번째 3가지를 평가되어야 할 것, 마지막이 개발되어야 할 것이라고 결정을 했다면, 선별과 판별 체제는 첫 번째 3가지 요소(높은 지능, 창의성, 동기)를 소유한 학생들을 찾기 위하여 만들어져야 한다. 교육과정은 리더십 기술을 개발하는 동안 학생들의 지능, 창의성, 동기가 강화될 수 있도록 설계되어야 한다.

넓은 의미의 영재성 정의에 대한 예는 렌줄리(Renzulli)의 영재성에 대한 3고리 개념이다. 이는 평균 이상의 능력, 창의성, 그리고 과제 집착력 등 세 가지이다. 창의성 연구학자인 렌줄리(Renzulli)에 따르면, 비록 아이들이 영재로 판별되기 위해서 3가지 요소 모두를 가지고 있을 필요는 없을 지라도, 잠재력은 체크 리스트와 이들 세 영역의 다른 측정도구들을 통하여 판별될 수 있다.

3) 영재 선발

(1) 영재판별의 원칙

선행연구들은 판별 시스템이 영재교육 프로그램을 필요로 하는 학생들을 판별하기 위하여 몇 가지 원칙들이 있음을 시사하고 있다.

① 영재, 영재성 및 영재아의 특징과 같은 영재 관련 기본 개념에 관한 정의가 잘 되어 있어야 한다.

② 영재성의 정의와 판별은 일관성이 있어야 한다.

③ 단계별, 다면적인 영재 판별 전략이 필요하다. 학생들은 다양한 방법으로 재능을 표현할 수 있음에 주의해야 한다.

④ 가급적 조기부터 실시해야 하며, 지속적으로 이루어져야 한다.

⑤ 판별 대상의 수준, 연령 등을 고려해야 하고, 충분히 수준 높은 검사를 실시하여야 한다. 예를 들어, 중·고등학교 연령의 대상자는 구체적인 영역별, 과목별 판별이 적합한 반면, 연령이 낮은 대상자의 경우 일반적인 능력 범위 안에서 측정하는 것이 적합하다.

⑥ 여러 가지 방법을 종합적으로 활용해야 한다.

⑦ 배타성보다는 포괄성의 원칙에 입각하여 판별을 실시한다.

(2) 우리나라 영재교육대상자 선발 절차

우리나라에서의 영재교육대상자 선발은 각각의 영재교육기관에서 영재교육진흥법의 틀 안에서 세부적으로 다양하게 이루어지지만 대부분은 다음과 같이 다단계 절차를 거쳐서 이루어진다.
① 1단계: 추천(교사)
② 2단계: 영재성 검사(창의성, 언어, 수리논리, 공간지각)
③ 3단계: 학문적성 검사(수학, 과학, 정보과학, 기타)
④ 4단계: 심층면접 및 캠프

4) 교사 추천 방법

일반적으로 표준화된 성취도 검사와 지능 검사가 영재 학생들을 선발하는 데 있어서 결정적인 역할을 할지라도, 미국의 많은 학구에서는 영재교육대상자의 전체 선발 시스템의 일부로서 비형식 적인 교사의 학생 평가를 포함한다. 선행연구들에 의하면 영재교육대상자를 추천할 때 교사들은 영재 전문가들과는 달리 학생들의 강점보다 약점에 더 초점을 맞추고, 창의성, 리더십 그리고 자동차 기술보다 학문적인 수행과 관련이 있는 기능(skill)에 더 초점을 맞추는 경향이 있었다. 따라서 교사들은 다양한 학생들의 영재 영역을 인식하고 평가하도록 훈련되어야만 한다. 영재 학생을 판별해야 하는 학급 교사들은 왜 학생들이 영재가 아닌가에 대한 이유를 찾기 보다는 영재성을 나타내는 특징을 판별하도록 고무되어야 할 것이다.

또한 교사들이 영재교육프로그램에 참여할 학생을 추천할 때는 다음과 같은 자료 및 방법을 활용할 수 있다. 첫째, '영재교육대상자 선발을 위한 교사 추천 양식', '학부모 지원서', '학생 지원서'를 활용한다. 둘째, 교사용 '영재 행동 특성 체크리스트' 및 학생용 '리더십 특성 검사' 및 '학부모용 행동 체크리스트'를 활용한다. 셋째, 내신, 적성검사, IQ 검사, 흥미검사, 가정환경, 사교육경험 등의 기타 참교자료를 활용한다. 넷째, 영재교육기관 평가 시 교사 추천과정 및 시스템을 평가하여 기록으로 남기고 지속적으로 개선하고자 한다. 개선노력에 대한 증거물을 남겨두어 교사추천 타당성에 대한 민원제기 시 설득 자료로 활용한다.

제3절 영재교육의 실제

1. 영재를 위한 교육 방법

1) 속진 교육

일반적으로 속진교육은 "교육 프로그램을 같은 나이 또래의 학생에게 실시하는 속도 또는 전통적인 속도보다 빨리 진행하는 것"이라고 정의된다.

(1) 과목별 속진

특정 교과에서 동급생 보다 더 높은 성취 수준을 보이는 학생으로 하여금 원래 자기가 속하던 학년에 머물게 하면서, 높은 성취를 모이는 교과에 한해서만 동급 학년 보다 더 높은 학년의 교육과정을 이수하게 하는 것이다. 주로, '학년 혼합 학급', '사사 제도', '과외 활동', '고등학교에 대학 과목 개설(Advanced Placement: AP)', 등의 방법이 가능하다.

(2) 학년별 속진

학년별 속진은 거의 모든 교과에서 동급생 보다 더 높은 학업 성취 수준을 보이는 학생으로 하여금, 상급 학년에 배치하여, 전 과목에 걸쳐서 상급 학년의 교육과정을 이수하게 하는 것이다. 주로, '유치원 및 초등학교로의 조기 입학', '중고등 및 대학교로의 조기 입학', '조기 진급(월반)', '조기 졸업' 등의 방법이 가능하다.

(3) 교육과정 압축

교육과정 압축은 동급생보다 더 빠른 속도로 교육과정을 이수할 수 있다고 판단되는 학생으로 하여금, 자기가 속한 학년 또는 상급 학년에 속해 있으면서, 교육과정의 일부라도 배우지 않고 뛰어넘는 일없이 더 빠른 속도로 교육과정을 이수하게 하는 것이다. 교육과정 압축은 그 자체가 하나의 속진 교육의 방법이기도 하지만 교과별 또는 학년별 속진을 위한 준비 과정에 활용되는 방법이기도 하다.

2) 심화 교육

속진 교육이 주어진 정규 교육과정을 정상 보다 바른 속도로 진행하는 것과는 달리, 심화 교육은 정규 교육과정의 폭과 깊이를 보다 확장시켜 가르치는 것이다. 속진 교육에서와는 달리 심화교육에서는 학생은 원래 자기가 속해 있는 학년에 머물러 있게 된다. 심화교육과정의 운영 형태로는 ① 개인 학습(Independent study), ② 학습 센터(Learning center), ③ 토요일 프로그램(Saturday programs), ④ 여름방학 프로그램(Summer programs), ⑤ 사사학습(Mentorship), ⑥ 경시 대회, ⑦미래 문제의 해결(Future Problem Solving: FPS), ⑧ 인터넷 활용 등이 있다.

심화와 속진 교육은 논쟁의 여지가 많은 문제이다. 얼핏 보기에는 속진과 심화교육 간의 구분이 간단한 것 같지만 엄밀하게 말하면 속진과 심화는 많은 부분이 중첩되어 있고 명확하게 구분하기도 어렵다. 잘 설계된 영재교육 프로그램은 속진과 심화의 기회를 모두 제공해 주어야 하며, 창의성 계발이라는 영재교육의 목적을 염두해 둔다면 속진 보다는 심화교육에 중점을 두어야 할 것 같다.

3) 영재의 집단 편성

① 전일제 동질 집단 편성: 영재 특수학교, 학교 내 학교, 특수학급 등이 가능하다.
② 전일제 이질 집단 편성: 가능한 형태로는 5~10명의 영재들과 15~20명의 보통 학생들로 하여금 하나의 정규학급을 구성하는 것이다.

③ 시간제 집단편성:

가) 풀 아웃(Pullout) 프로그램: 영재들은 1주일에 2~3시간 정규 학급에서 나와 특별 심화 학습을 받기 위해 영재를 담당하는 교사가 있는 특별반 혹은 자료실로 간다.

나) 자원센터 프로그램: 자원센터 프로그램은 특정한 교육청에 속해 있는 영재들은 1주일에 1~2회 특별한 설비를 갖춘 자원센터나 심화학습실로 이동하는 것을 이용한다.

④ 시간제 특수학급:

미국의 경우 워싱턴 주 시애틀에서 시행되는 "Project Horizon"에서 초등학교 영재들은 학교에서 보내는 시간의 50~70% 동안을 특수학급에서 수업을 한다.

2. 영재교육 운영의 실제

1) 한국 현실에 적합한 영재교육의 운영 형태

실제 교육 현장에서 가능한 영재교육 운영의 형태는 ① 상설 영재학급, ② 교과목에 따라 수준별 이동수업, ③ 우수학생 개별 독립학습 또는 소집단별 연구프로젝트 지원, ④ ICT 활용 학습 등이 있고, 영재 학급의 운영에 대해서는 ① 특별활동 시간을 이용, ② 방과 후 학교 교육활동 시간을 이용, ③ 동아리 활동을 이용하는 방법 등이 있다.

영재 학급 내에서 수업 운영은 영재 학생들의 수준을 고려하여 여러 가지 방법으로 이루어질 수 있다. 여기에 능력별 수업 제공을 위한 몇 가지 가능한 방안을 제안하면, ① 우수한 영재학생들을 한 집단으로 하고, 나머지 영재학생들을 골고루 섞어서 운영하는 방법([그림 5-5-1 (가)] 참조), ② 우수한 영재학생들을 각각의 집단에 고르게 분포시키고, 나머지 영재학생들도 모두 고르게 분포시키는 방법([그림 5-5-1 (나)] 참조), ③ 우수한 영재학생들과 조금 덜 우수한 영재학생들을 순차적으로 2~3개의 집단으로 분류하는 방법([그림 5-5-1 (다)] 참조) 등이 있다. 분류기준으로는 수행 평가 결과, 보고서, 자체 개발한 검사 도구를 통한 평가 자료 등을 활용할 수 있고, 집단의 수는 영재학생들의 특징 및 영재학급의 특징을 고려하여 적절하게 선정할 수 있다.

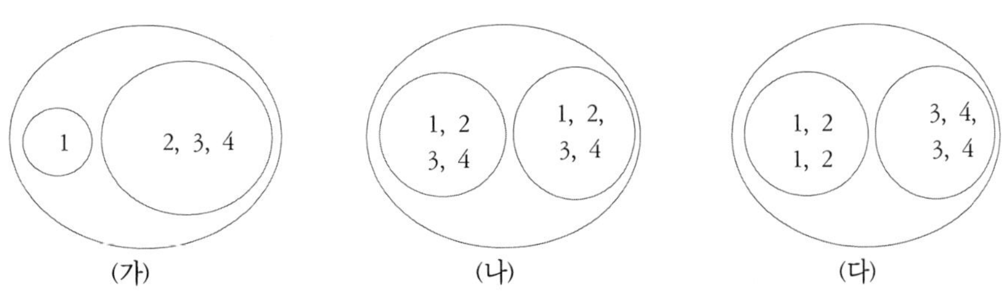

(단, 1: Excellent, 2: Very good, 3: Good, 4: Potential)

[그림 5-5-1] 영재 학급 내에서 수준별 수업 형태

2) 바람직한 영재교육기관의 운영 방향

'제2차 영재교육진흥종합계획('08~'12)'에서는 영재학급과 영재교육원을 포함한 영재교육기관 운영의 기본 방향에 대해서 명시를 하고 있다. 영재학급의 운영 기본 방향은 초등학생을 중심으로 지역여건을 고려한 통합교육 위주의 영재교육 프로그램을 제공하는 것이다. 그 세부적인 내용 중 영재학급의 특성화에 대해서 간략하게 살펴보면 다음과 같다;

첫째, 지역에 따른 영재학급 운영 유형의 특성화

둘째, 학교 급에 따라 영재학급 운영 유형 특성화(예, 중학교 단계에서는 분야별 심화 교육, 고교단계에서는 분야별 전문 교육 중심의 영재교육 프로그램 제공)

셋째, 정규 교육과정 내 운영 확대(단위학교 영재학급에서 정규 교육과정 내 운영 방안 모색을 위한 정책연구학교 운영 성과 분석 후, 정규 교육과정 내 영재학급 운영 점진적 확대 검토)

영재교육원의 운영 기본방향은 중학생을 중심으로 지원 기관을 고려한 통합교육 및 분야별 특화된 영재교육프로그램을 제공하는 것이다. 세부적인 내용은 다음과 같다.

첫째, 영재교육원별 특화 운영(예, 교육청 별 영재교육프로그램 특화)

둘째, 영재교육원 운영 방식 개선(예, 집중적인 영재교육, 정규 수업시간(주 1~2회) 시범 운영)

셋째, 부처별 영재교육원 운영 특성화(예, 교육청 영재교육원은 통합교육 및 분야별 교육 병행, 과학, 예술, 발명, IT 영재교육원은 중등 중심의 해당 분야 집중 교육 실시)이다.

영재교육기관의 운영 기본 방향과 선행연구들을 바탕으로 일선 영재교육기관의 바람직한 운영 방향을 모색해 보면 다음과 같다.

첫째, 영재교육 프로그램을 다양화하고 차별화한다.

영재교육 프로그램이 일반 학교 교육과 차별화되지 못하면 영재성과 학업 성취도를 동일시하는 잘못된 현상이 나타날 수 있다.

둘째, 개별 학생의 특성 및 수준을 고려한 맞춤형 영재교육을 실시한다.

영재들은 자신의 능력과 성취 수준보다 2~3학년 낮은 수준의 학년에서 매년 잡혀 있는 동안 자연스럽게 그들의 열정을 완전히 잃게 된다. 대다수는 나쁜 상황을 극복하고 꽤 잘 해내지만 상당수의 아이들은 반항적으로 자라거나 혹은 꿈을 잃게 된다.

셋째, 영재교육프로그램에서 인성 및 정의적 영역도 고려한다.

선행 연구들은 가장 성공한 자와 가장 실패한 자를 분석한 결과 성공 여부를 결정짓는 것은 성격적 요인임을 밝혀냈다. 인지 영역의 계발이 "일을 하는 지적 능력"을 쌓는 것이라면, 정의적 영역의 계발은 "일을 할 수 있게끔 해 주는 정신적 능력"이라고 할 수 있다.

넷째, 선발과 운영을 융통성 있게 한다.

일반적으로 다단계 선발 절차에 따라서 영재교육대상자를 선발하는 것이 바람직하지만, 영역별, 지역별, 영재교육기관별로 선발을 다르게 할 필요가 있다. 예를 들어, 사회적 배려가 필요한 학생(예를 들어, 장애인, 다문화 가정 자녀, 저소득층 자녀, 등)은 교사 추천만으로 영재선정심사위원회의 심의를 거친 후, 선발이 될 수 있도록 하는 방안도 강구될 필요가 있다.

다섯째, 학부모 교육 및 연수의 기회를 확대한다.

정기적인 학부모 교육 및 연수를 통해 영재성에 대한 적절한 개념, 영재학생 판별, 그리고 영재교육 프로그램 운영에 대한 전반적인 인식을 고취시킬 수 있는 기회를 제공해야 한다.

제4절 영재교육의 방법: 교원·학부모 입장

1. 미래 사회의 유망 직종

2011년 <주간매경> 신문이 흥미로운 특집 기사를 다루었다. '한국의 유망직업 변천사(1950~2010년)'인데 그 내용은 다음과 같다. 즉, 1950년대는 서커스단원도 포함되어 있었다. 2000년대는 공인회계사와 한의사가 상위를 차지하고 있었다. 이들 변천사를 보더라도 시대의 변화를 확인할 수 있을 것이다. 오늘의 유망 직종이 얼마든지 내일의 사양 직종이 될 수 있다는 것을 반증해주고 있는 것이다.

〈표 5-5-1〉 시대별 인기 직업

시대별 인기 직업의 변천					
1950년대 이전	1960년대	1970년대	1980년대	1990년대	2000년대 이후
군 장교	택시운전사	트로트 가수	증권·금융인	프로그래머	공인회계사
의사	자동차엔지니어	건설기술자	반도체엔지니어	벤처기업가	국제회의 전문가
영화배우	다방 DJ	무역업 종사자	야구선수	웹마스터	커플매니저
권투선수	은행원	화공엔지니어	탤런트	펀드매니저	사회복지사
타이피스트	교사	기계엔지니어	드라마프로듀서	외환딜러	IT컨설턴트
의상디자이너	전자제품기술자	비행기 조종사	광고기획자	가수	인테리어디자이너
서커스 단원	가발기술자	대기업 직원	카피라이터	연예인 고디네이터	한의사
공무원	섬유엔지니어	노무사	선박엔지니어	경영컨설턴트	호텔지배인
전화교환원	버스안내양	항공 여승무원	통역사	M&A전문가	프로게이머
전차운전사	방송업계종사자	전당포 업자	외교관	공무원	생명공학연구원

- 출처: 윤형중, "유망직업 변천사", <주간매경>, 2011. 2. 2~2. 9

사실 생계가 어려웠던 시절인 1950년대~1960년대에는 안전성이 있고 돈을 많이 벌 수 있는 직업이 인기를 누렸었다. 하지만 세계화·정보화 시대인 2000년대 이후에는 IT컨설턴트, 커플매니저, 생명공학연구원, 인테리어디자이너, 사회복지사 등 새로운 산업에 종사하거나 신종 서비스업 종사자들이 큰 인기를 얻고 있다. 앞으로 시대가 변하면서 오늘의 인기 직업군이 또 새로운 직업군으로 대체될 것이다.

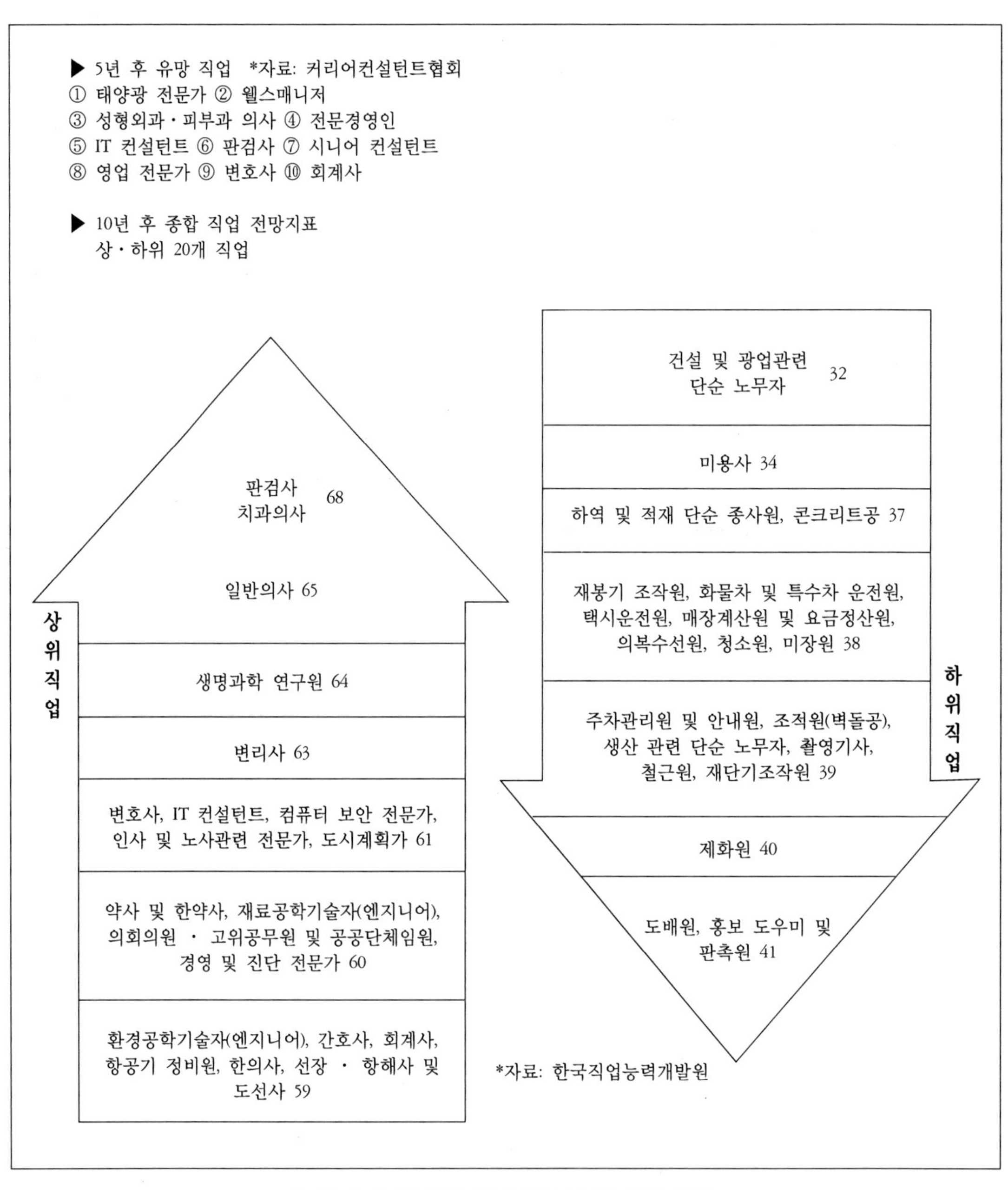

[그림 5-5-2] 직업 전문가들이 꼽은 유망 직업

- 출처: 김범진, "직업전문가들이 꼽은 유망직업", <주간매경>, 2011.1.29

　세계화 시대를 맞이하여 현실과 비전을 종합하여 보면, 미래의 직장・직종은 다음과 같이 변화될 것으로 예견된다.
　① 신재생에너지 전문가: 공과대학에서 이 분야를 전공한 석・박사에 대한 수요는 꾸준할 것이다.

② 웰스매니저: 과연 사람들이 제대로 된 서비스 비용을 지불할까? 회의적이다.

③ 의사: 일부 의사는 지금처럼 꽤 괜찮을 것이다. 그러나 현행 의료보험 하에서 의사들이 큰 수익을 기대하기는 힘듭니다.

④ 전문경영인: 시장에서 성과를 입증하는 데 성공한 경영인들은 대단할 것이다. 그러나 이 또한 일부의 이야기이다. 그런데 실력 있는 전문경영인은 희소하기 때문에 크게 성공할 수 있는 분야이다.

⑤ IT 컨설턴트: 대형 외자계 기업들에 근무하는 분들은 괜찮을 것이다. 그러나 아주 인기 있는 직종이라 부르기에는 유보적이다.

⑥ 판·검사: 안정감은 있지만 투자 대비 수익률은 그렇게 크게 높지 않은 분야이다.

⑦ 시니어컨설턴트: 유행에 불과하다. 누가 시니어컨설턴트에게 비용을 지불하려 할까?

⑧ 영업전문가: 영업력이 탁월한 사람들은 지금도 그렇고 미래도 밝다. 대단한 능력이다.

⑨ 변호사: 일부는 인기를 끌 것이다. 다만, 변호 영역이 특성화된 변호사가 각광을 받을 것이다.

⑩ 회계사: 전문성이 있긴 하지만 고된 직업이다.

즉 미래의 유망한 직장·직종은 대체적으로 직업전문가들의 의견과 다른 부분이 꽤 많은 것 같다. 다만, 분명히 미래의 유망한 직장·직종은 다음과 같은 특성을 가질 것이다.

첫째, 시간이 갈수록 노하우 성격을 축적할 수 있는 직업이어야 한다.

둘째, 자신의 재능에 잘 맞는 직업이어야 한다.

셋째, 자격증에 의존하는 직종은 대부분 과잉공급 상태에 빠지게 될 것이다.

넷째, 내수형(內需形) 사업은 어느 정도 한계를 가질 것이다.

다섯째, 눈에 보이는 안정감을 가질 수 있다면 큰 수익을 기대하기는 힘들 것이다.

여섯째, 컨설팅의 경우 일부 분야를 제외하면 여전히 서비스 비용 지불에는 인색할 것이다.

결론적으로 직업 전문가의 의견을 참조하지만 직업과 직종에 대한 자신의 확고한 주관이 있어야 할 것이다.

2. 영재 교육의 핵심 초점

1) 아이(자녀)들에게 시간을 좀 더 많이 투입하라

세상의 모든 것에는 때가 있다. 이것을 결정적 시기라고 한다. 이 가운데서도 손꼽을 수 있는 것이 바로 자식 교육일 것이다. 현장에서 오랫동안 헌신적으로 아이들을 가르쳐온 분들을 만나서 대화를 나누는 일은 언제나 도움이 될 것이다. 인상적인 몇몇 대목을 정리해 보면 다음과 같다.

오늘날 맞벌이하는 젊은 부부들이 늘어나면서 아이들 교육에 들이는 시간이 크게 줄어들고 이에 따라 아이들이 지나치게 자유롭게 생활하는 상황이 일어나게 된다. 자연히 성적을 관리하는 등의 일이 학원에 전적으로 위임되어 버리는 일이 일어나게 된다. 이를 극복할 수 있는 방법 가운데 하나는 아버지가 일정한 시간을 들여서 아이들 교육에 간여하는 일을 들 수 있을 것이다. 이 점을 매우 중요하게 고려하여야 한다.

사실 아이들 교육에 아버지가 적극적으로 간여하는 일이 문제이다. 무엇을 달성해야 하는지? 이를 위해 무엇을 해야 하는지? 문제가 있다면 이를 어떻게 고쳐야 하는지…? 등에 대한 아버지의 간여이다. 자녀 교육에 대한 아버지의 고뇌와 참여가 우리 교육을 되살리는 첩경(捷徑)이라는 점을 유념하여야 한다.

2) 근성을 갖도록 하라

요즘 아이들의 현저한 특성은 근성이 과거에 비해 크게 낮아진 점이다. 상대적으로 풍요롭게 큰 세대이기 때문일 것이다. 그리고 필요한 것들은 아버지 어머니가 척척 알아서 해 주니까 무엇인가를 얻기 위해 끈기 있게 밀어붙이고 참아내고 하는 일들이 드물다. 부모들 역시 아이들이 힘들어 하면 '그냥 그만두어라'라고 이야기를 하는 경우가 다반사이다. 고생하는 아이들을 바라보는 부모 마음은 누구든 아프니까 그럴 것이다.

예를 들면, 이른바 '빡세게 밀어붙이는 학원'이 있다면 아이들은 숙제를 하는데 힘들어 한다. 그렇게 하다보면 자꾸 집에 가서 부모에게 '우리 학원은 이런 문제가 있고 선생님은 이런 문제가 있다'는 식으로 험담을 늘어놓고 급기야는 학원을 바꾸게 된다. 이런 일이 한 번 두 번 일어나는 것이 아니고 반복적으로 일어나면서 아이들에게 돈은 돈대로 투입하고 성적은 성적대로 떨어지는 일들이 비일비재하게 일어나게 된다.

아이들은 근성은 말로 근성을 키우자! 라는 데서 생겨나는 것이 아니라, 어려움을 참아내는데서 나오게 된다. 이 점을 부모들이 정확히 알고 있어야 할 것이다.

한 번 두 번 정도의 큰 어려움(치열한 경쟁이나 밤늦은 공부 등)을 견뎌낸 아이들은 또 다른 도전을 받아들일 수 있는 힘을 갖게 된다. 어려운 과제를 해결하기 위해 노력하는 과정에서 아이들은 힘든 것을 견뎌내게 되고 이 과정에서 강해지게 된다. 어차피 부모가 평생 뒤를 바 줄 수 없다면 강하게 키워야 한다. 이 시대 영재를 기르기 위해서는 부모들이 자녀들에게 지구력을 길러주고, 타인에 대한 배려하는 마음을 길러주는 것이 선행되어야 한다.

3) 생각하면서 살도록 하라

내가 어떤 사람이 되어야 하고, 어떤 사람이 되고 싶고, 이를 위해 무엇을 해야 하고, 왜 그렇게 해야 하는지 등에 대한 답을 찾는데 부모의 도움은 결정적이다. 선생님들이 아이들을 접하는 시간은 제한되어 있기 때문이다. 물론 부모와 스승의 역할은 학생들의 롤 모델(role model)이기도 하다.

이를 위해서 절대적으로 필요한 것은 아이들이 책을 가까이 할 수 있는 기회를 주어야 한다. 놀 것과 즐길 것이 지나치게 많은 시대이다. 아이들이 독서를 가까이할 수 있는 분위기를 조성해 주는 것은 부모들이 반드시 해야 할 일 가운데 중요한 일의 하나라는 점을 유념하여야 한다.

부모들이 집에 있을 때는 늘 텔레비전을 높게 켜고 재미있는 프로그램을 보는데 익숙한 집안에서 아이들에게 '책 읽어라, 책 읽어라'라고 하는 일은 말에 권위가 설 수 없다. 생각하는 아이, 생각하는 부모, 생각하는 가정, 생각하는 국민이어야 합니다. 책을 읽어야 생각할 수 있기 때문이다. 자녀들의 독서 습관을 생활화하기 위해서는 부모들이 먼저 책을 읽어야 하는 이유를 곰곰이 숙고해 보아야 할 것이다. 부모는 자녀들에게 말보다 행동과 실천을 앞세워야 하는 이유이기도 하다.

4) 학교에서 배울 수 없는 세상 제대로 사는 이치를 가르쳐라

학생들이 인사하는 일, 감사를 표현하는 일, 양보하는 일, 남을 기쁘게 하는 일 등 학교나 학원에서 제대로 배울 수 없는 세상 살아가는 지혜들이 많다. 밥상머리에서 이를 아이들에게 적극적으로 가르쳐야 할 책임은 결국 부모의 몫이다. 자녀들이 마음 속 인생 신조를 '천상천하유아독존(天上天下唯我獨尊)'으로 삼지 않도록 잘 보듬어주고 배려하여야 한다.

5) 성장하는 부모가 되라

자녀 교육 문제는 궁극적으로 자식의 문제이기도 하지만 결국 부모의 문제이기도 하다. 부모가 늘 배우고 익히고 성장하기 위해 노력할 때 앞의 네 가지 문제를 더 잘 해결할 수 있으리라 본다. 부모와 스승 역시 교학상장(敎學相長)으로 항상 책을 읽고 언행을 모범을 보여주어야 자녀와 제자들이 바르고 곧게 성장할 것이다.

3. 미래 경제와 영재 교육

아이들이 경제적 자립을 어떻게 얻을 수 있을까? 아이들의 경제적 행위에 대하여 고뇌를 해보아야 한다. 오늘의 아이들은 미래 사회의 주역이기 때문이다.

사실, 철밥통이라는 종신 고용이 사라지고 스스로 알아서 운명을 개척해야 한다는 공감대가 형성되기 이전까지 우리에게 경제적 자립이나 경제 교육이라 그다지 절실한 일은 아니었다. 학교를 나와서 튼튼한 직장을 들어가면 그것으로 그만이었다. 사실 과거에는 대학교 졸업 후 그 지식을 평생 활용하던 때도 있었다. 그러나 외환위기 이후 사회의 변화는 직장인들에게 정말 많은 변화를 가져왔다.

아마도 현재의 기성 세대들이 학창 시절이던 40~50년 전에는 당시 어른들의 머릿속에는 자신이 하는 사업보다는 좋은 대학을 나와서 괜찮은 직장을 갖는 것이 훨씬 나은 삶으로 보였을 것이다. 그래서 공부하는 것, 직장 잡는 것, 직장에서 열심히 일하는 것이 전부라고 생각하면서 살아온 사람들이 의외로 많은 것이 사실이다. 그러기에 신경제의 대두 이후 돈과 직업에 대한 생각의 변화는 거의 변혁이라 부를 정도로 대단한 변화라 할 수 있다.

오늘날 30대와 40대 부모들이 아이들의 경제 교육에 시간과 에너지를 투입하고 있는 점은 아이들 세대는 좀 더 일찍 그런 분야에 눈을 뜨기를 바라는 간절한 염원 때문일 것이다. 우리 모두는 역시 이런 아버지의 대열에서 예외는 아니다. 어떻게 하면 아이들에게 경제 지식과 감각을 심어줄 수 있을까, 어떻게 하면 그들에게 미래를 준비할 수 있게 할 수 있을까를 항상 고민하고 숙고하고 있기 때문이다.

과거인 우리 아버지 세대에서는 돈에 대해서 아이들에게 충분히 가르치는 것을 꺼려했다. 하지만 지금은 다르다. 그럼에도 불구하고 부모의 금전관과 인생관에 따라서 돈을 가르치는 것을 그다지 반기지 않는 분들도 있을 것이다.

월마트의 창업자, 샘 월튼 회장은 훗날 그의 유년기에 '1달러의 가치'를 알았던 부분이 삶에서 대단히 중요하였다는 사실을 지적하고 있다. 특히 대공황기에 온 가족이 나서서 생활비를 벌어야 했던 기억들은 그의 금전관과 직업관을 만드는 데 큰 기여를 하게 된다. 그는 1달러를 벌어들이기 위해서 얼마나 일을 해야 하는지, 그리고 어떻게 버는 지 등을 아이들에게 가르치는 것은 매우 중요하다고 생각하였다.

그런데 아이들을 가르쳐 본 경험에 의하면 책만으로 충분하지 않다는 점이 문제이다. 아버지와 어머니의 생생한 사례와 설명이 차지하는 비중을 무시할 수 없다.

경제교육을 선생님들에게 맡겨둘 수는 없는 것은 선생님들의 경우는 경제 문제와 관련해서 평범한 직장인의 범위를 벗어날 수 없기 때문이다. 다양한 각도로 아이들에게 돈을 가르치는 노력을 기울여야 한다. 처음 아이들에게 돈을 설명할 때는 경제적 자립과 자유를 묶어서 설명하기도 하고, 시간당 다양한 직업인들이 벌어들이는 수입을 설명하기도 하여 자녀들이 경제 문제에 대한 기초를 이해하게 하여야 한다.

가령, 자녀들이 장래의 직업인으로 연예인은 어떤가라는 질문을 받았을 경우에 우리는 연예인의 기대 수익과 직업의 수명, 그리고 위험도 등으로 설명해 주어야 한다.

중요한 사실은 아는 것과 가르치는 것은 다르다는 점이다. 아이들에게 일찍부터 경제 마인드나 경영 마인드를 심어주기 위해서 우선은 치열하게 사는 모습을 보여주어야 한다. 그리고 시대의 변화에 발맞추어서 미래를 적극적으로 준비하는 모습을 보이는 것도 중요하다. 게다가 시장과 고객에 대해서 끊임없이 관심을 기울이고 이런 모습을 아이들에게 보여주는 것도 효과가 있을 것이다.

① **돈을 어떻게 버는가.** 부자들은 어떻게 부자가 되는가. 돈을 어떻게 운용하는가. 돈을 어떻게 사용해야 하는가. 빚은 어떤 것인가 등과 같은 질문들을 아이들에게 쉽게 설명하기 위해서 이런저런 궁리를 하는 가운데 어른들 스스로도 금전관이 정립되는 소득을 누릴 수 있다.

② **왜, 우리는 공부를 하여야 하는가.** 이런 질문에 대해서도 경제와 연결해서 충분히 설명할 수 있습니다. "스스로의 지적 자산에 투자를 하는 기간. 자신이 가진 지적 자산과 비슷한 것을 가진 사람들의 숫자가 적으면 높은 가격을 받을 수 있다. 그러나 아무런 교육을 받지 않았기 때문에 자신과 비슷한 사람들이 시장에 많이 나와 있으면 자연히 가격이 떨어질 수밖에 없다. 교육을 받지 못한 비용은 스스로 지불해야 한다. 그것은 가난함과 불편함으로 그 비용을 지불하여야 한다." 이런 내용은 아이들에게 경제 마인드를 심어주는 데 크게 기여를 한다.

미국처럼 고등학교 때부터 아르바이트를 하는 것이 보편화 되어 있으면 아무래도 아이들이 훨씬 일찍부터 홀로서기에 대해서 배울 수 있을 것이다. 그러나 우리의 경우 대학을 나올 때까지 부모들의 지원을 받기 때문에 돈에 대해서 절실하게 생각해 볼 여유가 없는 것이 지금의 실정이기도 하다.

자녀들이 돈을 벌어서 사용해 봐야 한다. 그래야 돈의 소중함과 근로의 보람 등을 실감할 것이다. 그러면 스스로 돈을 가치를 그 어떤 책보다 크게 느낄 수 있다. 이런 점에서 우리의 사회적 분위기가 교육 제도는 경제력이 떨어지는 셈이다.

이런 한계는 주어진 것으로 가정하면 부모들은 어떻게 아이들에게 경제 마인드와 경영 마인드를 심어주어야 할까를 고민하여야 한다.

우선은 경제와 경영에 관해서 아이들의 눈높이에 맞는 책을 구입해 주는 일이다. 교육 효과를 올리길 원하면, 틈(짬)이 날 때 부모가 함께 같은 책을 읽어 보길 권한다. 아마도 부모들도 배울 만한 내용이 많이 들어 있을 것이다. 부모가 함께 읽으면서 대화할 만한 거리를 찾을 필요가 있다.

자녀가 책을 읽었는지 그리고 내용을 충분히 숙지하고 있는지를 확인해 볼 겸해서 가끔 책의 한 부분을 갖고 대화를 나눌 수 있다. 그렇게 하는 과정에서 자연스럽게 경제 관념을 심어줄 수 있고, 더불어 부모와 자녀 간에 눈에 보이지 않는 소통의 통로를 만들 수 있을 것이다.

다른 한 가지 방법은 신문에서 소재를 찾는 일이다. 카드빚 때문에 온 나라가 야단법석일 때면 카드빚을 갖고 돈을 사용하는 방법에 대해서 자녀들과 대화를 나눌 수 있다.

"왜, 사람들은 돈 사용을 억제할 수 없는가?"

"만일 갚을 수 없다면 어떤 일이 일어나는가?"

등에 대해서도 자녀들과 대화를 나눌 수 있을 것이다.

이따금 사용하는 한 가지 방법은 신문이나 잡지를 읽다가 아이들이 알아두어야 할 경제적 성공에 관한 기사를 아이들에게 메일로 보내주곤 한다. 그리고 메일에 대해서 훗날 몇 가지 점을 중심으로 물어보는 방법도 간혹 사용하는 방법이다.

가정교육 없이 학교 교육에만 의존해서는 안 된다. 아마도 이 점에 대해선 모두 동감을 표할 것이다. 이제 학교 교육에서 받은 내용을 바탕으로 스스로 기회를 찾아서 부단히 자신을 변화시켜 나가야 하는 시대를 우리 모두가 살아가게 되었다.

스스로 경력을 어떻게 관리해 나갈 것인가?, 그 경력을 이용해서 돈을 어떻게 벌어들일 것인가?, 자신을 어떻게 변화시켜 나갈 것인가?, 벌어들인 돈을 어떻게 운용할 것인가?, 어떻게 돈을 사용할 것인가?

이런 과제들은 이제까지 아주 소수 사람들의 과제일 뿐이었다. 그러나 우리 모두의 과제가 되었다. 경제 교육에 대한 필요성과 시급성이 사회 일각에서 제기되고 있지만, 결국 그것을 가르칠 수 있는 사람이 부족하기 때문에 오랜 시간이 걸릴 수밖에 없을 것이다. 아이들은 그 시이에 훌쩍 커버리게 될 것입니다. 그 간격을 누가 메워 줘야 할까를 고민해 보아야 한다. 분명히 그 임무는 바로 부모, 즉 아버지와 어머니의 몫이다.

다른 세상살이와 마찬가지로 준비하는 삶은 아름답다. 자녀들에게 홀로서기를 위한 가장 기본적인 지식을 전수하고, 가르치고 그것을 활용할 수 있도록 돕는 일처럼 부모에게 중요한 일은 없다.

무엇인가 새로운 것을 시작하기에 늦은 나이는 없다. 이런 점에서 아이들의 경제 교육은 아버지와 어머니에겐 새로운 도전 기회가 될 수 있다. 어떻게 경제적 자립으로 가는 길로 달려갈 수 있는가? 전 가족이 이런 화두(話頭)를 함께 대화하고 토론하면서 삶을 경영해 가는 것도 멋진 일이고 가치 있는 일일 것이다. 세계화 시대인 현대는 평생교육, 평생학습의 시대이고, 세상은 한없이 아름답다.

4. 영재교육의 미션(Mission) 및 비전(Vision)

1) 매사 최선을 다하는 진솔한 모습: 성실, 근면

항상 최선을 다해 살아가는 모습을 보여야 한다. 자녀들에게 위인들의 자서전을 자주 보는 취미를 갖도록 권장하는 것이 좋다. 기업가든, 정치가든, 과학자든 간에 모든 사람들의 자서전 초반부에는 어머니에 대한 회상이 등장한다. 그다음에는 어김없이 아버지가 등장한다. 부모란 아이들이 책에서 만날 수 있는 그 어떤 훌륭한 인물보다도 더욱 생생한 역할 모델이 될 수 있다. 아이들에게 노력하는 부문, 최선을 다하는 부모, 역경에서 굴하지 않는 부모라는 인상을 강하게 심어주어야 한다.

부모님들이 '열심히'란 한 단어를 아이들에게 꼭 심어주어야 한다. 그 어떤 교훈보다는 부모가 어떤 일을 하든지 간에 열심히 무엇인가를 추구하는 모습에서 아이들은 두 눈으로 보고 가슴으로 느끼게 된다. '아! 삶은 저렇게 해야 하는 것이구나!'라는 생각을 갖게 된다. 무엇이든지 적당히 하는 것은 옳지 않으면, 아무리 사소한 일이라 하더라도 최선을 다해 하는 것이 당연하다는 것을 아이들에게 몸으로 보여주어야 한다.

어쩌면 부모로부터 배우는 그 같은 교훈은 평생 동안 아이들을 지켜주는 방파제가 될 것이다. 훗날 아이들이 항상 순항만을 할 수 없을 것이다. 이따금 인생의 거친 풍랑에 좌초될 위기에 놓였을 때도 부모의 삶이 치열하였다면 그것만으로도 그들은 다시 일어설 수 있는 용기를 가질 수 있을 것이다. 우리 모두는 그들에게 그 누구도 대신할 수 없는 위대한 교육자임을 명심하여야 한다.

2) 꿈과 야망에 대한 무한한 도전, 지원: 야망, 도전

영재인 자녀들이 있도록 꿈과 야망을 갖고 이를 실행하도록 도와주어야 한다. 아이들이 대충 적당히 사는 것을 너무 익숙하게 받아들이는 것을 볼 때마다 놀라게 된다. 그리고 자신을 아주 소중하게 여기는 것을 자랑스럽게 여기는 아이들이 아주 흔하지는 않다는 사실을 알게 될 때도 많다. 그 이유를 찾아보면 누군가 인생이란 먹고사는 정도를 살아가는 것이 아니라, 그 이상의 높은 꿈과 비전을 갖고 살아가도록 자극을 주는 것이 없다는 사실을 알게 된다. 그러니까 아이들이 일찍부터 자신이 추구해야 할 기준을 어디에 두는 가는 무척 중요한 일이다. 그런 점에서 추구해야 할 기준을 아주 높게 두는 것은 부모가 담당해야 할 일이라 하겠다.

게다가 아이들은 성적 때문에 지나치게 일찍부터 주눅이 들어버리는 것을 알게 된다. 그러나 우리들은 아이들에게 반복적으로 자신이 가진 시간을 가르쳐 주어야 한다. 그 시간은 제대로 활용하기만 해도 얼마든지 자신의 꿈을 이룰 수 있다는 것을 반복적으로 들려주어야 한다. 특히 현재 교육제도하에서 부모님들이 아이들에게 치어 리더와 같은 역할을 하는 것은 매우 중요하다고 본다.

특히 부모들부터 스스로 꿈과 비전을 갖고 살아가기 위해 노력해야 한다고 본다. 그러니까 집안 전체가 미래를 향해 준비하는 그런 집안의 분위기를 만들어 내야 한다. 아이들은 그런 부모를 보고서 배우게 된다. 그냥 대충 살아가는 것이 아니라 꿈을 향해서 한 발자국 한 발자국 성장해 가는 것이 우리들의 삶이구나라고 느끼도록 하여야 한다.

3) 올곧은 자립심과 지구력 신장: 자립, 인내

영재인 자녀들이 굳건한 자립심을 갖도록 하고 또 지구력을 키워주어야 한다. 아이들의 숫자가 적다 보니까, 자연히 부모님들이 과보호를 하게 된다. 부모님들이 이것저것 모두 챙겨주게 되는 경우가 많다. 당장은 효과가 있을지 모르지만, 장기적으로 아이들에게 큰 해를 끼치는 일이다. 흔히들 수석 합격자들 중에서 이따금 '제가 가진 핵심 경쟁력은 아마도 과외를 하지 않은 것에서부터 나오는 것 같다'라는 진담 반 농담 반을 한다. 그런데 정말로 진담에 가깝다고 본다. 그 이유는 오히려 과외를 받지 않았기 때문에 언제나 누구에게 의지하지 않고 문제를 해결하는 능력을 갖추게 되었다는 것은 비유적으로 이야기한 것이라 보면 된다. 아이들이 살아가는 미래 세상은 정말 변화가 요동치는 그런 세상이 될 것이다. 때로는 역경에서 일어설 수 있어야 하고, 때로는 직업 그 자체를 바꿀 수도 있어야 한다. 부모님들이 어린 시절부터 의식적으로 생활의 많은 부분을 스스로 선택한 다음 행동하도록 유도하는 일이 필요하다. 그래서 아이들이 스스로 개척해 가야 하는구나! 라는 생각을 일찍부터 가질 수 있도록 노력해야 할 것이다.

4) 학습과 공부에 대한 즐거움 배양: 학습, 탐구

영재인 자녀들에게 학습의 즐거움을 가르쳐야 한다. 중요한 사실은 남이 시켜서 하는 공부에만 익숙하면 훗날 반드시 부작용이 일어나게 된다는 것이다. 그동안 정말 우수한 사람들과 함께 일할 수 있는 기회가 여러 번 있었던 사람들의 이야기는 우리에게 중요한 시사점을 제시해 준다. 우수한 동료들 가운데 읽고, 쓰고, 배우는 것 자체를 즐겁게 하는 습관을 성년이 될 때까지 갖추지 못한 채로 학창 시절을 질주하듯이 생활해 온 사람들이 의외로 많았다는 사실이다. 암기력이 뛰어나고 머리가 좋은 탓에 학창 시절까지는 어느 정도 잘 나갈 수 있었지만, 장기적으로 배우는 능력이 떨어지기 때문에 사회생활에 성공하지 못하는 사례를 볼 수 있었다.

혼자 있는 시간을 활용하는 방법을 가르쳐야 한다. 혼자서 영상 매체가 아니라 조용히 글을 읽는 습관을 들이도록 도와주어야 한다. 조용함 속에서 배우고 익히는 즐거움을 채택한 아이들은 언제 어디서나 학습할 수 있을 것이고, 이것이야말로 평생 동안 자신을 지켜줄 수 있는 귀한 습관인 것이다. 가정에서부터 영상 매체에 노출되는 시간을 현저하게 줄여야 한다. 그리고 아버지건 어머니이건 간에 시간이 나면 무엇인가를 읽고 생각하는 그런 모습을 보여주어야 한다. 부모가 스스로 학습하는 즐거움을 깨우친 분들이라면, 아이들에게 꼭 전수해 주고 싶은 습관 가운데 하나가 바로 이것이다! 라고 틀림없이 생각할 것이다. 분명한 사실은 부모는 자녀들의 역할 모델이라는 점이다.

5) 관찰과 통찰력 신장: 성찰, 몰입

영재인 자녀들에게 항상 자기 자신과 주변을 관찰하는 힘을 키워주어야 한다. 성공하는 사람들은 예외 없이 자신의 일에 헌신하고 몰입하는 데 성공한 사람들이다. 이것은 그냥 이루어지는 일이 아니다. 자신이 흥미를 갖고 있거나. 재능을 가진 일이 아니고선 사람들은 헌신과 몰입의 순간을 가질 수 없다. 그런데 앞으로 점점 지식중심의 사회가 되어 가기 때문에 헌신과 몰입이란 두 단어가 직업과 함께하지 않고선 성공을 이룰 수 없다는 점이다. 그래서 모든 사람들이 '재능 위에 인생을 구축하라!'라고 외치고 있는 것이다. 아이들의 학과 공부 성적이 떨어진다고 해서 결코 실망할 필요가 없다. 모든 교과목에서 다 잘할 수 있으면 물론 좋겠지만, 그렇지 않아도 너무 실망할 필요는 없다. 아이들의 재능이 어디에 있는지를 부모님도 찾아내기 위해 도와야 하고, 아이들 스스로도 자신을 객관적인 대상으로 생각해서 생각하는 습관을 가질 수 있도록 돕는 것이 중요하다. '정말 너는 이것은 아주 잘하는 것 같은데, 너는 어떻게 생각하니' 이런 말씀을 자주 사용해 보아야 한다.

6) 바르고 반듯한 사고와 습관 배양: 심사숙고, 습관화

영재인 자녀들에게 항상 반듯한 생각과 습관을 가질 수 있도록 도와주어야 한다. 아이들에게 책임을 가르쳐 주어야 한다. 자신의 행동에 대해서, 자신의 선택에 대해서 스스로 책임을 지는 것을 늘 힘주어 강조해 주어야 한다. 그리고 동시에 시행착오, 실수나 실패에 대해서 결코 남에게 탓을 돌리지 않는 것이야말로 성숙한 사람이 갖추어야 할 태도라고 가르쳐 주고 부모님 스스로 그렇게 행동하여야 한다. 스스로 책임지는 삶의 자세는 부모님들이 아이들에게 전수할 수 있는 매우 중요한 삶의 철학이다. 자신이 책임져야 할 부분을 사회나 조상이나 다른 그 어떤 것들에 돌리는 습관은 은연중에 아이들에게 영향을 미치게 되기 때문이다.

이따금 학교에서 일어난 일들이 언론에 기사화(記事化)가 되면 아이들과 대화를 나눌 수 있는 좋은 소재거리이다. 이따금 학교에서 벌어지는 구타 행위에 대해서도 아이들과 대화를 나누어 보아야 한다. 타인의 신체에 위해를 가하는 행위야말로 아이들에게 자신의 것과 타인의 것을 가르칠 수 있는 멋진 사례이다. 뿐만 아니라 서로 다름을 있는 그대로 인정하는 것 즉, 관대함과 관용을 가르칠 수 있는 좋은 실제 사례라 할 수 있다. 아이들에게 좋은 습관을 중요성을 가르쳐 주는 것이 중요하다. 생활이란 우연에 의해 만들어지는 것이 아니라 우리가 매일 우연찮게 행하는 습관들이 하나하나 축적되어 삶이 만들어지는 것을 아이들에게 가르쳐야 한다. 영재 역시 선천적으로 타고나기보다는 후천적 노력으로 만들어 가는 것이라는 점을 유념하여야 할 것이다.

7) 외국어 구사 능력 신장: 외국어 능력, 세계화 지향

세계화 시대인 오늘날에는 영재인 자녀들에게 외국어 능력을 갖추도록 도와주어야 한다. 한국어 이외에 다른 외국어를 배우는 일은 정말 중요한 일이다. 그런데 대개 나이가 어린 시절에 외국어에 노출되면 그만큼 학습에 따르는 비용을 훨씬 줄일 수 있을 것이다. 물론 모국어가 제대로 갖추어지지 않은 상태에서 외국어를 가르치는 일이 과연 올바른가라는 반론도 있을 것입니다. 언어 전문가들마다 의견이 다르기 때문에 부모님들이 어느 정도 소신을 가져야 할 분야라고 사료된다.

세계 위인들의 의견은 비교적 일치되고 단호하다. 중학교를 넘어서게 되면 이미 새로운 언어를 익히는 일이 불가능하지는 않지만, 그만큼 비용 대비 효과가 떨어진다고 보는 것이 타당하다. 그래서 아이들이 한 살이라고 어릴 시절에 언어를 가르칠 수 있는 방법을 찾아야 한다. 나무가 어렸을 때는 수형(樹形)을 잡아 아름답게 기를 수 있지만, 늙은 나무는 그렇게 할 도리가 없기 때문이다.

　외국어를 가르치는 일은 부모의 결단이 없이는 현행 공교육 체제에서는 쉬운 일이 아니다. 다시 말하면 학교에만 맡겨둘 수 없는 일이라는 점이다. 반복적인 암기와 듣기는 가정에서도 충분히 행할 수 있는 일이라고 본다. 그리고 형편이 된다면 단기적인 해외 체류 등 다양한 방법을 찾아볼 수도 있을 것이다. 초등학교 학생 시절에 아버지의 직업 때문에 해외에서 일정 기간 동안 체류할 수 있었던 사람들이 평생 동안 얻게 되는 효과를 목격할 때가 한두 번이 아니다. 그럴 때면 언어란 머리가 굳어지기 전에 탄탄한 토대를 닦아 두어야 한다는 중요한 시사를 받는 것이다.

제5절 미래 영재교육의 방향

　최근 신문이나 방송 등 언론들은 국가 차원의 우수 인재 발굴 및 양성이라는 목적으로 영재교육에 대한 높은 관심을 보도하고 있다. 그러나 학교 내 수월성 교육과 영재교육을 입시경쟁에서 앞서기 위한 수단으로 생각하는 일부 학부모들의 잘못된 인식과 학업 성취도와 영재성을 동일시하는 사회 일반의 잘못된 인식으로 인하여 영재교육이 사교육을 부추길 수 있다는 우려의 목소리가 있는 것도 사실이다. 하나의 교육 정책이 바르게 뿌리를 내리고 성장을 하기 위해서는 끊임없는 제도 개선과 법적인 정비와 전문가들에 의한 연구도 필요하겠지만, 더욱 근본적인 것은 영재교육대상자를 비롯한 영재 학부모, 영재 교사 및 관리자 등 모든 분야의 영재교육에 대한 인식 전환이 아닌가 하는 생각을 한다. 영재교육현장에서는 영재학생들에게 단편적으로 많은 지식을 투입하려고 하기보다는 그들의 잠재성을 이끌어 내어서 스스로 영재성을 발휘할 수 있는 환경을 제공해 주어야 할 것이다.

〈표 5-5-2〉 영재 교육(학습)의 학습자 생활 공간

구분	현실 공간(real)	상상 공간(imaginative)	가상 공간(cyber)
의　미	현실적인 구상 공간	경험의 범위를 벗어난 사고와 행동 공간	현실과 상상이 융합된 공간
학습활동	직접 체험(체득)	상상 체험(사고)	직접 체험과 상상 체험의 결합 (구성·조직)
활동원리	규칙 active	임의 active-passive	규칙생성 interactive
교사역할	지도(teaching) -교사(teacher)	촉진(facilitating) -촉진자(facilitator)	안내(mentoring) -멘토(mentor)
지식주체	객관적	주관적	객관과 주관의 결합
지식형태	형식지(形式知)	암묵지(暗默知)	암묵지+형식지
시 사 점 (성공관건)	좋은 지능, 좋은 교사 좋은 환경이 성공 관건	좋은 창의성, 자기 존중 시간 허용이 성공의 관건	시도(무형식, 탈도덕, 무제약)가 성공의 관건

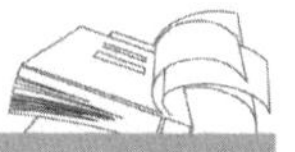

1. 세계화의 개념과 세계시민사회의 특징에 대해서 설명해 보시오.

2. 세계화의 차원을 의사소통, 경제, 사회, 안전 등으로 구분하여 설명해 보시오.

3. 세계화와 21세기 키워드(Key word)에 관해서 논하시오.

4. 세계화·정보화 시대의 민주시민교육의 방향에 관해서 논하시오.

5. 현대 사회의 바람직한 구성원으로서 성장을 도모하기 위한 민주시민교육의 목표에 대해서 설명해 보시오.

6. 한국 사회의 다문화 사회 진행 동향(Trend)과 다문화 교육의 방안에 대해서 논하시오.

7. 세계화 시대에서 환경 녹색 성장이 아주 중요한 이유에 대해서 기술(記述)하시오.

8. 한국의 환경 녹색 성장의 과제에 대해서 구체적으로 설명해 보시오.

9. 영재교육에서의 '영재성의 개념'에 대해서 구체적으로 설명해 보시오.

10. 세계화 시대인 21세기에 필요한 바람직한 영재교육기관 운영 방향에 관해서 논하시오.

참고문헌

강문희 외(2000).『인간관계의 이해』. 서울: 학지사.

강봉규(1995).『심리학요론』. 서울: 정훈출판사.

강선천 외(1996).『자동화 생산시스템의 분석과 설계』. 서울: 영지문화사

강신장(2011).「오리진이 되라」. 서울: 쌤앤파커스.

강준민 역 (2002).『리더십을 키워라』. 서울: 도서출판 두란노.

고영복 편(2000).『사회학 사전』. 서울: 사회문화연구소 출판부.

공병호・김난희(2011).「미래 인재로 키우는 우리 아이」. 서울: 21세기북스.

곽윤정(1997).「정서지능의 발달 경향성과 구인타당성에 관한 연구」. 서울대학교 대학원 석사학위청
구논문.

곽한영(2006). "한국 법교육의 현황과 전망".『법교육연구』. 제1권 제1호. 1-18.

곽한영(2008). "국민참여재판, 어떻게 가르칠 것인가".『법교육연구』. 제3권 제2호. 1-34.

곽한영(2009). "헌법교육의 접근방식과 내용요소". 한국법교육학회 제7회 심포지엄 발표문.

권석만(1997).『젊은이를 위한 인간관계 심리학』. 서울: 학지사.

권석만(2007).『인간관계의 심리학』. 서울: 학지사.

권석만 외 (1997).『심리학 개론』. 서울: 박영사.

권연옥(1997).『인간관계론』. 서울: 학문사.

김경섭 역(1998).『성공하는 가족들의 7가지 습관』. 스티븐 코비 지금. 서울: 김영사.

김미숙 외(2002).『가족의 사회학적 이해』. 서울: 학지사.

김상진(1985).「고등학생의 의식구조에 관한 연구」. 사회단계 및 사회와 유형과의 관계. 동국대학
교 교육대학원의 석사학위논문.

김석우(2001).『왕건에게 배우는 디지털 리더십』. 서울: 느낌이 있는 나무.

김성철(1989).『생산관리론』. 서울: 형설출판사.

김애순・윤진(2005).『청년기 갈등과 자기이해』. 서울: 중앙적성출판사.

김언주 외(1998).『우리 아이 EQ높이기』. 서울: 학지사.

김열규(1980).『원한: 그 짙은 안개』. 서울: 범문출판사.

김영철 외(1996),『미래 교육 비전 2020』, 서울: 한국교육개발원.

김용(2003).「교육과정 정책에 대한 신제도주의적 분석」. 서울대학교 대학원 교육학 박사학위 논문.

김용(2008).「교육 분야 세계화 지표 개발(안)」. 한국교육개발원 교육 분야 세계화 지표개발을 위
한 토론회발표자료. 미간행.

김용준・박세환(1998). "감성지능측정도구 개발을 위한 연구". 한국마케팅저널. 제1권 제1호. 한국
마케팅학회.

김인자 역(1982).『적응심리』. 서울: 정민사.

김정오(2008). "한국 법문화의 원형과 변용".『법교육연구』. 제3권 제1호. 49-72.

김정희 외(2011).『심리학의 이해』. 서울: 학지사.

김종재(2011).『인간관계론: 이론과 응용』. 서울: 박영사.

김준형(2005). "경제적 세계화와 빈곤 문제". 한국사회역사학회. 담론 제7권 제2호. 164-190.

김진숙 외(2000).『인간관계의 이론과 실제』. 서울: 창지사.

김창은(1990).「자기훈련 프로그램이 대인불안 및 자아존중감에 미치는 효과」. 한국교원대학교 대학원 석사학위청구논문.

김천기(1994). "국가 경쟁력 강화와 교육 불평등의 심화". 교육사회학연구. 제4권 제1호. 61-83.

김태수(2004). "세계화에 따른 거버넌스와 시민권 개념의 변화".『한국사회와 행정연구』. 제15권. 제2호. 127~141.

김해성(2006). "법교육 내용구성 개선방안 연구: 고등학교 법과사회를 중심으로".『법교육연구』. 제1권 제1호. 19~37.

김현철(2006). "법의식과 법교육".『법교육연구』. 제1권 제1호. 39-51.

류지성(2011).「마음으로 리드하라」. 서울: 삼성경제연구소.

문용린(1997). "EQ특강".『경향신문』. 1997. 02. 04.

문정화 · 변순화 공역(1999).『창의성을 내 것으로』. 서울: 학지사. Doris, J. Shallcross. Teaching Creative Behavior.

문전화 · 하종덕(1999).『또 하나의 교육 창의성』. 서울: 학지사.

문현상(2000).『인간윤리』. 서울: 동문사.

박아청(1997).『성격심리학』. 서울: 교육과학사.

박연호(1994).『현대 인간관계론』. 서울: 박영사.

박연호 외(2011).『현대 인간관계론』. 서울: 박영사.

박우회 · 배용호(1996).『한국의 기술발전』. 서울: 경문사.

박은종(2006). "세계화 · 정보화 시대의 바람직한 민주 시민 교육 방향 모색". 교육연구논총. 제20집. 제1권. 충남대학교 교육연구소.

박은종(2010). "세계화 · 정보화 시대의 민주시민교육의 방향". 교육연구. 제23집. 제1권. 공주대학교 교육연구소.

박은종(2007). "세계화 시대에 바람직한 한국의 다문화 교육 방안 모색". 교육연구. 제21집. 제1권. 공수대학교 교육연구소.

박은종(2011).『정석 특강 교육학 개론』. 파주: 한국학술정보(주).

박은주(2008). "고등학교 법과사회 과목이 학생들의 법적 관용성에 미치는 영향",『법교육연구』, 제3권 제1호. 73~101.

박재린 · 윤대혁(1998).『인간관계의 이해』. 서울: 무역경영사.

박훈(2006). "우리나라 법교육의 현황과 개선방안",『법교육연구』, 제1권 제1호. 73-116.

서진영 역(1998).『엄마는 왜 나만 갖고 그래』. 서울: 아름드리.

설기문(1997).『인간관계와 정신건강』. 서울: 학지사.

송명자(2010).『발달심리학』. 서울: 학지사.

송인섭(2011). 『인간의 자아개념 탐구』. 서울: 학지사.

송인섭・박예선・신은영(1999). "대인관계성향 검사의 타당화 연구". 교육심리연구, 재13집. 제1권. 447-467.

양창삼(1997).『인간관계와 갈등관리』. 서울: 경문사.

양현정(2003). 「대학생활 적응에 영향을 미치는 일상적 스트레스와 자아존중감의 상호작용 효과」. 연세대학교 대학원 석사학위청구논문.

오세진 외(1999). 『인간행동과 심리학』. 서울: 학지사.

원호택・박현순(1999). 『인간관계와 적응: 삶을 위한 심리학』. 서울: 서울대학교출판부.

유영주・김순옥・김경신(2000). 『가족관계학』. 서울: 교문사.

유윤자(2000). 「중학생의 사회적지지 지각과 자아존중감 및 자기개방간의 관계」. 서강대학교 교육 대학원 석사학위청구논문.

윤영화・김미라・서혜희(1998). 『나는 지적인 사람인가, 감정적인 사람인가』. 서울: 학지사

윤진(1985). 『성인.노인심리학』. 서울: 중앙적성출판사.

윤호균(1983). 『삶. 상담. 상담자』. 서울: 문지사.

이규태(1992). 『무엇이 우리를 한국인에게 하는가』. 서울: 이목.

이근후・박영숙 공역(1990). 『사회적응을 위한 인간관계』. 서울: 하나의학사.

이동원・박옥희(2003). 『사회심리학』. 서울: 학지사.

이민규(1999). 『발상을 바꾸면 인생이 달라진다』. 서울: 교육과학사.

이성진・홍준표(1995). 『현대인의 인간관계론』. 법문사.

이수용(1998). 『인간관계심리학』. 대구: 태일출판사.

이수원(1993). "사회적 갈등의 인지적 기제: 사회적 자아중심성". 『한국심리학회지』. 제15집. 제2 권. 110-132.

이수정(1997). 『EQ 바로 알기』. 서울: 동안.

이원숙(2003). 『성폭력과 상담』. 서울: 학지사.

이위환・김용주(2011). 『현대 사회와 인간관계론』. 서울: 공동체.

이장호(1992). 『상담심리학 입문』. 서울: 박영사

이재창(1983). 『청소년의 의식구조 및 형성배경』. 서울: 한국교육개발원.

이재창(1992). 『자기 성장과 인간관계』. 서울: 한국가이던스.

이재창 (1995). 『인간이해를 위한 심리학』. 서울: 문음사.

이재창・임용자(1998). 『인간관계론』. 서울: 문음사.

이종목(1988). 『성장상담』. 서울: 한국신학연구소(H. Clinbell 원저).

이종목・이계운・김관운 공역(1998). 『건강성격을 위한 스트레스 관리 프로그램』. 서울: 학문사.

이태연 외(2011). 『인간관계의 이해』. 서울: 신정.

이한검(1988). 『현대적 인간관계론』. 서울: 형설출판사.

이형득 외 공역(1987). 『자율적 자녀육성을 위한 부모교육(T.Gordon)』. 서울: 형설출판사.

이형득・이성태 공역(1971). 서울: 중앙적성출판부. Thomas, A. Hrrris(1969). I'm OK-You're OK. New York and Evanston: Harper & Row, Publishers.

이효상(1987). 『동양의 합리사상』. 서울: 대원정사.

이홍기·홍용기(1998). 『인간관계론』. 서울: 법문사.

이훈구(1997). 『행복의 심리학』. 서울: 법문사.

임주현 역(2007). 『행복한 부부 이혼하는 부부(존 M. 고트맨 & 낸 실버)』. 서울: 문학사상사.

임창재(2000). 『정신위생심리』. 서울: 형설출판사.

장연집(2010). 『현대인의 정신 건강』. 서울: 학지사.

장연집·박경·최순영(1997).『현대인의 정신건강』. 서울: 학지사.

장인협·최성재(1999). 『노인복지학』. 서울: 서울대학교 출판부.

장혁표(1998). 「EQ 개발을 위한 집단상담 프로그램」, 부산교육학연구, 한국교육학회 부산지회.

장현갑(1997). 「정서지능개관: 신경과학적 이해」. 한국심리학회 1997년도 동계연구세미나 자료. 1-20.

장휘숙(2006). 『가족심리학』. 서울: 박영사.

장휘숙(2010). 『청년심리학』. 서울: 학지사.

정원식(1976), 『교육환경론』. 서울: 교육출판사.

정종진(2000). 『나를 찾아 떠나는 심리여행』. 서울: 시그마프레스.

정홍섭(1996). 「정서지능, 일반지능 및 정서 안정도와 대학생의 적응과의 관계」. 부산교육학 연구. 9(1).

조관일(1996). 『인테크』. 서울: 21세기북스.

조은숙(1994). 『현대인과 정신건강』. 서울: 법문사.

주삼환·명제창 공역(1992). 『교양 인간관계론』. 서울: 법문사.

지용근 외(2011). 『인간관계론』. 서울: 박영사.

최병철(1999). 『음악치료학』. 서울: 학지사.

최승희, 김수욱(1997). 『심리학개론』. 서울: 박영사.

최정훈(1997). 『삶의 문제와 적응의 심리학』. 법문사.

최창호(1997). 『그래, 이제 바로 나야!』. 서울: 김영사.

한국상담심리학회, 오기선(1995). 『어버이와 자녀 관계진단검사』. 서울: 코리안테스팅센터.

한양대학교 학생생활상담연구소(1997). 『새 한양인의 생활』. 서울: 한양대학교 출판부.

홍대식 편저(1997). 『사회심리학』. 청암미디어.

허정무(2002). 『노인교육이론과 실천방법』. 서울: 양서원.

현상윤(1994). 『인간관계의 심리, 호감, 우정, 사랑, 행동』. 서울: 양영각.

홍대식 역(1998). 『사회심리학』. 서울: 박영사.

홍명희 역(1997). 『EQ감성지능개발학습법』. 서울: 해냄.

홍성묵(1999). 『아름다운 사랑과 성』. 서울: 학지사

홍숙기(2000). 『성격심리학』. 서울: 법문사.

홍숙자(2000). 『인간의 성과 성역할』. 서울: 신광출판사.

황문수 역(1984). 『향연』. 서울: 박영사.

황정규(1977). 『정의적 행동특성, 사회계층, 학업성취의 인간관계』. 고대 사대논총.

황정규(1998). 『학교학습과 교육평가(개정판)』. 서울: 교육과학사.

Adams. (1965). Inequity in social exchange. In L. Berkowitz. Advances is experimental social psydhology. Vol. 2. NY : Academic press.

Ainsworth. M. D. S. Blehar. M. C. Waters. E & Wall. S.(1978). The Strange sit-uation : Observing patterns of attachment. Hillsdale. NJ : Erlbaum.

Allport. G. (1961). Pattern and growth in personality. NY. : Holt. Rinehart & Winston. Adele Faber. & Elaine Maglish(1987). *Siblings without Rivalry.*

Back Kurt. W.(1971). Metaphors as a Test of Personal Philosophy of Aging. *Sociologica Focus.* 5. 108.

Bandura. A. (1986). *Social Foundations of Thought and Action : a Social-cognitive Theory.*

Englewood Cliffs. N.J : Prentice-Hall

Bernard. H. W.(1968). *Mental Hygiene for Classroom Teacher.* N.Y : McGraw-Hill Book Co. Inc.

Bornstein. P. E.(ed.) (1973). The Depressin of Widowhood After Thirteen Months. *British Journal of Psychiatry.* 122. 561-566.

Bower. G. H. (1991). Mood congruity of judgments. In J. P. Forgas(Ed). *Emotion and Social Judgment.* Oxord : Pergamon Press.

Burn. R. B. (1979). *The Self-concept.* N.Y : Longman

Cattell. R. B. (1979). *The Scientific Analysis of Personality.* Baltimore. Md. : Penguin.

Coleman. J. C & Hammen. C. L.(1974). *Contemporary Psychology and Effective Behavior.* Glenvies : Scott & Foresman.

Deep. S. D.(1978). *Human Relation in Management.* C.A : Glencoe Publishing.

Ellenson. A. (1982). *Human Relations*(2 nd ed) Englewood Cliffs. Prentice-Hall. Inc.

Ellis. A.(1977).; *Reason and emotion in psychotherapy*(2 nd ed). Seacaucus. N.J : Lyle Stuart.

Eysenck. H. J.(1981). *A Model for Personality.* Berlin. Federal Republic of Germany : Springer-Verlag.

Feifel. Herman(ed.) (1959). *The meaning of death. N.Y* : McGraw-Hill.

Frideman. M. & Rosenman. R.(1974). *Type a Behavior and Your Heart.* N.Y. : A.A Knopf. Galton. F.(1869). Hereditary Genius. N. Y : D. Appleton.

Goleman. D .(1995). *Emotional Intelligence.* N.Y : Bantam Books.

Gordon. T.(1979). *P.E.T. in Action.* N.Y : Bantan Books.

Gough. H. G.(1969). *Manual for the CPI*(rev. ed). Palo Alto. California : Consulting Psychologists Press.

Hall. H.(1959). *The Silent Language. Garden City.* N.Y : Doubleday.

Henderson. N. D (1982). Human behavior genetics. *Annual Review of Psychilogy.* 33. 403-440.

Holmes. T. H. & Rahe. R. H (1967). The Social readjustment rating scale. *Journal of Psychosomatic Research.* 11. 213-218.

Horney. K. (1950). *Neurosis and Human Growth.* N.Y : Norton.

Hull. C. L.(1943). *Principles of Behavior*. N.Y : Appleton - Century - Crofts.

Jourard. S. M. (1971). The Transparent Self : Self-disclosured and Wellbeing(2nd ed.). N.Y. : Van Nostrand.

Kalish. Richard. A. (1976). Death and Dying in a Social Context. In Robert Binstock & Ethel Shanas(Eds.). Handbook *of Aging and Social Sciences*. N.Y. : Van Nostrand Reinhold.

Kastenbaum. R.. & Aisenberg. R. (1972). *The Psychology of Death*. N.Y. : Springer.

Kastenbaum. Robert. J. (1977). *Death. Society and Human Experience*. St. Louis. NO : The C. V. Mosby Company

Kretschmer. E. (1925). *Physique and Character*. N.Y. : Harcourt. Brace.

Kubler-Ross. Eiisabeth (1969). *On Death and Dying*. N.Y. : Macmillan

Leeper. R. W. (1965). Some needed developments in motivational theory. In D. Levine(Ed.). *Nebraska SymposIum on Motivation*. University of Nebraska Press. London. Nevraska. 25-122.

Maslow. A. H(1954). Motivation and Personality. New York : Viking.

Markus. H (1990). Motivation and Personality. New York : Harper & Row.

Mayo. E.(1933). The *Human Problems of an Industrial Civizarion*. N.Y. : Viking.

Michael L. Brock. & Everly. G. S. (1985). 7 *Strategies for developing capable students*.

Millon. T. & Everly. G. S. (1985). Personality and Its Disorders : *A Biosocial Leaning Approach*. N.Y. : John Wiley & Sons.

Moore. B. E.. & Isen. A. M. (1990). *Affect and Social Behavior*. Cambridge : Cambridge University Press.

OKun. M. A(1977). Implication of Older Adults. Adult Education. 27. 139-156.

Olson. D. H. Sprenkle. D.H. & Russell. C . S(1979). Circumplex model of mar-ital and family system I : cohesion. C . S(1979).

Osgood. C . E(1962). An alternation to war or surrender. Urbana : University of Illionis Press.

Pavlov. I. (1927). *Conditioned Feflexes*(G. V. Anrep. Ed. And Trans.) London : Oxford University Press.

Plomin. T. Coon. H. Carey. G. DeFries. J. C. & Fulker. D. W. (1989). Parent-offspring and sibling adoption analyses of parental ratings of temperament in infancy and childhood. Manuscript submitted for Publication.

Rogers C. R. (1951). Cient-centered Therapy. Boston : Houghton Mifflin.

Salovey. P. & Mayer. J. D.(1990). Emotional intelligence. Imagination. Cognition. and Personality. 9. 185-211.

Sluyter(Eds). Emotional Development and Emotional Intellligence : Impliacations for Educators(pp.105-153)/ N.Y : Basic Books.

Salovey. P.(1996). Emotional Intelligence : Another way to be smart? Paper presented at the Sejong Culture Center. Seoul. Korea.

Selye. H. (1974). *Stress Without distress*. Philadelphia : J. B.. Lippincott Company.

Shavelson. R. T. Hubner. J.J. & Stanton. G. C. (1976). mSelf-concept : Validation of construct interpretion. 46. 407-441

Sheldon. W. H (1940). *The Varieties of Himan Phychology Today*. June. 74-80.

Skinner. B. F. (1953). *Science and Human Behavior*. N. Y : Macmillan.

Smith. N. C. & Wakeley. J. H(1972). Psychlogy of Industrial Behavior. New York : McGraw-Hill.

Stephen R. Covey(1997). *The 7 habits of highly effective familie*. Franklin Covey Company.

Sullivan. H. S(1953). The Interpersonal Theory of Psychology. NY : Norton.

Swensen. C. H . Jr(1973). Introduction to Interpersonal reactions. Journal *of Experimental Pshchology*. 3. 1-14.

Walsh. S. M(1991). Future Images : An Art Intervention with Suicidal Adolescents. Doctoral Dissertation. Uppsla University.

Wheeler. L. & Kim. Y.(1997). What is beautiful is culturally good : The physical attractiveness sterotype has different content in collectivitic cultures. Personality and Social Psychology Bulletin. 23. 795-800.

Williams. R.. & Williams. V.(1993). *Anger Kills*. N.Y : Times Books.

Yalom. I. D.(1985). The Theory and Practive of Group Psychotherapy. 3rd ed. NY. : Basic Books.

Zuckerman. M.(1991). *Psychobioligy of Personality*. Cambridge University Press.

찾아보기

[ㄱ]

가상스페이스 388
가족생태학 105
가치관 24, 56, 61, 76, 77, 105, 107, 145, 149,
 153, 154, 159, 160, 161, 164, 165, 224,
 256, 258, 259, 278, 279, 280, 281, 289,
 295, 301, 302, 306, 342, 343, 344, 346,
 347, 367, 368, 382, 403, 420, 424, 433,
 436, 442, 444
갈등 27, 32, 35, 36, 44, 46, 74, 76, 125, 127,
 132, 150, 153, 155, 160, 161, 163, 166,
 177, 178, 179, 186, 188, 191, 198, 211,
 219, 222, 248, 249, 250, 251, 252, 253,
 254, 255, 256, 257, 258, 259, 260, 261,
 262, 263, 264, 266, 268, 269, 274, 282,
 285, 289, 290, 291, 347, 351, 371, 376,
 391, 399, 403, 408, 410, 413, 416, 420,
 428, 449, 451, 458, 460, 462, 465, 495,
 497
감각운동기 97
감정이입 72, 189, 219, 298
감정형 244, 245
강화이론 203
개발도상국 399, 401, 468, 474
거리감 43, 75, 376
겉돌기단계 74, 76
결합단계 72, 73, 74, 76
경제교육 344, 404, 405, 488
경제분석가 301
경제적인 기능 296
경청 37, 63, 186, 189, 194, 237, 238, 245,
 266, 274, 290, 291, 292, 299
계층제의 원리 134
고전주의 397
고퍼 385, 386
공법 313, 339
공부방 389
공식적 조직 25, 138, 230
과실책임 337
과학적 관리론 19, 21, 22, 27, 249

과학적 관리법 22, 143
관료주의화 137
관습적 유형 301
교류분석 49, 50, 52
교수요목기 348, 425
교육공동체 358, 466, 467
교육과정 208, 256, 342, 344, 345, 348, 349,
 368, 380, 382, 394, 420, 422, 424, 425,
 426, 428, 429, 430, 431, 433, 434, 435,
 436, 437, 439, 440, 442, 443, 444, 449,
 451, 452, 453, 454, 455, 456, 457, 459,
 461, 464, 465, 467, 476, 478, 480, 482,
 495
교육과학기술부 208, 366, 447, 448, 453, 458,
 459, 463
교육인적자원부 452, 458, 459
교육조직 129, 130, 132, 133, 134, 256
교제욕구 16, 42, 43, 44
교학상장 487
교호 37, 191, 247
구성주의 382, 383, 387, 396, 436
국제법 340, 395
국회 320, 321, 330, 331, 336, 338, 348, 355,
 403, 476
그룹 규범 143
그린카 469, 470
근접발달구역 387
기술공학 383
기업적 유형 301

[ㄴ]

네트워크 55, 150, 232, 233, 234, 383, 390,
 399, 406, 407, 409, 410, 411, 419, 457,
 462
노년기 36, 56, 96, 97, 103
노무관리 18
노인가족 279, 281
노인복지법 97

[ㄷ]

다문화 120, 393, 394, 416, 425, 432, 435,
    438, 441, 443, 444, 445, 447, 449, 450,
    451, 452, 453, 454, 455, 456, 457, 458,
    459, 460, 461, 462, 463, 464, 465, 466,
    467, 482, 494, 496
다문화교육 368
다수자 451, 452, 458, 460
다식판식 467
다원화 17, 228, 406, 420, 441
다원화 사회 17
다이어트 48
대인관계 18, 30, 31, 32, 39, 54, 56, 77, 122,
    123, 125, 153, 154, 159, 199, 206, 227,
    248, 249, 251, 252, 256, 283, 285, 286,
    287, 288, 294, 298, 300, 312, 375, 376,
    391
덕담 37, 62, 267
도덕적 가치 399, 426
도제관계 382
독단성 244, 245
동거가족 279, 280
동기부여 22, 145
동기유발 303
동북공정 438
동성애 가족 280
동아리 42, 152, 373
동화주의 443, 456, 459, 460, 464
디스토피아 419
디자이너 141, 300

[ㄹ]

라인기능 138
레스토랑 237
로그인 385
롤 모델 486
루더스 169, 171, 172
리더 82, 144, 145, 146, 147, 148, 149, 150,
    151, 152, 153, 195, 226, 305, 386, 403,
    490
리더십 25, 36, 81, 82, 102, 135, 136, 144,
    145, 146, 147, 150, 151, 152, 153, 154,
    155, 192, 225, 303, 456, 478, 479, 495
리더십 유형 82
리더십 컬러 82, 151, 155

[ㅁ]

면접 프로그램 24
명령계통 134
명령통일의 원리 136
무의미감 376
문자메시지 46
문화 18, 57, 105, 106, 107, 112, 177, 236,
    239, 297, 304, 312, 341, 356, 357, 363,
    372, 376, 382, 384, 386, 399, 401, 404,
    410, 411, 413, 414, 416, 417, 419, 424,
    429, 432, 434, 435, 437, 438, 440, 441,
    443, 444, 445, 449, 450, 451, 452, 453,
    454, 455, 456, 457, 458, 459, 460, 461,
    462, 463, 464, 465, 466, 467, 473
문화적 정보 71
미래형 교육과정 454, 459
미지적 부분 246
민법 277, 313, 315, 318, 319, 320, 336, 337,
    338, 339, 340
민주시민교육 275, 341, 351, 394, 425

[ㅂ]

배려 5, 6, 17, 37, 38, 51, 62, 147, 188, 189,
    193, 195, 198, 199, 202, 206, 219, 273,
    300, 301, 345, 346, 367, 369, 378, 425,
    426, 431, 436, 441, 453, 455, 461, 462,
    464, 466, 467, 482, 486, 487
배려형 244, 245, 269, 293
배우자 35, 36, 103, 161, 162, 172, 179, 181,
    182, 277, 295, 317
법 해석 333, 334
법교육 276, 340, 341, 342, 343, 344, 345, 346,
    347, 348, 349, 350, 351, 352, 357, 358,
    427, 437, 441, 495, 496
법무부 322, 343, 458, 462
법무사 301
법원 321, 322, 324, 338, 348, 355

법치주의 331, 332, 333, 340, 342, 348, 349
변혁적 리더십 144, 150, 151, 155
변형 윤리 364
보상 92, 119, 133, 147, 164, 203, 204, 205,
    225, 303, 324, 376, 403
보험설계사 301
분리경험 92
분업의 원리 134, 136
분열 75, 405, 408
붕어빵식 465, 467
비공식적 조직 25, 141, 142, 231
비자발적 기관 129
빈둥지 증후군 36

[ㅅ]

사교성 244, 245
사려형 244, 245
사법 313, 320, 321, 322, 323, 334, 339, 342,
    349, 350, 351, 356
사서 301
사원권 317
사이버 공간 364, 365, 367, 368, 369, 370, 371,
    372, 373, 374, 375, 376, 377, 378, 441
사춘기 96, 100, 101, 102, 295
사회과교육 349
사회법 313, 331, 339
사회사업형 302
사회생활 5, 6, 15, 42, 44, 69, 80, 81, 82, 83,
    101, 104, 144, 186, 192, 206, 229, 274,
    275, 276, 278, 295, 322, 341, 346, 347,
    349, 351, 420, 425, 428, 432, 440, 441,
    450, 491
사회성 19, 26, 30, 33, 44, 96, 104, 112, 283,
    287, 294, 305, 324, 430
사회적 공간 79, 413
사회적 유형 301
사회적 정보 71
사회적인 기능 296, 297
사회화 17, 18, 48, 101, 121, 122, 125, 151,
    236, 278, 280, 282, 422, 428, 429, 431,
    434, 435, 443, 444, 445
사회환경 27, 81, 82, 104, 105, 108, 109, 112,
    114, 115, 125, 134, 183, 373

사회활동 42, 380
산업혁명 20, 21, 113
삼국지 146
상위계층 231, 234, 305
상징적 존재 145, 147
상표권 317
상호작용 5, 15, 17, 18, 19, 20, 25, 30, 33, 48,
    54, 55, 65, 69, 72, 74, 75, 76, 80, 81, 84,
    85, 91, 92, 94, 100, 103, 104, 107, 108,
    109, 111, 113, 114, 121, 123, 125, 126,
    127, 128, 130, 138, 156, 165, 166, 185,
    222, 227, 229, 233, 246, 248, 249, 253,
    264, 273, 278, 282, 283, 284, 288, 290,
    294, 295, 370, 374, 376, 377, 378, 383,
    384, 387, 388, 451, 457, 464, 497
상호적 친구관계 165
서번트 리더십 151, 155
선입견 190, 211, 240, 266, 298, 299, 345, 388,
    451, 453
성격이론 82, 85, 183
세계 시민 교육과정 436
세계 윤리 364
세계적 트렌드 403
소수자 451, 452, 456, 460, 464
소원화 16, 73, 76
소통 5, 6, 80, 185, 186, 190, 194, 195, 196,
    198, 274, 466, 489
수용 26, 28, 37, 56, 57, 58, 60, 61, 62, 64,
    69, 77, 92, 98, 145, 152, 156, 157, 158,
    165, 203, 212, 216, 218, 219, 220, 226,
    233, 235, 246, 249, 251, 256, 259, 265,
    269, 271, 277, 280, 286, 290, 291, 292,
    295, 300, 308, 322, 344, 347, 353, 356,
    357, 368, 375, 385, 387, 424, 430, 434,
    436, 437, 443, 444, 450, 452, 453, 461,
    463, 466, 467
수혜적 친구관계 165
스킨십 51, 198, 376, 377, 378
스태프 137, 138, 139, 141, 234
스포츠 43, 100, 166, 190
시뮬레이션 384
시작단계 73, 75, 77
신뢰도 147
신법 314
신생아기 95, 293
신에너지 471

신재생에너지   471, 472, 484
실용신안권   317
실정법   335, 340, 352
실제적 유형   300
실험단계   71, 73
심리적 외상   83
심리적 정보   71
심미형   302
심화단계   71, 73

[ㅇ]

아르바이트   316, 488
애정욕구   16, 42, 43, 44, 176
애착   30, 31, 33, 44, 45, 99, 100, 276, 283,
    284, 285, 286
약물남용   83
역동적 인지   387
연민   60, 61, 62, 63, 64, 172
열린 자아   32
열정   147, 148, 149, 153, 154, 157, 158, 168,
    169, 170, 171, 172, 173, 174, 175, 225,
    245, 482
영상자아   48
영아기   30, 95, 96, 283, 284, 285, 289, 293
영재교육   394, 475, 476, 477, 478, 479, 480,
    481, 482, 483, 490, 493, 494
영재교육진흥법   394, 476, 479
예방 윤리   364
예술적 유형   300
외상   83, 286
용인술   148, 150
원격영상   241
위원회   122, 123, 139, 141, 231, 321
유기체   89, 93, 94, 105, 106, 107, 110, 112,
    128, 278
유비쿼터스   380
유아기   33, 34, 91, 96, 102, 111, 283, 290,
    293, 294, 295
유추 해석   334, 338
유형론   85, 86, 157, 183
의사결정   26, 27, 86, 124, 131, 136, 146, 185,
    186, 207, 208, 209, 210, 211, 212, 213,
    214, 215, 216, 217, 218, 219, 220, 221,
    222, 223, 224, 225, 226, 234, 243, 245,
    256, 303, 309, 399, 421, 422, 423, 425,
    426, 431, 432, 434, 436, 437, 440, 441,
    455, 473
의사소통   25, 27, 31, 37, 69, 73, 74, 75, 76, 77,
    81, 122, 123, 124, 127, 128, 130, 134,
    135, 170, 185, 186, 189, 227, 228, 229,
    230, 231, 232, 233, 234, 235, 237, 238,
    239, 240, 241, 242, 243, 244, 245, 246,
    247, 249, 253, 256, 258, 259, 262, 266,
    274, 278, 290, 291, 298, 299, 300, 357,
    375, 377, 383, 387, 388, 396, 406, 407,
    411, 432, 451, 461, 462, 494
의장권   317
이별단계   75, 76
인간자원관리론   27
인간존중의 원리   270, 273
인격권   317
인력관리   20
인본주의   57, 85
인성함양   367
인터넷 중독   374, 375, 376, 378
일탈   19, 270

[ㅈ]

자아   16, 28, 32, 33, 34, 35, 46, 47, 48, 49,
    50, 51, 53, 54, 55, 56, 57, 58, 61, 69, 101,
    271, 273, 279, 293, 297, 303, 309, 368,
    371, 372, 374, 431, 433, 436, 451
자아 이상   47
자아 정체성   54, 273, 309
자아 존중감   61, 309
자아실현   19, 27, 54, 56, 57, 58, 93, 170, 228,
    306, 401, 442, 475
자연법   335, 354
자연환경   104, 112, 399
재량활동   421, 426, 428, 436, 442
저작권   317
전략산업   468, 470
전략적   149, 153, 192, 398, 409, 418
전문조직   129, 131
전문직   130, 131, 132
전자우편   385, 386, 389, 396

전조작기　97, 98
전체성　47, 424
정보통신윤리　276, 364, 365, 366, 367, 368
정보통신윤리교육　276, 366, 367, 368, 391
정보화 시대　5, 6, 12, 17, 19, 275, 393, 394,
　　　420, 421, 425, 426, 432, 435, 436, 440,
　　　441, 442, 470, 483, 494, 496
정신분석　85, 109, 284
정신세계　47, 83
제1차 집단　82, 121, 122
제2차 집단　82, 121, 122
제4의 물결　402, 403
조직적인 태업　21
조직행태론　27
주도형　51, 244, 245
주주권　317
지구촌　36, 365, 394, 400, 402, 406, 410, 411,
　　　412, 413, 417, 420, 421, 425, 432, 438,
　　　440, 441, 443, 444, 454, 462
지역사회　26, 105, 106, 112, 114, 124, 133,
　　　241, 244, 295, 306, 403, 457, 458
지역수준　104, 403
직무만족　303
직업 전문가　484, 485
집단 심리치료　18
집단가족　279, 280

[ㅊ]

차이감지단계　73, 74, 76
창의성　27, 51, 134, 137, 152, 153, 154, 252,
　　　365, 382, 403, 424, 437, 478, 479, 480,
　　　493, 496
창의적 체험활동　349, 368, 421, 426, 436
채팅　370, 371, 373, 375, 389
처방 윤리　364
처벌　46, 47, 203, 204, 205, 217, 253, 313,
　　　314, 315, 319, 320, 330, 333, 334, 337,
　　　338, 340, 377
천리안　362, 388
청년기　35, 36, 56, 95, 96, 103, 111, 437, 495
청정에너지　474
초·중등교육법　344
초상　317

초자아　46, 101
추종자　145, 146, 147, 148, 150, 152, 165, 405,
　　　407
치료집단　82, 122
친권자　317
친밀감　31, 35, 43, 101, 102, 159, 165, 170,
　　　171, 172, 173, 174, 286, 369, 378, 388
친밀한 공간　79
침체단계　74, 75, 76

[ㅋ]

커뮤니케이션　27, 37, 136, 138, 141, 153, 154,
　　　189, 195, 227, 228, 229, 230, 231, 232,
　　　233, 234, 235, 236, 237, 238, 274, 390,
　　　413, 417
컴퓨터 활용 교육　383
콘텐츠　345
콤플렉스　83, 99, 100, 178
키워드　155, 418, 419, 494

[ㅌ]

탐구적 유형　300
태아기　95
테일러시스템　21
테크놀로지　368, 390, 419
토론 그룹　386
톱　139, 151
통솔범위의 원리　135
통일성　135, 233, 252, 424, 465
통찰력　146, 208, 243, 453, 477, 491
통합단계　72, 73, 76
특별법　315
특성이론　85, 183
특질론　85, 86, 183
특허권　317

[ㅍ]

파트너십　198, 381, 466
판별　183, 478, 479, 483
팩스　396

팬클럽 373, 389
평생교육 358, 380, 489
평생교육법 343, 344, 345
평생학습 380, 489
표면적 갈등단계 250
프래그마 172
프로게이머 483
프로그램 24, 52, 123, 132, 133, 144, 187, 201,
    205, 210, 212, 262, 343, 345, 346, 347,
    349, 366, 381, 385, 386, 414, 415, 430,
    431, 452, 453, 457, 458, 461, 462, 463,
    464, 466, 467, 470, 476, 478, 479, 480,
    481, 482, 483, 486, 496, 497, 498
피드백 53, 125, 136, 215, 237, 238, 241, 242,
    243, 244, 246, 247, 266, 268, 290, 299,
    305, 383, 384
피라미드 135, 138, 139, 195
피라미드형 134, 138

[ㅎ]

하이퍼미디어 368, 384
학교요람 241
학교조직 132, 133, 134, 216, 244, 248, 256
학동기 34, 96
학리 해석 334
학습 15, 16, 18, 24, 81, 82, 89, 101, 110, 111,
    123, 133, 177, 183, 185, 186, 196, 235,
    252, 259, 262, 275, 276, 278, 290, 294,
    295, 302, 346, 348, 349, 350, 368, 373,
    374, 376, 380, 381, 382, 383, 384, 387,
    389, 390, 393, 394, 405, 417, 418, 426,
    427, 428, 430, 431, 432, 433, 434, 436,
    437, 438, 439, 440, 441, 442, 444, 452,
    453, 454, 456, 457, 458, 459, 462, 477,
    480, 491, 492, 493
학업지능 18
한국법률구조공단 346
할거주의 136
합리성 모형 213, 215
합리적 사고능력 342, 343, 344, 346
행동과학 26, 27, 28, 214, 249
헌법 276, 313, 321, 325, 326, 331, 332, 336,
    338, 339, 340, 348, 349, 351, 352, 354,

    355, 356, 357, 358, 427, 428, 430, 437,
    475
헌법재판소 321, 325, 326, 338, 351, 355
호기심 35, 93, 294, 295, 300, 303, 374, 477
호손실험 20, 21, 22, 23, 25, 26, 142, 143
화석에너지 471
확대가족 277, 279, 281
환경오염 468, 469, 472, 473, 474
환경적응 303
황금언 149
회고주의적 26
회피적 45, 285
후견인 165, 317, 339
히딩크 감독 144

[기타]

2007년 개정 교육과정 425, 452, 454, 459
2009 개정 교육과정 349, 425, 426, 433, 454
BT 470
CEO 195
CERD 458
CMC 383, 388
DNA 197
EU 400, 410, 468, 474
FIRO 42, 44
FTP 385, 386
GRIT 264
IT 470, 482, 483, 484, 485
ITS 384
LED 470
NT 470
OECD 416
PC방 376
RPS 472
SARS 413
UNESCO 357
USENET 386
WEF 406
WWW 386, 390, 407
ZPD 387

박은종(朴殷鍾)

진주교육대학교 사회과교육학과, 충남대학교 대학원 사회교육학과(석사) 및 교육학과(교육과정 및 교육심리학 전공·박사), 한국교원대학교 대학원 사회과교육학과, 공주대학교 대학원 사회교육학과(박사) 등을 졸업한 사회교육학 박사이다.

충남대학교 교육연구소 객원연구원, 충남대학교 인문과학연구소 객원연구원, 한국교총 교육정책연구소 객원연구원 등으로 사회과교육학과 사회과 교육론에 대한 연구에 종사하여 왔다. 또한 한국산업연수원 청주능력개발원 첨삭 교수, 공주대학교 사범대학 시간 강사, 공주교육대학교 사회과교육과 시간 강사, 동신대학교 교양교직학부 외래 교수, 홍익대학교 교양학부 외래 교수, 광주여자대학교 교양학부 외래 교수 등을 역임하면서 인간관계론, 교육학 개론, 교육과정과 교육심리학, 사회과 교육학과 사회과 교육론, 사회과 교재연구 및 교수법 등의 교과목을 강의하였다.

아울러 교육과학기술연수원 강사, 충남교육연수원 강사, 전북교육연수원 강사, 한국교총 교육연수원 강사, 진주교육대학교 초등교육연수원 강사, 공주대학교 중등교육연수원 강사 등을 역임하면서 교육과정, 수업분석과 수업 장학, 교수·학습법, 사회과 교육학 등에 관한 강의를 수행하여 왔다. 또 충청남도당진교육지원청 장학사, 충청남도부여교육지원청 장학사, 충남교육연수원 교수부 교육연구사 등을 역임하면서 사회과 교육학(론) 관련 교육행정과 교육연구를 수행하기도 하였다. 그리고 교육과학기술부 교육정책자문위원, 한국교총 교육정책전문위원, 통일부 통일교육위원 등을 역임하였다. 현재 공주대학교 겸임 교수로 재직하고 있으며, 전국 단위 연구 학회인 한국사회과교육연구회 회장으로 재임하고 있다.

현재 전국의 대학교, 지방자치단체와 의회, 교육청(교육지원청), 기업체, 학부모 연수 등에 특강 강사로 리더와 리더십, 인간관계론, 인간관계와 직장생활, 자녀교육 등에 관한 주제로 강의를 하고 있다.

한국사회과교육학회, 한국사회과교육연구회 회원이며, 연구의 주 관심 영역은 교육학 일반, 교육과정 탐구, 사회과 교육과정과 교수법, 사회과 교육학, 사회과 교재연구 및 교수·학습 방법 등이다. 최근에는 사회과 통합 교육, 사회과 세계시민교육, 사회과 교육 국제 비교 연구, 다문화 이해 교육 등에도 깊은 관심을 갖고 연구하고 있다.

학회지인 『교육연구』, 『교육연구논총』, 『교육과정논총』, 『사회과학연구』, 『충남교육』 등에 논문을 게재하고 있으며, 주요 저서로는 『정석 특강 교육학 개론』, 『창의적 체험활동 교육과정의 실행』, 『으뜸 수업 탐구의 정석』, 『으뜸 학급경영 핸드북』, 『한국 사회과 교육과정 탐구: 분석 및 모형 개발 탐색』, 『사회과 교육학 핸드북: Key Point』, 『현대 사회과 교육학·사회과 교육론 신강』 등 여러 권이 있으며, 주요 논문으로는 학회지에 발표한 「세계화·정보화 시대의 바람직한 세계시민교육 방향 모색에 관한 연구」, 「최근 사회과 교육의 트렌드(Trend) 연구」, 「2009년 개정 교육과정 적용에 따른 사범대학 사회과교육학과 교육과정 분석 및 개선 방안 연구」 등 여러 편이 있다.

한편, <새교실>지(誌)와 <교육자료>지(誌)에 사회과 수업안을 다년간 집필한 바 있으며, 『대전일보』·『중도일보』·『한국교육신문』 등의 교육칼럼위원, 『백제신문』·『공주신문』 논설위원 등도 역임하였다.

· e-mail: ejpark7@kongju.ac.kr

21세기 세계화 시대·지식정보화 시대의

인간관계론 탐구:
이론과 실제

초판인쇄 | 2012년 3월 30일
초판발행 | 2012년 3월 30일

지 은 이 | 박은종
펴 낸 이 | 채종준
펴 낸 곳 | 한국학술정보㈜
주   소 | 경기도 파주시 문발동 파주출판문화정보산업단지 513-5
전   화 | 031) 908-3181(대표)
팩   스 | 031) 908-3189
홈페이지 | http://ebook.kstudy.com
E-mail | 출판사업부 publish@kstudy.com
등   록 | 제일산-115호(2000. 6. 19)

ISBN   978-89-268-3202-8 93370 (Paper Book)
        978-89-268-3203-5 98370 (e-Book)

이 책은 한국학술정보(주)와 저작자의 지적 재산으로서 무단 전재와 복제를 금합니다.
책에 대한 더 나은 생각, 끊임없는 고민, 독자를 생각하는 마음으로 보다 좋은 책을 만들어갑니다.